D1699845

Helga de la Motte-Haber

Handbuch der Musikpsychologie

Mit 85 Abbildungen,
19 Notenbeispielen und
39 Tabellen

Laaber-Verlag

ISBN 3—89007—027—2
© 1985 by Laaber-Verlag, Laaber
Alle Rechte vorbehalten
Printed in Germany / Imprimé en Allemagne
Umschlagentwurf: Grafik-Design Klaus Neumann, Wiesbaden-Delkenheim
Umschlag: Roy Lichtenstein, *The Melody Haunts My Reverie*
(Bildarchiv Preussischer Kulturbesitz, Berlin)

Inhaltsverzeichnis

Kapitel II: Urteil, Vorurteil, Vorlieben: Einstellungen zu Musik

Kapitel III: Musik im Hintergrund

Kapitel IV: Individuelle Determinanten musikalischer Kompetenz

Kapitel V: Erklärungsmodelle des Musikverstehens und ihre Geschichte

Vorwort

Diese »Musikpsychologie« soll als Hand- und Lehrbuch dienen und zugleich eine neue Konzeption vorstellen, indem die Ergebnisse bisheriger Forschungen um einen zentralen Inhalt, das Musikverstehen, gruppiert werden. Dieses Buch faßt die Theorien und Einzeluntersuchungen einer nunmehr über hundert Jahre alten Disziplin zusammen. Die einzelnen Kapitel folgen der bei psychologischen Sachverhalten üblichen Differenzierung nach allgemein-, differential-, sozial- und umweltpsychologischen Gesichtspunkten. Dargestellt werden Funktionsweisen der musikalischen Wahrnehmung und des Gedächtnisses (heute besser als Informationsverarbeitung bezeichnet), des Ausdrucksverstehens bis hin zum Problem der physischen Resonanz. Es folgen Ausführungen über Vorlieben und Abneigungen als Sonderfall der Einstellungs- und Vorurteilsforschung. Individuelle Unterschiede hinsichtlich der Begabung, Motivation, Kreativität und des synästhetischen Erlebens sowie die musikalische Entwicklung sind weitere Einzelthemen dieses Buches. Beleuchtet wird auch die Schattenseite musikpsychologischer Erkenntnisse mit der Diskussion verschiedener Formen der Hintergrundmusik (am Arbeitsplatz, im Kaufhaus, im Auto, im Film). Ein Überblick über die Geschichte der Musikpsychologie zeigt nicht nur, wie sich Methoden und Erklärungsgesichtspunkte wandeln, sondern auch, wie sich Forschungsintentionen verändern.

Die Musikpsychologie braucht die Rückbindung an ein Bild vom Menschen. Das psychologische Modell, das diesem Buch zugrundeliegt, entspricht weitgehend dem der Kognitiven Psychologie, wenngleich auch auf deren Grenzen verwiesen wird. Die Musikpsychologie braucht jedoch auch die Rückbindung an einen Begriff von Musik. An der Forschung der letzten zwanzig Jahre ist ablesbar, daß ohne eine solche Rückbindung nur eine bloße Ansammlung von Wissen stattfindet. Diese Forschung hatte weitgehend den Bezug zur Musik verloren. Die Untersuchung beliebig wirkender Fragestellungen konnte kaum auf ein größeres Interesse stoßen. Die Musikpsychologie büßte vor allem in den sechziger Jahren an Ansehen ein, als deutlich geworden war, daß das wissenschaftliche Programm, dem sie ihre Entstehung verdankte, nämlich die Musiktheorie erklärend zu untermauern, nicht restaurierbar war. Die Entwicklung der Musik und der veränderte Umgang mit Musik hatte dies Programm zu einem historischen Faktum werden lassen. Am Anspruch, Musikpsychologie sei eine erklärende Disziplin, wird in diesem Buch festgehalten. Jedoch steht im Unterschied zu früher der Umgang mit Musik zur Diskussion. Eine Antwort darauf zu finden, warum wir Musik verstehen und lieben, warum wir sie gebrauchen und sogar abnutzen, ist selbstverständlich aber auch mit Vorstellungen über Musik verknüpft. Ich habe versucht, die musikpsychologische Forschung auf die zwei zur Zeit in unserer Kultur vorhandenen, nicht miteinander kompatiblen Begriffe von Musik zu beziehen. Das hier zusammengestellte Wissen wird strukturiert durch die ästhetischen Ideen: Musik als Sprache des Innersten und als Alltagswirklichkeit. Das hat für die Darstellung des Stoffes Folgen und zwar nicht nur für die Gliederung mit den deutlich kontrastierenden Kapiteln eins und drei. Auch innerhalb der einzelnen Kapitel wirkt sich diese Konzeption aus. So erscheinen die gesamten psychoakustischen Forschungen eingebettet in einen Kontext, der ihnen eine musikalische Bedeutung verleiht. Im Unterschied zu anderen neueren Lehrbüchern der Musikpsychologie gehe ich nicht von der Wahrnehmung der Schallwelle aus, weil diese Lehrbücher demonstrieren, daß es fast unmöglich ist, von dieser Basis aus zum Verständnis musikalischer Ereignisse fortzuschreiten. Daß die Psychoakustik, die als wissenschaftliches Fach ein eigenes Daseinsrecht hat, zur Begründung musikalischer Eindrücke dienen kann, wird vor allem im zweiten Teil des ersten Kapitels sichtbar. Die Verbindung der Musikpsychologie mit ästhetischen Anschauungen wird durch Exkurse deutlich gemacht, die über den Rahmen einer psychologischen Darstellung hinausgehen.

Im unterschiedlichen äußeren Umfang der einzelnen Kapitel drückt sich eine unterschiedlich rege Forschungstätigkeit aus, die jedoch nicht unabhängig von der Geschichte der Musik ist. Daß die nunmehr seit 200 Jahren herrschende Idee, Musik sei eine Sprache, zahlreiche Untersuchungen hervorgebracht hat, die der Erklärung des Musikverstehens gewidmet sind, das das emotionale Ergriffensein wie das analytische Begreifen und auch das »Sich-Verstehen auf Musik« meint, läßt eine abgerundete und geschlossene Darstellung zu, wohingegen das schmale Kapitel, das mit dem alltäglichen Umgang mit Musik beschäftigt ist, der zukünftigen Forschung ihr Aufgabengebiet zuweist.

Dieses Buch beschränkt sich auf die Darstellung musikpsychologischer Sachverhalte. Es maßt sich nicht an, Vertretern anderer Disziplinen, so den Musikpädagogen und -therapeuten, richtiges Handeln vorzuschreiben.

Zu besonderem Dank für die redaktionelle Betreuung bin ich Frau Rita Orgel verpflichtet. Ein Gespräch mit ihr regte zum Schreiben dieses Buches an. Die Mühen, die Druckfahnen zu korrigieren, haben Frau Ursel Woller, Herr Klaus Angermann und Frau Giselind Rinn auf sich genommen. Der sanfte Druck und die zuversichtlichen Aufmunterungen des Verlegers, Herrn Dr. Müller-Buscher, haben vor allem in der letzten Arbeitsphase eine gute Wirkung ausgeübt, so daß dieses *Handbuch der Musikpsychologie* sehr viel früher als ursprünglich geplant erscheinen konnte.

Berlin, 1. Juni 1985   Helga de la Motte-Haber

I. Musik als Sprache: Funktionsweisen des Verstehens

Die Sprachähnlichkeit der Musik: Ein Definitionsversuch

Von den Unterschieden zwischen Sprache und Musik

»Hier ist Fritz, dort steht Liesel«, das sind Sachverhalte, die gestisch angezeigt oder verbal mitgeteilt, nicht aber mit Musik ausgedrückt werden können. Dennoch sind Töne und Rhythmen ein ganz ausgezeichnetes menschliches Verständigungsmittel. Sie dienen dazu, komplizierte Nachrichten zu transportieren. Manche Sprachen — wie etwa das afrikanische Ewe — benutzen Tonhöhen, um den Umfang von Dingen darzustellen; sie transformieren sogar tiefklingende Worte nach oben, wenn aus einer an sich große Gegenstände umfassenden Klasse ein besonders kleines Exemplar benannt wird. In einigen Sudan-Sprachen werden Entfernungen und Bewegungen ebenfalls durch die Tongebung dargestellt. In allen diesen Fällen handelt es sich allerdings um eine besondere Differenzierung der Sprache, von der sich Musik — selbst in den tiefsten Niederungen der Trivialsphäre — dadurch unterscheidet, daß sie nicht zur Darstellung von Sachverhalten des Alltags gebraucht wird. Sie ist kein Medium, das normalerweise der Verständigung über zwischenmenschliche Vorgänge dient, und sie bietet keine Hülle für die Fixierung von Wissen. Sie wird immer als eine Kunstäußerung verstanden, selbst dann, wenn sie als »akustische Tapete« in Flugzeugen, Empfangshallen, Supermärkten und Wohnstuben die Funktion eines schlechten Designs der Umweltgestaltung übernimmt.

Über die banal wirkende Feststellung, daß Musik keine Sprache ist im Sinne der Kommunikation zwischen Menschen über die Dinge und Umstände ihres Lebensraumes, sind insofern weiterreichende Überlegungen anzustellen, als sie die Idee vom Sprachcharakter der Musik, die uns so selbstverständlich erscheint, daß gegen die Neue Musik immer ihr Sprachzerfall eingewendet wurde, zu einer schönen Metapher macht, die als eine inhaltlich recht unpräzise Umschreibung wirkt. Metaphern sind im allgemeinen notwendig, wenn neue Erfahrungen charakterisiert werden müssen, und sie zwingen in der Regel dazu, viele Merkmale des verwendeten Bildes zu vergessen. Wenn von jemandem berichtet wird: »Er überflog diese Zeilen«, so muß von dem realen Vorgang des

Fliegens abstrahiert werden. Treffend ist dieser metaphorische Ausdruck nur im Hinblick auf die Geschwindigkeit, mit der jemand liest. Für den Vergleich von Musik mit Sprache gilt ebenfalls, daß einmal eine neue Qualität der Musik begrifflich faßbar gemacht werden sollte; dieser Vergleich charakterisierte im 18. Jahrhundert eine neue Erfahrung. Er setzt aber voraus, daß viele Eigenschaften der Sprache vergessen werden müssen, wenn diese Umschreibung einen Sinn haben soll.

Vergessen werden muß die Möglichkeit, in Worte zu gliedern. Obwohl Musik durchaus satzanaloge Strukturen besitzt — ein Ganzschluß kann trotz seines selteneren Auftretens vielleicht mit einem Punkt verglichen werden —, ist es nicht möglich, eine Parallele zu einer kleineren Einheit wie dem Wort zu finden. Die Figuren, die im Barock der Ausdeutung von Worten dienten, das deutliche Hervortreten eines Motivs in einer Symphonie sind nicht als einem

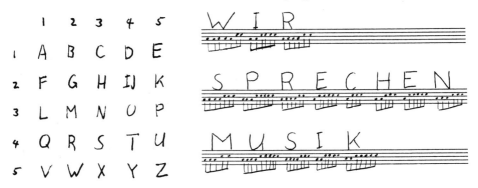

Wir sprechen Musik / Music spoken here / On parle musique: Für diese Veranstaltung übersetzten die beiden amerikanischen Komponisten Philip Corner und Tom Johnson die Buchstaben des Alphabets in eine Kombination von jeweils zwei Zahlen (1—1 bedeutet A, 5—2 W etc.). Diese Zahlenkombinationen arrangierten sie als Folgen von Tönen und morsten fünf Stunden lang klingende Botschaften aus einem Untergeschoß ins Parterre und umgekehrt. Das Publikum, dem der Code bekannt war, konnte diese Nachrichten entziffern, wenn es wollte.

Musik unterscheidet sich von Sprache dadurch, daß sie keine die äußere Realität abbildende denotative Funktion besitzt. Die Metapher, Musik sei eine Sprache, hat dennoch viele Versuche hervorgebracht, eine der Sprache analoge Struktur zu beweisen, was insofern nicht geglückt erscheint, als innerhalb des musikgeschichtlichen Zeitraums, in dem diese Metapher zu einem ästhetischen Topos geworden war, immer eine die Sprache übersteigende Bedeutung der Musik — ihr Verweis auf ein Transzendentes — gemeint war. Im 20. Jahrhundert hat solcher musiksprachlicher Sinn an Bedeutung verloren gegenüber anderen Formen des Transzendierens. Durch das »Überschreiten« der Grenzen eines Mediums wurden neue Möglichkeiten der Kunstäußerung sichtbar. *Wir sprechen Musik / Music spoken here / On parle musique* wurde für die Zuhörer zu einer zauberhaften Klangperformance. Sie mußten nicht unbedingt aus den zarten leisen Klängen, die vom Untergeschoß aufstiegen, und ihrer oft kräftigen Antwort im Erdgeschoß einen sprachlichen Sinn enträtseln; sie konnten auch ein musikalisches Ereignis genießen, bei dem mit einfachsten Mitteln der Fluß der Zeit in ständig neuer Weise gestaltet war (Einladungskarte der Galerie Giannozzo, Berlin, zur Klangperformance *Wir sprechen Musik / Music spoken here / On parle musique* 13. Februar 1983).

Subjekt, einem Verb, einem Pronomen oder einem Adjektiv äquivalent anzusehen. Auch wenn musikalische Einheiten — um ein unmittelbar einleuchtendes Beispiel zu nennen — wie das Hauptmotiv in Beethovens *Fünfter Symphonie* leicht isolierbar sind, so fehlt ihnen doch die klare Abgrenzung, die ein Wort als formale Voraussetzung braucht, um Bestandteil eines Lexikons werden zu können. Worte sind formal selbständige Einheiten, die sich dem Leser unserer Schrift auch als etwas Getrenntes präsentieren. Sie können für sich stehen und sind zugleich nicht in weitere selbständige, bedeutungshaltige Elemente aufzulösen. (Morpheme sind bedeutungshaltig, aber nicht selbständig.) Diese doppelte Bestimmung des Wortes gerät in Grenzbereichen in Schwierigkeiten: So ist z. B. im Französischen das Wort »je« keine selbständige Einheit, weil es mit einem Verb verbunden sein muß; wenn jemand »ich« und nur »ich« sagen will, so benutzt er den Ausdruck »moi«. Die Schwierigkeiten der Linguisten mit dem Wort brauchen hier nicht vertieft zu werden, denn die weithin taugliche Definition des Wortes als einer abgegrenzten und nicht in kleinere selbständige, bedeutungshaltige Elemente auflösbaren Einheit läßt den Unterschied zur Musik klar hervortreten. Für ein, gemessen am Wort, weniger gut isolierbares musikalisches Motiv wesentlich, weil Form konstituierend, sind nämlich die Möglichkeiten zur Abspaltung relativ selbständiger, bedeutungshaltiger Elemente, die ein gänzlich anderes Verhältnis von Teil und Ganzem andeuten, als es bei der Beziehung von Silben oder von Phonemen zum Wort vorliegt. Schering (1934) hatte bei seiner Texturierung der *Fünften Symphonie* von Beethoven große Schwierigkeiten mit dem langsamen Satz, weil er mit Wortwiederholungen nicht die Abspaltung und Sequenzierung einer Melodiefloskel imitieren konnte. Deutlich wird daran, daß im Unterschied zu der recht strengen Unterordnung der Lautelemente unter das Wort eine erheblich größere Selbständigkeit kleinerer musikalischer Einheiten, z. B. auch der Intervalle, gegenüber einer umfassenderen Ganzheit (wie dem Motiv) besteht. Dies macht den direkten Vergleich zwischen dem Medium der Sprache und dem der Musik unmöglich. Wo er dennoch gewagt wird, muß über diese mangelnde Parallelität geschickt hinweggespielt werden. Ein schönes Beispiel dafür findet sich in der *Synopsis musica* (1630). Um ihre rationalen Grundlagen zu beweisen, vergleicht dort Crüger die Musik mit der Sprache: Der Ton entspricht dem Buchstaben, das Intervall der Silbe, ein ganzer Musikabschnitt einem Satz und eine ganze Komposition der ausgearbeiteten Rede. Dem Problem, daß Musik keine dem Wort analogen Strukturen kennt, wird ausgewichen, obwohl es eine formale Unvergleichbarkeit anzeigt.

Ist es aber nicht dennoch gerechtfertigt, Musik als eine Sprache zu bezeichnen? Gebärden wird ein sprachlicher Charakter zugebilligt, aber auch sie lassen sich nicht zu jenem dem Lexikon vergleichbaren »Erfindungskasten« — einen Vorrat melodischer Formeln meinte er damit — aufspalten, den Mattheson (1739) am liebsten dem Schaffen eines Komponisten vorgeordnet hätte.

Wenn sich der Vergleich von Musik und Sprache gegen Einwände retten läßt, so weist er doch — um eine weitere Metapher zu gebrauchen — auf einen nur weitläufigen Zusammenhang hin. Denn auch andere Merkmale, die das Sprachverhalten ausmachen, treffen nur eingeschränkt zu. Nur in Ausnahmefällen rückte im Verlauf der Geschichte die schriftliche Fixierung in den Rang eines Textes auf, der ohne klangliche Realisation für sich allein bestehen kann. Zwar ist die abendländische Tonkunst in ihrer Komplexität ohne Notation undenkbar, weil sich schwierige Gedankengänge nur mit Hilfe eines externen Sprechers, als welcher die Schrift anzusehen ist, ausprägen können; sie könnte ohne diese Notation auch kaum überliefert werden. Aber die Partitur ist niemals ganz vom Klang ablösbar. Musik unterscheidet sich von der Sprache insofern, als sie nicht stumm, ohne alle Klangeindrücke gelesen wird. Erst indem er in der Vorstellung sie tönend nachvollzieht, realisiert der still in einer Partitur Lesende jene intentionalen Momente, die der Notendruck nur andeutet. Das stille Lesen in einem Buch ist seit den Tagen des heiligen Ambrosius, der der Legende zufolge als erster dazu fähig gewesen sein soll, der übliche Umgang mit dem geschriebenen Wort. Wer sich Musik hingegen über eine Partitur anzueignen versucht, liest etwas hinein, indem er es heraushört.

Daß das Lesen dennoch nicht überflüssig ist, hängt damit zusammen, daß zu allen Zeiten Nichtklingendes von den Komponisten aufgeschrieben wurde. Nicht vom Hörer wahrzunehmende artifizielle Momente, Proportionen und Prolationen finden sich vermehrt in Musik, die an kultische Rituale gebunden und gar nicht in erster Linie für das menschliche Ohr gedacht ist. Dies gilt für die mittelalterliche Kirchenmusik. Aber auch als mit der bürgerlichen Forderung nach Hörbarkeit — die dem aufklärerischen Wunsch entsprang, jedweder Mensch und nicht nur der speziell Gebildete möge Zugang haben — die »Augenmusik« als etwas letztlich Absurdes abgetan wurde, schrieben Komponisten noch immer nur dem Lesenden Zugängliches auf: ideel Konzipiertes, das über den Klang hinausweist. In dem mit »hastig« überschriebenen Abschnitt seiner *Humoreske* opus 20 für Klavier notierte Schumann auf einem hinzugefügten dritten System sogar eine von ihm so bezeichnete »innere Stimme«, die nicht zum Spielen und nicht zum Hören gedacht ist, sondern nur die Vorstellung des lesenden Interpreten formen soll. Diese »innere Stimme« faßt Intentionen zusammen und ist als Summe aus Melodik, Harmonik und Metrik eine in Noten formulierte Anweisung für den Spieler über das Verhältnis und Gewicht der Takte, über die Art der Phrasierung; sie ist dennoch auch gänzlich eigenständig, sogar der klingenden Melodie vorgeordnet, der sie jeweils um ein Achtel vorauseilt. Die innere, innen notierte Stimme ist eine Oberstimme in tiefer Lage, die etwas Ideelles zum Vorschein bringen will, das den realen Klangraum überschreitet und dessen Bedeutung jenseits der tönenden Wirklichkeit zu suchen ist. Die Beispiele dafür, daß visuell vermittelte Information zur akustisch zu realisierenden hinzutritt, mehren sich in jenen Zeiten des 20. Jahrhunderts, da sehr komplizierte Sachverhalte aufgeschrieben wurden oder sich die traditionelle Notation in frei gewählte Zeichen auflöste.

Liegen sehr komplizierte Sachverhalte vor, so sind die Ordnungen nur lesend, nicht hörend festzustellen, und die von den Komponisten frei gewählten Zeichen können einen optisch vermittelten ästhetischen Genuß gewähren. In mancher musikalischen Grafik ist er Selbstzweck. Musik zum Lesen wird jedoch kaum so selbstverständlich empfunden, wie dies für das geschriebene Wort gilt. Sie ist der gesteigerte Ausdruck einer ästhetischen Idee, die in je unterschiedlichen Weisen immer auf Grenzüberschreitendes oder gar Transzendentes zielt. Die schriftliche Fixierung von Musik unterscheidet von der Aufzeichnung der Sprache, daß sie vor allem als Spielanweisung dient, sie besitzt als Text eine geringere Eigenständigkeit. Und das Lesen von Musik ist, auch wenn jemand dabei an schwierigen harmonischen Relationen herumtüftelt, zumindest rudimentär an klangliche Vorstellungen und an Bewegungserlebnisse gebunden. Das Lesen der Wortsprache kann hingegen vollkommen entlaut sein. Das verweist auf eine unterschiedliche Bindung an die sinnliche Erfahrung; es zeigt verschiedene Möglichkeiten der Abstraktion an: In der Musik ist die Trennung von Sein und Erscheinung weniger gut möglich als in der Sprache. Sie ist in dieser Hinsicht viel eher dem gemalten Bild ähnlich, das diese Trennung gar nicht kennt. Die Lilie auf dem Genter Altar ist immer nur diese konkret gemalte Lilie und kein Beispiel der Gattung der einkeimblättrigen Liliazeen. Ob ihrer sinnlichen Präsenz stehen Bildende Kunst und Musik außerhalb des Bereichs, wo abstraktionsfähiges Denken waltet.

Die Argumente, die gegen den Sprachcharakter der Musik angeführt wurden, sind nicht isolierbar. Mit dem mangelnden unmittelbaren Nutzen für die alltägliche Kommunikation verbindet sich nicht zwingend ihre Wort- und damit Gegenstandslosigkeit, aber sie scheint ihm logisch ebenso zu korrespondieren wie die stofflich-konkrete Bindung, die die Musik unübersetzbar macht — und sei damit nur die Übertragung in eine andere als die akustische Darstellungsform gemeint. Es münden diese Argumente in jenen Einwand, der an der Musik ihren Mangel an Bedeutung beklagt oder einen semantischen Gehalt mit akrobatisch anmutenden Beweisführungen zu retten versucht. Aus didaktischen Gründen mag es gerechtfertigt sein, vor den Beweisen und den Widerlegungen einer musikalischen Semantik das traditionelle Modell von Zeichen, Bezeichnetem und Bedeutung (Signum, signatum, signans) anzusprechen, ein Modell, von dem Jakobson (1974, S. 165) glaubte, daß es trotz aller Versuche der Revision »die solideste und sicherste Grundlage« der semiotischen Forschung bleibe. Auch wenn diese Konstruktion verfeinert und verändert wurde, so bildet sie doch den strukturellen Hintergrund der jeweiligen semiotischen Lehren. Das zeigt vor allem deren versuchsweise Übertragung auf die Musik, bei der es unmöglich erscheint, einem Zeichen etwas Bezeichnetes zuzuordnen und damit eine Bedeutung zu finden. Ein Wort steht für etwas ein, dies erlaubt seine Übersetzung in eine andere Sprache. Unabhängig von den Schwierigkeiten, überhaupt ein musikalisches Zeichen zu identifizieren (Schwierigkeiten, die sich durch Nominaldefinitionen lösen lassen), steht der Linguist bei der Anwendung seines Modells vor dem Problem, eine musikalische Bedeutung finden zu müssen, die sich ebenso plastisch greifen läßt wie die sprachlichen Inhalte. Die Probleme einer musikalischen Semantik sind bislang unbefriedigend gelöst worden, gemessen daran, wie gut sich syntaktische Strukturen und pragmatische Funktionen ausmachen lassen. Manche Autoren setzten kurzerhand diese beiden Sprachebenen der Musik ihrer Fähigkeit zur symbolischen Repräsentation gleich. Daraus ergibt sich eine Bestimmung der Bedeutung gemäß den formalen Bezügen. Leicht läßt sich dies an harmonischen Sachverhalten zeigen; denn ob der Sextakkord c e a eine Konsonanz oder eine Dissonanz ist, hängt davon ab, ob ihn der Kontext zum Grundton c oder zum Grundton a zugehörig erscheinen läßt und damit entweder als dissonante Vorhaltsbildung oder aber als konsonante einfache Dreiklangsumkehrung ausweist.

Autoren, die sich hartnäckig auf das linguistische Modell verpflichteten, das in den sechziger Jahren mit einem umfassenden, alles erklären wollenden Anspruch auftrat, betonen den autoreflexiven Charakter der Musik, also ihr Auf-sich-selbst-Bezogensein. Oder aber sie setzen das Zeichen als Zeicheninhalt fest. Für die Gleichsetzung des Zeichens mit der Wirklichkeit (was dasselbe meint wie die Gleichsetzung der Wirklichkeit mit einem Zeichen) steht der Begriff der Ostension ein: »Die Bedeutung von Anna ist Anna selbst. Die Bedeutung wird nicht durch eine Erklärung vermittelt, sondern dadurch, daß man das Bezeichnete selbst vorzeigt«, schreibt Faltin (1972, S. 208), der mit dieser Idee der tschechischen Strukturalisten die Bedeutung der Musik nicht nur als eine formale, sondern auch als eine ostentative erklärte.

Die Annahme der Autoreflexivität ist mit der Hypothese Ostension zu kombinieren. Beide aber setzen voraus, daß innerhalb einer kulturellen Einheit jedes Phänomen zu einem Gegenstand der Kommunikation werden kann. Mit der These, daß jede Sache in irgendeinem Aspekt semiotischen Gesetzen gehorche, hat der italienische Linguist Eco sehr befruchtend auf die Diskussion um die Fragen nach der Bedeutung der Musik gewirkt. Da selbst Objekte, Autos, Bäume, innerhalb einer kulturellen Einheit durch die spezielle Art, wie mit ihnen umgegangen wird oder wie sie gebraucht werden, semantische Qualitäten besitzen, bedarf es gar keiner sehr komplizierten Erörterungen über die Relationen zwischen Zeichen und Bezeichnetem, weil diese Definition die Musik selbstverständlich der Semiotik überantwortet, die sich ihrerseits — als übergreifende Lehre von den Bedeutungen — sogar den gesellschaftlichen Produktionsverhältnissen vorordnen wollte. Je umfassender der erklärende Anspruch einer Wissenschaft ist, um so allgemeiner und damit auch unverbindlicher sind ihre Aussagen. Der elegante Ansatz von Eco verpuffte wohl daher ein bißchen wirkungslos. Denn die schöngeistigen und attraktiven, aber leeren Formeln, durch welche die Reflexionen über den autoreflexiven Charakter der musikalischen Botschaft in der Musikwissenschaft mit älteren, von der Sprache Heideggers inspirierten Aussagen über den intendierten und intendierenden Gehalt, der den Sinn umschließt (sogar von einer »Gehaltsforschung« wurde gesprochen), verbunden wurden, kreiselten ohne konkrete Ergebnisse umeinander. Prinzipiellere Fragen, nämlich wie passend denn das vorausgesetzte Modell der Kommunikation sei, wurden nur am Rande oder gar nicht erörtert.

Wer aber übermittelt mit Musik was, mit welcher Absicht, an wen? Erfrischend wirkte die ketzerische Meinung des polnischen Philosophen Schaff, der der Musik keine Bedeutung im Sinne der Sprache zubilligte. Er räumte ein, daß sie höchstens emotionale Kommunikation sei, keine »Ideen-Sprache«, wie Forkel in der Einleitung zu seiner *Allgemeinen Geschichte der Musik* (1788) gemeint hatte. Schaff wiederholte, indem er Musik als unfähig ansah, »intellektuelle Absichten der Kommunikation« zu verdeutlichen, ältere phänomenologische Thesen, die der »einschichtigen Musik« das Bedeuten absprechen und sie damit als etwas erscheinen lassen, das nicht verstanden, sondern das erkannt werden muß. Mit einer gewissen Genugtuung schrieb Schaff (1973, S. 288) als Ergebnis seiner »metatheoretischen« philosophischen Reflexionen auf: »Man kann in keinem Fall das Wort >Verstehen< in seiner Grundbedeutung auf den Vorgang des Musikhörens anwenden.« Es bedarf keiner weiteren Auseinandersetzung mit dieser überspitzten Beweisführung, weil sie durch die schlichte Tatsache außer Kraft gesetzt wird, daß Musik — wenngleich innerhalb eines historisch und örtlich begrenzten Raumes — den Anspruch stellte, eine Sprache zu sein und auch so aufgefaßt wurde. Die Hypertrophie dieser Argumentation macht aber deutlich, daß es gar nicht darum gehen kann, die Idee, Musik sei eine Sprache, zu belegen oder aber zu entkräften, sondern daß dies als ein gegebener Sachverhalt zu akzeptieren ist, dessen Voraussetzungen reflektiert werden können.

Das Verstehen als Voraussetzung des Sprachcharakters von Musik

Die Metapher, Musik sei eine Sprache, rechtfertigt das Erlebnis, Musik werde verstanden, und zwar in einem der Sprache analogen Sinn. Das heißt, sie wird so verstanden, als habe sie eine in oder hinter den Tönen liegende Bedeutung, die entschlüsselt werden muß, als sei, wie bei der Rede, etwas gemeint. An der Tonkunst ist somit nicht allein ihre Schönheit zu bewundern, sondern etwas darin zum Ausdruck Gebrachtes zu begreifen. Das tertium comparationis des Vergleichs ist das Verstehen, ein Wort, das ein sehr prägnantes Erlebnis umschreibt, seinerseits aber nur äußerst schwierig begründet werden kann.

Wenn jemand behauptet, etwas verstanden zu haben, so verweist er durch den Wortsinn auf eine kognitive Leistung. Verstehen bedeutet Einsicht und Erkennen. Ein Rest der ursprünglichen Wortbedeutung des Vertretens einer Rechts-

sache schwingt darin mit. Denn Einsicht und Erkennen erfordern Kompetenz.
Sie setzen die geistige Beherrschung einer Sache voraus. Wer eine Sprache nicht
erlernt hat, kann sie nicht verstehen. Es fehlt ihm die Möglichkeit, Lautgebilde
auf jene Kategorien zu beziehen, die ihre Bedeutung ausmachen. Die kategoriale Struktur, die dem Erkennen der Musik zugrunde liegt, ist von anderer Art
als die der Sprache, jedoch bedarf es auch beim Musikhören der Zuweisung von
akustisch Erklingendem zu kognitiven Kategorien. Welche Rolle dabei die mu-
siksprachliche Kompetenz spielt, zeigt ein simples Experiment, an dem sieben
Musiker teilnahmen. Einer davon war ein indischer Musiker mit Erfahrungen
in westlicher Musik. Da er gelernt hatte, mikrotonale Intervalle zu unterscheiden, konnte er als einziger mit hundertprozentiger Sicherheit eine reine Quarte, einen Tritonus und eine reine Quinte aus einer Serie von minimal (in Bruch-
teilen von zwanzig Hundertsteln) voneinander abweichenden Intervallen heraushören (Siegel und Siegel 1977). Zuhörer integrieren akustische Ereignisse durch
Assimilation ihren kognitiven Strukturen. Sie »hören zurecht«, wenn ungewohnte
Leistungen gefordert werden. Aber sie machen sich damit auch klingende Vorgänge »einleuchtend«, verleihen ihnen Evidenz, indem sie sie innerhalb der vorhandenen Kategorien verbuchen.

   Wenn jemand behauptet, etwas verstanden zu haben, so verbindet er damit
immer ein Gefühl der Sicherheit und Überzeugung, das sich allerdings auch dann
einstellt, wenn er etwas mißverstanden hat, er muß es nur vollkommen mißverstanden haben. Jedes Verstehen ist damit letztlich emotional begründet. Je stärker die irrationale Verankerung einer Auffassung ist, um so schwerer werden
die Wahrnehmungskategorien an die Gegebenheiten des zu verstehenden Objektes angepaßt. Die Wahrnehmung tendiert dazu, sich in ihrer Struktur zu erhalten, indem sie sich, wie deformiert auch immer, Sachverhalte einverleibt, obwohl eine derart unvermittelte Assimilation nur bei der Betrachtung von bekannten Gegebenheiten angemessen ist. Die Anwendung einer vorhandenen
Denkstruktur, auf der die Operation des Assimilierens beruht, ist in schwieriger Weise mit der Anpassung der Kategorien an die zu erkennenden Objekte
verbunden. Der Grenzfall eines bloß einverleibenden Verstehens ist wahrscheinlich nur eine Denkfigur, weil in der Regel die Assimilation zugleich mit der Anpassung (Akkommodation) der kategorialen Struktur an die Umweltereignisse
einhergeht. Dies bedeutet eine Differenzierung der Wahrnehmungsschemata durch
neue Inhalte. Einer grundlegenden Umstrukturierung aber widersetzt sich das
Denken gerade bei ästhetischen Gebilden sehr leicht, weil eingebettet ist in
das weitverzweigte emotionale Netz individueller Neigungen und Präferenzen,
die nicht so schnell preisgegeben werden. Fehlende Anpassung der kategorialen
Struktur kann bei der Beschreibung von Musik oft nachgewiesen werden. Da
sie besonders prägnant bei verschiedenen Deutungen der *Symphonie fantastique*
von Berlioz hervortritt, ziehe ich diese im folgenden heran, um die vorangehen-
den abstrakten Überlegungen an einem Beispiel zu verdeutlichen.

Der heute gebräuchliche Name dieses Werkes, nämlich *Symphonie fantastique*, war ursprünglich nur ein Untertitel. Die erste Aufführung war angekündigt als *Episode de la vie d'un artiste. Symphonie fantastique en cinq parties.* Die spätere Änderung und Umstellung im Titel betrifft die Zuordnung zu einem zweiten Teil, nämlich zu *Lélio.* Außerdem maß Berlioz dem Programm ein geringeres Gewicht bei. Diese Änderung wurde erst nach 1858 vorgenommen. Als Schumann seine auf dem von Liszt hergestellten Klavierauszug beruhende berühmte Besprechung des Werkes von 1835 in der *Neuen Zeitschrift für Musik* publizierte, mußte er noch von einem nachgeordneten Titel »Symphonie« ausgehen. Schumann hatte Schwierigkeiten, dem Werk gerecht zu werden, das sich seiner zentralen Idee des Poetischen nicht so recht unterordnen wollte. Hier sei nur von einem Detail die Rede, das deutlich eine mangelnde Angleichung von vorhandenen Denkfiguren demonstriert. Wie üblich analysiert Schumann den ersten Satz als den ersten Satz einer Symphonie, d. h. er legt seinen Erörterungen das bereits damals auch theoretisch gut ausgearbeitete Sonatenhauptsatzschema zugrunde; er expliziert an diesem Schema die Abweichungen. Er findet, durch die Disposition der Tonarten nahegelegt, ein zweites Thema und auch eine Reprise. Beides besitzt der erste Satz der *Symphonie fantastique* jedoch nicht. Dennoch wird in Analysen bis zum jüngsten Tag davon berichtet. Schumanns Fehleinschätzung wirkt als Vorurteil weiter. Der im voraus getroffenen Annahme werden die Phänomene angepaßt; als elaboriertes Kategoriensystem funktioniert sie ähnlich wie jene Ansichten von Kolumbus, die ihn vor der Küste Amerikas »Westindien« entdecken ließen.

Die Worte Assimilation und Akkommodation, mit denen Piaget die Entwicklung des kindlichen Denkens und dessen zunehmenden Realitätsgewinn beschrieb, charakterisieren sehr gut die schwierige Subjekt-Objekt-Relation, die Hermeneuten mit einem methodologischen Begriff, nämlich dem der »Horizontverschmelzung«, bezeichnen. Die Konzeption des Verstehens ist in beiden Fällen eine dialektische. Eine Akkomodation ohne die gleichzeitige Anwendung eines Assimilationsschemas, das aber durch neue Inhalte verändert werden kann, ist schwer denkbar. Denkstrukturen sind demnach das Ergebnis und zugleich die Quelle assimilierender Aktivität. Sie sind wiederum abhängig von den Vorstellungen, Symbolen, Inhalten und Erinnerungen, die durch Akkommodation erworben werden. Unabhängig davon, welchem theoretischen Ansatz man mehr zugeneigt ist und welchen Begriffen der Vorzug gegeben wird, sind Erklärungen des Verstehens mit der Uneindeutigkeit der »Zwar-Aber-Argumentation« verbunden. Alle Verstehensbegriffe — der philologisch-hermeneutische, der phänomenologische, der ontologische und der psychologische — sind mit gleichen theoretischen Schwierigkeiten konfrontiert. Dazu gehört nicht nur die Frage, was das jeweils Gemeinsame sei, das das Verständnis des Fremden verbürge; dazu gehört auch die Forderung, verstanden werde nicht additiv durch das Zusammensetzen von Einzelheiten, sondern dadurch, daß das Ganze in den Teilen, denen es vorgeordnet ist, erscheine; ferner gehört dazu die Möglichkeit eines jeweils individuell verschiedenen Verständnisses, das auf verschiedenen Deutungen beruht. Ganze wissenschaftliche Disziplinen gründen ihre Existenz darauf, daß sie den Kunstwerken durch die Anstrengung der Interpretation einen jeweils neuen Sinn abgewinnen.

Verstehen ist grundsätzlich subjektiv, und die erwähnte Verankerung im Evidenzgefühl, das als Wahrheitskriterium dient, macht diese Subjektivität, die durchaus mit richtigen Einsichten gepaart sein kann, zu einem theoretisch unauflösbaren Problem. Es ist daher auch eine utopische Hoffnung, die distanziert reflektierende Interpretation mehr als nur graduell vom spontanen Ergriffensein abgrenzen zu wollen.

Verstehensbegriffe sollten allerdings im Hinblick auf ihre Inhalte differenziert werden. Textinterpretation, das Verstehen einer bestimmten musikalischen Wendung, Geschichts- oder Weltverständnis, gar die Deutung des ganzen Daseins in einer einzigen Theorie zusammenfassen zu wollen, zwingt nämlich zu einem Maß an Abstraktion, das leicht in unverbindlichen Sprachformeln gipfelt. Manche Denker nehmen dies jedoch in Kauf. Sie setzen einen umfassenden Sinnbegriff voraus, der weitab zu liegen scheint von den konkreten Fragen, die einen Kunstwissenschaftler beschäftigen mögen, der, indem er konserviert statt restauriert, sein richtiges Verständnis kundtut oder fern ist von jenen Fragen, vor die sich der Psychologe gestellt sieht, der eine bestimmte Therapie empfiehlt. Einen solchen Sinnbegriff anzunehmen, ersetzt letztlich den Gottesbeweis. Zur Beschränkung bei der Analyse des Verstehens auf den konkreten Fall des Verstehens von Etwas zwingt die Befürchtung, diesen Beweis nicht leisten zu können. Sie geschieht allerdings auch im Vertrauen darauf, daß eine vordergründigere Betrachtung des Verstehens konkreter Bedeutungen sinnvolle Resultate hervorbringen könnte. Grundsätzlich ist aber kein Verstehensakt von jenem existentialphilosophischen Begriff des Verstehens abzuheben, der ursprünglich die theologischen Exegesen inspirierte, der um 1900 bei Dilthey die Auslegung des Lebens und des Seelenlebens leisten sollte und der bei Heidegger als das Dasein fundierend gedacht wird.

Indem der Bezug des Verstehens zu dem, was verstanden wird, nicht außer acht gelassen wird, soll allerdings jene psychologische Akzentuierung zurückgewonnen werden, die vor allem die Hermeneutik nach 1900 preisgab, um den Anstrich verbindlicher Interpretation der »ganzen menschlichen Individuation« zu finden. Die Konkretion des Verstehens durch einen Inhalt ist selbstverständlich als Vereinfachung zu beklagen, jedoch zugleich der Präzision halber im Rahmen eines bestimmten Themas zu begrüßen.

Das Musikverstehen ist als rational kognitive Leistung bewertbar, und damit ist auch die reflektierte Deutung abgrenzbar von dem unartikulierten Reflex. Verstehen basiert zugleich auf Einfühlung und Identifikation; es setzt Nachvollzug und Erleben voraus. Als »Lebensvollzug« läßt es sich individuell differenzieren.

Und zuweilen verkehrt es sich in sein Gegenteil, in eine »pedantische Stumpf-heit, die das Schönste entweder gleichgültig übersieht oder töricht verdreht«, wie in seiner Akademierede von 1829 Schleiermacher bedauernd feststellen mußte. Um im Zusammenhang mit dem Thema »Musik als Sprache« eine Betrachtungs-weise zu betonen, die nicht auf eine »theologisch«-existentialphilosophische Be-gründung ausgerichtet ist, wurden die beiden erkenntnistheoretischen Begriffe von Piaget, nämlich Assimilation und Akkommodation, gewählt, um — von den psychologischen Prozessen ausgehend — Verstehen erklärbar zu machen. Die allgemeinen Probleme bleiben schwierig genug, auch wenn man sie in die konkrete Frage transformiert, wie Musik verstanden wird. Denn damit verbin-den sich nicht nur die Untersuchungen der in den nachfolgenden Kapiteln ein-zeln behandelten Bedingungen und Voraussetzungen des Verstehens, sondern auch die Versuche, zu beantworten, was denn eigentlich verstanden wird, wenn ein Mensch Musik hört. Welche Faktoren bewirken einen sprachähnlichen Charakter der Musik?

Exkurs: Musik und Sprache als Gegenstand hirnphysiologischer Forschung

Musik und Sprache — dieser Vergleich regte nicht nur die Psycholinguistik an, sondern auch die hirnphysiologische Forschung. Ganz gegenteilig zur Lingui-stik wurde aber versucht, spezifische, von denen der Sprache unterschiedene Mo-dalitäten der Informationsverarbeitung für Musik aufzufinden. Da hier kein me-dizinisches Buch vorgestellt wird, greife ich nur diejenigen Befunde auf, die dar-auf hinweisen, daß Musik Bedeutungen vermittelt und sich damit — wie bereits an den Erörterungen über das Verstehen deutlich wurde — metaphorisch als Spra-che bezeichnen läßt, daß jedoch weiterreichende Parallelen schwer gezogen wer-den können. Da es nicht scheint, als ob die physiologische Forschung die Psy-chologie ersetzen werden wird, beschränke ich mich auch im folgenden auf ei-nen psychologisch definierten Forschungsgegenstand und nutze das Wissen, das benachbarte Disziplinen bereitstellen, nur insoweit es diesen erhellt.

Für das Verständnis der Sprache und ihres motorischen Vollzugs wurden be-reits im 19. Jahrhundert zwei Zentren lokalisiert, die nach den Namen ihrer Entdecker »Wernicke-Zentrum« und »Broca-Zentrum« heißen. Sie liegen bei rechts-händigen Menschen in etwa fünfundachtzig Prozent aller Fälle in der linken Hirnhälfte. Hingegen stützten verschiedene Messungen der Aktivitäten des Ge-hirns (EEG, Durchblutung, Stoffwechsel) die Idee, daß beim Musikhören vor allem die rechte Hemisphäre aktiviert werde — bis dahin, daß manche Forscher glaubten, möglicherweise sei in der rechten Hirnhälfte ein Zentrum für das Mu-sikverstehen zu finden. Das »dichotische Hören«, bei dem über Kopfhörer auf die Ohren zwei verschiedene Reize gegeben werden, wies das rechte Ohr als sprachdominant, das linke als musikdominant (im Sinne besseren Erkennens)

Abstrag J. musikal. Bilde p (schwächt emot. Erlide?)

22   Musik als Sprache: Funktionsweisen des Verstehens

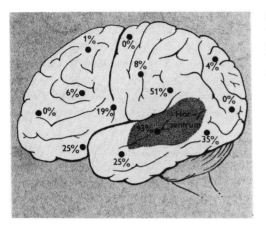

Sensorische Informationen gelangen über verschiedene Schaltstellen zu den primären sensorischen Zentren des Gehirns. Die beiden primären Hörzentren des Menschen liegen in den Schläfenlappen. Das sensorische Geschehen wird jedoch von den umliegenden Regionen ebenfalls aufgenommen. Daher entstehen auch Ausfälle in der Tonwahrnehmung (in der Abbildung in Prozent angegeben), wenn andere als die primären akustischen Zentren des Gehirns geschädigt sind. Da schon diese primären Zentren nicht genau abgegrenzt werden können, ist es unwahrscheinlich, daß bei der Abbildung der akustischen Information in den höheren Zentren jemals ein umgrenztes Areal gefunden werden kann, das für das Verstehen von Musik zuständig ist. Musikhören als Verstehen einer Expression und eines strukturellen Zusammenhangs verlangt Aktivitäten in beiden Hemisphären. Allerdings scheint eine Spekulation zulässig darüber, daß die beiden Hemisphären in unterschiedlicher Weise an diesem Verstehensprozeß beteiligt sind. Daß bei rechtshändigen Personen ohne musikalische Vorbildung eine größere Aktivität in der rechten Hirnhälfte festgestellt werden konnte, bei Musikern hingegen links, deutet darauf hin, daß sich ein intuitiv holistisches Ausdrucksverstehen in anderen Bereichen des Gehirns (nämlich rechts) vollzieht als das Sukzessionen analytisch erfassende strukturelle Hören (Zimbardo und Ruch 1975, S. 67; © Scott, Foresman und Co., Glenview 1975).

aus, was insofern die Idee einer Hemisphärenasymmetrie stützte, als die Bahnen der Hörnerven sich kreuzen, ehe sie den Cortex erreichen. Wurde die rechte Hirnhälfte für kurze Zeit medikamentös gelähmt, so büßten derart behandelte Personen expressive Fähigkeiten des Singens ein. Die These, daß in der linken Hemisphäre das Sprachverständnis, in der rechten das Musikverständnis repräsentiert sei, stützt die bisher getroffene Unterscheidung zwischen diesen beiden Medien. Sie ist jedoch viel zu einfach.

Das Gehirn funktioniert viel komplizierter als das menschliche Denken, das im Bestreben, alles überschaubar geordnet überblicken zu können, zu möglichst einfachen Hypothesen zu gelangen trachtet. Ergebnisse, die unter Laborbedingungen (wie etwa der des dichotischen Hörens) gewonnen wurden, demonstrieren meistens nur Grenzfälle. Die Tatsache, daß die Hörbahnen sich nur teilweise kreuzen — Bahnen vom rechten Ohr führen nicht nur zur linken Hemisphäre, sondern gleichzeitig gelangen auch Informationen zur rechten, was entsprechend für das linke Ohr gilt — machte den Befund einer Hemisphärenasymmetrie für das Musikhören nur mit vielen Hilfsannahmen interpretierbar.

Diese Annahme wurde außerdem auch dadurch erschüttert, daß eine vermehrte Aktivität der linken Hemisphäre nachgewiesen wurde, wenn Personen musikalisch vorgebildet waren. Und das Erkennen von Rhythmen scheint auch bei Laien an Aktivitäten der linken Seite des Cortex gebunden zu sein, wo serielle Informationen besser verarbeitet werden können. Die Lateralisationsforschung wird sicher noch einige faszinierende Ergebnisse zutage fördern (beispielsweise über den Zusammenhang zwischen Rechtshemisphärendominanz, räumlichem Anschauungsvermögen und kompositorischem Talent). Mit Sicherheit sind aber keine ausschließlich »einseitigen« Entdeckungen zu erwarten.

Für das Musikhören können beide Verarbeitungsmodalitäten der Hemisphären von Bedeutung sein. Denn deren grundsätzlich verschiedene Arbeitsweisen — rechts findet eine mehr holistisch-ganzheitliche Gestalterfassung und links mehr ein analytisch-begriffliches Denken in Reihenfolgen statt — ist in vollem Umfang zumindest für das Verständnis jener Musik nötig, deren syntaktische Bedeutung den analytisch zergliedernden Verstand voraussetzt und deren expressive Qualitäten sich dem ganzheitlichen Gestalterfassen erschließen. Gewiß ist die These gewagt, daß die beiden Bedeutungsschichten der »Tonsprache« — nämlich der strukturelle Zusammenhang und der musikalische Ausdruck — nur durch beide Hemisphären interpretiert werden können, aber sie erscheint sinnvoller als die Annahme eines einseitigen Musikzentrums. Und sie macht physiologische Befunde, die bislang nur irritierten, zu einleuchtenden Ergebnissen.

Ausdruckserleben und Formverständnis als Ausgangspunkte musikpsychologischer Forschung

Ein Kapitel, das allgemeinpsychologische Befunde darstellt, hätte eigentlich ganz anders gegliedert werden können. Naheliegend wäre eine Einteilung nach Gesichtspunkten wie Wahrnehmung, Gedächtnis, Denken und Fühlen. Warum die schwierige und vielleicht sogar ermüdende Abgrenzung des Begriffs »Musikverstehen«? Warum statt leicht zu handhabender schrittweiser Reihung zwei große Blöcke, von denen einer dem Erleben des musikalischen Ausdrucks, der andere dem Erkennen des formalen Zusammenhangs (Grammatik und Logik) gewidmet ist? Mehrere Gründe sind zu nennen.

Die Darstellung eines Gebietes verlangt die Zentrierung des Stoffes um einen Forschungsgegenstand. Als solcher wurde das Musikverstehen hier nicht willkürlich gesetzt. Die zahlreichen, teilweise etwas isoliert für sich stehenden Untersuchungen über das Hören und Erleben von Musik gewinnen einen Zusammenhang, wenn das ihnen gemeinsame Problem herauskristallisiert wird. Sie unterscheiden sich von der psychoakustischen Forschung dadurch, daß sie speziell das Verständnis für Musik prüfen.

Kulturwissenschaftliche Forschung setzt oft bei verlorengegangenen Selbstverständlichkeiten an. Die seit nunmehr über hundert Jahren existierende musikpsychologische Forschung läßt sich als Reaktion auf die zunehmend geringer werdenden Verbindlichkeiten unserer Musikkultur interpretieren. Auch wenn

Stumpfs (1883—1890) erkenntnistheoretische Haltung in erster Linie auf die Untersuchung von Tonurteilen gerichtet war (und zwar bezüglich solcher Phänomene, die im Morgengrauen der Neuen Musik nicht mehr selbstverständlich
waren, wie etwa die Erscheinung der Konsonanz), auch wenn Kurth (1931) dagegen als zentralen Gegenstand das Erleben von Musik setzte, so ist die musikpsychologische Forschung von allem Anfang an auf die Untersuchung (wenngleich oft nur einzelner Aspekte) des Musikverstehens ausgerichtet, mag auch
der Begriff selbst erst durch ein neueres Modell, nämlich das der kognitiven Psychologie, in den Mittelpunkt gerückt sein. Sogar die Musikalitätstests ermitteln
in der Regel Verstehensleistungen. Nicht nur für das erste, sondern auch für die
nachfolgenden Kapitel wird die Frage nach dem Musikverstehen von zentraler
Bedeutung sein.

Zu klären, wie Musik gehört wird, wie sie erlebt, wie sie beurteilt wird, ist
die Aufgabe musikpsychologischer Forschung. Über der Feststellung von Prozessen und Mechanismen, die dem Musikverstehen dienen, geriet in jüngerer
Zeit leicht das Objekt, dem die psychischen Verarbeitungsvorgänge dienen, aus
dem Blickfeld. Das hatte nicht nur eine Absonderung der Musikpsychologie von
der sonstigen musikwissenschaftlichen Forschung zur Folge; es zog auch die mangelnde Nutzung ästhetischer Theorien nach sich. Indem ich den Stoff so geordnet habe, daß das, was verstanden wird, die Headline für die Funktionsweise
des Verstehens bildet, hoffe ich, diesen Fehler zu umgehen. In unserem abendländischen Verständnis hat sich ein Begriff von Musik entwickelt, der zwei sinn-
tragende Schichten unterscheidet: eine expressive und eine strukturelle. Ihr Zusammenwirken machte die Musik zu einer Sprache über der Sprache. Mit den
beiden Abschnitten »Der musikalische Ausdruck« und »Grammatik und Logik«
wird dieser zweifachen Sinnbestimmung von Musik als einer Sprache, die verstanden wird, Rechnung getragen. Daß das, *was* verstanden wird, der Erörterung des Problems, *wie* verstanden wird, vorgeordnet ist, erschien mir ebenso
logisch wie der Hinweis auf die Relativität dieses Musikbegriffs und die gesonderte Behandlung der Hintergrundmusik.

Verstehen wird beschrieben als ein Prozeß der anverwandelnden Assimilation
von Musik und der anpassenden Akkomodation der kategorialen Struktur des
Hörers. Dabei spielen immer gleichzeitig emotionale und kognitive Faktoren
eine Rolle. Ihr unterschiedliches Zusammenwirken erlaubt es, zwischen verschiedenen Formen des Verstehens zu differenzieren, im Extremfall zwischen emotionalem Ergriffensein und dem Symbolverständnis. Zwar ist die Einteilung des
ersten Kapitels in zwei große Blöcke nicht dazu gedacht, diese Formen des Verstehens gesondert zu behandeln. Das wäre wegen ihrer nur graduellen Unterscheidung unmöglich. Jedoch deutet die Gliederung diese Unterscheidung nicht
ganz zufällig an.

Der musikalische Ausdruck

Elemente des musikalischen Ausdrucks

1910 publizierte Döblin in dem Wochenblatt *Der Sturm* einen literarisch gestalteten musiktheoretischen Diskurs. Er schenkte ihm im ersten Heft der Zeitschrift *Melos* (1920) eine Fortsetzung, gerade zu einem Zeitpunkt, wo das expressionistische Ambiente, in dem die *Gespräche mit Kalypso*, die ein als gestrandeter Odysseus gedeuteter Musiker führt, noch glaubhaft wirken. Von bläulichem Schimmern und Aufleuchten umgeben, auf purpurbedeckten Ruhelagern niedergelassen, von weißgekleideten Vogelfrauen bedient, belehrt der Musiker, für den die Regie eine schwere altgriechische Tracht, schwarzblau und ohne Schmuck, anweist, Kalypso über die Ordnung der Töne, über Tonleitern, Rhythmen, kurzum über alles, was zum formalen Grundbestand einer Musikbetrachtung gehört. Kalypso — versonnen, aber naiv — denkt ihrerseits über Musik nach in einem altmodisch geschweiften Deutsch. Sie sinniert jedoch nicht über deren strukturellen Zusammenhang, sondern über das, was beim Musikhören empfunden wird, nämlich Liebe und Umarmung; sie reflektiert den Zusammenhang der Musik mit der Menschenstimme und den Seelenbewegungen.

Döblin entwirft, personifiziert, jene dualistische Position, die sich mit der Diskussion um Inhalt und Form in der Musikästhetik seit der zweiten Hälfte des 19. Jahrhunderts ausprägte. Er verabsolutiert keinen der beiden Standpunkte. Interessant erscheint sein Rückgriff auf ältere Thesen, mit denen er einen an Musik empfundenen Ausdrucksgehalt zu erklären versucht. Der Ton wurzelt im Schluchzen, Jubeln und Stöhnen, »das wortlos und hinter den Worten verläuft und unerreichbar dem Worte erstaunlich tief redet«. Diese These stammt, wie noch zu zeigen sein wird, nicht zufällig aus dem 18. Jahrhundert. Forkel glaubte, im Schreien des Kindes die Ursprünge der Musik erkennen zu können. Es ist nicht sicher, ob er diese Idee von Herder übernommen hat, in dessen *Abhandlung über den Ursprung der Sprache* (1772) sie eine wichtige Rolle spielt. Die Naturlaute, Töne und Geschrei als Anzeichen für Lustvolles und Schmerzhaftes, das auch schon bei den Tieren vorkommt, sind für Herder der Rohstoff der Sprache. Sie sind noch nicht Sprache selbst. Herders doppelte Bestimmung der Sprache als Äußerung, die aus den Urtönen, wie sie noch in den Interjektionen vorhanden sind, hervorging, dann aber artikuliert und symbolisch weiterentwickelt wurde, erlaubt ihm die Abgrenzung von anderen damals vorgetragenen Sprachtheorien und die Bindung seines Sprachbegriffs an seine Vorstellung von Vernunft.

Die ursprachlichen Lautäußerungen von Zuständlichkeiten sind nach Herder (1781, S. 463) noch keinswegs vom »rohen Gesang« unterschieden. Dieser stellt sowohl »vermischte Schälle als bestimmtere länger angehaltene Töne, Ac-

cente der Empfindungen dar! Man sang also, indem man sprach.« Die Empfindungen, die sich im Laut äußern, sind somit der gemeinsame Ursprung von Musik
und Sprache, die anfangs unzertrennlich waren. Die Erörterungen über diese Naturlaute halten bis zum heutigen Tage an. Nietzsche hat später in der Urfassung
seiner *Geburt der Tragödie* diese natürliche Lautäußerung, die Herder noch in
den Tönen der Kindheit erlauschen zu können meint, als den Tonurgrund aller
Sprachen bezeichnet, der allen Menschen gemeinsam ist, letztlich also grundsätzlich über die Verschiedenheit der Sprachen hinaus Verständigung ermöglicht.
Diese These, Sprache entspringe den Vokalisationen, die gefühlsbedingt sind, findet
in jüngster Zeit Entsprechungen in den Untersuchungen über das recht differenzierte »Vokabular«, mit dem die höheren Primaten ihre Empfindungen mitteilen. Sie wird immer dann besonders betont, wenn sich Wissenschaftler zu
evolutionären Theorien hingezogen fühlen. Bei Forkel taucht die Ableitung der
Musik aus den Naturlauten wahrscheinlich zum ersten Mal in großer Ausführlichkeit auf, um die Sprachähnlichkeit von Musik zu begründen, die sich an den
Eindruck des Verstehens von etwas darin zum Ausdruck Gebrachtem knüpft.

»Man hat die Musik schon lange eine Sprache der Empfindung genannt, folglich die in der Zusammensetzung ihrer Töne und in der Zusammensetzung der Sprachausdrücke liegende Ähnlichkeit dunkel gefühlt; aber noch niemand hat sie, so viel Rezensent bewußt ist, deutlich entwickelt.«

So schreibt Carl Philipp Emanuel Bach in seiner Kritik zu Forkels *Allgemeiner
Geschichte der Musik*. Bach mag dabei an einen Vergleich mit dem Artikel »Musik« in Sulzers *Allgemeiner Theorie der Schönen Künste* (1771—1774) gedacht haben, in dem die Musik bestimmt wird als Folge von Tönen, die aus leidenschaft-
licher Empfindung entstehen, ohne daß die unmittelbaren akustischen Gefühls-
äußerungen des Menschen zu einer rückführenden Bestimmung herangezogen
werden. Ebenso wie Überlegungen über die Entstehung der Sprachen aus einem ursprünglichen, dem Laut innewohnenden Sinn bis ins 20. Jahrhundert
immer wieder aufgegriffen wurden, ebenso wurde auch für die Musik immer
von neuem diskutiert, ob ihren Klängen qua irgendeiner Natur Ausdruck zu-
käme. Dahinter verbirgt sich der Wunsch, die an der Musik empfundene Bedeutung möge nicht einer beliebigen Setzung entspringen.

Als im Zuge der fortschreitenden Säkularisierung des abendländischen Denkens die Idee der göttlichen Herkunft der Musik entwertet wurde — Mattheson
bedient sich ihrer noch, wenngleich nicht mehr ganz gläubig, Forkel distanziert
sich bereits davon —, traten an ihre Stelle Begründungen der Musik, die ihren
Ursprung im Innersten des Menschen suchten, um Verbindliches darlegen zu
können.

Es waren ursprünglich ästhetische und theoretische Schriften, heute sind es
musikpsychologische Untersuchungen, die am Klang und am zeitlichen Verlauf
einzelne Merkmale feststellten, die für eine bestimmte expressive Wirkung verantwortlich sein sollen und somit wenigstens partiell die semantische Schicht

der Musik erklären. Die Autoren verhalten sich bei der Deutung jener Aspekte der Musik, die Affekte intendieren oder ausdrücken — beides wird selten streng geschieden —, oftmals recht unbekümmert gegenüber der Frage, wieso dies möglich sei. Einer extrem rationalistischen, fast ans Mechanistische grenzenden Gesinnung verdanken sich zahlreiche Klassifikationen, die stilistische Mittel bestimmten Gemütsbewegungen zuordnen. Auffällige Parallelen lassen sich ziehen zwischen den Kategorisierungen, die im 18. Jahrhundert vorgenommen wurden, und denen, die das 20. Jahrhundert, wenngleich auf methodisch komplizertere Weise, hervorgebracht hat.

Quantz gibt bereits (1752, S. 52f.) eine geraffte Zusammenfassung der Identifikation von Musik und emotionalem Gehalt, die seine Zeitgenossen (partiell noch in der Tradition der barocken Affektenlehre stehend, oder aber schon die neue Empfindungsästhetik propagierend) bewegte:

»Ich will einige Kennzeichen angeben, aus denen zusammengenommen, man, wo nicht alle Zeit, doch meistentheils wird abnehmen können, was für ein Affect herrsche, [. . .] ob er schmeichelnd, traurig, zärtlich, lustig, frech, ernsthaft u.s.w. seyn müsse. Man kann dies erkennen erstens aus den Tonarten, ob solche hart oder weich sind. Die harte Tonart wird gemeiniglich zur Ausdrückung des Lustigen, Frechen, Ernsthaften und Erhabenen: die weiche aber zur Ausdrückung des Schmeichelnden, Traurigen und Zärtlichen gebraucht. [. . .] Man kann 2. die Leidenschaft erkennen: aus den vorkommenden Intervallen, ob solche nahe oder entfernt liegen, und ob die Noten geschleifet oder gestoßen werden sollen. Durch die geschleiften und nahe aneinanderliegenden Intervalle wird das Schmeichelnde, Traurige und Zärtliche, durch die kurzgestoßenen, oder in entfernteren Sprüngen bestehenden Noten, insgleichen durch solche Figuren, da die Punkte allezeit hinter der zweyten Note stehen, aber wird das Lustige und Freche ausgedrücket. Punctirte und anhaltende Noten drücken das Ernsthafte und Pathetische, die Untermischung langer Noten als halber und ganzer Takte unter die geschwinden aber das Prächtige und Erhabene aus. Drittens kann man die Leidenschaft abnehmen: aus den Dissonanzen. Dies tun nicht alle einerley, sondern immer eine vor der anderen verschiedene Wirkung. Die 4. Anzeige des herrschenden Hauptaffektes ist endlich das zu Anfang eines jeden Stückes befindliche Wort, als: Allegro, Allegro non tanto, — assai, — di molto, [. . .] Adagio assai, Lento, Mesto, u.a.m.«

Alle genannten musikalischen Mittel, die Tonart, die Art der Melodiebildung, rhythmische Verhältnisse und das Tempo sind auch in der musikpsychologischen Literatur behandelt. Diese unterscheidet von den älteren Darstellungen allerdings, daß gegenüber dem Vorrang der Melodie, von dem im 18. Jahrhundert ausgegangen wird, in unserer Zeit die Eindeutigkeit, mit der sich ein affektiver Charakter in den Reaktionen der Beurteiler niederschlägt, eine gewisse Priorität setzt.

Vor allem die amerikanische Psychologin Hevner (1936) ist in den dreißiger Jahren mit zahlreichen Untersuchungen hervorgetreten, in denen sie einzelne musikalische Parameter veränderte und damit eine Veränderung des Eindrucks bei Beurteilern mit Hilfe der Zuordnung emotional getönter Adjektive zur Musik feststellen wollte. Sie transponierte musikalische Phrasen um eine Oktave nach unten oder nach oben; in anderen Versuchsreihen veränderte sie das Tempo, dessen Effekt klar ausgeprägt erschien. Schnelles Tempo wirkt fröhlich und erregend, langsames traurig. Die Tonlage veranlaßte die Beurteiler, je nachdem ob sie hoch oder tief war, sie als humorvoll oder traurig zu bezeichnen. Ähnliche Effekte fand Rigg (1940). Er ließ den Eindruck, der durch die Veränderung des Tempos oder der Tonlage (die zugleich, weil er auch um Quarten und Quinten transponierte, eine Veränderung der Tonart war) hervorgerufen wurde, nur mit einfacheren gegensätzlichen Kategorien, nämlich traurig (serious—sad) und fröhlich (pleasant—happy), abschätzen. Daher treten an seinen Untersuchungen deutlicher als bei denen Hevners unvermeidliche methodische Mängel hervor, die eine Begrenzung musikpsychologischer Untersuchungen implizieren. Das allgemein bei experimentell arbeitenden Psychologen übliche Verfahren, Bedingungen zu isolieren und zu variieren, um an den damit verbundenen Veränderungen von Reaktionen den Effekt einer Bedingungsvariation ablesen zu können, ist bei Musikbeispielen nur bedingt anwendbar, weil die isolierte Veränderung beispielsweise des Tempos karikierende Effekte haben kann, zumindest aber Unsicherheit über das Gemeinte bei den Beurteilern auslöst, was sich an einer uneindeutigen Struktur der Urteile — fünfzig Prozent der Beurteiler sind nach der Veränderung der Meinung, ein Stück sei traurig, fünfzig Prozent geben als Attribut »fröhlich« an — ablesen läßt. Werden die Beispiele im originalen Tempo gespielt, so herrscht Einmütigkeit. Mit dem Tempo hängen nämlich andere musikalische Eigenschaften zusammen, und sie bedingen — wie vor allem die harmonische Fortschreitung — ihrerseits den Tempo-Eindruck, so daß sich ein Adagio nicht in ein Presto umwandeln läßt. Ein anderes Verfahren, um die affektive Qualität von Melodien zu beschreiben, wurde in Sulzers Lexikon gewählt. Schulz demonstrierte dort sanftes Vergnügen oder muntere Fröhlichkeit, hüpfende Freude, finstere Traurigkeit und heftigen Schmerz an exemplarischen Beispielen, nahm damit allerdings in Kauf, daß die Reduktion einer Einschätzung auf ein musikalisches Merkmal nicht möglich war. Das zur exakten Rückführbarkeit gedachte Experiment hingegen gerät jedoch auch an unüberwindliche Grenzen. Hevner (1936, S. 268) meinte zwar, aus der Beurteilung einer ansteigenden Melodie »exhileration« und »serenity« herauslesen zu können und aus ihrem Fallen »dignity« und »solemnity«. Sie mußte aber eingestehen, daß diese Effekte, die sie künstlich mit Hilfe der Bedingungsvariation an einem *Lied ohne Worte* von Mendelssohn Bartholdy erzeugt hatte, nicht klar ausgeprägt und wenig konstant waren. Sie hatte grundsätzlich überhaupt Schwierigkeiten, Musikbeispiele zu finden, an denen sich Manipulationen der Melodierichtung vornehmen ließen.

Das Tempo modifiziert den Rhythmus, dieser wiederum das Tempo, weil komplizierte Proportionen schneller wirken. Auch die Verdichtung der Akzente erhöht einen Geschwindigkeitseindruck — ein Effekt, den sich Williams in seiner Filmmusik zu *Henry V* geschickt zunutze machte. In der (Eisensteins *Alexander Newski* nachgebildeten) Kampfszene bewirkt er beim Zuschauer den Eindruck, der Verfolgungsgalopp sei exzessiver geworden, indem er bei gleichbleibender Metronomzahl die Aufeinanderfolge der Akzente verdichtete.

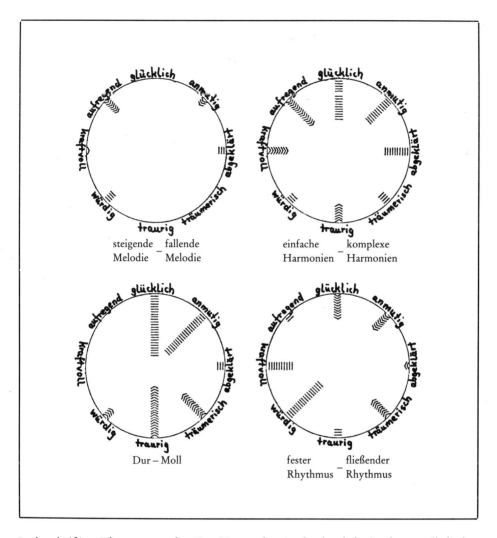

steigende _ fallende
Melodie   Melodie

einfache _ komplexe
Harmonien   Harmonien

Dur – Moll

fester _ fließender
Rhythmus   Rhythmus

In den dreißiger Jahren untersuchte Kate Hevner den Ausdrucksgehalt einzelner musikalischer Dimensionen, indem sie Veränderungen an Musikbeispielen vornahm, etwa Dur zu Moll verwandelte oder aus einer steigenden Melodie eine fallende machte, eine einfache Harmonik durch Dissonanzen kompliziert erscheinen ließ usw. Dem Originalbeispiel und der veränderten Version wurden Adjektive zugeordnet, die Hevner in einem kreisförmigen Zueinander arrangiert hatte. Die Abbildung zeigt in einer groben Verallgemeinerung, daß Dur eher glücklich und anmutig, Moll hingegen traurig und träumerisch wirkt, fließende Rhythmen sich mit Eindrücken aus dem Bereich des Träumerisch-Glücklichen verbinden, feste (firm) Rhythmen würdig und kraftvoll auftreten. Eine einfache Harmonik weckt die Empfindung des Glücklichen, Anmutigen und Abgeklärten, wohingegen dissonantere Versionen aufregender, kraftvoller und trauriger erscheinen. Veränderungen des Ausdrucksgehalts, die durch Veränderungen der Melodie bewirkt wurden, sind äußerst schwach ausgeprägt. (Die in den jeweiligen Adjektivzirkeln in die Mitte hineinragenden Säulen sollen die Stärke des Eindrucks — ermittelt an Urteilshäufigkeiten — wiedergeben. Die deutschen Übersetzungen stammen von Rösing [1983, S. 101].)

Eine so simple, fast lexikalische Aufstellung, wie sie Mattheson in dem Kapitel »Von den Klang-Füssen« seines *Vollkommenen Capellmeisters* (1739) vornimmt, wird dem Zusammenhang von Tempo und Rhythmus kaum gerecht. Stellenweise erweckt seine systematische Musterung der Versfüße den Eindruck, sie sei zutreffend, und lockt doch zugleich Einwände hervor. Mattheson setzt jeweils implizit ein Tempo voraus, dessen Veränderung eine Charakterveränderung des Rhythmus nach sich zöge. Der Spondäus (♩♩) , so meint er, hat etwas Andächtiges und Ernsthaftes, Ehrerbietiges und dabei leicht Begreifliches. Matthesons Hinweis auf Kirchenlieder entspricht noch heute die besondere Assoziation mit einem Choral; es wird jedoch deutlich, daß nur ein getragenes Tempo den Spondäus andächtig macht. Im schnellen Tempo (vielleicht dem eines Scherzos) ist er nicht vom Pyrrhichius (♫) zu unterscheiden, den Mattheson allerdings eigens aufführt und dem er die Attribute »freudig«, »hitzig« und »kriegerisch« zuschreibt. Der Molossus (♩ ♩ ♩) sei noch erwähnt, dessen nach Mattheson »majestätische« Wirkung eine schöne Entsprechung in der neueren Musikliteratur hat, nämlich im Schlußsatz der *Psalmensymphonie* von Strawinsky. Seine Schritte, so meint Mattheson, seien gut zu einem »Aufzug« vor allem mit Pauken geeignet, wie es denn das Alleluja — das mit diesem Rhythmus auch die Dreieinigkeit beschwört — der *Psalmensymphonie* beweist.

Bei der Interpretation musikalischer Rhythmen durch die Versfüße der Dichtung haben es Autoren relativ leicht, durch einfache Übertragung sprachanaloge semantische Qualitäten an der Musik zu beweisen. Ob daraus die Zählebigkeit solcher die musikalische Rhythmik und Metrik nur unzureichend erklärender Einteilungen erwächst? Trotz der herben Kritik, die schon Riemann an der Übertragung der additiven Prinzipien der Versfüße auf die divisible Rhythmik übte, war sie um 1900 (vgl. Wiehmayer 1917) in Deutschland noch üblich. Im angelsächsischen Schrifttum ist sie noch immer verbreitet. Unabhängig von spezifizierteren Einwänden mangelt es der Übertragung der Verslehre an Differenzierungen. Sie faßt musikalisch Unterschiedenes zusammen. Wird die Abfolge (♩ ♩) als Trochäus definiert, so gehört sie trotz der Synkopierung damit zur gleichen Kategorie wie die einfache Punktierung. Aus einem musikalisch eher komplizierten Sachverhalt wird etwas Einfaches abstrahiert. Auch wenn zunächst die Übertragung der Lehre von den Versfüßen als simpelste Möglichkeit erscheint, Bedeutungen an der Musik nachzuweisen, so ist doch kein stimmiges System der Zuordnung von Rhythmen zu affektiven Qualitäten daraus zu gewinnen. Vielmehr können nur einzelne Beobachtungen das »Aha« des Richtigseins für sich verbuchen.

In Sulzers Lexikon wird von anderen technischen Beschreibungskategorien des Rhythmus ausgegangen, die der Musik adäquater sind. Dort sind das Tempo, die Artikulation, die Taktart und die rhythmischen Proportionen genannt. An einer Opernarie von Graun mit einer Störung der Taktgliederung durch irreguläre Auftaktbildungen wird gezeigt, wie Schrecken und Verwirrung durch

Unregelmäßigkeiten ausgedrückt werden, gleichbleibende Rhythmen hingegen sollen Empfindungen sanfterer und ruhigerer Art wecken. Es ist dies eine Beschreibung, die sich teilweise sehr gut empirisch bestätigen läßt durch die Beurteilung von bloß geklopften oder getrommelten Rhythmen. Unregelmäßigen rhythmischen Bildungen kann ein emotionaler Gehalt beigelegt werden, der mit dem Charakter der Bedrohung verbunden ist. Der Begriff »Synkope« wiederum bestätigt dies, denn er ist mit der Vorstellung »Gefahr« korreliert. Eine gleichbleibende, nur rhythmisch strukturierte zeitliche Folge von Impulsen, die der klanglichen Differenzierung entbehrt, wirkt jedoch nicht sanft, sondern nur ruhig und ausgeglichen. Schlegel hat im ersten Teil der Vorlesungen *Über Schöne Litteratur und Kunst* (1801/02) die Systematik aufgegriffen, die Schulz, der die entsprechenden Artikel in Sulzers Lexikon verfaßte, entwickelt hatte. Bündig formulierte er:

»Bey dem Eindruck der verschiedenen Rhythmen kommt es auf folgende drey Punkte an: Schnelligkeit oder Langsamkeit, Einfachheit oder Compliziertheit der Verhältnisse, welche in der Einteilung bemerkbar sind, und endlich die Anordnung der länger oder kürzer dauernden Sukzessionen« (1884, S. 245).

Es sind dies umfassende Aspekte, keineswegs isolierbare Eigenschaften. Sie lassen sich jedoch bei einem Musikbeispiel dadurch bestimmen, daß eine Reihe von Beurteilern Abstufungen beispielsweise des Einfachen und des Komplizierten an Musik einschätzt und zugleich einen empfundenen Ausdruck angibt. Gundlach (1935) stellte auf diese Weise einen Zusammenhang fest zwischen als gleichmäßig eingeschätzten Rhythmen und den Attributen »brillant«, »animated«, »flippant«, »glad« und zwischen unregelmäßigen, meist in einfachen Unterteilungen vonstatten gehenden rhythmischen Folgen sowie den Eindrücken »delicate«, »sentimental«, »dignified«, »somber«. Außerdem fand er einen Zusammenhang zwischen sehr ungleich proportionierten rauhen Rhythmen und den Qualitäten »grotesque«, »uneasy«. Die Abhängigkeit vom Tempo prüfte er nicht systematisch. Die drei genannten Ausdrucksbereiche, von denen der des »Delikaten« an die Egalität einer rhythmischen Struktur gebunden erscheint und der des »Grotesken« an das Unregelmäßige, entsprechen recht schön den Angaben in Sulzers Lexikon. Sie erweisen sich darüber hinaus als voneinander unabhängig. Dieses Ergebnis macht einen Vorzug der empirischen Untersuchungen deutlich. Sie bedürfen nicht unbedingt einer vorgeordneten Gefühlsklassifikation. Sie dienen vielmehr auch dazu, solche Einteilungen von Gefühlen zu erstellen. Werden einfache rhythmische Strukturen im Tempo variiert (de la Motte-Haber 1968), so ergeben sich zusätzlich zu den bei Gundlach schon angedeuteten semantischen Faktoren der empfundenen Aktivität (»brillant«, »animated« etc.), der Lieblichkeit (»delicate« etc.) und des Grotesk-Triebhaften noch die im älteren Schrifttum ebenfalls immer erwähnten Dimensionen der Trauer und der ausgeglichenen Ruhe. Diese Dimensionen genügen dann aber auch, um den Ausdrucksgehalt komplizierterer, zusammengesetzter rhythmischer Gebilde zu be-

Faktoren	Charakterisierung der europäischen Musikbeispiele	Angemessene Situation für: 1. Indianerlieder	2. Europäische Volkslieder
eckige Rhythmik	*grotesk* *unruhig*	nach Tötung eines Kriegers Pfadfinderlied Sieg	Sieg Militärmarsch
unebene Rhythmik	*fein* *gefühlvoll* *würdevoll* *erhaben* *düster*	Liebeskummer Abschied Liebesglück	Tod des/der Liebsten Beschreibung der Liebe oder Lied auf die Liebe
wenige unebene Rhythmen	*keck* *lebendig* *grotesk* *sprühend*	nach Tötung eines Kriegers Sprechgesang Sieg	Sieg
ebenmäßige Rhythmik	*sprühend* *lebendig* *keck* *froh*	Kriegsmedizin Abschied Tod des/der Liebsten Heilung Liebesglück	Einsamkeit oder Traurigkeit lustig oder spielerisch
viele Primen und Sekunden	*unruhig* *traurig* *linkisch*	Kriegsmedizin Tod des/der Liebsten Heilung Sprechgesang Kriegspfad	gefühlvolle oder ernsthafte Liebe Einsamkeit oder Traurigkeit Abwesenheit oder Abschied
viele Terzen	*triumphierend*	Abwesenheit des/der Liebsten nach Tötung eines Kriegers Kriegsvorbereitungen	Sieg
viele große Intervalle	*froh* *erhaben* *fein*	Liebeskummer Einsamkeit Pfadfinder	lustig oder spielerisch Tod des/der Liebsten militärischer Trauermarsch

schreiben. Ihnen zugeordnet erscheint beim Hörer eine dimensional aufzuschlüsselnde Struktur der Bewertung nach Kriterien, die aus Tempo und rhythmischer Gliederung kombiniert sind. Die Gesichtspunkte, nach denen der Hörer urteilt, nämlich: schnell und einfach, langsam und kleingliedrig, kompliziert hinsichtlich der Proportionen, gegen den metrischen Akzent verstoßend, sind nur teilweise mit dem durch die Notation nahegelegten Komplexitätsgrad kompatibel. Ein Rhythmus wie ♪|♩.♪ in einem langsamen Tempo wird als stockend, ähnlich wie ein langsamer einfacher Rhythmus interpretiert. Dies kann darauf zurückgeführt werden, daß er kleingliedrig, nur aus zwei Dauern gebildet ist; es ist aber auch eine Umdeutung zu ♪|♩.♪ denkbar.

Tempo, Rhythmus und Tonhöhenlage verbinden sich mit emotionalen Bedeutungen, die — gemessen an den vielfältigen musikalischen Erscheinungen, die aus ihnen hervorgehen — in recht übereinstimmender Weise über große Zeiträume hinweg beschrieben werden können. Ganz gegenteilig hierzu ist die Zuordnung einer affektiven Qualität zu einer Tonart weniger gut von einem konkreten bedeutungsverleihenden Kontext ablösbar. Der Charakter einer Tonart scheint keine grundsätzlich generalisierbare Eigenschaft zu sein. Dennoch wurden die Tonarten immer und immer wieder auf genau definierte Ausdrucksmerkmale bezogen. Eine besonders nachdrückliche Beschreibung bietet Schubart, der ihnen das Schlußkapitel seiner *Ideen zu einer Ästhetik der Tonkunst* (1806) widmete. Er kommt allerdings oftmals zu anderen als den von Mattheson im *Neu-Eröffneten Orchestre* (1713) dargelegten Meinungen. Schubart klassifiziert — wie später Hand (1840) und Kurth (1931) — nach Art und Zahl der Vorzeichen und unterscheidet die B-Gruppe der sanften und melancholischen Gefühle von den wilden und starken Leidenschaften, die die Kreuztonarten repräsentieren; dazwischen stehen die »ungefärbten« einfachen Tonarten, die Unschuld und Einfachheit ausdrücken.

Gundlach (1935) hatte vierzig Musikbeispielen eine Reihe von Adjektiven (wie grotesk, unruhig etc.) zuordnen lassen. Zugleich wurden die Beispiele im Hinblick auf einzelne musikalische Dimensionen charakterisiert. Die Zusammenhänge, die er zwischen der musikalischen Charakterisierung im engeren Sinne und der Zuschreibung metaphorischer Qualitäten durch die Adjektive fand, weisen auf einen unterschiedlichen Charakter von Rhythmen und melodischen Abfolgen hin. Gundlach stellte auch Unterschiede im Hinblick auf die Wirkung anderer musikalischer Faktoren fest, beispielsweise des Tempos. In der Tabelle (Rösing 1983, S. 68f.) sind außerdem Ergänzungen durch situative Eignungen aufgeführt, die Rösing aus der Repräsentation bestimmter musikalischer Merkmale in Volksliedern ableitete. Die Anregung, dafür auch Indianerlieder heranzuziehen, stammt aus einer früheren Untersuchung Gundlachs (*A Quantitative Analysis of Indian Music*. In: *American Journal of Psychology* 44 [1932], S. 133—145), die dem Nachweis eines interkulturell gleichen Verständnisses von Ausdrucksgehalten gewidmet war.

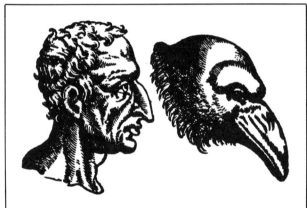

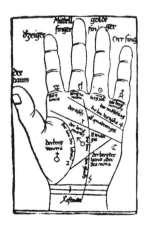

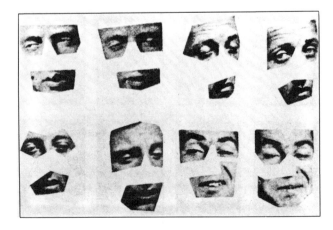

Verbirgt sich hinter dem, was wir sehen und hören, ein Sinn? Drückt sich im Dur-Dreiklang etwas anderes aus als im Moll-Dreiklang? Meint ein punktierter Rhythmus etwas anderes als gleichmäßige Viertel? Solche Fragen haben nicht nur im Bereich der Musik zu einer Art von Symptomlehre geführt, bei der einzelnen Elementen ein ganz bestimmter Ausdruck zugeschrieben wurde. Fast allen menschlichen Äußerungsvermögen wurden solche Theorien zugedacht, sogar den körperlichen Eigenschaften, deren Deutung die Probleme der Zuordnung einzelner Merkmale zu einem »Charakter« sehr gut veranschaulicht. »Wer große Ohren hat, der ist ein Tor, einfältig, faul, von harter Begrifflichkeit und unerhörter Redseligkeit, er liebt grobe Speisen und hat ein gutes Erinnerungsvermögen. [. . .] Wer aber kleine Ohren hat, der ist boshaft, dumm, unkeusch und manchmal ein Mörder. [. . .] Menschen mit großen Ohren zeigen nach Art der Esel Feigheit und Eselscharakter, Menschen mit kleinen Unbeständigkeit und betrügerische Veranlagung. [. . .] Oben spitzer Kopf zeigt einen unbeständigen, trägen und dummen Menschen an, mittelgroßer, runder Kopf weist auf einen ingeniösen, klugen, schlauen Menschen von gutem Gedächtnis hin, [. . .]« (aus: J. Indagine, *Chiromantia Physiognomia ex aspectu membrorum hominis . . . Astrologia naturalis,* Argentorati 1531).

Der Zusammenhang zwischen »großen Ohren« und einer »Neigung für grobe Speisen« leuchtet nicht unmittelbar ein. In der älteren Literatur werden solche Zusammenhänge daher oft durch ein kosmologisches System untermauert. So sind in den *Metoposcopia. 800 faciei humanae eiconibus complexa . . .* von Hieronymus Cardanus (1501—1576) die sieben wichtigsten Stirnfalten den Planeten zugeordnet. Dominiert in einem Gesicht seine Stirnfalte, so besitzt der Mensch die Eigenschaft des entsprechenden Planeten. Gleichermaßen verfuhr man mit den Linien der Hand, wobei die dem Saturn zugeschriebene, vertikal die Hand durchkreuzende Linie Glück anzeigte, sofern sie sehr ausgeprägt war (aus: Barth, *Physiognomonia,* Straßburg 1533).

Solche Entsprechungen wurden mit zunehmend aufklärerischem Denken fragwürdig. Della Porta bemühte in seiner berühmten Ausdruckslehre *De humana physiognomia* (1591) ein anderes Verfahren; er berief sich auf Analogieschlüsse. Menschen mit langen Nasen, die an einen Raben erinnern, hielt della Porta für Diebe und Räuber, »wie denn alle Vögel mit so gekrümmten Schnäbeln sehr diebisch sind, was man an den gezähmten beobachten kann, die Nägel, Münzen, Messer und ähnliche Dinge in Löchern und unter Steinen verstecken«. Nur wenn die Nase dem Schnabel eines Adlers entsprach, konnte er auch einen »vornehmen Sinn« vermuten.

Reste eines kosmologischen Denkens, die auf den Zuschreibungen der Kirchentöne und letztlich auf der griechischen Ethoslehre beruhen, haben sich in der Tonartencharakteristik erhalten.

Ob es sich um Denken in Analogien handelt, wenn wir tiefe, laute Klänge für bedrohlich halten und hohe, schnelle Töne als leicht und hüpfend empfinden? Die Zuordnung einzelner Merkmale zu Ausdruckscharakteren hat sich bis ins 20. Jahrhundert erhalten. Die Graphologie lebt bis zum heutigen Tage davon.

Die sogenannte mimische Diagnostik der dreißiger Jahre analysierte ebenfalls einzelne Aspekte der Mimik wie Lidspalte und Mundwinkel, indem Gesichter zerlegt wurden. Diesem Verfahren vergleichbar und gleichermaßen problematisch sind die in den dreißiger Jahren durchgeführten Experimente — einen Namen machte sich damit vor allem Hevner —, bei denen ein einzelnes Merkmal (das Tempo, die Tonhöhe etc.) bei einem Musikbeispiel verändert und von einem möglichen veränderten Eindruck auf den Ausdruck dieses Merkmals zurückgeschlossen wurde (© Walter-Verlag, Olten).

Vor allem die Musik zwischen 1750 und 1910 erschüttert ob ihrer unmittelbaren Ausdruckswirkung. Die Parallelen, die sich zwischen menschlichen Grundgefühlen und einer entsprechenden musikalischen Darstellung ziehen lassen, sollten zweierlei nicht vergessen lassen, nämlich daß es sich um einen historisch und geografisch begrenzten Musikbegriff handelt und daß viele Ausdruckswirkungen, die wir für unmittelbar halten, auf einem symbolischen Verständnis beruhen: Sie kommen aufgrund von Konventionen zustande.

Bevorzugung von bestimmten Tonarten bei Mozart

	Dur-Tonleiter												Moll-Tonleiter											
	C	Des	D	Es	E	F	Fis	G	As	A	B	H	c	cis	d	es	e	f	fis	g	gis	a	b	h
♯			2		4		6	1		3		5		4			1		3		5			2
♭		5		3		1			4		2		3		1	6		4		2			5	
18 Klaviersonaten	4		3	1		3		1		1	3		1									1		
27 Klavierkonzerte[1]	4		4	4		4		2		2	5		1		1									
40 Violinstücke	8		3	4		6		6		4	7						1			1				
8 Klaviertrios	1			1	1			2			2				1									
6 Violinkonzerte[2]			3					1		2	1													
27 Streichquartette	3		4	3		4		3		1	6		1		2									
8 Streichquintette	1		1	2						1	1		1							1				
49 Symphonien	8		14	5		5		7		3	5									2				
183 Werke	29		32	20	1	22		22		14	29		4		4		1			4		1		

[1]) Nicht mitgezählt die Rondos in D- und A-Dur und drei von Mozart als Konzerte eingerichtete Klaviersonaten von J. Chr. Bach. Mitgezählt sind die Sonaten 37, 39, 40 und 41.

[2]) Nicht mitgerechnet sind die Ersatzstücke für einige Violinkonzerte, Rondo in C-Dur, Andante in A-Dur und Concertone für zwei Violinen in C-Dur.

Die Wahl einer Tonart kann mancherlei Gründe haben. Nicht immer ist der Charakter einer Tonart dafür entscheidend. Révész (1946, S. 139) listete die bei Mozart verwendeten Tonarten auf und stellte fest, daß in 183 Werken nur ein einziges Mal eine Tonart mit mehr als drei Kreuzen auftaucht, hingegen neunundsiebzigmal eine, die weniger als zwei Vorzeichen hat. Beethoven benutzte in den Klaviersonaten Tonarten mit mehr als vier Vorzeichen — Opus 74 ausgenommen — fast nur in den Mittelsätzen. Die Verwendung von Tonarten — so schloß Révész aus seinen Statistiken — kann praktische, spieltechnische Gründe haben und auch durch die Kenntnis anderer großer Meisterwerke begründet sein (© Francke Verlag, Bern).

Mattheson hätte dies als »einfältig« abgetan. Er orientierte sich an der griechischen Ethoslehre und an den Kirchentonarten. Dies bedeutete auch, daß er den Gegensatz zwischen Dur und Moll ablehnte. Einschränkend allerdings bemerkt Mattheson, daß »keine Ton-Art an und für sich selbst traurig oder lustig seyn kan« (1739, S. 68). Eine Gegenüberstellung seiner Darlegungen mit Schubarts Lehre zeigt dies recht drastisch. Mag noch mit Mühen eine Übereinstimmung zwischen d-Moll, bei Mattheson als »devot, ruhig, dabei auch groß, angenehm, aber auch ergetzlich, mehr fließend als hüpfend« geschildert, mit der von Schubart empfundenen Ausstrahlung der »schwermütigen Weiblichkeit, die Spleen und Dünste brütet«, gefunden werden, so sind Entsprechungen zwischen der tödlichen Traurigkeit, die Mattheson aus E-Dur heraushört, und dem lauten Aufjauchzen der lachenden Freude der Schubartschen Deutung, die später auch Hand übernahm, nicht mehr zu konstruieren.

An der Beschreibung von Tonartencharakteren haftet immer ein Moment subjektiver Einschätzungen. Unterschiede werden nicht durch den Bezug eines Autors zu einer Epoche und damit zu unterschiedlichen kompositorischen Verfahren erklärt. Gegen die Idee, Johann Sebastian Bach habe Matthesons Charakterisierungen eine musikalische Wirklichkeit gegeben, hatte schon Riemann in seiner *Geschichte der Musiktheorie* (1898, S. 435) eingewandt, daß sie durch das *Wohltemperierte Klavier* widerlegt werde. Schubarts noch in der Ästhetik von Hand wirksame Auslegungen fand mancher bei Mozart realisiert. Nüchtern begegnet diesem Gedanken eine kleine Statistik über die eingeschränkte, selten viele Vorzeichen aufweisende Tonartenauswahl bei Mozart. Sie findet sich in der *Einführung in die Musikpsychologie* (1948, S. 138) von Révész, der dort auch von entschiedenen Anhängern einer Theorie der Tonartencharakteristik berichtet, die als Teilnehmer an einem Experiment allerdings bei der Identifikation von Tonarten versagten. Révész begründet im übrigen recht einleuchtend mit dessen absolutem Gehör, daß Beethoven sich gegenüber der Transposition seiner Lieder so ablehnend verhielt.

Die Hartnäckigkeit, mit der einer Tonart ein Sinngehalt zugeschrieben wird, ist erklärungsbedürftig. Es lassen sich verschiedene Gesichtspunkte anführen: An erster Stelle zu nennen ist die zumindest im 18. Jahrhundert noch wirksame antike Ethoslehre, die die Tonart mit einem Zweck, also auch mit bestimmten Gefühlswerten, assoziierte. Die dorische Tonart galt als geeignet zu ernsten Anlässen, mit der lydischen wurde Trauer und Wehmut erregt, Liebeslieder wurden äolisch gesungen und mit der phrygischen wurden Soldaten angefeuert. Da die griechischen Tonarten (und in ihrer Nachfolge die Kirchentonarten) sich jedoch dadurch voneinander unterscheiden, daß sie einen je unterschiedlichen Oktavausschnitt mit einer je unterschiedlichen Lage der Halbtöne repräsentieren, stellten sie charakteristische Verallgemeinerungen von Melodien dar, an denen gemessen die Tonleitern der gleichschwebenden Temperatur alle gleich erscheinen (nämlich lydisch). Damit eine Tradition, die kein reales Fundament mehr hat, dennoch wirksam bleiben kann, muß sie durch irgendwelche Erfahrungen gestützt werden, die ihrerseits aber ganz anders fundiert sein können. Erfahrbar ist ein Ausdruckswert der Tonarten in Abhängigkeit von der Besetzung eines Musikstückes. Die leichtere Spielbarkeit einer Tonart, für die Flöte G-Dur, für das Horn Es-Dur, hatte eine enge Verknüpfung von Tonart und Instrumentation zur Folge, die zur Zuschreibung von affektiven Charakteren führte.

Als weitere Begründung für die Verbindung von Tonart und empfundenem Ausdruck wäre zu erwägen, daß jede Tonartentransposition zwangsläufig mit einer Änderung der Helligkeit verbunden ist. Der »Höhencharakter«, von dem Révész spricht, erlaubt es, eine Transposition zu erkennen. Die im Einzelton zu unterscheidenden Merkmale der Tonigkeit, also einer empfundenen Ähnlichkeit von Tönen im Oktav- und Quintabstand, und der Helligkeit, also dem mit der Frequenz sich ändernden Eindruck der Höhe, könnten — so deutet der Schöpfer des Begriffs »Zweikomponenten-Theorie« an — Assoziationen ermöglichen. Diese Assoziationen sind jedoch weitaus weniger gut objektivierbar als andere musikalische Charaktere, was wiederum nicht ausschließt, daß sie musikalisch etwas Faktisches darstellen. Sie können zu intentionalen Momenten einer Komposition werden, die vom Hörer nachvollzogen und verstanden werden muß. Die Tonartencharakteristik — so berichtet Schindler (³1860, S. 235) — war für Beethoven so selbstverständlich wie »Sonnen- und Mondeinwirkung auf Ebbe und Fluth des Meeres«. Ihre Bedeutung kann ihr schlichtweg dadurch zukommen, daß Beethovens *Fünfte Symphonie* nicht in cis-Moll gedacht worden und damit in dieser Tonart undenkbar ist.

Schumann (1854, Bd. I, S. 130), dem wir eine Schrift über die *Charakteristik der Tonarten* verdanken, hat die Lehre von Schubart kritisiert, auch wenn er den Tonarten nicht alle Wirkung absprach. Er verwies jedoch stärker auf jenen Unterschied, der als ein Fundament des Tonsystems gedanklich weitaus eher den griechischen Tonleitern entspricht; er verwies auf den Unterschied von Dur und Moll. Er ging von einem polaren Gegensatz aus und erkannte im Dur ein handelndes männliches Prinzip, im Moll ein leidendes weibliches. Zumindest in theoretischen Schriften ist die Dualität des Dur- und Moll-Dreiklangs ein allgemeiner Grundsatz nicht nur des Ausdrucks, sondern des Aufbaus der Harmonik überhaupt. Die Dualität des Ausdrucks hängt jedoch, so überspitzt dies anmutet, mit Einschränkungen an diesen tonsystemlichen Konzeptionen zusammen. Der musikalischen Realität entspricht kein Gleichgewicht der beiden Tongeschlechter, wie schon der Hinweis darauf verdeutlicht, daß ein Schluß in Moll einen Kunstgriff darstellt, weil ihm die Vollkommenheit der Harmonie fehlt, der Schluß in Dur hingegen die Norm ist. Die geistigen Gebilde, die sich die Menchen erschaffen, sind nicht ganz von der physikalischen Struktur zu lösen. Physikalisch gesehen besitzt ein Moll-Akkord mehr Schwebungen; Helmholtz schätzte ihn daher auch im Hinblick auf seine physikalische Struktur als weniger konsonant ein als den Dur-Akkord. Er ist etwas ent-

Mit den von Charles Lebrun entworfenen Affektdarstellungen aus Testlins *Sentiments des plus habiles peintres* (Paris 1696; Photo von der Wissenschaftlichen Buchgesellschaft, Darmstadt) sollen Elemente des Ausdrucks so kodifiziert werden, daß eine für die Malerei verbindliche »Sprache« festgelegt werden kann. Dabei ergeben sich die gleichen Probleme wie bei der Zuschreibung affektiver Werte zu einzelnen musikalischen Qualitäten. Aus dem Zusammenhang herausgelöst, scheinen die Gesichtsausdrücke nicht für sich zu sprechen. Die Benennungen durch Gefühlsbegriffe — nicht immer gut lesbar — überraschen zuweilen. Die Darstellung des Lächelns (Le Rire, rechts oben) ist ebenso gut in einer anderen Form denkbar wie die der daneben abgebildeten Trauer (La Tristesse). Die Kontemplation (La Contemplation, erste Reihe, zweite Darstellung von links) unterscheidet sich wenig von der Abstinenz (untere Reihe, zweite Darstellung von links). Für Schreck, Kummer und Zorn (L'Efrev, La Grainte, La Collere, nebeneinander mittlere Reihe von links) scheinen die affektiven Benennungen austauschbar. Die malerischen Affektdarstellungen wurden gewonnen, indem Handlungsgesten von Schauspielern auf einen Moment reduziert wurden. Ganz analog zur Malerei wurden einzelnen musikalischen Sachverhalten — Intervallen, Dur- und Moll-Dreiklang, Rhythmen — affektive Valeurs zugeschrieben. Auch hierbei zeigte sich, daß eine derart elementaristische Betrachtungsweise nicht zu einer eindeutigen Fixierung des Ausdrucks führte, weil im musikalischen Kontext Bedeutungen verändert werden. Die Parallelisierung musikalischer Merkmale mit Grundgefühlen glückt besser, wenn das Zusammenwirken verschiedener musikalischer Merkmale bedacht wird.

fernt von der Vollkommenheit der Harmonie, wie Zarlino (1588, S. 31) bemerkte. Zarlino ist zugleich die eindeutige Fixierung des Dur-Dreiklangs als heiter und des Moll-Dreiklangs als traurig zu verdanken. Experimente aus jüngerer Zeit zeigen ebenfalls diese Einschätzungen fast als stereotype Reaktionen, unabhängig davon, wie musikalisch gebildet eine Person ist.

Sofern die Zuschreibung von Dur zur Freude und von Moll zur Trauer nicht zutage gefördert wurde wie in einer Untersuchung von Heinlein (1928), orientierten sich die Beurteiler an anderen, möglicherweise dominanteren Merkmalen. In der genannten Studie wurden Akkorde nicht nur im Tongeschlecht variiert geboten, sondern auch in der Lautstärke und in der Tonhöhenlage verändert. Die beiden letztgenannten Merkmale könnten den Dur-Moll-Unterschied übertönt haben. Worauf aber beruht der freudige Charakter des Dur-Dreiklangs und die Anmutung des Traurigen beim Moll-Akkord? Lundin (1953) spricht von »kulturellen Attitüden«. Dies würde eine überzeitliche, an allen Orten geltende Bedeutung ausschließen. Auch dem naiven, musikalisch ungeübten Hörer hätten sich nach dieser Überlegung durch zahllose Stücke, die dem Modell von der Nacht zum Licht durch den Wechsel des Tongeschlechts gehorchen, Assoziationen aufgedrängt. Anders als bei der Charakterisierung der Tonarten bietet jedoch die physikalisch feststellbare größere Rauhigkeit des Moll-Dreiklangs einen möglichen Erklärungsgesichtspunkt. Vom Tonsystem gesetzt ist die Dualität einer Gleichgewichtigkeit von Dur und Moll. In der Physik gegeben ist eine Abstufung hinsichtlich der Zahl der Schwebungen, die sich als Eindruck der Rauhigkeit beim Hörer auswirkt, ein Eindruck, der wohl zu unterscheiden ist von der intellektuell abstrakteren Zuordnung zur Kategorie »konsonant«. Es ist denkbar, daß der Überschuß an Information, der in den tonsystemlichen Kategorien nur unzureichend aufgefangen wird, eine gegensätzliche ausdrucksmäßige Differenzierung bewirkt. Gleichgültig, ob tonsystemlich durch ihre Funktion als Akkord, psychologisch durch das Ausmaß der Verschmelzung, physikalisch durch die Zahl der Schwebungen oder mathematisch durch die Proportion bestimmt, so bewirken Dissonanzen Assoziationen aus dem Bereich des Ernsten, Dunklen, Traurigen, Melancholischen. »Gott, welch Dunkel hier«: Florestans Grauen vor der Gefängnisgruft gestaltet ein dissonanter Dominantseptakkord; er belegt als Musikbeispiel, was Hevner bestätigte. Für die Herkunft des Moll-Dreiklangs aus dem Bereich des Traurig-Dunklen lassen sich durch sein Verhältnis zu den Dissonanzen noch weitere Erklärungen finden. Auch wenn er gemäß den Tonsatzregeln als nicht auflösungsbedürftig gilt, so könnte eine empfundene Nähe zu den physikalisch bestimmbaren Dissonanzen durch kulturelles Wissen bewirkt werden, weil Sätze in Moll sich häufiger mit Dissonanzenreichtum verbinden. Tiefe intensive Gefühle (wie Weinen, Klagen, Sorgen, Zagen) drücken sich angemessen in den rauheren, aufgewühlten musikalischen Mitteln der Dissonanz und des Molls aus.

»Das Waldhorn ist ein guter Mann«, schrieb Schubart in den *Ideen zu einer Ästhetik der Tonkunst*. Dieser Satz bietet ein besonders schönes Beispiel dafür, wie sehr der empfundene Charakter der Musik von der Instrumentation abhängt. Seit Jahrhunderten werden klangfarbliche Wirkungen beschrieben.

Recht stereotyp werden sie heute in Zweigen der Musikindustrie eingesetzt, die Musik produzieren, die sowohl leicht faßlich als auch prägnant sein soll. Der rein klingende Ton der Flöte, dessen wenig obertonhaltiges Spektrum im Orchester vielfach nur die Violine verdoppelt (ein solistisches Hervortreten läßt sich erst in der späten Klassik beobachten), ist in der Rundfunk- und Fernsehwerbung zum Garant für die reine Natur oder auch für die Unverdorbenheit von Kindern geworden. Die Oboe deutet im Film gern an, wie unschuldig ein Mädchen sei. Macht und Adel der Blechbläser ließ sie schon immer siegreiche Einzüge (bei den Posaunen sogar in den Himmel) verheißen. Zutiefst Innerliches drücken in einer über die Menschenstimme gesteigerten Höhe die Geigen aus.

Instrumentationseffekten gelten ganze Lehrwerke, diesen Effekten wurde wiederum in der musikpsychologischen Literatur recht wenig Aufmerksamkeit geschenkt. Wenn die hier vorgelegte Konzeption, Erträge der musiktheoretischen Literatur mit Ergebnissen musikpsychologischer Untersuchungen zusammenzufassen, nicht falsch ist, so muß begründet werden, warum solche Ausdruckscharaktere einerseits so umfangreich und andererseits so wenig bedacht wurden. Die Instrumentation ist das wichtigste Darstellungsmittel. An sich ist ein Ton, ein Rhythmus, ein bestimmtes Tempo oder ein Akkord ohne die akustische Ausführung nur ein gedankliches Artefakt. Die Instrumentation ist jedoch, pauschal gesprochen, in erster Linie ein Darstellungsmittel. Sie ist für die Substanz des Tonsatzes der traditionellen abendländischen Musik nicht von zentraler Bedeutung. Die exzessive Steigerung, die sie zeitweilig, so nach 1960, erfuhr, ist in einem anderen Kontext zu bedenken. So wird verständlich, daß ausgefeilte Lehren darüber existieren, wie sie adäquat eingesetzt wird, sie aber bei einem auf abstrakte Reduktion ausgerichteten Forschungsansatz eine untergeordnete Rolle spielt. Wo eine Deskription auf die Prinzipien der kategorialen Struktur zielt, sind die Schattierungen der Töne zudem auch schwer zu erfassen. Eine der wenigen empirischen Untersuchungen, die Instrumentationseffekten gewidmet ist, zeigt fast keinen Einfluß auf die Beurteilung von Musik. Van Stone (in: Radocy und Boyle 1979, S. 200) gab Musikbeispiele mit unterschiedlichem affektiven Ausdruck in unterschiedlicher Instrumentation (Streicher, Holzbläser, Blechbläser) wieder, ohne bedeutsame Unterschiede im Stimmungseindruck hervorzurufen. Der stärker verallgemeinernde Charakter und die Verpflichtung auf exaktere, aber weniger empfindlichere Meßinstrumente bedingen, daß sich die musikpsychologische Literatur von der ästhetischen Betrachtung und der Erörterung von Fallbeispielen abhebt. Ihr obliegt vor allem, die Wahrnehmung der zentralen Momente des Tonsatzes zu erforschen. Dies schließt selbstverständlich nicht spezielle Untersuchungen zur Klangfarbe aus, die aber anderen Fragestellungen gewidmet sind, so der Dimensionalität des Klangfarbenspektrums und der physikalischen Begründung des Farbeneindrucks.

Im englischen Konzert spielt fast immer — wie auf dem Gemälde von Carlo Crivelli (Archiv für Kunst und Geschichte, Berlin) — die Harfe mit. Ihre ätherisch zarten Arpeggien verweisen auf die himmlischen Sphären. Es kann sein, daß sich die Deutung dieses Verweises fast automatisch im Herz und im Kopf der Menschen vollzieht. Dann würden wir aufgrund einer unmittelbaren Verschränkung von Eindruck und Ausdruck verstehen. Die uralte Idee, daß Musikverstehen auf einer unmittelbaren, in immer gleicher Weise ablaufenden Resonanz beruhe, prägt nicht nur das alltagspsychologische Denken. Zahlreiche wissenschaftliche Untersuchungen sind dem

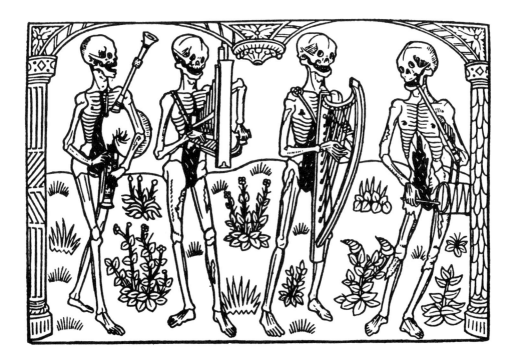

Problem gewidmet, natürliche Affinitäten zwischen musikalischen Sachverhalten und emotionalem Eindruck zu ermitteln. Nicht nur über Tonarten, Zwei- und Mehrklänge und Rhythmen, sondern auch über Klangfarben wurde gemutmaßt, daß sie eine natürlich festgelegte Bedeutung hätten. Das Ausdrucksverstehen ist jedoch nicht nur durch Nachvollzug bestimmt, sondern auch durch erlernte kognitive Akte.

Im *Danse macabre* einer französischen Handschrift um 1483 taucht der Tod mit einer Harfe auf. In älteren Darstellungen wurden seinem höllischen Spiel nur Pfeifen und Trommeln zugestanden; mehr und mehr aber wurde es mit allen Instrumenten illustriert, sogar mit einem Portativ. Das ist eine Form von Bedeutungswandlung, die eher den Gedanken eines symbolischen Gehalts der Instrumente nahelegt. Symbolverständnis prägt wahrscheinlich generell in hohem Maße das musikalische Verständnis. Die Zuschreibung einer Bedeutung beruht auf Konventionen und Traditionen. Weil sie damit gelerntes Wissen voraussetzt, ist sie flexibel und transformierbar; auch Verfremdungen stoßen nicht auf Unverständnis.

Dennoch ist der Hinweis auf die Wirkung der Instrumentation im speziellen Rahmen einer Abhandlung über Ausdruck und Eindruck bedeutsam, weil sie auch darauf aufmerksam macht, daß die musikalischen Mittel mit unterschiedlicher Dominanz den Eindruck prägen. Die Ergebnisse sind nicht konsistent, die Untersuchungen nicht immer vergleichbar und das Ausmaß an Interaktionen verschiedener musikalischer Elemente nicht abzuschätzen. Durch eine theoretische Annahme gestützt (oder sehr verallgemeinert abstrahierend) können Autoren sehr unterschiedlicher Provenienz trotzdem zu der Auffassung gelangen, daß der Rhythmus — vielleicht ob seiner Verankerung in der Sphäre biologischer Abläufe — eine Art Urelement des musiksprachlichen Ausdrucks ist. Aus seinem Literaturüberblick folgert Eagle (1971, S. 79): »Rhythm seems to be the primary element in evaluating mood responses to music«, wie schon in Sulzers Lexikon zu lesen ist: »Endlich läßt sich aus allen diesen Betrachtungen über den Rhythmus einsehen, wie vermittelst desselben eine Reihe an sich unbedeutender Töne die Art einer sittlichen oder leidenschaftlichen Rede annehmen können« (S. 111).

Die gesamte Ausdruckslehre ist seit nunmehr zweitausend Jahren, seit der aristotelischen Physiognomik, von dem Konflikt geprägt, sowohl der unmittelbaren Macht des Eindrucks gerecht werden zu müssen als auch Möglichkeiten einer analytisch rationalen Begründung zu finden. So stellt die Zuschreibung emotionaler Qualitäten zu einzelnen musikalischen Elementen den Versuch dar, zu erklären, woraus eine bestimmte Wirkung resultiere. Sie ist geprägt vom Mißtrauen dagegen, daß Verstehen nur evident sein solle. Aber wie andere Symptomlehren, etwa die des mimischen Ausdrucks, beschreibt sie das Insgesamt einer Erscheinung höchst unzureichend, weil sie Zeichenhaftes isoliert, ohne ihm in allen seinen Interaktionen gerecht werden zu können. Wenn an einem herabgezogenen Mundwinkel Verachtung abgelesen wird, so entspricht dies ebensowenig der Forderung eines umfassenden Ganzheitsbezuges, wie wenn der Dur-Dreiklang als heiter gedeutet wird. Eine Symptomlehre des musikalischen Ausdrucks besitzt jedoch den Vorzug, den sprachähnlichen Charakter der Musik unmittelbar plausibel zu machen, weil sie das Verstehen als »Verstehen von Etwas« begreift. Darüber hinaus allerdings gilt es zu differenzieren. Wenngleich fast alle Autoren deskriptiv verfahren, d. h. schlicht nur die Zuordnung musikalischer zu emotionalen Merkmalen vornehmen, so stehen dahinter doch verschiedene theoretische Annahmen, wie dieses »Verstehen von Etwas« vor sich geht.

Eine wichtige Rolle, um die Vermittlung von Ausdruck und Eindruck zu klären, spielt seit den nunmehr über zweihundert Jahren, in denen Musik als Sprache begriffen wird, eine Art von Resonanztheorie, deren Wurzeln ursprünglich in einer physikalischen Vorstellung vom Menschen zu suchen sind, die jedoch später phänomenologisch umgedeutet wurde. Daß ein Scherzo als freudig empfunden wird, ist keine metaphorische Umschreibung oder eine bloße Projektion. Wir können die Freude in der Musik unmittelbar erleben. Im Anschluß an die Sympathielehre von Scheler spricht Wellek (1963, S. 251) von einer Art »objektiver Einfühlung«, womit er einen Nachvollzug objektiv gegebener Qualitäten meint. Von solchen »Mitempfindungen« ist auch in den Artikeln über Musik in Sulzers Lexikon die Rede. Sie spielen im 19. Jahrhundert in der noch zu behandelnden Theorie Hauseggers eine bedeutsame Rolle, und sie wurden im 20. Jahrhundert sogar als Methode der Ausdrucksdeutung verwendet. Empfinde ich den Ausdruck mit, vollziehe ich gar Bewegungen nach — auch hier wird als primäre Erkenntnisquelle der Rhythmus genannt —, so gelange ich zur richtigen Interpretation eines Werkes. In der Nachfolge eines in den Literaturwissenschaften angewandten Mittaktierens von Texten schlug Becking (1928) vor, eine Art Mittaktieren zu Musik vorzunehmen, das weniger eine regelrechte Nachahmung als vielmehr ein von Einfühlung bestimmtes Sich-dirigieren-Lassen sein soll. Ihm verdanken sich typologisch geordnete Charaktere, deren Nachteil vordergründig darin besteht, daß Becking nur derer drei in unserer vielfältig ausgeprägten Musikkultur fand.

Ein besonderes Problem für eine Art Resonanztheorie des Verstehens bietet die Differenzierung der Funktionsweisen zwischen dem System, das den Ausdruck wahrnimmt, und dem, das ihn hervorbringt. Sprache und Musik vernehmen wir mit einem Organ, das selbst zu keiner Ausdrucksäußerung fähig ist. Und wenn es sich nicht um unmittelbar Gesprochenes und Gesungenes handelt, sondern um die Darstellung einer objektivierten Form der Musik, so ist eine sympathetische Wirkung oder auch nur eine empathetische Einfühlung noch schwerer plausibel zu machen. Wiederholt taucht in der Literatur, um dieses Problem zu lösen, der Gedanke einer Art grundsätzlicher Isomorphie zwischen Affekt und dem zeitlichen Verlauf (damit der rhythmischen Struktur) der Musik auf. Rousseau huldigte im *Dictionnaire de musique* (1768, S. 158ff.) dieser Auffassung, indem er annahm, daß einige Gefühle in ihrer Natur einen rhythmischen Charakter haben. In *Fragen der Musikästhetik* (1954) von Lissa ist die Analogie zwischen Bewegung und Gemütsregung die entscheidende Prämisse, um in der Musik widergespiegelte emotionale Reaktionen nachzuweisen. Diese eher abstrakten Argumentationen ergänzt in jüngerer Zeit Clynes (1982) mit dem überraschenden Befund, daß Gefühle, die kommuniziert werden sollen, interkulturell durch einen gleichen zeitlich-rhythmischen und dynamischen Verlauf dargestellt werden können. Er ließ mit einem komplizierten Apparat Druckbewegungen von Fingern aufzeichnen, wobei die Personen angewiesen worden waren, Gefühlszustände wiederzugeben. Nicht nur das Ausmaß an Differenzierung zwischen seinen »Sentogrammen« ist erstaunlich, sondern auch die Unabhängigkeit von der ethnischen Zugehörigkeit der ausführenden Person. An dem Experiment nahmen Mexikaner, Japaner, Balinesen und Amerikaner teil. Obwohl die ausgeführten Bewegungen bewußt geschahen, so sind sie universell. Es gilt dies allerdings nicht für Emotionen, die nicht in erster Linie zur Kommunikation bestimmt sind: Dazu gehören Überraschung, Neid und Schuldgefühl. Ob es ein Zufall ist, daß zumindest die beiden letztgenannten kein musikalisches Äquivalent haben? Clynes konnte seine »Gestaltbilder« von Gefühlen in verschiedenen Darstellungsformen als äquivalent in der zeitlichen Struktur ausweisen. So besitzt das (Haha-)Lachen eine mittlere stimmliche Repetition von 5 Hz, die sich auch in den Fingerdruckbewegungen abbildet.

Hatte also Rousseau mit seiner Analogie von Rhythmus und Affekt recht? Die Zusammenhänge muten merkwürdig an, aber man kann nicht umhin, zur Kenntnis zu nehmen, wie sehr ältere Spekulationen mit Forschungen aus jüngerer Zeit übereinstimmen. Clynes stellt außerdem recht interessante Überlegungen an über mögliche Verbindungen von Gefühlen und räumlicher Ausdehnung. Zuständlichkeiten werden grundsätzlich im Verhältnis zum Körper erlebt und erhalten damit ein virtuelles Körperimage; Sorgen erscheinen schwer, und die Freude verbindet sich mit Leichtigkeit (nur wer sich freut, will Luftsprünge machen, nicht wer bedrückt ist). Wenn umgekehrt gilt, daß durch eine virtuelle Leiblichkeit der Gefühle das Schwere sorgenvoll erscheint und das Leichte, Hohe freudig, so böte sich damit auch eine Erklärung für das musikalische Ausdrucksgeschehen, für eine nicht zufällige Assoziation einer physikalisch-akustischen Erscheinung mit einem emotionalen Charakter.

Mit der vor allem für die Musikanschauung der zweiten Hälfte des 18. Jahrhunderts wichtigen Idee, daß Empfindungen in Tönen ausgedrückt werden können und durch eine Art sympathetischer Wirkung wiederum Empfindung erzeugen, wird die Unmittelbarkeit des einfühlenden Erlebens betont. Die barocken Lehren, Musik sei eine Nachahmung der Affekte, erschienen damals als veraltet. Die Empfindungsästhetik basiert auf der Annahme — dies deutet sich sowohl in der Theorie von Herder als auch in der von Forkel an — einer biologischen Kongruenz zwischen der expressiven Geste und dem in Resonanz erlebten Gefühl. Es ist jedoch nur sinnvoll, das Verstehen eines affektiven Ausdrucks durch nachvollziehende Mitempfindungen zu erklären, wenn tatsächlich eine expressive Geste vorliegt. Dieses Modell versagt, wenn ein Komponist gar keine subjektiven Empfindungen mitteilen wollte, sondern das musikalische Material als etwas affektiv Geprägtes verwendete. Eindrücke des Heiteren oder des Drohenden, die wir mit Gegenständen oder akustischen Ereignissen verbinden, können jedoch durch die qua Natur gestifteten Verbindungen des Ausdrucks mit Substanzeigenschaften recht gut erklärt werden. Zumindest ist dies ein Ansatz, der auch im Bereich der Lautsymbolik bedenkenswert erscheint. Er ergänzt um die Erklärung affektiver Qualitäten die Theorien, denen zufolge die symbolischen Qualitäten von akustischen Ereignissen auf gelernten Assoziationen beruhen (große Körper erzeugen tiefe Töne, daher erscheint uns ein tiefer Ton voluminöser). Kompatibel wäre dieser Ansatz auch mit der Art, wie Werner (1925) die Entstehung des physiognomischen Angemutetseins interpretiert. Er meint, daß ursprünglich in einer unscharfen Trennung zwischen Subjekt und Objekt die Welt beseelt erscheint, also Ausdrucksqualitäten Reste einer animistischen Wahrnehmung sind, aus der auch Entsprechungen zwischen verschiedenen Sinnesgebieten resultieren, etwa die Bezeichnung von hoch und tief für Tonlagen. Da nach Werner Gefühlseindrücke aus organismischen Zuständen hervorgehen, ist es möglich, eine Parallele zwischen seinen Gedanken und der Theorie von Clynes zu ziehen. In beider Sinne ist es richtig, eine körperliche Verwurzelung des affektiven Erlebens anzunehmen. Diese Beziehung aber kann gemäß beiden Theorien außerdem derart gelockert und rationalisiert werden, daß das Erlebnis einer Zuständlichkeit zur Wahrnehmung eines mit einem Gegenstand verbundenen Merkmals wird (Ich fühle mich nicht bedroht, sondern ich finde etwas bedrohlich). Das Ausdrucksverstehen durch Resonanz zu erklären, macht mannigfache, bei einzelnen Autoren verschiedene Zusatzhypothesen notwendig. Optimal interpretiert wird mit diesem Modell, das in jedem Fall eine Verschränkung von Eindruck und Ausdruck zugrundelegt, das unmittelbare Berührtsein.

Neben der Idee, mitschwingende Seelen und körperliche, sogar — wie beim Mittaktieren — künstlich erzeugte Begleiterscheinungen seien verantwortlich, bietet die Möglichkeit, in Analogien zu denken, eine weitere Begründung für das Verstehen eines artifiziell erzeugten Ausdrucksgeschehens. Dieser Erklärungsansatz ist, ebenso wie der der Empfindungsästhetik, teilweise historisch begrenzt: Die Annahme, musikalischer Ausdruck beruhe auf Nachahmung, also auf der Darstellung von Affekten, füllt die barocken Lehren der musica poetica. Teilweise enthalten diese Gedanken jedoch auch verallgemeinerbare überzeitliche Prinzipien, die seit den vierundzwanzig Briefen über die Mimik, die Engel (1785/86) an einen fiktiven Freund schrieb, Gegenstand einer allgemeinen Ausdruckstheorie geworden sind. Engel hob das »Als Ob« der »Malerei« und den sich unwillkürlich vollziehenden Ausdruck voneinander ab, eine Unterscheidung, die im 20. Jahrhundert im Werk von Klages mit der einer antagonistischen Konzeption von Seele und Geist kontaminiert, makaber dahingehend ins Weltanschauliche gewendet wurde, daß Ausdruck und Seele dem Leben, Darstellung hingegen dem Geist und dem Tod gleichgesetzt wurden. Klages war ein absoluter Irrationalist, dessen Spuren zu den heroischen Völkern des Nordens zu folgen auch politisch obsolet wäre. Seine Argumentation macht allerdings deutlich, daß ein Verstehen, das sich auf die Darstellung von Strukturen gründet, die nur analog zu ursprünglichen Ausdrucksäußerungen gestaltet wurden, kompliziertere (weil kognitive) Identifikationsleistungen erfordert, als sie das Mitgefühl verlangt. Reste eines unmittelbaren Verständnisses müssen jedoch gegeben bleiben. Die das Gefühl nachahmende akustische Geste ist geprägt von der Affinität, die zwischen der Lautheit und dem Schreck oder dem Lockruf und dem Zärtlichen existieren. Wie tief solche Beziehungen zwischen Lauten und expressiven Qualitäten in das Verstehen eingreifen, zeigt ein Experiment, in dem Lautfolgen aus fünfundzwanzig Sprachen in ihrer atmosphärischen Tönung erkannt werden mußten. Es gelingt in allen Sprachen, Bedeutungen des Schönen, Guten, Süßen, Glücklichen wie auch des Häßlichen, Bitteren, Schlechten, Traurigen zu erkennen; es ist möglich, die Bedeutung der Schwäche und Stärke, der Bewegung und Ruhe Worten zuzuordnen, deren lexikalische Bedeutung man nicht gelernt hat. Auch Musik, die in einem sprachähnlichen Sinne verstanden sein will, bleibt an die Darstellung eines ursprünglich unmittelbaren, gefühlshaften Ausdrucks gebunden. Dadurch, daß sie ihn aber nur nachahmend darstellt, fordert sie eine rationale und nicht nur einfühlende Wahrnehmung. Es gibt darüber hinaus Darstellungen in der Musik, die von den Anmutungen losgelöst sind. Die barocke Figurenlehre ist voll von solchen Vorschlägen — bis hin zur Empfehlung, bei der Wiedergabe der Nacht die Noten zu schwärzen. Solche kaum noch unmittelbar nachzuvollziehenden Analogien können nur erkannt werden, wenn sie durch erlerntes Wissen entschlüsselt werden. Sie setzen einen Musikbegriff voraus, der nicht — noch nicht — von der Idee der Tonsprache geprägt ist.

»Die Behauptung mancher Leute, die Musik sei eine so unbestimmte Sprache, daß der Ausdruck der Wut mit dem der Furcht, Freude oder Liebe übereinstimme, beweist nur, daß ihnen der Sinn fehlt, der andere die verschiedenen Charaktere ausdrucksvoller Musik wahrnehmen läßt« (zit. nach Bahle 1947, S. 106).

Dies soll Berlioz einmal gesagt haben. Prägnanter formulierte Mahler, daß alle Verständigung zwischen dem Komponisten und dem Hörer auf einer Konvention beruhe (zit. nach Niemöller 1980, S. 23). Neben dem unmittelbar wirksamen Naturlaut und der darstellenden expressiven Lautgeste ist eine dritte Möglichkeit zu bedenken, das Ausdrucksgeschehen zu interpretieren, nämlich die frei gesetzter, auf Konvention beruhender Bedeutungen. Derartige Ausdruckssymbole sind erlernt. Sie können tradiert werden und dann fast natürlich wirken. Es scheint, als würden teilweise die emotionalen Eigenschaften, die mit den Tonarten verbunden sind, einer Art kulturellem Wissen entspringen. Der Respekt vor den antiken Lehren garantierte den Tonarten noch Berücksichtigung, als die akustischen Charakteristika längst aufgelöst waren; zugleich gewannen sie durch neu geschaffene Werke zusätzlich an Bedeutung. Das Es-Dur der *Eroica* schuf ebenso Assoziationen wie das c-Moll der *Schicksalssymphonie*. Tonsystemliche Ordnungen, die an späterer Stelle behandelt werden, gewinnen ihre Bedeutung auch überwiegend aus gesetzten und erlernten Bezügen. Im Bereich der elementaren Eigenschaften der Musik stellen aber solche erlernten Bedeutungen eine weitaus größere Seltenheit dar als in der Sprache, deren Wortsinn überwiegend aus Konventionen hervorgeht. Es ist dies vielleicht einer der Gründe für die intensive gefühlsauslösende Wirkung der Musik, die, wie Kalypso in den erwähnten Gesprächen sagt, erstaunlich tief redet.

Die Intonationslehre als musikalische Hermeneutik

Die Idee, es gäbe ursprüngliche expressive musikalische Qualitäten, und die Möglichkeit eines mit dem kulturellen Wertsystem sich wandelnden Symbolgehaltes macht den Kern der russischen Intonationslehre aus, die Assafjew ausgearbeitet, allerdings wenig systematisch dargelegt hat, was ihre Rezeption auch im russischen Sprachraum beeinträchtigte. Recht gut brauchbar als »Übersetzung« des Begriffs »Intonation« ist die Formel »emotional gestimmte Aussage«.

Diese Definition stammt von Waldmann, der Assafjews unter dem Pseudonym Igor Glebow publiziertes Buch *Tschaikowskis Eugen Onegin* (1944) ins Deutsche übertrug. Assafjew hat mehrere solche Einzelstudien (auch über Rachmaninow, Glinka, Rimski-Korsakow) vorgelegt; er wurde bekannt durch sein Buch *Die musikalische Form als Prozeß* (1930) und durch eine allgemeinere, in den vierziger Jahren während des Krieges geschriebene Abhandlung über die Intonationen — einer Mixtur von Stilgeschichte und allgemeiner Musiklehre. Der kulturgeschichtliche Hintergrund seines Werkes ist vielfältig bunt. Assafjew nahm Anregungen der Lebensphilosophie, dabei vor allem von Bergson, auf, orientierte sich mit der Ablehnung eines schematischen Formbegriffs zugunsten eines dynamischen, prozeßhaften Geschehens an den Büchern von Kurth, und er besaß eine Form-Inhalt-Konzeption von Musik, die Lenins Widerspiegelungstheorie genügen sollte. Angesichts dieser üppigen gedanklichen Fülle wirkt es bescheiden, seine Theorie nur im Hinblick auf das Problem der Ausdruckssymbolik zu betrachten.

Assafjew nimmt eine ursprünglich synkretistische Einheit von Musik und Sprache an, wie sie seit Herder als übliche Fundierung des musikalischen Ausdrucks angesehen wird. Sprache und Musik sind je verschiedene Ausformungen — in Worte oder in Intervalle — einer akustischen menschlichen Ausdrucksfähigkeit. Obwohl Assafjew von einer Art Intonationswörterbuch gesprochen hat — ein Begriff, der bei der deutschen Übersetzung von *Die musikalische Form als Prozeß* (1976) vermieden wurde —, ist es schwierig, den Begriff der Intonationen zu präzisieren, weil er sich nicht an elementaren musikalischen Phänomenen, etwa Motiven, dingfest machen läßt, schon gar nicht so positivistisch erscheinen soll, als wären lexikalisch semantische Einheiten definiert: »Eine der primären Ausdruckseinheiten ist das Intervall [. . .] das rhythmusgesteuerte (vom Rhythmus organisierte) Intervall bildet eine ganz einfache kurze stabile rhythmisch-intonatorische Ausdrucksform« (1976, S. 234). Gegen derartig präzise Festlegungen haben sich seine Apologeten oftmals zur Wehr gesetzt, weil ihnen die allgemeinen Äußerungen, Musik drücke Gedanken aus, besser im Rahmen einer marxistischen Theorie interpretierbar erschienen. Wenn jedoch Assafjew konkret Musik analysiert, findet er ihren intonierten Gehalt vor allem in einzelnen melodischen Wendungen; andere Elemente, z. B. harmonische Mittel, werden in der Regel herangezogen, gezeigt wird aber nur ihre intensivierende Funktion. Sie nehmen in seinen Interpretationen keinen zentralen Platz ein. Die Übungen, die er in seiner Monographie über den *Eugen Onegin* vorschlug, um Intonationen erfassen zu lernen, sind durchweg als Interpretationen von melodischen Phrasen konzipiert. Melodieanfänge, so erfährt man, die auf der Terz des Dreiklangs mit einer gleichsam verspäteten Bestätigung des Grundtons beginnen, erwecken den Eindruck des »Liebenswert-Freundlichen«, der Aufstieg von der Unterquarte zur Oberterz (z. B. *In einem Bächlein helle, Das Wandern ist des Müllers Lust*) ist mit der Empfindung des Überzeugenwollens verknüpft. Daß an je unterschiedlichen melodischen Wendungen wechselnde Affekte haften, genügt jedoch nicht, um einen Intonationsverlauf zu deuten. Assafjew zielt darauf, Intonationen durch Ableitungen von »Ursprüngen« zu fundieren. Die Arie der Olga »Warum auch seufzen, wenn jeden Morgen ein neuer froher Tag beginnt« im ersten Akt des *Eugen Onegin* wurzelt, so weist er nach, in dem Bauerntanz *Durch das Feld da fließt ein Bächlein*.

Solche Verwandtschaften zwischen Intonationen sind sinnkonstituierend. Jedoch ist gerade an diesem Beispiel zu kritisieren, daß die Ähnlichkeiten sehr unspezifisch sind. Taktart und Tonart teilen diese beiden Musikbeispiele mit vielen anderen: Der fallende Charakter findet sich ebenso bei anderen Melodiebildungen, aus dem Auftauchen der großen und der kleinen Sekunde ergeben sich keine zusätzlichen Gesichtspunkte für eine innere Beziehung, weil diese Intervalle in metrisch verschiedener Stellung erscheinen. Es ist jedoch wichtig zu bedenken, daß es Assafjew nicht um eine Verwandtschaft im Sinne der motivisch-thematischen Analyse ging. Er suchte nach Typischem im Besonderen; er suchte das Verallgemeinerbare, auch wenn er ein einzelnes Werk interpretierte. Dies macht seine Lehre anderen Theorien zum musikalischen Ausdruck vergleichbar, die abstrahierend verfahren. Die Gründe, das Typische zu finden, sind jedoch bei Assafjew anders motiviert, als es dem üblichen induktiven schlußfolgernden Denken entspräche.

Das Typische ist eine marxistische Kategorie, die in der Ästhetik auch zuweilen als das Charakteristische auftaucht. Sie ist der sicherste Garant für eine parteiliche Kunst, weil das Typische im Volkstümlichen immer vorhanden ist, somit die soziale Basis der Kunst und ihre Allgemeingültigkeit sichtbar werden läßt. Auch nationale Eigenheiten und geschichtliche Veränderungen spielen in Assafjews Überlegungen demzufolge eine Rolle. Intonationen sind nur bis zu einem gewissen Grad überzeitlich. Je unterschiedliche Gesellschaften bilden Varianten, sogenannte Umintonationen, oder aber es wird aus dem vorhandenen Intonationsschatz eine Auswahl getroffen. Assafjew skizziert seine Musikgeschichte als Geschichte der Intonationskrisen. Die Umgestaltungen lösen die Intonationen jedoch nicht ganz aus ihrer »natürlichen« Rückbindung, die zwangsläufig angenommen werden muß, sonst wäre der evolutionäre Gedanke überflüssig, die Intonationen hätten sich aus ursprünglichen Lautäußerungen gebildet. Dies macht am besten ein Beispiel deutlich: In den stürmischen Jahren der Französischen Revolution, so erörtert Assafjew, vollzog sich natürlich eine den emotionalen Bedürfnissen angemessene Auswahl an Intonationen. Dies bedeutete aber keinen grundsätzlichen Wandel, sondern eine Bevorzugung leicht einprägsamer Melodien mit scharf hervorgehobenen Akzenten. Da ein grundsätzlicher Wandel ausgeschlossen wird, kann von Neuer Musik auch nur am Rande die Rede sein (es fällt einmal der Name von Hindemith). Künstlerische Experimente müssen, so folgert zur Zeit des Stalinismus Assafjew, vom gesellschaftlichen Bewußtsein gutgeheißen sein. Damit wird das, was bewiesen werden soll, vorausgesetzt.

Assafjew hat die musikalische Hermeneutik von Kretzschmar zumindest in der Gestalt von dessen *Führer durch den Konzertsaal* (1887) gekannt und ihr — worauf selten aufmerksam gemacht wurde — entscheidende Anregungen verdankt. In den Jahren 1902 und 1905 hatte dieser Musikforscher in kleinen Aufsätzen seine *Anregungen zur musikalischen Hermeneutik* publiziert, die eine Art Dolmetscherlehre darstellen. Musik wird an ihren affektiven Qualitäten gedeutet, ihr Sinn erschließt sich dem, der den Dur-Dreiklang als hart und hell sowie den Moll-Dreiklang als weich und trübe erkennt, der die Qualität eines Themas an den affektiven Wirkungen der Intervalle bestimmen kann. Ein Quartschritt drückt eine größere seelische Spannung aus als die melodische Fortschreitung um eine große Sekunde. Die Quarte bezeichnet Kretzschmar auch — bei einer entsprechenden rhythmischen Gestaltung — als »keck«. Er betreibt eine Form der Themenästhetik, die er nicht systematisieren konnte, weil er wohl bemerkte, daß aus der Interaktion einzelner Elemente sich nicht, wie er anfänglich meinte, eine addierte Stimmung ergibt. Er erläuterte jedoch den Affektverlauf exemplarisch an der C-Dur-Fuge des *Wohltemperierten Klaviers I* von Bach. Er schilderte, wie sich in den vier Durchführungen dieser Fuge ein Kampf zwischen Resignation und Hoffnung abspielt, der in innere Ruhe nach der Überwindung mündet.

Auch Kretzschmar interessierte wie Assafjew weniger das Individuelle und Besondere. Er strebte für dieses Werk von Bach eine Deutung an, die es als Ausdruck einer hohen Wertvorstellung, nämlich der Überwindung von Kleinmut, zu jeder Zeit aktuell erscheinen lassen konnte. Kretzschmar bezieht sich dabei auf Dilthey, ohne aber zu bemerken, daß sein additives, ähnlich wie die Intonationsanalysen am Stück sich entlang hangelndes Verfahren mit dessen Erlebnisbegriff, der als vermittelnde Instanz zwischen Objekt und Subjekt fungiert, nichts zu tun hat. Kretzschmar orientierte sich außerdem an einem älteren, philologisch geprägten Verstehensbegriff des Übersetzens; er nutzte die barocke Affektenlehre, um melodische Formeln in einen emotionalen Gehalt zu übertragen. Wesentlich für die Rechtfertigung seiner Lehre als Hermeneutik erscheint jedoch das Bewußtsein einer historischen Distanz, die er überbrücken wollte. Kretzschmar aktualisierte. Er gewann den Werken der Vergangenheit in seiner Gegenwart eine Bedeutung. Ohne allerdings so gravierend einzugreifen, daß er regelrecht Programme unterlegte, verwandelte er ältere Musikstücke seiner Zeit an, die geprägt war von inhaltsästhetischen Vorstellungen. Kretzschmar lehnte die Konkretion der Programmusik ab; er war, wie viele Musikforscher, schlicht ein Konservativer. Dies verhinderte jedoch, daß er sich auf die Suche nach verborgenen esoterischen Programmen begab, um den Sprachgehalt von Musik zu belegen. Wenn er sich in seinem *Führer durch den Konzertsaal* konkreter Bilder bedient, so sind sie als sehr weitläufige Metaphern gemeint, um einen Stimmungsgehalt zu präzisieren, der ja seinerseits auch in der Wortsprache nicht leicht wiedergegeben werden kann.

Konkreter wurde Schering, der die aus dem 18. Jahrhundert stammende Tradition des Textierens wieder aufnahm, damit allerdings zu sehr problematischen Deutungen gelangte. Er brachte Beethovens Werk in Zusammenhang mit den Dichtungen Homers und Shakespeares. Er sah (1934) in Beethovens *Fünfter Symphonie* ein Symbol nationaler Erhebung, deren Ziel die Einsetzung eines neuen Führers (zu Zeiten Beethovens Napoleon) sein soll. Zugleich inkorporiert die *Fünfte Symphonie* das Thema »Führer« auch allgemein; sie stellt eine Huldigung an Moses, Judas Maccabaeus, Wilhelm Tell und eben den zu seiner Zeit neu gewonnenen Führer dar. Scherings Interpretationen sind bizarr. Wer sie im einzelnen studiert, wird auf die Grenzen stoßen, die dem Vergleich zwischen Musik und Sprache gesetzt sind. Die politischen Implikationen der Analysen von Schering sind zudem verheerend. Es ist merkwürdig, daß sich ausgerechnet ein marxistischer Musikwissenschaftler wie Goldschmidt (1974) derselben Methode bediente, um dem so wenig konkreten Medium Musik einen präzisen Inhalt abzugewinnen.

Schering konnte bei seinen Analysen nicht mehr wie Kretzschmar latent vom Bewußtsein zu aktualisieren stimuliert sein. Er schrieb nicht zu einer Zeit, da Komponisten Musik durch Programme zu steigern versuchten. Daher verdanken sich ihm ausgeführtere Überlegungen zum Verstehen, die erwähnt seien, weil sich die Hermeneuten der Musik im allgemeinen wenig um theoretische Grundlagen kümmerten.

Schering (1930, S. 19) unterschied verschiedene Existenzweisen der Musik — ein Gedanke, hinsichtlich dessen ihm die Musikwissenschaft gefolgt ist: Er hob die akustisch erklingende Daseinsform der Musik ab von ihrer schriftlichen Fixierung, die er ihrerseits als etwas Unselbständiges ansah; wichtig erschien ihm vor allem die Verwurzelung der Musik in einem allgemeineren Bewußtsein einer Kulturgemeinschaft, die er wiederum in die Totalität des »Welterlebens« einbezogen sah. Einfacher ausgedrückt bedeutet dies, daß die Existenz von Musik an Kategorien des Denkens und Erlebens beim rezipierenden Subjekt gebunden ist. Diese Kategorien sind partiell biologischer Natur. Zumindest muß dies gefolgert werden, wenn die Analogien zwischen Musik, Bildern und Gedichten, die Schering konstruierte, plausibel sein sollen. Die Kunst basiert auf allgemeinen Prinzipien der Spannung und Lösung, des Hinsinkens, Ermattens, Kämpfens, Ersterbens und Beharrens, Prinzipien, die Schering mit seinen Deutungen konkretisierte. Allen Künsten gemeinsam ist ein biologisches Fundament. Auch durch die Musik pulsiert der »Lebensstrom«, so bestimmte es Schering in der nach seinem Tod erschienenen, aber von ihm autorisierten Aufsatzsammlung *Das Symbol in der Musik* (1948, S. 160). Indem er sich die Thesen des Vitalismus zu eigen machte, gehorchte er der Mode seiner Zeit. Diese Thesen sind jedoch durchaus geeignet, sehr allgemeine Begründungen zu liefern. Vom Symbol allerdings wäre nur dann zu sprechen, wenn historische und kulturelle Überformungen auftreten, die sich nicht unmittelbar aus dem Lebensstrom ergeben oder in unmittelbarer Resonanz erlebt werden, sondern mit größerer kognitiver Anstrengung erkannt werden müssen.

Geschichtliche Veränderungen waren dem Historiker Schering selbstverständlich; Hypothesen wie die des Lebensstromes dienten nur dazu, der totalen Relativierung einer geschichtlichen Betrachtung entrinnen zu können. Darüber hinaus differenzierte er zwischen der Art der Begegnung mit Musik in ihren verschiedenen Daseinsformen. Ihre Bedeutungsstruktur hängt davon ab, ob sie gehört oder gelesen wird, und ihre Anverwandlung unterscheidet sich je nach kognitiver Strukturierung des Rezipienten. Er ließ in seiner *Erkenntnis des Tonwerkes* (1934, S. 14) gleichermaßen eine theoretisch-formale, eine ästhetisch-philosophische Rezeption und den unbefangenen Genuß gelten.

Die Intonationstheorie wie die musikalische Hermeneutik setzen die Erkenntnis formaler Zusammenhänge der Musik voraus. Für Kretzschmar war sie selbstverständlich (obgleich er sich über den Quatsch von Tonika und Dominante seines Gegners Riemann mokierte). Assafjew konzipierte zu diesem Thema ein ganzes Buch. Jedoch erscheinen in diesen Theorien die tönend bewegten Formen nicht als einzige Konstituenten des musikalischen Sinnes. Dahinter gilt es vielmehr eine Bedeutung zu erkennen, die im Einklang steht mit dem zutiefst Innerlichen der menschlichen Seele, die dem zuhöchst Allgemeinen gleichgesetzt wurde.

»Die Musik als Ausdruck«

Über Hauseggers 1885 veröffentlichte Schrift *Die Musik als Ausdruck*, die er schon ein Jahr zuvor als Aufsatzfolge in den *Bayreuther Blättern* hatte erscheinen lassen, urteilte die Kritik extrem lobend und extrem vernichtend. Dem Rezensenten der *Neuen Zeitschrift für Musik* ist keine ähnlich fruchtbare Schrift aus neuerer Zeit bekannt, als »ein wüstes Gemisch« wird sie hingegen in der *Allgemeinen österreichischen Literaturzeitschrift* abgekanzelt. Hausegger stand zwischen den Fronten eines Kunstkampfes, der heute — wo die Musik von Liszt, Wagner und Brahms sich gleichermaßen im Repertoire des Konzert- und Opernpublikums durchgesetzt hat — als ein Zwist um Glaubenssätze erscheint, die sich gegenseitig gar nicht ausschließen. Der Rezensent der *Allgemeinen österreichischen Literaturzeitschrift* war das Sprachrohr Hanslicks, dessen »Stabstrompeter« (wie Grasberger in einem Brief an Hausegger am 24. September 1885 bemerkte). Er vertrat einen formal-ästhetischen Standpunkt, den das zum

Schlagwort gewordene Zitat aus Hanslicks kleiner Schrift *Vom Musikalisch-Schönen* (1854) von den tönend bewegten Formen bündig zusammenfaßt. Ebensowenig wie Hanslick leugnet, daß die Tonkunst über starke emotionale Wirkungen verfügt, ebensowenig zweifelte Hausegger an der Bedeutung formaler Zusammenhänge. Im Streit um Form und Inhalt, dem Wellek noch 1963 eine ausführliche Diskussion in seinem Buch *Musikpsychologie und Musikästhetik* widmete, ging es um die Frage, was das spezifisch Ästhetische der Musik ausmache, das über die »Zukunft der Musik« als Inbegriff einer göttlichen Idee entscheide. Es wäre falsch, die heute gelassene Argumentation, daß sowohl die Form als auch der emotionale Ausdruck Träger einer musikalischen Semantik sind, einer nur verbesserten theoretischen Integration dieser beiden Standpunkte zuzuschreiben. Das 20. Jahrhundert hat, vor allem mit der Minimal Music, tönende Spielwerke hervorgebracht, die im Sinne der Heteronomie-Ästhetik regelrecht »ausdruckslos« erscheinen, und es hat das Gefühl in manchen Gattungen der Unterhaltungsbranche derart freigesetzt, daß innermusikalische Zusammenhänge bedeutungslos wurden. Doppelt bestimmt ist der musikalische Sinn nicht zu allen Zeiten. Daß Form und Ausdruck — unbeschadet um den theoretischen Streit — gleichermaßen die Musik zur Sprache des Absoluten steigerten, gilt für eine begrenzte historische Epoche, die allerdings eine einmalige Entfaltung der Musik hervorgebracht hat.

Hausegger machte nur die expressive Schicht zum Gegenstand seiner Betrachtungen. Aber er schuf einen Beitrag, der auch heute noch Beachtung verdient, weil er teilweise Erklärungen für das Ausdrucksgeschehen fand, die nichts an Gültigkeit eingebüßt haben. Zudem ist seine Schrift gerade heute, wo um die Rückbindung der menschlichen Existenz an Natürliches gerungen wird, ob ihres evolutionären Ansatzes von besonderer Aktualität. Sie läßt sich nicht von ungefähr mühelos mit Forschungen aus jüngerer Zeit in Einklang

---

Auch sein Instrument spielt der *Cellospieler* von Dirk Hals (Archiv für Kunst und Geschichte, Berlin). Die Saiten sind aber — gemessen an der sonst feinen und exakten Pinselführung — nur angedeutet. Denn der Junge oder junge Mann musiziert vor allem, indem er aus voller Kehle singt. Er legt Zeugnis ab von jener in der Nachfolge von Herders Sprachtheorie entwickelten Vorstellung, daß Musik aus dem tiefsten Inneren des Menschen herrühre, dessen Verbindung mit dem Unendlichen zugleich unzweifelhaft erschien. Der Ton wurzelt im Schluchzen und Jubeln, die Melodie ist unmittelbar ausgedrückte Empfindung. Musik als Ausdruck wird gemäß den Lehren des 18. und 19. Jahrhunderts durch Mitempfindungen verstanden. Durch die Melodie bleibt auch die absolute Musik eine Seelensprache. In ihrer Steigerung zum Gesamtkunstwerk erscheint die Musik wieder zurückgegeben an ihr ursprüngliches Ausdrucksorgan: die Stimme. Diese Ideen vertrat gegen den heftigen Angriff der Formalästhetiker vor allem der Wagner-Anhänger Hausegger. Auch wenn man seine Gedanken heute durch Einzeluntersuchungen stützen und korrigieren kann, so bieten sie noch immer den umfassendsten Ansatz zur Erklärung der expressiven Schicht der Musik.

bringen. Hausegger kleidete seine Abhandlung über das Herauswachsen der Tonkunst aus den ursprünglichen Lauten der Gefühlserregung hin zum absoluten Kunstwerk (dessen letzte Steigerung für ihn das Gesamtkunstwerk Wagners bedeutete) in die Gestalt eines Traktates. Er kannte und zitierte Herders Theorie über die Entstehung der Sprache und nützte sie für die Musik, indem er eine Entwicklungslinie konstruierte vom affektgetönten Aufschrei über die Sprachmelodie hin zur Trennung von Sprache und Musik. Äußerliche Faktoren greifen in den Entwicklungsprozeß der Musik ein: Die physikalischen Eigenschaften der Klangerzeuger prägen die Klangfarbe. Die Entstehung der Mehrstimmigkeit ist ohne den »rechnenden« tonsystemlichen Verstand nicht denkbar. Hausegger wurden die letztgenannten Überlegungen als inkonsequent angekreidet, weil sie mit dem Ausdrucksbedürfnis nichts zu tun haben; er begründet aber einfach und einleuchtend, daß das aufnehmende Ohr selektiv wirkt. Die höchste Stufe der Musikentwicklung, das Gesamtkunstwerk, genügt mit dem unsichtbaren (Bayreuther) Orchester und der Rückgabe der Musik an das ursprüngliche Organ, die Stimme, einem unmittelbaren und zugleich höchst sublimierten expressiven Bedürfnis. Die Melodie und mehr noch der Gesang bilden, wie in allen Ausdruckstheorien, das Zentrum der Musik. Hausegger, der kein Anhänger der Programmästhetik war, hatte übrigens keine Schwierigkeit, die Autonomie der Musik zu begründen, weil er — unter Berufung auf Darwin — ein Vergnügen ohne Zweck, einen Genuß ohne Ziel im Spieltrieb annehmen konnte.

Hauseggers Ästhetik aus dem Inneren stellt mehr als nur eine phänomenologische Betrachtung der Musik dar. Er schuf eine Theorie, die das Musikhören als Verstehen eines affektiven Ausdrucks begründete. Sein Konzept der Mitempfindung basiert auf der Ausdruckstheorie Darwins; er vermischte sie allerdings als begeisterter Wagnerianer mit den Ideen Schopenhauers. Einige zusammenfassende Bemerkungen über die darwinistische Auffassung seien ob ihrer Bedeutung erlaubt, ehe ihre spezielle Ausformung bei Hausegger dargestellt wird.

Darwin beschäftigte sich nicht mit den subjektiven Gefühlen, er hatte vielmehr Daten über das Ausdrucksverhalten bei Tieren und Menschen gesammelt und dessen funktionale Aspekte 1872 in seinem berühmten Buch *The Expression in Man and Animals* interpretiert. Die Ausdrucksgesten, vor allem Haltung und Mimik, sind Reste einer ursprünglichen Handlung und haben daher Signalfunktion. Sie erhöhen die Überlebenschancen. Ausdrucksgesten sind damit in das Konzept der Anpassung eingefügt. Das Haarsträuben als physische Begleitung der Angst ist nach Darwin der Rest einer Drohgebärde. Es dient bei Tieren dazu, den Körper in seiner Erscheinung zu vergrößern. Darwin hielt die Ausdrucksgesten für angeboren und innerhalb einer Spezies aufgrund der Strukturgleichheit der ihr angehörenden Individuen für unmittelbar verständlich. Die Befunde über interkulturell gleiche mimische Reaktionen, die Asiaten blitzschnell zu unterdrücken lernen, geben Darwin recht; auch daß blindgeborene Menschen die gleichen unwillkürlichen Gesichtsausdrücke mit einem Gefühl verbinden, ließe sich zur Stützung seiner Theorie anführen.

Auch für Hausegger, der sich auf Darwin beruft, ist der Ausdruck universell. Er wirkt mit Macht, dies garantiert unmittelbare Verständlichkeit. Der Mensch schenkt außerdem, so Hausegger, dem, was andere ausdrücken, eine erhöhte Aufmerksamkeit; dies gehört zu seiner Natur als soziales Wesen. Er vollzieht aufgrund einer sympathetischen Beziehung, die zwischen Organismen gleicher Struktur besteht, Ausdrucksbewegungen mit, ohne daß er von den gleichen Ereignissen betroffen sein müßte wie derjenige, der etwas ausdrückt. Erregungszustände sind generalisierbar. Hatte Hausegger, dessen ganze Abhandlung von dem Gedanken der Evolution getragen wird, von Darwin die Idee des Ausdrucks als Instinktbewegung und seiner nur symbolischen Funktion mit einer zunehmenden Höherentwicklung übernommen, so weicht er jedoch mit der Ablösbarkeit des Gefühlseindrucks von einer Ursache von Darwins Rudimententheorie ab. Er dürfte damit allerdings ein äußerst wichtiges Prinzip des Erlebens von Musik beschrieben haben.

Musik als Sprache der Gefühle repräsentiert nicht zugleich auch die affektauslösenden Umstände. Affektive Äußerungen haben somit nicht unbedingt eine handlungsanweisende Signalfunktion, wie es Darwin geglaubt hat. Sie werden nicht als Stellvertreter von Ereignissen der äußeren Welt erlebt. Freude und Trauer können wahrgenommen werden, ohne auf Anlässe zurückgeführt werden zu müssen. Auf die so oft hin- und hergewendete Frage, was denn der an Musik empfundene Ausdruck repräsentiere, antwortet die Theorie von Hausegger verblüffend einfach, daß der über das konkrete klangliche Geschehen hinausweisende Ausdruck nur sich selbst repräsentiert. Die darin implizierte These einer unmittelbaren Rezeption des musikalischen Ausdrucks, die eine psychologisch allgemeingültige Beobachtung, wenngleich keine umfassende Interpretation des Musikverstehens darstellt, stützte Hausegger durch Annahmen über das altruistische Wesen des Menschen. Er eignete sich dabei die Ideen Schopenhauers, daß der Mensch »durch Mitleid wissend« Selbstaufhebung und Erlösung erfahre, aber nur insoweit an, als es um die Aufhebung des Individuationsprinzips geht. Im Unterschied zu Schopenhauer konnte Hausegger zu einer optimistischen Lösung gelangen. Durch die Aufhebung der Selbstbezogenheit erreicht der einen universellen Willen bejahende Mensch die höchste Steigerung, er erreicht die Vervollkommnung des Glücks. Nicht die Verneinung eines universellen Willens, sondern dessen Bejahung führt in das Jenseits eines allumfassenden Ganzen. Trotz der Preisgabe von Schopenhauers Metaphysik hat dieses »Jenseits« der Kunst jedoch nicht nur einen psychologischen Ort. Denn die Grenzüberschreitung in das tiefste Innere des Menschen bedeutet allemal die Erfahrung einer neuen Welt, die der gewohnten raum-zeitlichen Grenzen entbehrt; Traum, Wahn, Somnambulismus und Vision sind aus dem Alltagsbewußtsein ausgegrenzte Sphären der schöpferischen Produktivität. Sie ermöglichen, in der Welt extraterritorial zu sein. Hausegger entwickelte einen der Musik des 19. Jahrhunderts angemessenen anthropologischen Transzendenzbegriff, der die Imagination zu einer Dimension sui generis macht.

Der Körper als Vermittler seelischer Prozesse

Die Idee, Musik sei eine Sprache, ist seit ihren Anfängen mit einem Begriff des Verstehens verbunden, für den die Mitempfindungen und Mitbewegungen eine besondere Rolle spielen. Im Nachvollzug inkorporiert sich das Ausgedrückte so, daß es entziffert werden kann. Die Mitempfindungen genügen jedoch nicht allein, um die im Laut als primärer Quelle des Ausdrucks gegebene Bedeutung zu erkennen, schon gar nicht, um dessen sublimster Steigerung in der Musik gerecht zu werden. Wie in dem Abschnitt über die Elemente des Ausdrucks belegt wurde, ist der Verstehensbegriff, der allgemein als Assimilation und Akkomodation beschrieben wurde, mehrfach zu differenzieren: ein einfaches Resonieren vom rational gesteuerten Symbolerkennen zu unterscheiden. Mitempfindungen und Mitbewegungen stellen eine sehr primitive, unmittelbare Form des Verstehens dar. Wie bedeutsam sie eingeschätzt werden, hängt von dem ideologischen Fundament einer Auffassung ab. Ihre Bewertung hängt zudem ab vom jeweiligen medizinischen Wissen eines Autors und dem Gewicht, das er ihm zur Erklärung beimessen will. Das Gemeinsame, das den seit über zwei Jahrtausenden überlieferten Berichten zugrunde liegt, ist die Annahme, der menschliche Körper gerate wie andere Körper in Resonanz zu den Schwingungen. Das Wechselspiel von Assimilation und Adaptation der kognitiven Prozesse wird in allen Fällen, wo es um diese direkte, einfachste Form des Verstehens geht, als wenig bedeutsam erachtet. Das Hauptaugenmerk richtet sich auf die unmittelbaren physischen Reaktionen. Das unmittelbare Verstehen durch den Mitvollzug, den sich ein Autor wie Becking als ein fast willenloses Dirigiertwerden von den Klängen vorstellt, soll deshalb ausführlich besprochen werden, weil es gar nicht so primitiv abläuft, wie es auf den ersten Blick erscheint. Die modernen psychologischen Theorien weisen die Annahme einer unmittelbaren Ausdrucks-Eindrucks-Verschränkung als naiv aus. Ihr verfeinertes Methoden-Arsenal erlaubt, Vermittlungsinstanzen zu identifizieren, wo früher nur die unmittelbare Erschütterung ersichtlich war. An den Befunden ändert sich damit nichts, wohl aber an den Interpretationen. Merkwürdigerweise wird sich zeigen, daß das mitempfindende Verstehen und das intellektuelle Durchdringen musikalischer Phänomene nur graduell voneinander unterschieden sind.

Wohingegen bislang in diesem Kapitel eine Beschränkung auf Belege aus jenem Zeitraum erfolgte, innerhalb dessen der Verstehensbegriff sich als adäquate Beschreibungskategorie des Musikhörens erweist, bedarf es zur Darstellung des Musikempfindens dieser Beschränkung nicht. Die Quellen, die vom physi-

Mächtige Wirkungen der Musik, wundersam und gefährlich, werden seit Menschengedenken berichtet. Auf einer Urne aus Alabaster (2. Jahrhundert v. Chr.), die in der etruskischen Stadt Volterra gefunden wurde, sieht man Odysseus, der sich fest an den Mast seines Schiffes hat anbinden lassen. Er lauscht den Sirenen — im Unterschied zu den Ruderern, die sich die Ohren mit Wachs verstopft haben. Die magische Musik der Sirenen raubt dem, der ihnen folgt, das Gedächtnis und damit das Leben. Durch Musik gewinnen die ursprünglich in der Gestalt von Totenvögeln auftauchenden Sirenen Macht nicht nur über die menschlichen Sinne, sondern auch über die Seele. Bei Homer sind sie singend beschrieben. Die Darstellung zweier weiblicher Wesen, von denen eines ein Aulos, das andere eine Syrinx spielt, setzt unmittelbar den die Sinne betörenden Charakter der Musik ins Bild (© Leonhard von Matt, Buochs; Photo vom Bärenreiter-Archiv, Kassel).

schen Ergriffensein handeln, können ob ihrer Übereinstimmungen als Beleg grundsätzlich genutzt werden, allerdings nicht die zuzeiten verschiedenen Erklärungen.

Das Urbild aller Berichte ist die biblische Beschreibung der besänftigenden Wirkung, die das Harfenspiel von David auf Saul ausübte. Alexander der Große tritt uns in Walthers *Musicalischem Lexicon* (1732) im Artikel »Timotheus« ebenfalls als ein geradezu affektgeschüttelter, der Musik ausgelieferter Mensch entgegen:

»Alexander wurde durch Timothei Gesang dermaßen beweget / daß er als ein Unsinniger / alsobald vom Tische aufstund / und die Waffen ergriff; und / da der Musikus den Gesang verändert, besänftigte und stillete er wiederum das Gemüth des Königs.«

Eine große Rolle spielte bis in das 18. Jahrhundert hinein die Lehre von den affektiven Wirkungen, die in der Antike den verschiedenen Tonarten zugeschrieben wurden; zumindest die Kirchentonarten waren noch für jeden Kantor damals musikalische Realität. Werckmeister erzählt in einem von ihm übersetzten *Musikalischen Send-Schreiben* (1700):

»Als Damon Milesius zu einem Trompeter kommen / welcher mit gewissen Phrygischen Stückgen und Melodien einige trunkene Jüngling gantz rasend gemacht / befohl er selbigen, den Klang zu ändern und einmahl ein Dorisch Stückgen auffzublasen / wodurch es geschahe / daß bemeldte Jünglinge sich miteinander wiederum versöhneten / und ihre vollkommene Gemüths-Ruhe wieder erlangeten« (S. 73).

Neben Tempo und Tonart wurde der Lautstärke und den Instrumenten besondere Wirkung zugeschrieben. Bei Augustinus ist zu lesen, wie der Lyra spielende Orpheus mit seiner Musik wilde Tiere zähmt, und ebenfalls Werckmeisters *Send-Schreiben* läßt sich entnehmen, daß Musik aktiviert — bis hin zu kriegerischen Taten. Soldaten wurden zu allen Zeiten mit Musik angefeuert.

»Als Demetrius, Antigoni Sohn / Argos belagerte / ließ er einige gewisse Maschine von so ungeheurer Größe zubereiten / daß selbige wegen ihrer übermäßigen Schwehre von seinen Soldaten nicht kunnte zu den Stadtmauren gebracht werden. / Was geschah? Ein Trompeter von ungeheurer Statur fing an, in zwei Trompeten zugleich mit solcher Stärcke zu blassen / daß die Soldaten dadurch gezwungen wurden, gedachte Maschine hurtig fortzuführen« (S. 75).

Das Mittelalter überlieferte vor allem kathartisch-ethische Wirkungen der Musik. Ihre Macht stand außer Zweifel. Später, als vor allem der Einfluß auf Stimmungen und Gemütszustände interessierte, wurden für die Wirkung der Musik Erklärungen in der Physiologie gesucht. Kircher hat regelrechte Experimente angestellt, um den Zusammenhang zwischen Affekt und den Körpersäften als Resonanz zu veranschaulichen. Die aus dem zweiten Jahrhundert v. Chr. stammende galenische Lehre von den vier Temperamenten (dem Melancholiker, der von den schwarzen Gallensäften, dem Sanguiniker, der vom roten Blut, dem Phlegmatiker, der vom Schleim, und dem Choleriker, der vom gelben Gallensaft dirigiert wird) benutzte Kircher, um je unterschiedliche menschliche Reaktionen auf Musik — ein erster Ansatz der differentiellen Psychologie — und je unterschiedliche Präferenzen zu demonstrieren. Er füllte Weingläser mit verschiedenen Flüssigkeiten und zeigte, daß sie nicht in die gleiche Schwingung gerieten, sofern man sie zum Klingen brachte. Er glaubte, daß Menschen je nach den in ihnen vorherrschenden Säften ebenfalls unterschiedlich reagieren. Obwohl im ausgehenden 17. Jahrhundert sich schon skeptisch aufklärerische Haltungen gegenüber den Berichten von den mächtigen Wirkungen der Musik finden, fehlt es auch in Sulzers Lexikon nicht an Hinweisen auf die »Mitempfindungen« als direkter Affektuation der Nerven (nicht mehr der Säfte). In den um 1800 erschienenen Schriften wird diese Tradition allerdings nicht fortgesetzt. Die Begeisterung für die Idee der absoluten, zweckfreien, reinen Instrumentalmusik ließ so einfache Begründungen wie die der Mitempfindungen schlichtweg als trivial erscheinen. Den tönenden Affekten, den in der Musik verdichteten, für das alltägliche Leben überflüssigen Gefühlen entspricht bei den Theoretikern der Romantik eine Stimulation der unkörperlichen Phantasie des Menschen. Erst als es keiner schwärmerischen Ergüsse bedurfte, um die Töne vom himmlischen Geist geschwängert zu preisen, sondern die Idee der Autonomie selbstverständlich war, taucht die Lehre der Mitempfindungen wieder auf, angereichert durch neues physiologisches Wissen. Obwohl für Hausegger als Theoretiker der Romantik die Musik Ausdruck eines unbewußten innerseelischen Jenseits war, räumt er in seinen Überlegungen dem Argument, daß der Körper der Mittler der Seele sei, einen breiten Raum ein. Er bediente sich eines noch immer aktuellen Ansatzes und zeigte sehr elegant, wie Musik Gefühle »verkörpert«. Er belegte seine grundsätzliche Anschauung, daß Musik Gemütszustände derart zum Ausdruck bringe, daß sie verstanden wird, indem sich diese Ausdrücke übertragen, durch einen Vergleich der Arie der Donna Anna »Or sai, chi l'onore« aus dem ersten Akt von Mozarts *Don Giovanni* mit den Ausdruckslehren Engels und Darwins. Er zog außerdem ein damals bekanntes Physiologiebuch zu Rate. Hauseggers Analyse wirkt ingeniös durch das ungewöhnliche methodische Vorgehen. Bestechend zeigt sie, daß die Berücksichtigung der Besonderheiten und nicht die schematische Betrachtung des Tonsatzes den Ausdruck begründet.

Anhaltenden Zorn, nicht aufschäumende Wut identifiziert Hausegger am Racheschwur der Donna Anna. Das Zittern, von dem die Ausdruckslehren sprechen, die eckigen und heftigen Bewegungen, die in der Musik mit dem auskomponierten Tremolo, den hinaufstürzenden Zweiunddreißigstel-Triolen der Bässe wiedergegeben sind, seien nicht ausführlich referiert. Um aber den im nachfolgenden zusammengestellten physiologischen Befunden einen musikalischen Rahmen zu verleihen, seien an der Darstellung von Hausegger seine Überlegungen zum Tempo und zum Bewegungsduktus dieser Arie hervorgehoben. Aus dem *Grundriß der Physiologie* von Vierodt entnimmt Hausegger Hinweise, die die normale Atem- und Herzfrequenz betreffen. Über charakteristische Veränderungen, vermehrte Herztätigkeit und mäßig erhöhte Respiration, beim Zustand des Zornes belehrt ihn Darwin. Hausegger berechnet den Erregungszustand der Donna Anna — trotz des vorgeschriebenen Andante und des Alla-breve-Taktes — mit einer Frequenz von 120 als erhebliche Abweichung von einem normalen Puls von 72. Dieser Berechnung liegt die Aufeinanderfolge der Viertelnoten zugrunde, die, wie er zu Recht bemerkt, markant hervorgehoben sind, weil das zweite Viertel häufig ein besonderes Gewicht erhält. Der Atem ist ebenfalls erhöht, aber nur mäßig. Die Melodie erfordert für den etwa eine Minute umfassenden Zeitraum der dreißig Takte bis zur ersten Wiederholung fünfzehn Atemzüge. Man vergleiche dazu die dreizehn Pausen und die Textwie-derholungen (»il padre, che il padre« und »la chiede il tuo cor, la chiede il tuo cor«). Normal wäre eine Atemfrequenz von zehn bis zwölf Zügen in der Minute, Don Ottavio bedarf deren nur etwa acht in der nachfolgenden Arie »Nur Deinem Frieden weih' ich dies Leben«. Donna Anna rüstet sich im Zorn, wie es die Ausdruckslehren vorschreiben, und »wie gern pfeift dieser in die hö-heren Töne hinein«. Hausegger (1885, S. 166) zitiert diesen Satz von Engel. In Gedanken an die Schmach verhält sich Donna Anna, wie es die Theorie vor-schreibt.

Eine Sängerin stellt — im Sinne von Klages — einen Affekt dar. Ob sie selbst von diesem Affekt beherrscht wird, ist damit nicht gesagt. Ebenso ist beim Hö-rer die Wahrnehmung eines Ausdrucks möglich, ohne daß er selbst in Zorn ge-rät. Wieviel erklärt die Annahme einer Identität zwischen Darstellung und Ausdruck sowie zwischen Wahrnehmung und Erlebnis, auf der die These von den Mitempfindungen beruht? Und was ist vom Primat der körperlichen Vor-gänge zu halten, die sie ebenfalls voraussetzt? Unser heutiges Wissen über die menschlichen Gefühle veranlaßt zu erheblichen Einschränkungen, jedoch nicht zu einer grundsätzlichen Ablehnung.

Mitempfinden begründet sich in Ansteckung, und daß Ansteckung mit Mu-sik besonders gut gelingt, beweisen die Fußballfans, die mit ihrem Singen die Spieler zum Siegen animieren wollen. Ohne eine unmittelbare Übertragung würden Kleinkinder kaum auf ein Lächeln reagieren. Gefühle — bis hin zum intensiven Erleben, um das es letztlich der ästhetischen Theorie Hauseggers geht — können unmittelbar durch den motorischen Nachvollzug induziert werden. Der Zuhörer zittert mit Donna Anna und empfindet somit ihren Zorn. Im ausgehenden 19. Jahrhundert haben voneinander unabhängig der dä-nische Physiologe Lange (1885) und der amerikanische Philosoph und Psycho-loge James (1884) eine Gefühlstheorie aufgestellt, die vom Primat körperlicher Prozesse ausgeht. Es ist oftmals von der James-Lange-Theorie gesprochen wor-den. Diese Zusammenfassung ist unzulässig, obwohl beide Forscher glaubten, daß das subjektive Erleben eines Gefühls eine sekundäre Erscheinung sei. James, dessen Bruder Henry den sozialen Hintergrund der Familie am feinen »Washington Square« in Romanform kleidete, benutzte ein kurioses Beispiel, um die Entstehung eines Gefühls zu klären: Sieht ein Mensch einen Bären, so flieht er; die begleitenden körperlichen Veränderungen, sein Herzklopfen, sei-nen schnellen Atem interpretiert er als Furcht. Für die Theorie von James wur-de das Kürzel bekannt: »Wir weinen nicht, weil wir traurig sind, sondern wir sind traurig, weil wir weinen.« Es gilt auch für die Thesen von Lange.

In den letzten Jahren wurde jedoch als gewichtiger Unterschied zwischen diesen beiden Autoren herausgearbeitet, daß Lange nur unwillkürlich erfolgen-de Prozesse (in den Eingeweiden und im Drüsensystem) als emotionsauslösend anerkennen wollte, James durchaus auch willkürlich erfolgende Reaktionen (bis

Mitreißend, besser hinreißend scheint die *Kreutzer-Sonate* — so der Titel eines Bildes von René François Xavier Prinet — zu sein. Das wird auf den ersten Blick deutlich. Beethovens schwieriges Werk gleichen Titels hat mit diesem Salongemälde wenig gemein. Es diente dem Maler nur als eine Art symbolischer Hinweis darauf, daß die größten Kunstwerke Mitempfindungen schaffen, die nach physischer Entladung drängen. Wie die kühnen Impulse in dem Geiger geweckt wurden, ist Gegenstand schwieriger psychologischer Theorien, die sowohl die unmittelbare motorische Ansteckung als auch Auswirkungen gedanklicher, kognitiver Prozesse als Ursache intensiven Gefühlserlebens zur Diskussion stellen (© Bildarchiv, F. Bruckmann München).

hin zu Haltungsänderungen) als Ursache eines Gefühls akzeptierte. Diese Differenzierung ist wichtig, weil es bis zum heutigen Tag Gefühlstheorien gibt, die die körperlichen Prozesse betonen, jedoch den willkürlich verlaufenden Aktivitäten eine besondere Bedeutung beimessen. Izard (1981) geht von verschiedenen rückgekoppelten Komponenten der Emotion aus. Obwohl diese niemals getrennt betrachtet werden, kommt Izard zu einem gewissen Vorrang bestimmter willkürlicher motorischer Vollzüge, so vor allem des Gesichtsausdrucks, dessen Rückmeldung als Gefühl interpretiert wird, das seinerseits von den langsam ablaufenden viszeralen Prozessen nur unterstützt und intensiviert wird. Allerlei Hilfsannahmen erklären, warum ein Gefühl auch bei der Unterdrückung oder Blockierung des angeborenen, aber willkürlich zu steuernden mimischen Ausdrucks auftritt. Sie seien hier nicht ausgeführt, weil die Möglichkeiten, diese Theorie für den musikalischen Ausdruck und ein entsprechendes Empfinden fruchtbar zu machen, begrenzt erscheinen. Allerdings ist es möglich, einen groben Vergleich zur Theorie von Becking (1928) anzustellen, der die aus dem 19. Jahrhundert stammende Idee einer Identifikation von Körperhaltung und Empfinden eines Musikstils aufgegriffen und ausgearbeitet hat. Bei Becking wie auch bei seinen Vorläufern Josef und Otmar Rutz spielt der Gedanke an angeborene Schemata eine geringe Rolle, motorische Reaktionen haben jedoch, wie bei Izard, eine größere Bedeutung als reine Bewußtseinsprozesse. Das Bewußtsein repräsentiert zwar das subjektive Erleben, indem es die motorischen Muster integriert. Emotionen erfolgen aber spontan und autochthon, letzlich ohne kognitive Leistungen. Sie werden als dringlich und unmittelbar erlebt.

Die neueren Ansätze, die die körperliche Rückmeldung als Quelle des Empfindens betrachten, schreiben den Gefühlen eine wichtige Anpassungsfunktion zu. Sie sind alle neodarwinistisch orientiert und erklären damit vielleicht, was sich in den biologischen Tiefen der menschlichen Gefühlsstruktur abspielt, nicht aber, welcher Weg von da zu den Höhen des ästhetischen Genusses führt. Trotz der Parallelen, die sich zu manchen musikästhetischen Theorien der Einfühlung ziehen lassen, sind im Detail Gefühlstheorien wie die von Izard schwer für musikpsychologische Fragestellungen fruchtbar zu machen. Von Kunst ist nur sehr allgemein, im Zusammenhang mit dem Grundgefühl »Interesse«, die Rede, das jedoch die Voraussetzung jedweden Affektes sowie der Aufmerksamkeit ist. Über die Art der spezifischen Teilhabe ist wenig gesagt, wenn jemand interessiert erscheint. Seine Präzisierung findet das Interesse eher durch die Motive, die dahinter stehen und individuell sehr verschieden sein können, als durch die Emotionen, die es bewirkt.

Die Befunde, mit denen festgestellt werden sollte, ob der Körper als vermittelnde Instanz für eine seelische Wirkung gelten könne, erlauben keine Interpretation, die eindeutig für einen Primat der physischen Vorgänge spricht, selbst dann nicht, wenn die Wirkung so mitreißend ist, daß der Zuhörer, wie Hausegger meinte, im Zorn mit Donna Anna zittert. Mitempfindungen körperlicher Art fehlen jedoch beim Musikhören sehr selten. Die Berichte von den wundersamen Erschütterungen und Besänftigungen, die seit den biblischen Tagen gemeldet wurden, ergänzen seit dem ausgehenden 19. Jahrhundert wissenschaftliche Messungen. 1880 publizierte Dogiel seine vielzitierte Schrift *Über den Einfluß des Musikhörens auf den Blutkreislauf*; ihr folgten zahlreiche Untersuchungen, die eine unwillkürliche Erhöhung der Atem- und Herzfrequenz und des Blutdrucks demonstrieren. Sie dienten zu Anfang unseres Jahrhunderts zuweilen dazu, der Theorie der Einfühlung ein festes Fundament zu geben. Vor allem die Erniedrigung des Hautwiderstandes hat sich als eine empfindliche Registratur für körperliche Prozesse erwiesen. Trotz großer interindividueller Unterschiede, die schon allein die beim Menschen grundsätzlich unterschiedliche Ansprechbarkeit der Organe bewirkt (manch einem schlägt der Kummer auf den Magen, mancher bekommt es am Herz), ist es möglich, Entsprechungen zu musikalischen Faktoren nachzuweisen. Der Suggestion akzentuierter Rhythmen im schnellen Tempo, der Wirkung eines lauten Staccato entzieht man sich schwer. Puls und Atem gehen schneller, der — seltener gemessene — Blutdruck steigt an. Auch über die entspannende Wirkung von Musik wird berichtet, jedoch sind diese Ergebnisse weniger eindeutig voraussagbar, weil auch bei sanfter Musik oft eine sogar motorisch erregende Wirkung nachgewiesen wurde. Die Voraussetzung einer körperlich entspannenden Wirkung von Musik scheint ein angespannter Zustand zu sein. Gesetzt, dies ist der Fall, so tun Musiktherapeuten, die die Rolle des David oder Timotheus übernehmen wollen, gut daran, zugleich eine allgemeine Entspannungstechnik zur Wirksamkeit gelangen zu lassen.

Die direkte Abhängigkeit körperlicher Reaktionen von musikalischen Ereignissen nachzuweisen, ist durch die Schwierigkeiten der Messung und Auswertung beeinträchtigt. Dies zeigt sich vor allem bei den Studien, die den psychogalvanischen Hautreflex ermittelten.

Doppelseite 66/67: Beim Hören von Musik verändern sich physiologische Daten wie die Herzfrequenz, die Häufigkeit des Atmens, der Blutdruck und auch der Hautwiderstand. Verblüffend übereinstimmende Reaktionsweisen bezüglich der Veränderung des Hautwiderstands hat Günther Rötter gefunden. In der aus 160 einzelnen Kurven gemittelten (geschwärzten) Kurve spiegeln sich noch immer die vier Themeneinsätze der Fuge (*Viertes Brandenburgisches Konzert*), ebenso wie die Hautwiderstandsänderungen beim Anhören eines Popmusik-Beispiels das Arrangement abbilden. An dem Experiment nahmen Laien und musikalisch vorgebildete Personen teil. Sie hatten auch über ihr Erleben zu berichten. Dabei zeigte sich, daß von den physiologischen Daten keinesfalls auf den subjektiven Eindruck geschlossen werden konnte. Das Wechselspiel zwischen physischen und psychischen Faktoren ist höchst kompliziert. Keineswegs können die körperlichen Maße als Indikatoren eines gefühlten Zustands dienen, wie es die älteren Theorien annahmen. Aber es gilt auch, was James postulierte: daß ohne körperlichen Einbezug unsere Gefühle kalt und blaß sind; ein emotionaler Gehalt kann dann durch Musik ausgedrückt erscheinen, ohne eine innere Beteiligung hervorzurufen (© Günther Rötter, Berlin).

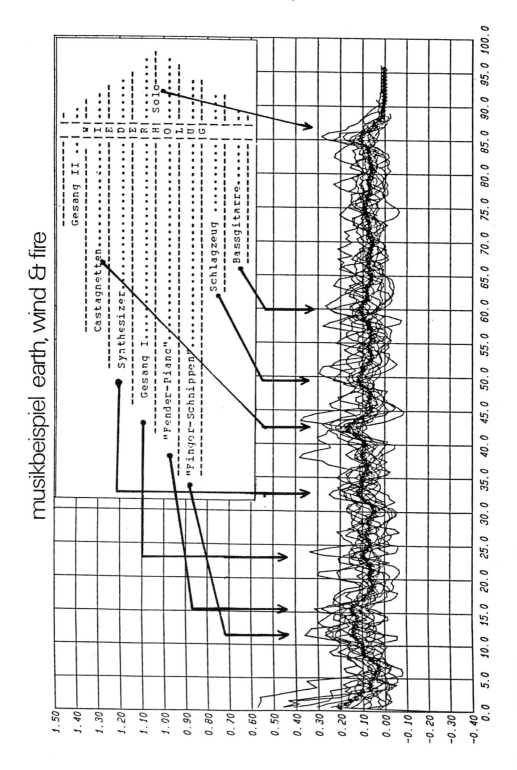

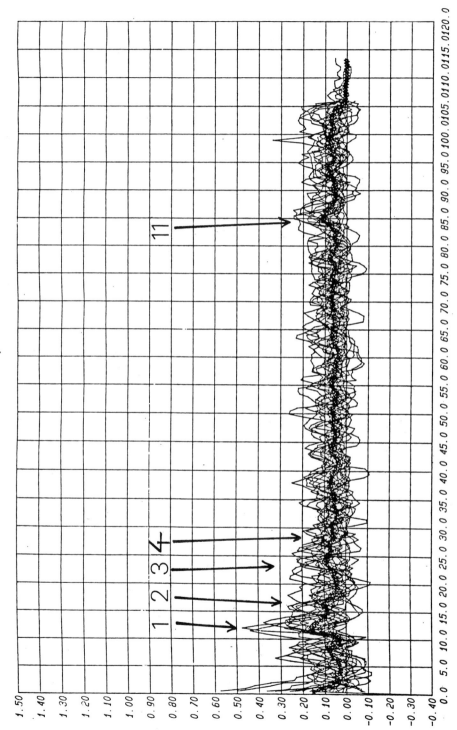

Aber auch schon die Atmung ist im Hinblick auf das Wechselspiel von Frequenz und Atemtiefe schwierig zu bestimmen. Grundsätzlich wird eine direkte Abhängigkeit von Musik und körperlichen Reaktionen durchkreuzt von kognitiven Variablen, von der Vorbildung und den ästhetischen Einstellungen einer Person. Fast in allen Untersuchungen, die sich einer empfindlichen Anzeige von Mitempfindungen bedienen (die neben dem psychogalvanischen Hautreflex das EEG und das EMG benutzen), finden sich Unterschiede zwischen Personen mit verschiedener musikalischer Bildung im Sinne einer höheren Reagibilität der Vorgebildeten. Zudem erweist sich bei musikalischer Bildung das ästhetische Wohlgefallen als intensivierender Faktor, der über die Stärke von Mitempfindungen entscheidet. Personen ohne eine besondere Beziehung zur Musik können zwar verbal Wohlgefallen bekunden, ohne jedoch einen physischen Einbezug zu erleiden, der bei musikalisch Vorgebildeten allerdings auch ausbleiben kann, wenn sie ein Stück sehr gut kennen.

Die Ursache eines Gefühls sind die körperlichen Reaktionen wahrscheinlich nicht. Aber auch wenn die physische Resonanz, die individuell verschieden ausgeprägt sein kann, auf komplizierte Weise erklärt werden muß, so ist sie dennoch von unmittelbarer Relevanz, weil von ihr die Intensität des Erlebens abhängt. Diese Erregung reagiert der Konzert- und Opernbesucher im Beifall ab. Es erscheint sogar fraglich, ob es psychische Zustände gibt, die jeglicher substantieller Basis entbehren. Das vertrackte Leib-Seele-Problem hatte wohl, was in der Literatur über Gefühlstheorien nicht klar ausgearbeitet wurde, James (1890, Bd. 2, S. 449f.) zur These veranlaßt, daß die Änderung eines psychischen Vorgangs nicht möglich sei, ohne daß eine Veränderung im gesamten Organismus stattfindet. Lediglich für eine rein kognitive, blasse, farblose, jeglicher Wärme beraubte Wahrnehmung, für eine Wahrnehmung also, der gar kein Erleben entspricht, hätte James eine Art von Körperlosigkeit für möglich gehalten. Wir können den Bären sehen und es für das Beste halten fortzulaufen; aber wir würden uns nicht tatsächlich ängstlich fühlen, wenn wir nicht zugleich den motorischen Impuls des Fortlaufens verspürten.

Der Gedanke, Gefühle seien körperlich verursacht, hat vielfache Einschränkungen gefunden. Besonderes Gewicht kommt den Einwänden der mangelnden Spezifität der körperlichen Erregungsmuster und ihrem verzögerten Auftreten zu. Geweint wird, wenn Menschen besonders glücklich oder besonders traurig sind, und die unwillkürlich ablaufenden physischen Prozesse, die durch das autonome Nervensystem veranlaßt werden, treten ein bis zwei Sekunden später als das subjektive Erleben auf. Sympathicus und Parasympathicus, die beiden entlang der Wirbelsäule laufenden antagonistisch wirkenden Nervenstränge, aktivieren zwar den Organismus gleichzeitig mit einer bewertenden Stellungnahme; die physischen Reaktionen verlaufen jedoch erheblich langsamer als die gedankliche Bewertung und sie erscheinen wenig spezifiert. Es ist deshalb unwahrscheinlich, daß der subjektive Gefühlsausdruck auf der Interpretation körperlicher Veränderungen beruht. Diese gegen die Theorie von James gerichtete Annahme vertrat Cannon (1927). Er glaubte aber an eine andere körperliche Instanz: Emotionen, so meinte er, sind im Zwischenhirn verankert und durch eine kortikale Kontrolle gehemmt. Die Blockade des Großhirns kann durch einen Reiz aufgehoben werden, was wiederum ein Gefühl auslöst. Sind damit also die Ursachen der Mitempfindungen intellektuelle Identifikationsleistungen, wie es die im nachfolgenden Abschnitt behandelten neueren kognitiven Gefühlstheorien behaupten? Daß wir Mitempfindungen als unmittelbare Resonanz erleben, ist allerdings den wie immer kompliziert zustandekommenden physischen Veränderungen zu verdanken. Und ohne dieses Erlebnis einer Resonanz fehlte dem Musikhören jener affektive Einbezug, für den James zu Recht behauptete, daß er allein durch eine blasse Wahrnehmung nicht hervorgerufen werden kann. Der Körper leiht der Seele die Emphase, mit der sie sich zu den Höhen leidenschaftlich-intensiver Gefühle aufschwingen kann.

R = Rezeptoren
P = Patterns, Verhaltensmuster
B = Bewertung
G = Gefühlsmäßige Stellungnahme
E = Empfindung
ANS = Autonomes Nervensystem
S = Synapse

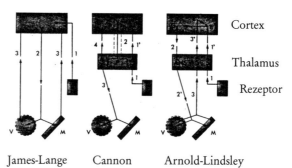

James-Lange   Cannon   Arnold-Lindsley

Wie kommt ein emotionaler Eindruck zustande, der einem entsprechenden musikalischen Ausdruck korrespondiert? Gemäß den Theorien von James und Lange führt die Wahrnehmung eines Reizes (R) zu einer viszeralen (V) und motorischen (M) Reaktion, die — zum Gehirn zurückgemeldet (Bahn 3) — als emotionaler Eindruck interpretiert wird. Cannon hat demgegenüber angenommen, daß alle Gefühle in uns vorhanden sind, daß sie aber nur empfunden werden, wenn eine Blockade des Großhirns (Verbindung 2) aufgehoben wird. Die Aktivierungstheorie von Lindsley geht davon aus, daß durch die Wahrnehmung eines Ereignisses die vom Hirnstamm aufsteigende »Formatio reticularis« aktiviert wird, die ihrerseits Impulse zu Thalamus und Cortex sendet; diese wiederum aktivieren die beiden von den höheren Zentren absteigenden Nervensysteme Sympathicus und Parasympathicus. Erst dadurch wird dann eine Erregung des Organismus bewirkt. Dieses Konzept wurde in jüngerer Zeit weiter differenziert, vor allem im Hinblick auf den Einfluß des limbischen Systems.

Betrachtet man diese Modelle unter historischem Aspekt, so zeigt sich sehr schön, daß sie durch die zunehmende Kenntnis des menschlichen Gehirns verfeinert wurden. In dem Maße aber, wie die Aktivierung des Organismus eine kognitive Verarbeitung voraussetzt, nimmt der Unterschied ab zwischen den Theorien, die das Innewerden emotionaler Qualitäten von körperlichen Prozessen abhängig machen, und denen, die der kognitiven Bewertung die entscheidende Bedeutung einräumen (© Fischer Taschenbuch Verlag, Frankfurt/Main).

Gedanken als Vermittler des Gefühls

Wenn man Schauspieler bittet, sich ein Gefühl vorzustellen, so erhöht sich unwillkürlich ihre Atemfrequenz und der Muskeltonus. Dies ist ein Musterbeispiel, um zu beweisen, daß Gedanken an Gefühlen — bis hin zur körperlichen Aktualisierung — beteiligt sind. Ohne eine kognitive Bewertung sind die vielfältigen Gefühlsschattierungen undenkbar, die in musikalischen Spielanweisungen vom »Flotten« bis zum »Sich verlierenden« ihren Widerhall finden. Das viel kritisierte und dennoch berühmte Experiment von Schachter und Singer (1962), bei dem sich eine durch Adrenalin erregte Person freudig oder ärgerlich fühlte, je nachdem, ob sie mit einem freudigen oder ärgerlichen Menschen zusammentraf, zeigt sehr deutlich, daß die Qualität eines Gefühls von einer bewertenden Stellungnahme abhängt (im Fall des zitierten Experiments von einer durch die Umwelt nahegelegten Bewertung). Gefühle sind außerdem zwar nicht grundsätzlich, aber doch teilweise erlernt. Es gibt Kulturen, die dem Racheschwur der Donna Anna kein rechtes Gehör schenken würden, weil sie den Zorn — wie auch die damit verbundene Selbstgerechtigkeit und Verdammung anderer — für kindisch und unreif halten. Zorn setzt Ansprüche voraus, und er wird falsch verstanden, wenn das moralische Wertsystem einer Kultur diese nicht billigt. Betrachtet man die musikgeschichtliche Entwicklung, die Monteverdi als ersten Komponisten eines zornigen musikalischen Affekts ausweist, so scheint sie die kulturanthropologische Analyse zu stützen, die den Zorn in Verbindung bringt mit den neuzeitlichen Ideologien der westlichen Gesellschaften.

Gefühle bergen Grundüberzeugungen von Menschen in sich. Das soziokulturelle Bewertungssystem differenziert sie. Aus den Normen — von der Andacht bis zur Begeisterung —, die dem Konzertbesucher für den Ausdruck seiner Gefühle teilweise vorgeschrieben sind, gehen diese nicht allein hervor, aber diese Normen liefern einen Rahmen, den es auszufüllen und einzuhalten gilt. Daß von den Vorstellungen die Gefühlsqualitäten und damit auch ein empfundener musikalischer Ausdruck abhängen, ist eine von den kognitiven Theorien favorisierte Idee. Schon in der Weiterentwicklung des neurophysiologischen Ansatzes von Cannon hatte Arnold (1960) behauptet, daß alle Emotionen auf intuitiven Bewertungen beruhen. Besonders die Forschergruppe um Lazarus (1974) hat einen intellektuellen Zugang zur Welt der Gefühle propagiert. Gefühle sind primär von der kognitiven Einschätzung bestimmt; auch ihre qualitativen Unterschiede gehen aus Akten des Denkens hervor. Die körperliche Erregung ist sekundär und bestimmt lediglich — entsprechend dem Gedachten — die Heftigkeit und Intensität des subjektiven Erlebens. Lazarus hat vor allem Phänomene der Angst und des Streß untersucht und eine Theorie entwickelt, die therapeutisch insofern hervorragend zu nutzen ist, als sie dem Individuum die volle Verantwortung für seine Gefühle zuschreibt und zugleich Möglichkeiten der Kontrolle und der Veränderung eröffnet.

Einwände liegen auf der Hand: Niemand denkt bei einem lauten Knall erst darüber nach, ob er erschrecken soll, und ein Schmerz läßt sich nicht durch Rationalisierung wegleugnen. Die zur Zeit entwickelten Gefühlstheorien erklären alle nur Aspekte des komplexen Gefühlsgeschehens. Lazarus betont die Informationsverarbeitung und hebt damit den sonst wenig beachteten Gesichtspunkt der gefühlsauslösenden Reizverarbeitung hervor. Wurzeln Gefühle im Denken über etwas Wahrgenommenes, so ist es besonders leicht möglich, sogenannte »kalte Gefühle« — dies ein Ausdruck von Mandler (1979) — zu erklären. Es sind distanzierende, intellektualisierte Bedingungen vorstellbar, beispielsweise bei einem analytischen Hören, unter denen die beschriebenen Mitempfindungen zur Musik kaum auftreten. Dennoch ist es mehr als nur eine symbolische Ausdrucksqualität, die identifiziert wird. Solche »kalten Gefühle« lassen sich am besten als Gefühle eines »Als ob« beschreiben. Sie verlaufen weitgehend ohne körperlichen Einbezug. Blaß und bar aller Intensität, sind sie dennoch genuine Gefühle. Daß wir an Musik Freude oder Trauer identifizieren können, ohne uns unmittelbar selbst diesem Affekt hinzugeben, zwingt nicht zur Preisgabe einer Theorie des musikalischen Ausdrucks, der eine Entsprechung in einem Eindruck hat und deshalb verstehbar ist. Der Eindruck wird nur nicht verinnerlicht. Daher wird der Hörer nicht das Objekt seiner Gefühle, sondern tritt ihnen als Subjekt gegenüber. Er empfindet sie als entäußert, am Gegenstand selbst haftend. Eine solche Entäußerung anzunehmen, um den musikalischen Ausdruck zu erklären, wirkt vielleicht weniger kühn, wenn man bedenkt, daß Gefühlszustände grundsätzlich in dem Grad variieren, in dem sie als personnahe empfunden werden. Schuld und Glück berühren unmittelbarer, Verwunderung und Zufriedenheit werden der Situation zugeschrieben. Musik als Sprache des Gefühls setzt eine Eindrucks-Ausdrucks-Verschränkung voraus, bei der subjektiv ein kleinerer oder größerer Einbezug als Eindruck erlebt werden kann, je nachdem, wie sehr ein Individuum zum Miterleben bereit ist. Der einfühlende Nachvollzug ist jedoch ohne kognitive Leistung wiederum auch nicht denkbar — bis dahin, daß das Gefühl nur als Gedanke seinen Ausdruck findet.

Fast alle Theorien des Gefühls bauen auf zwei Faktoren auf. Ohne geistige Interpretation, so wird angenommen, fehlen die spezifischen Qualitäten eines Gefühls; ohne physische Erregung mangelt es an Intensität und Wärme. Selbst die im engeren Sinne als kognitive Gefühlstheorien zu bezeichnenden Auffassungen können sich durchaus mit einer biologischen Ausrichtung verbinden, weil auch die Möglichkeit, sich in kleinerem oder größerem Umfang geistig mit der Welt auseinanderzusetzen, sowohl im Hinblick auf die Phylogenese als auch die Ontogenese evolutionär gedeutet werden kann. Evolutionsbiologische Betrachtungen ziehen in den Krisenzeiten, die der Mensch in der von ihm geschaffenen technifizierten Welt erfährt, ein vermehrtes Interesse auf sich, weil sie die Fragen des Lebens und Überlebens zu beantworten versuchen. Wenn die-

se Fragen, wie zur Zeit, wo jeder den Anblick einer verwüsteten Umwelt besonders stark empfindet, dringlich werden, verdrängen sie die rationalistischen,
kritischen Theorien, deren Axiom der Naturbeherrschung weniger glaubhaft
erscheint als die Versuche, die Rückbindung des Menschen an das Leben zu sichern. Es kann aber auch die Rationalität selbst als etwas evolutionär Ent-
wickeltes interpretiert werden. So werden Gefühle in der Theorie von Plutchik
(1980) funktional im Dienst des Lebens gesehen, und dennoch wird angenommen, daß sie auf einem kognitiven Akt beruhen. Schematisch skizziert, sieht
dieser psycho-evolutionäre Ansatz vor, daß ein Ereignis, als Information bewertet (das kann mit der vagen Frage »Was ist das?« geschehen), zur Auslösung eines
Gefühls — vielleicht dem der Überraschung — führt, aus dem wiederum eine
Handlung — etwa Orientierungssuche — hervorgeht. Obwohl es sich um eine
biologisch orientierte Theorie handelt, die im Leben der Menschen die ordnende Hand aufspüren möchte, ist es zugleich eine Theorie, die wie alle kognitiven
Theorien der Gefühle Interpretationshilfen für ästhetische Sachverhalte bietet.
Mit Plutchik läßt sich etwa so argumentieren: Die Stellung des Menschen oben-
an in der Evolution brachte die Entfaltung des Individuums vor dem Gattungs-
wesen. Mit dem Bewußtsein der Individualität verband sich aber notwendigerweise die fatale Einsicht in die eigene Zeitlichkeit, die alle natürlichen teleolo-
gischen Bestimmungen außer Kraft setzt. Die Einsicht, vergänglich zu sein, wird
gemildert oder aufgehoben — durchaus im Dienste des Überlebens — durch die
Institutionen Religion und Kunst, die tröstend Ewiges versprechen. Das Bewußtsein des Todes ist damit die Voraussetzung für die Suche nach Transzendenz, deren Sinn biologisch aus dem Überlebensprogramm erklärt wird. Dieser
Gedankengang hat etwas Faszinierendes, demgegenüber die Kritik, daß er empirisch nicht zu belegen sei, gering zählt.

Grundgefühle — musikalisch ausgedrückt

Das Verstehen einer emotionalen Bedeutung beruht auf der Anverwandlung eines Ausdrucks. Ein unmittelbarer Eindruck kann dabei eine Rolle spielen,
demgegenüber aber kognitive Identifikationsleistungen als Fundament eines
Gefühls deshalb besonders betont wurden, weil das Erleben eines Eindrucks
und das noch zu behandelnde Reflektieren des musikalischen Zusammenhangs
einander begleiten. Nichts spricht für die Erfahrung zweier getrennter Prozesse.
Anverwandlungen wiederum, definiert als Wechselspiel von Assimilation und
Akkommodation, setzen Kategorien beim Hörer voraus, die verändert werden
können. Die Akkommodation der Kategorien, die dem Verstehen des Ausdrucks dienen, beruht auf Differenzierung. Die Verbindung eines Gefühls mit
einem Ereignis erfolgt teilweise spontan, teilweise ist sie erlernt; dies ermöglicht Intensivierungen und Desensibilisierungen, Verfeinerungen, Sublimierun-

gen. Ein Individuum kann jedoch grundsätzlich keine ganz neuen, noch nie im Laufe des menschlichen Daseins aufgetretenen Gefühlsqualitäten ausbilden. Daher ist der musikalische Ausdruck nur innerhalb gesteckter Grenzen nuancierbar. Im Unterschied zu den Veränderungen tonsystemlicher Ordnungen kann er von den Komponisten nicht selbst gesetzt, höchstens getilgt werden. An der emotionalen Bedeutung von Musik haftet somit etwas Nicht-Beliebiges und Nicht-Willkürliches. Sie verweist auf fundamentale, universelle, vor der Musik liegende Strukturen.

Seit altersher gibt es Versuche, Grundgefühle aufzufinden, aus deren Mischung sich kompliziertere emotionale Abläufe ergeben. Die Aufstellungen variieren besonders stark hinsichtlich der Zahl. Die alte galenische Temperamentslehre sieht nur vier Grundgefühle vor: Freude, Trauer, Zorn und Gelassenheit. Sie weicht jedoch von einer neueren Aufstellung wie der Plutchiks nur darin ab, daß sie sich auf die überdauernden Dispositionen des Sanguinikers, des Melancholikers, des Cholerikers und des Phlegmatikers beschränkt und dem situativen Auftreten eines emotionalen Zustandes keine Bedeutung schenkt; es fehlen daher die Gefühle Überraschung, Erwartung, Furcht und Ekel. Die Ergänzungen wiederum, die an der Struktur der Grundgefühle, wie sie Plutchik annimmt, in der Schule von Tomkins (1962/63) vorgenommen wurden, beziehen sich im wesentlichen auf Zuständlichkeiten, die zumindest ein kleines Kind noch nicht erleben kann: Schuldgefühle und Scham. Emotionen, die im Verlauf der Ontogenese spät ausgebildet werden, können als Grundgefühle interpretiert werden, wenn sie sich nicht nur als Ableitung aus den genannten Empfindungen verstehen lassen. Da es aber ohnehin noch deutlich werden wird, welche Probleme diese Zurechnung zu den Grundgefühlen in sich birgt, seien zunächst einmal — zuerst in einer zusammenfassenden Betrachtung — die aus allen Theorien zu deduzierenden Grundgefühle und ihr Ausdruck in der Musik vorgestellt.

Die Freude ist eines der fundamentalsten und höchsten menschlichen Gefühle. Sie tritt im Laufe des ersten Lebensjahres auf, etwas später allerdings als die lebenswichtigeren Affekte Ekel, Zorn und Furcht. Obwohl sich Voraussetzungen dieses Gefühls bestimmen lassen wie Harmonie, Selbstvertrauen, Stärke, Vitalität, der Eindruck geliebt zu werden und Problemfreiheit, so ist Freude nicht künstlich zu erzwingen. Der Freude kann man im Unterschied zum Genuß nicht nachjagen; sie ist nicht zu planen. Die Freude ist ein Geschenk, das den Anblick der Welt magisch verändert. Da sie meist unerwartet entsteht, geht sie oft mit der plötzlichen Verringerung einer neuralen Erregung einher. Selbstverständlich variiert Freude zwischen den Polen triumphaler Überschwenglichkeit und zufriedener Heiterkeit. In ihrer reinsten Ausprägung bewirkt sie eine mittlere, etwas unregelmäßige Aktivierung (evolutionär orientierte Wissenschaftler bringen diese Unregelmäßigkeiten in Zusammenhang mit der Atmung beim Lachen).

Auch wenn die Verschränkung von Ausdruck und Eindruck höchst kompliziert ist, so ist es doch möglich, aus dieser Beschreibung gewisse Hypothesen über die musikalische Gestaltung der Freude abzuleiten. Mattheson (1739, S. 16) hatte schon, indem er sich die cartesianische Lehre von der Ausbreitung der Lebensgeister aneignete, »erweiterte Intervalle« für den Affekt der Freude angeführt. Zusätzlich wäre an eine Veränderung des Tempos von einem Grad höchster Anspannung zu einem gelasseneren Maß oder an die schnelle Reduktion eines Tuttis zu einem durchbrochenen kammermusikalischen Satz zu denken. Vorstellbar ist außerdem ein metrisch unkomplizierter Ablauf, den Einwürfe unterbrechen. Für diesen Ausdruck der Freude lassen sich eine Reihe von Musikbeispielen finden, daher möge der Hinweis auf die *Neunte Symphonie* von Beethoven nicht vermessen wirken. Gleich zu Anfang der »Ode an die Freude« unterbrechen die Bässe mit »Freude«-Rufen; plötzliche Veränderungen in der Besetzung entsprechen — ebenso wie die hüpfenden Achtel (T. 60) und die großen Intervalle des Tenorsolos (»froh wie seine Sonnen . . . «) — der typischen Verlaufsform eines freudigen Affekts.

Trauer wird durch Verlust verursacht. Freud hat besonders eindringlich geschildert, wie die nicht mit einem Objekt besetzte Energie sich niederdrückend auswirkt. Typisch für dieses subjektiv mit Entmutigung, Einsamkeit, auch Tod assoziierte Gefühl ist eine mittlere, aber fortgesetzte Stimulation. Darauf hinzuweisen, daß der Ausdruck einer klagenden, in engen, kleinmütigen Intervallschritten fallenden Melodik unmittelbar der Niedergeschlagenheit korrespondiert, wirkt ebenso trivial wie, die Beziehung des gedämpften Charakters der Traurigkeit zum Piano zu erwähnen. Interessant ist jedoch, daß eine ständige (auch durch Vorstellungen zu erzeugende) Stimulation, die kennzeichnend ist für das die Trauer begleitende neurale Geschehen, durch ein charakteristisches rhythmisches Muster dargestellt werden kann. Der Rhythmus des Trauermarsches ist mehr als eine bloße Konvention. Das Erregungsmuster der Trauer zeigt zwar eine geringe Aktivierung an, lähmend ist dieses Gefühl jedoch nicht. (Daher sind die fast immer zu langsamen Interpretationen des zweiten Satzes aus der *Eroica* falsch.) Zu den Besonderheiten der Trauer gehört es, daß sie sehr ansteckend ist und die damit verbundene Aufhebung von Isolation und Einsamkeit tröstend wirkt. Die in wohl allen Gesellschaften ausgeprägten Rituale, die die Trauer mehr als jedes andere Gefühl zu einer öffentlichen Angelegenheit machen, nutzen diese Trostfunktion, die auch nicht ganz von der Hand zu weisen ist, wenn man sich fragt, warum ein solch negatives Gefühl in der Musik ausgedrückt wird.

Die Furcht, die in Beethovens Oper *Fidelio* Florestan in Pizarros Gefängnisgruft befällt, wird mit musikalischen Mitteln so simuliert, als hätte sie zur Vorlage die Darstellung dieses Emotionsmusters in einem Lehrbuch gehabt. Die Furcht, die beim Menschen durch Fremdes, durch Höhe, vor allem durch Dunkelheit fast automatisch ausgelöst wird, aktiviert abrupt auf das höchste. Im

Vokale Indikatoren emotionaler Erregung

Emotionen	F_0 Niveau	F_0 Streubreite	F_0 Variabilität	Lautstärke	Sprechtempo
Freude	Hoch	?	Groß	Laut	Schnell
Ärger	Hoch	Breit	Groß	Laut	Schnell
Furcht	Hoch	Breit	Groß	?	Schnell
Gleichgültigkeit	Niedrig	Eng	Gering	?	Schnell
Verachtung	Niedrig	Breit	?	Laut	Langsam
Langeweile	Niedrig	Eng	?	Leise	Langsam
Traurigkeit	Niedrig	Eng	Gering	Leise	Langsam

Der Ausdruck von Freude vollzieht sich beim Sprechen in einem höheren Frequenzbereich, mit großer Variabilität der Grundfrequenz (F_0), eher laut und schnell. Ganz gegenteilig dazu drückt sich Traurigkeit aus. Die Tabelle (Scherer 1982, S. 300; © Beltz Verlag, Weinheim/Bergstraße) stellt eine Zusammenfassung aus verschiedenen Untersuchungen dar. Schauspieler hatten dabei meist einen neutralen Satz mit verschiedener emotionaler Tönung vorzusprechen. Es ist allein schon beeindruckend, daß zwischen verschiedenen Untersuchungen eine hohe Übereinstimmung gefunden wurde. Verblüffend ist aber auch, daß die vokalen Indikatoren von Gefühlen eine Übereinstimmung mit dem Ausdruck von Grundgefühlen in der Musik besitzen. Auch musikalisch wird die Freude eher hoch und mit großen Intervallen, aktiv und schnell vorgetragen. Der emotionale Ausdruck von Musik scheint an präformierte Strukturen gebunden, die — wie immer verfeinert — tief in der Phylogenese verankert sind. Musik als Sprache des Innersten ist gebunden an allgemeine expressive Merkmale. Das garantiert ihre Verständlichkeit. Die historische Entwicklung der Musik scheint zu bestätigen, daß der Ausdruck zwar unendlich differenziert werden kann, grundsätzlich aber die »Grammatik der Gefühle« durch bestimmte Ausdrucksmuster begrenzt ist.

Ausruf »Gott, welch Dunkel hier« signalisiert die Singstimme Gefahr mit dem dissonanten Intervall der kleinen Septime; die plötzliche impulsive Exklamation, die für den Sänger und den Hörer ungewohnt ist, bringt jene äußerste Anspannung der Furcht zum Ausdruck, die aus deren Doppelnatur resultiert: dem Erstarren in Entsetzen und dem gleichzeitigen Wunsch zu fliehen.

Die Überraschung, die durch ein unerwartetes Ereignis ausgelöst wird, verbindet sich auch mit einem Anstieg der Erregung, der jedoch nicht so groß ist wie bei der Furcht. Aktivität wird freigesetzt, um nachfolgende Handlungen zu motivieren. Überraschung ist eine flüchtige Empfindung. In ihrer reinsten Form bewirkt sie, daß der Geist gänzlich leer, bar eines Gedankens erscheint oder allenfalls ein »ach« geäußert werden kann, wie es in Kleists Amphytrion die Enthüllung des Gottes Alkmene entlockt. Das musikalische Pendant der Überraschung ist die Generalpause.

Das Interesse, das Gefühle mit den Motivationen verknüpft, geht mit einem geringeren Ausmaß an Aktivierung einher als die Überraschung und ist außerdem davon phänomenologisch durch den Eindruck des Beteiligtseins geschieden. Als neu empfundene Information erzeugt Spannung, fesselt, macht neugierig, fasziniert. Die Erwartung, etwas werde geschehen, ohne daß ein Ziel klar ausgeprägt wäre, gehört zu den Voraussetzungen des Interessegefühls. Aufmerksam folgt der Hörer einem Geschehen. Abgesehen davon, daß Interesse die Grundlage jeglichen Musikgenusses ist, gibt es spezielle musikalische Situationen, durch die das Interessegefühl angeregt wird. Die dreimal wiederholten, in Terzen aufsteigenden Bläserrufe (Allegro assai vivace, T. 199f.) im Schlußsatz von Beethovens *Neunter Symphonie* wecken eine Erwartungshaltung, ohne daß das Ziel, nämlich der folgende Einsatz des Chores, vorausgenommen wäre. Einbezug zu leisten, gehört in manchen Genres der Musik zu ihren Voraussetzungen. Oft genügt einem Filmkomponisten ein einfaches rhythmisches Modell, um die Stimulation des Zuschauers zu erreichen. Kleingliedrige, rhythmischakzentuierte Muster werden wiederholt. Das Tempo ist meist nicht allzu schnell, charakteristisch für solche aktivierenden Stellen ist das Fehlen einer melodischen Entfaltung. Der Vorspann zu *Psycho* von Hitchcock packt auf diese Weise. Besonders wirksam spannt Morricone in *Spiel mir das Lied vom Tod* beim Attentat auf den von Henry Fonda verkörperten Bösewicht den Zuschauer auf die Folter. Auch hier kein schnelles Tempo (der Verfolgte entkommt ja noch), sondern irritierende Klangtupfer, erregend wirkende improvisierende Figuren des Schlagzeugs, offen endende Wiederholungen. Schlußeffekte werden durch die Abfolge betont/unbetont vermieden. Der Akzent zielt auf die nachfolgende schwere Zeit, die nicht eintritt. Die nichterfüllte Erwartung schafft Aufmerksamkeit. Die Darstellung der musikalischen Mittel, die das Interesse des Hörers wachhalten, gibt nicht so unmittelbar Charakteristika des Gefühls wieder, wie dies bei der niederdrückenden Trauer, der lachenden Freude oder dem zitternden Zorn der Fall ist. Die Beschreibung betrifft vielmehr Merkmale des Wechsels, der Neuheit, des Unabgeschlossenen, einer leichten Spannung — Merkmale, die formal, noch ohne an eine expressive Qualität zu erinnern, recht gut definiert werden können, wobei für den speziellen Fall einer Wirkung auf den Hörer die subjektive Determination, die an einem Attribut wie »neu« haftet, von besonderer Bedeutung ist: Neu ist nur das, was als neu empfunden wird.

Das Interesse unterscheidet sich von den besprochenen Gefühlen durch eine besonders starke kognitive Ausrichtung; es kann durch eine fesselnde Strukturierung der Wahrnehmung induziert werden. Das Interesse gehört in einen umfassenderen Kontext als den der Gefühle. Es ist die Voraussetzung der Wahrnehmung und des Handelns überhaupt. Es wird nicht nur als Zuständlichkeit erlebt, sondern es veranlaßt, etwas zu tun (z. B. gespannt zu lauschen) und reicht somit tief in die motivationale Struktur hinein. Wahrscheinlich verdankt das Interesse seine Einreihung unter die Gefühle bei verschiedenen Theoretikern dem ursprünglichen Zusammenhang zwischen Motivations- und Gefühlsforschung. Triebfeder für Handlungen zu sein, ist jedoch als Besonderheit zu betonen. Wahrscheinlich ist Interesse zu haben eher ein allgemeines aktivierendes Fundament, auf dem sich besonders gut eine spezifische Gefühlsstruktur aufbaut.

Wenn Donna Anna zitternd im Zorn — ein Gefühl, das wegen seiner glänzenden Behandlung bei Hausegger hier nicht mehr ausführlicher dargestellt wird — Don Ottavio zu Taten anfeuert, so verbindet sich mit der Wut Ich-Beteiligung und steigert sie zum aggressiven Racheschwur.

Zufriedenheit, Vertrauen zeigen nur ein geringes Ausmaß an aktivierendem affektiven Einbezug. In einem langsamen Zeitmaß, mit regelmäßigem Atem und im Legato singt Don Ottavio so besänftigend »Nur Deinem Frieden weih' ich dies Leben«, daß er fast schon jene volle, tiefe Ruhe ausstrahlt, die der Sarastro der *Zauberflöte* besitzt, in dessen heil'gen Hallen man die Rache gar nicht kennt.

»Oh heil'ge Schmach«, voller Hilflosigkeit, mit dem Gefühl größter Unzulänglichkeit bricht Wotan im zweiten Akt der *Walküre* in diesen Ausruf aus. Die Situation ist so konstruiert, daß alle Bedingungen, die Scham- oder Schuldgefühle hervorrufen, erfüllt sind. Fricka hatte Wotan bitter klagend sein Versagen vorgeworfen; er hatte höchste Normen verletzt. Wotans Ich-Ideal, seine Würde als Gott, sind nicht mehr gesichert. Und das Ganze brach so unerwartet über ihn herein, wie dies für das Schamgefühl, das meist mit der Reduktion positiver Emotionen einhergeht, ebenfalls typisch ist. Freudig hatte er, ehe ihn Frickas Verachtung traf, Brünnhilde einen Auftrag erteilt, der nun zum totalen Verlust seiner Selbstachtung führt. Wotan verhält sich, wie man sich verhält, wenn man sich schuldig fühlt. Man vermeidet den Blickkontakt. »Sieh mir ins Auge«, fordert ihn Fricka auf, damit er ihrer Geringschätzung nicht entrinne und die gewünschten Versprechungen erfülle. Wagner deutete Wotans Zustand mit einem Tremolo; er bezieht seine Schmach musikalisch umfassender auf das in den vorausgegangenen Takten in der Baßtrompete erklungene Fluchmotiv, das schon vom Untergang Walhalls am Vorabend beim Betrug um den Ring kündete. Schuld und Scham sind Gefühle, die sich im Verlauf der Ontogenese erst entwickeln. Sie sind an soziale Situationen gebunden. Die Verletzungen des Selbst gehen in der Regel von einer anderen Person aus. Nicht alle Autoren rechnen das Gemisch aus Furcht, Zorn, Beteiligtsein und Reduktion von Freude zu den Grundgefühlen, ein Umstand, der nicht die soziale Notwendigkeit dieser Gefühle mindert, lediglich ihre Komplexität betont. Ob es in diesem Zusammenhang bedenkenswert erscheint, daß fast alle Grundgefühle musikalisch unmittelbar darstellbar sind, die Scham jedoch nicht? Spekulation erschwert, daß überwiegend negative Gefühle musikalisch nicht ausgedrückt werden können. Auch der Ekel, der mit Sicherheit ein Grundgefühl ist, fand kein musikalisches Äquivalent und damit keinen Platz in den ästhetischen Gefilden.

Die dimensionale Struktur des Ausdrucks

Sowohl die Beteiligung der aktivierenden Komponente »Interesse« an verschiedenen Gefühlen als auch die mögliche Bewertung der Gefühle als positiv oder negativ läßt erkennen, daß Emotionen untereinander Beziehungen aufweisen, die es ermöglichen, Ordnungen zu finden. Die Dimensionen, auf denen eine solche Ordnung beruht, stellen noch erlebbare Qualitäten dar, die jedoch insofern abstrakt sind, als sie verschiedenen Zuständlichkeiten zugeschrieben werden, somit in je unterschiedlicher Konkretion erfahren werden.

Die älteste Kategorie, die zu einer allgemeineren Beschreibung von Gefühlen herangezogen wurde, ist die Dimension »Lust—Unlust«. Wundt (1914) übernahm diese Idee der Unterscheidung von Gefühlen hinsichtlich eines hedonistischen Tones von Spencer, dessen Konzept des Aktivierungsgrades, der ebenfalls Gefühle differenziert, er außerdem aufspaltete, indem er zwei Dimensionen postulierte, nämlich »Erregung-Beruhigung« und »Spannung-Lösung«. Wohingegen eine Variation im Ausmaß der Angenehmheit unproblematisch erscheint, wurde an der Möglichkeit gezweifelt, Erregung und Spannung als zwei getrennte Komponenten isolieren zu können. Jedoch konnte diese Differenzierung vor allem durch Untersuchungen mit dem von Osgood in den fünfziger Jahren entwickelten »Semantischen Differential« (im Deutschen auch »Polaritätsprofil« genannt) bestätigt werden. Das Meßinstrument von Osgood sieht vor, daß mit Hilfe von siebenfach, heute auch nur sechsfach abgestuften Skalen, deren Pole durch Adjektive gegensätzlicher Bedeutung charakterisiert sind, eine Beurteilung von Gegenständen vorgenommen wird; die Skalen (z. B. angenehm—unangenehm, schön—häßlich) sollen sich zu den Beurteilungsobjekten neutral verhalten. Es können damit Vorstellungen in ihrer Semantik festgelegt, Meinungen bestimmt, Musikbeispiele oder einfache Klangereignisse auf eine emotionale Valenz hin geprüft werden. Neben einer Charakterisierung durch den hedonistischen Ton zeigte sich bei dieser Art von Untersuchungen auch immer eine Differenzierung im Hinblick auf einen zweiten und dritten Faktor: eine empfundene Aktivierung und den Eindruck von Macht/Überlegenheit/Dominanz/einsamer Zurückgezogenheit. Osgood spricht bei dem dritten Faktor von »potency«. Diese Dimension könnte etwas mit Wundts Idee der Spannung zu tun haben. Ruhe und Ausgeglichenheit erwiesen sich in den Untersuchungen mit dem Polaritätsprofil nicht als Gegensatz der »mächtigen« Anspannung, sondern eröffneten die Möglichkeit eines vierten Ordnungsfaktors. Zuweilen differenzierten Beurteiler auch noch nach dem Eindruck des »Drängend-Triebhaften«. Dieser fünfte Faktor ist jedoch meist nur schwach ausgeprägt.

Diese dimensionale Struktur ordnet die Gefühle insofern sinnvoll an, als positive Zuständlichkeiten wie Freude den negativen wie Zorn, Wut, Furcht und Ekel als Gegensätze gegenüberstehen. An anderen emotionalen Qualitäten, wie der Erwartung und dem Interesse, dominiert das Ausmaß des Aktiviertseins. Die Trauer gewinnt durch die mit ihr verbundene Würde eine ganz eigenartige Macht, die wohl unterschieden ist von der Dimension der Ruhe und des Vertrauens. Es ist jedoch die Ordnung der Affekte nicht so einfach, daß den Polen der vier bis fünf Dimensionen, die immer und immer wieder bestätigt wurden, genau die Grundgefühle entsprechen würden, die gemäß evolutionären Kriterien, nämlich dem phylogenetisch und ontogenetisch frühen Auftreten und ihrer Lebensnotwendigkeit, postuliert wurden. Für die dimensionale Struktur sind die tatsächlich möglichen, vielfältigen Ausformungen der Gefühle maßgeblich. Deren Reichtum läßt sich an der Zahl der Grundgefühle nicht ablesen. Weiß man jedoch, daß diese Mischungen und Kombinationen eingehen, die darzustellen es mehrerer Dimensionen bedarf, so ergibt sich die Zahl möglicher Gefühle aus einer Potenz. Sie ist unendlich groß.

Eine merkwürdige Parallelität besitzen diese Dimensionen zu den vier Tempocharakteren der klassischen Symphonie. Das Allegro verweist auf die Dimension der Aktivität, am Allegretto gracioso haften die Merkmale des Lustvoll-Angenehmen besonders stark, das Andante zielt auf Ruhe und Ausgeglichenheit, dem Adagio entspricht die Würde der Trauer. Es deutet sich darin an, daß diese vier Dimensionen mehr als nur eine systematisierende Bedeutung besitzen.

Die musikpsychologische Literatur hat sich relativ begriffsfreudig im Zusammenhang mit der Benennung dieser vier Dimensionen gezeigt. Dies ist verwirrend. Bei näherem Hinsehen ist es jedoch möglich, aus allen Untersuchungen die genannten Faktoren in gleicher Weise herauszudestillieren. Diese Arbeit wurde in dem Band *Systematische Musikwissenschaft* (1982) geleistet.

Im Zusammenhang mit dem hier zur Diskussion stehenden Problem »Musik als Sprache« war es wichtiger, ausführlich von der Möglichkeit zu handeln, welche Lautgestalt ein konkretes Gefühl finden kann und wie es vom Hörer verstanden wird. Wichtiger als ein abstraktes System der Gefühle erschienen Erklärungen der Verschränkung von Ausdruck und Eindruck. Wie immer eine unmittelbare Resonanz dabei erlebt werden kann (was nicht heißt, daß sie tatsächlich existiert), so machen die symbolischen Überformungen, die in allen Bereichen des Ausdrucks wirksam sind, aber künstlerische Äußerungen besonders stark betreffen, das Verstehen des musikalischen Affekts zu einer intellektuellen Tätigkeit der Anpassung und Aneignung. Deren Kategorien gehen teilweise aus dem in einer Kultur vermittelten Wissen hervor. Darauf deutet auch hin, daß eine Einfachstruktur des musikalischen Ausdrucks eine größere Übereinstimmung mit den klassischen Tempocharakteren besitzt als mit den Grundgefühlen. Die Korrespondenzen aber, die sich zwischen musikalischen Lautgestalten und phylo- wie ontogenetisch früh auftretenden Affektäußerungen nachweisen ließen, zeigen eine frappierende Nähe des musikalischen Ausdrucks zu ursprünglichen seelischen Vermögen an.

Musikalische Grammatik und Logik

Der formale Zusammenhang als Bedeutungsträger

In der Einleitung zur *Allgemeinen Geschichte der Musik* (1788, S. 13) erläutert
Forkel an einem kurzen Notenbeispiel:

daß es zweideutig und unbestimmt sei: Die Bedeutung der Töne ändert sich,
je nachdem, ob dieses Beispiel in C- oder G-Dur, in a- oder e-Moll gespielt wird.
Indem eine Beziehung zwischen dem melodischen Vorgang und der harmonischen Abfolge hergestellt wird, entsteht der Sinn dieser Tonfolge. Forkel, der
die Musik als Herzenssprache begriff, betrachtete den Ton als unmittelbaren
Ausdruck einer Empfindung. Was die Musik zu einer Sprache weit über den
dumpfen Naturlauten erhebt, ist ihre logische und grammatikalische Struktur,
die außerdem den Ausdruck über das momentane Verklingen hinaushebt. Die
Metapher »Musik als Sprache« ist damit zugleich zweifach bestimmt. Sie definiert Musik einerseits als Ausdruck der Empfindungen und zugleich als ästhetisches Gebilde, das diese Empfindungen in die Klarheit der Vorstellungen erhebt
— eine Idee, die im 19. Jahrhundert ins Metaphysische gesteigert wurde. Forkel
bediente sich eines einfacheren Vergleichs: So wie die Sprache das Kleid der Gedanken ist, so sind Melodien Formulierungen von Empfindungen, deren innere
Logik durch die Harmonie bestimmt ist. Die Bezeichnung »musikalische Logik«, die auf Forkel zurückgeht, weist auf die Möglichkeit einer Beurteilung als
falsch oder richtig hin. Forkel hatte noch ein Modell vor Augen, das die Sprache oder Musik begriff als ein Mittel, um etwas zum Ausdruck zu bringen, wobei der Ausdruck reguliert wird durch die Gesetze der Logik. Die Idee einer
reinen Tätigkeit des Geistes, die dem Göttlichen gleichzusetzen sei, weit ab von
dem Gedanken der Formulierungshilfe, entwickelte sich erst im 19. Jahrhundert. Sie kulminierte in Hanslicks Abwertung der verrotteten Gefühlsästhetik,
die er durch einen absoluten Begriff von Musik übertreffen wollte. Seine Formel vom »Arbeiten des Geistes im geistfähigen Material« betonte die gänz-
liche Loslösung der Musik von allen außermusikalischen Bestimmungsgrün-
den. Sie hatte in den Auseinandersetzungen zwischen der neudeutschen
Schule und den Anhängern der Musik von Brahms einen großen kunstkämpfe-
rischen Wert.
    Ästhetische Programme basieren jedoch immer auf hochgetrimmten Postu-
laten, die ihre Durchsetzungsfähigkeit garantieren sollen. Trotz der geschicht-
lich bedeutsamen Auswirkung der formalästhetischen Position gilt Forkels
zweifache Determination der Metapher »Musik als Sprache« grundsätzlich
auch für die gesamte Musik des 19. Jahrhunderts.

Hanslick selbst hatte allerdings den Gefühlsausdruck niemals geleugnet, sondern nur als nebensächlich erachtet. Oder hatte er ihn als selbstverständlich aufgefaßt? Die Idee einer Musik als Sprache, an der er festhielt, läßt sich nämlich mit einem wie immer zum Geist schlechthin gesteigerten Begriff von innermusikalischer Logik nicht ohne weiteres vereinbaren. Die reine Tätigkeit des Verstandes gipfelt in der Logik der Mathematik. Der Anspruch, Sprache zu sein, wird dabei überhaupt nicht gestellt. Die mehrfachen geschichtlichen Zeugnisse — im Mittelalter wie im 20. Jahrhundert — einer von der Logik der Zahlen geregelten Musik sind frei von der Idee des Sprachcharakters. Sie setzen einen Musikbegriff voraus, der die Inkorporation einer universellen Rationalität in Tönen gleichermaßen wie in anderen überzeitlich erscheinenden Ordnungen, den Bewegungen der Gestirne und allgemein dem menschlichen Denken, zum Gegenstand hat. Ein Vergleich zwischen Musik und Sprache erklärt dabei fast nichts. Hanslicks Abwertung der verrotteten Gefühlsästhetik ist daher nur als eine partiell auch schlechte Polemik zu verstehen, weil er den Vergleich zwischen Musik und Sprache nicht preisgegeben hat. Sie weist allerdings darauf hin, daß eine strenge Unterscheidung zwischen Dargestelltem (dem Ausdruck) und musikalischer Formulierung nicht durchführbar ist. Ist die »Logik« zentral für die Darstellung, so geht aus ihr unmittelbar auch Bedeutung hervor.

Das Verstehen von Musik als Verstehen eines hinter den Tönen liegenden Sinnes läßt sich durch ein theoretisches Modell erklären, das zwei Begründungen vorsieht, die zueinander jedoch nicht im Verhältnis einer Mittel-Zweck-Relation stehen. Wenn im zweiten Akt des *Fidelio* der Eindruck »O grauenvolle Stille« mit der melodischen Wendung einer verminderten Quarte und mit zitterndem Tremolo wiedergegeben wird, so sind diese expressiven Symbole eingebunden in eine harmonische Wendung, die vom verminderten, das melodische Intervall legitimierenden Dominantseptakkord ausgeht und zu einem Trugschluß fortschreitet. Der intendierte Ausdruck ist die Voraussetzung des formalen Zusammenhangs, der seinerseits die Begründung des Ausdrucks ist. Formal-syntaktische Beziehungen implizieren damit semantische Bedeutungen. Dies gilt auch für verbale Äußerungen. Für die Umgangssprache ließ sich sehr schön zeigen, daß Kinder ein Kunstwort, das wie ein Verb klingt, auf Aktionen und Bewegungen beziehen, substantivische Bildungen hingegen einem gezeigten Objekt zuordnen. Die Zugehörigkeit zu einer formalen Klasse der Syntax determiniert in der Umgangssprache einen — wenngleich allgemeinen — Inhalt. In gleicher Weise ist ein verminderter Dominantseptakkord nicht nur ein von vorausgehenden Harmonien abhängiger Akkord, der die nachfolgende Akkordprogression bestimmt, sondern, weil er eine Auflösung logisch zwingend erscheinen läßt, zugleich auch ein Indikator von Aufruhr und Erregung und nicht von Ruhe und Stillstand.

Die psychologische Realität der musikalischen Grammatik

Im 19. Jahrhundert gingen die Musiktheorie und die Musikpsychologie eine enge Verbindung ein, deren Ziel eine umfassende Erkenntnislehre der Musik sein sollte. Die Regeln der musikalischen Logik, deren elementare Erscheinung Riemann durch die Beschreibung des funktionalen Zusammenhangs der Akkorde und der Verhältnisse der metrischen Gewichte in der zusammenschließenden Einheit der Periode festzulegen versuchte, ließen sich in einem systematischen Aufriß darstellen, der in einer *Kompositionslehre* (1902—1913) gipfelte. Diese Darstellung war jedoch deskriptiv. Riemann erhoffte von der Psychologie in der phänomenologischen Spielart, die Stumpf vertrat, eine Begründung dafür, daß der menschliche Geist nur im Sinne der von ihm aufgestellten Regeln funktionieren könne. Sehr viel später hat Chomsky im Bereich der Sprache von der Psychologie ebenfalls den Nachweis eingeborener Ideen verlangt, als er die psychologische Realität der Grammatik postulierte. Den gleichen Vorgang in zwei verschiedenen Disziplinen zu betrachten, eignet sich nicht nur gut, um zu zeigen, daß die psychologische Forschung nicht den Charakter einer axiomatischen Wissenschaft haben kann, sondern auch dazu, noch einmal die eingangs geäußerte These aufzugreifen, daß Musik keine Sprache sei, daß vielmehr lediglich die Ähnlichkeit zum sprachlichen Verstehen diese Metapher rechtfertige.

Chomsky dachte, daß die Phrasenstrukturbäume, die ihm zur Beschreibung der Grammatik eines Satzes dienten, im Kopf der Benutzer zu finden sein müßten. Die Psychologen hielten sich zurück. Die Beschreibung der idealen Struktur der Sprache als eines abstrakten normativen Systems ergänzten sie nur durch Experimente, die demonstrierten, wie gehört und gesprochen wird. Sie begründeten nicht, denn sie setzten die Beschreibung einer idealen Struktur der Sprache voraus und untersuchten nur, wie sie beim Sprechen und Hören funktioniert. Die Unterschiede zwischen den Regeln, nach denen eine Sprache gebraucht wird, und den psychologischen Mechanismen, die darin involviert sind, machte sich auch Stumpf zunutze, um Riemanns unlösbarem Ansinnen zu begegnen. Die genaue Beschreibung dessen, was musikalisch gilt, überließ er dem Theoretiker; er beschränkte sich auf die Aufgabe, Funktionsweisen des beziehenden Denkens zu erkennen. Riemann war zutiefst enttäuscht darüber, daß der physikalisch nicht nachweisbare Unterschied zwischen den Intervallen c—es und c—dis psychologisch nicht in der Weise begründet werden konnte, daß eine überzeitliche Idee bewiesen worden wäre. Psychologisch läßt sich nur feststellen, daß der Hörer mit Beziehungen operiert, und wie er mit diesen Relationen umgeht, etwa daß er beim Bezug zu c-Moll oder a-Moll eine je andere Bedeutung zweier akustisch gleicher Frequenzverhältnisse annimmt. Der Hörer kennt eine Regel und urteilt nach ihr. Welcher Art diese Regeln sein müssen, ist ein musiktheoretisches Dogma, das er lernen muß. Chomskys Anspruch einer psychologischen Realität seines Regelsystems hat sich am Sprachverhalten

Rhythmus und Tonarten sind auf dieser Abbildung aus Spartaros *Tractatus de musica* von 1531 in einem überzeitlich wirkenden System zusammengeschlossen. Die Zahlenverhältnisse, die die Abbildung grafisch wiedergibt, fundiert ein höherer Zusammenhang. Die Dreiteilung repräsentiert die göttliche Dreieinigkeit. Sie verdient den Zusatz »perfectus«: Ihr gegenüber erscheint imperfekt, was nur auf Zweiteilung beruht. Die Zweiteilung — so lehrt die spätere Musikgeschichte — ist jedoch zumindest bei Rhythmen viel leichter aufzufassen. Der dreigeteilte Takt ist in der Wahrnehmung schwieriger zu verarbeiten. Aber auch im Hinblick darauf, was einfacher oder komplizierter wirkt, ließ sich kein überzeitliches System der Musik gründen. Wir hören und verstehen Musik mit erlernten, daher wandelbaren Kategorien. Die ästhetische Relevanz »eingeborener Ideen« ist gering.

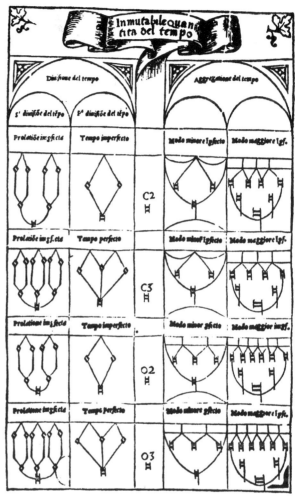

jedoch andeutungsweise so weit bestätigen lassen, daß noch immer angestrengt nach einem letztgültigen Beweis gesucht wird. Wesentliche Stützen waren die interkulturell gleichen formalen Strukturen der Sprachen und der Nachweis, daß Sprachbenutzer nicht assoziativ verstehen und reden, sondern eine hierarchische Struktur von Regeln anwenden, also der Grundidee der transformationellen generativen Grammatik folgen. Ein Gleiches gilt für die Musik nicht. Ein Blick auf die Geschichte der Musik und ihre ethnische Vielfalt belehrt über viele Möglichkeiten tonsystemlicher Ordnungen. Er belehrt damit über viele Möglichkeiten grammatischer und logischer Regeln, deren Gemeinsamkeiten gering sind. Diese breite Variation beeinträchtigt den Versuch, eine tonsystemliche Ordnung als ein ähnlich gleichbleibendes System anzusehen, wie es der Sprache zugrunde liegt; sie beeinträchtigt damit den Vergleich von Musik und Sprache.

Das Verhältnis von Semantik und Syntax scheint, gemessen an der Sprache, bei Musik auf den Kopf gestellt. Zu sprechen bedeutet die Möglichkeit, unendlich viele verschiedene Inhalte in einem formal immer gleichen Kontext darstellen zu können. Der musikalische Ausdruck hingegen ist nicht beliebig erweiterbar. Er ist zu differenzieren und zu intensivieren, wobei sich seine Steigerung im 19. Jahrhundert schlicht auch an der Länge der Musikstücke zeigte. Die Bindung der Ausdruckskategorien an die Struktur der menschlichen Gefühle läßt es undenkbar erscheinen, einen ganz neuen, nie gekannten Ausdruck zu finden. Erweiterbar, veränderbar hingegen zeigen sich die formalen Zusammenhänge; ihnen galt die Kraft der Erfindung. Im Unterschied zur Sprache ist die grammatische Struktur der Musik nicht notwendig an ein in Grundzügen wiederkehrendes Regelsystem gebunden. Dies macht auch die Frage nach einer psychologischen Realität der musikalischen Grammatik überflüssig. Sie wird meist auch nur dann gestellt, wenn in irgendeiner Weise ein musikalischer Alleinvertretungsanspruch erhoben wird.

Stattdessen eine große Vielfalt des Verstehens zu bewundern, mindert nicht das Interesse an der Funktionsweise einer bestimmten grammatikalischen Struktur. Deren spezielle Kategorien werden vom Hörer gebraucht, um die Bedeutung einer musikalischen Ordnung zu erkennen. Denn die durch die Sinnesorgane beim Lesen oder Hören auf den Menschen einströmende Information bedarf der Interpretation. Um Zusammenhänge zu erkennen, ist es sowohl notwendig, daß diese Information gespeichert, als auch, daß bereits vorhandenes Wissen zur Deutung benutzt werden kann. Die Funktionsweise der Wahrnehmung darzustellen, die vom Gedächtnis und damit von der kategorialen Struktur des Hörers abhängt, ist Gegenstand psychologischer Forschung. Die musikalische Grammatik hat insofern doch eine psychologische Realität, als sie in dieser kategorialen Struktur repräsentiert ist, im hermeneutischen Sinne ein Vorurteil darstellt.

Modelle des Wahrnehmens und Erkennens von Zusammenhängen

Die Gestalttheoretiker wußten eine sehr einfache Antwort darauf, wie es überhaupt möglich ist, aus dem kontinuierlichen Klangfluß, der auf das Ohr einströmt, einen logisch wirkenden Zusammenhang von Tönen oder Klängen zu erkennen. Ihre Auffassung wurde in der Musikwissenschaft besonders stark rezipiert. Es hängt dies wahrscheinlich auch damit zusammen, daß wichtige Kriterien der Gestalt im allgemeinen — nämlich die Transponierbarkeit und Übersummativität — zuerst an einem musikalischen Beispiel erörtert wurden. Eine Melodie, so legte 1890 Ehrenfels dar, basiert nicht auf der Summe der Töne; sie behält ihre Eigenschaften, wenn man sie in eine andere Tonhöhenlage transponiert. (Er addierte allerdings diese Gestaltkriterien zu einem Assoziationsmodell des Bewußtseins.) Gestaltbildungen, so wurde später behauptet, gehören zur Natur des menschlichen Geistes. Das elementarste Gesetz dieser Theorie besagt, daß Figuren abgehoben von einem Grund erlebt werden. Es ermöglicht eine Theorie der Konsonanz, die nicht nur deren besondere physikalische Klangeigenschaft der Schwebungsfreiheit, sondern das Erlebnis des Ausgezeichneten betont. Das Figur-Grundverhältnis betrifft den Aspekt der Differenzierung im Wahrnehmungsgeschehen. Von den weit über die Zahl 100 hinausgehenden anderen Gesetzen sind solche, die die Integration von Gestalten betreffen, besonders wichtig. Dazu gehört die Strukturierung gemäß der Einfachheit und der Geschlossenheit, im Bereich der Musik auch das Gesetz der »guten Fortsetzung«. Diese Organisationstendenzen der menschlichen Wahrnehmung sind jedoch nicht als Konstruktion des aktiv auffassenden Geistes zu verstehen. Die Gestaltbildungen erfolgen eher automatisch, sie sind angeboren. Vor allem gegen diese nativistische Position wurden Einwände erhoben. Sie mindern jedoch nicht den Wert einzelner Untersuchungsergebnisse. So bleibt es durchaus möglich, den Gestaltbegriff, der manche alltägliche Erfahrung charakterisiert, weiterhin zu benutzen, ohne sich umstandslos auf alle Erklärungen und ideologischen Annahmen dieser Theorie zu verpflichten.

Ein gleiches gilt für die ältere Theorie der Assoziation von einzelnen Empfindungen, gegen die die Gestalttheoretiker mit Vehemenz das Kriterium der Übersummativität setzten. Das Modell eines aus kleinsten Elementen zusammengesetzten Bewußtseins erwies sich als unhaltbar. Aber die Erfahrung, daß beim Erleben von Zusammenhängen die zeitliche und/oder räumliche Nähe von Bedeutung sein kann, wie es schon Aristoteles geglaubt hatte, wurde in andere Theorien übernommen, auch in die der Gestaltbildung. Sie wurde nur anders erklärt. Die Gestalt wiederum taucht in Modellen, die Lernprozessen eine größere Bedeutung beimessen, unter dem Namen »Superzeichen« oder »chunk«, »Figur« oder »Muster« auf.

Daß wir die Wirklichkeit strukturiert wahrnehmen, besagt noch nichts darüber, wie wir zur Erkenntnis über diese Wirklichkeit gelangen. Wieso können wir dieselbe harmonische Fortschreitung im Klanggewand eines Orchesters als auch im Klaviersatz identifizieren? Die Mechanismen, auf denen solche für das Erkennen von Bedeutungen grundlegenden Klassifikationsprozesse beruhen, sind außerordentlich schwierig zu beschreiben. Benennende Worte für diese Mechanismen haben verschiedene wissenschaftliche Disziplinen, die Philosophie und einige psychologische Richtungen, hervorgebracht. Wenn jedoch Philosophen von »Kategorien der Anschauung«, von »Allgemeinbegriffen«, Behavioristen von »Reizgeneralisierung« oder »Stimulusäquivalenz«, Computertechnologen von »Zeichenerkennen« sprechen, so brauchen sie zusätzliche Erklärungen über deren Beschaffenheit und vor allem über deren Funktionsweise. Eine solche zusätzliche Begründung liefert die Idee des Schablonenvergleichs, mit dem behauptet wird, daß eine neu eintreffende Information mit einem

Standard verglichen und durch die Übereinstimmung mit einem Modell identifiziert wird. Der Schablonenvergleich hat in sehr verschiedene psychologische Richtungen Eingang gefunden. Figuren zu erkennen setzt den Vergleich mit einer Gedächtnisspur voraus, so die Gestalttheorie; die Behavioristen verzichten auf die Idee, diese »Figuren« seien von Organisationsgesetzen der Wahrnehmung geregelt, sie gehen davon aus, daß es Verallgemeinerungen von Erfahrungen sind. Daß die Kategorien der Anschauung wie Schablonen funktionieren, wurde aus mehreren Gründen bezweifelt. Obwohl mit Sicherheit feststeht, daß vertraute Muster — als Beispiele ließen sich die authentische oder die plagale Kadenz nennen — unmittelbar erkannt werden, weist der Schablonenvergleich Mängel auf. Gravierend ist die Frage, wieviele Schablonen denn gespeichert werden können. Sie wurde zugunsten einer Art prototypischer Universalien zu lösen versucht, die die phänomenale Identität eines Objektes in verschiedenen Positionen, eines Klanggeschehens in verschiedener Instrumentation garantieren. Urmuster sind repräsentativ für eine ganze Klasse von Umweltereignissen. Sie können sogar als eingeborene Invarianten (Gibson 1973) der Wahrnehmung dienen. Mit Prototypen läßt sich jedoch nicht erklären, warum minimale Unterschiede ausschlaggebend sein können für die Zuweisung zu einer Schablone. Die Zauberformel der Ähnlichkeit versagt hinsichtlich dieses Vorgangs der Akkommodation des kognitiven Systems an eine Information. Der Buchstabe O und der Buchstabe Q unterscheiden sich durch eine Kleinigkeit, an der gemessen die Variationen, mit denen ein O — in verschiedenen Handschriften — als immer Gleiches erscheint, sehr groß wirken. Fassen wir also die Erfahrungen nicht in Schablonen auf?

Vieles spricht für die Idee der Auswahl von Merkmalen, mit denen wir auf die Eigenschaften von Gegenständen und Ereignissen schließen. Grundlegend für diese Wahrnehmungsmethode wurde das Pandämonium-Modell, das Selfridge Mitte der fünfziger Jahre entwickelte. Erkennen geht dabei aus einem hierarchisch gestuften Prozeß der Merkmalfindung und der Merkmalbewertung hervor. Zunächst treten die Abbilddämonen in Funktion. Sie registrieren Attribute: Hat es einen kleinen Strich wie in Q; ist es eine Dissonanz? Auf einer höheren Stufe werden die Merkmale in ihrer Bedeutung abgestuft. Die Berechnungsdämonen bilden Synthesen aus den gewichteten Merkmalen und erlauben den kognitiven Dämonen damit eine Entscheidung: Es ist ein Q; es ist ein Septakkord. Die Theorie des Mustererkennes (pattern recognition), für die der Gedanke der Synthese kritischer Merkmale zentral ist, präzisiert nicht den speziellen Bezug zwischen Wahrnehmung und Erkenntnis. Besitzen Organismen möglicherweise schon Strukturen, in die die neu entdeckten Merkmale eingepaßt werden? Funktionieren damit manche Merkmalsdetektoren nicht wie Schablonen?

Das Modell der Auswahl kritischer Merkmale hat jedoch besondere Vorteile bei der Erklärung eines grundlegenden Vorgangs des Musikhörens. Wie wird

Wird gleichzeitig über Kopfhörer jeweils auf dem linken (L) und dem rechten (R) Ohr ein in der Oktavlage alternierender Ton gehört, so entsteht eine Wahrnehmungsillusion. Auf jeweils einem Ohr wird ein Ton unterdrückt. Außerdem werden die Töne räumlich umgruppiert, so daß z. B. der tiefe Ton auf dem Ohr erscheint, dem gerade die hohe Frequenz geboten wird. Das Experiment zeigt Gestaltungsprozesse der Wahrnehmung. Als Information wird das Alternieren eines Tones im Oktavabstand auf einem Ohr verarbeitet. Zum zweiten werden — wie immer als »Falschnehmung« — Hinweise auf die unterschiedliche Lokalisation verarbeitet. Solche Wahrnehmungsillusionen weisen darauf hin, daß wir die akustische Information nicht einfach abbilden, sondern im Hinblick auf einzelne Merkmale gestalten (Deutsch 1974).

eine Tonhöhe identifiziert? Es ist keine Frage, daß das Ohr als Frequenzanalysator funktioniert. Aber in welcher Weise? Dies ist ein Streitpunkt zwischen verschiedenen Theoretikern. Helmholtz (1863) glaubte, die Basilarmembran des Innenohrs mit den in Resonanz mitschwingenden Saiten einer Harfe oder eines Klaviers vergleichen zu können. Er schuf damit die Grundlage für eine Ortstheorie des Hörens, die vor allem Békésy (1960) favorisierte. Auch wenn die Idee einer Resonanz preisgegeben werden mußte, so konnte doch je nach der auf das Ohr eintreffenden Frequenz ein je unterschiedlicher Ort maximaler Ausbauchung der als ganzes schwingenden Basilarmembran beobachtet werden. Die Tonhöhenwahrnehmung konnte durch die Signale über den Ort der maximalen Auslenkung, der unmittelbar der Schallfrequenz entsprach, erklärt werden. Békésy stellte jedoch fest, daß bei Frequenzen unterhalb von 150 Hz keine klar ausgeprägte Stelle der maximalen Auslenkung gefunden werden konnte. Um die Wahrnehmung tiefer Töne zu interpretieren, griff man auf eine ebenfalls aus dem 19. Jahrhundert stammende, durch die Erfindung des Telefons angeregte Theorie zurück: Die Hörnerven übermitteln die Frequenzen direkt. Wever und Bray (1954) konnten in den dreißiger Jahren nachweisen, daß eine solche Feuerung von Impulsen im nervus acusticus bis zu Frequenzen von 4 000 bis 5 000 Hz stattfindet, obwohl ein einzelner Nerv in seiner Reaktion bei maximal 1 000 Hz begrenzt ist. Die unmittelbare Widerspiegelung hochfrequenter Schallwellen erklärten sie durch den militärischen Vergleich des Salvenschießens. Die Nerven arbeiten demzufolge arbeitsteilig. Während ein Teil sich erholt (Refraktärphase), reagiert ein anderer. Da sich jenseits von 5 000 Hz keine synchrone Nerventätigkeit nachweisen ließ, schlugen Wever und Bray eine Kombination von Ort und Frequenz als Indikator für die Tonhöhe vor; beide könnten als kritische Merkmale dem Erkennen des Tones dienen.

Kurven gleicher Lautstärke

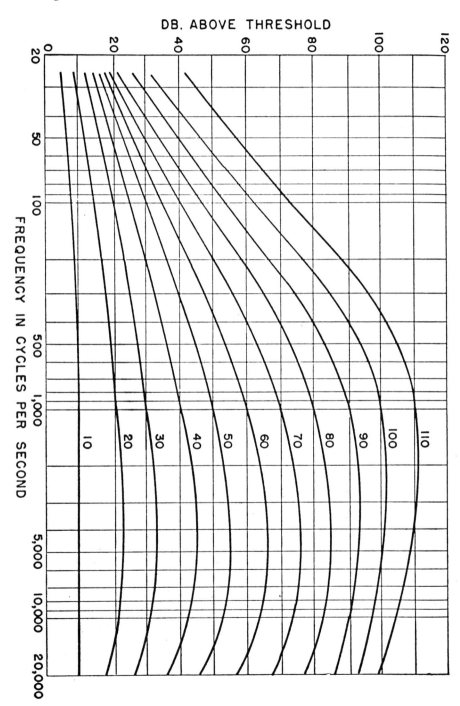

Das Hörfeld

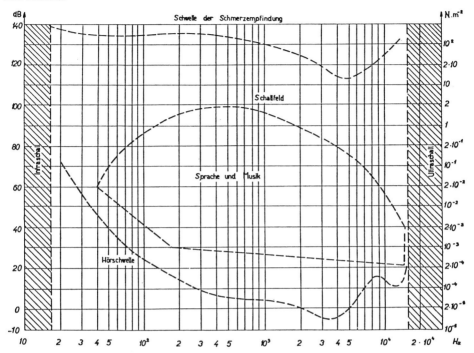

Erreichen Luftdruckschwankungen unser Ohr, so werden sie als Töne oder Klänge wahrgenommen, wenn sie innerhalb des durch Frequenz (Hz) und Lautstärke (dB) gebildeten Schallfeldes
liegen. Es gibt für die Wahrnehmung von Frequenzen eine untere Schwelle, die bei etwa 16 Hz
liegt, und eine Grenze des Hörens bei 20 000 Hz. Der Lautstärkepegel, der nötig ist, damit eine
Frequenz als Ton wahrgenommen wird, ist im mittleren Frequenzbereich wesentlich geringer als
im tiefen oder hohen Hörbereich (die Kurve, an der »Hörschwelle« steht). Eine obere Begrenzung für den Schalldruck ergibt sich durch die Schmerzgrenze (Burghauser und Špelda 1971, S.
14; © Gustav Bosse Verlag, Regensburg).
    Die akustische Umwelt wird nicht unmittelbar abgebildet. Das zeigen die »Kurven gleicher
Lautstärke«. Hohe Frequenzen (vgl. den Kurvenabfall unterhalb 500 Hz) bedürfen einer erheblich geringeren Lautstärke, um gleich laut zu wirken, als tiefe. Am sensibelsten ist das Ohr bei
1 000 Hz. Erklingt ein Ton von 100 Hz mit demselben Schallpegel wie ein Ton von 1 000 Hz
bei 110 dB, so wirkt er nur so laut wie ein 1 000-Hz-Ton von etwa 72 dB, oder was bei 1 000
Hz wie 50 dB wirkt, macht bei 100 Hz nur den Eindruck von 30 dB (an der Ordinate ist ablesbar, wie laut ein Ton wirken würde, wenn er mit demselben Schalldruck gespielt wird wie ein
1 000-Hz-Ton, dessen Lautstärke direkt an den jeweiligen Kurven angegeben ist (Lundin 1967, S.
45; © Robert W. Lundin, Sewanee/TN).
    Tiefe Frequenzen werden schlechter gehört. Sie brauchen einen recht großen Schalldruck, um
überhaupt wahrgenommen zu werden. Der Zusammenhang zwischen der dB-Skala des Schall-
drucks und einer Skala subjektiver Empfindung in »sone« zeigt, daß im Frequenzbereich von
37–75 Hz 50 dB benötigt werden, damit ein Ton überhaupt gehört wird. Allerdings bedarf es
dann nur einer ganz geringen Erhöhung des Schallpegels, um einen solchen Ton so laut wie die
hohen Töne erscheinen zu lassen (vgl. Abb. S. 90; Burghauser und Špelda 1971, S. 48).

Für tiefe Töne ist die Frequenz maßgeblich, für hohe der Ort der maximalen Erregung auf der Basilarmembran. Im Bereich der größten Hörempfindlichkeit (bei 1 000 bis 3 000 Hz) operiert das akustische System sowohl mit dem Merkmal der Periodizität der Nervenimpulse als auch der Analyse über den Ort maximaler Auslenkung. Da es verschiedene Arten von akustischen Merkmalsdetektoren geben muß, hat Plomp (1976) vorgeschlagen, daß die genaue Analyse der Signale aus dem Innenohr (Cochlea) erst im Gehirn erfolgt. Dabei dürfte die von der Frequenz abhängige Helligkeit identifiziert werden, aber auch seine Tonigkeit, eine empfundene Ähnlichkeit von Tönen im Oktav- und Quintabstand. Beim Hören einer exakten Tonhöhe spielen, zumindest wenn sie kurzzeitig dargeboten wird, auch Merkmale ihrer Einbettung eine Rolle (auch ein Konsonant, z. B. ein d, der isoliert für ein nichtsprachliches Geräusch gehalten wird, erhält durch den nachfolgenden Selbstlaut erst Gestalt). Die Wahrnehmung einer einzelnen Tonhöhe setzt damit eine so komplizierte Informationsverarbeitung voraus, daß es unwahrscheinlich ist, daß sie dem Erken-

Die Abhängigkeit der Lautheit von der Frequenz

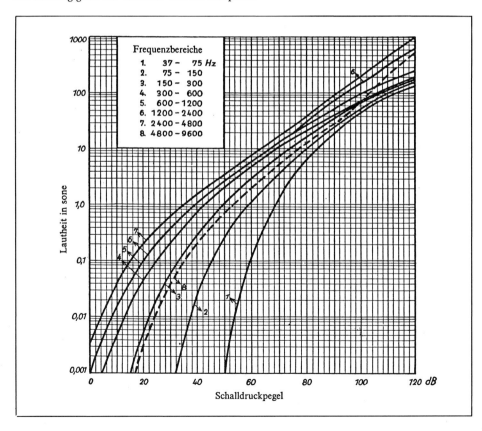

Die Abhängigkeit des Tonhöheneindrucks von der Lautstärke

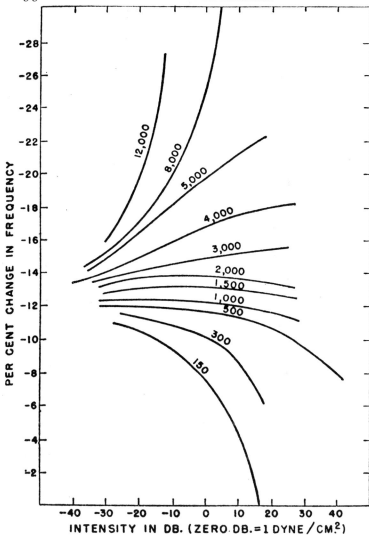

Im Unterschied zur Abhängigkeit der Lautstärke von der Frequenz ist der Tonhöheneindruck im Bereich zwischen 500 Hz und 4 000 Hz weitgehend unabhängig von der Intensität. Ob leise oder laut: Töne werden in diesem für das Musikhören wichtigsten Bereich in gleicher Höhe gehört. Hohe Frequenzen hingegen, die in der Musik nur als Obertöne eine Rolle spielen, erscheinen mit steigendem Schalldruck höher, und Frequenzen unterhalb von 300 Hz wirken um so tiefer, je lauter sie sind (Lundin 1967, S. 21; © Robert W. Lundin, Sewanee/TN). Konstanzphänomene finden sich in anderen Urteilsbereichen ebenfalls. So halten wir einen Menschen in einiger Entfernung auch nicht für kleiner. Solche Konstanzphänomene werden damit erklärt, daß wir automatisch zusätzliche Gegebenheiten in Rechnung stellen. Sie finden nur unter Umständen statt, in denen wir uns gut auskennen, um solche abwägenden Kalkulationen vornehmen zu können. Ist die Tonhöhenkonstanz ein Phänomen, das auf Lernen beruht?

nen von Intervallen und Akkorden vorauseilt. Deutsch (1982, S. 275) hat deshalb für die Identifikation von Zusammenklängen ein Modell vorgeschlagen, bei dem auf einer ersten Stufe der Hörer nicht nach der Tonhöhe, sondern nach der Oktaväquivalenz (Tonigkeit) und der Komplementarität der Intervalle (etwa von kleiner Sekunde und großer Septime) klassifiziert. Wenn man allerdings bedenkt, daß zuweilen überhaupt die Zahl der Töne in einem Akkord schwer bestimmt werden kann — Kinder hören beim Bentley-Test oft nur drei Töne bei einem Vierklang — so ist vielleicht ein viel einfacheres Merkmal für die erste grobe Analyse eines Intervalls oder Akkords maßgeblich: der Verschmelzungsgrad.

Sowohl beim Schablonenvergleich (template matching) als auch beim Mustererkennen (pattern recognition) handelt es sich um Modelle, die ursprünglich auf das Zeichenerkennen von Computern angewendet wurden. Sie dienten erst in zweiter Linie der Erklärung der menschlichen Wahrnehmung, erwiesen sich dabei jedoch als fruchtbare Ansätze, die in kompliziertere Theorien übergeleitet werden konnten. Heute gelten beide als veraltet.

Vor allem die Idee der hierarchisch aufeinander bezogenen Merkmalfindung und Merkmalbewertung fand Eingang in die zu Ende der sechziger Jahre entwickelte Szenenanalyse für visuelle Vorgänge. Ohne zusätzliche Hilfsannahmen ist es aber unmöglich, mit der Theorie des Mustererkennens allein zu erklären, warum ein Telefon in einem Raum auf einem Tisch identifiziert oder aber wieso eine Melodie im Orchestersatz herausgehört werden kann. Dazu ist dieses Modell zu elementaristisch. Gemäß seinen Grundannahmen müssen, damit das Telefon erkannt wird, dessen Merkmale nicht nur charakteristisch sein, sondern auch noch hervorstechen. Das Telefon wird jedoch eher automatisch und nebenbei bemerkt, aber es wird gesehen. Die Bildanalyse dagegen geht von einer mehr ganzheitlichen Konzeption aus. Eine gespeicherte Primärskizze wird zunehmend genauer durchmustert und einer fortschreitenden genaueren Analyse unterzogen. Auf der untersten Stufe werden nur Helligkeitsunterschiede gemäß ihrer örtlichen Ausprägung sondiert. Der elementarste Analyseprozeß beim Musikhören könnte ebenfalls in der Identifikation einer Verlaufskontur gemäß der Hoch-Tief-, vielleicht sogar besser der Hell-Dunkel-Ausprägung des Klanges bestehen, die aufgrund der periodischen Struktur und der örtlichen Signale von der Basilarmembran identifiziert wird. Exakte Intervalle und Tonhöhen werden erst mit zunehmend feiner strukturierter Analyse erkannt. Gegenwärtig wird diese Hypothese durch ihre Parallele zu den visuellen Vorgängen gestützt. Die zeitliche Darstellung eines Musters bietet allerdings der Wahrnehmung erheblich größere Probleme.

Gesangslehrer wissen meist, daß ein einzelner Ton schwer zu treffen ist. Seine Einbettung in eine melodische Wendung erleichtert die Wiedergabe. Informationen über die absolute Tonhöhe zu verarbeiten, setzt so spezielle Gedächtnisleistungen voraus, daß nur wenige Menschen darüber verfügen.

Ob eine isoliert gehörte Schwingung phänomenal identisch ist mit der gleichen Frequenz in einer Melodie, scheint nicht nur bei tonaler Musik aufgrund eines durch die Harmonik bedingten Bedeutungswandels fraglich (Sergeant und Boyle 1980). Auch eine Klangfärbung wird in einem Zusammenhang von mehreren Tönen anders erlebt. So stimmte die Bewertung eines isolierten Trompetentons nicht mit der Einschätzung seiner Farbe in einer Tonfolge überein. Es ist nahezu überflüssig, die nachgeordnete Bedeutung der absoluten Tonhöhe (wie sie sich schon beim Transponieren einer Melodie erweist) gegenüber anderen konfigurativen Merkmalen zu erwähnen. Werden hingegen Merkmale des Zusammenhangs zerstört, die Tonhöhe aber beibehalten, so werden beliebte Lieder unkenntlich. Deutsch arrangierte die erste Hälfte der Melodie *Yankee Doodle* (in: McDonald und Critchley 1977, S. 95) so, daß die einzelnen Töne in drei Oktavräume aufgeteilt wurden. Wiedererkannt wurde die Melodie ein wenig schlechter, als wenn sie nur rhythmisch als Folge von Klicks geboten wurde. Dieses Ergebnis bestätigten Dowling und Hollombe (1977). Wußten die Beurteiler um die Oktavmanipulation, so gelang es allerdings, diese auszugleichen. Elementare Leistungen gehen beim auditiven Mustererkennen offensichtlich nicht von der Identifikation einzelner Tonhöhen aus, ein Umstand, der Spekulationen über die Schwierigkeiten des Hörens serieller Musik veranlaßt. Zwölftonwerke, die oft Töne in eine Art motivische Konstellation einbinden, sind davon nicht betroffen.

Elementare Merkmale beim Erkennen einer Tonfolge sind die ungefähre Intervallgröße und die Intervallrichtung. Wie diese Merkmale allerdings zu gewichten sind (vgl. die Zusammenfassung bei Stoffer 1981, S. 50f.), ist einstweilen unklar. Die vollkommene Änderung der Intervallrichtung, wie sie bei einer Umkehrung stattfindet, bietet einerseits geringe Schwierigkeiten für das Wiedererkennen einer Tonfolge; schwieriger ist es, einen Krebs oder gar eine Krebsumkehrung aufzufassen. Andererseits können akustische Muster bei einer systematischen Vertauschung von Intervallen (c e g h und e g h d), die eine Änderung der Intervallgröße zur Folge hat, aufeinander bezogen werden, wenn keine gleichzeitige Richtungsänderung der Intervalle stattgefunden hat. Dowling (1972) demonstrierte, daß die Merkmale der Verlaufskontur einer Tonfolge entscheidend für den Wahrnehmungsprozeß sind. Sie transformierte eine Fünftonfolge in alle denkbaren Varianten (Transpositionen, Umkehrungen, Krebs etc.). Bei einer Version wurden sogar die exakten Intervallverhältnisse zerstört, die Kontur aber blieb erhalten. Diese Version konnte ebensogut wie eine Transposition mit der originalen Fünftonfolge identifiziert werden. Dies bedeutet, daß für das Melodieerkennen vor allem die Richtung und die ungefähre Größe der Intervalle, nicht aber deren exakte Bestimmung wichtig sind. Dies paßt gut zu den Versuchen, die Werner (1925) vorgenommen hat. Bekannte Melodien, die in einen mikrotonalen Raum transponiert wurden, wurden trotz dieser groben Veränderung der Intervalle gut wiedererkannt.

Eine einzelne Tonhöhe exakt wahrzunehmen, ist äußerst schwierig. Es ist leichter, in »Gestalten« zu denken. Das Erkennen von Intervallbeziehungen geht der Identifikation der Tonhöhe voraus (die Fälle der besonderen Gedächtnisleistung des absoluten Gehörs einmal ausgenommen). Wahrscheinlich wird auf der unteren Stufe der Informationsverarbeitung eine grobe Hell-Dunkel-Kontur gebildet, aus der dann exakte Bestimmungen von Intervallen hervorgehen können, die ihrerseits wiederum der Tonhöhenidentifikation dienen. Voraussetzung dafür ist ein erlerntes kategoriales System. Diese neueren psychologischen Befunde bestätigen eine alte pädagogische Praxis.

Ut, Re, Mi, Fa, Sol, La: Im Musikunterricht, wie er auf dem Bild oben links aus einer Handschrift von 1501 praktiziert wird, werden symmetrische Intervallkonfigurationen geübt, die den Tönen eine Ordnung geben. Der Hexachord — in unseren Tonbezeichnungen C, D, E, F, G, A — als Ausschnitt aus der Tonleiter gruppiert jeweils zwei Ganztonintervalle um den Halbton. Diese Gestalt ist transponierbar, ohne ihre wohlausgewogenen Beziehungen zu verlieren. Den Hexachord G, A, B, C, D, E übt der Mönch auf einer Illustration. Und um sich nicht zu irren (Per non errare), wird ihm diese Tonfolge als etwas Abgezirkeltes, Überschaubares eingeprägt. Sie hat für alle Melodien Gültigkeit (Abb. oben rechts).

Wer einen Hexachord gelernt hat, dessen Transpositionen vom Lehrer mit Handzeichen vorgegeben werden können — die Darstellung des Zeigefingers aus der *Musurgia* des Luscinius von 1536
(Abb. S. 94 Mitte) meint ebenfalls den Hexachord G, A, B, C, D, E —, hat ein allgemeines Ord-
nungsgefüge der Töne erworben. Solche optischen Unterstützungen sind keineswegs — wie es
die Legende will — eine Erfindung des Guido von Arezzo. Sie waren bereits im alten Ägypten
bekannt. Mit dem Überblick über das Intervallgefüge erwirbt ein Lernender Kategorien, die ihm
erlauben, eine Melodie leichter aufzufassen, als wenn sie stückchenweise aus einzelnen Tönen
zusammengesetzt worden wäre. Von solchem beziehenden Denken scheint der Schulmeister mit
der Geige auf einem englischen Stich des 19. Jahrhunderts (oben; Photo von der Bayerischen
Staatsbibliothek, München) nichts zu wissen. Er drillt die Schülerinnen auf die Zuordnung von
Ton zu Ton und wird dabei selbst zu einer Karikatur.

Die Hypothese, eine grobe ganzheitliche Einschätzung der Hell-Dunkel-Kontur diene der ersten Analyse eines klanglichen Geschehens, präzisiert auch in anderer Hinsicht etwas den Begriff »Kategorien der Anschauung«. Sie ermöglicht Überlegungen, die grundsätzlich die Identität von Tonfolgen und damit eines Motivs oder eines Themas betreffen. Nach den vorgestellten Befunden ist die genaue Fixierung der Tonhöhe dafür nicht notwendig. Diese Befunde stützen Riemanns Idee, daß ein Motiv nicht in erster Linie durch seine Intervalle bestimmt sei. Die Identität der Varianten des Motivs bei der motivisch thematischen Arbeit wahrt nicht nur die rhythmische Struktur, wiewohl sie maßgeblich daran beteiligt ist, sondern auch einen Wahrnehmungsmechanismus, der sich mit groben Angaben über Verlaufskonturen begnügen kann, um gleich zu gleich zu gesellen.

Es wäre interessant zu wissen, ob dieser Mechanismus eine interkulturell konstante Form des Hörens darstellt, wie es Stumpf aufgrund ethnologischer Studien schon 1911 vermutete. In seiner aus einem Vortrag in der Berliner Urania hervorgegangenen Schrift *Die Anfänge der Musik*, die in einer idealistischen Tradition stehend gegen die »Ideen« von Herder und Hausegger gerichtet ist, versuchte er eine Ursprungslehre, die die Entstehung der Musik im menschlichen Erkenntnisvermögen begründet. Vor allem, so schien es Stumpf wichtig, gehört dazu, »Gestalt« (S. 24) aus veränderlichen Umständen herausschälen zu können: das Erkennen der Gleichheit oder Identität.

Erkenntnistheoretische Implikationen von Wahrnehmungsmodellen

Der Wahrnehmungsakt läßt sich nicht direkt in seiner Funktionsweise studieren. Festzustellen ist nur, was gesehen oder gehört wurde. Modelle, die der Erklärung der Wahrnehmung dienen, enthalten daher zwangsläufig Spekulationen, die auf erkenntnistheoretischen Hypothesen basieren. Eine lange Tradition hat die Auseinandersetzung um die Frage, ob die Wahrnehmung in einem direkten oder indirekten Verhältnis zur Realität steht. Der direkte Realismus, also eine Art Abbildtheorie, ist als psychologischer Ansatz selten, gemessen an verschiedenen Ausprägungen eines indirekten Realismus. In jüngerer Zeit ging Gibson (1973) von der Prämisse aus, daß die Umwelt optimal durch die menschlichen Sinnesorgane repräsentiert sei. Es werden jedoch immer Hilfsannahmen gebraucht, um eine direkte und nur auf der Information der Sinnesdaten beruhende Wahrnehmung zu interpretieren. So nahm Gibson an, daß bestimmte Aspekte dieser Information (z. B. bei der Dingwahrnehmung die Lage eines Objektes) größeren Aufschluß geben. Indem er jedoch zugleich folgerte, daß die Sinnesorgane im Laufe der Evolution zunehmend auf das Registrieren von Informationen ausgerichtet werden, die für eine invariante Dingwahrnehmung bedeutsam sind, schuf Gibson eine Theorie, die letztlich auf die Entstehung apriorischer Kategorien zielt.

Überwiegend wurden Wahrnehmen, Verstehen, Erinnern und Denken in logisch erscheinenden Strukturen aus einem Wechselspiel von Sinnesdaten und Wissensstruktur erklärt. Die Gestalttheorie ging von einem indirekten Verhältnis der prägnant und einfach strukturierten Wahrnehmung zur Realität aus. Ein solches Verhältnis postulieren auch die Theorien, die dem Einfluß von erlerntem Wissen einen größeren Platz einräumten, aber in der Nachfolge des Neukantianers Helmholtz formale Eigentümlichkeiten des Denkens, wie den »unbewußten Schluß«, favorisierten, der sich am Zurechthören sehr gut demonstrieren läßt. Eine philosophiegeschichtliche Erklärung könnte auch die lange Tradition belegen, die dem Begriff des Schemas, einer kategorialen Formung der Wahrnehmung, zukommt, der die jüngere Entwicklung der kognitiven Psychologie stark durchsetzt. Die »Vorkonstruktionen«, so ein Terminus von Bühler, wurden ob ihrer Allgemeinheit in der Würzburger Schule, die zu Anfang dieses Jahrhunderts die Assoziationspsychologie ablöste, als Schemata bezeichnet. Sie stellen unbestimmte Wahrnehmungsantizipationen dar. Der Schemabegriff wurde vor allem von Bartlett (1932) im Sinne einer aktiven Organisation betont, wobei sich Bartlett der Schwäche des Begriffs bewußt war, dessen Stärke in der langen Tradition der Frage nach der menschlichen Erkenntnis, nämlich seine Neutralität, ihm aber sein Überleben im wissenschaftlichen Schrifttum garantiert.

In der Schule von Piaget wurde zwischen operativen und figurativen Schemata unterschieden, wobei vor allem zur Erklärung des Verstehens operative Schemata von Bedeutung sind. Sie betreffen den Vorgang der Assimilation, damit die Aktionen und Veränderungen, die an der figurativen Repräsentation von Sachverhalten und Ereignissen vorgenommen werden. Daß Schemata als konstruktive Akte Wahrnehmung und Verstehen leiten, gehört zu den fundamentalen Gedanken der kognitiven Psychologie von Neisser (1974). Die Wahrnehmung, verstanden als ein aktiver, konstruktiver Prozeß der Informationsverarbeitung, basiert auf Schemata oder in der Terminologie von Miller, Galanter und Pribram (1960) auf »Plänen«, die verschiedene Funktionen haben, darunter die Aufnahme spezifischer Information. Nicht jede einfließende Information kann verstanden werden. Daß sie im Sinne vorhandener Strukturen spezifisch sein muß, läßt sich ganz einfach daran sehen, daß eine untere und obere Schwelle die Aufnahme von Schallwellen auf den Bereich 16 bis 20 000 Hz begrenzen. Außerdem werden nicht alle Unterschiede in diesem Bereich wahrgenommen. Um einen zweiten Ton von einem Ton mit der Frequenz 1 000 Hz verschieden zu erleben, bedarf es etwa 3 Hz (relative Schwelle). Schemata sind jedoch nicht identisch mit quasi natürlichen »Formatbegrenzungen«, vielmehr enthalten sie auch gespeichertes Wissen; sie sind damit durch Lernen veränderbar. Sie können die Wahrnehmung um Informationen ergänzen und

in ihrem Sinne transformieren. Das simpelste Beispiel dafür bietet das Zurechthören fremder Musik, wie es denn auch möglich ist, fremde Musik verstehen
zu lernen.

Im Zusammenhang mit den expressiven Qualitäten von Musik wurde ein
nur gradueller Unterschied des unmittelbaren und des reflektierenden, über benennbare Kategorien verfügenden Verstehens festgestellt. Dieser Unterschied
prägt sich stärker aus bei der Auffassung formaler Strukturen. Ordnungen, für
die der Hörer keine Klassifikationsmöglichkeiten erlernt hat, irritieren ihn. Im
traditionellen Tonsystem spielen Zusammenhänge, die die Klangfarbe benutzen, nur bei großräumigen Dispositionen eine auffällige Rolle (etwa wenn ein
erstes Thema von einem zweiten Thema durch die Instrumentierung abgesetzt
wird). Eine feinere Struktur haben viele Hörer nicht erlernt. Sie können deshalb nicht die Abfolge von Klängen verschiedener Farbe in ihrer Ordnung erkennen, auch wenn die Klänge 200 msec. dauerten, also lang genug dargeboten
wurden, um identifiziert werden zu können. Wer aber über viel Erfahrung im
Bereich Neue Musik verfügt, hätte bei diesem Experiment weniger Schwierigkeiten.

Wenn von Kategorien der Anschauungen gesprochen wird, von Allgemeinbegriffen, Gestalten, Schemata, Vorstellungen, Vorkonstruktionen oder neuer-
dings auch von Scripts, so ist damit immer gemeint, daß die Wirklichkeit nicht
unmittelbar abgebildet wird, sondern vorhandenen Strukturen integriert oder
aber gemäß diesen teilweise umgeformt wird. Ob der Mensch damit überhaupt
zur Erkenntnis der Realität befähigt ist, ist glücklicherweise ein Problem, das
sich bei einer Betrachtung der von ihm geschaffenen Symbole, die — wie die
Kunst — eine Konstruktion des Sinns dieser Welt darstellen, nicht in gleicher
Schärfe stellt wie bei der naturwissenschaftlichen Forschung. Musik ist ein Objekt der Anschauungen, dessen klangliches Substrat oder dessen schriftliche Fixierung aber notwendig ist, auch um kulturelle Normen auszuprägen, die in
die Anschauungen eingehen. Die Funktionsweise dieser Anschauungen ist damit konstitutiv für die Musik. Wenigstens teilweise — so sollte dieses Kapitel
zeigen — ist es erklärbar, warum Musik als »Herzenssprache« verstanden wird.
Weitaus weniger gut untersucht sind die Sachverhalte, die sie als gegliederten
und zusammenhängenden Ablauf erscheinen lassen. Noch vor allen Tonsatzregeln, die — erlernt — als erwartungsleitende Hypothesen in die Anschauungen
eingreifen, sind kategorial formende, elementare Prozesse beschreibbar, die es
überhaupt erst ermöglichen, daß musikalische Bedeutungen verstehbar sind.

Die Bildung elementarer Zusammenhänge und Gliederungen

Am Anfang des Finales von Tschaikowskys *Sechster Symphonie* wird eine Melodie gehört, die nicht aufgeschrieben, wohl aber intendiert ist. Aufgeschrieben
für die erste und die zweite Geige ist eine eher bizarre Tonfolge, die aber für
den jeweils hohen Ton eine besonders expressive Spielweise zuläßt. Aus den
Spitzentönen der ersten und zweiten Violine bildet der »auffassende Geist«, wie
Riemann gesagt hätte, beim Hören eine einzige, besonders ausdrucksvolle Melodie; die tiefen Töne schließen sich beim Hören zu einer Begleitstimme zusammen. Das Beispiel zeigt exemplarisch, daß die »Daseinsweisen« (Schering
1948) der Musik nicht identisch sind. Etwas Gemeintes wird beim Hören verstanden, weil die menschliche Wahrnehmung ökonomisch funktioniert; sie
faßt in der Farbe und in der Frequenz benachbarte Töne zusammen und
schreibt ihnen eine gemeinsame Herkunftsquelle zu. Zwei Organisationsprin-
zipien wirken in diesem Fall zusammen.

Peter I. Tschaikowsky, *Sechste Symphonie*, Finale.

Notation   Wahrnehmung

Die Lokalisation einer Nachricht in einer einzigen Quelle ist an sich ein wichtiger Indikator für ihren bedeutungsvollen Zusammenhang. Daß ein Mensch
im chaotischen Gewirr der Stimmen auf einer Party überhaupt etwas verstehen
kann, verdankt er der Möglichkeit, Schallwellen aufgrund geringer Unterschiede in der Intensität und der Zeit, mit der sie auf die Basilarmembrane der beiden Ohren treffen, zu orten. Haben die Schallwellen eine gemeinsame Herkunft, so werden sie als zusammengehörend interpretiert. Das Phänomen trägt
aufgrund des Paradigmas, an dem es Cherry (1953) beschrieb, den schönen Namen »Cocktail-Party-Problem«. Im Falle der zitierten Stelle aus Tschaikowskys
Sechster Symphonie dient die Nähe auf dem Kontinuum der Frequenzen dazu,

sie einer gemeinsamen Herkunftsquelle zuzuschreiben, obwohl dies eine Illusion darstellt. Bei geringen Frequenzänderungen und sonst physikalisch weitgehend gleichbleibenden Charakteristika nimmt der Mensch nur eine Herkunftsquelle an.

Daß der Hörer eine gleiche Quelle aufgrund der Nachbarschaft der Töne vermutet und einen melodischen Vorgang konstruiert, der nicht auf dem Papier steht, läßt sich sehr schön auch an Nonos *Canto sospeso* beobachten. Besonders ausgeprägt ist diese Illusion nach Takt 41, wo die erste und zweite Violine sich in großer Höhe für den Hörer zu einer Linie zusammenschließen, obwohl das einzelne Instrument nur Partikel dieser Linie spielt. Das punktuell aufgelöste Partiturbild, die Tonordnung, die sich einer Allintervallreihe fügt, erweckt in der Wahrnehmung des Hörers fast noch Erinnerungen an thematische Bruchstücke. Wie bewußt ist dieser Effekt, der sich mehr oder minder ausgeprägt an mehreren Stellen der Partitur findet? Wenn die These stimmt, daß beim Hören zuerst eine grobe Kontur gebildet wird, ehe exakte Tonhöhen analysiert werden, so sind Ordnungen der seriellen Musik sehr schwer wahrzunehmen, weil die Töne in verschiedenen Oktaven weit voneinander entfernt plaziert erscheinen können und harmonisch nicht gebündelt sind, der Hörer somit nicht seine simple Strategie verwenden kann, die ihn nur beim regelrechten tonidentischen Oktavsprung eine höchst gesteigerte Emphase erleben läßt. Hörbarkeit ist kein ästhetisches Kriterium, schon gar nicht, wenn das Musikverstehen einem gesteigerten Begriff von Rationalität genügen soll. Daß jedoch ein Komponist wie Nono, der aufgrund seines politischen Anspruchs immer geglaubt hat, die Neue Musik könne sich auch ein Massenpublikum gewinnen, traditionelle Kriterien des Hörbaren mit den strengen seriellen Techniken verbindet, wirkt plausibel.

Dinge, die nahe beisammen liegen, fassen wir zuammen. Die Gestalttheoretiker haben in zahllosen Experimenten dieses Gesetz der Nähe bewiesen. In klaren Nächten ist leicht im Selbstversuch zu erproben, daß es offensichtlich gar nicht anders geht, als nahe zusammengelegene Sterne als Gestalt zu empfinden: als großen Bär, als kleinen Wagen. Der Gültigkeit des Gesetzes der Nähe für zeitlich aufeinanderfolgende akustische Ereignisse ist Deutsch (1982) nachgegangen, indem sie Versuchsanordnungen aus der Sprachpsychologie nachahmte. Die Töne einer auf- und absteigenden Tonleiter wurden — über Kopfhörer — getrennt auf beide Ohren gegeben, allerdings so, daß die Tonleitern in keinem Ohr als etwas Zusammenhängendes erschienen. Merkwürdigerweise trat kein Maskierungseffekt auf, wohl aber eine Illusion. Die meisten Hörer nahmen zwei melodische Linien wahr, die um eine Quarte fielen oder stiegen und danach die Richtung wechselten. Alle höheren Töne schienen von einem der beiden Kopfhörer, alle tieferen von dem anderen herzukommen. Die Hörer hatten die auf beide Ohren verteilte Information so transformiert, daß tonsystemlich jeweils die nächstliegenden Ereignisse zusammengefaßt wurden.

Luigi Nono, *Il canto sospeso*, T. 40—42

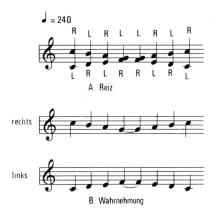

A. Reiz

rechts

links

B. Wahrnehmung

Getrennt auf den beiden Ohren (R = rechts, L = links) wurden Tonfolgen gehört, die insgesamt zehnmal wiederholt wurden. Dabei zeigte sich, daß die räumliche Information des getrenntohrigen Hörens vernachläßigt wurde. Die Hörer tendierten zu einer Zusammenfassung der Töne, gemäß der Nähe in der Tonhöhenlage (Deutsch 1975).

Das Gesetz der Nähe, das dieses Experiment demonstriert, ist von großer musikalischer Bedeutung. Es beschreibt den musikalischen Sachverhalt der übergeordneten Zweistimmigkeit, wie auch die regelrechte Zweistimmigkeit, die in Solosuiten und Sonaten von Johann Sebastian Bach zumindest in schnellen Sätzen auftritt, wenn die Möglichkeit besteht, aus Intervallsprüngen zwei engräumige melodische Folgen in hoher und in tiefer Lage zu bilden.

Daß wir ähnliche Sachverhalte einer einzigen Quelle zuschreiben, wirkt plausibel, wenngleich dafür verschiedene Begründungen angeführt werden können: die Gewohnheit, die biologische Nützlichkeit. Das Gesetz der Nähe ist nur deskriptiv. Teilweise wird seine Wirksamkeit beim Hören durch Gedächtnisleistungen erklärt. Damit überhaupt Konstruktionen gemäß der Nähe gebildet werden, muß die einströmende Information länger aufbewahrt werden, als sie tatsächlich wirkt. Die erste gedankliche Verarbeitung, die beim Musikhören stattfindet, scheint ein grobes Durchmustern der akustischen Ereignisse zu sein, und zwar nach den Gesichtspunkten, woher sie kommen, und ob sie untereinander Ähnlichkeiten aufweisen. Diese Analyse ergänzt dann eine Synthe-

---

→

In der *Violin Phase* (1967), einem der frühen repetitiven, sich graduell verändernden Stücke des amerikanischen Komponisten Steve Reich, spielt ein Geiger zu drei Tonbandspuren, die er vorher eingespielt hat. Es ist eines der ersten Stücke, für das Reich auf die gestaltenden Aktivitäten des Hörers hinweist. Die »resulting patterns« — psycho-akustische Beiprodukte, die aus dem Zusammenwirken verschiedener Stimmen herausgehört werden können — können stellenweise auch vom Geiger unterstrichen werden. Möglichkeiten dafür zeigte Reich am Takt 16. In der oberen Akkolade sind die drei (Tonband-)Stimmen angegeben. In der unteren sind drei (A, B, C) mögliche »Nebenmelodien« dargestellt, die in der Wahrnehmung des Hörers konstruiert werden können. Sie können stellenweise durch das Spiel der (vierten) Geige hervorgekehrt werden. Diese »resulting patterns« sind vom Komponisten nicht fixiert; die Möglichkeit (D) für eine ganz andere Art der Interpretation ist offen. Sie begrenzt zugleich die Reichweite psychologischer Gesetzmäßigkeiten, die für solche deutende Leistungen der menschlichen Informationsverarbeitung aufgestellt wurden (© Universal Edition A. G., Wien).

The fourth line, "Violins 1+2+3", is simply all 3 violins written out on one staff to enable Violin 4 to see the various possible resulting patterns more easily. A resulting pattern is one formed by the combination of all three violins. Three such patterns are written out above at "A", "B", and "C". Violin 4 should play each of these, and he may add or substitute "D", a resulting pattern of his own choosing.

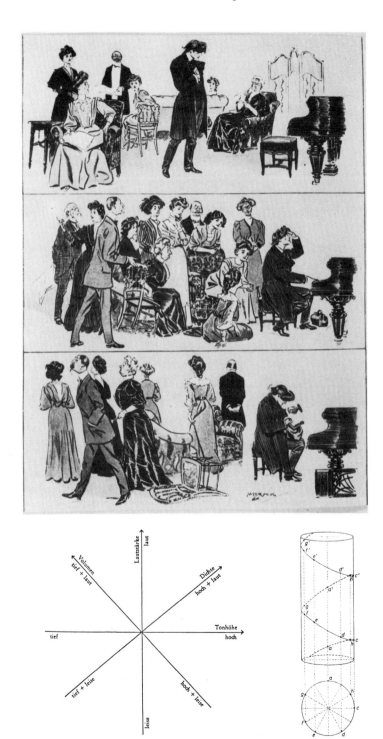

se, die zu Gruppierungen führt. Noch vor diesen analysierenden und synthetisierenden Denkprozessen muß ein schnell vorübergehendes, noch weitgehend passives Gedächtnis angenommen werden. Neisser (1974) spricht von einem ikonischen Speicher beim Auge und einem ekonischen beim Ohr, in älteren Untersuchungen finden sich dafür Termini wie »Reizspur« oder »primäres Gedächtnis«. Nachbilder (respektive eine Art Nachhalleffekt) bestätigen, daß Informationen länger verwahrt werden, als sie tatsächlich einwirken, und deshalb leicht mit den nachfolgenden Ereignissen verglichen und bei Ähnlichkeit zusammengefügt werden können. Nachbilder verblassen allmählich, etwa nach zehn Sekunden sind sie ganz verschwunden. Solange kann man einer gehörten Telefonnummer noch nachhören. Die Integration von Frequenzen in eine melodische Linie setzt die zeitliche Nähe der benachbarten Töne voraus. Die fiktive Zweistimmigkeit, bei der aufeinanderfolgende Töne in zwei Tonfolgen separiert werden, ist daher an ein schnelles Tempo gebunden. Sie funktioniert natürlich besser, wenn die Intervalle, durch die etwas als getrennt erlebt wird, groß sind und die Töne, die zusammengefaßt werden sollen, in der Höhe nahe beisammenliegen.

Man stelle sich die Arbeit an einem schönen Thema vor; zuerst einmal stellt man das Material dafür zusammen, legt Bücher, Zettel, Noten auf einen Tisch, dann wird das Thema bearbeitet, hinterher kann man es in verschiedener Form aufbewahren. In sehr ähnlicher Weise funktioniert das Gedächtnis. In einer allerersten Phase strömen die Informationen in einen Speicher, wahrscheinlich alle, nicht gefiltert, wie es in der älteren Theorie von Broadbent (1958) angenommen wird. Danach beginnen aktive Zusammenstellungen, das Thema wird bearbeitet, wobei neue Ordnungen hergestellt werden können. Eine langfristige

---

Im optimalen Bereich des Hörens bei 1000 Hz nimmt das menschliche Ohr einen Unterschied von 3 Hz wahr. Die sogenannte relative Schwelle vergröbert sich bei höheren und tieferen Frequenzen. Dennoch ist das Ohr ein ausgezeichneter Frequenzanalysator. Diese Empfindlichkeit des Gehörs demonstriert auch sehr schön die Karikatur aus dem 19. Jahrhundert, die den erklärenden Untertitel hat: *Es ist nur der Klavierstimmer* (Photo von der Bayerischen Staatsbibliothek, München). Die exakte Identifikation einer einzelnen Tonhöhe ist jedoch eine außerordentlich komplizierte analytische Leistung. Sie gelingt sehr selten. Unser Musikverständnis knüpft an anderen Qualitäten an, so an dem melodischen Verlauf. Eigenschaften wie Volumen und Dichte (graphisches Modell links; de la Motte-Haber 1972, S. 51), die aus dem Zusammenwirken von Frequenz und Lautstärke hervorgehen, sind ebenfalls bedeutsam.
Die Schwierigkeit der Tonhöhenanalyse erklärt vielleicht schon der Umstand, daß gemäß der Zweikomponententheorie von Révész (1946) nicht nur die Helligkeit registriert werden muß, sondern auch die Tonqualität bzw. Tonigkeit. Sie läßt Töne im Oktavabstand als gleich erleben. Neben einer linear ansteigenden Möglichkeit der Veränderung in der Helligkeit spielt beim Identifizieren einer Tonhöhe eine bei steigender Helligkeit zyklisch wiederkehrende Tonqualität eine Rolle (graphisches Modell S. 104 rechts; © Francke Verlag, Bern).

Speicherung ist ebenfalls möglich. Die Form aber, in der Musik aufbewahrt wird, ist schwer zu beschreiben.

Die Wahrnehmung von Musik setzt sich nicht aus der Folge einzelner Tonhöhenempfindungen zusammen. Das Hören selbst auf seiner elementarsten Stufe ist schon aktiv synthetisch. Es werden nicht sukzessiv die Ereignisse aufgepickt, sondern kurzzeitig getrennte Elemente werden global als Einheit aufgefaßt. Stern hat als Aufnahmezeit eines solchen globalen Eindrucks 50 msec. angegeben, größere Zeitabstände hingegen werden mit Sicherheit identifiziert. Diese »Präsenzzeit«, auch das »psychologische Moment« genannt, innerhalb derer ein Jetzt automatisch registriert wird, ist wichtig für das zeitliche Arrangement, das wir an Tonfolgen herantragen. Es ist selbstverständlich abhängig von dem Schwierigkeitsgrad der Information. Eine zeitliche Sukzession kann schon bei winzigen Abständen von ein bis zwei Millisekunden erkannt werden. Setzt im Orchester ein Musiker um diesen Bruchteil einer Sekunde abweichend von den anderen ein, so ist dies hörbar. Nicht hörbar ist die Reihenfolge. Ob er zu früh oder zu spät eingesetzt hat, kann auch das feingeübte Ohr des Dirigenten nicht entscheiden. Bei Ligetis *Atmosphères*, bei denen das vielfach aufgefächerte Orchester in äußerst dichter Folge Töne produziert, ist ein Verschmelzungseffekt geradezu beabsichtigt, um bunte Farben entstehen zu lassen, die jedoch wie bei einem pointilistischen Bild flirren. Ohne eine Reihenfolge der einzelnen Töne herauskristallisieren zu können, stellt das Ohr zeitliche Differenzen fest.

Das psychologische Moment ist nur eine grobe Angabe für die Grenze, wo das Erleben der Gleichzeitigkeit in das einer Aufeinanderfolge übergeht. Selbstverständlich bedarf es bei komplizierteren Mustern eines größeren zeitlichen Abstandes zwischen den Tönen, um diese in ihrer Abfolge zu erleben. Alternieren nur zwei akustische Elemente, so braucht man 20 msec., bei drei 50 msec. und bei vier schon 200 msec., um eine Trennung festzustellen. Damit

——➤

Impulse, die mit einer Abfolge von 16–24 Hz erfolgen, nimmt das menschliche Ohr nicht als getrennte Ereignisse wahr. Sie verschmelzen zu Tonhöhen oder Klangfarbenereignissen. Ein rhythmisches Geschehen von hoher Dichte ergibt damit in der Wahrnehmung eine andere Qualität. Die Takte 73–74 des ersten Satzes von Debussys *La Mer* zeigen eine solche Struktur. Ohne die Bewegung der Streicher in die Berechnung miteinzubeziehen, ergibt sich bei dem angegebenen Tempo ♪ = 116 eine Tondichte mit dem Zeitabstand von 1/22 Sekunde. Es handelt sich um einen Wert, bei dem unser Ohr zur Verschmelzung neigt und Rhythmus zu Klangfarbe wird. Die Trompetenstimme hebt sich durch ihre besondere Dynamik vom Klanggrund ab. Vor allem Ligeti nützte diese — wie er es nannte — »Verwischungsgrenze« als künstlerisches Mittel in seiner Klangfarbenkomposition *Atmosphères*. Anregungen erhielt er dafür von der elektronischen Musik. Erst sehr viel später bemerkte Ligeti die historischen Vorbilder. Berühmte Beispiele für die Aufhebung von Sukzessionswirkungen in Klangfarbe finden sich in Richard Wagners »Feuerzauber« am Schluß der *Walküre* oder in der Gewitterszene von Beethovens *Sechster Sinfonie*.

Claude Debussy, *La Mer*, T. 73—74.

Sprache verständlich ist, müssen Silben etwa einen Abstand von 200 msec. besitzen. Wird dieses Zeitintervall kleiner, so sinkt die Verständlichkeit bis dahin, daß bei 30 msec. nur noch zehn Prozent des Gesprochenen aufgefaßt werden. Das Zeitintervall ist von der Schwierigkeit des Verarbeitungsprozesses bestimmt. Bei vier Elementen ist die Zahl möglicher Anordnungen sehr groß, es sind daher viele Entscheidungen nötig, die Zeit brauchen, um festzustellen, welche die richtige ist. Sind die Zwischenräume aber groß genug, so muß der Hörer nicht erst einen globalen Eindruck differenzieren; er kann seine Entscheidungen über die Reihenfolge mit derselben Geschwindigkeit treffen, mit der sie geboten werden. Jenseits eines Abstandes von 600 msec. tendiert er allerdings nicht mehr dazu, überhaupt noch einen Zusammenhang vorzunehmen; Tonfolgen zerfallen bei einem so großen Zeitintervall in isolierte Einzelreize.

Die zeitliche Nähe wie auch die Nachbarschaft der Frequenzen, die der Konstruktion einer Tonfolge im Gedächtnis dienen, sind interagierende Prinzipien der Melodiebildung. Zwischen zwei wiederholten Tönen ist ein Zeitabstand leicht zu entdecken. Er wird um so schwerer bemerkt, je größer das Zeitintervall ist, das zwischen ihnen liegt. Die Dauer eines Tones kann den fehlenden Zeitabstand kompensieren. Je größer das Intervall zwischen zwei Tönen ist, um so langsamer muß das Tempo sein, damit sie als kohärent erlebt werden. Töne, die um eine große Terz alternieren, können, in kurzzeitigem Abstand von 50 msec. geboten, als eine Linie empfunden werden; beträgt das Intervall zwischen diesen beiden Tönen eine kleine None, so bedarf es dazu 150 msec. (van Noorden 1975).

Noch ist in dem bisher Gesagten wenig aufgetaucht, das die erlernten Hypothesen in ihrer Wirksamkeit bei den Konstruktionen der Wahrnehmung beträfe. Beschrieben wurden integrierende und analysierende Aktivitäten, die die Eingangsinformation verändern, aber wesentlich von ihr abhängen. Selbst optische und akustische Illusionen beruhen auf der Doppeldeutigkeit der Information. Zuweilen wurde darauf hingewiesen, daß das Sprachverständnis auf dieser einfachen Ebene ähnlich wie das Hören von Tönen funktioniert. Mit den nüchternen Experimenten zum Hören scheinen jedoch nicht nur Gestalttendenzen der akustischen Wahrnehmung erforscht worden zu sein, sondern in ihnen sind regelrecht Gesetzmäßigkeiten der Melodiebildung wiedergegeben. Es scheint, als wäre unser abendländisches Verständnis eines melodischen Vorgangs geprägt von den Regeln, denen die Zusammenfassung und Gliederung akustischer Ereignisse mehr oder weniger automatisch unterliegt. Angenommen, es stimmt, daß für große Intervalle eine längere Zeit beansprucht wird, um sie in einer Linie zusammenfassen zu können, wirkt es dann nicht sinnvoll, wenn die großen melodischen Aufschwünge eher dem Adagio als dem Presto zukommen? Die Regeln, nach denen in der menschlichen Wahrnehmung sinnvolle Einheiten gruppiert werden, sind melodischen Folgen inhärent. Das natürliche Fundament der Melodiebildung sollte jedoch nicht überschätzt werden, denn selbstverständlich ist auch die Wahrnehmung wiederum von erlernten Regeln beeinflußt. Das läßt sich im Rahmen der Betrachtung elementarer Einheiten ganz leicht daran ermessen, daß eine übergeordnete Zweistimmigkeit auch im langsamen Tempo herausgehört wird, und zwar besonders leicht an Stellen, wo — wie am Schluß des Adagio von Bachs *Dritter Sonate* für Violine Solo — ein Leitton nach drei dazwischen geschobenen Sechzehnteln zum Ziel strebt. Diese Art der empfundenen Zusammengehörigkeit von Tönen basiert nicht allein auf der Nachbarschaft der Tonhöhen im Frequenzspektrum, sondern auf tonsystemlichem Wissen. Ihr liegt eine erlernte kategoriale Formung zugrunde, die die Wahrnehmung bestimmt.

Eine besonders umfangreiche Diskussion hat das Phänomen der Oktavgeneralisation ausgelöst. Wie ähnlich sind sich Töne unterschiedlicher Frequenz, denen wir aufgrund der empfundenen gleichen Tonigkeit den gleichen Namen geben? Ist es eine willkürliche Setzung? Zunächst einmal sei an das Experiment erinnert, bei dem die Töne einer bekannten Volksliedmelodie über drei Oktaven hinweg verteilt wurden und die Melodie dadurch zerstört wurde. Sie soll allerdings doch hörbar sein, wenn man weiß, um welches Lied es sich handelt, die Töne also in eine vorhandene Struktur hineinsortiert werden können. Der Tonigkeitseindruck war bei diesem Experiment reduziert, weil nur Sinustöne verwendet wurden. Die Identität eines um eine Oktave verlagerten Tones ist auch auszumachen, so argumentierten Idson und Massaro (1978), wenn ein Beurteiler in etwa weiß, um welche Melodie es sich handeln könnte. Er besitzt damit eine Hypothese, die er testen kann. Die Transposition eines Tones in die Oktave zerstört aber auf jeden Fall die melodische Kontur, die das Einfachste ist, das wir als erste grobe Struktur auffassen. Sie bietet also in jedem Fall Schwierigkeiten. Auch Intervalle, die den Umfang einer Oktave überschreiten, sind nicht leicht als Einheit aufzufassen. Sie kommen daher in der traditionel-

Erkennen Sie die Melodie? Die Töne des Liedes *Alle Vögel sind schon da* sind über drei Oktaven verteilt. Es ist mühsam, sie gedanklich zu dieser Melodie zusammenzufügen. Obwohl Töne im Oktavabstand als teilweise ähnlich erlebt werden — ein Erlebnis, das in der Gleichheit der Tonbenennungen seinen Ausdruck findet —, ist die melodische Kontur zerstört, die wahrscheinlich als Erstes bei der Wahrnehmung einer Melodie aufgefaßt wird. Es lassen sich sogar — worauf die Phrasierungen hinweisen — andere Konturen bilden. Daher wird — trotz gleicher Töne — das Lied nicht erkannt.

len Melodik nicht vor. Der Sprung in die Oktave selbst ist aber ein wundersam emphatischer Kunstgriff. Derselbe Ton und doch nicht der gleiche macht das Einfache zum Artifiziell-Komplizierten, wie der Anfang der zweiten Nachtmusik in Mahlers *Siebenter Symphonie* (vierter Satz) beweist. Die Oktave ist auch das zentrale Ausdrucksmittel in der schlichten, schönen Hauptmelodie, die Steiner für den Film *Vom Winde verweht* erfand. *Im stillen Klostergarten eine bleiche Jungfrau ging* — Fanny Mendelssohns außerordentliche Vertonung eines Gedichts von Uhland beginnt ebenfalls damit. Die Sonderstellung der Oktave hat die Forschung immer wieder dazu angeregt nachzuweisen, ob ihr qua Natur eine außerordentliche Bedeutung zukomme. Niedere Lebewesen verfügen über das Empfinden der Ähnlichkeit zwischen Tönen im Oktavabstand, wie sich in Lernversuchen nachweisen ließ. Kinder aber können offensichtlich noch nicht denselben Ton als den gleichen identifizieren (Sergeant 1983). Entscheidendes ist damit jedoch nicht für oder gegen die Naturgegebenheit der Oktavgeneralisation gesagt, denn nicht alle Kategorien, die sich entwickeln, müssen erlernt sein. Eine Sonderstellung der Oktave anzunehmen, bleibt einstweilen eine sinnvolle Hypothese.

Ob die allerersten Deutungen der musikalischen Information, die in der Konstruktion von Zusammenhängen und der Gliederung besteht, Regeln folgen, die so allgemein sind, daß sie wie eingeborene Ideen funktionieren? Es ist bei der Betrachtung von musikalischen Phänomenen, die eine Sprachähnlichkeit beanspruchen, fast unmöglich abzuschätzen, ob der menschliche Geist die Regeln dieser Musik erlernt, oder aber, ob diese Regeln so automatisch, wie sie in der Wahrnehmung die ersten Verstehensakte bestimmen, auch zu ordnenden tonsystemlichen Faktoren wurden, und zwar ganz einfach um einer allgemeinen Verständlichkeit halber. Daß Verstehensakte in der Musik eines historisch begrenzten Zeitraums gespiegelt sind, besagt allerdings nichts Grundsätzliches für die Kunstproduktion. Merkwürdigerweise ist immer wieder auf die mangelnde Argumentationshilfe der Psychologie hingewiesen worden, wenn es um die Bewertung ästhetischer Sachverhalte geht. Die Neukonstruktion der Welt in der Phantasie, wie sie uns die Kunst vor Augen führt, überschreitet aber psychologisch Gesetztes. Sie muß es überschreiten. Gewiß, es gab immer Anhänger einer angeblich natürlichen Musik. Und sie bemühten gern gestalttheoretische Gesetze als Einwand gegen eine neue Musik, die sie nicht verstanden. Das Argumentationsniveau ist jedoch in etwa so, als würde jemand sagen: »Was ich nicht verstehe, muß schlecht oder falsch sein.« Das ästhetisch Faktische ist ein Anreiz für die psychologische Forschung, nach der Funktionsweise des Verstehens und Nichtverstehens zu suchen; denkbar ist aber auch eine Kunst, die sich hermetisch gegen das Verstehen verschließt. Psychologisch erklärende Sätze können faszinieren; sie sind jedoch nicht in ästhetisch normative Setzungen zu überführen. Die Parallelität zwischen der Funktionsweise der Auffassung und Prinzipien musikalischer Gestaltung (vor allem der Melodiebildung) ist beeindruckend für den, der über die Beschreibung hinaus Erklärungen für bedeutsam hält, ohne ihnen eine allumfassende Bedeutung beizumessen.

Sinnbilder im Kurzzeitspeicher

»Stellen Sie sich ein Walroß vor mit Zigarre und Zylinder. Behalten Sie dieses Bild im Gedächtnis.« Wenn man bei diesem amüsanten Experiment anschließend fragt, wo sich in der Vorstellung der Zylinder befindet, so behaupten die meisten Personen, daß er auf dem Kopf des Walrosses sitzt. Im Kurzzeitspeicher werden Bilder erzeugt, die nur teilweise informationsspezifisch sind. Es wird semantisch kodiert. Die Information »Walroß und Zylinder« wird zur Vorstellung »Walroß mit Zylinder auf dem Kopf«, weil der Mensch auf einen impliziten Sinn dieser Information schließt. Er schließt, indem er eine Information um bereits gespeichertes Wissen anreichert, oder besser ausgedrückt: sie diesem Wissen assimiliert. Hüte werden in der Regel auf dem Kopf getragen. Die kurzzeitige Speicherung ist semantischer Natur, ohne jedoch von der sensorischen Qualität der Eingangsinformation zu abstrahieren. Der Hut auf dem Kopf des Walrosses wird bildlich vorgestellt. Jeder kann an sich überprüfen, wie konkret ein eben gesehener Mensch ihm noch vor Augen steht. Die momentane Erinnerung ist dabei nicht auf das Auffinden abstrakter Einzelmerkmale ausgerichtet in dem Sinne, daß wir uns merken, jemand habe braune Augen oder große Ohren; sie ist konkret anschaulich. Das kurzzeitige Gedächtnis formt zu sinnvollen Bildern um, die aber noch weitgehend sensorische Qualitäten haben. Akustische Ereignisse sind daher auch noch klanglich repräsentiert. Das kann mit sehr einfachen Experimenten geprüft werden. Eine gesprochene Zahlenfolge 7 9 6 1 3 4 8 wird weniger gut behalten, wenn sofort im Abstand von 0,5 sec. eine weitere Zahl gehört wird, etwa eine 0. Sie löscht die Erinnerung an die vorangegangene Nummer. Dieser sogenannte Suffix-Effekt funktioniert auch, wenn im Englischen statt der Zusatzzahl Zero das Wort »Rosy« folgt. Auch andere akustische Ereignisse als der Klang einer Zahl, nämlich ein Summton, tun ihre Wirkung. Selbstverständlich mildert den Suffix-Effekt eine größere zeitliche Distanz. Er tritt nicht auf, wenn auf Gesprochenes ein visueller Reiz folgt. Die retroaktive Maskierung wurde als entscheidender Beweis für die reizanaloge Natur des Kurzzeitgedächtnisses angesehen.

Diesem primären Gedächtnis entnehmen wir bereits aktiv verarbeitete Informationen: die melodische Kontur, Töne, die wir aufgrund ihrer Nachbarschaft innerhalb des Frequenzspektrums oder auch aufgrund der Ähnlichkeit der Klangfarbe oder ihrer zeitlichen Nähe zusammenfassen. An dem erwähnten Beispiel aus Tschaikowskys *Sechster Symphonie* wird besonders einleuchtend, daß die Konstruktionen in der Wahrnehmung der Auffassung eines gemeinten Sinnes dienen. Der englische Empirist Locke hat die Macht des Verstehens (understanding) teilweise durch die Fähigkeit zu vereinigen und zu vergleichen erklärt. Kraft solcher Aktivitäten schafft der Verstand aus den einfachen sensorischen Impressionen die Vorstellungen. Über das Verhältnis von diesen Abbildern zum Urteil wird noch zu sprechen sein. Zunächst einmal seien weitere Prozesse betrachtet, die beim Musikhören dem Vereinigen und dem Vergleichen dienen. Wie also kommt das Walroß zum Zylinder?

Wiederholt wurde darauf hingewiesen, daß die Wahrnehmung nicht auf einzelnen Eindrücken aufbaut, sondern auf einer globalen Auffassung beruht. Für die Bildung von Einheiten, die als sinnvoll erlebt werden, spielt vor allem die rhythmische Segmentierung eine große Rolle. Offensichtlich ist es überhaupt schwer für den menschlichen Geist, etwas unstrukturiert Gleichförmiges anzunehmen. Eine monotone Folge von Klopfgeräuschen wird so kodiert, daß sie als Wechsel einer schweren und leichten Zeit erscheint: Der Trochäus (in sechzig Prozent der Fälle) erscheint etwas häufiger als der Jambus. Dieses subjektive Rhythmisieren, das Wundt (1873/74) und später Bolton (1894) untersuchten, zeigt die gestaltbildenden Aktivitäten des Gedächtnisses, die der Überschaubarkeit und dem Behalten dienen. Die Fähigkeit zur selbständigen Strukturierung gleichförmiger Ereignisse macht zugleich eine Grundform der Imagination aus. In welches Reich kann man den Hörer verlocken, wenn man deren Regeln genauer kennt? La Monte Young, der das Publikum in den während der Fluxusbewegung entstandenen *Compositions* mit der Stille, dem Knistern eines Feuers oder dem endlos ausgehaltenen Klang einer Quinte konfrontierte, macht es quasi zu Ausführenden, indem er der schöpferischen Tätigkeit des Bewußtseins die Verlaufsform der Zeit anvertraute.

Der »Takt« ist eine fundamentale Verarbeitungseinheit. Ist er nicht vorhanden, so schaffen wir ihn in der Phantasie. Fällt ein Akzent auf den ersten Ton einer Gruppe, so erleichtert dies die Wahrnehmung. Fällt hingegen der Akzent synkopisch mitten in eine zeitliche Gruppierung, so wird die Identifikationsleistung erschwert, weil verschiedene Angebote zur Gliederung gemacht werden. Es setzen sich allerdings fast immer Gruppierungen nach dem Gesichtspunkt der zeitlichen Nähe durch. Nur bei recht schnellen Abfolgen treten auch Zusammenfassungen rhythmischer Gruppierungen gemäß der Akzente ein. Das merkwürdige Phänomen des »perceptual streaming« tritt auf: Akzentuierte und nicht akzentuierte Impulse werden als getrennte Folgen erlebt. Dabei stellt sich das Empfinden von Figur und Grund ein. Zu den fundamentalen strukturierenden Prinzipien der menschlichen Wahrnehmung gehört nicht nur die Zusammenfassung gemäß der Nähe, damit auch der Geschlossenheit und der Einfachheit; mindestens ebenso bedeutsam ist ein Gliederungseffekt, durch den Figuren von einem Grund abgehoben werden. Auch diese Gesetzmäßigkeit ist bislang nicht zu erklären, wohl aber am Verhältnis von Melodie und Begleitung, die als Modellfall Kompositionsgeschichte machten, einleuchtend darzustellen.

Da im Kurzzeitgedächtnis elementare Einheiten (chunks) eher nach dem Merkmal zeitlicher Nähe als nach dem der Akzentuierung vorgenommen werden, setzt die akzentgeregelte Metrik der dur-moll-tonalen Musik eine komplizierte Informationsverarbeitung voraus, die allerdings durch die Korrelation des Akzents mit der Gruppen trennenden längeren Zählzeit vereinfacht wird. Im Zweivierteltakt ist die Folge |♩ ♪| musikalisch und psychologisch einfacher als |♪♩ | . Ob solcher Korrelationen zwischen Akzent und Dauer verspüren wir die Schwierigkeit meist nicht, den Takt zu begreifen. Auch die motorische Ansteckung täuscht darüber hinweg, wiewohl sie nicht unbedingt dem musikalischen Akzent folgen muß. Werden Zuhörer gebeten, zu Musik mitzuklopfen, so zeigt sich, daß ihnen mehrere zeitliche Organisationen zur Verfügung stehen. Bei den Präludien zum *Wohltemperierten Klavier* wählten nur vierzig Prozent den durch einen Harmoniewechsel verdeutlichten metrischen Akzent. Andere klopften einfach mit jeder Zählzeit oder orientierten sich an den synkopischen Bildungen der Begleitstimme (Vos 1977).

Den Takt aufzufassen, sofern er nicht einfach durch die zeitliche Nähe der Elemente nahegelegt wird, setzt eine gewisse Verarbeitungstiefe voraus. Bedenkt man jedoch, daß auch geübte Musiker Schwierigkeiten haben, drei isoliert gebotene Zeitdauern voneinander zu unterscheiden, so gewährt wiederum die Metrik — durch die Möglichkeit einer proportionalen Beziehung — eine Vielfalt von rhythmischen Werten, die ohne sie nicht differenziert werden könnten. Zugleich ist der Takt entscheidend für das Tempogefühl, wie aus den grundsätzlicheren Erläuterungen zum Bewegungseindruck hervorgehen soll.

Schon Zenon von Elea glaubte, daß das Registrieren einer Bewegung von der Fähigkeit des Menschen abhängt, die Position eines Gegenstandes im Gedächtnis zu behalten und sie mit einer nachfolgenden zu vergleichen. Ist eine Positionsänderung eingetreten, so schließen wir auf eine Bewegung. In ihren Grundzügen erklärt diese Theorie bis zum heutigen Tag den Bewegungseindruck. Beim Spielen einer Tonleiter entsteht auch der Eindruck einer Bewegung, obwohl nicht die Identität eines Gegenstandes gewahrt bleibt. Da der Mensch aber ohnehin keine isolierten Frequenzen wahrnimmt, registriert er doch Veränderungen von etwas Identischem, nämlich der Tonhöhenkontur; er prüft einen globaleren Eindruck auf Übereinstimmungen oder Änderungen im zeitlichen Verlauf. Daß die Nachbarschaft der Töne im Frequenzspektrum oder ihre harmonische Zusammengehörigkeit die Fiktion einer Bewegung stützen kann, wirkt unmittelbar einleuchtend, weil derartige Tonbeziehungen es erleichtern, daß im kategorialen System des Hörers etwas Identisches ermittelt wird, dem eine Änderung zugeschrieben werden kann. Konturen können sich schneller oder langsamer ändern.

Akustische Ereignisse werden eine Weile gespeichert und miteinander verglichen. Aus diesem Vergleich geht dann der Charakter der Bewegung hervor. Den Eindruck eines über längere Zeit hinweg konstanten Tempos trotz sehr

verschiedener rhythmischer Werte bewirkt der Takt. Er erlaubt den ständigen Vergleich einer fortschreitenden, aber gleichbleibenden Einheit, in die die melodische oder klangliche Kontur gegliedert wird. Durch die Dauer der Takte wird das Empfinden eines langsameren oder schnelleren Wechsels, also der Tempoeindruck bestimmt. Dieser Wahrnehmungsakt stellt auch eine elementare Stufe beim Verstehen des Ausdrucks dar, für den das Tempo eine wichtige Darstellungsfunktion hat.

Ohne die Einbindung in den Takt ist ein Tempo dann schwer zu identifizieren, wenn Noten sehr verschiedener Werte gebraucht werden. Wie die Zeit vergeht, identifiziert der Hörer nur als einen laufenden Wechsel, ohne einen konstanten Tempoeindruck haben zu können. Als Stockhausen die mangelnde Differenzierung des Tempos der seriellen Musik dem nicht hörbaren Unterschied zwischen kleineren Dauernwerten zuschrieb, hatte er wohl Richtiges bemerkt. Seine Konstruktion einer Dauernreihe gemäß dem Fechnerschen Gesetz, das in einem mittleren Bereich die Unterschiedsempfindlichkeit für alle Sinnesgebiete durch eine logarithmische Entsprechung zur Reizgröße bestimmt, hätte dies Problem jedoch nicht gelöst. Intuitiv wandte er diese Reihe daher nicht auf einzelne Dauernwerte, sondern auf größere Tempoeinheiten an. In dem Orchesterstück *Gruppen*, dem der Aufsatz ... *wie die Zeit vergeht* (1957) als Theoriebruchstück zugeordnet ist, ist sie zur Regelung metronomischer Angaben eingesetzt. Innerhalb eines Abschnitts liegt den vergleichenden Akten der Wahrnehmung damit eine Einheit zugrunde, die durch andere Einheiten überlagert wird, so daß es zum Eindruck verschiedener Temposchichten und dem des Tempowechsels kommen kann.

◄──

Chagalls Gemälde *Die Zeit ist ein Fluß ohne Ufer* (Museum of Modern Art, New York) relativiert mit der ungewöhnlichen Zusammenstellung von Fisch, Vogel, Geige und Liebespaar die gewohnte zeitliche Struktur, als deren Symbol die tickende Uhr gelten kann. Ihr Abstand und Richtung fixierender Sekundenschlag hat bereits keine Gültigkeit für manchen irdischen Zustand, der sich mit dem Wunsch verbindet, er möge ewig währen. Ein freies Dahinfließen, -strömen oder -fliegen deutet Chagall nicht nur als der Natur inhärent, auch die Musik — auf dem Bild durch die Geige repräsentiert — gehört zu einer anderen als der vom Sekundenschlag geregelten Dimension der Zeiterfahrung. Sie ist allein schon deshalb der Zeit enthoben, weil ihr Erklingen nicht an bestimmte Zeiten gebunden ist. Ihre innere Strukturierung durch Metrum und Rhythmus bewirkt das Erlebnis von Veränderung und Bewegung, das die wesentliche Voraussetzung für die Zeiterfahrung ist. Grundsätzlicher aber dient diese Strukturierung dazu, den analysierenden Vergleich von Zeiteinheiten zu erleichtern, den das Bewußtsein vornimmt, damit aus dem Fluß akustischer Informationen musikalische Gedanken entnommen werden können. Wo — wie zuweilen in der Neuen Musik — keine Verknüpfung mehr zwischen den Klängen intendiert ist, oder aber anstelle eines Metrums gleichzeitig mehrere nicht zu vereinheitlichende Zeitschichten auftreten, wird die Erfahrung, der Zeit enthoben zu sein, noch deutlicher ausgeprägt als in der vom Takt geregelten traditionellen Musik. Die aktiv-synthetischen Leistungen des Bewußtseins, mit denen der Mensch der Zeit in seiner Vorstellung Herr zu werden glaubt, werden dabei preisgegeben zugunsten der Erweiterung der Imagination, für die die Zeiterfahrung unwichtig erscheint.

Quasi musikalische Kippfiguren entstehen, wenn ein mehrstimmiges Stück verschiedene gleichrangige Taktbildungen für den Hörer offenläßt. Die zeitlichen Muster mancher Minimalstücke — so etwa die *Music with Changing Parts* von Philip Glass — weisen Schichten mit schnelleren und langsameren Impulsen auf. Beim Hören wird eine als dominant empfunden, nach einiger Zeit aber tritt ein Sättigungseffekt ein, die Orientierung richtet sich an einer anderen Schicht aus; damit kippt das Stück in ein anderes Tempo.

Wahrnehmung und Denken setzen Gedächtnis voraus. Es ist ebenso sinnvoll zu sagen, Denken setzt Wahrnehmung und Gedächtnis voraus, oder aber Gedächtnis setzt Denken und Wahrnehmung voraus. Denn es handelt sich nicht um getrennte Instanzen, sondern um Aspekte eines mehrstufigen Prozesses der Informationsverarbeitung, der aus analysierenden und synthetisierenden, aus gliedernden und zusammenfassenden Vorgängen besteht, die der einströmenden Information einen Sinn verleihen. Riemann hat dies als aktiv-synthetisches Denken bezeichnet. Die dabei gebildeten Konstruktionen sind durchaus reizabhängig, sie sind jedoch nicht mit der Struktur der Reize identisch. Höchstens auf einer untersten Stufe besteht ein passives Abbild, jedoch noch keine Wahrnehmung. Wenn der Akkord d fis a c erklingt, so kann ein Oszillograph ein Gemisch von Schallwellen registrieren. Ein Hörer registriert dies auch, aber er wird vielleicht die Empfindung einer Rauheit haben. Ist er ein Musikstudent, so wird er vielleicht sagen, es ist ein Septakkord. Sein Freund könnte daraufhin antworten: »Komm, laß uns Kaffee trinken gehen.« Die sensorische Grundlage ist in jedem Fall die gleiche. Zwischen der bloßen Registratur und der Reaktion des »Kaffeetrinkens« weitet sich ein Spektrum der Sinngebung, die allerdings nur noch teilweise von dem genannten Schallereignis abhängt. Denn vorhandene Kategorien werden zur Deutung benutzt: Das allgemeine Wissen um Dissonanzen oder die genaue Identifikation der Akkordstruktur, auch außermusikalische Gesichtspunkte können eine Rolle spielen. Der Freund weiß, es ist jetzt genug mit der Gehörbildung, Ablenkung täte not. Daher interpretiert er den Dominant-Septakkord als ein Symbol für eine Pause. Schon auf der untersten Stufe des Wahrnehmens finden solche kategorialen Formungen der aufgenommenen Information statt. Die Transformationen zielen auf das Überschaubarmachen, dem dann die weitere Analyse dient, und es scheint, daß überhaupt nur das weiter verarbeitet wird, was bereits einer ersten groben Analyse unterworfen war. Die rein sensorische Speicherung wird nach wenigen Sekunden gelöscht. Nur auf einer untersten Stufe ist für die identifizierende Wahrnehmung das Abbild von Bedeutung. Die Wahrnehmung zielt auf die Konstruktion von Sinnbildern.

Da alles, was wir verstehend hören, ob Sprache oder Musik, durch die analysierende Tätigkeit des menschlichen Geistes geprägt ist, wäre die Trias von Wahrnehmung, Gedächtnis, Denken noch um den Begriff »Urteil« zu erweitern. Urteile sind schon in den einfachsten Wahrnehmungsprozessen enthalten.

Es wird z. B. beurteilt, was zusammengehört. Urteile unterscheiden sich in der Abstraktionshöhe und damit in ihrer Nähe zur sensorischen Grundlage der Wahrnehmung. Weil sie die Zuweisung zu Kategorien und Bewertungen voraussetzen, stellen sie aber in jedem Fall eine Überformung des Gehörten dar bis dahin, daß durch Urteile nicht-sinnlich Gegebenes ergänzt werden kann. Die Alltagserfahrung, daß durch Geräusche gestörte Silben in einem Wort ergänzt werden können, bestätigt im Bereich der Musik die Tatsache, daß ein Akzent auch dann »gehört« wird, wenn er auf eine Pause fällt. Direkter noch demonstriert die Ersetzung fehlender Glieder durch die geistige Tätigkeit ein Experiment, bei dem ein im Frequenzspektrum hinauf- und hinabgleitender Ton wahrgenommen wird, auch wenn ein Teil dieses Vorgangs durch ein lautes Geräusch unterbrochen wird. Die Töne scheinen durch das Geräusch hindurchzugleiten. Geringer ausgeprägt ist dieser Effekt, wenn der Ton, kurz bevor das Geräusch erklingt, seine Lautstärke ändert und damit die Erwartung provoziert wird, etwas werde sich ereignen. Das Wissen über die Wirklichkeit ist immer vermittelt durch die kategoriale Formung. Ein bloßes Abbild, das nicht zum Sinnbild wird, gibt es nicht.

Die selektive Funktion der Aufmerksamkeit

Wenn James Stewart in irgendeinem Wildwestfilm mit einer Schönen am Lagerfeuer sitzt und der Komponist in diese Idylle tiefe, bedrohliche Tam-Tam-Schläge fallen läßt, so merkt der Zuschauer auf. Er wartet gespannt, und in der Regel erscheinen dann auch gleich Indianer. Der Zuschauer merkt automatisch auf. Die Aufmerksamkeit kann teilweise durch die Art der Reizsituation — die Neuartigkeit oder der Wechsel spielen dabei eine Rolle — unwillkürlich gelenkt werden. Die Aufmerksamkeit besitzt für die Konstruktion der Wahrnehmung eine besondere Bedeutung. Was in ihren Fokus gelangt, wird besonders deutlich gehört. Aufzumerken entspricht einer besonderen Verarbeitungstiefe. In dem hierarchisch zu denkenden System der menschlichen Informationsverarbeitung können manche Sachverhalte einer besonders aktiven Analyse und Synthese unterzogen werden. Damit wird die Aufmerksamkeit zu einem selektiven Mechanismus. Sie ist nicht im Sinne der Filtertheorie als ein Gatter zu verstehen, das bereits die Aufnahme der Sinnesorgane beeinflußt. Auf welchen Vorgang ein Mensch sich auch konzentriert, so hört er doch immer, wenn sein Name gerufen wird. Aber die Aufmerksamkeit bewirkt, was in sprach- und musikpsychologischen Untersuchungen nachgewiesen wurde, nämlich, daß von zwei verschiedenen Informationen, die auf beide Ohren verteilt wurden, nur eine wahrgenommen wird. Was an gestaltbildenden Faktoren beschrieben wurde, scheint mit einem automatischen, reizinduzierten Aufmerksamkeitsmechanismus zusammenzuhängen, vor allem das Phänomen der Akzentuierung einer

Figur aus einem Grund. Eine genaue Betrachtung auch des Figur-Grund-Problems zeigt jedoch, daß die Aufmerksamkeitszuwendung vielmehr noch von impliziten Bedeutungsstrukturen gelenkt wird. Fügen wir die Töne einer Melodie gemäß der Ähnlichkeit der Tonhöhen zusammen und erleben sie als abgehoben von einem klanglichen Grund, so steuern die physikalischen Merkmale nur teilweise die Zuwendung. Denn der Aufmerksamkeitsmechanismus muß imstande sein, Informationen zu extrahieren, die zu Entscheidungen darüber verhelfen, welche Tonhöhe denn mit welcher verbunden werden soll. Die Analyse der sensorischen Prozesse ist dazu nötig und Selektion. Die Auswahl ist immer auch von Bedeutungen geleitet, die aus dem bereits vorhandenen Wissen, aus Erwartungen stammen. Diese Bedeutungen können bei niederen Lebewesen festgelegt sein, aber auch bei Menschen gibt es noch festgelegte Bedeutungen, z. B. bei Reizen, die Furcht auslösen. Wesentlicher aber sind Bedeutungsstrukturen, die aus erworbenem Wissen und damit aus kognitiven Leistungen und subjektiven Wertsetzungen hervorgehen. Sie bestimmen, was auffällt. Unter Umständen kann eine solche Bewertung auch zur Störung durch Musik führen. Selbst wenn der Nachbar nur leise zu hören ist, kann sein Geigenspiel aufgrund der Akzentuierung, die die Aufmerksamkeit bewirkt, als Belästigung erlebt werden. Die Aufmerksamkeit ist also nicht nur ein sensorischer Prozeß.

Das Theorem, die selektive Funktionsweise der Wahrnehmung werde durch das kognitive Orientierungssystem bewirkt, ist das Kernstück der Hypothesentheorie, die von Bruner und Postman (1949) entwickelt und in zahllosen Experimenten, auch solchen, die im Zusammenhang mit der Vorurteilsforschung im engeren Sinne stehen, auf ihre Gültigkeit geprüft wurde. Wahrgenommen wird nur ein Ausschnitt aus der Umwelt. Was wahrgenommen wird, ist das Ergebnis einer sinnvollen Gestaltung durch die vorhandene kategoriale Struktur, durch die eine Auswahl aus dem Informationsangebot getroffen und Akzentuierung geschaffen wird. In sehr einfacher und plausibler Weise zeigt dies ein Experiment von Szende (1977). Die Nennung eines Intervallnamens bewirkte, daß Musiker ein Intervall erheblich präziser identifizieren konnten, als wenn sie ohne solche »tonal vision« Schwingungsverhältnisse beurteilten. Daß die nicht-sensorische Bedingtheit der Wahrnehmung nachdrücklich betont wird, wohingegen traditionelle Wahrnehmungstheorien, etwa die Gestalttheorie, eher die angeborenen Funktionen beschreiben, machte die Idee von Bruner und Postman attraktiv. Hypothesen, auch »perceptual sets« oder »cognitive predispositions« genannt, erklären gerade das Erkennen von komplexeren musikalischen Vorgängen sehr gut. Mit Bruner und Postman könnte man argumentieren, daß in unserem Kulturbereich eine spezifische Erwartung erlernt wurde, z. B. darüber, daß bei einer schließenden Wendung auf einen Dominantsseptimen-Akkord eine Tonika folgt. Alternative Hypothesen wie die, daß der Akkord der sechsten Stufe auftritt, prägen die Erwartungen nicht in gleichem Maße; daher stellt sich, wenn die Hypothese »Tonika« nicht bestätigt wird, nur der Eindruck eines Trugschlusses ein. Er ist zugleich mit einer stärkeren emotionalen Reaktion verbunden als die Bestätigung einer Erwartung. Das einfache Beispiel macht schon deutlich, daß es möglich wäre, das musiktheoretische Regelsystem, sofern es durch Gewohnheit oder Unterricht erlernt wurde, im Sinne solcher die Wahrnehmung steuernder Aktivitäten zu beschreiben. Auch einem recht individuellen Hören könnte mit der Idee, daß Menschen über verschiedene »kognitive Landkarten« (Tolman 1948) verfügen, Rechnung getragen werden. Angehörige verschiedener kultureller Gruppen haben durchaus verschieden differenzierte Wahrnehmungssysteme. Sie beurteilen vertraute Musik daher genauer als unvertraute. Und sicherlich könnte ein Liebhaber der Unterhaltungsmusik die ungewohnte, ihm aber vertraute harmonische Progression I V IV I in Liszts *Années de pélerinage* (zweites Jahr, im Satz Sposalizio im Piu-lento-Teil) nicht als Besonderheit bemerken. Ein Tonika-Orgelpunkt mildert das Ungewohnte für jenen Hörer, der sich im Umkreis der klassischen Musik bewegt und andere Erwartungen hegt.

Die bedeutungsverleihenden Vorstellungen greifen nur als Hypothesen in den Wahrnehmungsvorgang ein. Sie können aber sehr festgefügt sein. Ebenso wie wir die Zahlen einer Telefonnummer, die in einer bestimmten Anordnung (als Zweier- oder Dreiergrupppen) gelernt und gespeichert wurden, nur schwer erkennen, wenn sie uns anders gegliedert zu Gehör gebracht werden, ebenso wenig können wir eine bekannte, gelernte Tonfolge, die anders rhythmisiert ist, identifizieren. Formale Merkmale, wie die Gliederung, fungieren ebenfalls als eine kategoriale Vorordnung, von der der Hörer eher erwartet, daß sie bestätigt, als daß sie widerlegt wird.

Die Vorstellungen lenken die Sinne ebenso automatisch wie die Reizmuster, die Neugier und Interesse wecken. Es ist möglich, in einem Orchestersatz auf ein Instrument zu achten, das von sekundärer Bedeutung ist, weil es eine Begleitstimme spielt. Bei der Prüfung der willkürlichen Steuerung (Erickson 1975) mit Hilfe einer künstlichen Komposition, einer Art Hoquetus, der auf fünf Instrumente verteilt war — von seinem Schöpfer LOOPS genannt —, zeigte sich, daß es für den Zuhörer möglich war, sowohl Einheiten zu bilden, die auf der Tonhöhe basierten, als auch solche, die die Klangfarbe in den Mittelpunkt stellten. Die Wahrnehmung willkürlich zu steuern, bedeutet wahrscheinlich, sich auf eine Hypothese einzulassen, die sich nicht von selbst ergibt.

Wird die Aufmerksamkeit geteilt, so werden zwei getrennte Vorgänge im blitzschnellen Wechsel verarbeitet. Die Beobachtung (Kelley und Brandt 1984), daß rhythmische Komplexität das Erkennen von Tonhöhen beeinträchtigt, weist darauf hin, daß die Wahrnehmung erschwert ist, wenn sie nicht auf einen Vorgang allein ausgerichtet ist. Dieser Fähigkeit zur Teilung der Aufmerksamkeit verdankt sich, daß der Mensch bei mehrstimmiger Musik zwei Stimmen recht gut verfolgen kann; bei drei Stimmen, die wir auch noch meinen vernehmen zu können, hilft die harmonische Zusammenfassung, einen globalen Eindruck aufzufassen, der im nachhinein analysiert werden kann. Laien sind Musikern schon bei zweistimmigem Hören unterlegen, weil sie über weniger und nicht gut differenzierte wahrnehmungsleitende Hypothesen verfügen, die ihnen die blitzschnelle Identifikation der Tonfolgen erleichtern. Es fehlen ihnen klare Vorstellungen als Gehilfen der Wahrnehmung.

Gibt es ein semantisches Gedächtnis für Musik?

Das Verstehen von Bedeutungen ist ein Prozeß der aktiven Konstruktion, der schon auf der untersten Stufe der Wahrnehmung stattfindet. Er ist sowohl gesteuert von den sensorischen Qualitäten, die eine eintreffende Information bewirkt, als auch von dem kategorialen System, das der Kodierung dieser Information dient. In dieser nüchternen Sprache läßt sich beschreiben, was in der Sprache der Phänomenologie als »intentionaler Akt« bezeichnet wird. Wenn von einer untersten Stufe gesprochen wird, so ist zugleich damit gesagt, daß diese Konstruktionen, die von einem groben Durchmustern der Umrisse zu einer detaillierten Analyse fortschreiten (z. B. von der Hell-Dunkel-Kontur zur präzisen Intervallwahrnehmung), hierarchisch aufeinander bezogen sind. Die Verarbeitungstiefe entscheidet über die Klarheit der Auffassung eines musikalischen Gedankens und auch darüber, wie gut er erinnert werden kann. Einiges über elementare Wahrnehmungsprozesse wurde erforscht. Wie aber Musik langfristig behalten wird, ist nicht bekannt. Einstweilen ist es entweder leeres Gerede oder aber eine Zusammenfassung subjektiver Impressionen, wenn von musikalischen Vorstellungen gesprochen wird. Im folgenden ist es auch nur möglich, einige Parallelen zum sprachlichen Gedächtnis zu ziehen, von dem allerdings das Musikgedächtnis erheblich abweichen dürfte.

Da die Gedächtnisforschung eine lange Tradition hat, gibt es selbstverständlich sehr viele einander widersprechende Theorien. Einigkeit herrscht nur bezüglich der Ablehnung einer wahrnehmungsanalogen langfristigen Speicherung, der Reizspuren zugrunde liegen, die allenfalls eine Tendenz haben können, zu besseren Gestalten zu werden oder aber zu zerfallen. Platons Vergleich des Gedächtnisses mit einer Wachstafel, auf der die Eindrücke eingeprägt wurden, oder auch die Theorie der Reizspuren, von denen die Gestalttheoretiker sprachen, hat den Nachteil, Erinnerungen, Vorstellungen und auch Vergessen als einen passiven Vorgang zu beschreiben. Die Arbeitsweise des Gedächtnisses ist aber aktiver Natur. Sie wird gern mit der eines Bibliothekars verglichen. Auch extern in Büchern gespeichertes Wissen läßt sich nicht einfach ansammeln. Es muß in irgendeiner Weise organisiert werden, sonst ist es später nicht auffindbar. So also sucht der Bibliothekar nach zusätzlichen Bedeutungen, die er zur Organisation seiner Bücher benutzt. Aus dem Vergleich des Gedächtnisses mit der Bibliothek lassen sich einige einfache Ordnungsprinzipien gewinnen, die empirisch bestätigt wurden.

Es gibt Bibliotheken, die nach einem System der Reihenfolge (z. B. des Erscheinungsjahres) organisiert sind, und solche, für die ein kategoriales System nach Sachgebieten benutzt wird. Selbstverständlich können beide Gesichtspunkte kombiniert werden. Reihenfolgen sind ein für den Menschen ebenso gut handhabbares Prinzip wie abstrakte Kategorienbildungen. Sequentielle Ordnungen, das Alphabet, die Monate, auch Telefonnummern, können leicht erlernt werden. Der grundsätzliche Wert der sequentiellen Ordnungen bei der Bildung von Vorstellungen ist sicher im Zusammenhang mit dem Gedächtnis für Musik von Nutzen. Einen umfassenden Erklärungsansatz gewinnt man jedoch damit nicht. Denn ein musikalischer Ablauf ist zumindest in der dur-moll-tonalen Musik von hierarchisch aufeinander bezogenen Regeln bestimmt: Zählzeiten schließen sich zu Takten, Takte zu Vorder- und Nachsätzen, diese wiederum zu Perioden zusammen. Auch wenn ein Hörer, ähnlich wie ein Sprachbenutzer, nicht den Regeln von Lehrbüchern folgt, schon deshalb nicht, weil ihnen kaum Kompositionen schematisch genügen, sie also nicht die Erfahrung mit Musik prägen, so sind diese Regeln zumindest doch leitende Gesichtspunkte für ein eher kategorial geformtes Behalten.

Wenn der Bibliothekar ein kategoriales System benutzt, so verhält er sich so, wie sich der Mensch fast immer bei der Informationsspeicherung verhält. Er sucht nach abstrakteren Gesichtspunkten, die ihm Überschaubarkeit garantieren. Informationen werden meist nicht wörtlich behalten, sondern Erinnerungen sind begrifflicher Natur. Bis zu einem gewissen Grad kann auch Musik begrifflich aufgefaßt, sogar mit verbalen Etiketten belegt werden. Es ist hilfreich für die Organisation von Vorstellungen, sie mit einem System ganz anderer Vorstellungen in Beziehung zu setzen. Mit Worten etikettierte Bilder werden besser reproduziert, ebenso wie visuelle Vorstellungen, die mit Worten angereichert wurden. Verbal benannte musikalische Sachverhalte werden ebenfalls besser behalten als nur instrumental Gebotenes. Gleichgültig, ob sie singend oder nur hörend damit Umgang haben, lernen Kinder auf der Primarstufe Melodien leichter mit als ohne Text (Moats 1984). Die Vielzahl mnemotechnischer Stützen, durch die Beziehungen zu anderen Vorstellungen geschaffen werden, beweisen ebenfalls, daß sich das Gedächtnis verbessert, wenn durch eine kategoriale Zuschreibung zusätzliche Bedeutungen erzeugt werden. Vorstellungen sind keine blassen Abbilder der Wahrnehmung. Das Gedächtnis ist semantischer Natur. Deshalb ist reiner Unsinn schwer zu behalten.

Was aber macht Musik — gleichermaßen wie eine Sprache — so bedeutungsvoll, daß sie erinnert werden kann? Es spielen dabei formale Gesichtspunkte eine Rolle, nämlich die Möglichkeit zur Zusammenfassung und Vorhersehbarkeit, die aus den quasi-grammatikalischen Strukturen der Musik hervorgehen. Vorhersehbarkeit ergibt sich schon durch ein gewisses Maß an Redundanz, das somit für die Bildung einer Vorstellung nützlich ist. Redundanz ist nur ein sehr grobes, statistisch zu bestimmendes Maß, das das Verhältnis einer Information zu einem Maximum angibt. Redundanz setzt Wiederholungen voraus. Sie ermöglicht in der Wahrnehmung Gruppierungs- und Gliederungseffekte. Sie erleichtert die Bildung von »chunks«, die allerdings mehr als durch die Feststellung von unmittelbaren Wiederholungen durch den Nachweis von Ähnlichkeiten auf einem höheren Niveau begünstigt werden. Die Zahl der behaltenen »chunks« scheint ziemlich konstant zu sein. Je informationshaltiger sie aber gestaltet werden können, um so mehr Wissen wird gespeichert. Vorhersehbarkeit umschreibt im Unterschied zur Redundanz einen psychologischen Sachverhalt, nämlich die Beziehung zwischen der Struktur des Materials und den Erwartungen des Hörers. Die späten Quartette von Beethoven wurden in einer zeitgenössischen Kritik mit der chinesischen Sprache verglichen, wohl weil sie kaum noch dem Kriterium der Vorhersehbarkeit genügen. Dies besagte jedoch nichts über ihre Redundanz.

Die Zugehörigkeit zu bestimmten kulturellen Einheiten geht mit dem Lernen von Sprachregeln (was nicht zugleich auch ihre bewußte Benennung einschließt) einher. Vor allem grammatische Regeln sind wichtige Konstruktionshilfen für das Gedächtnis. »Grausame Tische sangen fallende Kreise vor leeren bitteren Bleistiften« ist leichter zu behalten als »sangen Tische bittere leere grausame vor Kreisen Bleistifte fallende«. Die richtige grammatikalische Struktur hebt die erste der beiden Wortfolgen auf eine höhere Sinnstufe. Syntax und Semantik sind zwei Aspekte von Sprachlichkeit, die nicht voneinander zu trennen sind. Ein einfaches Beispiel zeigt, daß die rechte Anordnung zum Sinn einer Sache beiträgt. »Fred schlug Bill« ist ein Satz, dessen Worte sich nicht umstellen lassen, ohne daß er eine vollständige Sinneinbuße erlitte. Sind für die Musik grammatikalische Strukturen erheblich wichtiger als für die Sprache, weil sie in höherem Maße sinnstiftend sind? Sie regeln als gelernte Kategorien teilweise die musikalische Wahrnehmung. Stoffer (1981) konnte zeigen, daß über syntaktisch verwandte (weil in einem Vordersatzmotiv benachbarte) Takte schneller ein Urteil hinsichtlich ihrer Ähnlichkeit oder Unähnlichkeit gefällt werden kann als über solche, die nur in zeitlicher Nähe zueinander geboten wurden. Um ihre Zugehörigkeit abzuschätzen, steht eine grammatikalische Regel bereit, wohingegen für das Urteil über die Ähnlichkeit zweier Tonfolgen langwierige Bewertungen notwendig sind.

Für den Zuhörer gehen aus den Regeln der Musik, die er kennt, Bedeutungen hervor, die der Konstruktion seiner Vorstellungen dienen. Die Modelle, die bislang für das semantische Gedächtnis bei der Verarbeitung sprachlicher Information entwickelt wurden, zeigen in komplizierter und nicht immer übereinstimmender Weise den Prozeß der Neuorganisation, der die ursprüngliche Wahrnehmung in aussageartige Sätze transformiert. Die Gedächtnisbelastung wird dadurch geringer, denn in einer solchen begrifflichen Struktur können

Einzelheiten weggelassen werden. Die Erinnerung wird damit ebenfalls zu einem aktiven Prozeß der Rekonstruktion. Da nur zu mutmaßen ist, daß auch für das Behalten von Musik wenigstens teilweise ein semantisches Gedächtnis verantwortlich ist, sind Unterschiede der Modelle — z. B. zwischen dem Modell von Rumelhart, Lindsay und Norman (1972) und dem von Anderson und Bower (1973) — in diesem Zusammenhang weniger von Bedeutung als deren gemeinsame Idee, daß eine Reihe von Assoziationen gebildet werden zu den bereits existierenden Kategorien der Anschauung. Neue Erfahrungen werden zu vorhandenen Vorstellungen in Beziehung gesetzt (in der Art: »Dies ist ein . . .«).

Wird das bei der langfristigen Speicherung einer Information gebildete Netz von Vorstellungen wie ein Labyrinth durchlaufen, wenn man sich erinnert? Mit einem semantischen Gedächtnis läßt sich Denken erklären. Weil ein solches Gedächtnis die aufgenommene Information nicht analog zu ihrer ursprünglichen Darstellungsform repräsentiert, ermöglicht es nämlich alle Arten von Umstellungen und Vergleichen. Beim Auswendiglernen verwenden Musiker, die deshalb Laien beim Behalten immer überlegen sind, teilweise auch ein semantisches Gedächtnis. Sie merken sich etwa die Veränderung in der Reprise als einen aussageartigen Satz oder aber sie registrieren »Dominante mit Wechselnote«, »tonale Beantwortung« etc. Diese Vorstellungen sind abstrakter als das tatsächlich Erklingende. Bei einer Befragung über Behaltensstrategien (Tan 1979) zeigten schon Personen, die längerdauernd Musikunterricht genossen hatten, deutlich, daß das musiktheoretische Regelsystem Kategorien bereitstellt, die einer abstrakten Speicherung dienen. Nur zwei Töne mußten behalten und bei einer Einbettung in eine Tonfolge von acht oder zwölf Takten wiedererkannt werden. Bei musikalischer Vorbildung merkt man sich eher die genaue Intervallgröße (»verminderte Quinte«) oder benutzt andere, nach Möglichkeit benennbare Kategorien der Tonalität. Interessant ist aber, daß auch bei geringer musikalischer Bildung (weniger als drei Jahre Musikunterricht) Strategien abstrakterer Art verwendet werden. Personen mit geringer Vorbildung merken sich z. B. »Intervallrichtung, steigend/fallend«. Sie transformieren damit auch schon das Gehörte in eine Art von Aussage über das Gehörte.

Zu einem ganz anderen Problem führt die Tatsache, daß ein hoher Prozentsatz der musikalisch Vorgebildeten sich auch einfach auf intuitives Erkennen verließen (Shuter-Dyson 1982, S. 198). Bei Seashore (1938, S. 161) ist von einer Untersuchung berichtet, die zeigt, daß sich Musiker, im Unterschied zu Psychologen, ein Lied klingend vorstellen, als sei es auf dem Klavier vorgetragen. Wahrscheinlich ist Seashores Vermutung richtig, daß ein Teil der Töne gedanklich vervollständigt wurde. Dennoch erhebt sich die Frage, wie konkret anschaulich die musikalische Vorstellung ist. Wird für die langfristige Speicherung partiell noch eine Darstellungsform gewählt, die analog zu der der Wahrnehmung ist?

Strategien bei der Lösung von gedächtnisbezogenen musikalischen Wahrnehmungsaufgaben nach
prozentualem Gruppenanteil

Strategie	mindestens 7 Jahre Musikunterricht	weniger als 3 Jahre Musikunterricht
1. Intuitives Erkennen	40	10
2. Repetition in Gedanken	55	60
3. Verbalisierte Repetition	25	20
4. Bestimmte Intervallgröße (z. B. erniedrigte Quinte)	30	5
5. Allgemeine Intervallgröße (z. B. klein/groß)	5	25
6. Intervallrichtung (z. B. ansteigend/abfallend)	10	55
7. Absolute und/oder relative Tonhöhenbestimmung der Zieltöne	50	30
8. Relativer Tonabstand beider Zieltöne	0	40
9. Tonhöhenbestimmung durch Solmisationssilben: Zielton und Melodie	15	0
10. Tonalität, tonale Mitte: das Einbeziehen melodischer Zusammenhänge, Erwartungen über die Melodie	35	5
11. Visualisierung (z. B. Kontur, Tastenbrett, Notierung)	20	20
12. Assoziationen: Zieltöne als Teile bekannter Melodien	50	20
13. Klangfarbe beim Klavier	5	5
14. »Erraten«	5	10
15. Rhythmus	0	15
16. Vorgestellte Gleichzeitstöne / zugesetzte Töne, um einen Akkord zu bilden	0	10

Wenn man sich einen einmal gehörten Satz vergegenwärtigt, so vergegenwärtigt man sich eher seinen Sinn. Musik ist jedoch auch in der Vorstellung immer klanglicher Natur. Wahrscheinlich ist ein mehrstufiges Gedächtnismodell zu ihrer Beschreibung angemessen. Hierbei nützt die Idee von Tulving (1972), es gäbe neben dem semantischen Gedächtnis ein »episodisches Gedächtnis«, auch wenn der Terminus in diesem Zusammenhang nicht glücklich gewählt wirkt. Neben einem System, das abstrahiert und nach Konzepten klassifiziert, besitzt der Mensch im allgemeinen die Fähigkeit, Dinge sehr konkret in ihrer zeitlichen Beziehung zu behalten. Was in den Ferien passierte, wird ob der persönlichen Nähe der Ereignisse sehr genau erinnert. Baddlay (1979, S. 360) hat Zweifel geäußert, ob es sich tatsächlich dabei um verschiedene Formen der Speicherung handelt; er vermutete, daß das episodische Gedächtnis nur einen anderen Aspekt des semantischen Gedächtnisses zum Vorschein bringt. Auch Erlebnisse, so argumentiert er, werden abstrakt aufgezeichnet und in der Erinnerung rekonstruiert. Den Beweis erbringen die oft sehr unzuverlässigen Aussagen von Zeugen. Deren Rekonstruktionen zeigen alle Unarten des semantischen Gedächtnisses: Auslassungen, Erklärungen von Rätselhaftem, Transformationen von Einzelheiten zur Steigerung der Vertrautheit, Veränderungen der Reihenfolge, Gewichtungen bestimmter Merkmale, Einflüsse ihrer Einstellungen. Alle diese Fehler lassen sich auch bei musikalischen Vorstellungen nachweisen. Aber die gedanklichen Verdichtungen und Umformungen sind weniger stark ausgeprägt, so als bewahre das musikalische Gedächtnis immer noch wahrnehmungsanaloge Spuren auf (vgl. auch Nauck-Börner 1984). Wäre es nicht denk-

---

Tan (1979) untersuchte Gedächtnisleistungen bei der Wahrnehmung von Melodien. Musikalisch vorgebildete und nicht vorgebildete Personen hatten zwei Töne (in der Übersetzung »Zieltöne« genannt) anzuhören. Diese Töne wurden dann in tonale Hörbeispiele eingebettet, die acht bis zwölf Takte umfaßten. Sobald der Proband die beiden Zieltöne glaubte herausgehört zu haben, mußte er ein Signal geben. Nicht musikalisch vorgebildete Personen waren hinsichtlich ihrer Leistungen grundsätzlich musikalisch vorgebildeten unterlegen. Bei einer anschließenden Befragung zeigten sich auch Unterschiede bezüglich der Strategien, die zum Behalten benutzt wurden. Musikalisch vorgebildete wie nicht vorgebildete Personen versuchten unmittelbar zu memorieren (55%). Die häufige Verwendung dieser Strategie (Repetition in Gedanken) ist allein schon deshalb notwendig, um dem ekonischen Speicher besser Informationen zur weiteren Verarbeitung entnehmen zu können. Vorgebildete gebrauchten aber in stärkerem Maße eine bereits vorhandene kategoriale Struktur, indem sie die Intervallgröße feststellten (Strategie 4, 30%). Darüber hinaus benutzten sie aber auch syntaktische Regeln (Strategie 10, 35%), indem sie tonale Zusammenhänge berücksichtigten, was bei einem Teil der Aufgaben vor allem dadurch nahegelegt wurde, daß die sogenannten Zieltöne die Tonika repräsentierten. Das Experiment zeigt, daß Vorstellungen im Gedächtnis gebildet werden und nicht nur ein akustischer Vorgang gespeichert wird. Dabei spielen auch erlernte syntaktische Regeln eine Rolle. Personen, die kaum Musikunterricht genossen haben, greifen zu primitiveren Identifikationshilfen wie »Intervallrichtung ansteigend/abfallend« (Strategie 6, 55%). In jedem Fall werden im musikalischen Gedächtnis aussageartige Strukturen gebildet (Shuter-Dyson 1982, S. 198; © B. Schott's Söhne, Mainz).

bar, daß Klänge nur teilweise abstrakt, teilweise aber unmittelbar gespeichert werden? Die Bedeutung des semantischen Gedächtnisses würde dadurch nicht gemindert, aber die Spezifität musikalischer Vorstellungen betont.

Die Grenzen eines musikalischen Surrealismus

Wie abstrakt und verdichtet können musikalische Vorstellungen sein? Nach den Besonderheiten der musikalischen Vorstellungen und des musikalischen Denkens zu fragen, veranlassen nicht die Ergebnisse empirischer Untersuchungen. Denn zu diesem Problem existieren fast noch keine Forschungsarbeiten. Nach solchen Besonderheiten zu fragen, veranlassen musikalische Phänomene, die darauf hinweisen, daß dem abstrakten Medium Musik nur teilweise eine aussageartige und damit abstrakte vorstellungsmäßige Repräsentation angemessen ist, aber teilweise auch eine Repräsentation, die den klangsinnlichen Eindrücken der Wahrnehmung analog ist. Diese Überlegungen entzündeten sich am Problem, warum es keinen musikalischen Surrealismus geben konnte.

Vordergründig betrachtet ist die Frage, warum es keinen musikalischen Surrealismus geben konnte, absurd, weil sie nicht nach einer Antwort heischt, sondern zu fragen veranlaßt, warum sie gestellt wurde. Vordergründig nämlich beantwortet sie sich fast von selbst: Weil es schwierig ist, von Realismus in der Musik zu sprechen, er ihr eher angedichtet erscheint, so ist es kaum möglich, Surrealismus musikalisch zu verwirklichen. Was immer mit Musik ausgedrückt wird, ist in viel geringerem Maße als das, was in der Malerei oder mit literarischen Mitteln dargestellt werden kann, rückgebunden an die äußere, gegenständliche Welt. Damit sind — psychologisch gesehen — musikalische Vorstellungen weitaus abstrakter, weniger dem Determinismus eines in der äußeren Welt verankert scheinenden logischen Regelsystems unterworfen, das die Surrealisten aufbrechen wollten. Riemann hat nicht ohne Grund in seiner musikalischen Logik zwar verallgemeinerte Beschreibungen, aber keine Regeln für das Fortschreiten von einem zum anderen Akkord festlegen können. Weil Musik ohnehin etwas Erdachtes ist, ist es auch unmöglich, ein positives Sinnkriterium für Widersinn zu bilden. Ob ihrer Abstraktion konnte es keinen musikalischen Surrealismus geben.

Haftet aber an den Produkten menschlichen Geistes ein Moment des Paradoxen? Musikalische Vorstellungen sind nicht nur abstrakter, sondern immer auch sehr viel konkreter als Ideen, die sich in Bildern oder Worten artikulieren. Phantastereien sind deshalb ebenso schwer zu erfinden, wie Musik zu träumen. Daher ist die Problematik der Realität eines Einhorns, die den Philosophen zur Verteidigung einer idealistischen Konzeption der menschlichen Vorstellungen diente, für die Musik bedeutungslos. Ketzerisch wäre es, hinzuzufügen, daß Gedanken an Engel ebenfalls nur in der Sprache der Bilder oder der der Worte möglich sind. Gegenüber den Abstraktionen und Verdichtungen, die in manchen Bereichen der geistigen Tätigkeit möglich sind, ist das musikalische Denken in hohem Maße an die klangliche Substanz gebunden. Wohl ist es möglich, begriffsähnliche Abstraktionen zu gewinnen, die enharmonische Verwechslung, auch die prototypischen Klassifikationen, als welche Formschemata anzusehen sind, belehren darüber; jedoch ist die geistige Repräsentation auch gemessen an der der Welt der Bilder weniger mit abstrakten Vorstellungen, gar mit aussageartigen Sätzen verbunden, sondern dem Stofflichen, dem Klang verhaftet. Musikalische Vorstellungen widersetzen sich der Idee eines Surrealismus auch ob ihrer zu konkreten Gestalt. Die spezielle Funktionsweise des musikalischen Langzeitgedächtnisses ist dafür verantwortlich.

Es ist vielleicht dem Thema angemessen, mit Paradoxien fortzuschreiten und auf einen Vortrag über Neue Musik aus dem Jahre 1936 von Křenek hinzuweisen, in dem vier Stilrichtungen genannt werden: Expressionismus, Neoklassizismus, Neue Sachlichkeit und Surrealismus. Drei davon werden exponierten Vertretern zugewiesen: Schönberg, Strawinsky, Hindemith. Für den Surrealismus, der mit gleicher Ausführlichkeit vorgestellt und kritisiert wird, steht kein Komponisten-Name ein. Wer spielte auf mit den für den Surrealismus nach Meinung Křeneks typisch sein sollenden Techniken der Montage und des Umfunktionierens, mit abgegriffenem Material, mit falschen Bässen in einer makaberen Operette? Kurt Weill? Wie ist zu verstehen, daß das Plakat von Flachslander zu Křeneks Oper *Jonny spielt auf*, das stilistisch von Heartfields Collagen abhängig ist, zu Elementen des Dadaismus und Konstruktivismus solche des Surrealismus mischt? Aber auch bei einer sehr großzügigen Deutung ist Křeneks Namhaftmachen des Surrealismus doch eine etwas zu ambitionierte Suche, etwas als stilistisch selbständig auszuweisen, was dem Stil der Zeit entsprach.

Von Berlin nach Paris war es zwar in den zwanziger Jahren nicht weit, aber nach Berlin von Paris, wo um 1922 die surrealistische Bewegung aus dem Dadaismus hervorging. Denn dazwischen lagen Brüssel und New York. Daher konnten aus dieser surrealistischen Bewegung, die laut Breton der »wirklichen Welt den Prozeß machte« und stattdessen eine höhere, aus dem Unbewußten zu bergende Wirklichkeit mit den Mitteln des Traums, der Halluzination, der von keiner Vernunft gehemmten Assoziation, selbst des Wahnes erkennen wollte, auch spezielle musikalische Techniken hervorgehen, die nicht — wie Křeneks Vorstellungen — lediglich eine Übertragung des im russischen Formalismus wurzelnden Verfremdungseffektes vorsahen, sich mit diesem allerdings berühren. Drei Verfahren sollten den Entdeckungsfahrten in ein musikalisches Unbewußtes dienen: Operationen mit dem Zufall, das Collagieren und die Ablösung der Musik vom Klang. Mehr als die eingangs vorgetragenen allgemeinen Überlegungen zeigt deren nähere Betrachtung nicht nur, warum es keinen musikalischen Surrealismus geben konnte, sondern auch, warum die meisten

Komponisten gar nicht die bizarren Eilande des Phantastischen zu erreichen suchten.

Duchamp hatte als erster 1913 versucht, den Zufall zur Bedeutungserweiterung musikalisch zu nutzen. Der Dichter Ribemont-Dessaignes gründelte mit dem Zufall im Unbewußten und fand dabei *Le Pas de la chicorée frisée* (Den Weg des Endiviensalates). Aber zu den Quellen des musikalischen Surrealismus gelangte er nicht. Das Willkürliche und nur Sinnlose, mit dem später Cage charmant das Kompliment der Befreiung der Töne in der *Music for Marcel Duchamp* mit der Anordnung 11 x 11 auf sich zog, erinnert immer an den Nonsens des Dadaismus. Oder aber es ist so harmlos langweilig wie die Huldigung an Satie, der den Surrealisten als Vorbild erschien, die 1925, nicht ganz drei Wochen nach seinem Tod, Hooremann und Souris publizierten. Ihre *Musique 1*, beziehungsreich *Tombeau de Socrate* betitelt, ist eine ohne Takt notierte Monodie (darin von den Vorlieben der Surrealisten für das Mittelalter inspiriert), deren erste sechs Töne als wörtliches oder variiertes Modell wiederkehren; es folgen diesem Modell jeweils zwölf Achtel, deren Anordnung improvisiert wirkt. Eine Harmonisierung wäre — von einer Stelle abgesehen — denkbar; es entstünde ein Tänzchen mit Walzercharakter, keine Mazurka, wie die beiden Autoren meinten. Die *Musique 2* mit dem Titel *Festival de Venise* aus demselben Jahr ist lediglich ein Aufruf aus Anlaß des IGNM-Festes. Es sind teils neu formulierte, teils aus älteren Heften der Zeitschrift *Correspondances* zusammengestoppelte Parolen. Musikalische Qualitäten treten an ihnen nicht hervor. Diese Parolen verdeutlichen aber, daß der Surrealismus keine Kunstrichtung sein wollte, sondern daß er die Erschaffung einer neuen Welt intendierte. Von den Komponisten wird gefordert, die Mittel der Existenz, also die musikalischen Mittel, mit der Existenz selbst zu konfrontieren. Dieser Text endet mit dem verzweifelten Ausruf »Nous nous aidons à inventer sur le réel deux où trois idées efficaces« (Laßt uns versuchen, zwei oder drei wirksame Ideen über die Wirklichkeit zu erfinden). An solchen die Welt verändernden Erkenntnisprozessen hatte die Musik niemals teilgehabt. Vielleicht konnte es daher keinen Surrealismus geben.

Aber hatte nicht schon Ives, indem er aus dem dritten Satz seines »Orchestral Set« *Three Places in New England* Kirchengesang und Glockenläuten aufsteigen ließ, der musikalischen Imagination einen unbekannten Raum eröffnet? Hatte er nicht schon jenen »surrealistischen Naturalismus« des »Objet trouvé« offenbart, der fünfzehn Jahre später Breton verwirrte, durch den sich der Maler Masson plötzlich in die zweite Reihe verwiesen sah. Daß Werke, die vor der Entstehung der surrealistischen Bewegung geschrieben wurden — etwa Roussels *Impressions d'Afrique* und *Nouvelles Impressions d'Afrique*, die phantastischen Architekturerfindungen von Scheerbart oder Einsteins rhythmisch-ekstatischer Roman —, zuweilen anstelle der eher kargen literarischen Produkte aus den zwanziger Jahren genannt werden, ist nicht ungewöhnlich. Was an Phantastischem, Bizarrem, gegen akzeptierte Regeln des logisch Wirkenden, auch an Groteskem und Absurdem schon immer in der Kunstproduktion vorhanden war und nach der Wende zum 20. Jahrhundert vermehrt auftrat, läßt sich dem Begriff »surrealistisch« unterordnen, selbst wenn, wie bei den Werken von Ives, die Wirklichkeit durch mystische Vorstellungen von der Natur transzendiert werden soll. Den Surrealismus unterscheidet jedoch vom Phantastischen sein kunstpolitischer Anspruch; daher gewann das Wort, das Apollinaire schon 1917 für ein burleskes Drama verwendete, erste Bedeutung, als Breton ihm einen ideologischen Inhalt gab: Surrealismus, die Revolte der Innerlichkeit zur Lösung der Lebensprobleme. Die Techniken der Kunstproduktion aber waren nicht neu. Die freien Assoziationen der »écriture automatique« und die Traumprotokolle der Literaten hatten ihr Vorbild in der psychoanalytischen Praxis Freuds. Collagen brachte nicht nur die Malerei, sondern auch die Musik schon vor dem Ersten Weltkrieg hervor. Da die Werke von Ives weitgehend unbekannt waren, ist diese Behauptung, die Collage sei nichts Neues, kühn. Über ihre Richtigkeit könnte aber auch das Quodlibet der Ballszene am Schluß des ersten Aktes von Mozarts Oper *Don Giovanni* entscheiden. Collagen, die dem Vorgefundenen Raum gewähren konnten, produzierten die Surrealisten, nachdem die Erweiterung durch Trancen und automatisches Denken die höhere Wirklichkeit nicht glaubhaft zum Ausdruck gebracht hatte. Die Streifzüge durch die innere Welt wurden dabei durch Streifzüge über den Trödelmarkt ersetzt. Mit dem »Objet trouvé« wird das Alltagsleben in den Dienst der Realität des Geistes gestellt, eine Idee, die noch die Komponisten der »musique concrète« faszinierte. Der Zufall bleibt dennoch die Dimensionalität, in der sich einzig ein neuer Sinn enthüllen könnte. Daß das Collagieren heterogener Elemente wiederum nicht spezifisch für das surrealistische Denken ist, macht grundsätzlich die Abgrenzung von Verfremdungen unscharf. Und speziell im Bereich der Musik erschwert die Differenzierung zwischen verschiedenen ästhetischen Prinzipien der Collage die Einengung auf die gleiche Technik, nämlich das Zusammenfügen bekannter Formen und Stile oder Zitate. Um wirkungsvoll zu sein, ist die musikalische Collage an Materialien gebunden, die schon mit Bedeutung assoziiert werden. Křenek konnte deshalb das »Umfunktionieren«, wie er die Verfremdung nannte, durchaus als surrealistisch verbuchen, ebenso wie Souris 1947 Weills *Dreigroschen-Oper* mit den Bemühungen der belgischen Surrealisten gleichsetzte. Strawinsky hat den Walzer in der *Geschichte vom Soldaten* lediglich subtiler montiert als Paul Magritte, der Bruder des Malers, der ihn in seine Vertonung *Marie Trombone Chapeau Buse* für Singstimme und Klavier quasi als »Objet trouvé« einfügte. Magritte reihte Dreiklänge und Sextakkorde aneinander in einem Stück, das mit Taktwechseln aufwartet, offensichtlich bewußt an manchen Stellen Quint- und Oktavparallelen einführt, das aber mit dem Beharren auf der Dreiklangsstruktur trotz gelockerter Bezüge harmonisch konventionell anmutet. Höchstens an dem Gedicht des mit

den Brüdern Magritte befreundeten Dichters Colinet, das — im Unterschied
zur späteren Verwendung surrealistischer Texte durch Boulez — in seiner Struktur nicht aufgelöst wurde, haftet jene Mischung von Verständlich-Unver-
ständlichem, mit der die Surrealisten das Unverständliche verständlich machen
wollten.

Die wahrscheinlich wichtigste surrealistische Technik, nämlich die Ablösung
der Musik vom Klang und ihre Umdeutung zu einem Text, erprobte Mesens,
der ursprünglich Gedichte und Songs schrieb, sich später aber vor allem der
Malerei widmete. Er war kein Dilettant wie manch anderer surrealistischer
Komponist. Ein 1921 auf einen Text von Soupault komponiertes Chanson mit
einem leichten, spritzigen Parlando stellt ein höchst kunstvolles, subtiles Gebilde dar. Wiewohl der leichten Muse nacheifernd, ist es von einem Ideal komposi-
torischer Stimmigkeit durchwirkt, so daß seine spätere, 1926 erfolgte Publikation erstaunt.

Von 1922, nachdem Mesens die erste Berührung mit den Pariser Surrealisten
hatte, stammt eine Art zweistimmige Invention für Klavier, die mit diesem
Kompositionsideal radikal bricht. Terzverschmelzungen und Reibungen von
Sekunden und Tritoni wirken in den beiden im Violinschlüssel notierten Stimmen beliebig aneinandergereiht, am Schluß erscheint unvermutet eine dritte
Stimme zur Vervollständigung des Dreiklangs; solche Überraschungen erhöhen die Chance, daß das Verbot des Titels *Défense de pleurer* eingehalten wird.
Überraschungen anderer Art bestimmen dieses Stück zum Lesen und nicht
zum Hören. In seiner Mitte tauchen plötzlich wie aus einer anderen Realität
in einer Stimme zwei Takte lang Noten mit falsch angebrachten Hälsen auf, danach erfolgt ein Stimmentausch, der so unsinnig verkehrt wirkt, daß er dem
Lesenden vollkommen die Augen verdreht. Hörbar ist dieser Wirrwarr nicht.
Mit der »vervollständigten vollständigen Partitur« von 1945 versetzte Mesens
die Musik dann regelrecht in eine andere Realität, nämlich die der Bildwelt. Die
zwei Seiten enthalten neben gängigen Noten auch bewimpelte Quadratnoten,
eine eingezeichnete Hand und ausgeschnittene, aufgeklebte Illustrationen von
Instrumenten — neben einigen mokanten Bemerkungen, die Mesens' Herkunft
aus dem Dadaismus bekunden. Zu dem in die Bässe gerutschten Violinschlüssel
ist vermerkt: »Wenn sich plötzlich der Komponist ärgert.« Klangvorstellungen
sind in dieser musikalischen Grafik aber durchaus noch realisiert, teilweise aber
symbolisch transformiert, durch verbale Anweisungen ersetzt. »Das Ganze endet mit einer Apotheose geschlagenen Holzes (bois cassé)«, steht in den Noten.

Ich möchte diese Collage deshalb nicht als dadaistische Spielerei abtun, weil
sie vom Bemühen der Surrealisten geprägt ist, die Künste wechselseitig zu integrieren, die Grenzen zwischen den Kunstgattungen zu verwischen. Die Herkunft der Kunst aus der Phantasie bewiesen die Surrealisten mit synthetisierenden Verfahren, mit Mischformen von Verbalem und Visuellem; die Bildge-
schichten von Ernst (*La Femme 100 têtes* und *Une Semaine de bonté*) können

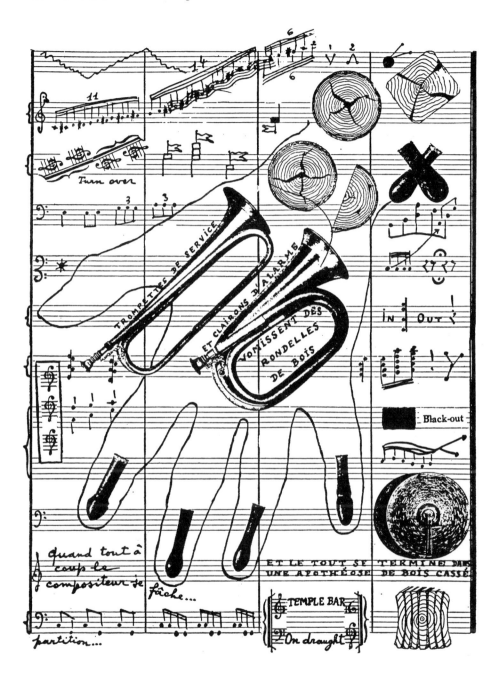

Eine surrealistische musikalische Graphik von E. L. T. Mesens (*Die vervollständigte vollständige Partitur*, 1945).

dafür einstehen. Solche Mischformen durchbrechen den Wirklichkeitsbezug; sie schaffen Surrealismus, der sich von einer Definition des Realismus, wie sie Jakobson vorgeschlagen hat, als der Konzeption des Wahrscheinlichen, mit Sicherheit unterscheidet. Der Eindruck des Unwahrscheinlichen wird durch die Mischung sonst getrennter Kunstwirklichkeiten hervorgerufen. Die Bilder der surrealistischen Maler heben den Objektcharakter der gezeigten Gegenstände nicht durch die bloße Abstraktion auf, sondern er wird durch sprachliche und musikalische Äußerungen so verwandelt, daß sich die Bedeutung der Dinge verändert, so als seien sie Symbol einer anderen Welt. Es ist auffallend, daß die surrealistischen Bildcollagen den zu lesenden Text intendieren und die Verwandlung in eine andere symbolische Realität, nämlich die der Musik, anstreben. Auffallend ist zumindest die Vorliebe für Noten in Bildern, in Mirós *Collage* von 1930, in Massons *Straßensängerin* von 1929. Magritte hat vor allem in seiner frühen surrealistischen Phase, aber auch bei späteren Bildern immer und immer wieder mit Notenblättern (oft in einer Form, die an den Teil eines Instruments erinnert) die Realität der Bildobjekte umgedeutet. Mit »sichtbaren Liedern« enthüllte Ernst das »Innerste der Sicht«. Beweist die Musik den symbolischen Gehalt des Bildes, so mag auch die Umwandlung einer Partitur zu einem Bild, das der klanglichen Realität enthoben erscheint, als legitime Form einer surrealistischen Komposition gelten.

Der Rangunterschied zwischen der surrealistischen Malerei und anderen Formen von Kunstäußerungen drängt sich jedoch nicht nur bei dem Vergleich mit der Musik auf. Die wunderschönen Collagen von Ernst »illustrierte« Eluard mit doch recht nichtssagenden Gedichten. Vielleicht hat der Surrealismus deshalb in der Malerei seinen endgültigen Ausdruck gefunden, weil die Legierung von Wirklichkeit und Abstraktion mit Bildern adäquater gefaßt werden kann als mit sprachlichen oder musikalischen Mitteln. Auch konnten sich die restaurativen Züge, die dieser idealistischen Revolte immer nachgesagt wurden, als gesteigerte Zusammenfassung gegenüber der abstrakten Malerei behaupten. Eine solche Zusammenfassung von Abstraktion und Konkretion, die sich als konsequentes Fortschreiten doch innerhalb einer Kunstgattung legitimieren konnte, war weder für die Musik noch für die Dichtung möglich. Die Bilder der Surrealisten gewannen einen ungeheuren symbolischen Gehalt durch unwirkliche abstrakte Elemente; aber sie blieben Bilder. Der Dichtung und vor allem der Musik drohte hingegen durch die Erweiterung ihrer Gattungsgrenzen der Verlust ihrer Realität, weil diese Erweiterung die Aufhebung in andere Kunstformen bedeutet hätte. An der Erfindung der Welt und ihrer Konkretion in gefundenen, erfundenen Gegenständen beteiligten sich die namhaften Komponisten der zwanziger Jahre deshalb so selten, weil sie die weitgehende Preisgabe der klanglichen Konkretion von Musik scheuten. Sie hätten sich Überflüssigkeit quittiert. Stattdessen betrieben sie vehement die Integration in das Tagesgeschäft des Lebens. Weniger die eingangs zitierten psychologischen Argumente über den unterschiedlichen Charakter menschlicher Vorstellungen beantworten die Frage, warum es keinen musikalischen Surrealismus gegeben hat. Denn es wäre verfehlt, Kunstäußerungen durch Psychologie zu begrenzen. Der tiefere Grund liegt wahrscheinlich darin, daß Musik, die ausschließlich als Symbol verstanden werden sollte, zum »cadavre exquis« par excellence geworden wäre.

Musik als Sprache: Eine Idee mit historisch begrenzter Reichweite

Musikverstehen meint, daß in zweierlei Weise hinter den akustischen Strukturen Sinn entschlüsselt wird: einmal, indem der musikalische Ausdruck nachvollzogen, und zum zweiten, indem die grammatikalische Bedeutung erkannt wird. Die Idee des Musikverstehens ist eng verknüpft mit einem Begriff von Musik, der — wie immer metaphorisch — ihre Sprachähnlichkeit betont. Die historische und ethnographische Reichweite dieses Musikbegriffs ist begrenzt, damit ist auch die ihm zugeordnete Forschung über die Mechanismen, die dem Verstehen zugrunde liegen, in ihrer Bedeutung eingeschränkt.

Die mittelalterlichen Lehren, die in den Verhältnissen der Musik ein ideales Abbild der ewigen Ordnungen sahen, stellen eine gelehrte Wissenschaft im Quadrivium dar, der gegenüber die tatsächlich erklingende Musik, ebenso wie das Tischlerhandwerk, der ars faciendi zugeordnet wurde. Als das Quadrivium, das die Musik neben die Geometrie und Arithmetik stellte, um 450 v. Chr. an Bedeutung gegenüber dem Trivium verlor, drängte die regulierende Zahlenvorstellung von numerus und proportio ein anderes kompositorisches Ideal zurück: die deklamatorische und sinngemäß richtige Auslegung des Textes. »Affectus exprimere« deutet auf einen Stilwillen hin, der aber noch weitab zu liegen scheint von den späteren Vorstellungen der »Musik als Ausdruck«. Die humanistische Wiederbelebung des aristotelischen Mimesis-Gedankens wies der Musik die Funktion zu, Affekte anzuzeigen, die durchaus auf Wirkungen berechnet sein, aber nicht als subjektiver Ausdruck aufgefaßt werden sollten. Auch die Nachahmungsästhetik des Barock, in der die Affektenlehre eine zentrale Rolle spielte, kannte nur die Darstellung der Affekte, eine Art Vorstellen oder Schauspielern mit genau verabredeten Stilmitteln. Letzterem diente die Figurenlehre. Wie die Wirkungen erzeugt werden, darüber herrschten recht unklare Vorstellungen. Man nutzte für Erklärungen die galenische Temperamentslehre und später, im 17. Jahrhundert, die cartesianische Gefühlslehre. Und die ordnende Gottesvorstellung ließ viele Analogien zu, die die beweisführenden Naturwissenschaftler später hätten den Kopf schütteln lassen. Aber bewiesen

brauchte auch nicht gar so viel zu werden. Eifrig wurden die antiken Zeugnisse
von den gewaltigen Wirkungen der Musik als Beleg rezipiert. Hatte doch schon
Orpheus mit der Kraft der Musik Felsen zum Zittern gebracht, ja Euridice das
Leben zurückgeschenkt. Die antiken Zeugnisse hatten Autorität genug, die Erklärungen zu ersetzen. Außerdem konnte man sich der didaktischen Mittel der
Rhetorik bedienen, dieser Lenkerin des Herzens und der Vernunft Königin.
Nie wurden so viele Rhetoriklehrbücher geschrieben wie zu Zeiten des Huma-
nismus und des Barock. Mit der »musica poetica« wurden soweit als möglich
die rhetorischen Lehren auf die Musik übertragen. Sie regelten Einzelheiten,
nämlich welche musikalische Wendung beispielsweise als analog zu einer affektiven Wortbedeutung gelten könne, sie boten mit der Übertragung der Lehre
von Redeabschnitten eine Vorstufe der späteren Formenlehren. Musik war ein
sprachanaloges Darstellungsmittel, aber keine Sprache im engeren Sinne. Der
überwiegende Teil der Kompositionen hätte auch eine so weitreichende Idee
nicht zugelassen, denn er war vokaler Natur.

Der critische Musicus (1737–1740) von Scheibe gibt Zeugnis, wie heftig im
18. Jahrhundert die Reaktionen gegen diese Vorstellungen von Musik waren.
Frei und natürlich sollte die Musik sein. Anstelle der stilisierten Darstellungen
typischer Affekte wünschte das empfindsame Zeitalter den Ausdruck des Herzens. Aus der Seele sollte gespielt werden, so forderte es Carl Philipp Emanuel
Bach in seinem Versuch über die wahre Art, das Clavier zu spielen, und nicht in
der Art eines abgerichteten Vogels. Ausdrucksechtheit wurde zur Grundlage
für die Idee, Musik sei eine Sprache, und zwar die Sprache des Herzens. Und
um diese Ausdrucksechtheit zu garantieren, forderte man von dem Komponisten und von dem Vortragenden, daß er sich in die Affekte hineinversetze. Musik wurde als direkte Rede praktiziert. Dem entsprach das veränderte Bild vom
Komponisten, der nicht mehr das Werkzeug Gottes war, sondern als ein gott-
begnadetes Genie begriffen wurde. Stamitz wurde als ein zweiter Shakespeare
gepriesen (Vischer 1923, Bd. V, S. 66). Die subjektiven Empfindungen, die zum
Ausdruck gebracht wurden, um andere zur Mitempfindung anzuregen, reali-
sierte die Melodie. Natürlich und annehmlich sollte sie sein und »beseelt« wirken. Melodien genügten der Individualisierung des Ausdrucks. Sie waren in keiner Erfindungslehre vorformuliert. Der Zierat, der an den arbeitsamen
Stücken, nämlich an den Fugen, gerügt wurde, wirkte künstlich, überladen,
schwülstig und verworren (Scheibe 1737–1740, S. 884). Der Schlichtheit der
Melodie, die außerdem leicht zu intonieren war, wurde die Kraft der unmittelbaren Rührung zugeschrieben, und wo »Töne statt Worte erklingen«, wie es
Gervinus (1886) Carl Philipp Emanuel Bach nachgesagt hatte, ist Sangbarkeit
das wirksamste Mittel, um das »redende Prinzip« zu verwirklichen.

Trotz der kritischen Anwürfe gegen die Barockmusik waren die Übergänge
von den älteren Lehren zur neueren Ästhetik des empfindsamen Zeitalters
fließend:

»Weil nun die Instrumental-Music nichts anderes ist, als eine Ton-Sprache oder Klang-Rede, so muß sie ihre eigentliche Absicht allemahl auf eine gewisse Gemüths-Bewegung richten, welche zu erregen, der Nachdruck in den Intervallen, die gescheute Abtheilung der Sätze, die gemessene Fortschreitung u.d.g. wohl in Acht genommen werden müssen.«

Mattheson beschrieb im *Vollkommenen Capellmeister* — nicht immer ganz konsequent — die Instrumentalmusik als selbständige Klangrede. Damit hatte der geschickte Kompilator des Gedankenguts seiner Zeit entscheidend Neues aufgefaßt. Dennoch wird die Klang-Rede noch in Analogie zum rhetorischen Regelsystem behandelt. Mattheson bietet auch noch eine ganz traditionelle Ursprungstheorie, die die Herkunft der Musik ganz selbstverständlich von Gott herleitet. Musik als Herzenssprache, die zugleich durch die Logik ihrer Harmonien der Ideensprache der Worte in nichts nachsteht, das konnte erst mehr als fünfzig Jahre später Forkel (1788) formulieren.

Über das wollüstige Hinschmachten, das süße Tränengeriesel, die schwülen Ahnungen, das Seelengelispel mit Gott, die Herzensergießungen, über all diese Folgen des süßen Ausdrucks subjektiver Innerlichkeit — manche Autoren des 18. Jahrhunderts empfahlen dazu allein, vom Mond beschienen zu phantasieren — wollte sich das Publikum räsonierend unterhalten. Das 18. Jahrhundert gebar die Idee der Musikkritik als einer vermittelnden Instanz zwischen Werk und Publikum. Die neue, nach oben drängende gesellschaftliche Schicht des Bürgertums suchte nach neuen kulturellen Formen. Der repräsentative Aufwand der Feudalgesellschaft entsprach nicht den bürgerlichen Forderungen nach einer allgemeinen Teilhabe an der Kunst. Verständlichkeit wurde daher verlangt. Die bürgerliche Maxime, daß das kritische Räsonnement zumindest der Aufgeklärten zum Kern der Wahrheit führe, förderte die Idee vom Sprachcharakter der Musik, und nicht zufällig wurde im 18. Jahrhundert auch der Wahrheitsbegriff zum ersten Mal zu einer ästhetischen Kategorie.

Die Idee der Seelensprache, die der Erweckung und Befreiung der Gefühle diente, erfuhr eine exzessive Steigerung in den frühromantischen Schriften. War es in der ersten Hälfte des 18. Jahrhunderts noch notwendig, die Instrumentalmusik als selbständige »Klangrede« zu rechtfertigen, so wurde sie um die folgende Jahrhundertwende zum Inbegriff der Möglichkeit, über jene dunklen Tiefen des Gemüts zu sprechen, die sich mit dem Unendlichen zu berühren schienen. Die seelenbewegende Macht der Musik erfuhr eine religiös sakrale Deutung, wie sie bis dahin an keine Kunst herangetragen wurde. Die Unbestimmtheit ihres Ausdrucks, der doch gewaltige Erschütterungen bewirken konnte, ließ sie jeder konkreten sprachlichen Äußerung überlegen erscheinen. Herder hatte schon 1781 die Frage, »ob Malerei oder Tonkunst eine größere Wirkung gewähre«, dahingehend beantwortet, daß die Musik den Menschen weit über Worte und Gebärde erhebe, sie löst seine Gefühle in Tönen. Musik, die Sprache der Gefühle, pries Tieck in seinem fragmentarischen Roman *Sternbalds Wanderungen* als eine Führerin in eine neue Schauwelt. Die »abgesonderte Welt« für sich, auf die sie verwies, war ein »Land des Glaubens«. Dahin zu gelangen, verhieß nur ein Kultobjekt, das sich aller Nachahmung und damit schlichtweg jeden Bezugs, der an die profane Realität erinnerte, entäußern konnte. Dieser Erlösungswunsch heftete sich an die Instrumentalmusik. Denn nur sie ist nach Tieck unabhängig und frei, sie schreibt sich selbst ihre Gesetze vor, sie phantasiert spielend und ohne Zweck und doch erfüllt und erreicht sie den höchsten.

Von dem Jahrhunderte während Ideal einer kraft der Möglichkeit zur Nachahmung sprachanalogen Musik setzte sich die neue Herzenssprache mit der Loslösung vom Text und der Steigerung zum reinen Instrumentalwerk ab. In Heinses Musikroman *Hildegard von Hohenthal* (1795) heißt es:

»Jeder Akkord hat seinen besonderen Ausdruck, und man empfindet etwas Besonderes dabei, auch ohne daß es Worte bezeichnen. Musik an und für sich wäre demnach die reine und allgemeine Musik und Vokalmusik nur ein Teil davon. Die allgemeine stände weit über dieser und ließe sich nur zu ihr herniedern. Die Musik ist eine Kunst, die hauptsächlich das Innere, Unsinnliche weit mehr für das Ohr in die Lüfte verbreitet und allgemein ausdrückt, was die Sprache oft nur rauh und eckig andeuten kann. Instrumentalmusik, worin der Fluß wahren Gefühls und Schwungs, plus origineller Phantasien herrscht, von Virtuosen in höchster Fertigkeit vortrefflich vorgetragen, drückt so eigenes geistiges Leben im Menschen aus, daß es in jener anderen Sprache unübersetzbar ist.«

Ein neues Mysterium wurde verklärt, das über die Möglichkeit, an der man litt, hinaus in das Reich der Träume, des Wunderbaren, des Übersinnlichen, des Unendlichen führte.

Die aufklärerische Forderung der Verständlichkeit wurde zunehmend unwichtiger gegenüber dem Wunsch, das Ewige im Rätsel, im Wunderbaren zu ahnen. Die Musik sprach von Dingen, die »im ordentlichen Leben« nicht vorkamen. Sie drückte jene tiefen Empfindungen aus, die bei der Berührung der Seele mit dem Dunklen, Unendlichen entstehen. Diese Musik erforderte Andacht. In Wackenroders *Herzensergießungen eines kunstliebenden Klosterbruders* (1797), die noch auf das empfindsame Zeitalter verweisen, ist diese kunstreligiöse Haltung bereits voll ausgeprägt. »Wenn Joseph in einem großen Konzerte war, so setzte er sich, ohne auf die glänzende Versammlung der Zuhörer zu blicken, in einen Winkel und hörte mit eben der Andacht zu, als wenn er in der Kirche wäre.« Die Entwicklung der Musik zum Instrumentalwerk, das als Sprache über der Sprache begriffen wurde, förderte zugleich der abstrakte Musikbegriff, der sich um 1800 entwickelte. In den Vorlesungen *Über Philosophie und Kunst* (1802/03) deutete Schelling die Grundverhältnisse der Natur in Analogie zur Musik: »Auch im Sonnensystem drückt sich das ganze System der Musik aus.« Schelling knüpfte an die von Moritz entwickelte Vorstellung einer Kunst an, die das Universum repräsentiert und als Ganzheit deshalb autonom ist. Er griff die Ideen von Wackenroder und Tieck auf und verband sie mit seinem naturphilosophischen Ansatz. Die Musik wurde nicht nur als seelenbewegende Universalsprache vor anderen Künsten aufgefaßt, sondern ihre Konstruktionen schienen nichts weniger als die rätselhaften Gesetzmäßigkeiten des Universums zu repräsentieren.

Von Kunst zu sprechen hieß in dieser Zeit grundsätzlich Musik zu bedenken. Die damit verbundene Neuformulierung ästhetischer Prämissen in der Romantik bedeutete die Forderung einer Poetisierung als Musikalisierung aller Künste, die das Spezifische der einzelnen Kunstgattungen zurücktreten ließ und stattdessen »synthetische« Aspekte betonte, die in Analogie zu musikalischen Erscheinungen aufgefaßt werden konnten. Das hatte Folgen für die Dichtung und Malerei, die mit dem Begriff der Entsemantisierung nur schlecht und recht umschrieben werden können, weil zugleich eine Bedeutungssteigerung damit verbunden ist. Gemeint ist die Verbannung konkret zu benennender oder darzustellender Dinge zugunsten ihrer musikalisch-poetischen Qualitäten: Laut, Klang und Rhythmus. Mit dieser Transformation hofften die Künstler, den Sinn der Welt zu entziffern: »Schläft ein Lied in allen Dingen«, heißt es in einem Gedicht von Eichendorff. Das Geheimnis des Lebens sollte eine a-mimetische Dichtung enträtseln, deren rhythmische Wiederholungsstrukturen zum »Lied ohne Worte« tendieren. »Sie ist deine, sie ist dein.« Schumann hat die Musik aus diesen Eichendorff-Zeilen herauszuhören versucht. Extreme Musikalisierung der Sprache bedeutete auch die Anhäufung von Worten, die in einem abbildenden Sinne bedeutungslos, reiner Laut sind. In den zahllosen Interjektionen (»O Täler weit, o Höhen, o schöner grüner Wald«) realisierten die Dichter eine Poesie, die »Klang um Klang« das nie Gehörte — das in allen Dingen schlafende Lied — zum Audruck bringen sollte. Die absolute Musik war zur Sprache über der Sprache geworden. Der Hinweis auf die Bilder Caspar David Friedrichs macht ebenfalls deutlich, wie unwichtig die darstellende, abbildende Funktion von Dingen in der Kunst geworden war. Goethe soll von dem Bild *Der Mönch am Meer* gesagt haben, daß man es am besten auf dem Kopf stehend betrachte.

Es ist alles andere als eine kühne Konstruktion, in den Musikalisierungsvorstellungen der Romantik — die sich bei Friedrich dahingehend ausweiten, daß er seine Bilder bei schwacher Beleuchtung und mit Musik präsentiert wissen wollte — den Ursprung der abstrakten Malerei zu sehen. Die Idee des »Universalkunstwerks« ist unter anderem auch die eines ungegenständlichen Bildes. Runge, von dem der Begriff »Universalkunstwerk« stammt, hoffte, den herrlichen Zusammenhang der Farben so darstellen zu können, daß sie wie die Musik der göttlichen Erkenntnis dienen könnten. Was ist aber anderes damit gesagt, als daß die Darstellungsmittel, die Linien und Farben, so zentral werden, daß das Dargestellte demgegenüber zurücktritt oder ganz verschwinden kann?

Daß Maler wie Musiker komponieren, wurde zunächst nur als antiklassizistisch empfunden. Folgenreich war dieser Abstraktionsprozeß für die Malerei erst nach der Wende zum 20. Jahrhundert. Folgenreich war er aber schon im

19. Jahrhundert für die Musik. Denn auch ihre Entwicklung beruht auf einem abstrakten Kunstbegriff, der den Tönen nichts darstellend Sagbares (wie vormals der Vokalmusik) mehr beließ. Gegenüber den Ahnungen des Höchsten und Heiligen, welche die Instrumentalmusik dem ergriffenen Kunstfreund vermittelt, erscheint auch die an Worte gebundene Dichtung erheblich ärmer. Denn der Vorentwurf der der Realität der Dingwelt entrückten Instrumentalmusik war das Unendliche. Durch diese Idee, die Instrumentalmusik bringe das Unendliche zum Vorschein, wurde die Sinfonie zum Anschauungsmodell für die ästhetische Theorie der Romantik.

Vollendung fand die Idee der Vereinigung der Künste im Gesamtkunstwerk, das den Zusammenhang des Universums anschaulich werden lassen sollte, indem die Unbestimmtheit und Unverständlichkeit der absoluten Musik aufgehoben wurde. Bedingende Momente sollten nach den Vorstellungen Wagners der Musik durch das Wort zurückgewonnen werden. Wagner hielt die absolute Musik — ein Begriff, der von ihm geprägt wurde — nicht mehr für steigerbar. Das Erbe der Symphonie übernahm, darin mit der ebenfalls aus dem synthetisierenden Ansatz hervorgegangenen Sinfonischen Dichtung konkurrierend, das Musikdrama. Trotz des ästhetischen Zwists, der in der zweiten Hälfte des 19. Jahrhunderts ausbrach, weil die Steigerung der Musik um das Wort nicht die abstrakte, rein instrumentale Form der Musik aufhob, gab es gemeinsame Verbindlichkeiten. Dazu gehörte — neben dem weiterhin kunstreligiös zu deutenden Anspruch der Autonomie — die Idee, Musik sei eine Sprache. Die Frage der Bestimmtheit dieser Sprache prägte die Diskussion bis zum Ersten Weltkrieg. Die Musik sprach aber ohnehin, ob in bestimmter oder unbestimmter Weise, vom Gleichen. Sie zeugte aufgrund einer gewaltigen Ausdruckssättigung vom Höchsten, Absoluten. Die Macht, die ihr ihr Ausdruck über das menschliche Empfinden lieh, ließ daran gar keine Zweifel aufkommen, wie sehr schön in einem Zitat von Liszt belegt:

»Auf den hochgehenden klingenden Wogen der Tonkunst hebt uns das Gefühl zu Höhen empor, die über der Atmosphäre unseres Erdballs liegen: da zeigt es uns sternschimmernde Wolkenlandschaften mit Weltarchipelen, die im Äther gleich Schwanen singend im Raum sich bewegen.«

Die Bedingungen, die die Musik zur Sprache des Transzendenten machten, sind teilweise außermusikalischer Natur. Sie sind in dem gewaltigen Säkularisierungsprozeß des christlichen Glaubens zu suchen, dem eine ungeahnte Säkularisierung der Kunst korrespondierte. Man könnte sogar so argumentieren, daß diese beiden gegenläufigen Entwicklungen im christlichen Glauben selbst angelegt sind, handelt es sich doch um eine höchst intellektualisierte Religion, die die Offenbarung historisch und geographisch zu einem einmaligen Vorgang macht, der danach in einem Buch nachgelesen werden muß. Die Profanität, zu der jeder nach der einmal stattgehabten Offenbarung verdammt ist, steht im

Widerspruch zu einem psychologischen und anthropologischen Faktum: dem Bedürfnis der Menschen nach Wundern, dem allerdings die katholische Kirche mit Heilig- und Seligsprechungen von Personen, die Visionen hatten, nachzukommen versuchte. Die damit verbundene Zersetzung des reinen Wortes rief Reformatoren auf den Plan, die letztendlich den Glauben ganz zerstückten, indem sie ihn in Bekenntnisse partikularisierten.

Diese den Beginn der Neuzeit prägende Partikularisierung des Glaubens machte die religiösen Darstellungen des Paradieses zunehmend zweifelhaft, weil sie parteilich waren. Der Wunsch, um einen absoluten Ort der absoluten Glückseligkeit zu wissen, wurde zunehmend weniger überzeugend gestillt. Er heftete sich mehr und mehr an die durch nie Gesehenes und Gehörtes prophetisch erscheinenden Kunstäußerungen. Er heftete sich vor allem an die Musik, die vom Unendlichen zu sprechen schien, die außerdem Rituale — wie das »Konzert am Vormittag« — zuließ, die einen Ersatz für kultische Handlungen boten. Die Musik nährte weiterhin die Hoffnung auf Erlösung und Glück. Die Unbestimmtheit ihres Ausdrucks entrückte sie dem profanen Alltag und gewährte ihrem Glückversprechen vor dem der anderen Künste einen Vorrang. Nur vordergründig sind all jene Seligkeiten, das Seelengelispel mit Gott, das sich das empfindsame Zeitalter von der Musik erwartete, als die Wurzeln jener Steigerung der Musik zur Kunstreligion und damit zur Sprache des Transzendenten zu betrachten. Schon mit dem Beginn der Neuzeit tritt uns ein Begriff von Musik entgegen, der sie als symbolische Figur der himmlischen und englischen Musik verstand und sie dennoch zu einer konkret sinnlichen Erfahrung auf dieser Erde werden ließ. Noch aber war sie damals zum Lob Gottes bestimmt. Zunehmend löste sich diese funktionale Bindung auf. Als Resultat eines langwährenden Säkularisierungsprozesses registrierte das aufklärerische Denken des 18. Jahrhunderts die Emanzipation der Instrumentalmusik, deren Aufstieg dem Niedergang der Kirchenmusik korrespondierte. In keiner dienenden Rolle mehr wurde die Musik zur unmittelbaren Bekundung des Transzendenten. Sie verhieß weiterhin die Wunder und Tröstungen, derer der aus dem biologischen Regelkreis ausgebrochene Mensch zum Überleben bedurfte. Und warum sollten die Menschen, was sie an ungeahnten Erschütterungen im Konzert erfuhren, nicht für die Offenbarung selbst halten? Die Entwicklung der Kunst im Abendland hatte der Musik längst alle Eigenschaften zuerkannt, die in anderen Religionen einzig Gott zukamen. Sie war vollkommen, sie übertraf an Schönheit die Natur, sie konnte idyllisch sein und somit Zuflucht gewähren, und sie erschien ewig. Und sie hat bis zum heutigen Tag diesen Ewigkeitsanspruch aufrechterhalten, obwohl die Kunstreligion des 19. Jahrhunderts einem ähnlichen Zerfall in Bekenntnisse ausgesetzt war, wie einstmals die christliche Religion. Auch sie verpflichtete auf das einmal Gewesene. Mancher Kunstjünger aber setzte sich mit seiner eigenen Offenbarung oft weit ab von den einstigen Werken.

Die in diesem Kapitel eingangs gestreiften linguistischen Ansätze zur Erklä-rung des Sprachcharakters von Musik sind merkwürdigerweise immer an einer recht platten Parallelisierung von Musik und Sprache interessiert. Diese kann gar nicht zur Diskussion stehen. Denn die Steigerung der Musik, die zum Ver-sprechen des Paradieses und damit, um eine Formulierung Max Webers zu ge-brauchen, zur »innerweltlichen Erlösung« wurde — ein in der Weltgeschichte einmaliger Vorgang —, läßt keinen Vergleich mit der Alltagssprache zu. Die Musik erscheint von der Alltagssprache so weit entfernt wie der Himmel von der Erde. Sie zu verstehen, hieß immer nur, ihre Botschaft zu ahnen. Ihre Be-deutung wies weit über das mit der Wortsprache Bezeichenbare hinaus. Wenn Musik dennoch als Sprache gedeutet wurde, so deshalb, weil diese Bedeutung an ihren mächtigen Ausdruckswirkungen als Sinn hinter den tönenden For-men empfunden wurde und weil sie eine Struktur besaß, die logisch nachvoll-zogen und damit verstanden werden konnte.

Aber nicht alle Musik wollte eine Seelensprache sein. Nach dem Ersten Welt-krieg empfanden die Komponisten sich nicht mehr als Propheten; die Kunst des 19. Jahrhunderts erschien ihnen verlogen. Was an Ausdrucksreduktion (vor allem durch eine Einebnung der dynamischen Nuancen und der Preisgabe ei-ner differenzierten Akzentuierung) an der Musik der zwanziger Jahre unseres Jahrhunderts zu beobachten ist, ging Hand in Hand mit den Versuchen, Musik zu allerlei Zwecken im Leben umzufunktionieren, ihr damit eine dienende Rol-le zurückzugewinnen, als Radio- und Filmmusik. An andere im 19. Jahrhun-dert zurückgedrängte musikalische Traditionen wurde angeknüpft, an Spielmu-sik, an Tänze, die sich nicht in jene bedeutungsschwangere Sphäre erhoben, die nur noch durch dunkle Ahnungen erreicht werden konnte. Um 1930, als sich Publikum und Komponisten aber eher befremdet gegenüberstanden, kehrten die Musiker schnell wieder in den Tempel der Kunst zurück, produzierten emphatische Ausdrucksgesten, die allerdings nicht mehr glaubhaft in den Him-mel wiesen.

Suspekt erschienen diese Versuche vor allem der nachfolgenden Generation, die nach der zweiten Katastrophe, die die Welt erschütterte, das Vertrauen in al-les verloren, was die bisherige Musik zum Ausdruck gebracht hatte. Zum ersten Mal taucht um 1950 für eine sehr kurze Zeit eine heftig befehdete neue leitende ästhetische Idee auf. Allein das rationale Kalkül, gereinigt von allem dumpfen, subjektiven Empfinden, bestimmte die seriellen Kompositionen, die sich des-halb in hohem Maße auf theoretische Erwägungen stützten. Die Kommentar-bedürftigkeit dieser Stücke und ihr Sprachverlust wurden erbittert gerügt. Manch Konservativer hielt die Endzeit der Kultur für gekommen. Nur wenige Eingeweihte, die sich auf die selbstgesetzten Systeme der Komponisten einlie-ßen, applaudierten dieser Musik, deren Verwurzelung in der Tradition — spür-bar am Originalitätsstreben, das schon seit dem 18. Jahrhundert kompositori-sche Prozesse beflügelte — erst spät erkannt wurde. Die serielle Musik erschütterte, weil sie in ihren Ordnungen so neu war wie noch keine neue Musik zuvor; sie irritierte ob der Verweigerung von herkömmlichen Ausdrucksmomenten. Die Tilgung der Schicht des subjektiven Ausdrucks isolierte sie von den stereotypen Verständnismöglichkeiten des überwiegenden Teils des Publikums. Ihre linearen Strukturen entfremdeten sie von den Fachleuten, die eine andere musikalische Grammatik gewohnt waren. Sie wurde in die Isolation der Festivals gedrängt, die den Charakter von Fachmessen hatten und deshalb dem großen Publikum, das auch nicht wie die Intellektuellen den Nachtkonzerten der Rundfunkanstalten lauschen konnte, nicht zugänglich waren. Aber zum zweiten Mal im 20. Jahrhundert setzten die Komponisten einen Prozeß der Bedeutungsverwandlung in Gang: Der schöne Ton verlor an das bunte Geräusch, das, auch wenn seine Herkunft nicht mehr bekannt war, große semantische Qualitäten behielt. Indem es zischte, drohte, toste oder lockte, rührte es an Affekte. Und vorsichtig versuchten Ende der fünfziger Jahre einzelne Komponisten, die strenge Rationalität ihrer linearen Konstruktionen aufzulösen. Die Phase des Bedeutungsrückgewinns als Rückgewinns affektiver Qualitäten ist noch nicht abgeschlossen; der weitere Verlauf der Entwicklung ist schwer abzuschätzen. Die fast neoromantischen Qualitäten, die sich die Musik der siebziger Jahre teilweise in Europa aneignete, stehen im krassen Widerspruch zu den intentionslosen, den Verzicht auf jegliche Subjektivität proklamierenden, nichts außer dem akustischen Prozeß repräsentierenden, oftmals auch erbarmungslos abschnurrenden Mustern der Minimal Music, die für eine kurze Zeit nach der Europa-Tournee der Truppe von Reich, also nach 1972, zu Imitaten verleitete. Die Minimal Music brachte allerdings einfachere rhythmisch-motorische Muster in die europäische Musik zurück. Auch wenn ihr stetiger Ablauf sich manchmal an additiven Organisationen der außereuropäischen Musik orientiert, so lassen sich die taktanalogen Strukturen auch von jenen Hörern leicht auffassen, die an der grammatikalischen Struktur der traditionellen abendländischen Musik geschult sind. Gänzlich neue Erfahrungen verbanden sich mit dieser Musik nur insoweit, als sie die gewohnte Zeiterfahrung außer Kraft setzte. Obwohl sich ihre repetitiven Strukturen blank an der Oberfläche zeigten, bot sie dem organisierenden Bewußtsein keinen Halt. Je länger diese Stücke mit ihrem nicht erzählenden, von keinem emotionalen Steigen oder Fallen geprägten Ablauf waren, um so mehr übten sie einen narkotisierenden Effekt aus, der dem Zuhörer andere als die gewohnten Bewußtseinsebenen erfahrbar machte. Formen der Trance und Meditation, die sich mit Selbstgenuß paarten, öffneten den Raum des kollektiven Unbewußten. Die amerikanischen Komponisten von Minimal Music wählten nicht die bizarren neuen Klangwelten, in denen die europäische Avantgarde in diesem Jahrhundert viele Jahre eine Musik ansiedelte, die nicht von vornherein nur als matte Kopie der traditionellen Werke gelten sollte. Sie scheuten nicht vor konsonanten Intervallkonstellationen, gar dem Dreiklang, zurück. Die Grenze der Minimal Music zu Unterhaltungsmusik ist fließend, und sie wurde in Amerika in einem Maße kommerzialisiert, wie es für Neue Musik eigentlich undenkbar erschien.

Was muß in einem solchen gerafften Überblick nicht alles beiseite gelassen werden! Eine kursorische Darstellung der Kunstproduktion des 20. Jahrhunderts war jedoch gar nicht beabsichtigt. Am Ende dieses Kapitels sollte nur die Einschränkung — die eine Betonung der Einmaligkeit ist — am Konzept »Musik als Sprache« aufscheinen und die Frage gestellt werden, ob es zu sinnvollen Erklärungen führt, die Mechanismen zu kennen, die dem Musikverstehen zugrunde liegen, unabhängig von dem ästhetischen Prinzip, das ihre Erforschung stimulierte. Wie weit sind Verallgemeinerungen möglich, auch wenn nicht mehr immer das Zusammenwirken von Ausdruck und grammatikalischer Struktur einen sprachähnlichen Charakter der Musik bewirkt?

Die Tilgung expressiver Qualitäten in der Musik der zwanziger Jahre macht das Erlebnis des Ausdrucksverlustes zur ästhetischen Intention. Auch wenn sie vermieden wird, ist die Kategorie des Ausdrucks Voraussetzung für das Verstehen. Besonders leicht ist dies an den Kompositionen von Strawinsky zu zeigen. Die Bedeutung von Strawinskys Parodieverfahren erwächst nämlich aus der Verfremdung bekannter Wahrnehmungsstrukturen. Im russischen Formalismus wurden solche Verfremdungseffekte der Alltagswahrnehmung als spezifisch ästhetische Verfahren begründet. Die Übertragung dieser Theorie auf Musik ist nur dann sinnvoll, wenn das Verhältnis zu den Kategorien der tonalen Musik in Betracht gezogen wird. Zum Verständnis der bitonalen Stellen in der *Geschichte vom Soldaten* ist ein überdauerndes Konzept der Tonart im Bewußtsein des Hörers vorausgesetzt, wie überhaupt die subtilen Regelverstöße dieser Musik an sich ein mitempfindend einfühlendes Hören nur schockhaft unterbrechen und ohne diesen Eindruck des Schocks ihre Wirkung verfehlten. Für die serielle Musik lassen sich die in diesem Kapitel aufgezeigten psychologischen Erklärungen des Verstehens, soweit sie den logischen Zusammenhang betreffen, ebenfalls nutzbringend verwenden. An einzelnen Stellen wurde schon darauf hingewiesen, daß die seriellen Ordnungen schwierig aufzufassen sind. Sie gehorchen weder auf einer untersten Stufe den logisch wirkenden automatisch erfolgenden Gliederungen und Zusammenfassungen zu einem »Satz«, noch greifen sie die gewohnten Ausdruckselemente auf. Sie widersetzen sich den gestalttheoretischen Prinzipien der Nähe und Geschlossenheit, der Prägnanz und des Abgehobenseins von einem Grund. Sie gelten oftmals dem einzelnen Ton, der als Information erheblich schwerer zu verarbeiten ist als die Kontur einer Melodie. Es sind Ordnungen, die teilweise auch an ein notenlesendes Publikum gerichtet sind und nur hörend nicht vollständig verstanden werden können. Vom Rezipienten wird intellektuelle Anstrengung gefordert. Ein solches — gewissermaßen esoterisches — ästhetisches Programm verhindert sicher eine Entwicklung zur Weltsprache Musik. Verstehbar sind serielle Stücke jedoch für denjenigen, der analytische Anstrengungen nicht scheut, der schlicht

Die Gitarre von Juan Gris (Privatsammlung, Paris; © SPADEM, Paris / BILD-KUNST, Bonn 1985) läßt zwar das Instrument noch deutlich erkennen, zeigt aber dessen Corpus in der für den Kubismus typischen gleichzeitigen Ansicht aus verschiedenen Perspektiven. Noch ist die Malerei nicht gänzlich abstrakt. Der symbolträchtige Körper eines Musikinstruments taucht in dieser Zeit auch auf Bildern von Picasso (*Die Violine*, 1913) und Braque (*Stilleben mit Gitarre*, 1921) auf. Denn gerade mit dessen Darstellung konnten die Maler einen Bezug zur gegenständlichen Welt wahren und zugleich eine weitgehend nachahmungsfreie neue Gestaltung erreichen, weil diese Musikinstrumente Grundformen einer elementaren Bildersprache zum Ausdruck bringen und (sogar wenn sie nicht mehr als Abbild empfunden werden) doch im Betrachter eine klingende Assoziation an die Realität aufkommen lassen. Bei genauem Hinsehen ist zu erkennen, daß Gris links im Hintergrund ein traditionelles Gemälde andeutet und damit die bildnerischen Innovationen seiner Malerei recht bewußt hervorkehrt. Alle diese Bilder, auf denen ein Musikinstrument abgebildet wird, um die entgleitende Vergangenheit einer mimetischen Malerei zu konservieren, bergen in sich ein paradoxes Moment. Denn zu ihrer Entstehungszeit war die Wende zur Neuen Musik vollzogen. Auch die »Anklänge«, die auf eine in ihrer Perspektive nicht zerstückte Welt verweisen sollten, gehörten bereits der Vergangenheit an. Daß ein Kunstbegriff nur eine begrenzte historische Reichweite hat, erzwingt auch Neuorientierung in der ästhetischen und kunstpsychologischen Betrachtung.

auch nicht das Lesen von Musik für absurd hält. Ob des Widerstandes, den diese Musik, die keine Musik der Außenseite ist, der Wahrnehmung bietet, prägten Musikforscher den Terminus des Sprachverlustes, der jedoch insofern unsinnig ist, als man etwas nicht verlieren kann, das man nicht hat oder haben will. Die Materialordnungen der seriellen Musik genügen einem gesteigerten Rationalitätsbedürfnis. Sie sind selbstverständlich verstehbar im Sinne der grundsätzlichen Kategorien von Assimilation und Akkommodation. Verstehen ist, wie jedes Schulkind aus dem Mathematikunterricht weiß, nicht zwangsläufig nur mit Sprache verknüpft, auch wenn in unserer Kultur das Verstehen für mindestens zweihundert Jahre die ästhetische Prämisse für das Konzept »Musik als Sprache« war. Die serielle Musik, die den Anspruch stellt, ein tönendes Gleichnis rationaler Ordnungen zu sein, ist nicht auf die Maxime der Sprache über den Sprachen verpflichtet; sie verlangt dennoch — wie kompliziert immer — auf der logischen Ebene gleiche Verstehensleistungen.

Die Bedeutungen, die Komponisten immer und immer wieder der Musik im 20. Jahrhundert anzuverwandeln suchten, wobei ein zunehmender Transzendenzverlust es immer schwieriger machte, einer Aussage Überzeugung zu verleihen, erfordern denselben Verstehensbegriff wie vormals die tonale Musik, auch wenn deren Grammatik und Vokabular heute in allgemeinere Kategorien umgewandelt werden und anstelle von Vorder- und Nachsatz andere Prinzipien der Ergänzung und des Kontrasts treten, oder aber die theoretische Dominanz des Dreiklangs gebrochen wird in anderen wohlklingenden Akkorden. Die speziellen Formulierungen eines Stils sind durch Wissen erworben. Die grammatische Struktur der Musik ist nur insofern eine psychologische Realität, als sie gelernt wurde. Sie ist nicht überzeitlich und daher auch in den abgewandelten Formen verstehbar, die für Stücke des neoromantischen Stils der siebziger und achtziger Jahre unseres Jahrhunderts typisch sind.

Psychologischen Erklärungen des Verstehens bietet jene Neue Musik Widerstand, die weder etwas ausdrücken noch logisch nachvollzogen sein will. Der Angriff der Minimal Music auf die Physis ist so total, daß der körperliche Mitvollzug zur Hauptsache wird. Dieser Einbezug ist weitergehend, als er im Zusammenhang mit der Besprechung der physiologischen Wirkungen von Musik dargestellt wird. Das liegt an den Wiederholungsstrukturen dieser Musik. Alle repetitiven Tätigkeiten bewirken beim Menschen ein Überschreiten des Wachbewußtseins; eine Art Dämmern, das keine Müdigkeit ist, wird mit monoton strukturierten Situationen fast zwangsläufig erreicht. Litaneien, die Trancen erzeugen sollen, nutzen Wiederholungsstrukturen, deren minimale Änderungen dem Bewußtsein die vollkommene Gewöhnung — im Falle der Musik das Überhören — versagen. Es schwindet aber im Gleichlauf in jedem Fall das Zeitbewußtsein. Wird auch die räumliche Orientierung außer Kraft gesetzt durch die Hingabe an die propriozeptive Stimulation des eigenen Körpers, so ist der Hörer aus der Helle des Bewußtseins herausgetreten. Verstehen als aktive Tätigkeit des Verstandes wird damit unmöglich. Die Minimal Music appelliert an andere Formen des Hörens als die, die wir gewohnt sind.

Aber auch wenn im unendlichen Strom von Wiederholungen das individuelle Bewußtsein ertrinkt, so greifen dessen Mechanismen noch in die Wahrnehmung ein. Manchen Strukturen, wie das Hören von Nebenmelodien (resulting patterns), die nicht aufgeschrieben sind, lassen sich nur durch eine aktive Gestaltung der Information erklären. Aus den repetierten Melodiemodellen werden Töne zusammengefaßt gemäß den Gesetzen, nach denen der Kurzzeitspeicher Informationen konstruiert. Das heißt, es werden Töne gemäß ihrer Nachbarschaft zusammengefaßt oder in der Art eines »perceptual streaming« gegliedert. Insoweit aber die Minimal Music nur eine akustische Fassade präsentieren will, hinter der nichts mehr zu Verstehendes sich verbirgt, ist ihr gegenüber eine Rezeptionsweise angemessen, die keine weiteren Bedeutungen mehr zu entschlüsseln trachtet. Ihrer Ideologie entspricht ein Idealhörer, der keine Zuordnungen von akustischen Ereignissen zu begrifflichen Vorstellungen vornehmen soll, um den Sinn des akustischen Geschehens auszumachen. Einschränkend ist zu bemerken, daß es in den USA Spielarten der repetitiven Musik gibt, kurze glasklare Stücke, die einem ähnlichen Ordnungsbegriff gehorchen wie die serielle Musik, obwohl sie eher eine Form von konzeptueller Kunst darstellen. Auch diese Musik kennt nicht mehr die expressive Geste der herkömmlichen Werke. Aber auch sie kann verstanden werden, was ob ihrer — gemessen an den seriellen Werken — einfachen Strukturen meist auch nicht zweifelhaft erscheint.

Im 20. Jahrhundert sind Kunstäußerungen entstanden, die das Verstehen zum reinen kognitiven Akt destillierten, und dieses Jahrhundert hat Formen der Musik hervorgebracht, die nicht aufgrund kategorialer Anschauungen, sondern nur im Nachvollzug erlebt sein wollen.

Literaturhinweise

J. R. Anderson und G. H. Bower: Human Associative Memory. Washington 1973.

M. B. Arnold: Emotion and Personality. 2 Bde. New York 1960.

B. Assafjew: Die musikalische Form als Prozeß. Moskau, Leningrad 1930—1947. Aus dem Russischen von E. Kuhn. Berlin 1976.

B. Assafjew: Eugen Onegin. Versuch einer Analyse des Stils und der musikalischen Dramaturgie.
Moskau 1944. Aus dem Russischen von G. Waldmann. Potsdam o.J.

C. Ph. E. Bach: Versuch über die wahre Art das Clavier zu spielen. Berlin 1753.

A. D. Baddley: Die Psychologie des Gedächtnisses. New York 1976. Aus dem Englischen von
G. Deffner. Stuttgart 1979.

O. Bätschmann: Einführung in die kunstgeschichtliche Hermeneutik. Darmstadt 1984.

J. Bahle: Der musikalische Schaffensprozeß. Psychologie der schöpferischen Erlebnis- und An-
triebsformen. Konstanz 1947.

F. C. Bartlett: Remembering. Cambridge 1932.

G. Becking: Der musikalische Rhythmus als Erkenntnisquelle. Augsburg 1928.

K. E. Behne: Der Einfluß des Tempos auf die Beurteilung von Musik. Köln 1972.

G. V. Békésy: Experiments in Hearing. New York 1960.

D. E. Berlyne: Conflict and the Orientation Reaction. In: Journal of Experimental Psychology
62 (1961). S. 476—483.

D. E. Berlyne: Konflikt, Erregung, Neugier. Zur Psychologie der kognitiven Motivation. Stuttgart 1974.

T. L. Bolton: Rhythm. In: American Journal of Psychology 6 (1894). S. 145—238.

D. E. Broadbent: Perception and Communication. London, New York 1958.

J. S. Bruner und L. Postman: Perception, Cognition and Behavior. In: Journal of Personality 18
(1949). S. 14—31.

J. Burghauser und Antonín Spelda: Akustische Grundlagen des Orchestrierens. Regensburg
1971.

W. B. Cannon: The James-Lange-Theory of Emotions: A Critical Examination and an Alternative Theory. In: American Journal of Psychology 39 (1927). S. 106—124.

J. Chailley: Die Musik und ihre Zeichen. Lausanne 1967.

C. Cherry: Some Experiments on the Recognition of Speech with one and with two Ears. In:
Journal of Acoustical Society 25 (1953). S. 975—979.

M. Clynes: Music, Mind, and Brain. The Neuropsychology of Music. New York, London 1982.

J. Crüger: Synopsis musica. Berlin 1630.

C. Dahlhaus und H. de la Motte-Haber (Hg.): Systematische Musikwissenschaft. Wiesbaden,
Laaber 1982.

D. Deutsch: An auditory illusion. In: Nature 251 (1974). S. 307—309.

D. Deutsch: Memory and Attention in Music. In: M. Critchley und R. A. Henson: Music and
the Brain. London 1977.

D. Deutsch (Hg.): The Psychology of Music. New York, London 1982.

D. Deutsch: Two-channel listening to musical scales. In: Journal of the Acoustical Society of
America 57 (1975). S. 1156—1160.

J. Dogiel: Über den Einfluß der Musik auf den Blutkreislauf. In: Archiv für Anatomische Physiologie. Abt. Psychologie 1880.

W. J. Dowling: Recognition of Melodic Transformation: Inversion, Retrograde, and Retrograde-
Inversion. In: Perception and Psychophysics 12 (1972). S. 417—421.

W. J. Dowling: The Perception of Interleaved Melodies. In: Cognitive Psychology 5 (1973). S.
322—337.

W. J. Dowling und A. W. Hollombe: The Perception of Melodies Distorted by Splitting in Several Octaves. In: Perception and Psychophysics 21 (1977). S. 60—64.

C. T. Eagle: Effects of Existing Mood and Order of Presentation of Vocal and Instrumental Music on Rated Mood Responses to that Music. Diss. University of Cansas 1971.

J. J. Engel: Ideen zu einer Mimik. 2 Theile. Berlin 1785/86.

R. Erickson: LOOPS. An Informal Timbre Experiment. Center for Music Experiment. University of California, San Diego 1975.

R. Erickson: Sound Structure in Music. Berkeley 1975.

P. Faltin: Widersprüche bei der Interpretation des Kunstwerks als Zeichen. Drei monistische Modelle zur Interpretation der Bedeutung der Musik. In: International Review of Aesthetics and Sociology of Music 3,2 (1972). S. 199—213.

J. N. Forkel: Allgemeine Geschichte der Musik. Leipzig 1788.

G. G. Gervinus: Händel und Shakespeare. Zur Ästhetik der Tonkunst. Leipzig 1886.

J. J. Gibson: Die Wahrnehmung der visuellen Welt. Weinheim 1973.

H. Goldschmidt: Beethovenstudien 1. Leipzig 1974.

R. H. Gundlach: Factors Determining the Characterization of Musical Phrases. In: American Journal of Psychology 47 (1935). S. 624—643.

R. Hammerstein: Tanz und Musik des Todes. Bern 1980.

F. Hand: Ästhetik der Tonkunst. Leipzig 1840, ²1847.

E. Hanslick: Vom Musikalisch-Schönen. Leipzig 1854.

F. v. Hausegger: Die Musik als Ausdruck. Wien 1885.

C. P. Heinlein: The Affective Character of Major and Minor Modes in Music. In: Journal of Comparative Psychology 8 (1928). S. 101—142.

H. v. Helmholtz: Die Lehre von den Tonempfindungen als physiologische Grundlage für die Theorie der Musik. Braunschweig 1863.

J. G. Herder: Abhandlung über den Ursprung der Sprache (1772). Philosophische Bibliothek, Bd. 284. Hamburg 1960.

J. G. Herder: Viertes Kritisches Wäldchen (1781). In: Werke. Hg. von H. Düntzer. Bd. 20. Berlin o. J.

K. Hevner: Experimental Studies of the Elements of Expression in Music. In: American Journal of Psychology 48 (1936). S. 146—268.

K. Hevner: The Affective Value of Pitch and Tempo in Music. In: American Journal of Psychology 49 (1937). S. 621—630.

C. D. A. Hodges (Hg.): Handbook of Music Psychology. Lawrence, Kentucky 1980.

W. L. Idson und D. W. Massaro: A Bidimensional Model in the Recognition of Melodies. In: Perception und Psychophysics 24 (1978). S. 551—565.

C. E. Izard: Die Emotionen des Menschen. Eine Einführung in die Grundlagen der Emotionspsychologie. Aus dem Englischen von B. Murakami. Weinheim, Basel 1981.

R. Jakobson: Die Sprache in ihrem Verhältnis zu anderen Kommunikationssystemen. In: Form und Sinn: Sprachwissenschaftliche Betrachtungen. München 1974.

W. James: The Principles of Psychology. 2 Bde. New York 1890, Nachdruck New York 1950.

W. James: What is Emotion? In: Mind 4 (1884). S. 188—204

E. Jost: Akustische und psychometrische Untersuchungen an Klarinettenklängen. Köln 1967.

E. Jost: Der Einfluß des Vertrautheitsgrades auf die Beurteilung von Musik. In: Jahrbuch des Staatlichen Instituts für Musikforschung 1968. Berlin 1969. S. 65—86.

Z. A. Kelley und J. F. Brandt: Pitch Change Recognition as a Function of Duration in Successive Dichotic Stimuli. In: Psychology of Music 12,1 (1984). S. 43—59.

G. Kleinen: Experimentelle Studien zum musikalischen Ausdruck. Hamburg 1968.

H. Kretzschmar: Führer durch den Konzertsaal. Leipzig 1887.

H. Kretzschmar: Anregungen zur Förderung musikalischer Hermeneutik (1902). In: Gesammelte Aufsätze zur Musik. 2 Bde. Leipzig 1910/11.

H. Kretzschmar: Neue Anregungen zur Förderung musikalischer Hermeneutik: Satzästhetik. In: Gesammelte Aufsätze zur Musik. 2 Bde. Leipzig 1910/11.

E. Kurth: Musikpsychologie. Berlin 1931, Bern ²1948.

K. Lange: Om Sindsbevaegelser. Kopenhagen 1885.

R. S. Lazarus: Cognitive and Coping Processes in Emotion. In: B. Weiner: Cognitive Views of Human Motivation. New York 1974.

Z. Lissa: Fragen der Musikästhetik. Bern 1954.

R. W. Lundin: An Objective Psychology of Music. New York 1953, ²1967.

G. Mandler: Denken und Fühlen. Zur Psychologie emotionaler und kognitiver Prozesse. Paderborn 1979.

J. Mattheson: Der vollkommene Capellmeister. Hamburg 1739.

G. A. Miller, E. Galanter und K. H. Pribram: Plans and the Structure of Behavior. New York 1960.

H. de la Motte-Haber: Ein Beitrag zur Klassifikation musikalischer Rhythmen. Köln 1968.

H. de la Motte-Haber: Musikpsychologie. Köln 1972, Laaber ³1984.

H. de la Motte-Haber: Psychologie und Musiktheorie. Frankfurt/Main 1978.

M. L. Moats: Der Einfluß von Darbietungsmethoden auf das Melodiegedächtnis. In: Jahrbuch der Deutschen Gesellschaft für Musikpsychologie 1984. S. 103—110.

Ch. Nauck-Börner: Gedächtnisrepräsentation von Musik: Analoge oder aussagenartige Kodierung? In: Jahrbuch der Deutschen Gesellschaft für Musikpsychologie 1984. S. 93—102.

U. Neisser: Kognitive Psychologie (1967). Aus dem Englischen von U. Schlund. Stuttgart 1974.

U. Neisser: Kognition und Wirklichkeit. Aus dem Englischen von R. Born. Stuttgart 1979.

K. W. Niemöller: Der sprachhafte Charakter der Musik. Opladen 1980.

L. van Noorden: Temporal Coherence in the Perception of Tone Sequence. Diss. Technische Hogeschool Eindhoven 1975.

R. Plomp: Aspects of Tone Sensation. New York 1976.

R. Plutchik: Emotion. A Psychoevolutionary Synthesis. New York 1980.

R. Plutchik und H. Kellerman: Emotion. Theory Research and Experience. New York 1980.

J. J. Quantz: Versuch einer Anweisung die Flöte traversiere zu spielen. Berlin 1752.

R. E. Radocy und J. D. Boyle: Foundation of Musical Behavior. Springfield, Ill. 1979.

G. Révész: Einführung in die Musikpsychologie. Bern 1946.

H. Riemann: Geschichte der Musiktheorie im 9.—19. Jahrhundert. Leipzig 1898.

H. Riemann: Große Kompositionslehre. 3 Bde. Berlin, Stuttgart 1902, 1903, 1913.

H. Riemann: Ideen zu einer Lehre von den Tonvorstellungen. In: Jahrbuch der Musikbibliothek Peters 21/22 (1914/15). S. 1—26.

H. Riemann: Über das musikalische Hören. Leipzig 1874.

M. G. Rigg: Speed as a Determiner of Musical Mood. In: Journal of Experimental Psychology 27 (1940). S. 566—671.

H. Rösing (Hg.): Rezeptionsforschung in der Musikwissenschaft. Darmstadt 1983.

J. J. Rousseau: Dictionnaire de musique. Paris 1768.

D. E. Rumelhart, P. H. Lindsay und D. A. Norman: A Process Model for Long-Term Memory. In: E. Tulving und W. Donaldson: Organization and Memory. New York 1972.

S. Schachter und J. E. Singer: Cognitive, Social and Physiological Determinants of Emotional States. In: Psychological Review 69,5 (1962). S. 379—399.

A. Schaff: Das Verstehen der verbalen Sprache und das »Verstehen« von Musik. In: Musik und Verstehen. Hg. von P. Faltin und H. P. Reinecke. Köln 1973. S. 276—288.

J. A. Scheibe: Der critische Musicus. Hamburg 1737—1740.

K. R. Scherer: Vokale Kommunikation. Nonverbale Aspekte des Sprachverhaltens. Weinheim, Basel 1982.

A. Schering: Die Erkenntnis des Tonwerkes. In: Jahrbuch der Musikbibliothek Peters 1933. Leipzig 1934.

A. Schering: Musikalische Analyse und Weltidee. In: Jahrbuch der Musikbibliothek Peters 1929. Leipzig 1930.

A. Schering: Das Symbol in der Musik. Stuttgart 1948.

A. Schering: Zur Sinndeutung der 4. und 5. Sinfonie von Beethoven. In: Zeitschrift für Musikwissenschaft 16,2 (1934). S. 65—83.

A. Schick. Schallwirkung aus psychologischer Sicht. Stuttgart 1979.

A. Schindler: Ludwig van Beethoven. Münster ³1860.

A. W. Schlegel: Über schöne Litteratur und Kunst. 1. Teil (1801/2). In: Deutsche Literaturdenkmale des 18. und 19. Jahrhunderts. Bd. 17. Hg. von J. Minor. Stuttgart 1884.

F. D. E. Schleiermacher: Hermeneutik und Kritik. Hg. v. M. Frank. Frankfurt/Main 1977.

D. Schubart: Ideen zu einer Ästhetik der Tonkunst. Wien 1806.

R. Schumann: Charakteristik der Tonarten. In: Gesammelte Schriften über Musik und Musiker I. Leipzig 1854.

C. E. Seashore: Psychology of Music. New York 1938.

O. Selfridge: Pandemonium. A Paradigma for Learning. In: P. C. Dowell: Perceptual Learning and Adaptation. Harmondsworth 1970.

D. Sergeant und J. D. Boyle: Contextual Influence of Pitch Judgement. In: Psychology of Music 8,2 (1980). S. 3—15.

D. Sergeant: The Octave-Percept or Concept: In: Psychology of Music 11,1 (1983). S. 3—18.

R. Shuter-Dyson: Psychologie musikalischen Verhaltens. Mainz 1982.

J. A. Siegel und W. Siegel: Categorial Perception of Tonal Intervals. In: Perception and Psychophysics 21 (1977). S. 399—407.

K. Stockhausen: . . . wie die Zeit vergeht. In: Die Reihe 3 (1957). S. 13—42.

Th. H. Stoffer: Wahrnehmung und Repräsentation musikalischer Strukturen. Funktionale und strukturelle Aspekte eines kognitiven Modells des Musikhörens. Diss. Bochum 1981.

J. K. v. Stone: The Effects of Instrumental Tone Quality upon Mood Response to Music. In: E. Schneider: Music Therapy 1959. Lawrence, Kansas 1960.

C. Stumpf: Tonpsychologie. 2 Bde. Leipzig 1883—1890.

C. Stumpf: Die Anfänge der Musik. Leipzig 1911.

J. G. Sulzer: Allgemeine Theorie der Schönen Künste. 2 Bde. Leipzig 1771—1774.

O. Szende: Intervallic Hearing. Its Natural and Pedagogy. Budapest 1977.

N. Tan: Tonal Organization in the Perception of Melodies. In: Psychology of Music 7,1 (1979). S. 3—11.

C. E. Tolman: Cognitive Maps in Rats and Men. In: Psychological Review 55 (1948). S. 189—208.

S. S. Tomkins: Affect, Imagery, Consciousness. 2 Bde. New York 1962/63.

E. Tulving: Episodic and Semantic Memory. In: E. Tulving und W. Donaldson: Organization and Memory. New York 1972.

F. Th. Vischer: Ästhetik oder Wissenschaft des Schönen. Stuttgart 1923.

P. G. Vos: Identification of Metre in Music. Report 76 ON 06. University of Nijmegen 1976.

J. G. Walther: Musicalisches Lexicon. Leipzig 1732.

A. Wellek: Musikpsychologie und Musikästhetik. Frankfurt/Main 1963.

A. Werckmeister: Musikalisches Send-Schreiben. Leipzig 1700.

H. Werner: Über Mikromelodik und Mikroharmonik. In: Zeitschrift für Psychologie 98 (1925). S. 74—89.

Th. Wiehmayer: Musikalische Rhythmik und Metrik. Magdeburg 1917.

W. Wundt: Grundzüge der physiologischen Psychologie. 2 Bde. Leipzig 1873/74.

W. Wundt: Grundriß der Psychologie. Leipzig 1914.

G. Zarlino: Istitutioni harmoniche 3. Venedig 1588.

Ph. G. Zimbardo und F. L. Ruch: Lehrbuch der Psychologie. Heidelberg 1979.

II. Urteil, Vorurteil, Vorlieben: Einstellungen zu Musik

Urteilsbildung als Gegenstand psychologischer und ästhetischer Betrachtungen

Über die Subjektivität von Werturteilen

In der *Philosophie der neuen Musik* (1949) hat sich Adorno zu Urteilen über Strawinsky hinreißen lassen, die als Beispiele eines extremen Dogmatismus aus dem von ihm mit herausgegebenen und mindestens so berühmt gewordenen Buch über die autoritäre Persönlichkeit stammen könnten. Im Kapitel »Strawinsky und die Restauration« werden Urteile gefällt, wie »Infantilismus«, »Stumpfsinn« oder »Hebephrenie«, wobei Unvereinbares, nämlich die Jungsche und die Freudsche Neurosenlehre, zusammen mit psychiatrischen Kategorien herhalten muß, damit der Autor seine gesteigerte Verachtung zum Ausdruck bringen kann. Im ästhetischen Sinne sind Adornos Aussagen Urteile, im psychologischen Verstand aber Vorurteile. Das Beispiel ist in exemplarischer Weise geeignet, diese Differenz zu erhellen und gleichzeitig zu zeigen, daß ästhetische Urteile durch eine psychologische Betrachtung zwar nicht in ihrem Wahrheitsgehalt erhärtet oder widerlegt, wohl aber in der Art und Weise erklärt werden können, wie sie gebildet werden.

Ein ästhetisches Urteil ist der Ausdruck »Hebephrenie« (der ins Deutsche übersetzt »Schwachsinn« heißt) deshalb, weil er auf der ästhetischen Theorie und ihrem Dogma beruht, daß nur Neuheit des Materials Authentizität gewähre. Über den Wahrheitsgehalt dieser Theorie ließe sich nur mit Hilfe einer anderen Kunsttheorie befinden. Unter psychologischen Gesichtspunkten kann man die »ästhetische Theorie« aber als ein elaboriertes System von Glaubenssätzen (beliefs) über Musik betrachten, das dazu veranlaßt, Gegenstände der Erfahrung in bestimmter Weise aufzufassen, zu bewerten und zu behandeln. Diese drei Komponenten, die bei der Untersuchung von Einstellungen im allgemeinen unterschieden werden, sind nicht voneinander unabhängig. Selbstverständlich ist die kognitive Komponente des Auffassens (als »nicht authentisch«) nicht zu isolieren vom affektiven Bewerten (der Verachtung) und möglichen Handlungskonsequenzen (ein Buch mit pejorativen Äußerungen zu schreiben).

Das zitierte Beispiel eines ästhetischen Urteils, bei dem es sich psychologisch gesehen um ein extrem negatives Vorurteil handelt, kann auch als Anregung dienen, einer mittlerweile eingeschliffenen Unterscheidung zwischen dem spontanen Urteil des Gefallens und dem reflektierenden, sachlich begründeten Urteil nachzugehen; es eignet sich auch dazu, zu demonstrieren, daß Werturteile nicht restlos in Sachurteile zu überführen sind.

Reflektierendes Urteil — wo dieser Begriff gebraucht wird, beziehen sich Autoren mehr oder weniger verschwiegen auf Kant — meint, zu einem Besonderen das Allgemeine zu suchen. Die Richtigkeit des Urteils bemißt sich an ästhetischen Normen. Sie fundieren es. Ohne den Rationalitätsbegriff der im 18. Jahrhundert aufsteigenden bürgerlichen Gesellschaftsschicht ist diese Bestimmung des ästhetischen Urteils aber undenkbar. Denn sie bedeutete die Entwertung des Geschmacks als untrügliche Instanz für das Schöne. Der gute Geschmack, eine »faculté naturelle«, die — wie es in den *Maximen* von La Rochefoucauld heißt — nicht aus »reichem Geist« kommt, hatte einmal einen Vorzug der Aristokratie ausgemacht. Die Idee, ästhetische Urteile könnten begründet und damit vermittelt werden, war die Voraussetzung für die im 18. Jahrhundert entstehende Musikkritik. 1713 versuchte Matthesons *Das neu Eröffnete Orchestre* »eine Judicatoria oder wie eines und anderes in der Musik zu beurtheilen«. Mattheson gebot mit diesen ersten Anweisungen für den Kritiker, daß das Urteilsvermögen sich auf Faktenwissen (über Stil, Gattung etc.) zu stützen habe. Dieser Wunsch nach sachlicher Begründung ist geprägt von der bürgerlichen Vorstellung, rationale Fundierung bedeute mehr an Wahrheit, weil sie über die nur subjektive Einsicht hinausgehe. Dieses »mehr an Wahrheit« — das dem Sachurteil den Vorrang vor dem Geschmacksurteil sichert — besteht in der Einschränkung willkürlich angemaßter Richtigkeit der eigenen Aussage und dem damit verbundenen höheren Maß an Kalkulierbarkeit. Alle Wertsysteme der bürgerlichen Kultur, nicht nur das ästhetische, wurden seit dem 18. Jahrhundert dem Kriterium der Kalkulierbarkeit unterworfen. Darin äußert sich die Idee der Gleichheit als eine der Gleichheit gleich gebildeter und gleich intelligenter Menschen, die den Grundsatz der Egalität in der Möglichkeit der Teilhabe an der Einsicht und in der Überschaubarkeit einer Meinung verwirklicht wissen wollten. Wo in unserer Kultur diese Idee der Gleichheit noch waltet, wird das Kunsturteil über das Geschmacksurteil gestellt. Dennoch sicherte gerade die bürgerliche Gesellschaft, zu deren Voraussetzung die Trennung der dem öffentlichen Disput ausgesetzten Meinung und der als privat geschützten und Respekt heischenden Gefühle gehört, dem Geschmacksurteil weiterhin Geltung. Aber es hat an Verbindlichkeit verloren. Es erscheint subjektiv und damit nicht einmal eines Streites würdig. Es wurzelt in privaten, oft als irrational angesehenen Glaubenssystemen. Weithin aber werden ausschließlich Geschmacksurteile über Musik gefällt. Sie prägen unsere Kultur mehr als das reflektierende Urteil, so daß eine wissenschaftliche Behandlung ob ihrer Häufigkeit berechtigt erschien. Die ersten gründlichen Untersuchungen stammen — Anzeichen des Verfalls des bürgerlichen Wertsystems? — aus der zweiten Hälfte unseres Jahrhunderts.

Die musikpsychologische Literatur hielt oft an der einmal getroffenen Unterscheidung zwischen der emotionalen, spontanen Bewertung und dem sachlich begründeten Urteil fest. Dies erscheint jedoch nicht zwingend. Die sachlichen Begründungen stützten meist nur das ihnen vorauseilende subjektive Werturteil. Und ob sachliche Begründungen herangezogen werden, hängt davon ab, wie elaboriert das Beurteilungssystem eines Menschen ist. Auch läßt sich mit nur rationalen Begründungen kein Urteil finden. Das Wertsystem, gleichgültig, ob es nur implizit im Urteil gegeben oder als Theorie ausformuliert ist, fundiert das Sachurteil tief im Emotionalen.

Gewiß ist zu unterscheiden, ob ein Werturteil ein Geschmacks- oder ein Sachurteil darstellt. Mit einem durch Argumente gestützten Urteil versichert man sich seines spontanen Eindrucks und kann ihn mitteilen. Aber die Differenz ist nur graduell. Und in jedem Fall bedarf das Sachurteil nicht nur des argumentierenden Verstandes, sondern auch einer emotionalen Bewertung, die erst Begründungen veranlaßt. Bleibt diese Bewertung dominant, kommt es dazu, daß trotz hoher musikalischer Kompetenz und äußerst scharfsinniger Begründungen ein ästhetisches Urteil ein Geschmacksurteil bleiben kann. Es wurzelt in Prämissen, die, auch wenn sie vernünftig dargelegt werden, Überzeugungen darstellen, die zu durchschauen eine tiefenpsychologische Studie verlangte. Die Unterscheidung zwischen Geschmacksurteil und Sachurteil erscheint damit aber hinfällig.

Die bloßen Stimuli und das beweisende ästhetische Urteil

Urteile sind kein Gegenstand der Psychologie, wohl aber ist die Art und Weise, wie ein Mensch zu einer Stellungnahme gelangt, psychologisch der Erklärung bedürftig. Das Urteil selbst ist grundsätzlich rückgebunden an eine Instanz, die über seine Wahrheit entscheidet. Ob ein Urteil als Gottesurteil anzuerkennen sei, entscheiden theologische Glaubenssätze. Fällt ein Jurist ein Urteil, so muß er sich dessen Verankerung im System des Rechts versichern. Kunsturteile bedürfen in gleicher Weise einer normativen Instanz, nämlich der Ästhetik. Obwohl die Kompetenz der Psychologie für die Urteilsbildung und die der Ästhetik für die Richtigkeit des Urteils klar erkennbar ist, ist es immer wieder zu versteckter Polemik gegen die »mit bloßen Stimuli« Meinungen sammelnde, Reize isolierende, Rezeption erforschende Musikpsychologie gekommen, die sich — merkwürdig unbeschadet von diesem an die Existenz eines Dogmas gebundenen Vorwurf der Banalität — ausgerechnet in diesen Jahren besonders stark entfaltete.

Die Sinnlosigkeit dieser Diskussion enthüllt am besten ein Beispiel aus einem anderen Bereich. Niemand käme auf die Idee, der Psychologie des Denkens ihr Daseinsrecht zu bestreiten mit dem Hinweis auf die Existenz der Logik. Die Beziehung zwischen diesen beiden Disziplinen ergibt eher interessante Befunde. Die Menschen denken, und sie denken nicht logisch, die Logik aber kann ihnen bewiesen werden; logische Sätze, die nicht bewiesen werden können, sind ihrerseits ebenso falsch wie ein Denken, das nicht den Regeln der Logik folgt. Warum eine Auseinandersetzung zwischen zwei Disziplinen, die sich ergänzen? Die Bedingungen und damit die Genese eines Urteils zu ergründen — also eine psychologische Untersuchung vorzunehmen —, schließt nicht die formale Frage nach seiner Gültigkeit aus. Eine solche Untersuchung setzt den Versuch einer ästhetischen Axiomatik eher selbstverständlich voraus. Die Möglichkeiten der psychologischen Betrachtung eines Urteils und der ästhetischen Bewertung eines Objektes schließen sich gegenseitig nicht aus. Eher wäre ihre Zusammenfassung in einer Erkenntnislehre denkbar. Denn die Behauptungen der Ästhetik, »Kunst ist . . . z. B. an Beziehungsreichtum geknüpft«, entbinden nicht davon zu fragen — ich folge hier einem für die Mathematik entwickelten Gedanken Piagets —, wodurch überhaupt eine Gleichsetzung wie »ist« ermöglicht wird und warum ein Subjekt gewillt ist, sich einem normativen Anspruch zu beugen. Dies aber sind psychologische Fragen. Warum gelingt für das Verhältnis von Logik und Psychologie die gegenseitige Ergänzung, warum aber wurde die Ästhetik nur zum polemischen Widerspruch herausgefordert? Es kann einen sehr einfachen Grund dafür geben, nämlich daß — gemessen an den Dogmenlehren der Jurisprudenz oder an denen der Theologie und im Unterschied zur Axiomatik der Logik — die Setzungen der Ästhetik subjektiv sind, und daß zugleich diese Subjektivität geleugnet werden soll.

Heissenbüttel hat in einem köstlichen Essay die kritischen Auseinandersetzungen Adornos in der *Philosophie der neuen Musik* mit einem Hörer, der in der Untergrundbahn Themen von Beethoven vor sich hin pfeift, als Selbstkritik dechiffriert. Denn an welche andere Erfahrung als die der eigenen Person könnte um 1940, wo außer in London und New York die Straßenbahn noch das gängige öffentliche Verkehrsmittel war, die Vorstellung eines in der Untergrundbahn Beethoven-Themen pfeifenden Menschen geknüpft sein? Adorno hielt sich damals in London auf. Und Heissenbüttel kommt zu dem Schluß, daß der Mann, der in der Untergrundbahn Beethoven pfeift, niemand anderes als Adorno selbst sein kann. Darüber zu reflektieren, welcher Erfahrungsgehalt einer Ästhetik zugrunde liegt — dies sind psychologische Überlegungen —, beeinträchtigt aber ihren Totalitätsanspruch. Dieser Anspruch ist jedoch notwendig. Denn eine verbindliche Ästhetik gibt es — im Unterschied zur Rechtslehre und zur Logik — nicht. Vielmehr sind rivalisierende Entwürfe von Kant bis Adorno zu verzeichnen, die — in unterschiedlicher Weise aus einem Gemisch von Erkenntnistheorie, Geschichtsphilosophie und Metaphysik gebildet — zugleich je unterschiedliche Erfahrungen der Kunst implizieren, wodurch der Anspruch, die Kunst in ihrem gesamten Umfang zu erkennen, von vornherein fragwürdig ist. Die Polemik gegen die empirische Forschung, die zu objektivieren versucht, wie Kunstwerke wahrgenommen und beurteilt werden, aber keine Aussage darüber anstrebt, was sie sind, entspricht der aus der Politik bekannten Strategie, unlösbare innenpolitische Widersprüche zu kaschieren, indem man Grenzschwierigkeiten schafft. An diesen Scharmützeln, deren Konsequenzen weniger gravierend sind als die politischer Handlungen, erheitert wiederum die mangelnde Kompetenz. Zeitweilig konnte der abwertend gemeinte Ausdruck von den »bloßen Stimuli« auf ein psychologisches Paradigma bezogen werden. Dieses aber ist veraltet. Die Psychologie hat sich heute längst komplexeren Gegenständen zugewandt, als sie die Verhaltenstheorie vorgesehen hatte. Das läßt die Rede von den Stimuli als Ausdruck eines Vorurteils erscheinen.

Ein Richter muß sein Urteil ebenso begründen wie ein Mathematiker seine Ableitungen. Beide benutzen dazu Gesetze und Ableitungsregeln. Man könnte diese Regeln als eine vollkommene Struktur bezeichnen, die von allen zufälligen Aberrationen, denen das alltägliche Denken unterworfen ist, gereinigt wurde. Das heißt, sie ist abstrakt gegenüber dem individuellen Denken und sie ist widerspruchsfrei. Mit diesen Regeln kann das Richtige oder Falsche und das Wahre oder Falsche bewiesen werden.

Ein ästhetisches System unterscheidet sich von anderen Dogmenlehren dadurch, daß damit nichts behauptet oder entkräftet werden muß. Im Unterschied zum Urteil eines Richters oder zum mathematischen Beweis sind ästhetische Urteile deutend-beschreibender Natur. Sie brauchen nichts zu beweisen. Die Kunst beweist sich selbst. Die Behauptungen über den Charakter der Kunst, die in einem ästhetischen System enthalten sind, relativieren sich vor den Kunstwerken, deren Präsenz sich die ästhetische Theorie zu unterwerfen hat. Beethovens Symphonien gehen über die Setzungen der Hegelschen Ästhetik hinaus, in der sie keine ausdrückliche Berücksichtigung fanden. Neben den explizit formulierten ästhetischen Theorien besitzen die implizit bei den Komponisten vorhandenen mindestens die gleiche, wenn nicht eine größere Bedeutung, weil sie sich als Kunst erfüllen und nicht in einem verbalen Elaborat niederschlagen. Dennoch sind — wie ihre Wirkungen belegen — damit explizit formulierte Theorien nicht überflüssig. Sie teilen nämlich mit anderen Dogmenlehren den Zweck, der Erkenntnis zu dienen, und zwar der Erkenntnis des Schönen, die seit Schillers Ablehnung von Winckelmanns Ästhetik mit der der Wahrheit verknüpft wurde. Solche Theorien nützen, um Empfundenes und Gedachtes in einer begrifflich logischen Struktur faßbar zu machen, um zu erhellen, wo nur dumpf Erahntes wirksam ist. Ihre normative Kraft ist aber durch das Faktische der Kunst begrenzt.

In den Rechtsprechungen ist das Rechtssystem die Instanz, die die Gültigkeit eines Urteils bestätigt. Das ästhetische Urteil ist über das System hinaus an eine andere Instanz gebunden, nämlich die der Kunst selbst. Den paradoxen Unterschied zu anderen Dogmenlehren veranschaulicht die Idee, daß es nicht das ästhetische Urteil ist, das der Kunst Geltung verschafft, sondern daß es die Kunst ist, die dem ästhetischen Urteil Geltung verschafft. Dieser paradoxe Unterschied bewahrt der ästhetischen Theorie eine relative Selbständigkeit vor der Geschichte. Sie zählt nämlich solange, wie die Werke, deren Gehalt sie zu erklären versucht, im Bewußtsein der Menschen der Zeit enthoben erscheinen. Die Gleichzeitigkeit des Ungleichzeitigen gilt für die Kunstwerke wie für die ihnen zugeordneten Theorien. Dennoch kann ein ästhetisches System — wie ein anderes System von Glaubenssätzen — auch zu einem historischen Faktum werden. Wie das Recht im Rechtssystem wurzelt und die Theologie des Glaubens bedarf, so basiert ein ästhetisches System auf dem Kunstverständnis. Repräsentiert es dieses nicht mehr, so ist es veraltet. Normative Systeme sind in ihrer Geltung von der Bedeutung einer Sache in den menschlichen Anschauungen abhängig. Sie sind von Ideologien getragen, die ein gesellschaftliches System mit seinen Institutionen des Rechts, des Glaubens und der Kunst verbinden. Sie besitzen auch dann Gültigkeit, wenn sie von der Masse der Hörer nur negativ, nicht als die eigenen, wohl aber als existierend gedacht werden. Normative Systeme, die sich vor dem Individuum als eigene Wertsysteme erheben und dennoch ohne dessen Überzeugungen nur leere Fiktion wären, sind — trotz einer relativen Autonomie dem einzelnen gegenüber — grundsätzlich sozialpsychologisch determiniert. Ich fasse diese Idee der sozialpsychologischen Determination in einem Bonmot: »Der beste Gottesbeweis nützt nichts, wenn er nicht geglaubt wird.«

Gegenstand des im nachfolgenden enger auf psychologische Fragen zentrierten Kapitels wird dieser Glaube über Musik sein, dessen Verhältnis zum beweisenden ästhetischen Urteil deshalb so lang ausgeführt werden mußte, weil er in der Vergangenheit Anlaß war zu mannigfachen, oft polemisch geführten Diskussionen.

Die Behandlung von Überzeugungen (beliefs) über Musik richtete sich an dem in der Einstellungsforschung üblichen Modell der drei Komponenten aus. Theoretisch lassen sich kognitive Faktoren der Informationsverarbeitung von der emotionalen Bewertung, d. h. den Vorlieben und Abneigungen, unterscheiden. Daß aus beidem eine Bereitschaft zu bestimmten Handlungen hervorgeht, sollte im Zusammenhang mit den Einstellungen zu Musik wenigstens angesprochen werden, auch wenn hierzu nur wenige Untersuchungen vorliegen. Außerdem werden die Entstehungsbedingungen von Einstellungen und die Möglichkeit einer Änderung erörtert.

Die kognitive Dimension der Urteilsbildung

Kategorisierung und Reduzierung von Information

Bereits als dargestellt wurde, wie musikalische Zusammenhänge wahrgenommen und interpretiert werden, zeigte sich, daß die Zuordnung der einströmenden Information zu einer bereits vorhandenen Kategorie entscheidend zur Deutung dieser Information beiträgt. Durch die Assimilation in die kategoriale Struktur werden nicht nur Ordnungen, sondern auch Bedeutungen geschaffen. Solche sinnstiftenden Akte lassen sich in sehr verschiedenen Lebensbereichen beobachten; möglicherweise handelt es sich um eine sehr grundsätzliche Form der Informationsverarbeitung. Blickt man an den Sternenhimmel, so wird die Vielfalt der Lichtpunkte zusammengefaßt zu Sternbildern, die durch Namen interpretiert werden. Oder aber: Das menschliche Auge kann mehr als sieben Millionen Farben unterscheiden, in der Regel genügen aber zwölf Worte zu ihrer Charakterisierung. Die Differenzierungsfähigkeit des Ohres ist mit 340 000 Tönen — die Intensität wurde in diese Berechnung mit einbezogen — fast ebenso groß. Es genügen jedoch auch hier zwölf Tonnamen und fünf Lautstärkebezeichnungen, um diese Töne musikalisch faßbar zu machen. Die Reduktion von Information durch ein kategoriales System folgt einem Gesetz der Sparsamkeit oder Parsinomie. Damit ist einmal gemeint, daß verschiedene Ereignisse der gleichen Kategorie zugeordnet und für gleich befunden werden. Dies läßt sich sehr leicht am Zurechthören zeigen. Werden verschiedene Schwingungsverhältnisse als gleiche Intervalle gehört, so muß dabei nicht einmal eine Abweichung als Verstimmung erlebt werden. Das Gesetz der Parsinomie impliziert zum zweiten, daß das kategoriale System in sich so strukturiert ist, daß einfachere Kategorien eher zur Anwendung gelangen. Wellek (1963), von dem die Formulierung »Gesetz der Parsinomie« stammt, machte darauf aufmerksam, daß wir den Zweiklang f—as eher als eine kleine Terz, denn als übermäßige Sekunde begreifen.

Die ordnenden Tendenzen des menschlichen Geistes reduzieren die sensorische Information, aber sie stellen auch interpretierende, sinnstiftende Akte dar. Sie schaffen Bedeutungen. Der Große Bär oder der Kleine Wagen bedeuten mehr als nur eine Assemblage von Lichteindrücken. Ebenso gewinnt der Eindruck eines Schwingungsverhältnisses durch die Zuordnung zu einer Intervallkategorie zusätzliche Valenz, allein schon aus den Beziehungen der Kategorien untereinander. Wird eine kleine Terz f—as registriert, so bedeutet dies beispielsweise auch »konsonant«, was bei f—gis nicht der Fall wäre.

Die Reduktion von Informationen durch die Kategorien der Anschauung ist teilweise erlernt. Die Art der Kategorienbildung hängt vom Wissen und damit von tonsystemlichen und kulturellen Bezügen ab. Eigenschaften der Information begünstigen aber ebenfalls Gestaltbildungen. Darüber hinaus ist es schwer zu entscheiden, ob es im menschlichen Denken eine grundsätzliche Neigung zur Vereinfachung gibt. Erwähnenswert erscheint in diesem Kontext die bei psychophysischen Experimenten entdeckte Tendenz, absolute Urteile zu finden, auch wenn sie gar nicht verlangt werden. Bittet man Personen um den Vergleich von Tönen als höher oder tiefer, so treten anstelle des »komparativen Urteils« sehr schnell »Absoluturteile« auf (statt höher hoch und statt tiefer tief), die von einer direkten Zuordnung einer Tonhöhe zu einer Kategorie zeugen. Wahrnehmen heißt beurteilen. Die einfache kategoriale Zuordnung scheint ein grundlegender Vorgang zu sein, leistet sie doch, indem sie die Information durch Reduktion überschaubar macht, die Identifikation von Ereignissen. Manche Theorien legen den Gedanken nahe, daß ohne das Urteil »Dies ist ... eine kleine Terz ... ein hoher Ton« dem Gedächtnis nur wenig anvertraut werden kann. Möglicherweise handelt es sich bei der kategorialen Zuordnung um eine Verarbeitungstendenz, die dem menschlichen Geist eingeboren ist und eine grundsätzliche Fähigkeit zur Erkenntnis ausmacht. Sie bewirkt aber auch ein Vorurteil in der Wahrnehmung. Denn wie differenziert die Auffassung auch sein mag, so ist sie doch darauf ausgerichtet, die Überschaubarkeit und nicht die getreuliche Abbildung der Umwelt zu garantieren.

Generalisierungen und Akzentuierungen

Damit ein Ereignis einer Kategorie zugeordnet werden kann, muß es Merkmale besitzen, die mit der Kategorie verträglich sind. Aber Übereinstimmung wird auch hergestellt, indem sowohl eine Auswahl unter den Merkmalen eines Ereignisses getroffen wird als auch eine Art schlußfolgernder Tätigkeit in Richtung auf die Klassenzugehörigkeit erfolgt. Die Wahrnehmung ist von induktiven und deduktiven Prozessen bestimmt, die Information wird angepaßt. Als Induktion kann man einen Beurteilungsvorgang bezeichnen, der darin besteht, daß aus der Vielfalt der Merkmale eine Auswahl getroffen wird, wobei die unterschiedliche Dominanz, die Merkmale in der Wahrnehmung besitzen, eine Rolle spielt. Darüber, wie zentral oder dominant einzelne musikalische Merkmale sind, ist noch wenig bekannt. In den wenigen Untersuchungen zu dieser Frage deutet sich jedoch an, daß ein sehr langsames und wahrscheinlich ein sehr schnelles Tempo andere musikalische Merkmale zurücktreten lassen. Musikalische Phrasen, die in einem mittleren Tempo durchaus für unterschiedlich gehalten werden, gewinnen in einem sehr langsamen Tempo ein hohes Ausmaß an Ähnlichkeit (de la Motte-Haber 1971). Das Tempo bestimmt den Eindruck, weil es ein hervorstechendes Merkmal ist, das als Teil für das Ganze genommen wird. Es wird verallgemeinert, was einem Induktionsschluß gleichkäme.

Ist aufgrund einer solchen Verallgemeinerung ein Ereignis erst einmal einer Kategorie zugeordnet, so werden wiederum andere Eigenschaften deduziert. Aufgrund dieser automatisch erfolgenden Verallgemeinerung und der daraus getroffenen logischen Folgerungen genügen oft wenige Informationen (für die Personwahrnehmung beispielsweise die Angaben »warm« oder »kalt«), um einen komplexen Eindruck hervorzurufen. Aus dem verallgemeinerten Merkmal werden andere — in der Realität nicht unbedingt vorhandene — Eigenschaften erschlossen. Dies macht sich um so drastischer bemerkbar, je geringer das Wissen um einen Gegenstandsbereich ist. Daß besonders langsames Tempo zu Verallgemeinerungen und einem daraus erschlossenen Eindruck anregen kann, belegt ein Experiment von Jost (1969), bei dem Musikwissenschaftler langsame Jazzbeispiele von Coltrane und Mingus als »passiv«, »schleichend« und »stockend« einstuften, also den Tempoeindruck generalisierten und daraus andere Eigenschaften ableiteten. Jazzmusiker hingegen sind durchaus in der Lage, Dynamik und Aktivität bei dieser Musik zu empfinden. Sie erliegen allerdings dem »logischen Fehler«, wenn es sich um klassische Musikbeispiele handelt.

Um einen Sonderfall des logischen Fehlers handelt es sich bei dem sogenannten »Halo-Effekt«, einer Verallgemeinerung der Kategorien »gut« und »schlecht«. Beim Studium literarischer Verdienste wurde kurz nach der Jahrhundertwende entdeckt, daß unbedeutende Werke höher eingeschätzt werden, wenn sie von einem bedeutenden Autor stammen oder diesem zugeschrieben werden. Der Halo-Effekt läßt sich auch experimentell sehr einfach durch Prestige-Suggestionen hervorrufen, auch dann, wenn die Beurteiler Experten sind. So bewerteten promovierte Musikhistoriker Musikbeispiele als künstlerischer, wenn sie glaubten, sie seien von Schubert, und als trivialer, wenn sie sie für ein Salonstück hielten (de la Motte-Haber 1972). Die zusätzliche Information über den Autor oder die Herkunft des Stückes überstrahlt aber nicht den Eindruck des Wohlgefallens und der Annehmlichkeit. Seiner subjektiven Vorlieben scheint man sich sicher zu sein. Ist der subjektive Geschmack weniger manipulierbar als das Kunsturteil, das entäußert bestehen muß? Der Halo-Effekt, der alle Gütemaßstäbe durchsetzt (den Kindern mit höherem Sozialstatus z. B. bessere Schulnoten garantiert), läßt sich als ein durch Generalisierung bewirktes Vorurteil verstehen, dem es durch eine differenzierte Betrachtung entgegenzuwirken gilt. Wenn er aber ein ästhetisches Urteil betrifft, so scheint man diesem Automatismus des Denkens eine gewisse Berechtigung zubilligen zu können. Denn für ein Musikstück zählt selten nur eine werkimmanente Betrachtung, vielmehr sind der Kontext, in dem dieses Werk steht, und damit auch Kriterien bedeutsam, die ihm nur mittelbar zuzurechnen sind. Es ist nicht falsch, sie automatisch zu bedenken. Mit Sicherheit fehlerhaft ist eine Verallgemeinerung aber dann, wenn ihr ein Gerücht oder gar eine falsche Information zugrunde liegt. Das wäre schon in dem erwähnten Experiment bei der Manipulation des Eindrucks »künstlerisch« der Fall, die durch die Nennung des Namens von Schubert bewirkt wurde. Drastischer demonstriert der nachfolgende Bericht, daß es durch die Tendenz, alle Eigenschaften einer einzigen Kategorie zu unterwerfen, zu völlig falschen Urteilen kommen kann. Der Schriftsteller Dieter Kühn erzählt in seinem Essay *Der große Tartarov* von einem Experiment, das 1968 in der ausverkauften Tonhalle in Zürich durchgeführt wurde. Ein emigrierter russischer Pianist von ungewöhnlichem Format wurde propagiert, der zudem unbekannte, neu entdeckte posthume Werke von Mozart, Beethoven, Liszt und Prokofjew spielen würde. Das Programmheft präsentierte einen paradigmatischen Lebenslauf »Vom Bauernjungen zum Solisten«; die Beschreibung der vorzutragenden Werke entsprach den üblichen Texten in Programmheften. Das Experiment glückte. Tatsächlich aber improvisierte ein bis dahin wenig bekannter sechsunddreißigjähriger Schweizer Pianist namens Jean Jacques Hauser, der als Tartarov nur einmal in Schwierigkeiten geriet — nämlich als eine Exilrussin ihn ansprach und er auf Züri-Deutsch antwortete.

Das Denken in Stereotypen

Die Bilder in unseren Köpfen, die wir uns von der Welt machen, bezeichnete Lippmann (1922) als Stereotype. Er verstand darunter eine vereinfachte Repräsentation der Umwelt. Die daraus hervorgehenden kognitiven Schemata, die geprägt sind von dem Wunsch, mehr Ordnung und Regelmäßigkeit anzunehmen, als tatsächlich gegeben ist, hatte mit dem Begriff »Idola« schon Bacon im 17. Jahrhundert als Vorurteile des menschlichen Denkens kritisiert. Auch im hermeneutischen Sinne wären die bereits beschriebenen Formen der Kategorisierung Vor-Urteile. Daß die Welt nicht nur in den Köpfen der Menschen konstruiert wird, sondern daß tatsächlich Verstehen erfolgen kann, wird durch die Akkommodation der kategorialen Struktur an die Gegenstände ermöglicht, die den Vorgang der Assimilation ergänzt.

In der psychologischen Literatur werden die Begriffe »Stereotyp« und »Vorurteil« enger als in der philosophischen zu fassen versucht. Das erweist sich als schwierig, weil die Informationsreduktion und das Generalisieren jeden Wahrnehmungs- und Denkprozeß charakterisieren. Was das Stereotyp zu einem psychologisch definierten Vorurteil macht, ist eine Generalisierung von Merkmalen, die falsche Informationen zur Grundlage hat. Vorurteile zu haben wird vorwiegend als ein defizienter psychischer Prozeß angesehen. Stereotype sind weiterhin gekennzeichnet durch eine gewisse Uniformität der Meinungen verschiedener Personen sowie durch Starrheit und Resistenz gegenüber Änderungsversuchen.

In Stereotypen zu denken macht vorzugsweise einen kognitiven Aspekt des Vorurteils aus. Stereotype haben aber auch eine Schutzfunktion für das eigene Ich. Die Meinungen über die Welt werden ergänzt durch die Meinungen über das Selbst. Daher können sie tief eingebettet sein in die Persönlichkeitsstruktur.

Generalisierungen, die ohne Zweifel falsch sind und daher einem Stereotyp gleichkommen, sind kennzeichnend für unsere begrifflichen Vorstellungen von Musik. Erstaunlicherweise ist selbst der Begriff »Musik« ein Stereotyp. Bei der Charakterisierung dieses Wortes durch ein Polaritätsprofil mit sechsundvierzig Adjektiv-Gegensatzpaaren (Reinecke 1967) schrieben ihm auch musikalisch Vorgebildete die Eigenschaften »bestimmt«, »dynamisch«, »straff«, »lebendig«, »geordnet«, »ernst« und »klar« zu. Es existiert ein außerordentlich ähnliches Stereotyp für den Begriff »klassische Musik«, so als hätte Beethoven — wie Meißner (1983) bemerkt — und nur er allein erste Sätze von Symphonien komponiert. Nichts mit den Vorstellungen von Musik hatte bei der Beurteilergruppe von Reinecke die mit Lärm und Belästigung assoziierte atonale Musik zu tun. Die drastische Vereinfachung des Konzepts »Musik« besitzt eine ökonomische Funktion. Solche Simplifizierungen erleichtern die Handhabung einer Vorstellung. Das Pars-pro-Toto-Prinzip stereotypen Denkens schafft aber auch automatisch das Vorurteil, atonale Musik sei keine Musik.

Stereotypes Denken kann sich auch auf die Beurteilung klingender Musik auswirken, wie sich in einer ebenfalls mit dem Polaritätsprofil durchgeführten Untersuchung von Brömse und Kötter (1971) zeigte. Schüler und Studenten beurteilten Klangbeispiele elektronischer Musik (Stockhausens *Gesang der Jünglinge, Kontakte*, Berios *Visage* u.a.), bekannte Schlager, klassische Musik und Folklore. Es wurde dabei überhaupt nicht zwischen den Beispielen elektronischer Musik differenziert, wohl aber prägte sich eine klar artikulierte Klischeevorstellung aus. Elektronische Musik ist »gekünstelt«, »kühl«, »grob«, »geheimnisvoll«, »unverständlich«, »anstrengend« und »häßlich«. Ebenfalls einen einheitlichen Eindruck machten Schlager. Hierfür dürften allerdings auch musikalische Sachverhalte verantwortlich zu machen sein und nicht nur ein verallgemeinerndes Denken.

Stereotype haben im Sinne der im ersten Kapitel besprochenen Hypothesen eine erwartungsleitende Funktion. Das ließ sich sehr schön mit Hilfe der Vorstellungen, die mit dem Begriff »Rhythmus« assoziiert sind, nachweisen (de la Motte-Haber 1972). Schätzt man die Konnotationen dieses Begriffs ein, wofür auch in dieser Untersuchung ein Polaritätsprofil verwendet wurde, so zeigt sich ein Klischee, das angesichts der Vielfalt rhythmischer Konfigurationen keine sachliche Richtigkeit besitzt. Ihm werden die Merkmale »schnell«, »aggressiv«, »dynamisch« und »aufregend« zugeschrieben. Das heißt, die Rhythmusvorstellung — auch hier waren die Beurteiler musikalisch vorgebildet — ist eingeengt auf schnelle, die Motorik anregende Rhythmen. Kommt diesem Stereotyp tatsächlich die Funktion eines Vorurteils zu, so müßte es bei der Wahrnehmung von Musik nachweisbar sein. Dazu wurde ein Experiment (de la Motte-Haber 1967) ausgeführt, bei dem in einer langsamen und einer schnellen musikalischen Phrase jeweils eine melodische und eine rhythmische Variante entdeckt werden mußten. Es zeigte sich, daß im Allegro die rhythmische Abweichung leichter bemerkt wurde als im Adagio. Die eingeengte Rhythmusvorstellung scheint sich derart in der Wahrnehmung auszuwirken, daß sie auch zu einer stärkeren Aufmerksamkeit gegenüber der rhythmischen Struktur im schnellen Tempo führt.

Die affektive Dimension der Urteilsbildung

Vorlieben und Aversionen

Die aufklärerische Forderung rationaler Begründungen machte das unmittelbare sinnliche Erkenntnisvermögen, das einmal dem Geschmack zugeschrieben wurde, suspekt. Geschmack wurde schon im 19. Jahrhundert als etwas Subjektives und Irrationales betrachtet. Nur die ältere Bedeutungsschicht des Begriffs ermöglichte weiterhin, den guten vom schlechten Geschmack abzuheben. Sozialpsychologisch arbeitende Autoren ersetzten allerdings vorsichtshalber den Begriff des Geschmacks durch den neutraleren der Präferenz oder Vorliebe und trugen damit dem nicht mehr rückgängig zu machenden, weil gesellschaftlich bedingten Wandel des Begriffs »Geschmack« Rechnung.

Mit Präferenz werden die — wissenschaftlich wertfrei zu betrachtenden — Neigungen und Vorlieben eines Menschen bezeichnet. Daß allerdings ihre Bedingungen überwiegend nicht in der irrationalen Sphäre des Gefühls gesucht — von Ansätzen abgesehen, die Berlynes (1971) Theorie bemühen —, sondern Determinanten wie Alter, Geschlecht, Sozialstatus, Bildung bestimmt wurden, hängt mit den üblichen Begründungsmodalitäten der Sozialpsychologie zusammen. Dennoch kann grundsätzlich davon ausgegangen werden, daß Präferenzen affektiv bestimmt sind.

Die Verteilungen der Vorlieben für Musik in der bundesrepublikanischen Bevölkerung verweist auf eine Kultur, deren Verbindlichkeiten recht abstrakt sein müssen. Ein gemeinsamer Nenner, wie es eine sehr beliebte Musikgattung oder ein Stil oder wenigstens ein Ort der Begegnung sein könnte, läßt sich nicht finden. Der Schlager ist durch die Medien vermittelt; für die deutsche Volksmusik reicht hingegen die Spannweite vom Selbst-Ausüben der zahllosen Arrangements bis hin zum Versuch, ein eigenes Rundfunkprogramm dafür zu schaffen. Die deutsche Volksmusik und der Schlager werden außerdem noch von einem so hohen Prozentsatz der Bevölkerung abgelehnt, daß die Unterhaltungsindustrie für den Vertrieb ihrer Musikprodukte zwar mit hohen Marktanteilen rechnen kann, jedoch nicht damit, daß sie alle Wünsche befriedigt. Der Prozentsatz derer, die sich gegenüber den schmachtenden Melodien abweisend ver-

	Gefällt mir besonders gut	Höre ich auch noch gern	Gefällt mir weniger	Unent-schieden
Deutsche Volksmusik	41,9%	27,9%	24,5%	5,7%
Deutscher Schlager	36,1%	37,2%	21,6%	5,1%
Blas-/Marschmusik	31,7%	26,8%	34,4%	7,1%
Traditionelle Tanzmusik	28,8%	39,8%	23,6%	7,8%
Operette	29,0%	30,5%	33,8%	6,6%
Beat und Pop (60er Jahre)	25,4%	23,5%	39,2%	11,8%
Deutsche Liedermacher	23,6%	39,4%	26,4%	10,6%
Disco-Musik	21,6%	20,3%	45,8%	12,2%
Rock (70er Jahre)	21,6%	18,4%	47,1%	12,9%
Musical	19,6%	42,5%	29,6%	8,2%
Chormusik	17,9%	26,5%	44,8%	10,8%
Klassische Konzertmusik	18,2%	22,1%	48,6%	11,1%
Ausländische Folklore	15,6%	36,7%	37,1%	11,2%
Französische Chansons	13,9%	34,4%	40,3%	11,4%
Dixieland/Jazz/Swing	13,9%	27,1%	45,4%	13,6%
Oper	14,1%	19,3%	56,6%	10,0%
Reggae	11,0%	14,8%	44,0%	30,2%
Geistliche Musik	9,0%	20,9%	57,1%	13,0%
Modern Jazz	7,8%	15,4%	61,6%	15,2%
New Wave	5,3%	8,9%	51,3%	31,6%
Punk	4,1%	6,9%	58,5%	30,5%

Die Deutschen und die Musik nach einer Umfrage des Instituts für Demoskopie Allensbach 1980. Befragt wurden insgesamt 2347 Personen: 1089 Männer und 1258 Frauen.

halten, stimmt wahrscheinlich nicht von ungefähr mit dem überein, der für die Beliebtheit der klassischen Konzertmusik ermittelt wurde.

Keine Musikgattung wird — gemäß den vom Allensbacher Demoskopischen Institut 1980 ermittelten Präferenzen — wenigstens von 50% der Bevölkerung besonders geliebt. Das macht das Bild so verwirrend. Betrachtet man die Ableh-

Natur- oder Seelenstimmung, eine starke Empfindung, eine Melodie, die so fest gefügt und in sich selbständig sein muß, daß man sie von der Begleitung abheben kann, ohne ihre Faßlichkeit im geringsten zu beschädigen: Das waren 1903 die Richtlinien, nach denen aus über achttausend für einen Wettbewerb geschriebenen Kompositionen eine Auswahl für eine Publikation volkstümlicher Lieder getroffen wurde. Volkstümlich wird doch nur, was das Volk wirklich zu singen vermag, und in Wald und Flur pflegen Begleitinstrumente nicht leicht zur Hand zu sein. Die »Deutsche Volksmusik«, die sich auch heute, wo sie weniger durch Wald und Flur erschallt als durch Rundfunk und Schallplatte verbreitet wird, vor allen anderen musikalischen Genres der größten Beliebtheit erfreut, genügt noch immer dem Kriterium »Vorrang der Melodie«, nach dem 1903 das Preisgericht entschied. Sie ist »schlicht, leicht sangbar und leicht im Gedächtnis haftend«. Was die Deutschen lieben und liebten, richtet sich an anderen als ästhetischen Normen aus. Entscheidend ist die Stimmung induzierende Funktion von Musik und ihre Eingängigkeit (Photo von der Bayerischen Staatsbibliothek, München).

nungen, so rangiert »Modern Jazz« vorn, dicht gefolgt von Punk, geistlicher Musik und Oper. Eine starke Ablehnung erfährt auch die Rockmusik der siebziger Jahre. Es ist sinnvoll, diese ablehnenden Quoten zu ergänzen um die negativen Quoten, die die Neue Musik im allgemeinen erhält. Sie wurde wahrscheinlich in der Allensbacher Studie gar nicht aufgeführt, weil sich — nach einer anderen Infratest-Studie von 1976 — ohnehin nur ein Prozent der Bevölkerung dafür interessiert. Eine Untersuchung der Schweizerischen Radio- und Fernsehgesellschaft, bei der Meinungen über klingende Musikbeispiele ermittelt wurden, um besser das tatsächliche Verhalten (wenngleich gegenüber einzelnen Beispielen) und nicht nur begriffliche Vorstellungen abschätzen zu können, zeigte ebenfalls, daß avantgardistische Musik (*Le Marteau sans maître* von Boulez) auf Ablehnung stößt.

Wie gern wird *Le Marteau sans maître* von Boulez gehört?

besonders gern	1%
sehr gern	2%
eher gern	5%
weder gern noch ungern	14%
eher ungern	16%
sehr ungern	17%
kann ich nicht hören	44%

Die Daten stammen aus einer Untersuchung der Schweizerischen Radio- und Fernsehgesellschaft (1979) und zeigen eine ausgesprochen schiefe Verteilung.

Die ablehnenden Äußerungen »Ungern hören« und »Kann ich nicht hören« entsprechen mit 61% den Aversionen, die Allensbach gegenüber Modern Jazz feststellte. Von den siebenundvierzig Hörbeispielen, die in die Schweizer Untersuchung eingingen, rangierte Boulez' *Marteau sans maître* an letzter Stelle. Auch die »klassische Moderne«, wie sie durch Honeggers *Fünfte Symphonie* repräsentiert sein sollte, trifft nicht den »Geschmack« des großen Publikums. Ablehnung erfuhren aber auch Beispiele »progressiver Rockmusik«.

Faßt man die Ergebnisse der Schweizer und der Allensbacher Untersuchung zusammen, so betreffen die Ablehnungen recht heterogene musikalische Sachverhalte. Die negativen Haltungen gegenüber geistlicher Musik und Oper sind nicht allzu schwierig zu interpretieren, handelt es sich doch bei den Menschen, die diese Musik besonders lieben, um ein sehr spezielles, entweder sehr asketisch oder sehr kulinarisch eingestelltes Publikum, das zudem gewohnt ist, sich in der Kirche oder im Opernhaus, also an besonderen Orten, einzufinden. Fragt man aber nach möglichen Verbindlichkeiten, die in unserer Kultur existieren könnten, und interpretiert daraufhin die Ablehnungen der — musikalisch gesehen — an sich streng geschiedenen Musikrichtungen Avantgarde,

Punk, Rock, Modern Jazz, so scheint die Verletzung der Regeln tonaler Musik einen gemeinsamen Nenner zu ermöglichen. Daß der Dreiklang als eine grundsätzliche Hör-Erfahrung gewertet wird, bestätigt die zitierte Schweizer Untersuchung damit, daß der »Klassikhörer« überdurchschnittlich gegenüber der Gesamtbevölkerung, nämlich zu 85% (Durchschnitt 60%) der avantgardistischen E-Musik aversiv begegnet. Auch eine Untersuchung von Behne (1976) bestätigte, daß Hörer klassischer Musik nicht nur den Punk negativ und zwar moralisch-negativ bewerten, sondern auch nur in Einzelfällen die Neue Musik tolerieren oder gar gern hören.

Vorlieben für Musik sind tief im Wertsystem eines Menschen verankert. Das läßt sich daran ablesen, daß es die »musikalische Minderheit« offensichtlich nicht berührt, was die Mehrheit denkt. Das vermutete Ansehen des Jazz, getrennt für den Mainstream und den zeitgenössischen Jazz ermittelt (Dollase, Rüsenberg und Stollenwerk 1978), wird von den Jazzfans sehr niedrig eingestuft. In ihrer persönlichen Bewertung aber rangiert der Jazz ganz oben.

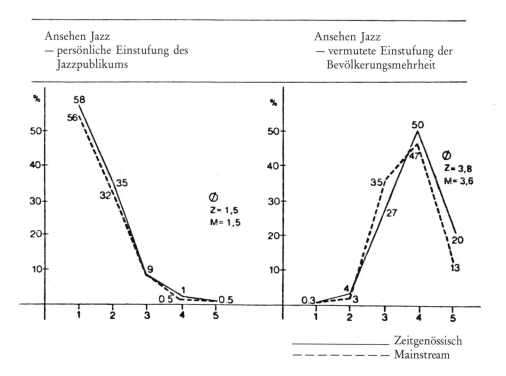

Bewertung: 1 = sehr hohes Ansehen; 2 = hohes Ansehen; 3 = mittleres Ansehen; 4 = niedriges Ansehen; 5 = sehr niedriges Ansehen
(© B. Schott's Söhne, Mainz)

Aversionen als Folge intellektueller Überforderung

Man stelle sich eine verhärtete kategoriale Struktur vor, die das Verstehen einseitig reduziert auf den Vorgang der Assimilation, ohne daß noch eine Möglichkeit zur Akkommodation besteht. Gleichzeitig stelle man sich eine Situation mit sehr neuartigen ästhetischen Reizen vor, die sich jedoch nicht in diese Kategorien einfügen lassen. Als Folge davon wäre an eine Überforderung einer Person zu denken. Sie wird hilflos, eventuell aggressiv. Gemäß der Theorie von Berlyne (1971) wird als Wohlgefallen ein mittleres Maß an Neuheit erlebt, das zu einer mittleren Aktivierung führt. Allzu Bekanntes aktiviert nicht mehr und langweilt, Unbekanntes aktiviert zu stark und verscheucht ebenfalls den Eindruck des Gefallens. Werbik (1971) konnte eine Beziehung zwischen dem Informationsgehalt einfacher Tonfolgen und dem erlebten Eindruck der Erregung wie auch der Charakterisierung »anmutig« im Sinne der Berlyneschen Theorie nachweisen.

Schon Descartes hatte in seinem *Compendium musicae* (1618) postuliert, daß die Sinne an einem mittleren Schwierigkeitsgrad das größte Vergnügen empfinden, und er hatte weiter gefolgert, daß ungleiche Maße deshalb ohne Bedeutung seien, weil das Gehör die Unterschiede nur mit Mühe wahrnimmt. Und um dieses begründende »weil« zu stützen, fügt Descartes hinzu: »wie die Erfahrung lehrt«. Im 20. Jahrhundert wurden dann zahlreiche psychologische Experimente durchgeführt — favorisiert von der Gestalttheorie und der Informationsästhetik —, die festhalten sollten, was die »Erfahrung lehrt«. Um das Ergebnis der im folgenden zusammengefaßten Studien vorwegzunehmen: Welche Schwierigkeit, welche Proportion für einen ästhetischen Gegenstand als angemessen empfunden wird, gründet sich wohl auf eine bestimmte Fähigkeit der Sinne, Vergnügen zu empfinden; aber es sind daraus nicht, wie Descartes dachte, Kriterien für die Gestaltungsweise zu entwickeln.

Experimente, mit denen nachgewiesen werden sollte, welche formalen Proportionen mit dem größten Vergnügen korrelieren, sehen entweder vor, daß Personen eine Bewertung als »schön« oder »häßlich« oder eine Auswahl im Sinne »Das gefällt mir« vorzunehmen haben. Eindrucksvoller als bei der Vorgabe von einfachen und komplexen Tonfolgen, die immer simpel wirken, ist die Beurteilung von geometrisch oder farblich gestalteten Mustern. Sie indiziert allerdings nur bei einer groben Zusammenfassung, es gebe so etwas wie gute und mathematisch leicht beschreibbare symmetrische »patterns«, nicht zu regelmäßig, damit sie nicht langweilig wirken, nicht zu unüberschaubar, damit sie nicht chaotisch wirken. Bringt man diese Ergebnisse in Zusammenhang mit der in den sechziger Jahren entwickelten Theorie von Berlyne, so bestätigen sie, daß das Ausmaß an Wohlgefallen, wenn man es in Beziehung zur mittleren Aktivierung setzt, als umgekehrt u-förmige Beziehung dargestellt werden kann. Das heißt, maximales Wohlgefallen wird bei einer mittleren Erregung und damit einer mittleren Komplexität empfunden; steigt die Aktivierung bei zu komplizierten Wahrnehmungsleistungen an, so sinkt das Wohlgefallen ab. Wirkt dagegen etwas so langweilig, daß es nicht aktiviert, so ist das Wohlgefallen gleich Null.

Einfach und plausibel ist diese Theorie; das sichert ihre Verbreitung. Das genaue Studium der bisher vorgelegten Daten birgt jedoch eine Fülle von Problemen. So ist Komplexität fast nicht objektiv festzustellen. Die objektiv ermittelten Beziehungen erfassen immer nur Teilaspekte, nicht aber das Insgesamt der Relationen. Fragen, die im Zusammenhang mit solchen Experimenten gestellt wurden, nämlich ob die Malerei Kandinskys komplexer als die Mondrians sei, sind nur so zu beantworten, daß man sie umformuliert, nämlich fragt, was Personen als komplex empfinden. Damit aber ist eine subjektive Einschätzung an die Stelle eines objektiv-charakterisierenden Maßes getreten. Und möglicherweise ist es sinnvoll zu sagen: »Es gefällt mir, was ich als relativ kompliziert empfinde, was mich nicht langweilt oder als Chaos anödet.« Das subjektive Urteil darüber, was ausgewogen und harmonisch als wohlgefällig wirkt, ist aber so vielfach determiniert, daß es nicht zu einer Fundierung der objektiven Gegebenheiten dienen kann. Descartes irrte, als er meinte, die Erfahrung lehre, daß Vergnügen mit einem mittleren Schwierigkeitsgrad korreliere. Was Menschen als einfach oder kompliziert empfinden, was ihnen gefällt oder nicht, ist nicht nur abhängig von der Gestaltung des Gesehenen oder Gehörten, sondern auch vom sozialen Kontext, der Vorbildung und dem Insgesamt der Persönlichkeitsstruktur. Faktoren wie Offenheit, Mangel an Dominanz, Feinfühligkeit oder Ängstlichkeit spielen bei ästhetischen Bewertungen eine Rolle.

Die These einer Beziehung zwischen affektivem Empfinden und Faßbarkeit durch den Verstand ist sicher richtig; dafür bürgt allein ihre Zählebigkeit. Was dem Verstand faßbar erscheint, kann, muß jedoch nicht in einer exakt zu beschreibenden Weise regelmäßig, symmetrisch, gerade sein. An höchst unregelmäßigen ästhetischen Gebilden kann der Verstand entweder Ordnung empfinden — sie ist ihm nicht einprogrammiert —, oder aber er kann aus dem Widerspruch einer Wahrnehmung zu den Kategorien, die er bereits besitzt, einen neuen Sinn konstruieren. Die subjektive Determination dessen, was als gut gestaltet empfunden wird, läßt es nicht zu, ein Regelsystem oder eine Einfachstruktur zu extrapolieren, die den Zusammenhang des ästhetischen Vergnügens mit den objektiven Ordnungen angibt. In unserer Kultur entscheidet seit Descartes' Tagen über den Wert von Proportionen der sinnliche, affektive Eindruck. Aber aus dem sinnlichen Vergnügen sind keine Postulate über das in der Kunst waltende Maß zu gewinnen.

Selbst was wir als einander entsprechend, symmetrisch, harmonisch, ebenmäßig empfinden, muß objektiv nicht regelmäßig sein. Die Bildnis-Arie aus der *Zauberflöte* besitzt am Anfang eine höchst irreguläre Gliederung von 2 plus 2 plus 1 plus 1 plus 1 plus 3 plus 3 Takten. Wer aber empfände nicht ein

Zu dem allegorischen Zyklus *Die fünf Sinne* von Crispin de Passe (Kunstsammlungen der Veste
Coburg) gehört diese Darstellung des »Gehörs«, auf der das Mädchen nicht nur seinem Lauten-
spiel, sondern auch den weisen, für »Hintz« und »Cuntz« gedachten Sprüchen des Narren
lauscht. Dahinein mischen sich das Klingeln der Schellen der Narrenkappe und Katzengeschrei.
Vielfältige, bunte akustische Informationen kann das menschliche Ohr aufnehmen, ablehnend
oder mit Zuneigung. Das »Audiatur altera pars«, das der Künstler links oben vermerkt, sei als
Mahnung zur Toleranz gegenüber fremden und ungewohnten Klängen interpretiert.

Höchstmaß an Ausgewogenheit? Der Versuch, irgendwelche Regeln aufzustellen über das Maß des Wohlgefallens, ist außerdem immer einer historischen Relativierung ausgesetzt. Solche Regeln sind meist nicht mehr gültig, wenn sie formuliert sind. Durch die Geschichte der Musiktheorie zieht sich eine besonders
ausgeprägte dogmatische Haltung der jeweiligen Erfinder eines musiktheoretischen Systems. Sie wollten meist nicht wahrhaben, daß die Regeln, die sie ab-
strahierten, längst durch die kompositorische Praxis außer Kraft gesetzt waren.

Riemann verhielt sich höchst gereizt gegenüber seinem einzigen prominenten Schüler, nämlich Reger.

Daß sich als Folge der Begegnung mit Neuem extrem aversive Gefühle einstellen können, demonstrierten prominente deutsche Musikprofessoren, die um 1960 die Neue Musik mit dem »Gestöhn einer Rangierlokomotive« verglichen oder als Unnatur diffamierten. Sie waren unfreiwillig Teilnehmer eines Experimentes, das die Beschränkung intellektueller Kapazität als Ursprung von Aversionen enthüllte und damit die Annahme der kognitiven Gefühlstheorien bestätigte, daß Emotionen teilweise intellektuell bedingt sind. Dieses »Experiment« zeigte aber auch die Notwendigkeit, Musik gedanklich durchdringen zu können. Die Polemik richtete sich damals wohl gegen die neuen, ungewohnten Klänge der elektronischen Musik, als Unnatur wurden aber vor allem die neuen Ordnungen empfunden. Sie galten als »undurchhörbar«. Der Sprachcharakter der Musik erschien zerstört, weil der Zusammenhang und die Struktur der Musik zu kompliziert geworden waren, um hörend nachvollzogen zu werden. Sie wurden als unlogisch empfunden. Musik ist nicht nur Ausdruck höchster Freude und tiefster Trauer. Sie kann auch ein Gegenstand heftiger Ablehnung sein, wenn sie das Kategoriensystem des Hörers verletzt und er nicht zu einer Anpassung fähig ist.

Verhaltensweisen und Urteil

Musik in der Action-Kultur der Jugendlichen

»Musik höre ich viel, habe auch sehr viel da . . . Die Musik mag ich . . . der Text, das gibt mir was . . . . Ich muß sagen, ich höre viel Radio, bei mir wird morgens, sobald ich wach bin, das Radio angemacht, sobald ich aus der Schule komme, wirds angemacht und abends bis ich ins Bett gehe . . . « Aus der Studie *Jugend '81*, der die Interviewausschnitte entnommen wurden, geht hervor, daß der Musikrausch zusammen mit dem Fahrrausch für Jugendliche das wichtigste Mittel ist, um aus der Gewöhnlichkeit des Alltags zu entfliehen. Er befriedigt Wünsche nach Action, Abenteuer und Spannung. Schon in einer im Ruhrgebiet durchgeführten Umfrage über Freizeitinteressen 1969/70 fand Emnid bei Vierzehn- bis Siebzehnjährigen als häufigste Freizeitbeschäftigung »Schlager und Tanzmusik hören«. »Tanz und Beat« lag mit 13,8% an der Spitze der Freizeitinteressen in einer repräsentativen Umfrage von Lüdtke (1972). Nur 4% von fünfhundert befragten Schülern hören kaum oder nie Musik (Eckardt und Lück 1972). Die Angaben für die gesamte Bundesrepublik mit weniger als 1% der Befragten, die nie Musik hören, zeigen einen außerordentlich hohen Musikkonsum.

»Das mache ich öfters«	Fans	Nicht-Fans
Musik irrsinnig laut hören	43 %	22 %
Mit anderen die Nacht bis zum Morgen durchmachen	43 %	24 %
Immer auf der Suche sein nach Abenteuer, Spannung, Action	31 %	16 %
Mit einem Fahrzeug wie verrückt durch die Gegend kurven	20 %	10 %

Die Anhänger von Musikgruppen (Fans) träumen gemäß der Shell-Studie *Jugend '81* mehr als Nicht-Fans von außeralltäglichen Orten. Musik- und Fahrrausch gewähren den Fans die Möglichkeit, der Gewöhnlichkeit des Alltags zu entfliehen. Spannung und Action — dies demonstriert auch das abgebildete Graffito an einer Hauswand — sind die Mittel eines hedonistisch körperbetonten Ausbruchs aus den Zwängen der Erwachsenenkultur.

Musikkonsum von Schülern (in Stunden)

nach Zimmer (1981)					
bis 1 Std.	2—3	4	5—9	mehr als 9	
17,9%	45,1%	11,2%	22,2%	2%	
nach Jost (1975)					
bis 1 Std.	2	3	4	5	mehr als 5
32%	31%	24%	6%	3%	4%

77% der von Jost (1975) befragten Schüler (13—18 Jahre) beschäftigen sich während des Musikhörens mit Schularbeiten (41%), Lesen (26%), Basteln/Handarbeiten (17%). Zimmer (1981) gibt für »Musikhören zu Schularbeiten« einen ähnlich hohen Wert von 39% an. Weitere Gelegenheiten, während derer Musik gehört wird, sind: Entspannen (75%), bei Freunden (66%), in der Diskothek (47%), »immer« (6%). Daß Musikhören oft kombiniert mit anderer Tätigkeit erscheint, hat Konsequenzen für die Musik. Sie muß sich in der Situation geteilter Aufmerksamkeit bewähren und darf somit nicht allzu kompliziert sein. Selbst wer mit einem großen Anspruch an Musik herangeht, begibt sich dessen, wenn er seine Aufmerksamkeit auf andere Aufgaben richten muß. Sogar nach Phasen angestrengter Arbeit ist die Hinwendung zu Musik vermindert. Personen, die sehr konzentriert, ja gestreßt tätig waren, veränderten ihre Vorlieben für Musik zwar nicht grundsätzlich, sie präferierten aber in dieser speziellen Situation das Einfachere (Flath-Becker und Konecni 1984).

Funktionen von Musik im Alltag

Der von Musikpädagogen so oft beklagte hemmungslose Genuß von Musik scheint hinsichtlich der darauf verschwendeten Zeit nur teilweise jugendspezifisch zu sein. In der schon mehrfach erwähnten repräsentativen Umfrage des Allensbacher Instituts zeigte sich, daß die Anzahl der Stunden des Musikhörens durch alle Altersgruppen ziemlich konstant bleibt. Exzessive Abweichungen ergeben sich nur bei den Vierzehn- bis Zwanzigjährigen für die beiden Angaben pro Woche: 15 bis 21 Stunden und mehr als 21 Stunden.

Die Rolle, die Musik bei der Lebensbewältigung, vor allem auch in Krisenzeiten, z. B. in der Pubertät, spielen kann, deutet sich an in dem außerordentlichen Bedürfnis, sich ihr ständig auszusetzen. Schon im Zusammenhang mit der Besprechung der sehr ausgeprägten Aversionen, die gegenüber Musik bestehen können, wurde eine tiefe Einbettung in das emotionale System vermutet. Diese Annahme findet eine Bestätigung im Hörverhalten. Denn Musik wird überwiegend nicht um ihrer selbst willen gehört, sondern wegen ihrer affektauslösenden und erregenden Wirkung. Sie gibt den rechten Schwung, läßt Einsam-

»Können Sie einmal schätzen, wieviel Musik Sie in einer Woche hören — Würden Sie sagen«:

	Weniger als 1 Stunde	1—3	4—7	8—14	15—21	mehr als 21	Höre nie Musik
		-------------------Stunden------------------------					
Insgesamt	5,6	18,9	26,9	24,2	11,6	12,2	0,7
14—20 Jahre	1,3	6,6	19,9	27,8	21,8	22,2	0,3
21—29 Jahre	1,7	11,5	23,3	34,2	12,1	17,0	0,6
30—44 Jahre	3,9	19,4	29,1	22,3	13,1	12,2	—
45—59 Jahre	8,1	23,1	30,6	20,8	8,3	8,7	0,8
60 Jahre und älter	10,1	26,0	27,2	21,2	7,2	6,9	1,4

Die Tabelle zeigt den vom Institut für Demoskopie Allensbach ermittelten Musikkonsum pro Woche, aufgeschlüsselt nach dem Alter (Angaben in Prozent).

keit vergessen. Sie ermöglicht den Selbstgenuß der eigenen Gefühle, ohne eine narzißtische Komponente unmittelbar deutlich werden zu lassen.

Also wäre zu schließen, daß die Vorlieben der Deutschen dem Schlager und der Volksmusik gelten, weil diese als Vehikel zur Fortbewegung in aufgehellte Gefilde der Stimmung tauglich sind. Die Angaben über die Empfindungen beim Musikhören zeigen funktionale Aspekte als maßgeblich für das Verhalten und die Wertschätzungen.

»Wenn es um Musik geht, haben die Menschen ja unterschiedliche Empfindungen und verhalten sich ganz verschieden. Wenn Sie einmal an die Musik denken, die Sie hören, wie geht es Ihnen da? Welche der Aussagen auf den Karten hier treffen auf Sie zu?«

	insgesamt	14—20	21—29	30—44	45—59	60 Jahre
			------------------------Jahre-----------------			u. älter
Mit bestimmten Musikstücken verbinde ich schöne Erinnerungen.	66,0	43,7	65,2	68,7	68,8	73,3
Beim Musikhören singe oder summe ich oft mit.	55,9	65,8	64,1	59,1	50,2	47,3
Gute Musik versetzt mich so richtig in Hochstimmung.	44,1	58,2	55,7	42,7	39,2	35,0
Es gibt Musik, wo mich der Rhythmus ganz gefangen hält.	43,3	63,0	59,2	47,9	35,6	24,7
Es gibt Stimmungen, wo ich keine Musik hören kann.	42,4	33,5	44,3	45,6	43,1	42,4
Beim Musikhören kann ich gut träumen.	47,7	56,6	54,0	46,2	34,0	30,0
Wenn ich mich einsam fühle, hilft es mir, wenn ich Musik höre.	41,5	47,8	45,4	36,2	39,0	43,3
Ich höre gern Musik mit Freunden.	38,2	74,1	51,4	38,9	22,7	23,7
Manche Musiktexte drücken genau das aus, was ich auch denke.	35,0	45,3	45,7	35,8	28,3	28,1
Wenn ich Musik höre, kann ich alles um mich herum vergessen.	32,1	57,6	40,8	29,0	23,8	23,5
Ich habe für jede Stimmung eine Musik, die ich gern höre.	31,1	39,9	41,1	34,0	26,2	21,4
Ich höre oft Musik, wenn ich niedergeschlagen bin, das muntert mich wieder auf.	30,3	41,8	35,6	26,3	27,5	27,6
Es gibt Musik, zu der ich einfach tanzen muß.	29,4	39,9	42,5	31,8	25,8	16,4
Musik bringt mich erst in die richtige Stimmung zum Arbeiten.	26,8	41,5	33,3	29,1	22,3	16,4

Fortsetzung dieser Tabelle auf der folgenden Seite

	insgesamt	14—20	21—29	30—44	45—59	60 Jahre u. älter
Wenn ich Musik höre, werde ich ganz ruhig.	23,3	27,2	22,4	20,3	19,8	28,3
Es gibt Musik, die mich zu Tränen rührt.	22,5	16,8	19,3	20,6	23,5	28,6
Ich halte mich über Musik immer auf dem laufenden.	20,0	46,2	31,6	16,2	11,2	10,2
Es gibt Musik, die mich aggressiv, angriffslustig machen kann.	12,9	23,7	18,1	13,4	10,2	5,7
Höre kaum Musik.	6,0	0,9	1,7	5,5	7,7	10,2

Die stimmungsinduzierende Funktion und die Erinnerungen, die sie wachruft, gehören zu den wichtigsten Eigenschaften von Musik, derenthalber sie gehört wird. Abweichungen von den Verhaltensmustern der Erwachsenen jenseits des dreißigsten Lebensjahres zeigen Jugendliche. Sie hören Musik sehr viel öfter mit Freunden; ihr Informationsbedürfnis ist größer. Sie benutzen Musik auch häufiger als motorisches Stimulans. Für viele ist Musik ein Medium, dem Alltag zu entfliehen (Träumen, Alles vergessen, Aufmunterung). Die Einundzwanzig- bis Neunundzwanzigjährigen verhalten sich noch sehr ähnlich wie die Jugendlichen (nach der Allensbacher Untersuchung »Die Deutschen und die Musik«, 1980. Angaben in Prozent).

Die Kluft zwischen Meinung und Verhalten

Hinsichtlich der Interpretation der Abneigungen gegen Musik ist eine ein schränkende Bemerkung zu machen. Grundsätzlich gilt, daß die kognitive und die affektive Dimension sowie die konativen (Handlungs-)Aspekte von Einstellungen Verschiedenes anzeigen (die Vorurteilsforschung zeigt nur Zusammenhänge in der Größenordnung einer Korrelation von r = 0,40 an). Jemand kann eine ausgeprägte Meinung über einen Sachverhalt haben und zu dezidierten Werthaltungen neigen, die nicht vollständig mit dem Stereotyp übereinstim-

Die Grafik (K.-E. Behne, *Hörertypologien*, i. V.) aus einer bislang nicht publizierten Untersuchung, die Behne im Jahr 1983 durchführte, zeigt verbal ermittelte Gefallensurteile über verschiedene Musikgattungen. Beliebt bei Jugendlichen sind Rock, Pop, Beat und Disco. 70% der Zwanzig- bis Zweiundzwanzigjährigen votieren auch für klassische Musik. Sie sind sogar bereit, beim Anhören positive Urteile zu fällen. Der Umsatz für Schallplatten mit klassischer Musik beträgt ungefähr 14%; dem entsprechen in etwa die Einschaltquoten bei klassischen Musiksendungen. In dieser Diskrepanz drückt sich ein allgemeiner Befund der Sozialpsychologie aus, nämlich daß Meinungen und tatsächliches Verhalten weit auseinanderklaffen können.

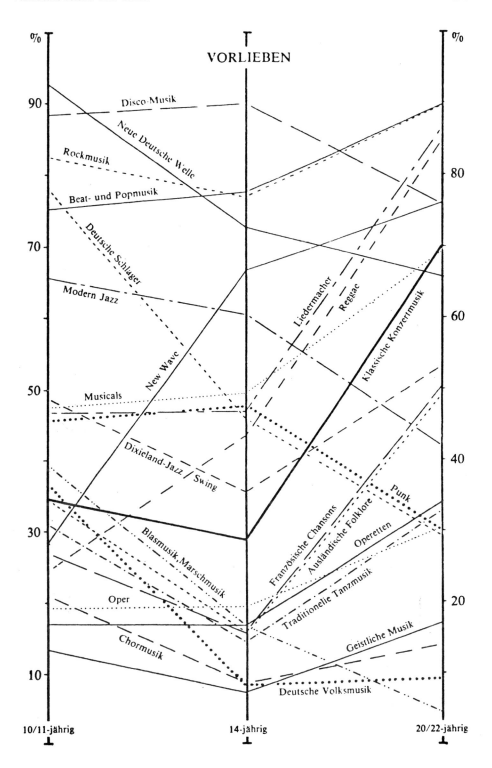

men. Möglicherweise hört jemand ab und an gern einen Schlager und lehnt ihn bei einer Befragung doch ab. In jedem Fall ist es problematisch, aus verbal ermittelten Einstellungen das tatsächliche Verhalten in einer bestimmten Situation vorauszusagen. Schüler können durchaus angeben, daß sie die Pink Floyd lieben, und sich dann beim Anhören eines Stücks dieser Gruppe ablehnend verhalten (Jost 1975). Die Einstellung, das hypothetische Konstrukt einer relativ überdauernden Disposition, sichtbar werden zu lassen in den Überzeugungen, setzt eine andere Fragestellung voraus als die Prüfung von Verhaltensweisen in einer konkreten Situation. Dies ist deshalb nachdrücklich zu betonen, weil im musikpsychologischen Schrifttum das manchmal unsinnigerweise als »Klingender Fragebogen« bezeichnete Verfahren der Beurteilung eines Musikstücks (unsinnig ist die Bezeichnung, weil sich mit Hörsituationen verschiedene Verfahren verbinden können) gegen die Ermittlung von Stereotypen polemisch verteidigt wird, obwohl es sich schlicht um Fragestellungen mit verschiedenen Intentionen handelt. Die verbal ermittelte Einstellung und das konkrete Verhalten in einer Situation korrelieren erheblich höher miteinander, wenn man — hierzu wären die neueren Modelle der Sozialpsychologie heranzuziehen (Fishbein und Ajzen 1975, Lantermann 1980) — nicht die Annahmen über die Eigenschaften eines Einstellungsobjektes ermittelt, sondern Bewertungen über die Funktionen und Instrumentalität dieses Objekts und seine Bedeutung für bestimmte Handlungsziele. Das heißt, die Korrelationen zwischen verbal ermittelter Einstellung und tatsächlicher Handlung erhöhen sich wesentlich (auf etwa r = 0,60), wenn man nicht nach Meinungen über einen Gegenstand fragt, sondern danach, wie mit ihm umgegangen wird.

Sozialpsychologische und persönlichkeitsspezifische Bedingungen von Vorlieben

Zusammenhänge zwischen Lebensalter und Vorlieben

Einstellungen sind nur relativ zeitlich stabil. Das Wertsystem eines Menschen verändert sich im Laufe seines Lebens. Das Alter ist dabei nicht als eine unabhängige Variable zu betrachten, sondern als eine diesem Prozeß inhärente Größe, die summarisch das biologische Alter, kulturelle Normen und Moden, Sozialisationsbedingungen und anderes mehr zusammenfaßt. Da das Lebensalter für ein Bündel von Faktoren einsteht, ergeben sich immer große Unterschiede, wenn man es zur Aufschlüsselung von Daten benutzt. Entwicklungspsychologisch bedingte Vorlieben von Musik zeigt es bei Jugendlichen an. Deren intensiver Genuß einer von den Erwachsenen meist abgelehnten Musik erklärt sich jedoch nicht durch das Alter, sondern durch den Wunsch nach Abenteuer, »Traumorten«, Bedürfnissen also, die zwar altersspezifisch sind, aber nicht durch das Alter bewirkt werden, sondern durch die Lebensumstände der Jugendlichen.

Schlager und Operette unterliegen — wie eine Befragung von 883 Personen im Alter von fünfzehn bis siebzig Jahren zeigte (Behne 1975) — einem Wandel ihrer Wertschätzung. Sehr junge (um fünfzehn Jahre) und ältere Menschen (über vierzig Jahre) zeigen dafür ein erheblich größeres Interesse als andere Altersgruppen. Für den Schlager ist die größte Ablehnung bei den Dreiundzwanzig- bis Sechsundzwanzigjährigen zu beobachten. Der Operette begegnet man mit einer negativen Haltung vor allem im dritten Lebensjahrzehnt, danach wird ihr zunehmend wieder größere Neigung zuteil. Die Altersvariable konfundiert in einer solchen Querschnittsuntersuchung frühere Erfahrungen, das biologische Alter und die chronologische Zeit. Es lassen sich daraus keine entwicklungspsychologischen Schlußfolgerungen ziehen. Denn die über Vierzigjährigen hatten mehr Möglichkeiten, das Genre Operette kennenzulernen, und es ist nicht gesagt, daß die befragten Fünfzehnjährigen, die an dieser Untersuchung teilnahmen, die Operette lieben werden, wenn sie über vierzig sind.

Allgemein gefällt nach dem fünfzehnten Lebensjahr der Schlager weniger, Pop und Rock treten bei Jugendlichen an seine Stelle. Auch klassische Musik kann in diesem Alter dem Verdikt verfallen, zu gefühlshaft zu sein. Das Bekenntnis älterer Menschen zur Sentimentalität und deren Ablehnung durch Jugendliche korrespondiert sicher nicht mit biologischen Reifungsprozessen, setzt aber bestimmte psychische Entwicklungen voraus.

Die positive Haltung zur geistlichen Musik bei älteren Menschen kann — ebenso wie der Umstand, daß sich Jugendliche eine eigene ästhetische Kultur schaffen, die sie später wieder preisgeben — als Indikator für die Vermutung gewertet werden, daß Musik der Lebensbewältigung dient. Die mit dem Alter korrelierten Präferenzen für die Oper dürften dagegen weniger mit der Zahl der Jahre zu tun haben als mit dem Umstand, daß man im höheren Alter eher in der Lage ist, eine Eintrittskarte zu bezahlen. Das Alter ist keine erklärende Variable für das Verhalten und die Einstellungen gegenüber Musik, es ermöglicht lediglich eine grobe Zusammenfassung verschiedener Faktoren, die bei der Ausbildung von Vorlieben wirksam werden.

Die Begründung von Präferenzen durch geschlechtsspezifische Unterschiede

Sind Unterschiede des Musikgeschmacks bei Mädchen und Jungen, Frauen und Männern zu interpretieren, so ist das Geschlecht ebenfalls nicht als verursachende Variable aufzufassen, sondern als ein Bündel verschiedener Einflüsse, vor allem solcher, die mit den noch immer herrschenden geschlechtsspezifi-

schen Sozialisationsprozessen zu tun haben. Weil Präferenzen zu ermitteln vor
allem zu pädagogischen Zwecken nützlich sein kann, wurden Unterschiede in
der Regel bei Jugendlichen nachgewiesen.

Mädchen tendieren eher zu gefühlsbetonter Musik (Schlager, Soft-Rock, sogar auch zu klassischer Musik). Jungen ziehen harte, aggressive Musik vor. In
einer zusätzlichen statistischen Analyse der von Allensbach vorgelegten Daten
hat Jost (1982) auch unterschiedliche Präferenzen bei Erwachsenen verschiedenen Geschlechts gefunden. Frauen neigen mehr zu »klassischer Konzertmusik«,
Oper, Operette, Musical, Chormusik, Chanson und Schlager. Männer genießen
häufiger, was sie hart macht: Blas- und Marschmusik, Rock der siebziger Jahre,
Modern Jazz und Punk. Vorhersagen für den einzelnen Fall sind aus solchen
Statistiken nicht zu treffen, weil sie Abweichungen der Häufigkeit oder des
Mittelwerts betreffen, die zudem an eine größere Stichprobe gebunden sind. Es
sind lediglich großflächige Facetten im Spiegel unserer Kultur.

Einflüsse von Sozialstatus und Bildung

Die Glaubensgrundsätze und Werthaltungen, die wir mit Musik verbinden,
spiegeln ästhetische Erfahrungen und Kenntnisse wider. Daher hängen sie von
der Bildung und dem Sozialstatus ab. Der Zusammenhang zwischen Sozialstatus und musikalischen Vorlieben gehört zu den Beziehungen, die am meisten
untersucht wurden, die jedoch nur sehr grobe Erklärungen erlauben. Obwohl
nämlich sicher ist, daß unsere Gesellschaft keine egalitäre Struktur besitzt, ist
es doch sehr schwierig, das soziale Gefälle hinreichend zu beschreiben. Da die
Untersuchungen über die Abhängigkeit des Musikgeschmacks auf verschiedenen Theorien der sozialen Schichtung basieren, sind sie nur teilweise vergleichbar. Schwierigkeiten bereitet außerdem die zwar hohe, aber nicht hundertprozentige Übereinstimmung von Schulbildung und Sozialstatus. Bildung kann
noch immer gemäß den traditionellen bürgerlichen Gleichungen den Status,
der im materiellen Besitz gründet, wettmachen. Bildung ist aber häufig ein di-
rektes Anzeichen des sozialen Status, bedarf sie doch auch einer langwährenden
Freistellung von der Arbeit.

Je höher der ökonomische Status, um so eher genießt die »klassische Konzertmusik« ein Ansehen. In der gehobenen Mittelschicht und in der Oberschicht hören 31% klassische Musik sehr gern. Stellt man die Schulbildung in
Rechnung, so ergibt sich in etwa derselbe Wert, nämlich 34% (vgl. Allensbach
1980). Die 69% Liebhaber klassischer Musik, die Behne (1975) ermittelte, dürften eine zu hohe Schätzung darstellen und weniger auf Meinungen über die eigenen Vorlieben deuten, als daß sie eine Tendenz anzeigen, »sozial Erwünschtes« bei einer Befragung anzugeben. Erstaunlich ist, daß in der unteren Schicht
noch 8,6% an klassischer Konzertmusik den größten Gefallen finden. Von den-

jenigen, die nur den Hauptschulabschluß besitzen, sind ebenfalls 11% der Klassik verpflichtet.

Vergessen wir nicht, daß bei diesen Befragungen nur ein Stereotyp von »klassischer Musik« erfaßt wird, über dessen konnotative Bedeutung durch die bereits besprochene Korrelation mit dem Begriff »Musik« einiges bekannt ist, von dem aber nicht so sicher ist, daß nicht manche Hörer Gershwin und andere Johann Strauß damit assoziieren. *An der schönen blauen Donau* trifft noch immer den Geschmack der »unteren Klassen«, wie Bourdieu (1984) für unseren westlichen Nachbarn Frankreich feststellte. (Daß in der Untersuchung von Bourdieu nicht von Schichten, sondern von Klassen gesprochen wird — einem Begriff, der scharf abgegrenzte, nicht transparente gesellschaftliche Strukturen voraussetzt — ist allerdings im Hinblick auf die französischen Verhältnisse falsch.) Auch eine Untersuchung von de Jager (1967) an holländischen Konzertbesuchern demonstriert, daß auf dem »unteren« von drei Bildungsniveaus, in die der Autor seine Stichprobe eingeteilt hatte, Johann Strauß ein Lieblingskomponist sein kann.

Im übrigen bestätigte diese Untersuchung für die höheren Bildungsniveaus ein Ergebnis, das Farnsworth (1976) für amerikanische College-Studenten referiert: Die Favoriten des Konzertpublikums sind Beethoven, Tschaikowsky und Mozart. Für die Mitglieder der American Musicological Society rangiert allerdings Bach noch vor Beethoven, und Tschaikowsky rutscht auf Platz 22 ab.

Rang	Gruppe 1	Rang	Gruppe 2
1	Beethoven	1	Beethoven
2	Bach	2	Tschaikowsky
3	Tschaikowsky	3	Mozart
4	Mozart	4	Bach
5	Chopin	5	Chopin
6	Brahms	6	Brahms
7	Händel	7	Wagner
8	Debussy	8	Händel
9	Mendelssohn	9	Debussy
10	Dvořák	10	Rimskij-Korsakow
11,5	Wagner	13,5	Mendelssohn
11,5	Rimskij-Korsakow	21	Dvořák

Präferenzen von 140 Universitätsstudenten, aufgeteilt in zwei Gruppen, befragt 1965 (nach Farnsworth 1976; © Iowa State University Press, Ames / Iowa)

Jugendliche unter zwanzig Jahren halten klassische Musik für »sentimental«. Sofern ausgeprägte Präferenzen nachgewiesen wurden, wie dies für Schüler von sehr konservativen Gymnasien mit Eliteanspruch der Fall war (Hartwich-Wiechell 1977), erklären sie sich aus einem Gemisch verschiedener Faktoren: Bedeutsam sind die ökonomischen Verhältnisse, die tatsächliche Bildung (auch

Kultureller Geschmack und kulturelle Praxis (nach Bourdieu 1984; © Suhrkamp Verlag, Frankfurt/Main)

Urteile über Malerei[1]

	interessiert mich nicht	schön, aber schwer zu verstehen	mag die Impressionisten	mag abstrakte Malerei	moderne Malerei ist nicht einfach so dahingemalt	Name des Malers ist nicht gleichgültig
Untere Klassen	26	62	7	4	32	7
Selbständige Handwerker, Kleinkaufleute	16	73	5	5	44	2
Angestellte, Mittlere Führungskräfte	17	65	12	7	35	8
Techniker, Volksschullehrer	3	50	26	22	53	14
Neues Kleinbürgertum	4	30	32	34	64	13
Mittelklassen	14	56	16	14	45	9
Handels- und Industrieunternehmer	4	51	27	17	42	6
Höhere Führungskräfte, Diplom-Ingenieure	8	27	39	26	55	11
Freie Berufe	—	31	40	29	58	13
Lehrer höherer Schulen und von Hochschulen, Kunstschaffende	4	14	39	43	75	21
Obere Klassen	5	31	37	27	55	12

Die Prozentzahlen wurden ohne die Enthaltungen berechnet.

1 Die Testpersonen wurden gefragt, welches der folgenden Urteile ihrer Meinung am nächsten kommt.
2 Die Testpersonen wurden gebeten, aus der Liste der sechzehn Musikstücke drei auszuwählen.

die liebsten Musikstücke[2]

L'Arlésienne	Schöne blaue Donau	La Traviata	Säbeltanz	Rhapsody in blue	Ungarische Rhapsodie	Götterdämmerung	Kleine Nachtmusik	Vier Jahreszeiten	Feuervogel	Enfant et sortilèges	Kunst der Fuge	Wohltemperiertes Klavier	Konzert für die linke Hand
42	66	28	25	24	33	4	11	7	5	—	2	1	—
41	60	30	27	24	34	11	15	15	10	1	1	2	—
36	53	23	22	21	40	11	27	22	7	0	3	2	0
18	18	18	21	31	38	19	31	46	12	1	10	10	7
14	22	10	12	25	25	17	34	47	16	10	14	12	8
30	43	21	20	25	36	13	27	29	10	3	6	5	3
23	24	28	6	28	50	9	21	30	10	3	15	4	5
20	20	11	13	25	42	18	30	39	15	2	13	12	13
4	17	6	2	21	32	11	53	55	6	2	13	17	23
1	3	9	4	13	21	22	51	51	23	4	31	32	13
15	17	14	9	23	39	16	34	41	15	2	17	14	12

musikalische Kenntnisse) und das Denken in Statussymbolen. Als Statussymbol kann die klassische Musik vor allem auch bei den Arbeiterkindern auf Gymnasien bewertet werden (Schaffrath 1978).

Schichtspezifische Unterschiede zwischen Jugendlichen finden sich innerhalb des Genre Rock und Pop (Murdock 1973) derart, daß die soziale Lage mit musikalischen Strukturen zu korrespondieren scheint: Einfachen, entspannenden Formen widmen Berufsschüler, die bereits hart arbeiten müssen, ihr Interesse, wohingegen die Oberschüler zu den komplexeren intellektuellen Ausdrucksformen neigen. Spezielle musikalische Bildung verändert die Struktur der Vorlieben, wie Brömse (1975) an einer Stichprobe von 897 Schülern aller Schularten feststellte. Zwar steht »Beat/Pop/Underground« an der Spitze der Beliebtheit, mehr als 70% (in einer neueren Untersuchung von Bär [1984] sind es sogar 88%) möchten sie auch gern im Unterricht behandelt wissen. 11,9% derer, die ein Instrument spielen, und sei es nur eine Blockflöte, halten jedoch auch die Kammermusik für einen behandlungswürdigen Gegenstand.

Grundsätzlich schützt höhere Schulbildung nicht vor musikalischer Dummheit. 20% der Absolventen höherer Schulen lieben den Schlager.

Der Geschmack als Spiegel der Persönlichkeit

Für kunstpsychologische Fragestellungen sind die drei bedeutsamsten Persönlichkeitstheorien in unterschiedlicher Weise fruchtbar geworden. Guilfords (1959) Modell hat vor allem anregend auf Untersuchungen der Kreativität gewirkt. Cattells (1957) und Eysencks (1953) Persönlichkeitstheorien wurden im Bereich des ästhetischen Geschmacks nicht zuletzt deshalb zu Erklärungen herangezogen, weil von den beiden Testkonstrukteuren dazu Anregungen ausgingen.

Cattell unterscheidet Bereiche der Persönlichkeit, die dauerhafter sind als die vorübergehenden Zustände und Stimmungen: nämlich »ability«, »motivation« und »temperament«. Innerhalb eines Bereichs sind vielfältige Differenzierungen denkbar. Darüber hinaus ist das Temperament, der Verhaltensstil, um den es bei der Erklärung des Geschmacks geht, auch als ein hierarchisch gestuftes System beschreibbar. Verhaltenstendenzen (etwa leichtlebig zu reagieren) lassen sich als Sonderfall eines optimistischen Wesenszugs oder noch abstrakter als Ausformung von Extraversion auffassen, die wiederum eine der beiden Unterkategorien von Nervenstärke (neural strength) ausmacht. Schon die Eigenschaft »leichtlebig« ist aber nicht direkt zu beobachten; festgestellt werden kann nur ein Verhalten, dem man diese Interpretation angedeihen läßt. Charakterisierungen auf dem abstrakteren Niveau dieser Persönlichkeitstheorie sind regelrechte hypothetische Konstrukte. Der von Cattell entwickelte 16 PF-Test (16 Personality Factors Inventory) mißt durch ein Fragebogenverfahren Verhaltenstendenzen, die auf die Eigenschaften der ersten Abstraktionsstufe bezogen sind.

Cattell hat zu Beginn der fünfziger Jahre einen Musikpräferenztest (MPTP) — eine Langspielplatte mit Musikausschnitten von je dreißig Sekunden — publiziert, dem sein Persönlichkeitsmodell zugrunde liegt und den er fast als ebenso aufschlußreich ansah wie den 16 PF-Test. Einen solchen Test zu konstruieren, entspricht den allgemeineren Bemühungen dieses Forschers, seine Theorien in Einklang zu bringen mit anderen Verhaltensbereichen — oft solchen, die eine umfassendere kulturelle Bedeutung haben (so suchte er etwa für die Leistungsmotivation nach Übereinstimmungen in Märchen). Daß der Geschmack aber als Indikator allgemeinerer Persönlichkeitseigenschaften fungieren könnte, ist kaum denkbar. Denn auch wenn Einstellungen und Interessen, wie es Cattell glauben mußte, tief im Persönlichkeitssystem verankert sind, so spielen doch als Bedingungen der Vorlieben zuviele externe Faktoren eine Rolle. Vor allem die musikalische Bildung, die nicht dem »Temperamentsbereich« angehört, wirkt sich auf die musikalischen Interessen aus.

Will man aber nicht wie Cattell die Vorlieben für Musik zur Voraussage von Charaktereigenschaften benutzen, sondern sucht nach Entsprechungen zwischen dem Geschmack und allgemeineren Dispositionen, so weisen die von ihm zu Anfang der fünfziger Jahre ermittelten Ergebnisse immer noch auf bedeutsame Zusammenhänge hin. Feinfühlige (scheu Zurückgezogene) zeigen eine verstärkte Neigung zu Barockmusik und Klassik. Sie lehnen Jazz ab, der wiederum das Interesse von dominanten (selbstsicheren, aggressiven, willensstarken) und unabhängigen Personen auf sich zieht. Bei großer Triebspannung kommt es zur Ablehnung von harmonisch komplexer, oft dramatischer Musik aus der zweiten Hälfte des 19. Jahrhunderts. Ein Experiment von Fisher und Fisher (1951) ermittelte ähnliche Ergebnisse. Sie sprechen für die noch weiter zu differenzierende These, daß Musik kaum eine kathartische Wirkung hat. Schlager, Jazz und gängige Repertoirestücke liebt, wer unternehmungslustig und voll sozialer Initiative ist. Einbildungsreiche (autia), unbekümmert exzentrische Menschen werden gefesselt durch schnelle, harmonisch interessante, rhythmisch aggressive Musik, gleich welchen Stils. Sie lieben nicht so sehr den langsamen, lyrischen Ton, von dem sich unsichere, ängstliche Personen mit Neigung zu Schuldgefühlen angezogen fühlen.

16-PF-Faktoren	Ladung auf Sekundärfaktor *			Musikpräferenzfaktoren							
	Exv	Neu	Gef	1	2	3	4	5	6	7	8
A -Zyklothymie	+1	..	..	...	...	...	...	...	...	...	...
B -Intelligenz	..	..	..	...	...	...	...	...	...	...	...
C -Ich-Stärke	..	-1	..	...	...	...	...	...	-35	-30	...
E -Dominanz	+5	..	..	.49	...	...	...	...	-35	...	...
F -Ausdrucksfreude	+2	..	..	.46	...	...	...	...	...	...	-38
H -Initiative	+3	..	..	...	...	.68	...	...	-36	.34	...
I -Feinfühligkeit	..	..	+1	-65	...	...	...	...	...	...	.70
L -Argwohn	-6	+4	..	.51	-49	...	...	...	...	...	...
M -Autia	..	..	+2	...	...	...	.60	-47	...	...	.41
N -Scharfsinn	..	..	-3	...	...	...	...	...	...	...	-32
O -Schuldgefühl	..	+2	..	...	...	...	...	.60	...	...	...
Q_1-Radikalismus	..	..	..	.38	...	...	...		-36	.36	...
Q_2-Unabhängigkeit	-4	..	..	.48	...	...	.37	...	.38	...	...
Q_4- Triebspannung	..	+3	..	...	-52	...	...	...	...	...	...

Punktwertkorrelationen zwischen MPTP-Faktoren (Auswahl) und 16-PF-Faktoren (Auswahl) sowie deren Ladung auf den Sekundärfaktoren Extraversion, Neurotizismus/Angst und Gefühlsbestimmtheit. Vgl. Cattell und Anderson (1953), Cattell (1973) und Meißner (1978) (© Karl Dieter Wagner, Hamburg).

Diese Ergebnisse sind deshalb bedenkenswert, weil sie zu klingenden Musikbeispielen ermittelt wurden, da sich ja in diesem Fall die Haltung zu einem ganz speziellen Musikstück ungünstig auf verallgemeinerte Aussagen auswirkte. Die Cattellsche Untersuchung (zu der die inzwischen kratzend und rostig klingende Schallplatte nur noch schwer greifbar ist) vermag immer noch Anregungen zu liefern für einen fast vernachlässigten Forschungskomplex. Was sich in ihr ausgeprägt zeigte, nämlich die Präferenzen von Über-Ich-Schwachen, Labilen für einfache und motivisch konventionelle Musikbeispiele, wurde vielleicht deshalb zu einem besonderen Gegenstand forschenden Bemühens, weil der darin zum Ausdruck kommende Neurotizismus eine psychologisch interessantere Variable ist als Eigenschaften wie Unbekümmertheit oder Feinfühligkeit.

Meißner (1979) hat dieser und anderen Untersuchungen über »Präferenzen und Neurotizismus« eine ausführliche Besprechung angedeihen lassen, teilweise auch die Interpretationen der Autoren durch Sekundäranalysen kritisch unter die Lupe genommen. Das Bild, das der Vergleich zwischen dem System der Einstellungen und dem der Persönlichkeitsfaktoren erbringt, ist teilweise verwirrend. Dies hängt nicht zuletzt damit zusammen, daß es allein schon schwierig ist, »Wesenszüge« eines Menschen zu messen. Oftmals wurden zur Bestimmung des Neurotizismus auch sehr verschiedene Tests eingesetzt. Aber es lassen sich aus einigen Untersuchungen doch plausible Hypothesen gewinnen. Werbik hatte ergänzend zu seiner Studie über den Zusammenhang von Aktivierung und informationstheoretischem Gehalt einfacher Tonfolgen (1971) auch eine Differenzierung der Beurteiler mit Hilfe des 16-PF-Tests vorgenommen. Obwohl er feststellte, daß zwischen der Bevorzugung und Ablehnung optischer und akustischer Muster derselben Informationsstufe keine Übereinstimmung besteht (was wahrscheinlich mit dem Informationsmaß zusammenhängt), bestätigte er für die Beurteilung von Tonfolgen ein Ergebnis von Roubertoux (1970). Dieser hatte gefunden, daß die Ablehnung abstrakter Malerei und komplizierter Tonfolgen sich oft bei Über-Ich-starken Menschen findet. Dieses Ergebnis läßt sich dahingehend interpretieren, daß verantwortungsbewußte, zweckmäßig-praktisch denkende Personen Normen derart gut internalisiert haben, daß sie auch ihre Einstellungen zur Kunst prägen.

In Werbiks Untersuchung verhalten sich Ich-starke Personen, die emotional stabil und realistisch eingestellt sind, auch eher ablehnend gegenüber Tonfolgen mit höherem Informationsgehalt, dies im Unterschied zu den unsicher-ängstlichen Personen. Das widerspricht den Ergebnissen von Cattell und auch den Resultaten, die Meißner in der Sekundäranalyse einer Untersuchung über das Urteil von neurotischen und nicht neurotischen Jugendlichen (Fisher und Fisher 1951) gegenüber nicht vertrauten Musikbeispielen feststellte. In beiden Fällen scheinen eher labile, unsichere Personen komplexe Reizmuster abzulehnen.

Zur Interpretation des Verhaltens neurotischer Personen stehen zwei gegensätzliche Theorien bereit. Der Freudschen Theorie genügen eher die Befunde von Werbik, vielleicht auch eine Studie von Payne (1967), die zeigte, daß labile, neurotische Jugendliche dazu tendieren, Komponistennamen auszuwählen, die gemäß einem Expertenurteil einen affektiv-romantischen Stil pflegen. Fänden nämlich unsichere, emotional labile Personen an komplexer und dramatischer Musik Gefallen, so böte die Freudsche Theorie Interpretationshilfen mit dem Abwehrmechanismus der Projektion an. Unterdrückte Triebe, die durch Musik entäußert werden können, fänden Befriedigung. Die Bevorzugung einfacher, ruhiger Musikbeispiele ist hingegen leichter aus der umgekehrt u-förmigen Beziehung zwischen Aktivierung und Wohlgefallen zu erklären, wie sie Berlyne postulierte. Neurotische Personen, die zu einem schnelleren Anstieg des Erregungsniveaus tendieren, fänden demzufolge bereits Vergnügen an schlichteren Gebilden, die stabile Personen noch völlig kalt lassen. Über das Verhältnis, das emotional labile Menschen zu einfacheren oder schwierigeren musikalischen Strukturen entwickeln, läßt sich zur Zeit nur resümierend sagen, daß sie nicht zur Bevorzugung eines mittleren Ausmaßes an Komplexität neigen. Emotional labile Personen, die außerdem ein entsprechendes Ausmaß an Vorbildung besitzen, verfügen möglicherweise über einen höheren Grad an Sensibilität als andere Menschen.

Ein besonderes Problem, das im Rahmen der Vorurteilsforschung immer und immer wieder untersucht wurde, stellen dogmatische Personen dar. Sie neigen zu besonders starkem stereotypen Denken, verhalten sich ablehnend und intolerant gegenüber Menschen und Dingen, die ihnen fremd sind. Dogmatische Personen wollen in jedem Fall an einer einmal gefaßten Meinung festhalten. Die Änderung von Überzeugungen geht immer mit einer Phase von Unsicherheit einher. Glaubenssysteme werden daher aufrechterhalten, um das Gefühl der Sicherheit nicht zu verlieren. Zu den Voraussetzungen des Dogmatismus gehört neurotische Angst. Im festgezimmerten System von Meinungen über die Welt, das sich in antizipierenden Urteilen — also der Vorwegnahme der Erfahrung — äußert, findet sich auch ein negatives Stereotyp vom Künstler. Dessen Ablehnung ist mit dem Ausmaß an Dogmatismus korreliert (r = 0,33, nach Kirley und Harkless 1969).

Dogmatismus, das Denken in geschlossenen Systemen (closed mind), Intoleranz, autoritäres Verhalten berühren denselben Verhaltensbereich, ohne daß mit diesen Begriffen ganz genau dasselbe gemeint ist. Der Ausdruck »Dogmatismus« bezieht sich eher auf ein starres, rigides kognitives Urteil, während die Vorstellungen von der autoritären Persönlichkeit einer psychoanalytischen Interpretation zugänglich sind. In beiden Fällen verwendet man zur Messung Befragungen (Zustimmung und Ablehnung von Statements), die — zumindest wenn man annimmt, unbewußte Motive könnten eine Rolle spielen — Verzerrungen unterliegen in dem Sinne, daß jemand bewußt verfälscht, nur sozial Erwünschtes angibt oder einfach ein Ja- oder Nein-Sager ist. Daß dogmatische Personen auch neuartige ästhetische Erfahrungen ablehnen, fanden Zagona und Kelley (1966) bei der Darbietung eines abstrakten Films, begleitet von Jazzmusik. In dieser Untersuchung zeigte sich auch deutlich, daß bei dogmatischen Personen Wahrnehmungsantizipationen vorliegen, und zwar nicht im Sinne einer zu prüfenden Hypothese, sondern als fixierte Erwartung. Zagona und Kelley ließen die Filmzuschauer ihr Gefallen oder ihr Mißfallen begründen (durch das Ankreuzen von Statements). Wer als hoch dogmatisch eingestuft worden war, gab häufiger an: »I tried to anticipate what comes next« und »It botherd me if my anticipation was wrong«. In welchem Ausmaß sich ablehnende Äußerungen gegenüber Neuer Musik einer dogmatischen Haltung verdanken, deutet eine Untersuchung von Rittelmeyer (1969) an; hochdogmatische Personen sind durchaus imstande, Berios *Visage* und Weberns Opus 5 als Unsinn zu bezeichnen.

Die Beziehung zwischen Dogmatismus und Ablehnung neuer ästhetischer Erfahrung ist nicht linear, wird sie doch von den legitimen Interessen eines Menschen durchkreuzt und auch von der Kompetenz. Welcher Faktor dafür verantwortlich zu machen ist, daß trotz eines universalistischen Anspruchs und einer vermeintlich hohen Kompetenz die Hochschullehrer in Bourdieus (1984) Enquête sich gegenüber abstrakter Malerei wenig offen zeigen, bleibe dahingestellt.

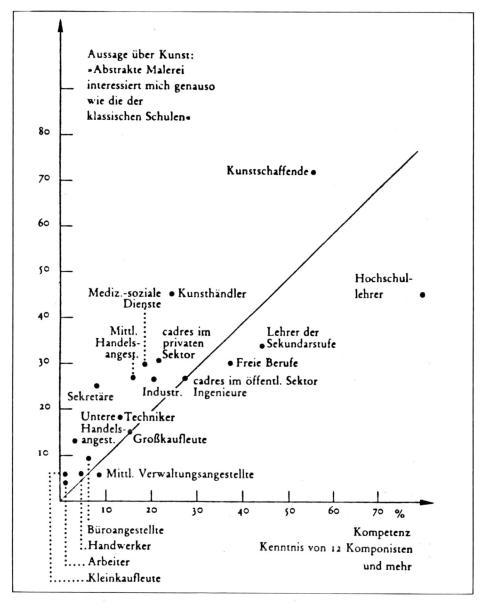

Große Bildung und eine damit verbundene vermeintliche Urteilskompetenz garantiert nicht unbedingt Aufgeschlossenheit gegenüber dem zeitgenössischen Kunstschaffen. Dies demonstriert das von Bourdieu (1984) ermittelte Interesse von Hochschullehrern an abstrakter Malerei (© Suhrkamp Verlag, Frankfurt/Main).

Der Zusammenhang zwischen Geschmack und Persönlichkeitsfaktoren überschreitet selten eine Korrelation von 0,30. Die Korrelationen von 0,70—0,90, über die Alekseev und Golovinsky (1974) berichten, können angesichts der Vielfalt der die Präferenzen bestimmenden Faktoren nur ein Artefakt sein. Auch wenn Persönlichkeitsfaktoren ästhetische Vorlieben beeinflussen, so sind keine Rückschlüsse vom Geschmack auf die Person möglich. Meint man von einer extremen Ausprägung des Dogmatismus auf die Wahrscheinlichkeit eines konservativen Kunstgeschmacks schließen zu können, so besagt konservativer Kunstgeschmack nicht automatisch etwas über eine dogmatische Haltung, wie denn auch eine avantgardistische Gesinnung nicht vor intoleranter Haltung schützt.

Mit biologischen Begründungen argumentierte Eysenck sowohl hinsichtlich der Charakterisierung des Neurotizismus als auch der der Extraversion. Die starken nervösen Reaktionen der Neurotiker auf Umweltreize verändern im Grunde die Reizsituation. Denn wenn die Schwellen niedriger liegen, so wird der Reiz auch stärker empfunden. Eine stärkere Stimulation gefällt aber nur den Extravertierten, weil ihre nervösen Prozesse eher ermüdungsähnlichen reaktiven Hemmungen unterliegen.

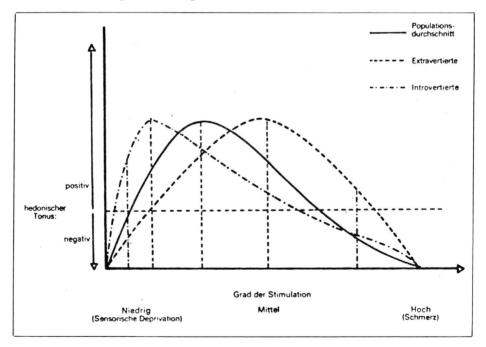

Bei introvertierten Personen genügt eine — gemessen am Bevölkerungsdurchschnitt — geringere sensorische Stimulation, um den Eindruck des Angenehmen hervorzurufen. Extravertierte bedürfen demgegenüber eines größeren Ausmaßes an Reizintensität, um einen Zustand als angenehm zu bewerten (nach Eysenck 1952; © Routledge und Kegan, London).

Das System von Eysenck ist gleichermaßen hierarchisch konzipiert wie das von Cattell. Angenommen wird, daß sich eine Verhaltensweise — auch hier sind Stufen der Abstraktion vorgesehen — vor dem Hintergrund einer Gewohnheit interpretieren läßt. Gewohnheiten wiederum erlauben eine Art Charakterzug (trait) zu erkennen — bis dahin, daß ein Mensch einem Typus zugerechnet werden kann. Typen gibt es nach Eysenck nur drei: Psychotiker, Neurotiker und Extra- bzw. Introvertierte.

Im Umkreis der Persönlichkeitstheorie von Eysenck sind zweierlei Forschungsergebnisse bemerkenswert. Einmal wurde gemäß einer englischen Tradition immer nach einem allgemeinen ästhetischen Faktor (taste) auf der Ebene der »traits« gesucht; zum zweiten wurde relativ viel Vertrauen in ein einfaches Experiment gesetzt, nämlich die Beurteilung von Polygonen, deren Komplexität leicht durch die Zahl der Ecken bestimmt werden konnte. Mit Hilfe dieses Maßes für ästhetische Kompliziertheit glaubte man, Extravertierte und Introvertierte unterscheiden zu können. Untersuchungen zur Musik, wie die bereits erwähnte von Payne (1967), stellen eher die Ausnahme dar. Eysenck (1940) selbst fand einen Geschmacksfaktor bei der Beurteilung von Bildern und anderem optischen Material. Darüber hinaus meinte er, daß die Unterscheidung von gegenständlicher und abstrakter Malerei hervorragend ($r = 0,72$) mit der Unterscheidung von Introversion und Extraversion korreliere. Die Annehmlichkeit, die Extravertierte bei größerer Stimulation empfinden, ja daß sie zum »sensation seeking« neigen, würde eine Präferenz für alles Neue erklären. Auch Cattell hatte gefunden, daß Extravertierte eine größere Vorliebe für Fremdartiges, z. B. für fremdartige Literatur, empfinden. Aber die Freude an stimulierenden, sensorischen, möglichst bunten Reizen entspricht nicht unbedingt dem Wohlgefallen am Komplizierten. Das scheint doch eher Sache des introvertierten Typus zu sein (vgl. Knapp 1964, Jamison 1972, Bryson und Driver 1972).

In einer sehr umfangreichen Studie, mit der eine Vielzahl von Variablen untersucht wurde, fand Meißner (1979), daß Neuheit im Sinne Neuer Musik (gemessen an der Beurteilung von Boulez' *Tombeau*) eher den Introvertierten gefällt; beeinflußbarer durch Prestigesuggestion (eine angeblich positive Musikkritik) sind aber die Extravertierten, die konventionelleren Denkmustern folgen. Interesse an neuartiger Musik fand er bei Extravertierten auch dann nicht, wenn der Grad an Komplexität, wie bei Ligetis *Lontano*, geringer ist. Es mag sein, daß diese Musik allerdings den befragten Schülern und Studenten noch zu wenig vertraut war. Die Untersuchung von Meißner präsentiert aber viel mehr das Bild vom Extravertierten, wie es 1921 von Jung und gleichzeitig von Rohrschach (mit dem Namen »Extratension«) entwickelt worden war. Zum sozial angepaßten, nach außen gewandten, gefällig, warmherzig, eher gefühlsganzheitlich Reagierenden, nach der Einteilung von Kretschmer mit einem pyknischen Habitus ausgestatteten Typus paßt eine Haltung, die sich komplizierten ästhetischen Gebilden zuwendet, weit weniger als zum nach innen gekehrten, kühlen, analytisch denkenden leptosomen Introvertierten.

Am Ende des Abschnitts, der dazu diente, Bedingungen für die Vorlieben und Ablehnungen von Musik auch im Insgesamt des Persönlichkeitsgefüges nachzuweisen, wird deutlich, wie wenig sich psychische Prozesse in einer kapitelweisen Besprechung darstellen lassen. Die Art, wie Musik beurteilt wird, die Kategorisierungen und Stereotypisierungen, die erfolgen, gehören teilweise zum Bereich einer allgemeinpsychologischen Betrachtung; nach ihren Begründungen zu fragen, macht sozialpsychologische Erörterungen nötig. Aber auch Gesichtspunkte der differentiellen Psychologie spielen eine Rolle. Vor allem die Unterschiede zwischen Personen sind mit dem vagen Zusammenhang, den Persönlichkeitsfaktoren mit Musikpräferenzen aufweisen, nicht hinreichend erschöpft. Daher wird ihnen ein eigenes Kapitel gewidmet werden.

Die Entstehung und Entwicklung von Einstellungen

»Ich mag lieber richtige Musik als künstliche Musik«, schrieb ein Zwölfjähriger in einem Aufsatz mit dem Thema »Ich und die Musik«. Er hatte prägnant formuliert, was die Mehrzahl seiner Altersgenossen auch meinte, nämlich daß ihre Lieblingsmusik aus der Hitparade und nicht aus dem Konzertsaal stammt, wie etwa Smetanas *Moldau*, die im vorliegenden Fall als künstliche (gemeint ist künstlerische) Musik abgelehnt wurde. Die Chancen sind groß, daß dieser Junge, wenn er erwachsen sein wird, zu den 41,9% (respektive 36,1%) zu zählen sein wird, denen die deutsche Volksmusik und der Schlager am besten gefällt. Einstellungen zur Musik — das zeigen die musikalischen Jugendkulturen — sind nicht über das ganze Leben hin konstant. Aber eine wichtige Bedingung ist die Art der musikalischen Sozialisation.

Wann bilden Kinder Präferenzen aus? Bereits wenn ein Kind auf die Welt kommt, richtet es seine Aufmerksamkeit unterschiedlich auf akustische Ereignisse. Dabei spielen physiologische und physikalische Gegebenheiten eine Rolle (Säuglinge reagieren auf das Knistern eines Papiers, nicht aber auf einen vorbeidonnernden Laster). Noch bis ins Schulalter hinein können akustische Merkmale zur Interpretation der kindlichen Vorlieben herangezogen werden. Musik soll für sie nicht nur gut überschaubar, in kurze Abschnitte gegliedert sein, einen eher signal- respektive marschartigen Charakter haben (Abel-Struth 1979) und von ausgeprägter rhythmischer Struktur sein, sondern ein möglichst breit aufgefächertes Frequenzspektrum mit hohen Spitzen besitzen (Kral, Rudlof und Teiner 1973). Letzteres macht das Selbst-Singen wenig attraktiv gegenüber dem, was die Medien bieten können.

In den ersten beiden Schuljahren sind Kinder aber noch recht offen. Befragt nach ihren Lieblingsliedern, gaben die Erst- und Zweitklässler in einer Untersuchung von Walker (1927) die Lieder an, die sie in der Schule gelernt hatten, ab dem dritten Schuljahr wurden Volkslieder genannt, aber solche, die nicht in der Schule durchgenommen worden waren. In den ersten beiden Schuljahren ist es auch noch möglich, große Begeisterung für Mozart zu wecken (de la Motte-Haber und Jehne 1976). Nicht, daß Kinder dieses Alters alles attraktiv fänden. Sie unterscheiden schon im Vorschulalter, wie bei Märchen oder Speisen, was ihnen besser oder schlechter gefällt. Sie können ein Lied genauso wie eine Geschichte immer und immer wieder hören. Aber es scheint noch keine stilistische Fixierung stattgefunden zu haben, die eine erst nach dem achten Lebensjahr sich voll entfaltende Unterscheidungsfähigkeit voraussetzt. Schätzen Sechsjährige kurze, fünfzehn Sekunden lange Beispiele ein, die teils aus demselben Stück stammen, teils aus Stücken ganz anderer Epochen, so gelingen ihnen schon einige richtige Zuordnungen (Gardner 1971). Zunehmend besser glückt dies aber zwischen acht und elf Jahren. Wie sich durch die Veränderungen der musikalischen Umwelt Vorlieben und Abneigungen wandeln, ist in den letzten beiden Jahrzehnten weniger gut untersucht worden, als es angesichts der Klagen der Musikpädagogen über die mächtige Einflußnahme der Massenmedien notwendig wäre. Daß bereits mit viereinhalb Jahren feste Vorurteile gegenüber klassischer Musik existieren sollen (Hartje 1974), stellt ein vereinzeltes Ergebnis dar, dessen Bedeutung nicht gut abzuschätzen ist. Denn wenn Kinder, wie in dieser Untersuchung, von klassischer Musik als »Omamusik« sprechen, was meinen sie damit und was für Omas haben sie?

Angenommen, es existiert tatsächlich eine Offenheit gegenüber den musikalischen Ereignissen bis ins Schulalter, so läßt dies allerdings den Schluß zu, daß jegliche Musik, die das kindliche Ohr erreicht, seinen Geschmack prägen kann. Und prägend dürfte dann natürlich auch sein, was häufig erlebt wird. »Ich und die Musik« war auch das Thema, zu dem fünf- bis siebenjährige Kinder aufgefordert worden waren, ein Bild zu malen. Sehr vereinzelt tauchten dabei ein Kassettenrekorder und ein Walkman auf, allerdings nur, wenn ältere Geschwister im Haus waren. Die Kinder reproduzierten das, was ihnen am nächsten stand, die Blockflöte oder die Trommel, sofern sie an musikalischer Früherziehung teilnahmen, zuweilen auch den elterlichen Flügel. Sie können ihre Vorlieben nur an dem ausbilden, was sie kennenlernen. Daß bereits im zweiten Schuljahr ein Überwiegen von Beat-Pop-Präferenzen vorliegt (Kral, Rudlof und Teiner 1973), läßt auch auf eine verheerende musikalische Umwelt schließen. Um das zehnte Lebensjahr hat allerdings bereits eine bestimmte Verfestigung der Vorlieben in Richtung auf Popmusik stattgefunden. Mehrere Untersuchungen deuten auf eine wachsende Ablehnung Neuer Musik bereits zwischen dem siebten und achten Lebensjahr hin (wobei sich machmal ein »Entwicklungsvorsprung« der Mädchen zeigt; vgl. Taylor 1973, Le Blanc 1979). Das kann mit dem Vorgang der Enkulturation zu tun haben. Zumindest scheint die Ablehnung Neuer Musik mit einem zunehmenden Gefühl für tonale Beziehungen einherzugehen. Aber noch Zehn- bis Elfjährige können sich neuartigen Klängen gegenüber sehr tolerant verhalten.

Einstellungen sind teilweise von Reifungsprozessen abhängig, weil sie eine gewisse Unterscheidungsfähigkeit voraussetzen. Sie sind aber überwiegend erlernt. Eine lerntheoretische Interpretation erklärt auch am besten, warum Vorurteile sich äußerst hartnäckig halten können. In der Einstellungsforschung wird betont, daß dabei alle drei Arten des Lernens (die klassische wie die instrumentelle Konditionierung und das Modellernen) eine Rolle spielen. Die musikalische Sozialisation, das Hineinwachsen in eine musikalische Kultur (Akkulturation, Enkulturation in der älteren Literatur genannt), basiert auf einem recht komplizierten Wechselspiel von Umwelt, sozialen Beziehungen und individuellen Bedingungen, durch die sich ein Mensch seine Umwelt schafft. Von den genannten Arten des Lernens sind dabei die instrumentelle Konditionierung und das Modellernen für den Erwerb musikalischer Einstellungen bedeutsam. Kinder richten ihr Verhalten nach den Regeln aus, die in den Theorien des Bekräftigungslernens festgehalten sind. Das heißt, Lob und Tadel spielen eine Rolle. Am gezielten musikalischen Training bildet sich aber der Geschmack zum geringsten aus, betrachtet man nicht in erster Linie die Kinder, die intensiven und guten Musikunterricht erhalten. Kinder lernen überwiegend durch Beobachten und Imitation von Vorbildern. Da sich die Wertmaßstäbe erst langsam ausbilden, begründen noch Zehn- bis Elfjährige ihre Ablehnungen mit der Meinung des Vaters (Hansberger 1968).

Aber Vorbilder, die ihnen nachahmenswert erscheinen, finden sie nicht allein in der Familie. Sie finden sie auch schon sehr früh auf dem Bildschirm. Und die Bedeutung der Mattscheibe (gemessen am Konsum) steigt bis zum dreizehnten Lebensjahr ständig an. Die Zersetzung der privaten Sphäre durch die Massenkommunikationsmittel beeinflußt den Musikgeschmack nicht im Sinne eines Trichtermodells, wenngleich der ständigen Begegnung mit bestimmten Sparten der Musik — wobei auch gerade die nur quasi nebenbei rezipierte Filmmusik eine Rolle spielt — die Wirkung nicht versagt bleibt. Kontakt schafft Sympathie, diese sozialpsychologische Formel gilt auch für die Ausbildung musikalischer Vorlieben. Da Eltern das Fernsehen zur Belohnung und Bestrafung benutzen, gewichten sie zudem einen technischen Apparat in der Vorstellung des Kindes. Kinder übernehmen Inhalte aus dem Fernsehen aber mindestens dann nicht unmittelbar, wenn ihnen ihre familiäre Umgebung die Ausbildung einer anderen Einstellung ermöglicht. Das elterliche Verhalten ist vor allem bei Kindern im Vorschulalter die eigentlich vermittelnde Größe für den Musikgeschmack. Welche Eltern aber sprechen schon mit ihren Kindern über Musik im Fernsehen?

Kinder, die sehr viel (drei bis vier Stunden am Tag) fernsehen, tun dies nach einer Befragung von Bastian (1984) aus Langeweile (»weil ich nichts Besseres zu tun habe« 66%) und um sich über Einsamkeit hinwegzutäuschen (»damit ich nicht allein bin« 62%). Hier übt im Sozialisationsprozeß die elterliche Instanz ohnehin keine Funktion aus; sie wird im Sinne der »third parent function« geradezu durch das Fernsehen ersetzt. Die »Vielseher« haben wohl auch, wie die Auswahlseher, Spaß am Fernsehen; es ist jedoch erschreckend, daß 60% angeben, damit ihre Sorgen zu vergessen.

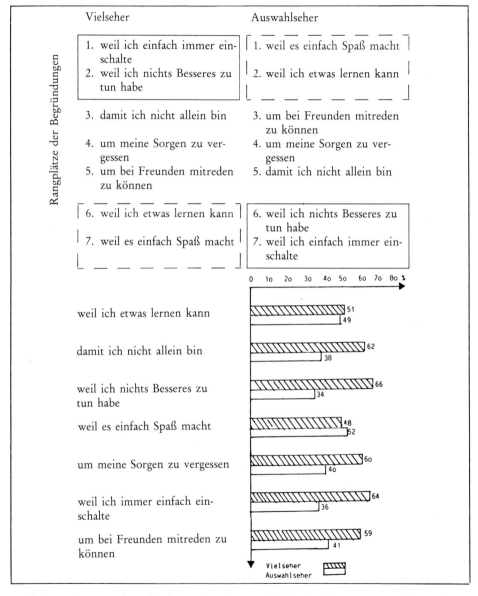

Funktionen des Fernsehens für den Viel- und Auswahlseher (nach Bastian 1984; © B. Schott's Söhne, Mainz)

In der Altersgruppe, in der das Fernsehen bei den Acht- bis Neunjährigen zu einer der wichtigsten Beschäftigungen werden kann, sind neben den Eltern andere Bezugspersonen bereits sehr bedeutsam geworden: Freunde, Mitschüler. Die Meinungen der sogenannten »peer group« werden dann vor allem in der Pubertät wichtig, bis dahin, daß es in Jugendgruppen regelrechte »opinion leaders« gibt, ohne die der rasche Wechsel der Musikmoden nicht denkbar wäre.

Die Einstellungen zu Musik verändern sich während des ganzen Lebens eines Menschen. Sie entfalten sich jedoch gerade in den Jahren, in denen sich die Entwicklung in allen Bereichen rapide vollzieht, in Richtung auf den breiten Musikgeschmack.

Einstellungsänderungen

Der Einfluß steigender Vertrautheit

Einstellungen haben grundsätzlich einen hohen funktionalen Wert, bedeuten sie doch den Entwurf eines geordneten Weltbildes. Wer davon überzeugt ist, daß er keinen Fisch ißt, hat die sichere Garantie, daß er ihm nicht schmecken kann. Solche Vorhersagbarkeit hat den Vorteil, daß man sich erst gar nicht in eine Situation hineinbegibt und sich somit auch keinen irritierenden neuen Erfahrungen aussetzt.

Vorlieben und Abneigungen machen nicht nur eine Speisekarte überschaubar. Sie verhelfen in allen Bereichen zu einem Überblick und bewirken, daß ein Individuum sich nicht mit seinen eigenen Gefühlen jeweils neu befassen muß. Die Einstellung, jenes hypothetische Konstrukt, das hinter den Vorlieben und Abneigungen vermutet wird, ist eine relativ überdauernde Disposition, deren zeitliche Stabilität aber nicht unbegrenzt ist. Sie verwandelt sich im Laufe eines Lebens.

Obwohl sie oft auch Objektivationen gesellschaftlicher Normen sind, können individuelle Vor-Urteile, positive wie negative, mit gesellschaftlich allgemeiner anerkannten ethischen oder ästhetischen Wertsystemen konkurrieren. Dann erscheinen sie änderungsbedürftig, und oft werden — wie bei ethnischen Vorurteilen — große wissenschaftliche Programme aufgeboten, um zu ermitteln, wie eine Änderung der Einstellung bewirkt werden kann. Vier Bedingungen können dafür herangezogen werden: Vertrautmachen durch Begegnung, Lernen durch gezieltes »reinforcement« (Belohnung), Vergleich mit den Normen einer Bezugsgruppe, zusätzliche Sachinformation. Teilweise wurden damit auch Änderungen musikalischer Einstellungen zu erzielen versucht.

Aus der amerikanischen Literatur sind mehrere ältere Experimente bekannt, die nach wiederholter Darbietung von unvertrauter Musik über ein größeres Wohlgefallen auf seiten der Hörer berichten. Dabei zeigte sich nach mehrmali-

gem Anhören der Stücke (meist im Abstand von einer Woche), daß die zunehmende Vertrautheit zu höherer Wertschätzung führt. Nicht von den Autoren
geplant und daher auch nicht systematisch geprüft ist die sich dabei andeutende
Wechselwirkung mit der Komplexität eines Stückes. Bei zwei Jazz-Beispielen,
die in zwei wöchentlichen Sitzungen jeweils achtmal gehört wurden (Verveer,
Barry und Bousfield 1933), steigerte sich bereits in der ersten Sitzung nach
mehrmaligem Anhören das Wohlgefallen, das allerdings in der zweiten Sitzung,
offensichtlich aufgrund eines Sättigungseffektes, wieder abfiel. Mull (1957) beobachtete bei mehrmaligem Anhören des ersten Satzes aus Schönbergs Opus 31
und des zweiten Satzes aus Hindemiths Opus 32 bei Studentinnen, die Musik
als Wahlfach hatten, aber nur mit klassischer Musik vertraut waren, ebenfalls
eine leichte Erhöhung des Gefallens (signifikant nur für das Schönberg-Bei-
spiel). Ein Sättigungseffekt stellte sich allerdings bei diesem Experiment nicht
ein, was damit zusammenhängen könnte, daß die beiden Beispiele ohnehin
nicht besonders positiv eingeschätzt wurden und komplexer waren als die Musik, die die Studentinnen gewohnt waren.

Deutlich trat der Sättigungseffekt aber als umgekehrt u-förmige Beziehung
zwischen zunehmender Vertrautheit und Wohlgefallen in einer Untersuchung
von Washburn, Child und Abel (1927) auf, wenn man die bei fünfmaliger Darbietung zunehmend positivere Einschätzung klassischer Musik und die negativ
werdende populärer Musik dahingehend interpretiert, daß letztere einfach ist
und bereits so bekannt war, daß der »Gipfel« des Gefallens vor dem Experiment bereits erreicht war. Werden die Vorlieben der Beurteiler in Rechnung gestellt, so in einem Experiment von Krugman (1943), in dem der Fan von Swing
Music mit klassischer Musik (von Beethoven bis Strawinsky) und der Fan von
Klassik mit Swing konfrontiert wurde, so ändern sich die affektiven Beziehungen. Bis in die sechste Woche beobachtet Krugman bei wiederholter Darbietung
von Musik einen Anstieg des Gefallens, danach wieder ein leichtes Absinken.
Nach Ende des Versuchs deutete sich an, daß manche Personen die vorher nicht
bevorzugte Musik nunmehr goutierten. Um die in den älteren Untersuchungen
festgestellten Veränderungen musikalischer Vorlieben durch wiederholte Begegnung richtig einzuschätzen, muß der damals noch nicht massenhafte Konsum
von Musik bedacht werden. Aber auch in einem Experiment aus jüngerer Zeit
(Getz 1966) wird davon berichtet. Dabei gelang es, dreihundert amerikanische
Schüler im Alter von siebzehn Jahren durch Wiederholungen in einwöchigem
Abstand von ernster Musik (die Breite reichte von Vivaldi bis Schönberg) zu
überzeugen. Bis in die achte Woche war ein Anstieg des Wohlgefallens zu verzeichnen, danach machte sich der erwähnte Sättigungseffekt in negativer werdenden Beurteilungen bemerkbar. Neue Musik war allerdings von diesem Prozeß ausgenommen.

Ob es die zunehmende Vertrautheit war, die sich in all diesen Experimenten
günstig auswirkte, oder ob bei den beteiligten Schülern und Studenten andere

Faktoren eine Rolle spielten, läßt sich nicht entscheiden. Zumindest aber sind auch Effekte zu bedenken, die im Sinne einer im Schulalltag immer vorhandenen Belohnung fungieren. Da Präferenzen erworben sind, lassen sich ihre Ursachen teilweise lerntheoretisch erklären. Auf Lernvorgänge muß auch die Musikpädagogik bauen. Vor allem beim Bemühen um den jugendlichen Hörer steht ihr dabei entgegen, daß soziale Vergleichsprozesse sich ebenfalls massiv auf Einstellungen auswirken. Das Urteil richtet sich am Urteil anderer aus. Wenn alle Popmusik hören, hat dies einen normierenden Effekt auch für das Einzelurteil.

Argumente als Mittel der Einstellungsänderung

Nicht durch bloßes »reinforcement«, sondern durch Argumente Einstellungen zu verändern, müßte dann möglich sein, wenn die kognitive Komponente besonders ausgeprägt ist. Können negative und falsche Annahmen über die Attribute einer abgelehnten Stilrichtung korrigiert werden? Teilweise scheint dies möglich zu sein. Allerdings überzeugt nicht jede Art von Information gleichermaßen. Positive Argumente sind wirksamer als negative, wie ein Experiment von Rigg (1948) zeigte, bei dem es nicht gelang, die Einstellung der Amerikaner zu Wagner zu verändern: durch eine Art »negativer Propaganda«, nämlich, daß es sich um Hitlers Lieblingsmusik handele.

Quasi einen gestaffelten Wissenszuwachs vermittelte in einem Experiment Schmidt (1975), indem er achtzehnjährigen Gymnasiasten Musikbeispiele von Kagel, Schönberg, Cage, Ligeti und Stockhausen entweder nur mehrmals vorspielte oder aber verschiedene Arten von Kommentaren zu der Musik bot: eine Art Beschreibung, die der in Programmheften oder Kritiken ähnelte (vom Autor »soziologischer Kommentar« genannt), eine werkimmanente Betrachtung satztechnischer und formaler Sachverhalte (analytischer Kommentar) und die Kombination von soziologischem und analytischem Kommentar. Die Bewertung der Musik wurde mit Hilfe eines Polaritätsprofils festgehalten. Die Schüler urteilten um so positiver, je mehr Information sie erhielten. Die bloße Wiederholung hatte eher negative Effekte. Die größte Veränderung der Einstellungen gegenüber Neuer Musik, die den Schülern nicht vertraut war, wurde durch die Kombination von soziologischem und analytischem Kommentar hervorgerufen, und zwar vor allem für die Merkmale »geordnet«, »künstlerisch hochwertig«, »näherer Betrachtung wert«, »interessant«. Geringer ausgeprägt waren die Veränderungen im Hinblick auf das Gefallensurteil im engeren Sinne wohl auch deswegen, weil den meisten Schülern die Stücke selbst bei zusätzlichen Erläuterungen noch immer fremdartig erschienen. Dieses Ergebnis paßt zu der erwähnten Vermutung, daß das private Geschmacksurteil eher beibehalten wird, wohingegen sich das Kunsturteil leichter positiv verändern läßt. Schaffrath (1978) hat dem Ergebnis von Schmidts Arbeit, daß Wissen Einstellungen positiv verändere, heftig widersprochen, hatte er doch durch Musikunterricht keine entsprechende Veränderung bei zwei Beispielen einstimmiger Musik (Paganinis fünftem *Capriccio* und einem chinesischen Geigenstück) gefunden. Durch die zusätzlichen musikpädagogischen Informationen war nur die Streuung der Urteile zwischen den Schülern größer geworden.

Die Untersuchungen von Schaffrath und Schmidt sind fast nicht vergleichbar, so daß das eine Ergebnis das andere nicht ausschließt. Schmidts Beurteiler waren achtzehn Jahre, also erwachsen. An Schaffraths Untersuchungen hatten fünfzehnjährige Gymnasiasten teilgenommen, die noch voll mit der Pubertät gekämpft haben. Was möglicherweise tauglich ist, Vorurteile gegen Neue Musik abbauen zu helfen, muß nicht gleichermaßen das Verständnis Paganinis und außereuropäischer Musik fördern. Schaffrath hat außerdem übersehen, daß der Eindruck des Fremdartigen, den er in erster Linie ermittelte, grundsätzlich nicht so schnell in das Gefühl psychischer Nähe umzuwandeln ist. Es mag sein, daß in beiden Arbeiten außerdem Effekte eine Rolle spielen, die nicht explizit erfaßt worden waren. Denn Einstellungsänderungen hängen nicht nur von der Art der Information ab, sondern auch von der Überzeugungskraft dessen, der sie vermittelt, und von der Glaubwürdigkeit der vermuteten Informationsquelle. Es könnten in den beiden sich widersprechenden Experimenten schlicht die beiden Versuchsleiter unterschiedlich überzeugend auf die Schüler gewirkt haben.

Sofern eine Einstellungsänderung durch Information über Sachverhalte erzielt werden soll, sind nicht nur die Eigenschaften der Nachricht, des Mediums und des Senders, sondern auch die des Empfängers bedeutsam. Bastian (1980) beobachtete bei 89 elfjährigen Schülern ebenfalls Einstellungsänderungen gegenüber drei Beispielen Neuer Musik, nachdem die Schüler im Unterricht Wissen vermittelt bekommen hatten. Gefragt, ob sie im Unterricht mehr über diese Art von Musik erfahren wollten, zeigte sich bei der ohnehin positiv bewerteten *Anaklasis* von Penderecki ein konstantes Ergebnis, bei Engelmanns *Mini-Music* und Berios *Sequenza III* eine positive Veränderung. Löst man aber die globale Betrachtung auf in die Betrachtung des »Wechselwählerverhaltens«, so votieren zwar mehr Schüler positiv, die vorher negativ geurteilt hatten, aber die nähere Bekanntschaft löst bei manchen auch negative Reaktionen aus (fünfzehn bei Penderecki, neun bei Engelmann, elf bei Berio), obwohl die erste Begegnung zustimmend gewesen war.

Bastian fand außerdem, daß Extravertierte sich dem unterrichtlichen Angebot gegenüber aufgeschlossener verhalten, wohingegen das Merkmal Neurotizismus keinen Einfluß darauf hatte, ob ein Schüler an einer einmal gefaßten Meinung festhielt oder nicht. Das erstaunt insofern, als die Ergebnisse der Vorurteilsforschung zeigen, daß zumindest bei Erwachsenen Änderungsresistenz von Urteilen mit dem Grad an Dogmatismus, einer Ausformung des Neurotizismus, kovariiert.

		Anaklasis			Mini-Music			Sequenza III		
		Nachher			Nachher			Nachher		
	%	+	−	Σ	+	−	Σ	+	−	Σ
Vorher	+	53	15	68	25	9	34	30	11	41
	−	12	20	32	17	49	66	21	37	58
	Σ	65	35	100	42	58	100	51	48	99
Wechsel:		27%			26%			32%		

Die Tabelle zeigt die Einstellungen von Schülern zum Unterricht in Neuer Musik, bevor (Vorher) und nachdem (Nachher) der Unterricht stattgefunden hatte. Ein Wechsel der Einstellungen in Abhängigkeit vom Unterricht zeigt sich in den Feldern + − und − + (nach Bastian 1980; © B. Schott's Söhne, Mainz).

Betrachtet man Einstellungsänderungen im Hinblick auf Variablen, die den Empfänger einer Nachricht charakterisieren, so erweisen sich gruppenspezifische Faktoren als besonders bedeutsam. Dies demonstriert, ebenfalls an Einstellungen gegenüber Neuer Musik, die Arbeit von Spahlinger-Ditzig (1978). Hier urteilten Mitglieder von Gruppen mit ausgeprägten Normen (ein Kirchenchor, ein weltlicher Chor, eine Pop-Gruppe, eine Jazz-Gruppe, ein Instrumentalkreis, eine Folklore-Gruppe) grundsätzlich sehr viel anders als eine Gruppe von Experten für Neue Musik. Je intensiver die Begegnung mit den Beispielen Neuer Musik wurde, um so negativer die Haltungen. Hatten die acht Gruppen noch in einem Fragebogen eine tolerante Haltung gezeigt und Neue Musik als interessant bezeichnet, so schwindet dieses Urteil beim Hören (Experiment I).

Auch in dieser Untersuchung wurde mit erklärenden Hilfen über Neue Musik gearbeitet. Dadurch sank das Interesse aber noch weiter (Experiment II), ein Annehmlichkeitseindruck ist nicht mehr festzustellen.

Die vermehrte Ablehnung, die durch Sachinformation bewirkt wurde, drückte sich einheitlich bei allen Gruppen darin aus, daß sie, die ohnehin schon wenig Ordnung bei Neuer Musik vermuteten, diese Beispiele noch »zufälliger« beurteilten, wenn sie Gelegenheit hatten, sich darüber zu informieren und zu diskutieren. *Le Marteau sans maître* von Boulez ist davon ausgenommen. Von dessen seriellen Strukturen zu wissen, macht aber ein Urteil »zufällig« fast unmöglich. Insgesamt waren die Veränderungen durch Sachinformation außerordentlich gering. Daß den Gruppen jeweils Gelegenheit gegeben wurde, darüber zu diskutieren, dürfte sich bei diesem Experiment zu ungunsten der Einschätzungen Neuer Musik ausgewirkt haben, weil solche Diskussionen in Gruppen der Ver-

relative Häufigkeiten

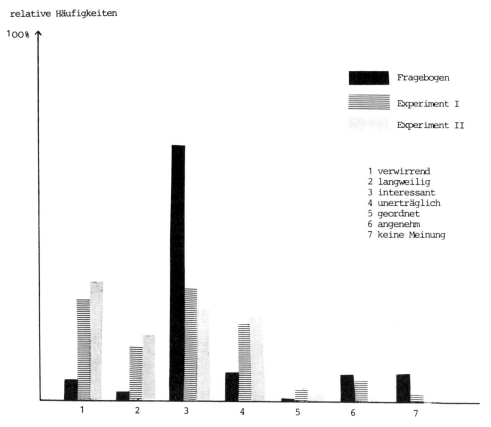

Die Frage, ob sie Neue Musik verwirrend, langweilig, interessant, unerträglich, geordnet, angenehm finden, wurde von den Probanden sehr verschieden beantwortet, je nachdem, wie konkret
Personen, deren Interesse anderen Musikrichtungen galt, damit konfrontiert wurden. Wurde lediglich in einem Fragebogen ein verbales Statement verlangt, so zeigt sich eine Urteilshäufung
bei »interessant«. Klingend dargebotene Musikbeispiele (Experiment I) weckten erheblich weniger Interesse, das um so mehr schwand, je mehr Sachwissen über die Stücke vermittelt wurde (Experiment II). Die Untersuchung, bei der sich keine positive Einstellungsänderung aufgrund von
sachlichen Informationen ergab, deutet auf einen sogenannten »Kontrasteffekt« hin. Je intensiver
die Begegnung mit neuartiger Musik ist, um so stärker versichert man sich der eigenen Normen
(Spahlinger-Ditzig 1978; © Karl Dieter Wagner, Hamburg).

sicherung eigener Normen dienen. Das Wissen um die Einschätzungen der anderen erzeugt einen Konformitätsdruck, der Abweichungen von den Stereotypen der Gruppen unmöglich machen kann. Die berühmten Experimente von
Asch (1956) zeigen, daß eine angebliche Beurteilung der anderen sogar die
Schätzung der Länge von Stäben verzerrt, obwohl es sich dabei um leicht abzu-
schätzende Sachverhalte handelt. Wahrscheinlich beeinflußt die Anpassung an
die Gruppennormen auch die Bewertung von Musik.

Werbung für Musik: Die Manipulation von Vorlieben

»Tom Petty und seine Herzensbrecher mit ihrem Album, Live on tour . . . Man höre und staune . . . die Hardrock-Sensation aus Kanada . . . Achtung, die fliegenden Rasenmäher kommen . . . die zweite Station bringt das lang erwartete Ereignis: Im Rahmen der Salzburger Festspiele wurde Richard Wagners romantische Paradeoper ›Lohengrin‹ aufgeführt . . . echter Geschmack aus dem Frischepack.«

Wo es um Zuneigung geht, spielt Werbung eine Rolle. Sie ist gerade in jenem Industriezweig, der zu den umsatzträchtigsten gehört, mächtig vertreten. Die Werbung für das Produkt »Musik«, das verkauft werden soll, unterscheidet sich nicht von der Reklame für andere Waren. Das macht am Ende der kleinen Zitatekollage ein Slogan deutlich, der nicht aus einem musikalischen Kontext stammt. Und die werblichen Anstöße für die sogenannte ernste und die unterhaltende Musik differieren ebenfalls nur insoweit, als eine andere Zielgruppe bedacht wird, also etwa in dem Maße, wie die Reklame für einen Mercedes von der für ein Motorrad der Marke Honda. Höchstens ist das Aufgebot größer, mit dem der jugendliche Hörer umworben wird. Das läßt sich aber insofern nicht entscheiden, als die direkte und die indirekte Werbung grundsätzlich stark miteinander verquickt sind. Die Jugendzeitschriften, die keine reinen Musikzeitschriften sind und trotzdem reißerisch über die Pop-Szene berichten, schöpfen aus dem Material, das die Firmen ihnen zur Verfügung stellen. Bestsellerlisten tun ebenfalls ihre Wirkung. Aber auch die Musikkritik für die artifizielle Musik hat eine Reklamefunktion. Nicht selten wird sie sogar zu Werbezwecken zitiert.

Werbung ist ein komplizierter, meist einseitiger Kommunikationsprozeß, der positive Einstellungen zu Objekten und Sachverhalten erzielen soll, Präferenzen schaffen und verändern will und zu Handlungen zu verleiten versucht. Den Einfluß auf Meinungen und gefühlsmäßige Stellungnahmen sowie auf das Verhalten beschreiben bereits die älteren Modelle, wenn als Effekt der Werbung die Weckung der Aufmerksamkeit (attention), des Interesses (interest), des Kaufwunsches (desire) und die regelrechte Kaufhandlung (action) angegeben werden. Seit den siebziger Jahren orientiert sich die Marktpsychologie nicht mehr an diesem sogenannten Aida-Modell, sondern an der Kommunikationstheorie und der Einstellungsforschung. Allerdings besitzen die älteren Modelle bereits in etwa die Unterscheidung der neueren, nämlich die von kognitiven, emotionalen und konativen Faktoren.

Werbung muß die Aufmerksamkeit wecken, sonst verpufft sie wirkungslos. Außerdem muß eine Information behalten werden. Sehr viel wurde und wird von den Werbetreibenden investiert, um die Struktur der Information so zu gestalten, daß sie auffallend genug ist, um ein möglichst großes Publikum zu erreichen. Bei jeder Anzeige ergeben sich durch den Kontext sehr spezielle Probleme. Wenn alles bunt gestaltet ist, kann das schwarz-weiße Plattencover die größte Attraktivität besitzen. Und so auffallend darf Werbung auch nicht sein, daß man sich an sie um ihrer selbst willen erinnert. (Bei Werbung mit starken sexuellen Anreizen konnte man feststellen, daß Männer sich kaum das Produkt merkten, aber sehr genau die sexuellen Inhalte.) Was das Behalten betrifft, so kann sich die Werbung auf die Befunde der allgemeinen Psychologie berufen. Sie zielt auf Lernvorgänge, für die meist sorgfältig geprüft wird, ob sie besser in massierter oder verteilter Form stattfinden. Verteiltes Lernen hat sich fast immer als vorteilhafter erwiesen. Das passive Wiedererkennen scheint den Werbetreibenden zudem meist Wirkung genug.

Weniger gut in den älteren Modellen beschrieben sind Faktoren, wie die Macht und die Glaubwürdigkeit, die hinter einer Werbeinformation vermutet werden. Daß die Glaubwürdigkeit von Bedeutung ist, läßt sich leicht daran demonstrieren, daß nicht jede Tageszeitung zu Werbezwecken zitiert wird, sondern nur solche, die eine große Vertrauenswürdigkeit besitzen. Im Fall der Propaganda, die eine besondere Form der Werbung darstellt, zählt auch die tatsächliche Macht. Die Einschätzung der Informationsquelle steht allerdings in einem komplizierten Wechselverhältnis zur Struktur der Information. Selbst eine regelrechte Machtausübung verhindert nicht, daß — so ein Grundsatz, den die Werbetreibenden von der Lerntheorie übernommen haben — negative Informationen Meinungen weniger verändern als positive. Das wird auch am Beispiel der Propaganda der Nationalsozialisten gegen die entartete Kunst deutlich. Die Diffamierung als »Niggermusik« hat im deutschen Film nie ganz die Jazzanklänge getilgt, die das große Publikum liebte.

Durch Werbung sollen die Bedürfnisse manipuliert werden. Die Reklame wurde nachgerade dazu geschaffen, Wünsche anzureizen, ohne deren Befriedigung man wahrscheinlich ebenso glücklich wäre. Die emotionale Beeinflussung ist ethisch fragwürdig, wenngleich sie nicht den Werbetreibenden, sondern dem Wirtschafts- und Gesellschaftssystem insgesamt anzulasten ist.

Je weniger die Produkte voneinander geschieden sind, um so mehr werden sie mit einem falschen Appell an irrationale Bedürfnisse dargeboten — bis dahin, daß es zu Ankündigungen kommt, der Duft der großen weiten Welt werde mit einer Zigarette verbreitet. Alles, was Luxus, Reichtum oder Prestige verspricht, alles, was heimliche, ungestillte Sehnsüchte betrifft, taugt dazu, die Attraktivität eines Produkts zu erhöhen und es von anderen abzuheben. Wer Musik verkauft, muß auch das Publikum davon überzeugen, daß es daran Gefallen findet. Merkwürdigerweise sind die Suggestionen der Werbung für Musik jedoch nicht so gestaltet, daß sie die »Produkte« maximal differenzieren.

Die Werbung für Popmusik präsentiert stets den aktuellen, sensationellen Superstar. Und der Schlagerstar wird immer rührselig verpackt, als sänge er nur zur Weihnachtszeit. Das bedeutet zwar, daß durch solche Assoziationen eine Wertsteigerung erreicht werden soll, nicht aber, daß gleichzeitig ein von der

Konkurrenz unterschiedenes Image ausgebildet wird. Über die Gründe kann nur spekuliert werden. Vielleicht spielt der Umstand eine Rolle, daß die Werbung für Musik weniger eine konsumsteigernde als eine konsumstabilisierende Funktion hat. Sie versucht einfach nur, bereits vorhandene, oft unbewußte Wünsche wachzuhalten.

Möglicherweise sind die Bedürfnisse, die Musik befriedigt, intensiv, aber wenig differenziert, und entsprechend stereotyp wird die Reklame konstruiert. Beim Kauf von Pop- und Rockmusik werden zusätzlich versprochen: Erlebnisse der Freizeit, der Entspannung, des sinnlichen Genusses und der Zugehörigkeit zu einer Gemeinschaft sowie Abenteuer und Action. Konzerte und Platten werden so angepriesen, als übten sie eine Schutzfunktion gegenüber den Leistungsanforderungen der Arbeitswelt aus und befriedigten gleichzeitig Gelüste nach Sensationen. Unterschiede lassen sich nur zwischen verschiedenen Musikgenres finden. »Diese Musik macht high«, suggerierte zu Zeiten für fast alle Rockmusik die Erlebnisse des Drogenkonsums. Dem, der den Schlager liebt, wird fast immer Tröstung versprochen, meist Liebe gegen Einsamkeit. Die Werbung für klassische Musik ist gleichermaßen standardisiert. Sie knüpft an das Verlangen an, sich vom vulgären Geschmack durch Eleganz und Luxus abzuheben. Und sie appelliert an den Ehrgeiz, zu den Kennern zu gehören, durch die ständige Beteuerung, authentischer als diese Aufführung gehe es nicht mehr.

Möglicherweise ist die recht uniforme Image-Gestaltung auch damit zu erklären, daß bei der Werbung für Musik intensiver als in sonstiger Produktwerbung mit psychoanalytischen Mechanismen gearbeitet werden kann. Und dies wiederum macht ihren großen Einfluß auf die Vorlieben aus. Projektionen, die Zuschreibung uneingestandener Wünsche und Ängste, nutzt die Produktwerbung immer. Sexy sind die Damen, die ein Deodorant oder Rasierwasser anpreisen. Versuchen sie, Hausfrauen in ihren Bann zu schlagen, so treten sie allerdings anders auf. Sie biedern sich dann eher in einer Schürze an. Im Bereich der Werbung für Musik werden Projektionen dadurch erleichtert, daß es sich fast nie regelrecht um Werbung für Musik, sondern um Werbung für Personen handelt. Elvis Presley, Udo Jürgens oder Herbert von Karajan erfüllen formal die gleichen Funktionen. Sie sind das Idol, das man selbst gern wäre.

Gleichen sich im großen und ganzen die Werbung für ernste und Unterhaltungsmusik, so unterscheiden sie sich allerdings, was das Bild vom Star anbelangt. Wer E-Musik liebt, betet gern einen Star an, der in Traumvillen lebt und Autos fährt, die unerschwinglich teuer sind. Das Image dieses Stars entspricht in etwa den Vorstellungsbildern, die Hollywood pflegte. Vorsicht ist bei Angaben über Geld und Gagen geboten. Dienen sie der Demonstration des einsamen, in die Ferne gerückten Stars, so sind sie gut. Keinesfalls aber dürfen sie eine Profanisierung bedeuten. Sie werden am besten hinter vorgehaltener Hand andächtig geflüstert. Die Huldigungen an den Star der Pop- und Schlagerszene würden durch das Wissen um die Gage eher getrübt. Angaben über Geld werden vermieden, denn diese Idole müssen jedermann gleichen. Der Star der Jugendszene steht aber Rede und Antwort über seine schönsten und traurigsten Erlebnisse. Er liebt dasselbe, was die Jugendlichen lieben. Betont wird emotionale Nähe.

Dieser Star lädt unbekümmert zur Identifikation ein, das heißt, sein Bild ist so konstruiert, daß man sich in seine Person hineinversetzen soll. In Lebensgröße als Poster an die Wand gepinnt, ist er außerdem allgegenwärtig. Identifikationen von Jugendlichen sind noch nötig, weil dabei wichtige Lernprozesse statt-

Das Plakat für ein Musikhaus (Bauhaus-Archiv, Berlin), das ein Studierender des Bauhauses 1932 entwarf, beschränkt sich auf eine kühle, nüchterne Mehrfachgestaltung des Corpus eines Saiteninstruments; ein witziger, anwärmender Effekt verbindet sich nur mit dem Triangel, das den Namen »Delta« einrahmt, ihn hervorhebt, obwohl er recht klein geschrieben ist. Das Unterrichtsprogramm der Reklame-Abteilung des Bauhauses, die Joost Schmidt leitete, war vor allem gestalterischen Aspekten gewidmet. Werbung für Musik lebt noch immer vom guten Design, das die Aufmerksamkeit weckt und gut im Gedächtnis behalten wird. Aber sie zielt heute vor allem darauf, positive emotionale Einstellungen zu erzeugen. Ihre Botschaften sind daher stärker zu einem affektiven Appell geworden.

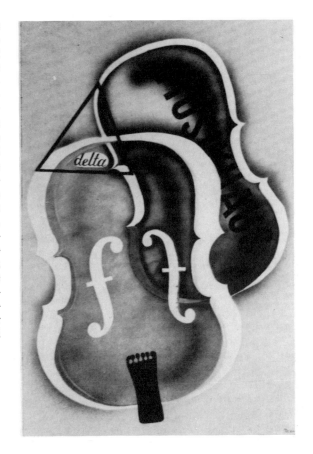

finden. Denken und Handeln werden nach einem Vorbild modelliert, dadurch werden Normen und Verhaltensweisen erworben. Das große finanzielle Aufgebot, mit dem das Bild vom Star entworfen wird, um den Absatz seiner Musik zu fördern, schafft Bezugs- und Wertsysteme, die die Lebenshaltung insgesamt und nicht nur die Vorlieben für Musik prägen.

Der Werbeerfolg hängt allerdings — und dies schützt vor der totalen fremdgesteuerten Manipulation des Geschmacks — nicht allein vom Aufwand der

Werbung ab. Vorlieben werden in einem zweiphasigen Prozeß ausgebildet. Die Beeinflussung durch Zeitungen, Radio und Fernsehen, die die Reklame verbreiten, ist in einer ersten Phase sicher gegeben. Aber sie bedarf einer Art Verstärkung im sozialen Feld. Menschen wollen sich oft anderen ähnlich fühlen können, dieselbe Meinung haben wie sie. Das bedeutet — vor allem in der jugendlichen »peer group« —, daß zusätzliche Identifikationsprozesse ablaufen. Sie sind bei jenen Musikkonsumenten sehr ausgeprägt, die sich inaktiv, passiv verhalten und nach Zustimmung suchen. Die bei diesem Prozeß aktiven »Meinungsführer« (opinion leaders) geben weniger Meinungen weiter, wie es in älteren Theorien behauptet wird: Es wird ihnen aber der Status des Experten zugeschrieben, wodurch sie der positiven Verstärkung bereits vorhandener Überzeugung dienen. Wie ihnen der Status des Experten zuwächst, ist schwer zu erklären. In jedem Fall verhalten sie sich beim Bilden ihrer eigenen Meinung aktiv rückfragend, auch wenn sie dann mit dieser Meinung quasi indoktrinierend wirken.

Ziel der Werbung ist es, das Kaufverhalten zu steuern. Es ist bekannt, daß zwischen der Aktualisierung eines Wunsches und der tatsächlichen Ausführung einer Handlung eine unüberbrückbare Kluft existiert. Sie beruht auf der erwähnten mangelnden Identität zwischen der emotionalen Komponente von Einstellungen und dem Verhalten. Nicht nur die Wünsche entscheiden in einer konkreten Situation über das, was man tut. Aber sie gestalten sie entscheidend mit.

Theorien kognitiver Konsistenz und ihr voraussagender Wert für Einstellungsänderungen

Was geht in einem Menschen vor, wenn er ein Vorurteil besitzt und Informationen erhält, die dieses Urteil differenzieren oder ihm gar widersprechen? Mehrere Theorien gehen davon aus, daß in jedem Fall kognitive Konsistenz angestrebt wird, wobei das, was als solche Harmonie empfunden wird, sich ausschließlich im subjektiven Erleben eines Individuums begründet. Die früheste Formulierung der Idee von der kognitiven Konsistenz findet sich in der Balance-Theorie von Heider (1958), die zur Erklärung interpersonaler Beziehungen entwickelt wurde und die besprochenen Experimente deshalb nicht vollkommen erklären kann, weil bei ihnen in der Regel keine Daten über die Einstellungen der jeweils Wissen vermittelnden Kommunikatoren erhoben wurden. Heiders Theorie erklärt Situationen, in denen eine Person ihre Einschätzungen zu einem Objekt und zu einer Person miteinander in Einklang bringt. In Balance befinden sich die kognitiven Elemente eines Beurteilers, wenn er gleichzeitig eine Person und einen von ihr positiv bewerteten Gegenstand akzeptiert oder ablehnt. Die Heidersche Theorie kann allerdings wahrscheinlich die Unterschiede zwischen den Untersuchungen von Schaffrath und Schmidt erklären. Denn deutet sich in ih-

nen eine jeweils positive oder negative Haltung der beurteilenden Schüler zu
der Person an, die Wissen vermittelte, so kann dies entweder eine positive oder
eine gleichbleibende Einschätzung der Musik zur Folge haben. Vorausgesetzt
ist in diesem Fall, daß die das Wissen kommunizierende Person die einzuschät-
zende Musik selbst positiv beurteilt. Die beiden Fälle — eine Urteilsänderung
hin zu einer positiven Bewertung und das Festhalten an einem einmal gefaßten
negativen Urteil — sind im folgenden grafisch skizziert.

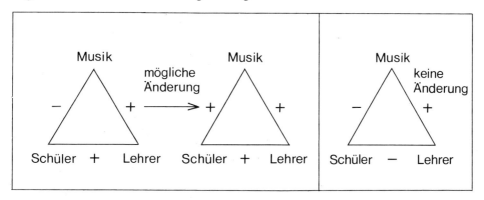

Hat ein Schüler eine negative Meinung (in der Grafik durch ein Minuszeichen kenntlich gemacht) über Musik, jedoch eine positive Einschätzung (durch ein Pluszeichen gekennzeichnet)
des Lehrers, der seinerseits die Musik positiv beurteilt, so wird der Schüler seine Meinung ändern, um sein kognitives System in Balance zu halten. Ist hingegen seine Meinung über die Musik
und den Lehrer gleichermaßen negativ, so besteht kein Anlaß zur Änderung der Einstellung.

Die Kongruenztheorie von Osgood, Suci und Tannenbaum (1957) ist ebenfalls
eine kognitive Konsistenztheorie, der die Methode des semantischen Diffe-
rentials zugeordnet ist. Diese Theorie bezieht sich nur auf die Verknüpfung von
Bedeutungen, die assoziativ zuammengehörend oder dissoziativ unverbunden
sein können. Treten im Falle einer assoziativen Verbindung von kognitiven Elementen Konflikte auf, so können sie dadurch gelöst werden, daß solche Verbindungen dissoziiert werden. In einem nur als Erkundungsstudie zu wertenden
kleinen Experiment beurteilten musikalisch vorgebildete Personen Beispiele
Neuer Musik, zu denen aber verschiedene Informationen gegeben worden waren: positive — es handelt sich um eines der von der Musikkritik in den letzten
Jahren am meisten gelobten Musikstücke; negative — es ist das am meisten ver-
rissene Stück; widersprüchliche — dieses Stück wurde sowohl gerühmt als auch
verrissen. Je nach Informationen wurden assoziative Verknüpfungen geändert.
Dissoziiert erschienen nach widersprüchlicher Information die Bewertungen
»zufällig« und »banal« für das sinnlose Zusammenwirken von Instrumenten.
Die Beurteiler lösten einen Konflikt damit. Was von der Kritik widersprüchlich
beurteilt wurde, kann den Eindruck des Aleatorischen erwecken, nicht mehr
aber den des Banalen. Meißners Studie (1979) über die Veränderungen der Ur-

Adjektive	neutrale Information			positive Information			negative Information			widersprüchliche Information		
	Luto-slawski	Cage	Bsp.3	Luto-slawski	Cage	Bsp.3	Luto-slawski	Cage	Bsp.3	Luto-slawski	Cage	Bsp.3
dunkel	5	1	3	7	—	3	7	1	4	6	2	2
kunstvoll	11	8	—	15	11	—	2	1	—	7	3	1
erregt	14	3	7	15	2	5	13	2	7	11	4	7
häßlich	—	3	14	2	5	12	1	6	14	1	1	10
geordnet	12	1	—	12	2	1	12	—	—	12	1	2
banal	—	5	11	—	1	11	1	5	11	2	5	6
hell	5	5	4	7	3	5	6	3	3	7	3	1
schön	11	3	—	14	3	—	2	—	—	5	3	—
zufällig	1	12	13	—	8	8	1	14	10	—	13	8
gemessen	1	6	2	1	4	1	2	3	1	2	3	1

Wie wirkt sich verbal vermittelte Information auf die Beurteilung von Musik aus? Dies wurde bei drei im Charakter unterschiedlichen Beispielen Neuer Musik geprüft: dem Anfang von Lutoslawskis *Venezianischen Spielen*, der Montage aus Cages *Atlas Eclipticalis, Winter Music* und *Cartridge Music* sowie einem sinnlosen Zusammenwirken von Instrumenten, das entfernt an das Stimmen eines Orchesters erinnerte (Beispiel 3). Beurteilt wurden die Beispiele von insgesamt 64 Musikstudenten, die mit Neuer Musik vertraut waren; sie wurden in vier Gruppen aufgeteilt, die jeweils unterschiedliche Instruktionen erhielten. Einer Gruppe wurde lediglich die Musik vorgespielt mit der Bitte, sie zu charakterisieren (neutrale Information), einer zweiten wurde gesagt, es handle sich um Musik, die in den letzten Jahren auf Musikfesten beim Publikum wie auch bei der Kritik den meisten Anklang gefunden habe (positive verbale Information), einer weiteren wurde das Gegenteil hiervon mitgeteilt (negative verbale Information) mit dem Zusatz, daß sie nur eine Untergruppe eines Versuchs sei, bei dem schlechte und gute Musik bewertet werden sollte; die zusätzliche Bemerkung schien notwendig, um nicht automatisch Widerspruch und Mißtrauen gegen Konzertpublikum und Kritiker zu reizen. Die vierte Beurteilergruppe erhielt den Hinweis, daß es sich um Musikbeispiele handle, die sowohl sehr gelobt als auch sehr verrissen worden seien (widersprüchliche verbale Information). Zur Einschätzung wurden zehn Adjektive vorgegeben: dunkel, kunstvoll, erregt, häßlich, geordnet, banal, hell, schön, zufällig und gemessen.

Die Tabelle zeigt, daß je nach verbaler Information Veränderungen in den Wahlhäufigkeiten der Adjektive auftreten. Mit positiver Information wird Lutoslawski und Cage »kunstvoller« eingestuft als mit negativer. Widersprüchliche Information bewirkt in der Regel ein ähnliches Urteil wie das bloße Hören des Musikbeispiels (neutrale Information). Interessant ist jedoch, daß für das Beispiel 3 die Charakterisierung »banal« bei widersprüchlicher Information seltener gewählt wurde: Etwas kann offensichtlich nicht Widersprüche auslösen und banal sein. Dieses kleine Experiment beweist, daß Veränderungen des ästhetischen Urteils durch zusätzliche verbale Informationen möglich sind (de la Motte-Haber 1972).

teilsstruktur bei Schülern zeigt weniger ausgeprägt ebenfalls solche Dissoziationen unter dem Einfluß verschiedener Informationen.

Mehrfach wurde auch in diesem Kapitel auf die Dissoziation von Geschmacksurteil (»Das gefällt mir«) und Kunsturteil hingewiesen, sofern durch Prestigesuggestionen oder andere Information der Eindruck des Kunstcharakters gesteigert wurde. Ergänzt sei dieser Befund um eine alltägliche Erfahrung.

Es stört Menschen in der Regel wenig, wenn man ihre Vorlieben kitschig findet. Sie verändern nicht so schnell ihre Wertschätzung für ein bestimmtes Objekt, etwa einen Schlager, sondern sie trennen eher die Bewertung »künstlerisch wertvoll« davon ab.

Die Kongruenztheorie kann fast als Sonderfall jener Theorie gelten, die — heftig angefochten und immer von neuem verfochten — Anlaß zu vielen empirischen Untersuchungen war. Die Theorie der kognitiven Dissonanz, die Festinger (1957) entwickelte und mehrfach revidierte, ist ebenfalls eine Konsistenztheorie, die die Tendenz zur Homöostase der kognitiven Elemente voraussetzt. »Dissonanzen« sind »auflösungsbedürftig«, weil sie als unangenehm empfunden werden. Die Reduktion kognitiver Dissonanz erfolgt durch Addition konsonanter Kognitionen, durch Substitution dissonanter bei gleichzeiti-

		Gruppe A Vorher					Gruppe B Vorher		
		+	−				+	−	
Nachher	+	5	10	15	Nachher	+	4	1	5
	−	2	13	15		−	6	20	26
		7	23				10	21	

Hartje (1973, S. 100) bot zwei Gruppen (A und B) von Kindern im Alter von viereinhalb bis sieben Jahren Popmusik und die Sinfonia aus dem *Weihnachtsoratorium* von Bach dar. In der Gruppe A wurde nach einer ersten Wahl die Musik als »langweilig«, »gar nicht so besonders«, »Oma-Musik« hingestellt; der Versuchsleiter ließ merken, daß er die Sinfonia von Bach »nicht besonders« fände. Die Gruppe B erhielt andere Zusatzinformationen zu der Sinfonia, nämlich daß es »ganz schöne, schwere Musik« sei. Die Tabelle zeigt das Urteilsverhalten der Kinder (positive und negative Wahlen) vor und nach der je verschiedenen Information über Bachs Sinfonia. Für das Popstück macht Hartje keine Angaben. Die Zusatzinformation verschob das Urteil der Kinder genau in die entgegengesetzte Richtung. Die Zahl der negativen Voten sinkt in der Gruppe A (mit negativer Zusatzinformation) von 23 auf 17, wohingegen die positive Information, die die Gruppe B erhielt, zu häufigeren negativen Voten (21 statt 26) führt. In der Gruppe B sind die Unterschiede statistisch nicht gesichert, es findet fast kein Wechselwählerverhalten statt. Hartje interpretiert diese Daten auf dem Hintergrund der Dissonanztheorie von Festinger. Plausibler zu machen sind sie jedoch mit der Balancetheorie von Heider, die einen bei den Kindern mit Sicherheit vorhandenen Eindruck des Versuchsleiters berücksichtigen kann. Wenn die Einstellung der Kinder zu dem Musikbeispiel und zum Versuchsleiter negativ ist, so bewirkt eine vermutete oder durch die Zusatzinformation offenkundige positive Einstellung des Versuchsleiters nichts. Denn das System ist in Balance. Was der nicht beliebte Versuchsleiter schätzt, lehnen sie — weiterhin — ab. Lehnen die Kinder aber zunächst sowohl das Musikbeispiel als auch die Person des Versuchsleiters ab, so werden sie ihre Meinung über die Musik ändern, wenn der Versuchsleiter sich ebenfalls negativ über das Musikbeispiel äußert, weil sie nicht mit ihm übereinstimmen wollen. Zehn Kinder, also ein Drittel der Stichprobe, ändern ihr Urteil deshalb zugunsten des Musikbeispiels.

ger Addition konsonanter Kognitionen oder aber einfach durch die Subtrak-
tion dissonanter Elemente (es handelt sich dann um Ignorieren oder Verdrängen). Hinzu treten in dieser Theorie Annahmen über die Funktionen von
Kognitionen. Existiert ein besonders differenziertes System von Meinungen
über die Welt und sind die Elemente dieses Weltbildes fest verknüpft, so ist eine
einzelne Annahme schwer zu verändern. Sind Kognitionen besonders wichtig
für das Selbstbild, wie dies im Fall des Verhaltens Jugendlicher gegenüber Musik gegeben ist, so sind Kognitionen ebenfalls besonders änderungsresistent.

Die Theorie Festingers wurde von vielen Autoren aufgegriffen, kritisiert und
ergänzt. Für die Verfeinerung dieser Theorie (und auch ihre Verknüpfung mit
der im ersten Kapitel besprochenen sogenannten Hypothesentheorie) sei der
Leser auf umfassendere Darstellungen in Sozialpsychologie-Lehrbüchern verwiesen.

Die Formen der Dissonanzreduktion sind am Verhalten weniger leicht zu
unterscheiden, als es die klaren theoretischen Formulierungen nahelegen. Hat
ein Schüler, wie in der Untersuchung von Bastian (1980), seine ablehnende Haltung in eine zustimmende verändert, so muß er die bei jeder Einstellungsänderung auftretende Dissonanz bewältigen. Das zeigen auch sehr schön einige der
bei Bastian wiedergegebenen Begründungen von Schülern. Argumente wie
»Mir gefällt die Musik nicht, aber die Art zu spielen reizt mich« oder »Die Musik spielt sich nicht leicht, den Spieler muß das sehr anstrengen« fügen neue,
die Entscheidung für die Musik stützende kognitive Elemente hinzu. Wird zugleich etwas subtrahiert? Wenn die Attraktivität eines Einstellungsobjekts erhöht wird, müssen in jedem Fall damit konsonierende Kognitionen hinzuge-
fügt werden. Das zeigt sich sehr schön in Schülerbemerkungen wie »Ich kann
jetzt mit der Musik umgehen, weil ich sie jetzt besser kenne« oder »weil ich
mich an die Musik gewöhnt habe« bzw. »weil sie mir vertrauter ist«. Auffallend
an all diesen zusätzlichen »Begründungen« ist, daß sie keine musikalische Bedeutung haben, sondern eine Art Selbstrechtfertigung darstellen, das heißt, vor
allem dazu dienen, der neu gewonnenen Meinung subjektive Überzeugungskraft zu verleihen. Von den bei Bastian zitierten Schülern scheint nur einer eine
radikale kognitive Umstrukturierung durch Substitution vorgenommen zu haben. Er eliminierte alle Zweifel an seiner neu gewonnenen Einstellung gegenüber Neuer Musik durch die lapidare Versicherung: »Ich bin die ewigen Melodien satt.«

Es fehlen im Bereich Musik detaillierte Untersuchungen darüber, wie Dissonanz erzeugt und wie sie reduziert wird. Unklar ist auch, ob Dissonanzen tatsächlich immer aufgelöst werden müssen. (Letzteres würde von Aktivierungs-
theoretikern bestritten, weil von ihnen angenommen wird, daß die Zustände
der Annehmlichkeit mit einer gewissen Erregung assoziiert sind.) Wüßte man
mehr darüber, wie Dissonanzen bewältigt werden, so könnten daraus mancherlei methodische Anregungen für den Musikunterricht hervorgehen. Interessant

ist in diesem Zusammenhang auch die Situation forcierter Einwilligung (forced compliance). Wird man veranlaßt, eine zur eigenen Einstellung konträre Haltung zu vertreten (z. B. in einem Rollenspiel), so scheint es, daß Überzeugungen mit dem aktuellen Verhalten in Einklang gebracht werden. Dies kann eine Änderung von Einstellungen veranlassen. Nicht unbestritten ist, ob tatsächlich eine Überprüfung der eigenen Attitüden vorliegt, oder ob lediglich eine Ansteckung erfolgt, das heißt der Vorgang der Einwilligung mehr auf affektiven und weniger auf kognitiven Faktoren beruht.

Mit der Dissonanztheorie kann auch recht gut begründet werden, warum Einstellungen sich bei Beeinflussungsversuchen noch verfestigen, wie dies in dem Experiment von Spahlinger-Ditzig (1978) der Fall war. Die Dissonanz zwischen einer anderen Meinung und der eigenen wird verringert, indem die eigene Meinung verfestigt und die andere Meinung abgewertet wird. So kann es zu einer noch negativeren Haltung kommen. Dieses Phänomen wurde von Sherif und Hovland (1961) als »Kontrasteffekt« bezeichnet. Es ist dafür auch der auf Hovland (1957) zurückgehende Name »Bumerangeffekt« gebräuchlich. Beide Autoren entwickelten die Dissonanztheorie weiter, indem sie sich die zentrale Annahme der Adaptationstheorie von Helson (1964) zunutze machten. Menschen besitzen aufgrund kumulierter Erfahrungen ein sogenanntes Adaptationsniveau, das quasi als eine Art neutraler Bezugspunkt zur Beurteilung neuer Information dient. Auch die eigene Einstellung — so meinen Sherif und Hovland — fungiert als Ankerreiz, anhand dessen eine Bewertung von Aussagen erfolgt, und zwar erfolgt sie gemäß dieser Theorie auf einem (durch den Ankerreiz bestimmten) Kontinuum, das von Zustimmung bis Ablehnung reicht. Dieses Kontinuum stellen sich die Autoren in drei Bereiche gegliedert vor: eine neutrale Zone, eine Zone der Akzeptanz, wobei Akzeptanz aus der Übereinstimmung einer neuen Information mit dem Ankerreiz hervorgeht, und einen Bereich der Zurückweisung. Meinungen und Aussagen, die in den Bereich der Akzeptanz fallen, werden assimiliert. Tangieren sie im Meinungsspektrum jedoch den Bereich der Zurückweisung, so werden sie kontrastiert. Das heißt, es findet eine Polarisierung des Urteils statt. Die Unterschiede der neuen Information zur eigenen Meinung werden deutlich hervorgekehrt. Das Ausmaß der Kontrastierung ist um so größer, je stärker die persönliche Bedeutung ist, die eine Überzeugung für eine Person besitzt. Bei großer persönlicher Bedeutung ist im allgemeinen der Bereich der Akzeptanz sehr klein und die Zone der Ablehnung sehr groß.

Kontrasteffekte lassen sich allerdings gerade mit solchen Theorien gut erklären, die auf die Idee des persönlichen Betroffenseins verzichten. Die Perspektiven-Theorie von Upshaw (1978) deutet sie nur als Änderung der verbalen Beschreibung bei gleich gebliebener Wahrnehmung. Diese Veränderung der Wortbedeutung resultiert aus einer Erweiterung der Perspektive. Weil fast alle Untersuchungen zur Veränderung musikalischer Einstellungen sich verbaler

Messungen bedienen, sind Bedeutungsveränderungen, die keinen Sinneswandel darstellen, sondern nur die sprachliche Charakterisierung betreffen, bedenkenswert. Auch mit der Akzentuierungs-Theorie von Eiser und Stroebe (1972) würde ein Kontrasteffekt interpretiert als Interaktion einer Urteilsdimension (die die Bewertung als akzeptabel oder nicht betrifft) mit einer Skala der sprachlichen Konnotationen. Der Kontrasteffekt, der sich bei der Beurteilung Neuer Musik darin zeigte, daß sie nach zusätzlichen Informationen »zufälliger« erschien, muß demzufolge nicht auf einer negativer gewordenen Wahrnehmung beruhen. Vielmehr könnte sich die Polarisierung der Einschätzung auch durch eine veränderte Bedeutung der Beurteilungsdimension ergeben haben. In jedem Fall aber wäre das Verstehen von Musik nicht von einer adäquaten Akkommodation der kategorialen Struktur begleitet, sondern einseitig vom Prozeß der Assimilation bestimmt.

Die beiden einander ergänzenden Vorgänge der Akkommodation und der Assimilation, die als grundlegend für das Musikverstehen erachtet wurden, sind — wenn dezidierte Einstellungen vorliegen — nicht gleichgewichtig an der Bildung von Urteilen beteiligt, vielmehr wirken sich Vorlieben und Abneigungen zu ungunsten von Akkommodationsprozessen aus. Um die Musik zu hören, der ohnehin die Zuneigung gilt, bedarf es keiner anstrengenden Denkleistungen; sie kann dem kognitiven System leicht assimiliert werden.

Kognitive Konsistenztheorien beschreiben zwar auch, wie Abweichungen von der gewohnten Wahrnehmungsstruktur bewältigt werden. Sie gehen aber grundsätzlich davon aus, daß solche Abweichungen unliebsame Störungen des Denkens und Fühlens darstellen. Schwer mit diesen Theorien kompatibel sind Forschungen, die ein Bedürfnis nach Neuem nachweisen. Neugierde aber scheint zum geringsten ein Beweggrund für das Musikhören zu sein. Genossen wird vielmehr der Schein des Bekannten.

Literaturhinweise

S. Abel-Struth und U. Groeben: Musikalische Hörfähigkeit des Kindes. Mainz 1979.
F. Alekseev und G. Golovinsky: From the Experience of the Moscow Youth Music Club. On the Question of the Socio-psychological Determinants of Musical Taste. In: I. Bontinck (Hg.): New Patterns of Musical Behaviour. Wien 1974.
S. E. Asch: Effects of Group Pressures upon Modifications and Distortion of Judgement. In: T. M. Newcomb und E. L. Hartley: Readings in Social Psychology. New York 1952.
S. E. Asch: Studies of Independence and Conformity: A Minority of One against an Unanimous Majority. In: Psychological Monographs 70 (1956). Nr. 416.
J. Bär: Eine aktuelle Befragung zum Mediengebrauch von Schülern. In: Musik und Bildung 7/8 (1984). S. 519–521.
H. G. Bastian: Neue Musik im Schülerurteil. Eine empirische Untersuchung zum Einfluß von Musikunterricht. Mainz 1980.
H. G. Bastian: Zur Typologie des Viel- und Auswahlsehers in der Fernsehrezeption. In: Musik und Bildung 4 (1984). S. 260–264.
K. E. Behne: Zur Struktur und Veränderbarkeit musikalischer Präferenzen. In: Zeitschrift für Musikpädagogik 1 (1976). S. 139–146.
K. E. Behne: Musikalische Konzepte. Zur Schicht- und Altersspezifität musikalischer Präferenzen. In: Forschung in der Musikerziehung. Mainz 1975. S. 35–62.
D. E. Berlyne: Aesthetics and Psychobiology. New York 1971.
P. Bourdieu: Die feinen Unterschiede. Kritik der gesellschaftlichen Urteilskraft. Aus dem Französischen von B. Schwibs und A. Russer. Frankfurt/Main 1984.
P. Brömse und E. Kötter: Zur Musikrezeption Jugendlicher. Eine psychometrische Untersuchung. Mainz 1971.
P. Brömse: Interessengebiete Jugendlicher im Musikunterricht. In: Forschung in der Musikerziehung. Mainz 1975. S. 62–81.
J. B. Bryson und M. J. Driver: Cognitive Complexity, Introversion and Preference for Complexity. In: Journal of Personal and Social Psychology 23 (1972). S. 320–327.
R. B. Cattell: Personality and Motivation: Structure and Measurement. New York 1957.
R. B. Cattel: Die empirische Erforschung der Persönlichkeit. Weinheim, Basel 1973.
R. B. Cattell und J. C. Anderson: The Measurement of Personality and Behaviour Disorders by the I. P. A. T. Music Preference Test. In: Journal of Applied Psychology 37 (1953). S. 446–454.
R. B. Cattell und D. R. Saunders: Musical Preferences and Personality Diagnosis. In: Journal of Social Psychology 39 (1954). S. 3–24.
R. Dollase, M. Rüsenberg und H. J. Stollenwerk: Das Jazzpublikum. Zur Sozialpsychologie einer kulturellen Minderheit. Mainz 1978.
J. Eckhardt und H. E. Lück: Zum Nachwuchsproblem der deutschen Kulturorchester. In: Das Orchester 10 (1972). S. 4–20.
H. Einsendle: Die Determinanten der Sympathie und Antipathie bei der Beurteilung von Bildern. In: Studien zur Wertungsforschung 4 (1970). S. 16–33.
J. R. Eiser und W. Stroebe: Categorization and Social Judgement. London 1972.
H. J. Eysenck: The General Factor in Aesthetic Judgements. In: British Journal of Psychology 31 (1940). S. 94–102.
H. J. Eysenck: Typ-Factors in Aesthetic Judgements. In: British Journal of Psychology 31 (1941). S. 262–270.
H. J. Eysenck: The Scientific Study of Personality. London 1952.
H. J. Eysenck: The Structure of Personality. New York 1953.

H. J. Eysenck: An Experimental Study of Aesthetic Preference for Polygonal Figures. In: Journal of General Psychology 79 (1968). S. 3—17.

P. R. Farnsworth: Sozialpsychologie der Musik. Aus dem Amerikanischen von H. Jensen. Stuttgart 1976.

L. Festinger: A Theory of Cognitive Dissonance. Stanford 1957.

M. Fishbein und I. Ajzen: Belief, Attitude, Intention and Behavior. An Introduction to Theory and Research. Massachusetts 1975.

S. Fisher und R. I. Fisher: The Effects of Personal Insecurity on Reactions to Unfamiliar Music. In: Journal of Social Psychology 34 (1951). S. 265—273.

S. Flath-Becker und V. Konečni: Der Einfluß von Streß auf die Vorlieben für Musik. In: Jahrbuch der Deutschen Gesellschaft für Musikpsychologie 1 (1984). S. 23—52.

H. Gardner: Children's Sensitivity to Musical Style. Harvard Project Zero. Technical Report No. 4 (1971).

R. Getz: The Effects of Repetition on Listening Responses. In: Journal of Research in Music Education 14 (1966). S. 178—192.

J. P. Guilford: Personality. New York 1959.

J. Hansberger: Ansätze des kindlichen Musikverständnisses beim Hören »schwerer« Musik. In: Der Einfluß der technischen Mittler auf die Musikerziehung unserer Zeit. Mainz 1968.

K. Hartje: Ansätze des musikalischen Verstehens bei Kindern. In: Musik und Verstehen. Hg. von P. Faltin und H. P. Reinecke. Köln 1973. S. 87—103.

D. Hartwich-Wiechell: Musikalisches Verhalten Jugendlicher. Frankfurt/Main 1977.

F. Heider: The Psychology of Interpersonal Relations. New York 1958.

H. Helson: Adaptation-Level Theory. New York 1964.

C. J. Hovland und H. Pritzker: Extent of Opinion Change as a Function of Amount of Change Advocated. In: Journal of Abnormal Sociological Psychology 54 (1957). S. 257—261.

Institut für Demoskopie Allensbach: Die Deutschen und die Musik. 2 Bde. Allensbach 1980.

H. de Jager: Listening to the Audience. In: Journal of Research in Music Education 15 (1967). S. 293—299.

K. Jamison: A Note on the Relationship between Extraversion and Aesthetic Preference. In: Journal of General Psychology 87 (1972). S. 301—302.

E. Jost: Der Einfluß des Vertrautheitsgrades auf die Beurteilung von Musik. In: Jahrbuch des Staatlichen Instituts für Musikforschung 1969. S. 65—85.

E. Jost: Sozialpsychologische Faktoren der Popmusik-Rezeption. Mainz 1975.

E. Jost: Sozialpsychologische Dimensionen des musikalischen Geschmacks. In: C. Dahlhaus und H. de la Motte-Haber (Hg.): Systematische Musikwissenschaft. Wiesbaden 1982.

Jugendwerk der Deutschen Shell: Jugend '81. Opladen 1982.

D. Kirley und R. Harkless: Some Personality and Attitudinal Correlates of Dogmatism. In: Psychological Reports 24 (1969). S. 851—854.

R. H. Knapp und H. Ehlinger: Stylistic Consistency among Aesthetic Preferences: In: Journal of Projectional Technology 26 (1962). S. 61—65.

R. H. Knapp und A. Wulff: Preference for Abstract and Representational Art. In: Journal of Social Psychology 60 (1963). S. 255—262.

H. E. Krugman: Affective Response to Music as a Function of Familiarity. In: Journal of Abnormal and Social Psychology 38 (1943). S. 388—393.

W. Kral, K. H. Rudlof und M. Teiner: Rezeptionsfähigkeit und Hörpräferenzen von Kindern der ersten und zweiten Schulstufe. Wien 1973.

E. D. Lantermann: Urteile über Einstellungsobjekte im Handlungskontext. In: Zeitschrift für Sozialpsychologie 11 (1980). S. 248—258.

A. Le Blanc: Generic Style Music Preferences of Fifth-Grade Students. In: Journal of Research in Music Education 27 (1979). S. 255—270.

W. Lippmann: Public Opinion. New York 1922.

H. Lüdtke: Jugendliche organisieren Freizeit. Weinheim 1972.

D. Mark: Gesucht — Publikum für Neue Musik. In: Musik und Bildung 12 (1981). S. 761—766.

R. Meißner: Zur Variabilität musikalischer Urteile. 2 Bde. Hamburg 1979.

R. Meißner: Das musikalische Urteil. In: Musikpsychologische Forschung und Musikunterricht. Mainz 1983. S. 63—86.

H. de la Motte-Haber: Über einige Beziehungen zwischen Rhythmus und Tempo. In: Die Musikforschung 20,3 (1967). S. 281—284.

H. de la Motte-Haber: Über musikalische Urteilsbildung. In: Forschung in der Musikerziehung 1 (1969). S. 11—13.

H. de. la Motte-Haber: Anwendung der Bedingungsvariation bei musikpsychologischen Untersuchungen. In: Jahrbuch des Staatlichen Instituts für Musikforschung 1971. S. 154—178.

H. de la Motte-Haber: Die Schwierigkeit, Trivialität in der Musik zu bestimmen. In: Das Triviale in Literatur, Musik und Bildender Kunst. Frankfurt/Main 1972.

H. de la Motte-Haber: Der Einfluß psychologischer Variablen auf das ästhetische Urteil. In: Jahrbuch des Staatlichen Instituts für Musikforschung 1972. S. 163—174.

H. de la Motte-Haber: Über die ästhetische und psychologische Fundierung musikalischer Urteile. In: Musica 3 (1982). S. 224—228.

H. de la Motte-Haber und S. Jehne: Der Einfluß des Musikunterrichts auf das musikalische Werturteil von sechs- und zehnjährigen Kindern. In: Musik und Bildung 8 (1976). S. 5—9.

H. K. Mull: Prefered Regions in Musical Compositions and the Effect of Repetition on them. In: American Journal of Psychology 43 (1940). S. 583—586.

K. H. Mull: The Effect of Repetition upon Enjoyment of Modern Music. In: Journal of Psychology 43 (1957). S. 155—162.

G. Murdock: Struktur, Kultur und Protestpotential. Eine Analyse des Jugendlichen-Publikums der Popmusik. In: Massenkommunikationsforschung. Hg. von D. Prokop. Frankfurt/Main 1973.

Ch. E. Osgood, G. J. Suci und P. H. Tannenbaum: The Measurement of Meaning. Urbana 1957.

E. Payne: Musical Taste and Personality. In: British Journal of Psychology 58 (1967). S. 133—138.

H. P. Reinecke: Über Allgemeinvorstellungen von der Musik. In: Festschrift Walter Wiora. Kassel, Basel 1967.

M. G. Rigg: Favorable versus unfavorable Propaganda in the Enjoyment of Music. In: Journal of Experimental Psychology 38 (1948). S. 78—81.

Chr. Rittelmeyer: Dogmatismus, Intoleranz und die Beurteilung moderner Kunstwerke. In: Kölner Zeitschrift für Soziologie und Sozialpsychologie 21 (1969). S. 93—105.

Chr. Rittelmeyer: Zur Auswirkung der Prestigesuggestion auf die Beurteilung der Neuen Musik. In: Musik und Bildung 3 (1971). S. 72—74.

P. Roubertoux: Personality Variables and Interest in Art. In: Journal of Personality and Social Psychology 16 (1970). S. 665—668.

G. Rubin-Rabson: The Influence of Age, Intelligence and Training on Reactions to Classic and Modern Music. In: Journal of General Psychology 2 (1940). S. 413—429.

E. E. Rump: Is there a General Factor of Preference for Complexity? In: Perception and Psychophysics 3 (1968). S. 346—348.

H. Schaffrath: Der Einfluß von Information auf das Musikurteil. Eine Kontextstudie am Beispiel fünfzehnjähriger Gymnasiasten. Herrenberg 1978.

H. Chr. Schmidt: Jugend und Neue Musik. Auswirkungen von Lernprozessen auf die Beurteilung Neuer Musik durch Jugendliche. Köln 1975.

M. Sherif und C. I. Hovland: Social Judgement. New Haven 1961.

U. Spahlinger-Ditzig: Neue Musik im Gruppenurteil. Hamburg 1978.

S. Taylor: Musical Development of Children Aged Seven to Eleven. In: Psychology of Music 1 (1973). S. 44—49.

H. S. Upshaw: Social Influence on Attitudes and on Anchoring of Congeneric Attitude Scales. In: Journal of Experimental Social Psychology 14 (1978). S. 327—339.

E. M. Verveer, H. J. Barry und W. A. Bousfield: Change in Affectivity with Repetition. In: American Journal of Psychology 45 (1933). S. 130—134.

M. F. Washburn, M. S. Child und Th. M. Abel: The Effect of Immediate Repetition in the Pleasentness or Unpleasentness of Music. In: M. Schoen (Hg.): The Effects of Music. New York 1927.

E. Walker: Das musikalische Erlebnis und seine Entwicklung. Göttingen 1927.

A. Wellek: Musikpsychologie und Musikästhetik. Frankfurt/Main 1963.

H. Werbik: Informationsgehalt und emotionale Wirkung von Musik. Mainz 1971.

R. Wicke: Das Werden der musikalischen Ausdrucks- und Erlebnisfähigkeit. In: Schulmusikalisches Zeitdokument. Leipzig 1929.

S. Zagona und M. Kelley: The Resistance of the Closed Mind to a Novel and Complex Audio-Visual Experience. In: Journal of Social Psychology 70 (1966). S. 123—131.

J. Zimmer: Rock-Soziologie. Theorie und Sozialgeschichte der Rock-Musik. Hamburg 1981.

III. Musik im Hintergrund

Ein Bestimmungsversuch

Was ist Hintergrundmusik?

»Musik: Klassische Musik, Unterhaltungsmusik, Pop- und Vocal- [. . .] und nun Hintergrundmusik! Die einen schlagen die Hände über dem Kopf zusammen und stöhnen etwas vom Untergang des Abendlandes. Die anderen schwärmen von bisher ungeahnten Möglichkeiten. Kurz: Eine Erklärung zum Phänomen Hintergrundmusik tut not.« Diese Sätze stammen aus der Informationsschrift einer Firma, die Hintergrundmusik zur Gestaltung des täglichen Lebens vertreibt. Sie sind dahingehend zu korrigieren, daß Hintergrundmusik kein eigenes Genre neben klassischer oder Unterhaltungsmusik darstellt, sondern durch ihre Präsenz an Orten definiert ist, an denen normalerweise keine Musik erklingt, daß sie weiterhin eine Funktion erfüllen, dabei aber nur nebenbei gehört werden soll, weil sie sonst nicht wirkt oder sogar gegenteilige Effekte zeitigt. Solche Musik kann wohl, wie es oft bei der ·Beschallung von Arbeitsplätzen der Fall ist, für die Zwecke, denen sie dienen soll, geschaffen werden. Es kann aber zum Hintergrund auch Musik werden, die ursprünglich dafür nicht gedacht war. Vergegenwärtigt man sich eine typische Verführungsszene in Filmen, so wird dies unmittelbar deutlich. Er und Sie im gepflegten Ambiente mit Whisky oder Champagner vertrauen auf die erotische Stimulation von Musik. Das ist in Mahagoni oder Palisander ein Klavierkonzert von Mozart, im modernen Design Tanzmusik oder Pop. »Beethoven schaut durch die Windschutzscheibe« und »Bei Reisegeschwindigkeit hören Sie Mozart statt Motor«: Mit solchen illustren Namen werben Firmen für Autoradios und Kassettenrecorder, die für den Fahrer eine angenehmere akustische Umgebung schaffen sollen als die, die ihm der Motor beschert. Sofern Musik für Kaufhäuser, Flughäfen, Wartezimmer bestimmt ist, muß sie eine freundliche Atmosphäre erzeugen, dazu kann ebenfalls eine bereits bekannte »Nummer« dienen. Viele Jahre hindurch war an einem bundesdeutschen Flughafen mit schöner Regelmäßigkeit ein Arrangement der berühmten Arie »Reich mir die Hand, mein Leben« aus *Don Giovanni* zu hören. Start und Landung begleitete eine Fluggesellschaft merkwürdigerweise gern (allerdings ohne Text) mit dem Lied: *Die Tiroler sind lustig, die Tiroler sind froh.* Und zur Weihnachtszeit warb eine Firma für ihre in Kaufhäusern zu spielende Musik damit, daß garantiert jeder fünfte Titel ein Weihnachtslied sei.

Der Ort, an dem Hintergrundmusik erklingt, entscheidet über ihre Funktion und die Art der Zuwendung des Hörers. Es ist daher sinnvoll, Hintergrundmusik nicht nach musikalischen Gesichtspunkten zu differenzieren, sondern nach den Orten, an denen sie erklingt.

Musik als psychoaktive Substanz

Die Alltagsorte, an denen die Begegnung mit Hintergrundmusik stattfindet, schließen die volle Zuwendung des Hörers aus. Er ist in der Regel mit anderen Dingen beschäftigt. Hintergrundmusik zielt nicht auf einen ästhetischen Genuß. Sie setzt vielmehr eine zerstreute Haltung voraus. Sie wirkt oft ohne volle Beteiligung des Bewußtseins. Dennoch ist ihre Rezeption nicht grundverschieden von den bereits beschriebenen Mechanismen des Verstehens. Die Unterschiede sind graduell insofern, als der affektive Einbezug gewährleistet, aber die kognitive Beteiligung möglichst gering sein muß. Stilistisch muß daher Hintergrundmusik an die Gewohnheiten des Hörers anknüpfen; dies soll ihre Faßlichkeit garantieren. Damit sie ihre Funktion erfüllt, sind ihre emotionalen Wirkungen von besonderer Bedeutung, die nicht entäußert nur als musikalischer Ausdruck identifiziert werden sollen, sondern unmittelbar erlebt werden müssen. Wenn man das bereits angesprochene Konzept der Mitempfindungen weiter verfeinert, zeigt sich allerdings, daß die physischen Zustandsveränderungen, die sich mit Musikhören verbinden, schwierig vorauszusagen sind.

Musik wird benutzt, um eine Aktivierung oder eine Entspannung hervorzurufen. Beide Wirkungen erklärt die Emotionstheorie von Lindsley (1951), die allerdings heute nur noch als ein vereinfachtes Modell betrachtet werden kann. Sie geht davon aus, daß durch die Wahrnehmung innerer oder äußerer Ereignisse neutrale Impulse ausgelöst werden, wodurch die vom Hirnstamm aus aufsteigende Formatio reticularis aktiviert wird, die ihrerseits Impulse zu Thalamus und Cortex sendet. Werden im Großhirn EEG-Strukturen mit kleinen Amplituden und hoher Frequenz ausgelöst, so kommt es zu einer organismischen Erregung, bei der das von den höheren Zentren absteigende autonome Nervensystem (vor allem der Sympathicus) eine entscheidende Rolle spielt. Wird der Thalamus direkt beeinflußt, so können sich EEG-Strukturen bilden mit großer Amplitude und kleinen Frequenzen; dann tritt Entspannung ein.

Höchstens bei einer sehr vereinfachten Darstellung kann man heute noch von Aktivierung sprechen. Das Konzept ist erheblich verfeinert worden. Aktivierung wird als ein mehrdimensionales Geschehen aufgefaßt. Das ist allein schon deshalb notwendig, weil die verschiedenen körperlichen Indikatoren für Erregung nicht sehr hoch miteinander korreliert sind. Auch die Annahme, daß nicht nur die Formatio reticularis, sondern auch das limbische System als kortikales Erregungszentrum zu betrachten ist, differenziert das Konzept der Aktivierung. Zudem ist die Funktionsweise des autonomen Nervensystems sehr kompliziert. Sympathicus und Parasympathicus können nicht nur jeweils erregt oder gehemmt werden, sondern sie agieren und interagieren auch abschnittsweise. Solches Wissen stammt oft aus der pharmakologischen Forschung. Es in Verbindung mit den durch Musik ausgelösten Sensationen zu bringen, setzt diese einer psychoaktiven Substanz gleich. Neben verschiedenen Indikatoren (Atem, Blutdruck, PGR) für körperliche Erregung, die als notwendige Voraussetzung eines intensiven Gefühls bereits besprochen wurden, finden beim Musikhören auch hirnelektrische Aktivitäten statt, die auf eine Vermehrung der begehrten Alpha- und Theta-Wellen hinweisen. Manche Meditationskulte reklamierten diese hirnelektrischen Erscheinungen als Ergebnis ihrer Techniken. Ende der siebziger Jahre hatte die Industrie bereits sogenannte »Alphakästchen« zum Kauf feilgeboten. Die vermehrte Produktion von Alphawellen geht mit einem Zustand von Entspannung und Ruhe einher. Vor allem Alphawellen wurden bei Personen gemessen, die Musik hörten. Sie scheinen jener Nutzung von Musik zu entsprechen, die sie im Alltag zur Quelle der Rekreation macht.

Es ist keineswegs so, daß Musik verabreicht werden könnte wie ein Medikament oder daß sie sogar wie eine Droge wirkt. Körpersensationen verursachen nicht das Erleben. Es sind durchaus organische Veränderungen möglich, die nicht durch ein ihnen entsprechendes Gefühl begleitet werden, und es sind durch Haltungen und Einstellungen Effekte zu erreichen, die einem Placebo einen größeren Einfluß garantieren, als er mit der psychoaktiven Wirkung von Musik zu erreichen ist. Eine autonome Erregung verbindet sich nicht zwangsläufig mit einem Gefühl (vgl. Rötter 1985); und Gefühle sind nicht körperlich verursacht. Das Leib-Seele-Problem ist durch die naturwissenschaftliche Forschung des 20. Jahrhunderts noch verzwickter geworden, als es sich in den spekulativen Lösungen früherer Zeiten darstellt.

Wie kompliziert die Zusammenhänge auch sein mögen: die Tatsache, daß überhaupt Zusammenhänge existieren, macht Musik manipulativen Zwecken zugänglich.

Wenn von Hintergrundmusik die Rede ist, so wird darüber meistens zu Recht mit einer großen moralischen Entrüstung gesprochen. Beklagt werden kann die stilistische Verflachung, mehr noch die Absicht, mit der die Tonkulisse verwendet wird. Kein grundsätzlicher Unterschied zum Musikverstehen im allgemeinen, sondern nur ein gradueller läßt sich bei einer psychologischen Betrachtung finden. Zum Wesen und Unwesen der Hintergrundmusik gehört, daß sie an die elementaren Verstehensprozesse anknüpft. Sie erfordert nur eine rudimentäre Form des Musikhörens, bei dem die unmittelbaren Wirkungen die Hauptsache sind und die höheren informationsverarbeitenden Vorgänge zurücktreten. Kognitive Leistungen sind jedoch immer vorhanden, auch wenn es nur darum geht, körpernahe Gefühle zu erzeugen. Hintergrundmusik wird einer bestimmten Wirkung wegen und nicht um ihrer selbst willen genossen.

Körperliche Vorgänge haben eine größere Relevanz für die Grundemotionen als für gemischte Gefühle. Wenn auch »happy-music« nicht automatisch Freude auslösen muß, so ist es immerhin bemerkenswert, daß die Klangkulisse, in die sich Menschen versetzen, um ihr Wohlbefinden zu steigern, mit einfachen emotionalen Mustern korrespondiert.

Erscheinungsweisen von Hintergrundmusik

Die Klangtapete im Kaufhaus und Restaurant

An manchen Plätzen soll Musik zum Verweilen einladen. Sie ist eine unauffällige atmosphärische Zutat, die in einer anonymen Umgebung dem Einzelnen einen subjektiven Raum schafft. Sie ist gerade so laut, daß Gespräche scheinbar in Wohnzimmeratmosphäre stattfinden und Geräusche außerhalb der Nahzone maskiert werden. Wer allein ist, fühlt sich nicht verloren, weil er mit Musik einer Beschäftigung nachgeht, die seine Freizeit ohnehin bestimmt. Darüber hinaus versprechen die Werbeprospekte der musikvertreibenden Firmen: Hemmungen würden im Kaufhaus bei unsicheren Kunden abgebaut, forsche verwandelten sich in konziliante Gesprächspartner, eilige Kunden besänftige die Musik, sie stimuliere die Unentschlossenen und befördere durch aufgelockerte Einkaufsstimmung Spontankäufe. Das ist ein so umfangreicher Katalog von Wirkungen, daß er kaum empirisch abgesichert werden kann. Zugleich wird selten bedacht, daß Musik im Kaufhaus für den Verkäufer eine Form der Arbeitsplatzgestaltung ist, und zwar eine, die von denselben Firmen, wenn sie für Musik am Arbeitsplatz werben, als nachteilig hingestellt wird, weil sie aus Dauerberieselung besteht.

Die Musik im Kaufhaus oder Restaurant soll durchaus gehört werden, aber nur nebenbei. Wie alle Hintergrundmusik muß sie daher leicht faßlich sein. Sie soll nur die freien Teile der Aufmerksamkeit auf sich lenken. Aber Lücken des Bewußtseins muß sie füllen, sonst gehen die Menschen an diesen Orten nicht restlos in ihren Beschäftigungen auf. Sie kommen auf andere Gedanken oder werden nervös. Leicht faßlich als angenehme atmosphärische Zutat, aber nicht weiter aufregend: das heißt, daß es sich in der Regel um getragene, melodische Musik handelt, die rasch kognitiv verarbeitet wird. Rasant, laut und nicht dem Muster von Melodie und Begleitung folgend, kann die Klangtapete allerdings sein, wenn sie für eine sehr spezielle Zielgruppe bestimmt ist, die sich an solche Musik gewöhnt hat. Wo Jugendliche einkaufen gehen, ist der Sound der Rockmusik durchaus am Platz. In solcher Differenzierung zeigt sich, daß eine bestimmte Faktur von Musik nicht immer in gleicher Weise wirkt. Was dem einen schon laut erscheint, ist für den anderen eben hörbar. Die Unterschiedsschwellen sind individuell für alle Wahrnehmungsbereiche sehr verschieden. Die stilistischen Präferenzen modifizieren außerdem, was als angenehm empfunden wird. Insofern kann die Hintergrundmusik noch so ausgeklügelt erdacht sein, ihre Wirkung ist nicht kalkulierbar, was nicht heißt, daß sie keine Wirkung hat. Lediglich Vorstellungen wie die, im Kaufhaus sei in der Mittagszeit langsamere Musik angezeigt, wohingegen der Käufer in Stoßzeiten mit flotteren Klängen durch die Hallen geschleust werden müsse, sind glücklicherweise nicht zu verwirklichen.

Bei Musik, die zum Verweilen einladen soll, hofft man auf einen entspannenden Effekt. Solche subjektiven Befindlichkeiten sind aber abhängig vom Insgesamt einer Situation, in der sich ein Mensch befindet. Wer ohnehin schon angespannt ist, fühlt die Wirkung von Musik ganz anders, als wenn er sich in einem Zustand ruhiger Gelassenheit befindet. Gembris (1985) fand unterschiedliche entspannende Effekte von Musik verschiedener stilistischer Richtungen in Abhängigkeit davon, welchen Bedingungen Personen in einer vorausgehenden Situation ausgesetzt worden waren. Hatten sie sich bei Vogelgezwitscher geschlossenen Auges entspannt, so fühlten sie sich dann auch beim Musikhören ruhiger und friedfertiger, gelöster und wohler als eine Gruppe von Personen, die den Streß eines Konzentrationstests mit Zeitlimit hatte über sich ergehen lassen. Zudem reagierten diese beiden Personengruppen auf verschiedene Musik verschieden (die stilistische Breite reichte von Mozart bis Rock). Wer entspannt ist, verhält sich grundsätzlich sensibler gegenüber Musik. Er empfindet oftmals langsame Musik als angenehmer, wohingegen schnelle Musik ein Gefühl größerer Annehmlichkeit bei demjenigen hervorruft, der angespannt ist. Der Eindruck des Angenehmen ist außerdem hoch korreliert mit der subjektiven Stimmung. Was stimmungskonform ist, wirkt angenehmer. Kann beim Einsatz von Musik, die auf das Wohlbefinden der Entspannung zielt, davon ausgegangen werden, daß die Mehrzahl derer, die sie hören, wahrscheinlich eher angespannt und gestreßt ist, so macht die spezielle Wechselwirkung eines ganz bestimmten Musikstücks mit der Stimmungslage eines Menschen einen eindeutig kalkulierten Effekt zunichte.

Berieselung am Arbeitsplatz

Der Ort, an dem Musik mit fröhlichem Gründerzeit-Optimismus und schäbigen Berechnungen zum Zweck der Manipulation verwendet wurde, ist der Arbeitsplatz. Als sich heftige Diskussionen um die Funktion einer Klangkulisse am Arbeitsplatz entzündeten, war dieser Musik kaum noch die Wirkung beschieden, die ihre Verkäufer behaupteten. Die Verwendung von Musik am Ar-

beitsplatz ist in den letzten zehn Jahren stark zurückgegangen. Daß sie nicht
ganz verschwunden ist, hängt mit zweierlei zusammen: Zum einen existieren
Firmen, die sie vertreiben, und zum anderen genügt sie dem fatalen Bedürfnis
nach Allgegenwart von Musik. Die Anfänge dieser Form von Hintergrundmusik im ersten Jahrzehnt unseres Jahrhunderts liegen im Dunkeln. An sich hatte
die Edison-Walze, von der behauptet wird, sie sei bereits 1915 an Arbeitsplätzen
zum Einsatz gekommen, keine hinreichende technische Qualität, um annähernd mit den raffinierten Programmen späterer Zeiten verglichen werden zu
können. In den zwanziger Jahren zogen durch amerikanische Betriebe noch
Bands, die — ähnlich wie Straßenmusikanten — für Unterhaltung sorgten. Im
Zusammenhang mit der Idee der »Produktionsästhetik« soll es in Rußland
ebenfalls bereits um 1915 zu Versuchen gekommen sein, die Arbeitswelt klanglich zu verändern.

Musik am Arbeitsplatz ist an die Möglichkeit ihrer technischen Reproduktion gebunden. In größerem Umfang etablierte sie sich in den dreißiger Jahren.
Fast synonym mit dieser Form funktioneller Musik ist seit diesen Tagen der
Name der 1934 gegründeten Firma MUZAK, die ausgewählte Programme über
Telefonkabel vertreibt. Heute teilt sie sich in der Bundesrepublik Deutschland
den Markt mit der englischen Firma Reditune, der Deutschen Philips GmbH,
der Baden-Badener Werkphon Television GmbH (Wete) und der amerikanischen Firma 3M. Daneben existieren kleinere Firmen. Manche Unternehmer

Funktionen des Musikhörens

	trifft voll und ganz zu	trifft teilweise zu	trifft nicht zu
Musik macht mir großes Vergnügen	79	20	1
Musikhören verschönert langweilige Arbeiten	73	22	5
Musik ist ein schlechter Tröster	5	22	72
Musik entspannt mich	70	26	3
Musik verhilft mir zu einer besseren Stimmung	68	29	3
Musik macht mein Leben abwechslungsreicher	67	28	5
Wenn ich Musik höre, fühle ich mich weniger einsam	53	31	16

Musik ist eine Quelle des Vergnügens und der Rekreation. Sie macht das Leben abwechslungsrei-
cher, sie »verschönert« sogar das Arbeiten. Die in der Tabelle in Prozent angegebenen Zahlen
stammen aus einer nur als Manuskript vorgelegten Untersuchung des Schweizer Fernsehens und
Rundfunks (1979). Der allgemein empfundene Entlastungscharakter der Musik macht sie uner-
läßlich als »Bestandteil der Umstellung eines Arbeitsplatzes nach modernen Kriterien«, wie es
ein Bankangestellter in einem Interview ausdrückte. Die Berieselung am Arbeitsplatz, die mit
dem schönen Stichwort der »Humanisierung des Arbeitsplatzes« belegt wurde, bewirkt nicht
mehr die Leistungssteigerungen, die die Musik vertreibenden Firmen versprechen, aber sie genügt einem fatalen Wunsch nach der Allgegenwart von Musik.

stellen Programme selbst zusammen. Mit dem Verkauf von Musik ist meist der eines Abspielgeräts verbunden.

Alle Untersuchungen demonstrierten in den Anfängen: Mit Musik läßt es sich besser arbeiten, die Leistungen steigen. Die älteren Studien, die recht gut im Überblick bei Lundin (²1967) und Last (1966) referiert werden, berichten von einer Verbesserung der Arbeitsleistung pro Tag zwischen 2% und 6%, bei Nachtarbeit bis zu 17%. Unmittelbar während des Musikhörens zeigt sich ein Anstieg — meist bei einfachen Sortierarbeiten gemessen — von 6% bis 11%. Die Steigerung der Leistung führte man auf die stimulierende Wirkung von Musik zurück, durch die Ermüdungserscheinungen reduziert werden. Die Sendung »Music while you work« sollen in den vierziger Jahren acht Millionen britischer Arbeiter gehört haben. Wohl dosiert, denn — so wurde damals schon festgestellt — zuviel Musik macht sich in einem Rückgang der Leistung bemerkbar. Welche Musik am Arbeitsplatz ihre Wirkung tut, war in der ersten Phase unklar. Manche Programme bargen Tücken in sich. Wer sich nicht von MU-ZAK versorgen ließ, griff zu einer Zeit, da das Tonband noch nicht erfunden war, auf Schallplatten zurück und damit auf die Hits. Schlechte Erfahrungen machte man mit gesungenen Schlagern, weil manche Arbeiter sich den Text notierten, statt ihre Sortierleistungen zu erhöhen.

Für die musikalische Gestaltung war und ist das Kriterium der Eingängigkeit entscheidend. Musik am Arbeitsplatz macht den Eindruck einer leichten Unterhaltungsmusik, sie ist etwa wie eine Tanzcombo besetzt, regelmäßig in der rhythmischen Struktur, dynamisch weitgehend eingeebnet. Melodien in Dur erscheinen klar abgehoben vom harmonischen Hintergrund, ohne komplizierte Modulationen. Eigentlich wird jeder merkliche Wechsel von Tonarten oder Rhythmen vermieden, weil dies die Aufmerksamkeit fesseln könnte. Musik am Arbeitsplatz darf nicht ablenken. Die Lautstärke dieser an sich leisen Musik wird passend zum Geräuschpegel des Arbeitsplatzes gewählt. Gelten 40 dB als Richtwert, so wird doch nahegelegt, daß auch bei einem Lärmpegel von 80 bis 90 Phon noch Musik gesendet werden soll, die dann aber entsprechend laut sein muß. Die Musik kommt von nirgendwoher. Die Räume sind gleichmäßig beschallt, bei 2,5m Deckenhöhe wird pro 25m² ein Lautsprecher empfohlen.

MUZAK modifiziert Programme je nach Alterszusammensetzung und versucht, sich dem Bildungsniveau anzupassen. Zwei Besonderheiten, mit denen die Firma MUZAK ebenfalls für ihre Programme wirbt, sind zu erwähnen: Die Musikbeispiele sind in einer Reihenfolge steigender Emotionalität angeordnet. Das heißt, während eines Berieselungsschauers »zieht« das grundsätzlich eher getragene Tempo etwas an, vor allem durch die Gestaltung der rhythmischen Struktur, die synkopisch jazziger werden kann. Es gibt für diese steigende Aktivierung ausgesprochen mechanische Anweisungen (vgl. Margerison 1963), die die Variation der Parameter Tempo, Rhythmus, Instrumentation und Größe

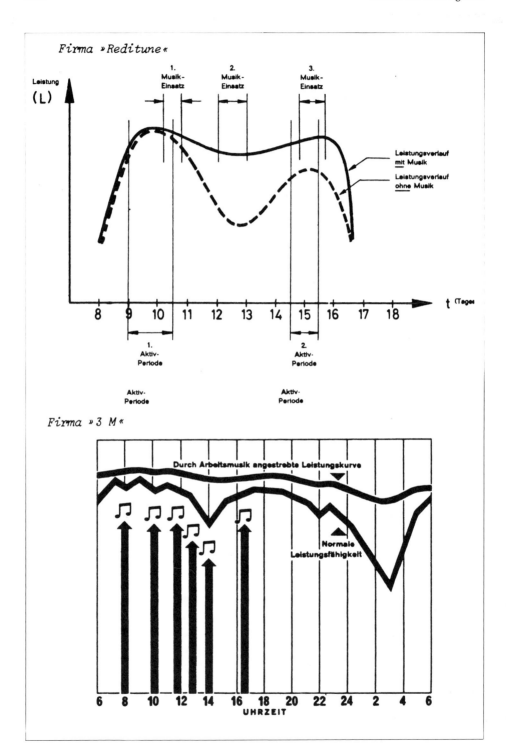

Firma »Reditune«

des Ensembles vorsehen: Zunehmende Stimulation soll angeblich die Abfolge innerhalb einer fünfzehnminütigen Sequenz von MM = 60 bis 80 bis 100 bewirken; auch die Anordnungen langsamer Walzer — Fox — Samba sowie Streicher — Holzbläser — hohes Blech. Darüber hinaus sind bei MUZAK-Musik oberhalb von 8000 Hz die Frequenzen beschnitten. Diese Tilgung des Obertonspektrums könnte allerdings mit den Mängeln des Vertriebs über Telefonleitungen zusammenhängen.

Heute dauert eine dieser Sendungen meist fünfzehn Minuten. Sie gliedert sich in etwa sechs Nummern, die bei MUZAK nach den genannten Gesichtspunkten variieren, sonst aber sehr anonym wirken. Die Häufigkeit, mit der dieses akustische Doping erfolgt, ist unterschiedlich. Sofern Musik von Kassette abgespielt wird, regelt ein Timer ihren Einsatz. In jedem Fall soll sie während des Leistungstiefs stimulieren: am späten Vormittag, in der Mittagspause, in der späten Mittagszeit und oft am Ende des Arbeitstages. Die Zahl der Titel ist bei den einzelnen Firmen verschieden. Reditune wirbt mit mehr als 80 000 Titeln, MUZAK geht grundsätzlich davon aus, daß Wiederholungen unzulässig sind; monatlich werden in den Sendestudios dreißig bis fünfzig Programme neu produziert. Als Mindestforderung gilt, daß sich Musik am Arbeitsplatz innerhalb von vierzehn Tagen nicht wiederholt, und wenn eine solche Wiederholung stattfindet, muß die Tageszeit gewechselt haben. Unauffällig mit dem Schein des Bekannten ausgestattet, aber dem Zugriff des Hörers entzogen, ist diese Form der Hintergrundmusik vollkommen anonym.

Versprochen wird noch immer Leistungssteigerung, wobei aber nur gemeint ist, daß ein Leistungsabfall während Ermüdungszeiten verhindert wird. Dabei beruft man sich grundsätzlich auf die aktivierende physische Wirkung von Musik. »Bei richtigem Einsatz wirkt Hintergrundmusik am Arbeitsplatz wie eine Tasse Tee oder Kaffee.« Wenn man der Frage nachgeht, ob solche Musik tatsächlich Ermüdungen reduziert, so bieten sich mehrere Ebenen der Betrachtung an. Denn Ermüdung ist kein Phänomen, das auf eine Maßzahl festgelegt wäre. Sie kann bestimmt werden durch die Leistung (Güte, Fehler, Schnelligkeit), durch das Erlebnis und durch die physiologische Aktivierung. In der Regel wurde der

---

Die Werbung zweier Firmen, die Musik am Arbeitsplatz verkaufen (Fehling 1976, S. 102), verspricht insofern eine Leistungssteigerung, als zu Zeiten der Ermüdung im Laufe eines Arbeitstages eine Aktivierung durch Musik erfolgen soll, durch die das Absinken der Produktivität vermieden wird. Solche Schaubilder werden in der Regel so vorgestellt, als beruhten sie auf wissenschaftlich exakten Befunden. Inwieweit aber stellen die Versprechungen nur Behauptungen dar? Der vermutete Leistungsabfall entspricht sich bei den Firmen nur annähernd. Reditune gibt einen Leistungsknick um 13^h, 3M hingegen um 14^h an. Die Häufigkeit der Musikberieselung unterscheidet sich ebenfalls. Diese Diskrepanzen lassen glücklicherweise darauf schließen, daß es mit der Manipulation von Menschen nicht ganz so einfach bestellt ist, wie es sich diese »Muntermacher« wünschen.

	ohne Musik	Zufalls-programm	Reditune-Programm (rote Kategorie)	Programm nach persön-licher Wahl
Mittlere Anzahl der aussor-tierten Fehlstücke (Sortier-erfolg); dabei ist der Sortier-erfolg »ohne Musik« gleich 100 gesetzt	100	130	144	156
Absinken des Sortiererfol-ges (in %) während der 2. Viertelstunde (im Vergleich zur 1. Viertelstunde)	33,2%	21,25%	18,8%	5,48%

Auf einem mit einer bestimmten Geschwindigkeit laufenden Förderband liegen kleine Unterleg-scheiben aus Metall. Ein Prozent der Unterlegscheiben ist fehlerhaft. Der Fehler besteht in einer Verformung, die daran zu erkennen ist, daß die betreffende Unterlegscheibe sich nicht über einen Metallzylinder mit dem vorgeschriebenen Durchmesser schieben läßt. Diese fehlerhaften Stücke sind durch mit der Qualitätskontrolle beauftragte Personen am Förderband auszusortieren.

Als Versuchspersonen werden sechs Assistenten des Forschungsinstituts am Förderband einge-setzt. Der Versuch dauert jeweils dreißig Minuten. Während dieser Zeit müssen die Versuchsper-sonen die auf dem Förderband an ihnen vorbeiwandernden Unterlegscheiben prüfen und die herausgefundenen Fehlstücke aussortieren.

Der Versuch wird unter folgenden vier unterschiedlichen Bedingungen durchgeführt:
1. ohne Musik,
2. mit Musik nach einem aus Musikstücken sehr unterschiedlichen Charakters zufällig zusam-mengestellten Programm (Musikeinsatz von der 15. bis 20. Minute des Versuchs),
3. mit Hintergrundmusik von Reditune aus der roten Musikkategorie,
4. mit Hintergrundmusik nach einem von den Versuchspersonen individuell ausgewählten Programm.

	Spieldauer der Hintergrundmusik (in Minuten)	Musikpausen (in Stunden)
Inspektions- und Kontrollarbeiten, die gro-ße Genauigkeit erfordern	15	0,5
Leichte Montage, Packen, Prüfen	15	1
Schwere Montage (z. B. am Automobil-Fließband)	15	3—4
Arbeit bei geringen Nebengeräuschen (z. B. unter 70 dB)	15	0,75
Arbeit bei intensiven Nebengeräuschen (z. B. über 70 dB)	45	0,5

Dauer der Spielzeit und der Musikpausen je nach Art der Arbeitsgänge und der Umweltge-räusche

Ausgleich von Ermüdung an der Leistung gemessen. Läßt man die positiven Berichte in den Werbeprospekten der musikvertreibenden Firmen einmal beiseite, so zeigen sich mit der Zunahme des allgemeinen Musikkonsums drastische Veränderungen. Die höheren Leistungen, die in den dreißiger Jahren gefunden wurden, bestätigen neuere Untersuchungen nicht mehr. Anastasi (1973) referiert ein Experiment, das mit 142 Frauen in einer Teppichfabrik durchgeführt worden war. An vier von fünf Tagen in der Woche wurden fünf Wochen hindurch achtzig Minuten Musik gespielt, verteilt über den Tag. Die Ergebnisse zeigen ein äußerst stabiles Arbeitsverhalten der Frauen, das möglicherweise darauf zurückzuführen ist, daß es sich um eine handwerkliche Tätigkeit handelt, die eine jahrelange Ausbildungszeit und Arbeitserfahrung verlangte. 85% der Arbeiterinnen wollten aber unbedingt die Musik beibehalten, und die Mehrheit (59%) glaubte auch, daß sich ihre Leistung mit Musik verbessert hätte. Die Wahrscheinlichkeit, daß die Beschallung sich in einer Leistungssteigerung äußert, ist heute sehr gering, weil die Mehrzahl der Menschen sich daran gewöhnt hat, während des Musikhörens etwas anderes zu erledigen. Auszuschließen ist jedoch nicht, daß subjektive Ermüdungserscheinungen reduziert werden, wobei gleichzeitig keine physiologische Aktivierung stattfinden muß, sondern nur durch Arbeit bedingte psychische Sättigung reduziert wird. Arbeit braucht nicht einmal im Sinne von Fließbandarbeit monoton zu sein, um psychische Sättigung hervorzurufen. Münsterberg (1908) berichtet von einem Richter, der es leid war, immer Holzdiebstähle behandeln zu müssen. Es kommt zu einer unlustvollen, gereizten Ablehnung einer Tätigkeit und zum Gefühl der Müdigkeit, das aber auf einem Zustand gesteigerter Anspannung beruht. Abhilfe schafft alles, was Interesse weckt. Wird ein derartiges Gefühl der Müdigkeit durch Musik reduziert, so ist keine Leistungssteigerung zu erwarten, weil keine Aktivierung, sondern eher eine Entspannung eintritt. Bei der um 1970 auch in den Medien heftig geführten Diskussion um die Frage derartiger »akustischer Umweltverschmutzung« versuchten Journalisten recht erfolglos,

---

Die Angaben stammen aus einer Schrift der Reditune-Zentrale (*Hintergrundmusik am Arbeitsplatz*, Hamburg 1972, S. 9 und 13). Es ist erstaunlich, daß sie in dieser Form publiziert wurden, weil sie zeigen, daß die persönliche Wahl die besten Ergebnisse zeitigt und nicht die rote Kategorie. Rote Kategorie meint anregende, aufmunternde Musik, dergegenüber auch Musik der grünen Kategorie (beruhigend, entspannend) und der gelben Kategorie (Pop, Spezial- und Länderserien) vertrieben werden. Daß die persönliche Wahl die günstigsten Wirkungen hat, ist jedoch nicht unbedingt ein Ergebnis, über das eine Musik-vertreibende Firma lange nachdenken müßte, denn sie ist an einem Arbeitsplatz, der mit mehreren Personen besetzt ist, nicht zu realisieren. Wichtiger sind die Unterschiede gegenüber einem zufällig zusammengestellten Programm (über das keine näheren Angaben gemacht werden), weil solche Ergebnisse zu Werbezwecken verwendet werden. Wichtig ist auch, daß solche Firmen angeben, daß sie und nur sie mit der richtigen zeitlichen Verteilung von Musik aufwarten können. Nicht von der Industrie geförderte Forschungen weisen allerdings die hier vorgestellten Ergebnisse nicht mehr nach.

Arbeitnehmern negative Äußerungen über Musik am Arbeitsplatz zu entlocken. Die Einstellung dazu ist so positiv, daß sich auch die Gewerkschaften entschlossen haben, darin einen Beitrag zur Humanisierung der Arbeitswelt zu sehen.

Alle musikvertreibenden Firmen werben noch immer mit einer möglichen Leistungssteigerung. Sie zählen aber zunehmend andere positive Auswirkungen auf: »Die Zahl der Beschwerden nimmt ab, Musik wirkt der Seelenlosigkeit der heutigen Industrie- und Bürolandschaft entgegen, es kommt darauf an, daß eine fröhliche und bewegte Stimmung herrscht. Die Musik schafft eine Atmosphäre, die die Eintönigkeit der Fließbandarbeit oder des grauen Büroalltags buchstäblich überspielt.«

Je höher das Ausmaß an intellektueller Anstrengung, um so eher wirkt sich Musik allerdings nachteilig aus. Zu differenzieren ist daher vor allem nach der Art von Arbeit, die verrichtet wird. Je monotoner sie ist, je mehr Wiederholungen sie verlangt, um so eher ist von Musik ein günstiger Effekt zu erwarten. Während einer Arbeit Musik zu hören, setzt die Teilung der Aufmerksamkeit voraus. Ist aber die Aufmerksamkeit nicht im vollen Umfang genutzt, so kommt der Hinwendung zur tönenden Tapete eine ablenkende und damit eine stimmungsanhebende Funktion zu. Eigentlich ist solche Musik eine Form von Unterhaltung, die am Arbeitsplatz, wo kein Partner zum Gespräch vorhanden ist, die Langeweile vertreibt und damit allerdings eher eine entspannende denn eine aktivierende Wirkung hat.

Wenngleich durch eine akustische Berieselung keine an der Produktion ablesbare Leistungssteigerung mehr erzielt wird, so simuliert diese doch die Freizeit innerhalb der Arbeitszeit. Sie entspricht einem Bewußtsein von Musik, das deren ständige Präsenz voraussetzt. Es ist eine Hypothese, daß durch Musik subjektive, durch psychische Sättigung entstandene Ermüdungen reduziert werden können. Wahrscheinlich sind die Funktionen von Musik auch in jenes schwierige Kapitel der Betriebspsychologie einzureihen, in dem die motivationalen Faktoren behandelt werden. Gleichgültig, wie die Gestaltung eines Arbeitsplatzes ausschaut: Demonstriert er dem Arbeitnehmer eine interessierte Haltung des Arbeitgebers, so wirkt sich dies motivierend aus.

Mir wurde von engagierten Vertretern einer anderen als unserer Gesellschaftsordnung öfter entgegengehalten, daß ich einer empörenden Praxis nichts anderes entgegenzusetzen hätte als einen heilen Kunstbegriff. Das stimmt in gewisser Weise. Das Phänomen der akustischen Berieselung im Büro oder in der Fabrik ist mit Sicherheit auch ein Indikator entfremdeter Arbeit in unserer Industriekultur. Solche entfremdete Arbeit läßt sich aber drastischer an Merkmalen zeigen, die dem Arbeitsprozeß inhärent sind, so daß es doch auch wichtig erscheint, die speziellen Folgen für das Bewußtsein von Musik als etwas zum Konsum Gedachtes zu kritisieren. Die Verwendung von Musik in der Industrie ist immerhin ein ästhetisch miserables Design, das zu manipulativen Zwecken erfunden wurde und auch vorgibt, Bedürfnisse zu befriedigen, obwohl es sie verkümmern läßt, indem es sie ausnützt.

Musikhören beim Autofahren

Das erste Autoradio wurde 1933 auf der Funkausstellung vorgestellt. In den Anfängen waren die Geräte mit 10 Kilogramm unhandlich und in ihrer Leistung (ca. 3 Watt) sehr beschränkt. Sie waren außerdem unerschwinglich teuer. Seit den sechziger Jahren hat — sowohl hinsichtlich der technischen Verbesserung als auch der Erschwinglichkeit — eine beschleunigte Entwicklung stattgefunden, die dazu führte, daß es heute kaum noch ein Auto ohne Radio oder Kassettenrecorder gibt. Ungefähr 85% der Autofahrer vertauschen während des Fahrens den Autositz mit einem imaginären Konzertsessel. Trotz einer umfangreichen verkehrspsychologischen Forschung wurde jedoch der Frage, ob Musikhören sich auf das Fahrverhalten auswirkt, kaum Beachtung geschenkt.
Aktivierende Effekte der Musik beim Autofahren auf einer einfachen Strecke zeigten sich bei 1984 durchgeführten Experimenten zum Thema *Musikhören und Verkehrssicherheit* (de la Motte-Haber, Gembris und Rötter). Gerät ein Autofahrer auf einer leicht zu bewältigenden Strecke in eine unvorhergesehene Situation, so handelt er schneller, wenn er mit Musik fährt. Die Verbesserung der Reaktionszeit beim Fahren mit Musik betrug eine Zehntelsekunde. Auf ein praktisches Beispiel bezogen, besagt das Ergebnis: Bei einem Tempo von 100km/Std. kann auf einer langweiligen Strecke ein Autofahrer, der unvorhergesehen reagieren muß, dies 2,77 m eher tun, wenn er Musik hört. Dieser begünstigende Effekt der vigilanzfördernden, stimulierenden Klänge sinkt ab, wenn auf einer kurvenreicheren, schwierigeren »Profi«-Strecke gesteuert werden muß. Die Ergebnisse entsprechen den Voraussagen des theoretischen Modells einer u-förmigen Beziehung zwischen »Leistung« und »Aktivierung«.

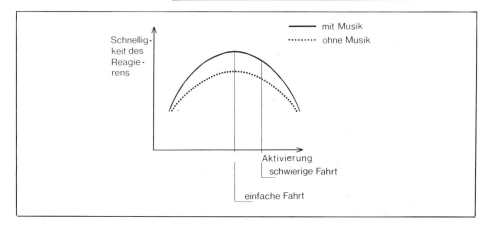

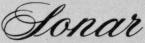

Aus den Untersuchungen von Arbeitsvorgängen weiß man, daß Routinetätigkeiten durch Musik nicht beeinflußt werden, auch wenn sich subjektiv der Eindruck einer Reduktion von Ermüdung einstellen mag. Trainierte Verhaltensweisen bleiben stabil. Die Geschwindigkeit, mit der gefahren wird, setzt fortlaufend regelnde Verhaltensweisen voraus, die in sehr hohem Maße trainiert sind, so daß sie weitgehend stabil bleiben. Es wirkt daher plausibel, daß sich hier kein Einfluß der Musik zeigte. Ob mit oder ohne Beethoven, ob mit oder ohne Rolling Stones, es wurde gleich schnell gefahren. Dies erweist sich als bedeutsam vor allem im Hinblick auf die bei einer einfacheren Strecke ausgeprägte Verbesserung der Reaktionszeit beim Auftreten eines unvorhergesehenen Ereignisses. Daß ein Fahrer zu erhöhter Wachsamkeit tendiert, wenn er bei einer langweiligen Strecke Musik hört und daher früher reagiert, ist nur deshalb ein brisantes verkehrsrelevantes Ergebnis, weil mit Musik nicht zugleich auch schneller gefahren wird.

Bei dem beschriebenen Experiment wurde ein Fahrsimulator benutzt. Das heißt, die Teilnehmer an diesem Versuch saßen in einem realen Auto, vor ihnen rollte auf einer Leinwand eine computergenerierte Straße ab, und zwar schneller oder langsamer, je nachdem, wieviel Gas gegeben wurde. »Gefahren« wurde auf einer einfachen, wenig kurvenreichen Strecke (Amateurfahrt) und einer schwierigeren, durch viele Kurven bestimmten Strecke (Profi-Strecke). Alle Personen hörten im Auto die Art von Musik, die sie dort normalerweise gewohnt waren. Es ergab sich kein Unterschied zwischen klassischer Musik und Popmusik hinsichtlich der Einflüsse auf das Fahrverhalten; auch langsames oder schnelles Tempo wirkte sich merkwürdigerweise nicht aus.

Für die einfache Fahrt wurde außerdem kein Zusammenhang zwischen Musikhören und Unfallhäufigkeit ermittelt. Mit und ohne Musik wurde in der Mehrzahl (76,39% bzw. 73,61%) unfallfrei gefahren. Die durchschnittliche Unfallhäufigkeit von 0,9 Unfällen pro Fahrt war durch die Anpassung ungeübter Fahrer an die Situation des Simulators bedingt. Auf der schwierigeren kurvenreichen Strecke ergaben sich grundsätzlich mehr Unfälle (im Durchschnitt 1,97). Solange ohne Musik gefahren wird, ist jedoch der Unterschied zwischen

---

Das genaue Datum dieser Werbung für eine Stereoanlage im Auto (© Ernst Wasmuth Verlag, Tübingen) ist nicht zu ermitteln. Der Luxus des Mercedes weist auf ein noch frühes Datum hin, wo sich nur wenige und gut betuchte Personen Musik im Auto leisten konnten. Gemessen an den heute bis 200 Watt hinaufgeschraubten Leistungen wirken die angegebenen 7 Watt (siehe erste Zeile des Kleingedruckten) bescheiden. Auch diese Angabe verweist darauf, daß es sich um eine der ersten Reklamen für Stereo im Auto handelt. »Milano—Bologna im Tempo Beethoven«: Dieser Kombination von Fahr- und Musikrausch gibt sich glücklicherweise nur ein Bruchteil meist jugendlicher Fahrer hin. Die Mehrzahl nutzt hingegen den aktivierenden Effekt von Klang und Rhythmus. Musik im Auto ist ein alltagskulturelles Phänomen, das ob seiner möglichen Konsequenzen eine bedachte Haltung verlangt.

Amateur- und Profifahrt nicht bedeutsam. Aber bei Fahrten »mit Musik« auf
der schwierigeren Profi-Strecke steigt die Unfallhäufigkeit drastisch an.

Zahl der Personen (in Prozent), die unfallfrei fuhren, im Vergleich mit solchen, die Unfälle
machten

Musik	einfache Strecke		schwierige Strecke		
	kein Unfall	Unfälle	kein Unfall	Unfälle	
ohne	73,61	26,39	65,96	34,04	14,9 % mehr Fahrer machen »mit Musik«
mit	76,39	23,61	51,06	48,94	bei schwieriger Fahrt einen Unfall

Deutete sich bereits bei der Betrachtung der Reaktionszeit an, daß das Maximum einer optimalen Aktivierung bei der kurvenreichen Profi-Strecke über-
schritten ist, wenn Hintergrundmusik erklingt, so bestätigen die Unfallziffern,
daß die Situation geteilter Aufmerksamkeit zwischen Kurven und Klängen als
Streß empfunden wird. Immerhin steuern aber noch die Hälfte der Autofahrer
unfallfrei über die kurvenreiche Profi-Strecke.
    Sie tun dies, indem sie, wenn Musik erklingt und nur dann, die Geschwindig-
keit senken, also vorsichtig fahren. Die große Streuung, die sich bei der Profi-
Strecke »mit Musik« ergibt, wenn man die Geschwindigkeit betrachtet, erklärt
sich aus unterschiedlichen Strategien, Belastungen zu bewältigen. Ein Teil der
Fahrer tendiert zur Reizminderung, indem er durch langsameres Fahren die Situation übersichtlicher macht. Andere Fahrer kontrollieren ihre Überaktivie-
rung weniger gut. Sie fahren mit Musik hektischer und landen öfter an der Leit-
planke.
    Gefährdet und gefährdend sind diese 48,94% Fahrer, deren Konzentration
bei schwierigeren Fahrten durch Musik so beeinträchtigt wird, daß sie zu Unfällen neigen, weil ihnen die Einsicht in die Situation des durch die akustische
Kulisse erzeugten Stresses fehlt. Sie fühlen sich wohl in dieser Kulisse. Denn
während des Fahrens Musik zu hören, wird grundsätzlich als angenehm empfunden. Nur 4,9% aller Fahrer fanden keinen Gefallen daran. Bedenklich
stimmt außerdem, daß von einer langjährigen Fahrpraxis beim Vermeiden von
Unfällen allenfalls profitiert werden kann, wenn ohne Musik gefahren wird.
    War bei der Betrachtung der Anzahl von Personen, die nicht unfallfrei fuhren,
eine Zusammenfassung möglich nach den Gesichtspunkten einfache/schwieri-
gere Fahrt und Fahrt ohne/mit Musik, so zeigt eine Verteilung, die im Hinblick
auf die Zahl der Unfälle (einer, zwei, drei und mehr) vorgenommen wurde, einen Einfluß bei der Versuchsbedingung »Reagieren auf ein unerwartetes Ereignis«.

Die Verteilung der Unfallhäufigkeiten bei Fahrten mit unerwarteten Ereignissen

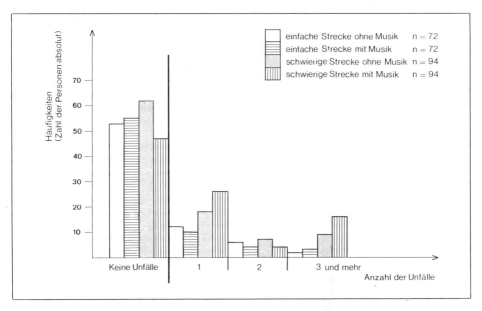

Diese Verteilung besitzt für die Profi-Strecke einen zweiten Gipfel bei der Kategorie »drei und mehr Unfälle«. Dieser zweite Gipfel könnte durch einen besonderen Fahrer-Typus bewirkt werden. Die Unfallhäufung tritt nur bei Musik
und schwieriger Profi-Fahrt auf. Mit großer Vorsicht (wegen der insgesamt nur
sechzehn Personen, die damit beschrieben werden) seien die nachfolgenden Angaben aufgefaßt. Sie deuten allerdings sehr konsistent in eine Richtung, nämlich, daß sich diese Gruppe aus leichtsinnigen Fahrern zusammensetzt. Bei har-
ten Rhythmen und sanften Klängen von Pop-Musik macht dieser Fahrer fast
doppelt (1,7 mal) soviele Unfälle, als wenn er keine Musik hört. Er ist maximal
sechsunddreißig Jahre alt, gibt an, im Auto »fast immer Musik zu hören« und
glaubt auch — in 50% der Fälle — mit Musik sicherer zu fahren. Erstaunlich
ist der Anteil von 36% Frauen. Sofern der Unfall-Fahrer männlich ist, wünscht
er sich als Traum-Auto einen Porsche, Frauen hingegen bevorzugen einen Ran-
ge Rover.
    Dieser Typ des Fahrers scheint noch verwurzelt in der Action-Kultur der Ju-
gendlichen, die im Fahr- und Musikrausch Spannung und Abenteuer suchen.
Zu dieser Interpretation paßt, daß sich sein Unfallverhalten eher in einer Situation zeigt, die nicht nur von Routinehandlungen ausgefüllt ist. Aggressiv, wie
es der landläufigen Meinung entspräche, ist er nicht. Der bei der Befragung aus-
zufüllende Aggressions-Test wies ihn als gänzlich durchschnittlich aus. Die Frage aber, ob durch Musik seine Risikobereitschaft erhöht wird, drängt sich auf,
ohne daß sie mit den bisher ermittelten Daten zu beantworten wäre.

Bedenkt man die Komplexität des Untersuchungsgegenstandes, so läßt das Experiment selbstverständlich eine große Zahl von Fragen offen. Obwohl eine Auswertung im Hinblick auf den Einfluß des musikalischen Tempos keine Befunde erbrachte, müßte in weiteren Untersuchungen systematisch geprüft werden, wie sich schnelle und langsame Musik — vor allem in Abhängigkeit von der Lautstärke — auf das Fahrverhalten auswirkt. Bedeutsame Resultate könnten auch von der Untersuchung erwartet werden, welche Effekte Musik in unterschiedlicher zeitlicher Verteilung bei langen Autofahrten hervorbringt.

In einer kleinen Umfrage bei Rundfunkhörern deutete sich außerdem an, daß Instrumental- und Vokalmusik unterschiedliche Effekte haben könnten. Dreißig von zweiundfünfzig Autofahrern hören beim Fahren ausschließlich Instrumentalmusik, elf Vokalmusik, und weitere elf haben zu diesem Problem keine Meinung. Musik wird von Laien überwiegend in der rechten, Sprache hingegen in der linken Hemisphäre des Gehirns verarbeitet (Bever und Chiarello 1974, Schuster 1983). Daraus läßt sich die Hypothese ableiten, daß bei beidseitiger Aktivität des Gehirns durch Gesang ein größerer Teil der zur Verfügung stehenden Informationsverarbeitungskapazität beansprucht wird. Dies erklärte die größere Neigung von Autofahrern zur Instrumentalmusik. Sie belastet weniger.

Die zwiespältigen Ergebnisse dieser Studie lassen jedoch unmittelbar praktische Schlußfolgerungen zu. Musik hören sollte nur, wer eine langweilige, einfache Strecke zu bewältigen hat (beispielsweise auf einer Autobahn). Hierbei wirkt sich die Klangkulisse aktivierend und begünstigend aus.

Verlangt das Autofahren die volle Aufmerksamkeit, so erhöht Musik die Unfallneigung. In verkehrsreichen, unübersichtlichen Situationen führt Musikhören zu einer Gefährdung. In keinem Fall ist eine musikalische Stimulation im Stadtverkehr angezeigt. Denn hierfür erweist sich eher der Zusammenhang zwischen Musikhören und Unfallneigung als relevant. Die Reaktionszeitverbesserung spielt bei langsamen Geschwindigkeiten keine für das Verkehrsgeschehen bedeutsame Rolle.

Wichtig erscheinen in Zukunft vor allem Forschungen, die dem Fahrer Strategien an die Hand geben, mit deren Hilfe er die Situation dahingehend einschätzen kann, den Einsatz der fast immer als angenehm empfundenen Klänge aus dem Radio oder dem Kassettenrecorder so zu steuern, daß er damit auch tatsächlich besser steuert.

Die tönende Leinwand: Musik zum Film

Als musikalische Gattung hat Filmmusik inzwischen ihre eigene Geschichte. Davon soll hier nicht die Rede sein. Filmmusik tritt jedoch selten so ins Scheinwerferlicht, daß sie zur Hauptsache wird, wie dies für die Musik gilt, die Morricone schuf für *Spiel mir das Lied vom Tod*. Sie erfüllt ihre Funktion unauffällig im Hintergrund des von Bild und Wort getragenen Geschehens. Hinweise auf ihre psychologischen Wirkungen finden sich selbst in historischen Darstellungen ihrer Entwicklung. Es kann sein, daß Musik in den Anfängen des Kinos die Angst beschwichtigte, die die gespenstischen stummen Schatten auf der Leinwand auslösten. Sie versicherte den im Dunkeln sitzenden Zuschauer zumindest des realen Raumes, weil das Ohr eine Schallquelle orten konnte. Ihre Funktion war vergleichbar dem Pfeifen eines Kindes im dunklen Keller, das über den Gehörsinn die Reflexionen interpretiert und damit die grundsätzlich wichtige Erfahrung des Raumes aufrechterhalten kann.

Filmmusik trägt zugleich auch immer zum Abbau von Realitätsbezügen bei. Dazu gehört ganz vordergründig die Maskierung anderer Publikumsgeräusche, die von der Leinwand ablenken oder das dort Gezeigte falsch interpretieren würden. Den Abbau von Realitätsbezügen begünstigt im Kino allein schon der Umstand, daß die Objekte der Realität nicht mehr sichtbar sind. Die dadurch freiwerdenden psychischen Energien müssen allerdings anderweitig gebunden werden. Und ähnlich wie durch eine Klangtapete am Arbeitsplatz Kapazitäten der Aufmerksamkeit ausgelastet werden, füllt das Hören der Filmmusik Teile des Bewußtseins, die von den Westernhelden und Liebespaaren nicht beansprucht werden. Überwiegend werden jenseits des »Jugendalters« heute Filme im Fernsehen angeschaut. Damit entfallen Effekte, die durch die Situation des »Im-Finstern-Sitzens« ausgelöst werden. Wenn der Rückzug von der Außenwelt nicht automatisch durch die Dunkelheit veranlaßt wird, so wird das Tönen der Mattscheibe aber noch wichtiger, weil es diesen Rückzug geradezu veranlassen kann. Indem das Hörfeld ausgefüllt ist, engt sich das Gesichtsfeld ein. Die Einbuße an Realitätsbezug ermöglicht dann jene Regressionen, auch Identifikationen und Projektionen, die für die vorgefertigte Fabrikation der Träume notwendig sind.

Im »Als ob« der filmischen Realität erfüllt die Musik selbst gliedernde wie Kontinuität schaffende Aufgaben, indem sie die Aufmerksamkeit steuert. Einen plötzlichen Schnitt, bei dem der Zuschauer den Wechsel der Szenerie schnell begreifen soll, macht ihm die Musik sofort klar. Wenn sich nach einer Auseinandersetzung im Saloon die Westernhelden plötzlich, ohne daß ein Ausritt gezeigt worden wäre, friedlich in der Prärie befinden, so macht ein Musikeinsatz oder ein deutlich hörbarer Wechsel des Klanges den neuen Ort plausibel: Quasi signalartig wird die Aufmerksamkeit für die neue Gegenwart erhöht und das Nachdenken über die vorangegangenen Ereignisse gestoppt.

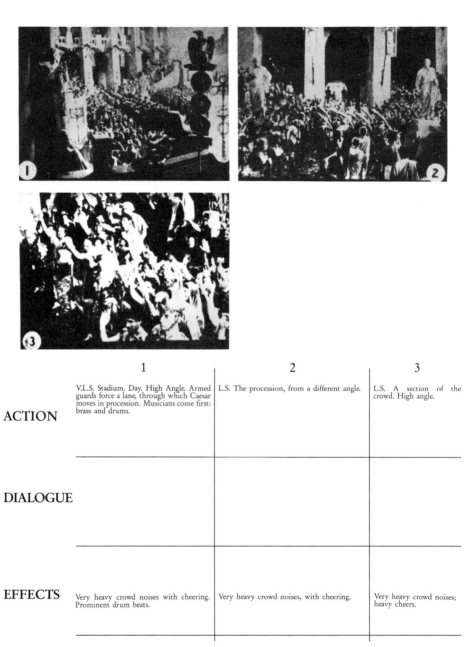

	1	2	3
ACTION	V.L.S. Stadium. Day. High Angle. Armed guards force a lane, through which Caesar moves in procession. Musicians come first: brass and drums.	L.S. The procession, from a different angle.	L.S. A section of the crowd. High angle.
DIALOGUE			
EFFECTS	Very heavy crowd noises with cheering. Prominent drum beats.	Very heavy crowd noises, with cheering.	Very heavy crowd noises; heavy cheers.

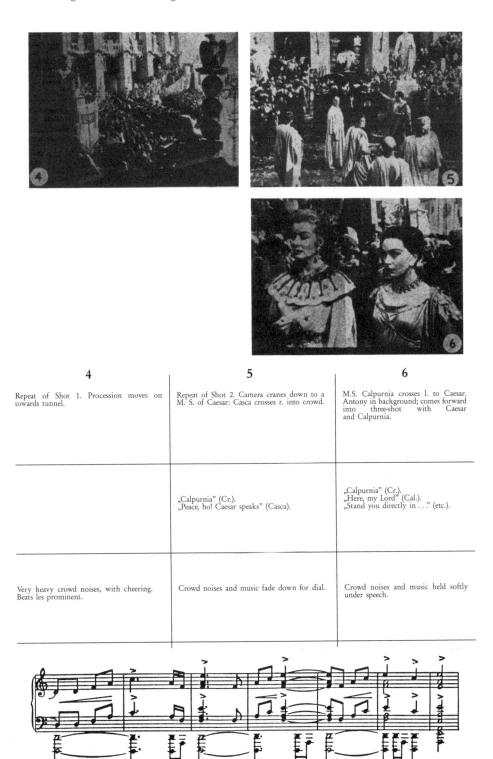

4	5	6
Repeat of Shot 1. Procession moves on towards tunnel.	Repeat of Shot 2. Camera cranes down to a M. S. of Caesar: Casca crosses r. into crowd.	M.S. Calpurnia crosses l. to Caesar. Antony in background; comes forward into three-shot with Caesar and Calpurnia.
	„Calpurnia" (Cr.). „Peace, ho! Caesar speaks" (Casca).	„Calpurnia" (Cr.). „Here, my Lord" (Cal.). „Stand you directly in . . ." (etc.).
Very heavy crowd noises, with cheering. Beats les prominent.	Crowd noises and music fade down for dial.	Crowd noises and music held softly under speech.

Je härter der Schnitt, um so deutlicher wird er durch Musik hervorgekehrt, damit die Abfolge der Bilder verständlich bleibt. Manchmal sind es nur kurze, kadenzartige Einwürfe, die die Auffassung beschleunigen. Die Serienkrimis im Fernsehen bedienen sich gern musikalischer Mittel, um die — wenngleich standardisierten — Handlungen von Tod und Leben in der kurzen Zeit von fünfundvierzig Minuten über den Bildschirm zu befördern.

Nicht nur bei der Vertauschung des Ortes, sondern auch bei der der Zeit spielt die Musik den »Ansager«. In älteren Filmen wird eine Rückblende fast immer mit Musik angezeigt, wo nicht, sind besondere Kunstgriffe vonnöten, um dem Zuschauer, der sich auf eine neue Erzählzeit einlassen muß, auch deren Perfekt aufzudrängen. In Hitchcocks *Marnie* untermalte der Komponist Bernard Hermann nur das Präsens, in dem die Helden gezeigt wurden; bei der plötzlich aufkommenden Kindheitserinnerung verstummte die Musik, so daß die Vergangenheit, quasi mit Tönen eingerahmt, plastisch hervortritt und ins Zentrum der Aufmerksamkeit rückt, weil diese auch dadurch geweckt werden kann, daß etwas Gewohntes fehlt.

Für die Praxis des klassischen Hollywoodfilms typisch ist der (von Verfechtern der Montage-Theorie heftig gerügte) unsichtbare Schnitt: ein Schnitt, der nicht bewußt werden soll, sondern den Zuschauer sanft eingelullt im Leinwandtraum beläßt. Die Filmkomponisten haben analog dazu eine Art unsichtbaren Musikschnitt entwickelt. Aus dem Autohupen auf der Straße entwickeln sich musikalische Rhythmen und Melodien, wenn der Held ins Zimmer tritt; sie schließen in ähnlicher zeitlicher Struktur und gleicher Tonhöhenlage unmittelbar an die Geräusche an. Zäsuren vermeiden die Filmkomponisten fast immer, indem die Tonart beibehalten wird, auch wenn Melodien oder Instrumentationseffekte den Ort der Szene »verwandeln«.

Auf der Leinwand sind zuweilen handlungsarme, gleichsam als Überleitungen fungierende Geschehnisse zu sehen, etwa ein Gang auf der Straße. In solchen Fällen grundiert die Musik und hält die sich verändernden Einstellungen der Kamera zusammen. Solche Musik ist von anderer Faktur als die, die im

---

Doppelseite 234/235: Die Musik, die Miklos Rozsa zu *Julius Caesar*, einem üppigen Hollywoodschinken von 1953, komponierte, zeigt jene Sorgfalt der Anpassung an das Bild, die zur Qualität der Filmmusik dieser Zeit gehört. Hinter den Effekten, die teilweise aus lautem Geräusch der Menge (very heavy crowd noises) bestehen, erfüllt die Musik ihre Aufgaben. Das Thema Cäsars, das im Marsch anklingt, rückt die Hauptperson für den Zuschauer unauffällig ins Bild. Außerdem unterstreicht die Musik den Wechsel der Einstellungen von der Totale zu Halbnah, indem der Höhepunkt — zusätzlich betont durch drei schwergewichtige Akzente — zum Erscheinen der beiden Frauengestalten erklingt. Mit dem Tonfilm, der Geräusche und Sprache abbilden konnte, war die Musik nicht überflüssig geworden. Die subtilen Funktionen, denen sie dient, machen sie zu einem unersetzlichen Bestandteil des Leinwandspektakels, das für sich beanspruchen kann, eine genuin neue Kunstgattung des 20. Jahrhunderts zu sein (Bayerische Staatsbibliothek, München).

Soundtrack zu hören ist, mit dem die Aufmerksamkeit stimuliert werden soll. Sie bleibt anonym im Hintergrund, weil sich das Bildgeschehen als Figur davon abheben soll; sie wird nach den Prinzipien der leichten Faßlichkeit verfertigt, nicht zu schnell, nicht zu langsam, sondern moderat und entwicklungslos statisch, meist nach dem Modell von Melodie und Begleitung. Oft bildet ein Song den Klangteppich, auf dem die vor allem im amerikanischen Film so unerläßliche Autofahrt stattfindet. Die wechselnden Eindrücke von Straße und Fahrer, Totale und Nahaufnahme verschmelzen zu einer Einheit.

Die Musik ist wohl auch atmosphärische Zutat. Sie mildert zuweilen Eintönigkeit. Da aber für den inneren Zusammenhalt solcher Sequenzen eine zwingende Logik fehlt, integriert die Musik die zusammengewürfelten Bilder und schafft als gleichmäßig getönte Folie Kontinuität für die wechselnden Impressionen.

Eine wahrnehmungssteuernde Funktion erfüllt der Soundtrack, wenn Veränderungen im Bild durch einen quasi unsichtbaren Musikschnitt nicht abrupt wirken. Die Musik verklammert im Bewußtsein des Zuschauers Sequenzen untereinander, indem sie sich dem Wechsel von Zeit und Ort anpaßt und doch Kontinuität bewirkt. Befanden sich die Helden in einer Geräuschkulisse und wird der Wechsel der Szenerie durch Musik angezeigt, so knüpfen die neuen Klänge rhythmisch oder in der Tonhöhenlage an das vorangehende Geräusch an. Verlagert sich beispielsweise das Geschehen vom Drinnen eines Zimmers, wo eine tickende Uhr zu hören war, nach draußen, was durch Musik untermalt ist, so »spielt« die Uhr weiterhin rhythmisch und melodisch mit. Die Musik gliedert und schafft außerdem Zusammenhang, so daß die Hingabe an die Träume aus Zelluloid nicht durch besondere Anstrengungen des Wachbewußtseins gestört wird.

Wenn ein Film mit entliehener Musik bestückt wird, so kann dies der schlechten Praxis entsprechen, bequem und billig Hintergrundmusik zu produzieren. Meist aber soll zusätzliche Information übermittelt werden, indem solche Musik als stilistischer Anklang oder gar als Zitat erkannt wird. Sie verleiht dem Bild dann ein höheres Maß an Eindeutigkeit. Die fernen Lande, die manchmal doch nur die heimatlichen Berge sind, werden glaubhafter, wenn der Zuschauer durch die entsprechende Folklore vor Ort versetzt wird. Zurückliegende Zeiten verwandelt Alte Musik zur Gegenwart. Das musikalische Zitat, das nicht nur allgemeines Wissen aktualisiert, sondern als solches erkannt wird, paraphrasiert, deutet an und bereitet darüber hinaus dem Zuschauer eine narzißtische Freude am eigenen Wissen. Solche Zitate teilen etwas im Bild nicht Gezeigtes mit. Der Zuschauer sieht klarer, wenn beim Anblick der Schönen auf der Leinwand die Melodie O *wie so trügerisch sind Weiberherzen* erklingt. Die Identifikation des Zitats, das im mannigfachen Kontext im Film auftauchen kann, verlangt differenziertere Funktionsweisen des Verstehens als die sonstige Hintergrundmusik; es setzt voraus, daß der Vorgang der Assimilation von Information sich verbindet mit der Anreicherung von begrifflich strukturiertem Wissen, das im kategorialen System des Hörers gespeichert sein muß.

Der Film ist jedoch prinzipiell ein Medium, das den kognitiven Aktivitäten des Zuschauers wenig Spielraum läßt. Auch die Wahrnehmung von Musik ist überwiegend nicht auf die Protokollierung von Eigenschaften oder das Erkennen von Melodien ausgerichtet. Intendiert ist oft Bewegung und Rührung, erwünscht ein stärkeres emotionales statt kognitiv bestimmtes Verstehen, das der Überwindung der Distanz zum Bild und damit der Verankerung des filmischen Geschehens im Erleben dient. Ihre Fähigkeit zum affektiven Einbezug sicherte der Musik auch im Tonfilm eine wichtige Rolle, obwohl er sie eigentlich überflüssig gemacht hatte, weil er die akustische Realität abbilden konnte. Die Bedeutungssteigerung, die durch Musik vermittelt wird, basiert wohl auf ihren expressiven Qualitäten. Symbolische Überformungen (wie etwa die, daß Moll mit Trauer assoziiert ist) sind nicht gering einzuschätzen, weil sie quasi wie ein Stereotyp fungieren und keiner komplizierten geistigen Verarbeitung bedürfen. Mindestens ebenso wichtig wie der symbolische Ausdrucksgehalt sind die ihn begleitenden körperlichen Sensationen — bis dahin, daß es genügen kann, eine recht unspezifische physische Erregung hervorzurufen. Das Bildgeschehen wird dadurch in seiner Intensität potenziert. Es macht die kognitive Interpretation der Musik im engeren Sinne überflüssig, weil das Bild den körperlichen Sensationen bereits eine Deutung gibt. Die Musik aber erhöht ihrerseits die Eindringlichkeit einer Filmsequenz (Gerrero 1969). Daß eine Filmsequenz beim zweiten Sehen mit einer anderen Musik unterlegt worden war, beobachtete mancher Zuschauer gar nicht; der psychogalvanische Hautreflex aber gibt Auskunft darüber, daß er sie wohl registriert hatte.

Intensiviert die Tonkulisse nur die Erregung, beläßt aber weitgehend deren inhaltliche Deutung dem Bild, so befördert sie die Identifikation mit den gezeigten Vorgängen. Die rationale Verarbeitung wird zurückgedrängt bis zu dem Punkt, an dem man fühlt und leidet wie der Held auf der Leinwand. Manche Filmregisseure nutzen als Kunstgriff die Möglichkeit, durch das akustische Ambiente den Zuschauer in die Perspektive des Helden zu versetzen. Mit besonderer Raffinesse wurde in dem Film *Papermoon* ein Blick in die Ferne verwandelt zur größten Nähe: Zur Totalen erklingt laut ein Schlager aus den dreißiger Jahren. Der Zuhörer sitzt wie der Hauptdarsteller in einem Oldtimer mit Radio und starrt ins Weite.

Filmmusik kann auch auf die bloße Aktivierung zielen. In solchen Fällen muß eine neurale Stimulation sehr direkt wirksam werden. Die Verarbeitungstiefe des Gehörten muß außerdem klein bleiben. Je unmittelbarer reagiert werden kann, um so wirkungsvoller die Töne. Schnelle Musik erregt fast automatisch. Soll jedoch nur Anspannung erzeugt und die Stretta eines Finale noch offen bleiben, so induzieren manchmal kleingliedrige, sich wiederholende, rhythmisch scharf akzentuierte, kurze Motive in einem mittleren Tempo Erre-

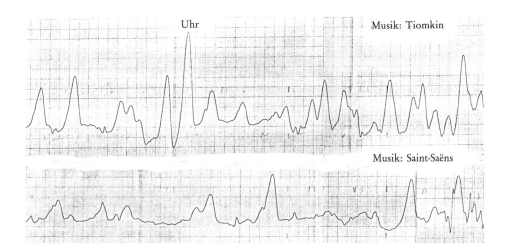

Uhr   Musik: Tiomkin

Musik: Saint-Saëns

Die beiden Grafiken zeigen die Veränderung des elektrischen Hautwiderstandes einer Medizinstudentin, 27 Jahre, beim Anschauen einer Filmsequenz, die einmal mit dem originalen Soundtrack und einmal mit einer anderen Musik vorgeführt wurde. Es handelte sich um die etwa zwei Minuten lange Sequenz aus *High Noon* (mit Gary Cooper in der Hauptrolle; © Hopkinson'und Blake, New York), in der der Held sein Testament schreibt in Erwartung böser Dinge. Die aufregende Musik von Dimitri Tiomkin simuliert rhythmisch den Pendelschlag der Uhr, die zeitweilig im Bild erscheint und durch die Originalmusik betont wird. In der zweiten Fassung wurde dieser Sequenz die lyrische Musik *Der Schwan* von Saint-Saëns unterlegt. Die physiologischen Meßwerte (von rechts nach links zu »lesen«) zeigen, wie sehr trotz gleichbleibender visueller Eindrücke die Musik körperlich registriert wird. Es scheint dies eine Form der Erregung zu sein, die nicht bewußt verarbeitet wird. Zuweilen registrierten die Probanden trotz deutlicher körperlicher Reaktionen nicht einmal die veränderte Fassung der Musik. Der Hollywoodfilm vertraute seine Wirkung in hohem Maße solchen unterbewußt wirkenden Mitteln an. Manche neueren amerikanischen Fernsehserien sind im Hinblick auf erregende Effekte regelrecht getestet. Dazu wird sehr oft die Messung des galvanischen Hautreflexes verwendet.

gung. Der Zuschauer wartet gespannt auf das, was kommen wird. Musik erfüllt hierbei die Funktion einer psychoaktiven Substanz. Was außer der Dichte der Akzente noch zählt, ist akustisches Material wie schwirrende hohe oder geräuschhafte tiefe Töne, aber auch lautes Getöse. Der Tonsatz ist von nachgeordneter Bedeutung, oft durch eine schlichte Reihung von Ereignissen ersetzt. Erklärungen für die erregende Wirkung solcher Musik sind nur auf einer physiologischen Basis möglich. Die durch den Soundtrack ausgelösten körperlichen

Prozesse sind in diesen Fällen nicht als physische Korrelate von Gefühlen oder Vorstellungen zu betrachten. Von welchem Aktivierungszentrum — der Formatio reticularis oder dem limbischen System — in erster Linie diese Erregungen ausgehen, die den Genuß einer filmischen Verfolgungsjagd perfektionieren, kann erst in zukünftigen Forschungen festgestellt werden.

Geheime Verführer: Musik in der Werbung

Kann man Einfluß auf eine Person nehmen, ohne daß dies von ihr registriert wird? Die amerikanische Demokratie schien erschüttert, als in den fünfziger Jahren von den Experimenten über unterschwellige Wahrnehmungen berichtet wurde. In Filme hatte man in kurzfristigen zeitlichen Intervallen Aufforderungen eingeblendet: »Eat Popcorn« und festgestellt, daß diese Werbebotschaften unmittelbar zum Verzehr anregten, obwohl sie nur eine dreitausendstel Sekunde gedauert hatten. Die »unterschwellige« Wahrnehmung war und ist ein heftig umstrittenes Phänomen.

Gibt es überhaupt unterschwellige Wahrnehmung? In den Publikationen aus jüngerer Zeit wird diese Frage verneint. Wahrnehmung, die irgendeine Wirkung zeitigt, kann nicht unterschwellig sein. In den älteren Experimenten war einfach die absolute Schwelle, unterhalb derer eine Information nicht bemerkt werden kann, falsch bestimmt worden. Das Problem, das die Öffentlichkeit erregte, ist damit nicht aus der Welt geschafft. Denn wenn Beeinflussung gelingt, ohne im Bewußtsein präsent zu sein, so trifft der Terminus »geheime Verführer« einen problematischen Sachverhalt.

Durchaus überschwellig waren die Düfte, mit denen drei von vier Paar Strümpfen angereichert worden waren. Zweihundertfünfzig Hausfrauen hatten über die Qualität dieser Strümpfe zu entscheiden, obwohl es sich in allen Fällen um das gleiche Paar handelte. Die Hausfrauen differenzierten durchaus zwischen den Strümpfen. Am schlechtesten schnitten die unparfümierten ab, am besten die mit Narzissenduft. Die Gerüche selbst — obwohl überschwellig — wurden in der Regel nicht bemerkt (nur sechs Frauen stellten sie fest). Das im ersten Kapitel besprochene Modell einer zunehmend verfeinerten Analyse und Synthese von Informationen läßt eine recht plausible Erklärung dieses Experiments zu, weil es eine stufenweise aufgebaute Wahrnehmung vorsieht, bei der bewußt nur wenige Merkmale registriert werden, nämlich die, auf die die Aufmerksamkeit gerichtet ist. »Nebenbei« aber wird viel mehr erfaßt als bewußt wahrgenommen. Und offensichtlich werden auf einer frühen Stufe des Verarbeitungsprozesses Differenzierungen vorgenommen, die ins Bewußtsein gelangen, ohne daß ihre sensorischen Bedingungen einer eingehenden Analyse unterzogen wurden (vgl. dazu das Aufmerksamkeitsmodell: Treisman 1969). Da es unmöglich ist, alle einströmenden Informationen gleichermaßen kognitiv zu verarbeiten, ist es für die Diskussion um die geheimen Verführer ziemlich gleichgültig, ob sie unterschwellig oder nebenbei wirken.

Am späten Nachmittag und am frühen Abend sind bundesdeutsche Bürger den Wirkungen eines heimlichen Verführers ausgesetzt, nämlich dem Einfluß der Musik des Werbefernsehens. Quasi nebenbei. Denn während das Werbefernsehen ausgestrahlt wird, findet der Bildschirm keine besondere Beachtung. Wer aber auf eine Sendung wartet, nimmt wenigstens akustisch die Werbebotschaft auf. Die Musik ist dabei eine Art Narzissenduft, der durch emotionale Annehmlichkeit zwischen den Werbebotschaften zu differenzieren helfen soll, zumal die Gleichartigkeit der Waren fast keine Unterscheidung mehr erlaubt.

Betrachtet man Werbung, wie heute üblich, als eine einseitige Kommunikation, die vom Sender zu einem Empfänger ausgeht mit dem Ziel, eine Einstellung zu einem Produkt zu verändern, so scheint die Musik in diesem Prozeß kein besonders überzeugendes Argument zu sein. Wahrscheinlich fördert sie auch nicht direkt das Kaufverhalten. Aber sie macht die Werbeinformation zu einer angenehmen Erfahrung. Allein das Gebot der Stunde des Werbefernsehens, nämlich am späten Nachmittag, fordert einen die familiäre Atmosphäre unterstützenden Unterhaltungscharakter. Die Musik bettet außerdem die Informationen emotional unterschiedlich ein. Solche Anmutungen zu schaffen gehört zur Image-Gestaltung, durch die Produkte gegeneinander abgehoben werden. Sauberkeit ist fast keine Qualität mehr, mit der für ein Waschmittel geworben werden kann. Alle Waschmittel versprechen in dieser Hinsicht das gleiche. Es bedarf schon eines besonderen Hinweises auf irgendeine »Aprilfrische«, die als typisches Merkmal ein Waschmittel vor den anderen auszeichnet. Gerade solche besonderen Kennzeichnungen, wie das Elitäre, das Naturreine, das Exotische und vieles andere mehr — Qualitäten, mit denen die Firmen untereinander um Marktanteile ringen —, werden durch Musik illustriert und unterstrichen. Das Mittel dazu ist die stilistische Anleihe. Barocksound, das Bild in Goldfarben gehalten, die berühmte Glockengasse Nr. 11, wer glaubt da nicht, mit einem Fläschchen 4711 das ganz Besondere kaufen zu können. Den gleichen Anstrich verleihen manchmal Margarine-Hersteller der Werbung für ihre Produkte, ebenfalls mit typischen barocken Wendungen, Quartvorhalten vor Terzen. Sie appellieren an die gleichen Wünsche des Verbrauchers wie das Kölnisch Wasser, was offensichtlich nicht als nachteilig empfunden wird, wenn die Produkte in keinerlei Konkurrenzverhältnis stehen. Barockmusik wird zur Gestaltung des Images eines Eau de Cologne selten verwendet. Wenn es sehr trivial zugeht, werden Deodorants, Parfums, Kosmetika mit dem Klang der Ziehharmonika ins Bild gesetzt, manchmal auch mit einem Chanson. Assoziationen an Frankreich sollen Erotik suggerieren. »Nonchalance« auch hierzulande — dann aber mit Barmusik. Stärke gleichermaßen für Waschmittel wie für sportliche Schokolade demonstriert der Marsch, der im Werbefernsehen so unausrottbar scheint, als hätte er das Erbe von Fox Tönender Wochenschau angetreten. Tanzmusik unterstreicht bei alkoholfreien Getränken den Anspruch, eine Party könne mit ihnen glücken. Töne und Klänge, die den Fernen Osten wie den Wilden Westen (und wenn es um Kaffee geht, Südamerika) im Wohnzimmer gegenwärtig erscheinen lassen, werben um Zuwendung des Zuschauers im doppelten Sinne, nämlich überhaupt hinzuhören und zugleich Sympathie für ein bestimmtes Erzeugnis zu empfinden. Seit Homecomputer beliebte Geburtstags- und Weihnachtsgeschenke geworden sind, ist im Werbefernsehen auch der kühle Klang elektronischer Musik zu hören, wenngleich rhythmisch einfacher und damit leichter faßbar. Er strahlt Weltraumatmosphäre aus.

Werbespots unterscheiden sich von anderer Filmmusik hinsichtlich der Häufigkeit, mit der Anklänge an einen musikalischen Stil oder an ein Genre auftreten. Musik, die bereits in der Vorstellung des Hörers eine Bedeutung hat, wird häufig eingesetzt, um das Image einer Ware zu »betonen« — in der Hoffnung, durch eine ganz besondere Vorstellung einen Kaufwunsch zu erzeugen. Überwiegend zielt die musikalische Gestaltung der Werbespots darauf, daß, wenngleich nebenbei, eine Information mitgeteilt wird: »Dies ist das Besondere« oder »Dies ist Weltraumzukunft«. Solche Information ist nicht — wie der Anklang und das Zitat im Spielfilm — als Wissenszugewinn gedacht, sondern sie hat einen ausgesprochen verdoppelnden Charakter. Sie vergrößert quasi das Format, indem die Aussage des Bildes in Töne übersetzt wird. Zwar erhöht sich die Intensität des Eindrucks beim Zuschauer nicht direkt proportional zur Vergrößerung des Reizes, aber es ist allemal besser, zu etwas stärkeren Mitteln zu greifen, um den Rezipienten überhaupt zu erreichen, der ja der Werbung nicht die volle Aufmerksamkeit schenkt. Die subtilen Ergänzungen, die ein Filmkomponist durch stilistische Anleihe oder ein Zitat leisten kann — etwa indem er den noch nicht entlarvten Witwenmörder durch ein Zitat aus der *Lustigen Witwe* identifiziert — sind inadäquate Techniken für das Werbefernsehen. Sie setzen eine zu große Zuwendung des Rezipienten voraus. Die verdoppelnde Funktion der Musik genügt zugleich einer Grundregel der Reklame, nämlich, daß alle Informationen in die gleiche Richtung zielen sollen.

Viele Werbespots besitzen allerdings nur eine Art anonymer Hintergrundmusik, die leicht federnd etwas Drive vermittelt. Die Musik kann jedoch auch zum gezeigten Ort gehören. Dann dient sie dem Vorstellungsbild der Ware. Wird aber irgendeine Seife angepriesen, mit der die Babyschwester oder die Balletteuse Verschwitztheit gegen Frische eintauscht, und werden die jeweils gezeigten Orte und Personen entweder mit Babygeschrei oder mit Ballettmusik illustriert, so ist die Musik letztlich nicht viel mehr als ein Geräusch im Hintergrund.

Die musikalische Gestaltung der Werbespots, so scheint es, ist oft nicht gleichermaßen ausgeklügelt wie Bild und Wort, sondern der spontanen Eingebung eines Tonsetzers überlassen. Der aber hat andere Probleme zu bewältigen.

»Komponieren Sie einmal in dreißig Sekunden den Eindruck eines Sonnenaufgangs!« Daß er sehr kleinräumig denken können muß, macht sein spezielles Talent aus.

Werbung ist eingängiger, wenn sie bereits vorhandenen Einstellungen entspricht. Sie wird leichter assimiliert. Die Zielgruppe, für die sie konzipiert ist, spiegelt sich auch in ihren Klangfassaden wider. Die Popmusik, die für Coca Cola den rechten Anspruch formuliert, richtet sich an andere Adressaten als der leichte Partysound im Stil von James Last, der für irgendein malzhaltiges Getränk eingesetzt wird. Je mehr der Musikstil den Vorlieben der potentiellen Käufer angepaßt ist, um so schneller macht er sich verständlich, tut kund, was zu wem gehören soll.

Werbung versucht, das Konsumverhalten zu steuern. Nur teilweise ist dafür aber der Grundnutzen eines Produkts von Bedeutung. Über das Vorstellungsbild, das beim potentiellen Käufer einer Ware erzeugt wird, soll vielmehr an Motive appelliert werden, die durch das Produkt kaum befriedigt werden können. Auch durch die musikalische Gestaltung werden falsche Versprechungen gemacht wie: das Besondere sei in der Margarinepackung zu finden, sportlicher erscheine man durch Schokolade, mit dem Kleincomputer sei der Weltraum zu erobern, das Flair eines fernen Landes könne in irgendeiner Büchse oder Flasche erworben werden. Überwiegend appelliert die Musik zu den Werbespots an Bedürfnisse, die produktunspezifisch sind, aber den Wunsch hervorrufen sollen, gerade dieses Erzeugnis und kein anderes zu kaufen. Wahrscheinlich ist die Musik dabei nur eine Dreingabe. Ist durch eine sorgfältige Marktanalyse (die auch Motivanalyse bedeutet) ermittelt worden, welches Vorstellungsbild den Verbraucher zum Kauf anregt, so sind in etwa auch Stil und Sound des tönenden Plakats festgelegt. Darüber, ob die Wirkung der Musik getestet wird, dringt eigentlich nichts an die Öffentlichkeit.

Daß die emotionalen Töne und Tönungen eine entscheidende Bedeutung bei der Werbung haben, läßt sich deshalb nur grob an Beispielen abschätzen, wo ein Bild oder ein Slogan gewählt wurden, die jedoch keine Bedürfnisse intensivierten, sondern Angst hervorriefen. Der Anblick eines wundervoll dekorierten Puddings schreckte einmal die Hausfrauen ab; sie hatten Angst, er könnte ihnen nicht ebenso gut gelingen. Die Werbung ging zu einfachen einfarbigen Puddings über. Ebenso traf der Slogan »Morgens Rei, mittags frei« nicht die Wünsche der Hausfrau, die sich lieber als überlastet sah. Mit dem Argument hingegen »Mach Dir die harte Arbeit leichter« konnte eine Werbung für Bonbons den Marktanteil des Herstellers verdoppeln. Derart direkte Überzeugungskraft ist von Musik nicht zu erwarten. Sie, die nebenbei ihre Wirkung tut, weckt wahrscheinlich nur allgemeine Wünsche, ähnlich wie die Werbung »Drink Coca Cola«, die — kurzzeitig in Filme eingeblendet — nicht unterschwellig, sondern nebenbei bemerkt wurde und kein spezielles Bedürfnis nach Coca Cola schuf, wohl aber Durst machte.

Die Funktionsweise der Werbung erklärt am besten das Kommunikations-
modell, das die Informationsquelle in ihrer Glaubwürdigkeit und Überzeugungskraft gleichermaßen zu analysieren erlaubt wie das Medium, in dem die
Werbebotschaft transportiert wird, oder die Wünsche und Bedürfnisse des
Rezipienten, dessen Einstellungen manipuliert werden sollen. Die älteren Modelle beschreiben nur Ausschnitte aus diesem Prozeß. Die Aufeinanderfolge der
Phasen »attention — interest — desire — action« (Aida), von der die Werbetreibenden bis Anfang der siebziger Jahre ausgingen, berücksichtigte nicht den gesamten werblichen Kommunikationsprozeß, sondern stellte das Verhältnis der
Informationsstruktur zum Rezipienten in den Mittelpunkt. Ähnliches gilt für
die Theorie, der Kaufentscheid beruhe auf den psychologischen Faktoren
»knowledge — liking — preference — conviction — purchase«. Wenngleich sie
nur einen Ausschnitt aus dem die Werbung beschreibenden Modell darstellen,
so kommt allerdings den Reaktionen auf die Informationsstruktur in der Praxis
eine große Bedeutung zu. Das schönste Vorstellungsbild nützt nichts, wenn
nicht bestimmte Voraussetzungen erfüllt sind. Es muß die Aufmerksamkeit erregen und im Gedächtnis behalten werden. Aussagen der Werbung werden vom
Verbraucher schlicht gelernt. Von den Dreißig-Sekunden-Spots des bundesdeutschen Werbefernsehens weiß man, daß sie einen hohen Erinnerungswert haben. Ihre Kürze kompensiert ein Medium, das mehrere Sinnesorgane anzusprechen vermag und damit Information potenziert übermittelt. Trotzdem muß
ein gut Teil der Bemühungen darauf zielen, Aufmerksamkeit zu erregen, weil
der Zuschauer dem Bildschirm nicht voll zugewandt ist. Zudem kann bei den
in Fünf-Minuten-Blöcken arrangierten Sendungen ein einzelner Spot nur voll
zur Geltung kommen, wenn er sich von den anderen abhebt. Weil alle Anstrengungen umsonst sind, wenn sie nicht bemerkt werden, ist Werbung unterhal-
tend, bunt und voller Abwechslung. Das Fünf-Minuten-Arrangement erfordert
von vornherein, daß ein Teil der Werbespots ohne Musik ausgestrahlt werden
muß. Der Anteil der mit Musik unterlegten Spots schwankte in den letzten
fünfzehn Jahren erheblich, so daß man meint, auch konjunkturelle Schwankungen seien dafür verantwortlich zu machen, ob eine musikalische Gestaltung
beigefügt wird. Denn die tönende Kulisse ist meistens teuer. Wort und Ton,
aber auch das, was ab und an genutzt wird, nämlich die totale Stille, sind ausge-
zeichnete Mittel, um Aufmerksamkeit zu erwecken. Mit signalartigen Motiven,
manchmal einem einzigen Klang, wird versucht, die Aufmerksamkeit unwillkürlich zu lenken, um zum Hinschauen zu veranlassen, wenn das Produkt mit
deutlich lesbarer Aufschrift auf dem Bildschirm auftaucht.

Die Werbung wird schnell vergessen, wenn sie nicht ständig wiederholt wird.
Die Struktur dieser Wiederholungen folgt den Prinzipien des verteilten Lernens. Bei regelmäßiger Begegnung im Abstand von einer Woche steigen die Behaltensleistungen an. Glücklicherweise sind der Infiltration durch eine stetige
und kontinuierliche Überredung Grenzen gesetzt durch Zufälle und Unwäg-

barkeiten. Nicht jeder Zuschauer hat seinen Fernseher so laufen, daß er automatisch die Voraussagen von Lernkurven erfüllen würde.

Das musikalische Mittel, das die Gedächtniswirkung erhöht, ist der gesungene Slogan, der nach einiger Zeit auch ohne Text auftreten kann und dennoch seine Wirkung tut, weil er die Erinnerung an die Worte wachruft, mit denen er einmal verbunden war. Besungen kann heute alles werden: Futter, das bestimmt von Katzen gekauft würde, Schokolade, die zarteste Versuchung, Mundwasser, das frischen, reinen Atem gibt. Es gilt nicht mehr die Regel der älteren Rundfunkwerbung, daß Mundgeruch und ähnliche Dinge nicht vertont werden können. Die Wirksamkeit des gesungenen Slogans ist jedoch schwer abzuschätzen. In einer nicht publizierten Untersuchung stellte Meißner fest, daß vor allem die rhythmische Strukturierung zur Steigerung von Behaltensleistungen führt, was durchaus dazu paßt, daß eine regelmäßige zeitliche Gliederung leichter aufgefaßt wird, weil im Bewußtsein nicht erst Strukturen erzeugt werden müssen, sondern die Information bereits gestaltet dargeboten wird.

Der gesungene Slogan, eine Art Kennmelodie für das Produkt, erfüllt jedoch auch die Funktion, die Markierungen haben. Denn oft bleiben solche Kennmelodien bestehen, wenn Bild und Wort längst gewechselt haben. Auf Markierungen legen Werbetreibende grundsätzlich großen Wert. Wird beispielsweise die Verpackung geändert, so bleiben bestimmte charakteristische Merkmale gleich. Wer könnte sich schon eine Dose Nivea in Grün und Rot vorstellen? Der altmodische Schriftzug von Coca Cola scheint auch eine unersetzliche Kennzeichnung zu sein. Markierungen funktionieren nach den Gesetzen der Assoziation: Ein bekanntes Element, das gespeichert wurde, soll mit ihm verbundene zusätzliche Bedeutungen hervorrufen. Markierungen aktivieren das Gedächtnis für allerhand andere Merkmale. Werbespots erreichen irgendwann die Grenze der Sättigung, wenn sie zu oft gesehen wurden. Die Grenze der Sättigung überschreiten hieße aber, eine negative emotionale Bewertung zu erzeugen. Die Beobachtung, daß eine Kennmelodie als Markierung beibehalten wird, auch wenn die übrigen Teile eines Werbespots neu hergerichtet wurden, weist darauf hin, daß Musik sehr oft gehört werden kann, ehe Sättigung eintritt. Sie bewahrt die Erinnerung an all die schönen Versprechungen auf.

Soweit Rundfunkanstalten Werbesendungen ausstrahlen, entsprechen sie der auf Sprache, Geräusch und Musik reduzierten Fernsehwerbung. Das garantiert, daß die Werbemittel aufeinander abgestimmt sind und sich in der Stetigkeit der Argumentation ergänzen. Werbung im Rundfunk gab es bereits in dessen Anfängen in den Jahren 1927 bis 1933. Sie hatte den Charakter von aktuellen Nachrichten, mit deren Hilfe man verderbliche Güter oder Überangebote schneller abzusetzen versuchte. 1949 wurden — zuerst vom Bayerischen Rundfunk — wieder Werbesendungen ausgestrahlt. Sie verwandelten sich in den fünfziger Jahren, die den Höhepunkt in der Entwicklung der Rundfunkwerbung bedeuteten, in langfristig geplante tönende Anzeigen. Da sie in Musiksendun-

gen eingebettet waren, die wegen der Musik gehört wurden, mußten die Werbe-
sprüche so gut wie möglich diesem Ambiente angeglichen werden. Auf keinen
Fall durften sie stören. Es irritierte offensichtlich niemanden, wenn für Nescafé
zum Fünf-Uhr-Tee geworben wurde, Hauptsache, es war durch den Sprecher eine Beziehung zur nachfolgenden Samba hergestellt. Denn um dieses Tanzes willen duldete der Hörer den Reklamespruch. Besser ist, von Hörerin zu sprechen.
Der überwiegende Teil der Rezipienten waren Hausfrauen, die während ihrer
morgendlichen Arbeit das Radio angedreht hatten. Auch noch heute hören
mehr Frauen als Männer Radio, was mit Zeit- und Arbeitsstrukturen leicht zu
erklären ist.

Die Rundfunkwerbung war natürlich auch gut beraten, wenn sie sich ihrer
Umgebung durch Musik einpaßte. Das exemplarische Beispiel für eine derart
rundfunkgemäß eingepaßte Reklame bot Coca Cola: Der Slogan »Mach mal
Pause« wurde nämlich durch ein Pausenzeichen, eine aufsteigende Quarte, angekündigt. Als sich dieses Zeichen nach einiger Zeit abgenutzt hatte, wurde es zu
einem kleinen Schlager ausgeweitet.

Das Muster einer werbewirksamen Kennmelodie wurde aus dem Coca Cola-Signal entwickelt.
Ursprünglich war nur die aufsteigende Quarte — quasi wie ein Pausenzeichen — im Rundfunk
eingesetzt. Der Appell »Mach mal Pause« paßte rhythmisch vorzüglich zur musikalischen
Struktur:

Daraus ließ sich eine Kennmelodie entwickeln, die ständig die aufsteigende Quarte bemüht und
Assoziationen beschwört an Coca Cola, ohne daß dieses Produkt ausdrücklich genannt wird (©
Betriebswirtschaftlicher Verlag Th. Gabler, Wiesbaden).

Der Rundfunk war das erste hochtechnifizierte Werbemittel, das tagtäglich in das Privatleben der Menschen eindringen konnte. Mit ihm konnte in weitaus höherem Maße als mit Zeitungsannoncen an das Gefühl appelliert werden. Dazu taugte vor allem Musik. Sie machte durch affektives Aufladen der »Botschaften« den Nachteil wett, daß die Werbenachrichten nicht aufbewahrt werden konnten. Übertroffen wurde die Rundfunkwerbung nur durch das Fernsehen, das zusätzlich auch visuelle Informationen bieten konnte.

Im Zusammenhang mit dem Thema »Musik und Werbung« sind Schallplatte und Kino zu erwähnen. Die Schallplatte ist ein sehr unübliches Werbemittel, das wegen seiner Außergewöhnlichkeit Aufmerksamkeit erregen soll. Die Werbung im Kino ist eine »Nebenbeireklame«. Da der Zuschauer bereits im Dunkeln sitzt, ist — im Unterschied zur Situation vor dem Bildschirm — die Aufmerksamkeit allerdings bereits stark auf die Leinwand ausgerichtet. Kinowerbung ist daher Sympathiewerbung, bei der Information und die Vermittlung eines Vorstellungsbildes die Hauptrolle spielen. Ihre Bedeutung ist gestiegen, seit die öffentlich-rechtlichen Anstalten strengere Maßstäbe für die Produktwerbung aufstellten und beispielsweise für Zigaretten im Fernsehen nicht mehr geworben werden darf. Das kann sich selbstverständlich durch privatwirtschaftlich organisierte Programme wieder ändern.

Wer die Werbung kritisiert, kann sich in jedem Fall sicher sein, Applaus zu finden. Ungefähr drei Prozent des Volkseinkommens (etwa dreißig Milliarden) wurden 1979 für Werbung ausgegeben, um Konsumbedürfnisse zu wecken. Bei der Kritik an der Werbung wurde zwar ihr manipulierender Charakter allgemein verdammt. Da insgesamt weniger psychologisch als volkswirtschaftlich argumentiert wurde, blieb es aber bei sehr allgemeinen Vorwürfen. Wirkungen wurden sehr selten untersucht. Was man über die Möglichkeiten der Manipulation weiß, stammt überwiegend von den Werbetreibenden selbst. Werbung ist ein hervorstechendes Merkmal unseres Wirtschaftssystems; deshalb beklagen ihre Kritiker vor allem ihre Funktion als Stütze des spätkapitalistischen Systems. Lösungen allerdings für die gesamtgesellschaftlichen Probleme, die in der Werbung einen besonderen Widerschein finden, konnten bislang nicht gefunden werden. In jüngerer Zeit rücken andere Gesichtspunkte in den Mittelpunkt.

Werbung ist ein in hohem Maße umweltrelevantes Thema. Auffällig-unauffällig gestaltet sie die Lebenswelt der Menschen. Sie spielt eine Rolle in der musikalischen Sozialisation von Kindern, die die Werbeslogans mindestens so lieben wie die Sprüche von Ernie und Bert aus der Fernsehserie *Sesamstraße*. Werbung hat damit eine verhaltenssteuernde Wirkung, die letztlich mit den Intentionen der Werbetreibenden nichts zu tun hat. Aber der Vorwurf der »musikalischen Umweltverschmutzung« trifft auf die musikalische Reklame wie auf manch andere Formen der Hintergrundmusik in besonderem Maße zu. Ein Vorwurf, der allerdings schnell ausgesprochen ist, ohne daß eine Lösung der Probleme, die tiefgreifende Veränderungen unserer Kultur voraussetzte, angeboten werden könnte. Man beläßt es bei irgendeiner Mahnung und fühlt sich wohl, einen Schuldigen identifiziert zu haben. Ist aber nicht die musikalische Umweltverschmutzung das Resultat einer bereits langwährenden Verelendung der Alltagskultur?

Musik für alle Tage: Ein ästhetischer Gegenentwurf

Auch wenn es möglich ist, allerlei historische Vorformen zu konstruieren, so ist Hintergrundmusik eine Erscheinung, die erst mit der Entwicklung der technischen Medien nach dem Zweiten Weltkrieg an Bedeutung gewonnen hat. Das Ausmaß, in dem sie den Alltag bestimmt, erstaunt beim Gedanken an ihre kurze Geschichte; ihre rasche Ausbreitung macht denkbar, daß sie nur die Kehrseite eines Defizits ist, das sich bereits lange vor ihr entwickelt hatte. Das Problem der musikalischen Umweltverschmutzung ist älter als die vierzig Jahre, in denen die technische Entwicklung eskalierte. Es ist tief eingebettet in unser Verständnis von Kultur, weswegen auch kurzfristig wirksame Lösungen, wie sie sich Musikpädagogen meistens wünschen, von vornherein unmöglich erscheinen.

Eine musikalische Kultur im Sinne einer Alltagskultur besitzen wir schon lange nicht mehr, weil die Idee der absoluten Musik seit dem ausgehenden 18. Jahrhundert verknüpft ist mit einer Abwertung der Alltagskultur. Wann die gegenläufigen Prozesse der Verödung der Alltagskultur bei gleichzeitiger Steigerung der Kunstwerke anzusetzen sind, hängt davon ab, welch feinen Verzweigungen man bei ihren Verwurzelungen nachgehen möchte. Bedingungen dafür liegen im christlichen Abendland spätestens seit der Renaissance vor; im bürgerlichen Verständnis wurden dann Kultur und Kunst gleichgesetzt, ohne daß die Folgen der Ausgrenzung von Kultur aus der nahen Umgebung des Alltags bemerkt worden wären. Auch die Kulturbetrachtung war Kunstbetrachtung, so daß das Aufkommen der Trivialmusik im 19. Jahrhundert nicht als grundsätzlicher Mangel des abendländischen Kulturverhältnisses erschien, sondern gar nicht der näheren Betrachtung wert war, höchstens als Phänomen schlechten Geschmacks abgetan werden konnte. Der zunehmend gesteigerte Autonomieanspruch der Kunstwerke und vor allem die auf das Überirdische verweisende Musik waren zwangsläufig mit einer Entfernung der Kunst aus dem Leben der Menschen verbunden. Eigene Tempel wurden für die Musik gebaut. Das Vakuum füllten mindere Produkte. Sie mußten minder sein, hatten sie doch von vornherein eine Ersatzfunktion. Die zunehmende Verelendung der Kultur wurde deutlich spürbar, als das Vakuum so groß war, daß es anfing, auch die erhabene Kunst aufzusaugen. Die »Kulturindustrie« machte die Kunstwerke benutzbar, indem sie passend zum Tafelsilber und Blumenarrangement als zusätzliche Dekoration die Mozartsinfonie verkaufte. Auch diese Funktionalisierung der Kunstwerke gehört zu den problematischen Erscheinungen unserer akustischen Umwelt; denn ohne Sockel, ohne Rahmen, ohne Podest ging die Kunst ihres Anspruchs verlustig. Sie wurde angetastet. Die einmal intendierte Aufhebung des Alltags durch die Kunst ist längst zur Aufhebung der Kunst im Alltag geworden.

Der langwierige Prozeß der Aushöhlung der Alltagskultur durch die Entwicklung der Kunst ist mit diesen kurzen Bemerkungen selbstverständlich unzureichend beschrieben. Aber weil sich die Zerstörung der Kultur als ein langwieriger geschichtlicher Prozeß andeuten läßt, wird die Ohnmacht verständlich, mit der die wissenschaftliche Forschung heute seine Folgen registriert. Sie beschreibt mit einfachen Prozentangaben oder statistisch ausgetüftelten Verfahren eine musikalische Umwelt, den Gebrauch von Musik, Wünsche, Bedürfnisse, Geschmack, auch Vorurteile. Die reine Deskription ist oft mit einem Gefühl des Unbehagens verbunden, aber es fehlt dem Wissenschaftler, der bei seinen Fragestellungen von diesem Prozeß der Aushöhlung ausgeht, doch die Möglichkeit, Mittel bereitzustellen, mit denen Menschen einer Umwelt begegnen können, von der man meint, sie sei falsch. Wie könnte sich auch eine angewandte Wissenschaft begreifen, die doch weitgehend einem »Kultur«-Begriff verpflichtet ist, der die falsche Lebenswelt produzierte?

Umwelt, Alltag sind Themen, die die Kunstproduktion des 20. Jahrhunderts gegenüber vergangenen Kunstäußerungen neu erscheinen lassen. Die ästhetische Devise einer »Musik für alle Tage« ist so alt wie dieses Jahrhundert. Noch bevor die ständige Musikberieselung den Alltag der Menschen verunstaltete, registrierten die Künstler die Kluft zwischen Kunst und Kultur, die typisch geworden war für die abendländische Entwicklung. Ein Überblick soll andeuten, daß zum Thema »Hintergrundmusik« auch ästhetische Experimente gehören, die wahrscheinlich mehr zur Lösung der Probleme beitragen können als wissenschaftliche Forschung, weil sie in sich ein utopisches Potential bergen, das den Feststellungen der Wissenschaftler fehlt.

Eine erste Annäherung der Kunst an das Leben versuchten bereits kurz nach der Wende zum 20. Jahrhundert die italienischen Futuristen, die — fasziniert vom Lärm der Stahlwerke, Fabriken, Druckpressen, Kraftwerke — die Maschinenwelt durch Geräuschinstrumente in den Konzertsälen aufbauten, um dort die Geschwindigkeit maschinell erzeugter Bewegung verherrlichen zu können. Mit den Geräuscherzeugern (großen Kästen mit Schalltrichtern, die zischten und klirrten) schien es möglich, der Devise »Nieder mit dem Tango und Parsifal« Genüge zu leisten und neue Formen, Alltagsformen zu schaffen: Oden an das Auto, Opern für Flugzeuge. Es ist hier nicht der Ort, die aggressive, später auch faschistische Haltung der italienischen Futuristen zu diskutieren. Es soll auch nicht auf die Diskrepanz zwischen ihren Werken und ihrem ästhetischen Anspruch eingegangen werden. Der italienische Futurismus ist hier nur inso-

(© Archives de la Fondation Erik Satie, Paris)

weit bedeutsam, als er zu Beginn des Jahrhunderts ein neues ästhetisches Programm formulierte, das mit dem Schlagwort von der »Einheit von Kunst und Leben« belegt wurde. Dieses Programm taucht fast zyklisch immer wieder auf, was es zu mehr als einem historischen Faktum macht.

Hatten die italienischen Futuristen versucht, die Alltagswelt in die Kunst zu integrieren, so zeigte sich bereits im russischen Futurismus ein anderes Konzept: der Künstler als Ingenieur, der den Alltag gestaltet. Die zwanziger Jahre prägten dann vor allem die Auffassung, Kunst sei für den Werktag der Menschen bestimmt. Auch die Komponisten, allen voran Hindemith, bemühten sich, eine dem Leben dienende Musik zu schaffen. Sie komponierten Kino- und Radiomusik, experimentierten mit neuen Gattungen, an anderen Orten als dem Konzertsaal. »Musik für alle Tage«, so formulierte Cocteau das ästhetische Konzept für die Gruppe der Sechs in Frankreich. Satie war der erste, der regelrecht Hintergrundmusik komponiert hat. Seine »musique d'ameublement«, die einem bequemen Stuhl gleichen sollte, war zur Gestaltung von Räumen gedacht. Kurze, sich wiederholende Muster unterhalten und entzücken im leichten Konversationston unauffällig den Wartenden in einer Vorhalle. Manchmal erzeugen barockisierende Wendungen den Eindruck eines glänzenden Dekors. Erst in jüngerer Zeit wurde mit klingenden Räumen, Installationen, akustischen Ambientes und Environments wieder häufiger an diese Idee einer ästhetischen Transformation der Umwelt angeknüpft. Ob Klänge, Töne oder Geräusche — diese neuen Formen dienen dazu, sinnliches Vergnügen zu schaffen und die Imagination dessen, der sich ihnen aussetzt, zu bereichern, indem sie die realen Räume verwandeln, in ihrer Begrenzung unscharf machen, das Drinnen und Draußen vertauschen. Die Klänge der Brooklyn Bridge, die 1980 der amerikanische Künstler Bill Fontana vom World Trade Center rieseln ließ — um ein spektakuläres Beispiel zu nennen —, veränderten alltägliche Räume und machten ein Bauwerk zu einer klingenden Skulptur.

Bei den unterschiedlichen Formen der Annäherung von Kunst und Alltag treten gemeinsame Aspekte in unterschiedlicher Gewichtung hervor: Vermittelt werden neue sensorische Eindrücke an Orten, denen wir mit automatisierten Wahrnehmungsmustern begegnen. Die Gestaltung des Alltags, dem gegenüber die Kunst eine ausschließlich dienende Funktion übernehmen soll, überwog in den zwanziger Jahren. In den sechziger Jahren, deren ästhetisches Programm ebenfalls davon geprägt war, die Kunst dem Leben anzunähern, wurde der Erkenntnisanspruch der künstlerischen Gestaltung betont, den auch bereits die Futuristen für sich reklamiert hatten. Erkenntnisanspruch verbindet sich zugleich mit der Vorstellung, ein neuer Menschentypus sei möglich. Zu Anfang dieses Jahrhunderts war dies eine Art Übermensch (noch inspiriert von Nietzsches Ideen), später hoffte man auf sensibilisierte, kreative, vom Druck der Ich-Instanz freie und dennoch bewußt politisch handelnde Menschen. Obwohl verschieden ausgeformt, versprach die Idee der Einheit von Kunst und Leben eine Transformation der Welt, deren Miserabilität man sich nicht durch eine Flucht entziehen wollte. Dies im Unterschied zu den traditionellen Kunstäußerungen. Alle diese Bewegungen setzen einen anderen Begriff voraus als den der autonomen Musik. Nicht von der jenseitigen Welt soll gesprochen, sondern die Kluft zwischen Kunst und Kultur aufgehoben werden. Diese Bewegungen opponieren gegen eine Entwicklung, die nicht ihresgleichen auf der Welt hatte, bei der die ungeheure Steigerung der Kunst zu einer gleichzeitigen Verödung der Alltagskultur führte. All die vielen kritischen Einwände gegen die schlechten Klangtapeten in Kaufhäusern, Wartehallen oder am Arbeitsplatz haben den Charakter einer moralischen Entrüstung. Sie sind gut gemeint. Sie treffen eine schlechte Praxis, ohne jedoch ernsthaft zu deren Verbesserung beitragen zu können, weil sie die Voraussetzungen für diese Entwicklung nicht verändern.

Veränderungen können nur von einer neuen ästhetischen Praxis erwartet werden, die mit einer radikalen Neuformulierung unseres Musikbegriffs einhergehen muß. Ich möchte diesen Gedanken in einem kurzgefaßten, aber weitausholenden kulturgeschichtlichen Exkurs unterstreichen.

Die Trennung von E- und U-Musik, die der Wissenschaftler ohnmächtig registriert, ist tief eingebettet in das Verständnis der Welt, wie es sich im christlichen Abendland entwickelte. Sie läßt sich letztlich zurückführen auf eine extreme Verteufelung diesseitiger Freuden, die sich im Zusammenhang mit der Lehre von den zwei Reichen entwickelte. Die Bedürfnisse nach diesseitigen Freuden

vollkommen zu verdrängen — wie es die kirchlichen Gebote forderten —,
glückte jedoch nicht. Es kam stattdessen — um einen Begriff Freuds zu gebrauchen — zu »Ersatzbefriedigungen«. Sicher sind die gewaltigen Kunstschöpfungen im Abendland mit dem Begriff der Ersatzbefriedigung nur unzureichend
benannt. Aber dieser Begriff macht deutlich, daß die Flucht in die Phantasie,
die diese Kunstschöpfungen voraussetzen, jene glücksbringenden Akte versprach, die im alltäglichen Leben unmöglich erschienen, weil sie verboten worden waren. Es scheint mir eine spannende These, daß das teuflische Wirken,
von dem man das Diesseits durchsetzt glaubte, zur Voraussetzung für eine
Kunstform wurde, die wegen ihrer flüchtigen und nicht abbildenden Erscheinung dem Diesseits nicht verhaftet erschien und durch ihren Appell an das Gefühl doch jenen sinnlichen Genuß versprach, dessen man offensichtlich nicht
entraten wollte. Die Musik war zur Flucht aus der Welt geeignet und bot doch
gesteigerte sinnliche Freuden. Mit zunehmender Säkularisation befriedigte sie,
die überirdisch erschien, noch andere Bedürfnisse. Sie ersetzte die Tröstungen
der Religion. Sie wurde zum Kultobjekt, dem zu huldigen innerweltliche Erlösung versprach.

Aber zunehmend sublimiert und aller dienenden funktionalen Bezüge be-
raubt, zur Sprache des Absoluten gesteigert, entfernte sie sich aus dem alltäglichen Leben der Menschen. Die Entwicklung der Idee der absoluten Musik seit
dem 18. Jahrhundert verband sich — wie zu Beginn dieses Abschnitts bereits
erwähnt — mit einer Verödung der Alltagskultur. Das Vakuum, das die Entfernung der Kunst aus dem Alltag hinterließ, füllte sich sehr schnell mit Surroga-
ten, die den Traum von einem schönen, angenehmen Leben nährten, ohne daß
man sich eigens in Kunsttempel zu begeben hatte. Die Entstehung des Kitsches
läßt sich als Folge eines Kulturbegriffs beschreiben, der auf eine vom Leben ab-
gehobene Kunst zielte.

Es wurde und wird auch literarischer und bildnerischer Schund hergestellt,
aber gravierend in die Lebensgestaltung greifen vor allem die minderen Produkte ein, die die einmal zur höchsten gesteigerte Kunstform, nämlich die Musik,
ersetzen sollten. Die Verelendung der Kultur aufzuheben, wurde zu einer
ästhetisch-zentralen Prämisse für die Kunstäußerungen im 20. Jahrhundert.
Dem müßte ein anderer als der gesteigerte bürgerliche Begriff von Musik entsprechen. Musik — ein Phänomen, das dem alltäglichen Leben der Menschen
dienen könnte.

Umwelt ist seit etwa zehn Jahren auch in der Psychologie und in der Musikpsychologie zum Thema geworden. Es zeichnen sich Ansätze dazu ab, daß
eine Form von ökologischer Forschung an die Stelle der angewandten Psychologie treten könnte. Welche Formen von Alltagsbewußtsein existieren, was Ge-
brauchsgegenstände bedeuten — Fragen, die sich mit einem funktionalen Verständnis von der gegenständlichen Welt verbinden, lösen die Anwendung von
allgemein-psychologisch ermitteltem Wissen auf die Praxis des Alltags ab.

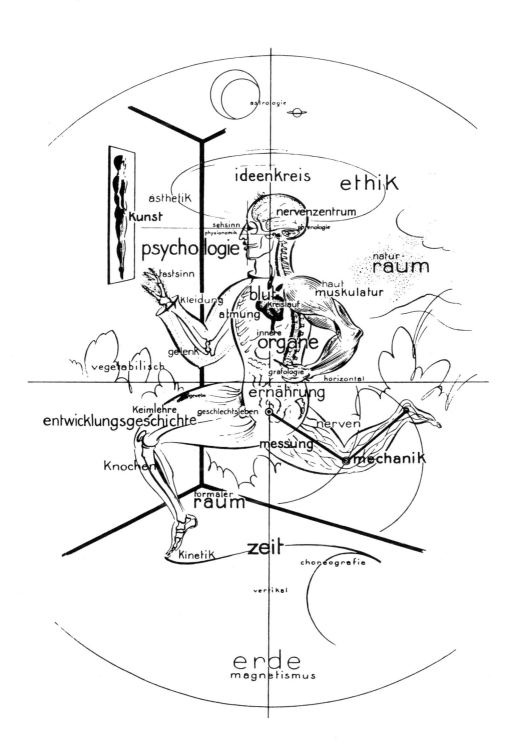

Oskar Schlemmer ersetzte mit dem *Unterrichtsgebiet Der Mensch* (s. Seite 253; © Bauhaus-Archiv, Berlin) am Bauhaus zwar nicht das traditionelle Aktzeichnen. Aber er veränderte die Inhalte der Proportionslehre dahingehend, daß es nicht mehr nur eine künstlerische Norm zu erfüllen galt, sondern daß die Totalität des Menschen zum Ausgangspunkt genommen wurde. Totalität meinte den Menschen in seinem Insgesamt als denkendes, fühlendes und biologisches Wesen. Demgegenüber erweist sich die stark idealisiert dargestellte »Kunst« (links oben) als ein kleiner Ausschnitt aus dem menschlichen Ideenkreis. Das Bauhaus war nicht die einzige, aber vielleicht die erfolgreichste Institution in den zwanziger Jahren, die der Entfernung der Kunst aus dem Leben durch ein neues ästhetisches Programm begegnen wollte, das auf die Integration der Kunst in den Werktag der Menschen zielte. Auch die Musiker bemühten sich, durch Alltagsformen die Kluft zwischen Kunst und Kultur zu schließen. Um 1930 war der Idee von der Einheit von Kunst und Leben ein Ende gesetzt. Aber sie tauchte erneut in den sechziger Jahren auf — mit anderen Akzenten —, nachdem in den fünfziger Jahren mit der tachistischen Malerei wie mit der seriellen Musik eine extreme Steigerung des Anspruchs der Absolutheit und zugleich des Lebensabgewandten der Kunst erreicht worden war.

Die strenge geometrische Ordnung von Tom Wesselmanns Bild (oben) reflektiert noch diese Abstraktion, in die die Kunst geraten war. Aber sie tritt zurück hinter den konkreten Inhalten. Im Unterschied zur traditionellen Malerei ist nicht mehr das Naturschöne Gegenstand dieses *Stillebens* (Museum Abteiberg, Mönchengladbach). Die Darstellung banaler Objekte ist als erneute Zuwendung zur Realität zu deuten. Die Idee einer Transformation des Alltags durch die Kunst stellt ein radikal neues ästhetisches Programm im 20. Jahrhundert dar, das angesichts der verheerenden Folgen, die die Trennung von Kunst und Alltag nach sich zog, die Utopie in sich birgt, Kunst und nicht ihr minderes Surrogat könne zur Lebenspraxis werden.

Einstweilen registrieren Wissenschaftler aber nur falsche Umwelten. Viele Statistiken stellen eine Benutzung von Musik fest, die zeigt, daß sich Menschen mit Billigem zufrieden geben. Auch das Räsonnieren über die Orte, an denen die vor sich hinrieselnde Hintergrundmusik das Bewußtsein stopft, hat einen weitgehend deskriptiven Charakter. Wissenschaftler sind durch ihr Methodenarsenal, vor allem durch Ansprüche auf Exaktheit eingeengt. Das macht die künstlerische Exploration einer möglichen Veränderung der Alltagswelt durch neue Zeit- und Klangräume um so wichtiger. Das kritische Potential der Wissenschaft genügt allein nicht. Es bedarf vielmehr auch der künstlerischen Utopien, um an der Alltagswelt andere Aspekte sichtbar zu machen als deren zerstörte Formen, die eine wie immer in einzelnen Erscheinungen bewunderungswürdige, aber weitgehend abgeschlossene Entwicklung der bürgerlichen Kultur hinterlassen hat. Die Probleme, die mit dem Phänomen »Musik im Hintergrund« zu tun haben, lassen sich wahrscheinlich nur durch eine grundsätzliche Veränderung unserer Kultur lösen.

Literaturhinweise

A. Anastasi: Angewandte Psychologie. Weinheim, Basel 1973.
T. G. Bever und R. J. Chiarello: Cerebral Dominance in Musicians and Non-Musicians. In: Science 185 (1974). S. 537—539.
R. Brandmüller, B. Bücheler, M. Fuchs und W. Fuhr: Musik am Arbeitsplatz. In: P. Schleuning (Hg.): Warum uns Beethoven erschüttert. Frankfurt/Main 1978.
R. Fehling: Manipulation durch Musik. München 1976.
H. Gembris: Musik und Entspannung. Diss. TU Berlin 1985.
R. Gerrero: Music as a Film Variable. Diss. University of Ann Arbor 1969.
Hintergrundmusik am Arbeitsplatz. Informationsschrift der Deutschen Reditune-Zentrale, Hamburg 1972.
G. Kleinen: Massenmusik. Die befragten Macher. Wolfenbüttel 1983.
G. Kleinen: Massenmusik und Alltagsstrukturen. In: Musikpsychologie 1 (1984). S. 53—72.
G. Last: Musik in der Fertigung. Frankfurt/Main 1966.
D. B. Lindsley: Emotion. In: S. S. Stevens (Hg.): Handbook of Experimental Psychology. New York 1951.
R. W. Lundin: An Objective Psychology of Music. New York ²1967.
N. D. Margerison: Musik mit MUZAK — eine Übersicht über das Wesen dieser funktionellen Musik. MUZAK-Werbeschrift. London 1963.
H. de la Motte-Haber: Das singende und klingende Plakat. In: Sprache im technischen Zeitalter 42 (1972). S. 143—152.
H. de la Motte-Haber und H. Emons: Filmmusik. München 1980.
H. de la Motte-Haber, H. Gembris und G. Rötter: Musikhören und Verkehrssicherheit. Berlin 1985.

H. Münsterberg: On the Witness Stand. New York 1908.

G. Rötter: Die Beeinflußbarkeit emotionalen Erlebens von Musik durch analytisches Hören. Diss. TU Berlin 1985.

V. Schuster: Polygrafische Untersuchungen zur Hemisphärendominanz von Sprache und Musik bei Musikern und Nicht-Musikern. Diss. Albert-Ludwigs-Univ. Freiburg 1983.

M. Treisman: Strategies and Models of Selective Attention. In: Psychological Review 76 (1969). S. 282—299.

J. L. Walker: Subjective Reactions to Music and Brainwave Rhythms. In: Physiological Psychology 5,4 (1977). S. 483—489.

IV. Individuelle Determinanten musikalischer Kompetenz

Musikalische Begabung

Über die Verteilung musikalischer Fähigkeiten

Die Entschuldigung: »Ich verstehe nichts von Musik« wird meist ohne weitere Begründungen akzeptiert. Zu offenkundig scheint selbst bei einfachen Höraufgaben ein Leistungsunterschied zu sein. Und wer kann schon mit dem komplizierten Kategoriensystem, das die Harmonielehre bereitstellt, Akkordprogressionen als logisch begreifen. Die abwehrende Geste, die sich mit der Entschuldigung verbindet, man verstehe nichts von Musik, drückt auch die Distanz der eigenen Person aus zum Virtuosen, der scheinbar mühelos Höchstleistungen vollbringt. Ebenso kann die Tatsache, daß es musikalische Wunderkinder gibt, den Gedanken an eine unüberbrückbare Kluft zur eigenen Leistung naheleben, einen Gedanken, der zugleich des eigenen Standortes versichert. Menschen scheinen sich hinsichtlich ihres Verhältnisses zur Musik zu gruppieren in Begabte und Unbegabte. Wer begabt ist, zeigt bessere Leistungen beim Hören und Spielen von Musik. Was andere selbst mit Anstrengungen nicht erreichen, fällt ihm von selbst zu, und oft zeigt er schon als Kind Leistungen, die auf seiner Entwicklungsstufe unüblich sind. Den dermaßen Begabten ist der sich für unbegabt Haltende zu bewundern bereit. Die Schauer, die der sich als unbegabt Einschätzende vielleicht beim Musikhören empfindet, ohne sich sein Ergriffensein so recht deuten zu können, sind durchaus geeignet, seine Meinung über eine unerreichbare Begnadung aufrechtzuerhalten. In unserer Musikkultur wurde zudem mit der im 18. Jahrhundert aufgekommenen Genieästhetik dieser Begnadungsaspekt favorisiert. Wer Unaussprechliches durch die Musik offenbart, mußte vom gemeinen Volk geschieden erscheinen. Und diejenigen, die dafür ein besseres Verständnis besaßen, gehörten auch schon in den Bannkreis einer höheren Macht. Es ist nur ein Schülerulk, aber ein sehr treffender, die Mitschüler, die Noten lesen können, als »Schriftgelehrte« zu bezeichnen.

Etwas von Musik zu verstehen, ist nicht nur mit der Idee einer besonderen Begabung assoziiert, sondern gleichzeitig auch mit dem Bewußtsein, daß dies gar nicht wichtig sei. Begabungsunterschiede spielen fast in allen Bereichen menschlicher Tätigkeit eine Rolle. Sie können jedoch unterschiedlich akzentuiert werden. Im Fall der Musik sind sie einerseits überbetont, und zwar auch von denen, die sich für begabt halten, und sie werden andererseits als merkwürdig unbedeutend eingeschätzt. Niemand wird sich gern als dumm ausgeben.

Hingegen ist es unproblematisch, sich als unmusikalisch zu bezeichnen. Dies besagt sehr viel über die gesellschaftliche Bewertung einer Fähigkeit. Die ambivalente Beurteilung — Begnadung einerseits und Bedeutungslosigkeit andererseits —, von der die musikalische Begabung betroffen ist, macht eine ausführlichere Beschäftigung mit ihr schon deshalb lohnend, weil sie helfen könnte, Vorurteile abzubauen.

Grundsätzlich charakterisieren wir einen Menschen nach seinen herausragenden Eigenschaften und sprechen damit jemandem einen besseren Zugang zu einem Lebensbereich zu. Wenn wir denken, Müller ist ein guter Sportler und Meier ein guter Zeichner, so übersehen wir, daß Meier vielleicht ein mittelmäßiger Sportler und Müller ein mittelmäßiger Zeichner ist. Diese eindeutigen Kennzeichnungen entspringen der Tendenz des Denkens, ökonomisch und ein-

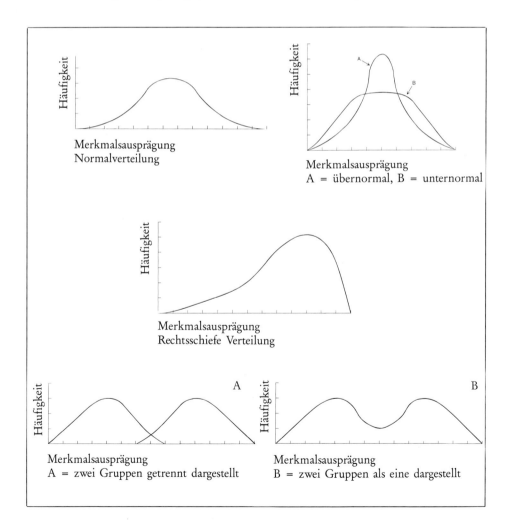

fach zu verfahren, um einen Überblick zu erhalten. Daß derart einfach mit den höchst komplexen Strukturen menschlicher Fähigkeiten umgegangen wird, dient der schnelleren Orientierung und Kategorisierung. Würden wir alle mittelmäßigen Talente bei einem Menschen in Rechnung stellen, so träte er uns gar nicht als etwas Individuelles gegenüber, weil er sich nicht von anderen unterschiede. Die Gruppierung von Menschen durch Alternativmerkmale ist jedoch grundsätzlich falsch. Denn das einfache Vorhandensein oder Fehlen einer Eigenschaft ist äußerst selten. Menschen differieren fast nie nach Maßgabe einer Qualität, sondern es bestehen in der Regel abgestufte Unterschiede. Läßt man Personen eine Minute lang etwas lesen und fragt sie nach zehn Minuten ab, so ergeben die richtig erinnerten Details dieselbe Verteilung, wie wenn eine Selbsteinstufung ihrer politischen Meinung von links nach rechts auf einer Zehnpunkteskala ermittelt wird. Nicht nur eine Variation von einem Extrem zum anderen läßt sich beobachten, sondern diese paart sich mit einer bestimmten Häufigkeit des Auftretens: Die Extreme sind selten, die größten Häufigkeiten lassen sich um den Mittelwert feststellen. Gleichgültig, ob man die Güte oder die Schnelligkeit beobachtet, mit der eine Aufgabe erledigt wird, ob man Bewertungen (wie Schulnoten oder Selbsteinschätzungen) heranzieht, so zeigt sich eine sogenannte Normalverteilung. Das, was am häufigsten auftritt, bildet die Mitte einer Rangreihe, gegen deren beide Pole hin die Wahrscheinlichkeit von Ereignissen kontinuierlich kleiner wird. Als grafische Darstellung ergibt sich eine Kurve, die einen Gipfel besitzt, keine Sprünge macht und symmetrisch ist. Die Normalverteilung legt durch ihren Mittelwert das als normal fest, was am häufigsten vorkommt. Von diesem statistischen Normbegriff heben sich unsere alltäglichen Beschreibungen ab; sie betonen das Außerordentliche, weil die statistische Norm schlecht dazu taugt, eine Person zu charakterisieren. Aber ohne ein latentes Bewußtsein von dieser Norm ist wiederum das Besonde-

---

Es ist ziemlich gleichgültig, was beobachtet wird, ob Gedächtnisleistungen oder die Körpergröße von Menschen: In der Regel zeigen sich extreme Werte selten und mittlere sehr oft. Die grafische Darstellung ergibt eine symmetrische Kurve mit einem Gipfel; sie nimmt kontinuierlich zu den Polen hin ab. Die Normalverteilung zeigt die Wahrscheinlichkeit des Auftretens einer Merkmalsausprägung an.

Es gibt auch übernormale und unternormale Verteilungen, deren Gipfel über oder unter dem der Normalverteilung liegt.

Liegt der Gipfel zu weit rechts oder zu weit links, so spricht man von einer schiefen Verteilung. Im Extremfall kann der Gipfel beim rechten oder linken Extremwert liegen. Eine solche Verteilung wird wegen ihrer Form als sogenannte J-Kurve bezeichnet. Oft zeigt sie normiertes Verhalten an. Abweichungen von der Normalverteilung können sich auch dadurch ergeben, daß zwei verschiedene Gruppen zu einer zusammengefaßt wurden, obwohl sie nicht zusammengehören. Es treten dann zwei Gipfel auf, die jedoch den Gruppen gut zuzuweisen sind, wenn man diese getrennt behandelt. Immer wenn Abweichungen von der Normalverteilung gefunden werden, muß man nach Begründungen suchen.

re nicht zu benennen. Und je größer die Distanz zu dieser Norm des Häufigen ist, um so seltener läßt sich eine Fähigkeit beobachten. Sie ist damit zur prägnanten Schilderung eines Menschen geeignet.

Wenn man Merkmale, Ereignisse oder Verhaltensweisen sammelt und ordnet, so kann man dabei Fehler machen; dann tritt keine Normalverteilung auf. Liegt jedoch kein Meßfehler vor, so werden andere Verteilungen, die vielleicht linksschief, rechtsschief, zweigipflig oder u-förmig sind, am besten interpretiert, indem man zu begründen versucht, warum sie von der Normalverteilung abweichen. Eine besondere Bedeutung kommt der Form einer sogenannten J-Kurve zu, die nicht den vollen Ausprägungsgrad eines Merkmals nutzt, sondern an einem Punkt eine übergroße Häufigkeit zeigt. Solche Verteilungen weisen meist auf Normen hin, die konformes Verhalten bewirken. Sozial Wünschenswertes, aber auch Erzwungenes tritt häufiger auf. Würde man z. B. die Häufigkeiten für verschiedene Geschwindigkeiten von Autos bei einer roten Ampel ermitteln, so ergäbe sich eine J-förmige Kurve. Selten überfährt jemand eine rote Ampel mit einer mehr oder weniger großen Geschwindigkeit; anzuhalten ist eine Verkehrsnorm, die eine übergroße Häufung für den Meßwert »null Stundenkilometer« ergibt. Konventionen und Normen beeinflussen auch musikalische Qualifikationen. Die weiblichen Angehörigen der bürgerlichen Schicht, die im 19. Jahrhundert mit übergroßer Häufigkeit Klavier spielten, bieten ein einleuchtendes Beispiel für einen wünschenswerten und erzwungenen Regelfall. Heute stellen sich die Verhältnisse eher umgekehrt dar. In einer umfangreichen (aber nicht repräsentativen) Befragung ermittelten Graml und Reckziegel (1982) auch die Häufigkeit des Instrumentalspiels von Eltern. Sie stellten vor allem für die Väter und Mütter von Hauptschülern eine an die J-Kurve angenäherte Verteilung fest, die als Norm das Nichtspielen eines Instruments anzeigt.

Spielen Sie ein Instrument?						
	Kindergarten		Grundschule		Hauptschule	
	Väter	Mütter	Väter	Mütter	Väter	Mütter
n =	357	412	243	257	224	253
Regelmäßig	6,4	4,6	8,2	9,7	8,9	4,7
Selten	25,8	22,8	16,9	19,8	12,1	12,3
Früher	24,1	23,5	22,6	23,3	14,3	18,2
Nie	40,9	47,3	48,1	44,7	61,2	62,1
Keine Angaben	2,8	1,7	4,1	2,3	3,6	2,8

Das Instrumentalspiel von Eltern verteilt sich — wenn man die Tabelle (Angaben in Prozent) in eine Grafik umsetzt — vor allem bei den Vätern und Müttern von Hauptschulkindern in Annäherung an eine J-Kurve (nach Graml und Reckziegel 1982, S. A 262).

Als dieselben Eltern gefragt wurden, ob sie sich für musikalisch halten, ergab sich in etwa eine Normalverteilung. Dies steht nicht im Widerspruch zu der gängigen Rede, man verstehe nichts von Musik. Denn sich eine durchschnittliche Musikalität zuzubilligen, besagt im Einzelfall recht wenig, weil damit Individuen in der Anonymität der Menge verschwinden.

Halten Sie sich für musikalisch?	Väter	Mütter
	n= 357	n= 412
sehr musikalisch	16,0 %	9,2 %
durchschnittlich musikalisch	67,5 %	73,5 %
unmusikalisch	11,5 %	10,7 %
keine Angaben	5,0 %	6,6 %

Selbsteinschätzungen von Eltern hinsichtlich ihrer Musikalität. Sie tendiert zu einer Normalverteilung (nach Graml und Reckziegel 1982, S. A 271).

Musikalität ist wahrscheinlich ein komplexes Merkmal. Die mit dem Intelligenzquotienten korrelierte Fähigkeit des Improvisierens besitzt keine Beziehung zur Gabe des Komponierens (Webster 1979). Auch die nicht automatisch kombinierten Fähigkeiten des produktiven und reproduktiven Musikers weisen darauf hin, daß es sich um ein mehrdimensionales Merkmal handelt, dessen verschiedene Dimensionen je nach den normierenden Einflüssen nicht der gleichen Verteilungsform gehorchen müssen. Dem Musikverstehen im engeren Sinne dürfte jedoch in seinen verschiedenen Ausprägungen, wie dem Verständnis für andere kulturelle Leistungen, wegen der vielen auch zufällig daran beteiligten Faktoren eine Normalverteilung angemessen sein. Die gängigen Musikalitätstests, die vor allem der Beschreibung der Diskriminationsfähigkeit beim Musikhören dienen, gehen auch dann, wenn sie — wie der Seashore-Test — mehrdimensional konzipiert sind, alle vom Modell der Normalverteilung aus. Sie nehmen damit im Unterschied zu den eingangs zitierten Vorurteilen an, daß die Mehrzahl der Menschen ein mittelgutes Musikverständnis besitzt.

Vererbte Talente oder erworbenes Wissen als verursachende Faktoren?

Beobachtbar und damit feststellbar ist nur die Variation menschlicher Fähigkeiten und Eigenschaften. Wichtiger wäre es jedoch zu wissen, worin sie sich begründen, weil dadurch Entscheidungen erleichtert würden. Die Frage z. B., ob sich die Investitionen für die Instrumentalausbildung lohnen, weil ein Kind begabt ist, ließe sich dann eindeutig beantworten, wenn man ein vererbtes Talent nachweisen könnte, ebenso wie sich Versäumnisse beim Lernen nur beklagen lassen, wenn man weiß, daß Fähigkeiten erworben werden könnten.

Im Zusammenhang mit der Erweiterung des Bildungssystems kulminierte in der Bundesrepublik Deutschland um 1970 die Debatte, ob das Milieu oder eine Anlage für die Unterschiede der Musikalität verantwortlich zu machen seien.

Wie immer wenn gesellschaftliche Systeme nach Veränderungen drängen, werden offenkundige Unterschiede zwischen Menschen den Umwelteinflüssen zugeschrieben. Denn dann sind sie auch durch Lernen auszugleichen. In den USA und in Rußland hatten der Behaviorismus und die Reflexologie schon vierzig Jahre früher die Möglichkeit zur absoluten Manipulation individueller Merkmale favorisiert. In die Rolle eines Allmächtigen versetzte sich Watson (1913, 1930), der Begründer des Behaviorismus, als er behauptete:

»[. . .] man gebe mir ein Dutzend gesunder, normal entwickelter Kinder sowie eine von mir beschriebene Umwelt, um sie aufzuziehen, und ich garantiere, daß ich ein beliebiges herausgreifen und aus ihm jeden beliebigen Spezialisten machen kann — Arzt, Rechtsanwalt, Künstler, Unternehmer, ja sogar Bettler und Dieb [. . .].«

Zu anderen Zeiten wurde wiederum stärker die Idee einer vererbten Begabung betont — bis dahin, daß alle Rassenlehren einem fatalen Determinismus huldigen. Der Rückführung individueller Unterschiede auf angeborene Eigenschaften, wie sie auch heute wieder für unser kulturpolitisches Klima typisch ist, entspricht eine Ideologie, die auf die Erhaltung eines Status quo ausgerichtet ist und Veränderungen weder für wünschenswert noch für möglich hält.

Auf die Frage, ob Fähigkeiten vererbt oder erlernt werden, stellt die Wissenschaft einstweilen noch keine eindeutigen Antworten parat. Sie weitet eher den Zusammenhang zwischen diesen beiden Komponenten zu einem vielschichtigen Geflecht aus, in dem sich Ideologien leicht einnisten können.

Unbestreitbar ist die Vielfalt der menschlichen Existenz. Physische Merkmale (wie die Größe oder die Farbe der Augen) sind gar nicht oder nur begrenzt durch äußere Einflüsse zu variieren. Dies legt den Gedanken nahe, daß auch psychologische Charakteristika bis zu einem bestimmten Ausmaß vorbestimmt sind. Manche Menschen, so schloß man, besitzen durch Veranlagung Qualitäten, die anderen fehlen. Gerade eine einzigartige Begabung wie Musikalität ist ein beliebtes Paradigma, um die Idee einer genetischen Bestimmung einleuchtend zu machen. Um sie zu prüfen, wurden Kinder und Kindeskinder in Stammbäumen arrangiert. Die Bach-Familie mit ihren Generationen von Musikern erwies sich als eines der beliebtesten Beispiele, um einen Erbgang zu demonstrieren. Verschiedene Einwände sprechen jedoch gegen dieses methodische Vorgehen. So ist es schwierig, präzise Informationen über weit zurückliegende Zeiträume zu erhalten. Unberücksichtigt bleiben daher die weiblichen Mitglieder dieser Familie; über sie ist zu wenig bekannt. Milieueinflüsse lassen sich außerdem nicht ausschließen, war es doch üblich, daß die Söhne den Beruf des Vaters ergriffen und ein entsprechend frühes und intensives musikalisches Training erhielten.

Neben Stammbäumen wurde die Familienähnlichkeit geprüft, um Aufschlüsse über die genetische Determination menschlicher Eigenschaften zu erhalten. Dabei geht es weniger darum, die qualitative Verschiedenheit zwischen

Stammbaum der Familie Bach

Johannes (Hans) Bach, † 1626
«der Spielmann»

Johannes	Christoph	Heinrich
1604–1673	1613–1661	1615–1692
Organist	Musikus	Organist

Georg Christoph	Joh. Christoph	Joh. Ambrosius
1642–1697	1645–1693	1645–1695
Kantor	Musiker	Musiker

Joh. Valentin	Joh. Christoph	Joh. Ernst
1669–1720	1689–1740	1683–1739
Kantor	Organist	Organist

Joh. Lorenz	Joh. Elias	Tobias Friedrich	Joh. Christoph
1695–1773	1705–1755	1695–1768	1702–1756
Organist	Kantor	Kantor	Kantor

bis im		bis im
19. Jahrhundert		20. Jahrhundert

Joh. Christoph	Joh. Balthasar	Joh. Jakob	Joh. Sebastian
1671–1721	1673–1691	1682–1722	1685–1750
Organist	Trompeter	Hoboist	

verheiratet mit: I. Maria Barbara Bach   II. Anna Magdalena Wilcken

Wilh. Friedemann	Karl Philipp Emanuel	Joh. Gottfried	Joh. Christoph Friedrich	Joh. Christian
1710–1784	1714–1788	1715–1739	1732–1795	1735–1782

Wilh. Friedr. Ernst
1759–1845
Cembalist

Das gehäufte Auftreten eines Talents in einer Familie wurde oft durch Vererbung erklärt. Vor allem am Stammbaum der Musikerfamilie Bach (© Francke Verlag, Bern) wurde die Erblichkeit der musikalischen Begabung demonstriert. Aus dieser Familie sind in sieben Generationen mit mehr als 100 Nachkommen elf bedeutende Tonkünstler hervorgegangen. Einen ebenfalls bemerkenswerten Stammbaum besitzt die Musikerdynastie der Couperins. Auch der Stammbaum der großen Mathematikerfamilie Bernoulli wird in der Literatur gern zitiert. So plausibel die Stammbaummethode zum Nachweis der Erblichkeit von Talenten auch wirkt, so bereitet sie doch der Forschung ernsthafte Schwierigkeiten, weil meist wenig über die weiblichen Mitglieder bekannt ist. Umweltfaktoren finden gar keine Berücksichtigung. Auf ein rätselhaftes Faktum weist Révész (1946, S. 240) hin: »Statistisch ist festgestellt worden, daß die männlichen Nachkommen genialer Menschen die dritte Generation meist nicht überleben. Die Familien erhalten sich in der weiblichen Deszendenz, während die männliche Linie allmählich ausstirbt.« Bessere Aufschlüsse über die Frage, wie es sich mit dem Wechselspiel von Anlage und Umwelt verhält — dies meinte schon Galton —, erhält man durch das Studium eineiiger Zwillinge.

Menschen zu erklären, als den Ausprägungsgrad von Fähigkeiten zu erforschen. Aus den zwanziger und dreißiger Jahren datieren mehrere Untersuchungen, die in etwa das mit einem Fragebogen ermittelte Ergebnis von Haecker und Ziehen (1922) bestätigen.

Die Erblichkeit der Musikalität nach Haecker und Ziehen (1922)

| Eltern | Kinder | | |
	musikalisch	etwas musikalisch	unmusikalisch
Beide musikalisch	85,6 %	6,5 %	7,9 %
Einer musikalisch	58,6 %	15,0 %	26,4 %
unmusikalisch	25,4 %	15,9 %	58,7 %

Die in anderen Untersuchungen ermittelten Werte zeigen manchmal einen etwas kleineren Zusammenhang an. Die von Haecker und Ziehen gefundenen Werte bestätigt allerdings sehr gut eine amerikanische Untersuchung von Drake-Figgs (1980), der zufolge nur 85% der Kinder von Eltern, die den Gaston- und Seashore-Test sehr gut bewältigten, ebenfalls hohe Testwerte erzielten. Zeigte nur ein Elternteil gute musikalische Leistungen, so schnitten immerhin noch 70 % der Kinder überdurchschnittlich in diesen Tests ab. Unterschiede zu älteren Befunden, die einen stärkeren Einfluß des Vaters andeuten, ergaben sich bei dieser Untersuchung insofern, als die Leistungen der Kinder mit denen der Mutter in der Höhe von 0,47, mit denen des Vaters in der Höhe von 0,13 korrelierten. Diese Beziehungen weisen auf einen stärkeren Einfluß der mütterlichen Erziehung auf das musikalische Niveau der Kinder hin, wohingegen früher wahrscheinlich der Sozialstatus des Vaters und damit dessen Bildung entscheidend waren.

Abweichungen von den Befunden von Haecker und Ziehen präsentieren die Recherchen von Mjoen (1934), der mit einem sehr vorurteilhaft wirkenden Vererbungskonzept hervorgetreten ist. Mit einem Punktesystem schätzte er insgesamt vierzehn musikalische Basaleigenschaften ab (wie die Unterscheidung für Tonhöhen, Lautstärken, das absolute Gehör, das Melodiegedächtnis etc.). Unmusikalische Eltern haben nach dieser Untersuchung nicht mehr die hohe Chance von 25,4% musikalischer Kinder wie in der Untersuchung von Haecker und Ziehen, die durch ein entsprechendes Ergebnis über die Musikalität von Geschwistern (Scheinfeld 1956) gestützt wurde. Unmusikalische Eltern haben zu hundert Prozent unmusikalische Kinder. Mjoen manipulierte seine Daten zuweilen, so daß er eine hundertprozentige Erblichkeit von Unmusikalität feststellen konnte. In jedem Fall haben musikalische Eltern auch musikalische Kinder.

Einwände gegen Schlußfolgerungen über erbliche Determinanten, die aus der Familienähnlichkeit gezogen wurden, ergaben sich aus dem Unterschied zwischen Phänotypus und Genotypus. Rezessive Gene können bei Kindern

Unterschiede zu den Eltern bewirken, die auf einer Information der Gene beruhen. Und andererseits bewirkt das Milieu Ähnlichkeiten innerhalb einer Familie, die auf Lernprozessen basieren.

Für den Wing-Test wurden Zusammenhänge ermittelt (Martin 1976), die sich durch einen fördernden Charakter des Milieus erklären lassen. Wenn die Eltern ein Instrument spielen, so schneiden ihre Kinder besser im Test ab; es genügt aber auch schon, daß überhaupt zu Hause ein Instrument steht. Ganz gegenteilig berichtet allerdings Gordon (1965) von einem geringen Einfluß der häuslichen Anregungsfaktoren. Da es sich bei Gordon jedoch um einen Autor handelt, der ein bestimmtes Ergebnis bestätigt haben möchte, bedarf es einer Nachuntersuchung. Denn auch wenn man nicht ein Ergebnis als Kernsatz formulieren kann, so läßt sich aus den Studien, die die Abhängigkeit musikalischer Fähigkeiten vom sozio-ökonomischen Status zum Gegenstand haben, auf einen Einfluß des Milieus schließen. Einmal zeigen jüngere Kinder (bis zum zehnten Lebensjahr), die ein gezieltes Instrumentaltraining erhielten und außerdem oft Musik hörten, einen Entwicklungsvorsprung (Valentine 1962, Zenatti 1976). Sergeant und Thatcher (1974) fanden bei zehnjährigen Kindern, die aus einer häuslichen Umgebung mit musikalischen Anregungen kamen, bessere rhythmische und melodische Leistungen (beim Wiedererkennen eines erlernten Rhythmus oder einer melodischen Phrase in einem Lied). Den Förderungen, die Kinder zu Hause erfahren, entspricht ein höherer sozio-ökonomischer Status der Eltern. Die Zugehörigkeit zu einer privilegierten Schicht korrespondiert allerdings nicht unbedingt einem musikalischen Interesse oder einer musikalischen Betätigung. Dies erklärt die teilweise nicht sehr hohen Korrelationen von 0,30 zwischen dem sozio-ökonomischen Status und den Leistungen in einem Musiktest (Rainbow 1965). Bedauerlicherweise ist aber die Zugehörigkeit zur Mittel- oder Oberschicht ein wichtiger Faktor für das Lehrer-Urteil. Umweltfaktoren werden damit falsch eingeschätzt, was sich nachteilig für Kinder aus den unteren sozialen Schichten auswirken kann. Denn der fördernde Einfluß, den das Milieu besitzt, betrifft auch die schulische Umgebung. Benachteiligte Kinder erzielen, wie ein Experiment von Young (1976) demonstriert, durch einen Musikkurs (zwanzig Musikstunden in neun Wochen) eine erhebliche Verbesserung ihrer Fähigkeiten.

Kehren wir zurück zur Frage nach dem Nachweis einer musikalischen Anlage: Eine dritte Methode, die Erblichkeit menschlicher Fähigkeiten zu studieren, bietet die Zwillingsforschung. Sie besitzt den Vorteil, daß die Gleichheit der genetischen Determinanten eineiiger Zwillinge Variationen im Verhalten eindeutig auf Lernprozesse zurückführen läßt. In die allgemein in England in den sechziger Jahren heftig geführte Debatte um eine gezielte Förderung von Begabungen hat Shuter (1964) mit einer speziell den Fragen der Musikalität gewidmeten Zwillingsstudie eingegriffen, deren Resultate jedoch höchst chaotisch sind. Schlußfolgerungen lassen sie nicht zu, weil sie sowohl große Übereinstimmungen als auch Unterschiede zwischen Zwillingen anzeigen, die weder durch Anlage noch durch Milieu eindeutig interpretiert werden können. Eine Untersuchung von Vandenberg (1962), bei der ein- und zweieiige Zwillinge verglichen wurden, zeigte ebenfalls weithin — Gedächtnisleistungen ausgenommen — keine Unterschiede in der Variation zwischen den beiden Gruppen, die durch gleiches oder unterschiedliches Erbgut hätten erklärt werden können.

Je komplexer und unüberschaubarer eine Eigenschaft ist, um so leichter werden Befunde im Sinne bereits existierender Vorurteile mißdeutet. Es ist daher immer nötig, die Rohdaten, die ein Autor seinen Resultaten zugrunde legt, zu studieren. Oft lassen sie andere Interpretationen zu. Als Beispiel sei eine Längsschnittuntersuchung von Gordon (1967) angesprochen, für die ich die Daten einer zusätzlichen Analyse unterzogen habe. Gordon hatte mit einem von ihm entwickelten Test die Musikalität von Jugendlichen festgestellt. Anschließend wurde ihnen Instrumentalunterricht erteilt. Das Instrument konnte jeder frei wählen. Wer besser im Test abgeschnitten hatte, zeigte nach drei Jahren auch bessere Leistungen im Instrumentalspiel. Dies spricht zunächst einmal nur für eine gute voraussagende Validität des Gordon-Tests. Gordon versuchte jedoch, seine Daten auch im Hinblick auf eine Vererbung der Musikalität zu interpretieren.

| Kontrollgruppe | | Experimentalgruppe | | |
Mittelwerte für drei der Experimentalgruppe vergleichbare Altersstufen	Standardabweichung		Mittelwert	Standardabweichung
46,7	6,37	1963	46,4	6,40
48,0	6,72	1964	47,9	7,10
48,9	7,25	1965	49,2	8,47

Die Tabelle zeigt die Ergebnisse von Gordon (1967). Sie wurden mit den Normen (Kontrollgruppe) verglichen. Auffallend ist das Größerwerden der Standardabweichung bei der Experimentalgruppe.

Dazu diente ihm der trotz eines gezielten Trainings nicht von den Normen seines Tests (hier als Kontrollgruppe bezeichnet) abweichende Mittelwert seiner Probanden (Experimentalgruppe). Anders formuliert: Der Instrumentalunterricht wirkt sich nicht grundsätzlich verändernd auf die mittlere Leistung in seinem Musikalitätstest aus. Betrachtet man aber die Varianzen, so wird das Bild kompliziert. Nach zwei und drei Jahren Unterricht (1964 und 1965) ist die Variation in der Experimentalgruppe gegenüber der Kontrollgruppe so stark gestiegen, daß sich signifikante Unterschiede ergeben. Merkwürdigerweise erhöhen sich die Unterschiede zwischen einzelnen Personen bei einer gleichbleibenden Bedingung, nämlich dem Instrumentaltraining. Man müßte die Daten nach Individuen getrennt auswerten, um zu weiteren Schlußfolgerungen zu kommen. Es ist jedoch unmöglich, sie im Sinne Gordons durch eine vererbte Musikalität zu erklären. Um eine Vergrößerung der Streuung bei gleichbleibendem Mittelwert zu interpretieren, muß man eine Leistungssteigerung einiger Personen bei gleichzeitigem Leistungsabfall anderer annehmen. So sinnvoll einerseits die Idee wäre, Begabte profitierten durch Lernen, so paradox erschiene andererseits die Überlegung, daß weniger Begabte dadurch eine Leistungsminderung erfahren. So stellt sich bei dieser Untersuchung weniger die Frage nach Anlage und Umwelt, sondern nach der Verläßlichkeit des Gordon-Tests.

Wer nicht Klavierspielen gelernt hat, kann nicht Klavier spielen, wie talentiert er dazu auch immer sei. Wer mit einem stilistischen Bereich nicht vertraut ist, hört undifferenziert, auch wenn es ihm nicht grundsätzlich an der Fähigkeit zu unterscheiden mangelt. Auch ein streng auf biologische Faktoren verpflichteter Wissenschaftler wird nicht leugnen, daß ohne eine entsprechende Umwelt sich eine Anlage nicht entfalten kann. Der Einfluß der Umwelt ist aber mindestens so schwer greifbar zu machen wie der der Anlage, und zwar allein schon deshalb, weil es Probleme gibt, die Dimensionen der kompetenzsteigernden Lernprozesse überhaupt aufzufinden. Die groben sachlichen Indikatoren, wie Bildung der Eltern, sind oft weniger wichtig als sehr konkrete Angaben, die vielleicht die Zahl der Bücher und Schallplatten in einem Haushalt betreffen. Umwelt zu bedenken heißt weiterhin auch, zwischenmenschliche Beziehungen zu berücksichtigen. Besonders im Hinblick auf musikalische Fähigkeiten müssen Motivationen bedacht werden, die aus sozialen Beziehungen hervorgehen. Die Umwelt zu beschreiben, ist deshalb so schwierig, weil auch Persönlichkeitsvariablen mit im Spiel sind. Durch seine Eigenarten schafft sich ein Mensch partiell seine Umwelt. In verschiedenem Alter definiert sich außerdem die Umwelt für einen Menschen anders, entsprechend sind ihre Einflüsse auch anders gewichtet. Die Mehrzahl der Untersuchungen, die Einflüsse der Umwelt auf musikalische Fähigkeiten analysierten, berücksichtigen bislang neben der Art der Lernprozesse meist nur eine globale Beschreibung des Bildungsstandes der Eltern. Die vielen Widersprüche lassen nicht viel mehr als die pauschale Aussage zu, daß es hemmende und fördernde Situationen gibt.

Am ehesten möglich sind gesicherte Angaben über die Einflüsse primärer und sekundärer Sozialisation in Abhängigkeit vom Alter. So ist für die Erfolge des Schulanfängers das Interesse und die Unterstützung seiner musikalischen Tätigkeit durch Erwachsene entscheidend (Kirkpatrick 1962), wohingegen bei älteren Schülern Faktoren wie Anzahl der Instrumente im Elternhaus und das häusliche Musizieren Einflüsse auf die musikalische Differenzierungsfähigkeit aufweisen (Martin 1976). Der Einfluß des Musikinteresses der Eltern verringert sich mit zunehmendem Alter eines Schülers (Rainbow 1965). Die nur ausbildende und nicht grundsätzlich die Musikalität steigernde Wirkung von Musikunterricht, die die schon erwähnte Studie von Gordon zeigt, wird durch andere Untersuchungen widerlegt. Long (1971) wies Korrelationen zwischen den musikalischen Aktivitäten (Klavierstunde, Zugehörigkeit zum Chor oder Schulorchester) und Leistungen in einem Musikalitätstest (Indiana Oregon-Test) nach, die der Autor durch Übung erklärte. Die schulischen Aktivitäten waren höher zu gewichten als die Anregungen durch das Musizieren im Elternhaus. Wie sehr sich beim Unterricht auch motivationale Faktoren auswirken, zeigte Dorrow (1977). Die Suggestion von Erfolg bei Schülern im vierten und fünften Schuljahr durch Lob im Musikunterrrricht veränderte die Präferenzen zumindest bei Kindern, die aus sozial unterprivilegierten Verhältnissen kamen. Nicht immer wurden solche positiven Ergebnisse für den Einfluß der schulischen Bildung gefunden. Eher scheint dieser Einfluß in einer Wechselwirkung zu der allgemeineren Situation des Kindes zu stehen. Teilweise lassen sich nämlich Unterschiede im Erkennen und Reproduzieren musikalischer Sachverhalte auf den Sozialstatus zurückführen (Philips 1976, Hill 1970), wobei zu bedenken ist, daß besser situierte Kinder mit einem größeren Leistungsanstieg durch Musikunterricht zu rechnen haben, weil sie besser an die schulischen Verhältnisse angepaßt sind. Der Ausgleich von sozialer Benachteiligung durch gezielte musikalische Übungen läßt sich vor allem im Vorschulalter beobachten. Zwar profitieren auch Kinder aus einem günstigen sozialen Milieu von solchem Vorschulunterricht, aber gefördert können benachteiligte Kinder noch die Leistungen der privilegierten erreichen (Young 1974). Wo eine besondere Motivation vorliegt, scheinen allerdings auch ältere Kinder aus einem sozial unterprivilegierten Milieu große Chancen zu besitzen. In einem fünfjährigen Trainingsprogramm, das Gordon (1975) durchführte, indem er Kinder des fünften und sechsten Schuljahres freiwillig ein Blasinstrument lernen ließ, zeigte sich, daß benachteiligte Kinder, die am Anfang der Untersuchung niedrige Werte in einem Musikalitätstest erzielten, am Ende ein Niveau erreichten, das einem durchschnittlichen Ausgangspunkt entsprach. Sie konnten demnach mehr als andere profitieren.

Dem Problem, ob eine erbliche Determination oder Lernen in einem günstigen Milieu als Ursache aufzufassen sei, wurde im Bereich der ohnehin auffälligen Hochbegabungen wenig Bedeutung beigemessen. Dieses Problem spielte auch für die Belange der allgemeinbildenden Schule eine untergeordnete Rolle, weil dort jedermann zugängliches Wissen vermittelt werden muß. Wichtig ist es vor allem im Hinblick auf die Förderung unterprivilegierter Kinder. Manche Untersuchungen zu diesem Thema wurden durch den Wunsch stimuliert, die kompensatorische Erziehung wissenschaftlich zu stützen durch den Nachweis, wie sehr das Milieu Begabung begünstigen kann. Daß man nicht mit einem handfesten Befund aufwarten kann, hängt damit zusammen, daß der Verschiedenheit zwischen Menschen nur ein sehr kompliziertes Erklärungsmodell angemessen ist.

Außer den Fehlern, die bei jeder Beobachtung auftreten, führen Amelang und Bartussek (1981) eine Vielzahl an Komponenten an, die der Interpretation einer Variation dienen können. Variationen im Phänotypus, wie sie normaler weise durch psychologische Tests festgestellt werden, sind aufgrund des erwähnten Zusammenwirkens rezessiver Gene bei gleichem Genotypus möglich. Eine additive genetisch bedingte Variation kann die Ursache dafür sein, daß Kinder verschieden von ihren Eltern erscheinen. Diese Verschiedenheit ist jedoch ebenso ererbt wie die, die aufgrund einer komplizierten Interaktion zwischen den Genen zustande kommt. Die Varianz, die durch Umweltfaktoren aufgeklärt werden kann, umschreibt — ebenso wie diejenige, die auf der Anlage beruht — nur einen begrenzten Bereich. Die Kovariation von Anlage und Umwelt bietet ihrerseits ein komplexes Bild. Neben den günstigen oder benachteiligenden Wirkungen sind Reaktionen der Umwelt zu bedenken, die begabte Kinder besonders fördern oder bei Minderbegabten einen Ausgleich anstreben. Individuen gestalten darüber hinaus ihre Umwelt. Sie stellen sich Bedingungen selbst her. Es ist denkbar, daß ein begabtes Kind Aktivitäten entfaltet, die wiederum seiner Förderung dienen. Die einfache Frage, in welchem Ausmaß eine Fähigkeit oder ein Merkmal erbbedingt ist, verbietet sich ebenso wie die Frage, inwieweit Umweltfaktoren allein verantwortlich sind, weil — quasi in Form einer statistischen Interaktion auf eine gleiche Umwelt — Genotypen verschieden reagieren. Führt man sich die Schwierigkeiten der Erforschung des Zusammenspiels von Anlage und Umwelt vor Augen, so ist bei kulturpolitischen Äußerungen, die sich gern um das Problem der Musikalität ranken, äußerste Vorsicht geboten, zumal dann, wenn sie sich zu irgendeines Menschen Nachteil auswirken könnten.

Zur Struktur musikalischer Fähigkeiten

Da die »Vermögen«, die seit Aristoteles der Seele zugeschrieben wurden, präziser bestimmt werden sollten, sahen die um die Wende zum 20. Jahrhundert entworfenen Tests je unterschiedlichen seelischen Grundfunktionen gewidmete Aufgaben vor. Sowohl die von Binet und Henri (1895) entwickelten Vorschläge zur Messung der Intelligenz als auch der von Seashore (1919) konstruierte Musikalitätstest gehen von der Vorstellung eines Bündels einzelner Faktoren aus, die bei Seashore so strikt voneinander unabhängig gedacht sind, daß sie kein zusammenfassendes Maß der Musikalität erlauben. Gemessen werden sollen einzelne Komponenten der Musikalität, z. B. die Fähigkeit zur rhythmischen Unterscheidung oder die zur Tonhöhendifferenzierung. Und es wird weiterhin angenommen, daß rhythmische Fähigkeiten eigenständig sind und nicht mit entsprechenden Leistungen bei der Unterscheidung von Tonhöhen einhergehen müssen. Seashore ersetzte bei einer Neuauflage den Begriff »musical talent« durch die Mehrzahl »musical talents«. Dieses multifaktorielle Konzept wurde wie das psychologische Modell, dem es zugehörte, als atomistisch und elementaristisch kritisiert. Die Betrachtungsweise der Seele als eines Gebildes, das aus einzelnen Elementen zusammengesetzt ist, erschien einer nachfolgenden Generation als höchst ungenügend. Heute gibt es verschiedene Modelle, die jedoch keine endgültige Klärung zulassen, ob eine mehr ganzheitliche Betrachtungsweise oder eine mehrfaktorielle angemessen sei.

Das Zweifaktorenmodell

Wenn man die Unabhängigkeit der Untertests von Seashore prüft, so zeigt sich zwischen allen ein positiver Zusammenhang in der Größenordnung einer Korrelation von ungefähr 0,30, der nur für den Vergleich der Lautstärke-Unterscheidung mit dem Rhythmustest niedriger ist (r = 0,22). Die Höhe des Zusammenhangs zwischen den Untertests entspricht in etwa der, die bei dem Vergleich von Untertests bei der Messung der Intelligenz gefunden wurde. Eine Separierung der Aufgaben eines Tests, wie es die Vorstellung, Fähigkeiten seien aus Komponenten zusammengesetzt, eigentlich voraussetzt, gelingt fast nie. Diesem Umstand trägt die Zweifaktorentheorie von Spearman (1927) in besonderem Maße Rechnung. Sie wurde für die Intelligenz entwickelt, hat aber die Musikalitätsforschung zumindest in England stark beeinflußt.

Spearman erklärt die auch in seinen Untersuchungen immer gefundenen positiven Korrelationen zwischen den Untertests dadurch, daß bei jeder Teilleistung zwei Faktoren beteiligt seien: ein allgemeiner, der für den Zusammenhang zwischen einzelnen Aufgaben verantwortlich ist, und ein spezifischer, der nur für einen speziellen Teilbereich gilt. Die Annahme eines »generellen« Faktors erlaubt ein zusammenfassendes Maß der Intelligenz und zugleich gesonderte Angaben über Teilleistungen. Die Plausibilität dieses Modells garantierte ihm einen hohen Erfolg. Für die Musikalität versuchte Wing (1941) einen generellen Faktor nachzuweisen. Er fand neben einem Faktor, der vierzig Prozent der Varianz aufklärte, zwei spezifische Faktoren, einen bipolaren, der die Fähigkeit zu unterscheiden (Aufgaben der ersten Testhälfte des Wing-Tests) von der Fähigkeit trennt, ästhetische Urteile (Aufgaben der zweiten Hälfte des Wing-Tests) zu fällen, und einen weiteren, der speziell das harmonische Hören betrifft. Diese faktorielle Ordnung hat sich nicht immer bestätigt (vgl. McLeish 1950), jedoch wurden mit Ausnahme einer Untersuchung von Shuter (1964) immer einigermaßen hohe positive Korrelationen zwischen den Untertests gefunden, so daß die Idee eines generellen Faktors aktuell, aber die Faktorenstruktur insgesamt unklar blieb.

Multifaktorielle Modelle

Eine Gegenposition zu Spearman nahm Thurstone (1938, 1941) ein, und zwar mit einem Modell, das — auf dem Verfahren der multiplen Faktorenanalyse basierend — zum Auffinden möglichst weniger voneinander unabhängiger primärer Faktoren gedacht ist. Beim Lösen einer konkreten Aufgabe, so nahm Thurstone an, sind immer mehrere (nicht alle) primären Faktoren mit einem wechselnden Gewichtsverhältnis beteiligt. Insofern als sie Leistungen und Fähigkeiten, die in verschiedenen Aufgaben verlangt werden, zusammenfassen (die Zahl der Faktoren ist immer kleiner als die der Aufgaben) und damit nicht die spezifische Varianz voll erfassen, sind diese primären Faktoren nicht identisch mit den spezifischen Faktoren von Spearman (obwohl es das Verständnis erleichtert, sie sich als solche vorzustellen). Diesem die amerikanische Forschung bestimmenden Modell ist die Idee Seashores von einer größeren Zahl einzelner Talente angemessen, die auch einzeln angegeben werden sollen. Bei der Intelligenzprüfung werden allerdings immer Vorschläge für ein globales Maß gemacht. Die erste Analyse, die auf den Nachweis einer mehrfaktoriellen Struktur der Fähigkeiten des Hörens zielte, führte Karlin (1942) durch. Insgesamt dreiunddreißig Tests, die die Unterscheidungsfähigkeit für Tonhöhen, Lautstärken, Klangfarben, Dauern, das musikalische Gedächtnis und anderes mehr erfaßten, die also grundsätzlich auf Gehörleistungen zielten, ließen sich auf insgesamt acht Faktoren beziehen (pitch quality discrimination, loudness discrimination, auditory integral for perceptual mass, auditory resistance, speed of closure, auditory span formation, auditory and visual span, incidental closure). Karlin fand keinen generellen Faktor.

In der Regel bestätigen allerdings Autoren ihre theoretischen Konzeptionen fast automatisch, weil sie damit ihre Erhebungen vorstrukturieren. So finden bei einem multifaktoriellen Konzept hoch miteinander korrelierende Aufgaben — die Bedingung für einen generellen Faktor — nicht gleichzeitig Eingang in die Testbatterie; werden aber nur sehr spezifische Leistungen verlangt, so differenziert die Faktorenstruktur sehr stark. Die Prämisse eines generellen Faktors bei Wing dagegen veranlaßte gerade die Suche nach Untertests, die einen genügend hohen Zusammenhang mit dem Gesamtwert des ganzen Tests aufwiesen. Aus solchen Untertests geht immer ein genereller Faktor hervor. In einer weniger umfangreichen Untersuchung hatte Karlin (1941) bereits drei Faktoren identifiziert: tonale Auffassung (Unterscheidungsvermögen für Intervalle und Tonhöhen), Formgedächtnis (bezogen auf den Drake-Gedächtnistest) und Gedächtnis für Elemente (u.a. auch Rhythmen), die auf die Forschungen von Stankov und Horn (1980) vorauswiesen. Diese wollten ebenfalls grundlegende Faktoren des auditorischen Vermögens ermitteln. Sie verwendeten dazu verschiedene Musiktests, konstruierten aber auch zusätzliche Aufgaben (siehe die deutschsprachige Beschreibung bei Shuter-Dyson 1982, S. 168).

Faktor	Testaufgaben
I Tonmusterunterscheidung (DASP) Discrimination among sound patterns	Seashore: Tongedächtnis; Wing: Gedächtnis; Seashore: Rhythmus, Klangfarbe, Tonale Klassifikation[1], Akkordvergleich[2];
II Gehörsmäßiges Erkennen von Zusammenhängen (ACoR) Auditory Cognition of Relationships	Tonfolge[4], Akkordfolge[5], Akkordzerlegung[3]; Wing: Akkordzerlegung, Teilzerlegung von Akkorden[6], Tonanalogie[7]; Seashore: Tonhöhe; Wing: Tonhöhe;
III Unmittelbares Hörgedächtnis (Msa) Memory span	Tonfiguren[8] (sprachliche Gedächtnisspanne, Zahlen rückwärts behalten)
IV Zeitlicher Ablauf (Tc) Temporal tracking	Tonanordnung[9], Tonstärke[10], Erkennen von Tonrepetitionen[11]; Seashore: Zeitdauern (sprachliche Wortanordnung)
V Rhythmische Genauigkeit und Unterscheiden von Rhythmen (MaJR) Maintaining and Judging Rhythm	Drake: Rhythmus A und B; Seashore: Rhythmus;
VI Sprachwahrnehmung bei Ablenkung/Verzerrung (SPUD) Speech Perception Under Distraction / Distortion	verschiedene Sprachaufgaben

Die Tabelle zeigt die von Stankov und Horn (1980) ermittelten Faktoren des auditorischen Vermögens in der deutschen Übersetzung, die bei Shuter-Dyson (1982, S. 168f.) zu finden ist (© B. Schott's Söhne, Mainz). Um die Abkürzungen zu erklären, und auch weil die Übersetzung nicht eben glänzend ist, wurde die englische Bezeichnung dieser Faktoren beigefügt. Diese Faktoren beschreiben Leistungen, die in verschiedenen Testaufgaben (insgesamt 44, davon 24 musikbezogen) verlangt werden. Diese Aufgaben stammen aus verschiedenen Musikalitätstests, die auf S. 288ff. zusammengestellt sind. Die von Stankov und Horn zusätzlich herangezogenen Aufgaben tragen eine hochgestellte Nummer. Sie sind im nachfolgenden aufgelistet. Bei der Interpretation des Faktors I ist zu beachten, daß alle Aufgaben tonale melodische oder rhythmische Aufgaben betreffen.

Tabellen-Schlüssel:	Beschreibung der Tests von Stankov und Horn
1 Tonale Klassifikation	Eine Folge von fünf Akkorden wurde präsentiert. Welcher Akkord paßte nicht in die Folge?
2 Akkordvergleich	Zwei Akkorde, einer in Dur, der andere in Moll, wurden vorgespielt. War ein dritter Akkord dem ersten oder zweiten ähnlich?
3 Akkordzerlegung	Vier Alternativen, in denen drei Töne einzeln gespielt wurden, folgten einem Drei-Ton-Akkord. Welche Alternative enthielt die gleichen drei Töne wie der ursprüngliche Akkord?
4 Tonfolge	Vier Töne wurden hintereinander gespielt (aufwärts und abwärts), gefolgt von drei Wahlmöglichkeiten. Welcher von den drei Antworttönen vervollständigt die Tonfolge?
5 Akkordfolge	Ähnlich wie in 4, nur daß eine Akkordfolge benutzt wurde.
6 Teilzerlegung von Akkorden	Ein Drei-Ton-Akkord wurde in drei Alternativen vorgespielt. Welche Alternative enthielt zwei Töne, die einen Teil des ursprünglichen Akkords ausmachten?
7 Tonanalogie	Drei Töne wurden gespielt, gefolgt von weiteren drei Tönen. Welcher von diesen entwickelt das gleiche Tonintervall zum letzten Ton wie der zweite von diesen Tönen zum allerersten? Beispiel:

(2 ist die richtige Antwort)

| 8 Tonfiguren | Vier Töne wurden entweder abwärts oder aufwärts gespielt. Welche der vier Möglichkeiten von Kombinationen mit den vier Tönen entspricht in entgegengesetzter Tonhöhenordnung der ursprünglichen Tonfigur? |
| 9 Tonanordnung | Drei Töne wurden präsentiert und mit 1-2-3 gekennzeichnet. Die gleichen Töne wurden daraufhin nochmals in anderer Reihenfolge präsentiert; die neue Tonfolge sollte nun ausgehend von der ursprünglichen Kennzeichnung beziffert werden. |

Beispiel:
C E G
1 2 3,   dann E G C; richtige Bezifferung: 2 3 1

| 10 Tonstärkenanordnung | Die Aufgabenstellung ist ähnlich wie in 9. Der gleiche Sinuston (1000 Hz) wird dreimal präsentiert, wobei die Lautstärke jeweils um 10 dB verstellt wird. |
| 11 Erkennen von Tonrepetitionen | Eine achttönige Melodie wurde vorgespielt; nur bei vier Tönen änderte sich die Tonhöhe. Identifiziert werden sollte jeder dieser vier Töne stets nur bei seinem erstmaligen Erklingen. |

Mit insgesamt sechs Faktoren ließ sich die Struktur ihrer Aufgaben beschreiben.

Das Gedächtnis für tonale Strukturen (I) stellt eine eigene Dimension dar. Es erfordert spezifischere Leistungen als nur das Behalten innerhalb der Gedächtnisspanne (III). Dies stimmt sehr gut mit den im ersten Kapitel dargestellten Befunden der kognitiven Verarbeitung überein, denen zufolge kategorial formende Prozesse an die Information im Echospeicher herangetragen werden. Sie sind nicht mit denen der unmittelbaren Speicherung identisch; ebenso weisen Akte des bloßen Vergleichens (II) von Tönen und Klängen auf eine eigenständige, nicht von den Hypothesen des tonalen Hörens geleitete Funktion hin. Rhythmische Fähigkeiten sind, wie in der Analyse von Karlin, unabhängig von anderen »Talenten«. Interessant ist der Faktor Tc, der eine Fähigkeit repräsentiert, den zeitlichen Verlauf genau zu registrieren und Ordnungen gedanklich umstellen zu können. Die Untersuchung von Stankov und Horn betrifft überwiegend elementare Funktionen des Hörens, die daher auch die Grundzüge der verbalen Auffassung erklären. Die elementaren Kategorien des Verstehens von Sprache und Musik sind demzufolge gleich.

Gruppenfaktoren und Faktoren zweiter Ordnung

Sowohl das Zweifaktorenmodell als auch die Idee, mehrere gemeinsame Faktoren seien an einer Leistung beteiligt, wurden zu hierarchischen Konzeptionen weiterentwickelt, die einander nicht mehr so sehr widersprechen wie die ursprünglichen Theorien. In den Jahren 1909 bis 1949 versuchte der englische Forscher C. Burt mit einem Test nachweisbare spezifische Leistungen auf Gruppenfaktoren zurückzuführen. Burt nahm eine hierarchische Ordnung der Dimensionen der Intelligenz an. Auf einer unteren Ebene sind nur spezifische, einen bestimmten Test betreffende Faktoren aufzufinden; sie lassen sich auf einer höheren Ebene zusammenfassen. Das allerhöchste und allgemeinste Niveau repräsentiert dann der generelle Faktor. Davon sind die Ergebnisse, die amerikanische Forscher erzielten, wenn sie Primärfaktoren weiter analysierten, gar nicht so sehr verschieden. Die primären Faktoren, die mit Thurstones Verfahren gewonnen werden können, weisen untereinander fast immer einen Zusammenhang auf. Daher sind bei einer Sekundäranalyse weitere Faktoren extrahierbar, mit denen auf einer höheren Stufe die Primärfaktoren zusammenfassend beschrieben werden können. Diese Faktoren zweiter Ordnung unterscheiden sich von den Gruppenfaktoren nur dadurch, daß sie nicht die Idee eines höchsten einenden Generalfaktors voraussetzen. Ein Intelligenzkonstrukt, das solche Faktoren zweiter Ordnung vorsieht, hat Cattell (1946) entwickelt. Es sei hier kurz angedeutet, weil es — wie manch anderer Befund der Intelligenzforschung — die Beschreibung der Musikalität anregte.

Cattell, der einmal bei Spearman Assistent war, geht grundsätzlich von der Annahme eines generellen Faktors aus. Er identifiziert Gruppenfaktoren in Sekundäranalysen, aber an Primärfaktoren. Neben Dimensionen, die Interesse und Gedächnis betreffen, sieht seine Beschreibung von Gruppenfaktoren die Unterscheidung von »fluid« und »crystallised« Intelligenz vor, womit die Fähigkeit, sich anzupassen, Neuartiges zu bewältigen, den Leistungen, die aus kumuliertem Wissen hervorgehen, gegenübergestellt werden. Dieses Intelligenzmodell regte Horn und Stankov zu Sekundäranalysen ihrer vielfältigen Daten an. Die Faktorenstrukturen variierten. Neben den Faktoren flüssiger und kristallisierter Intelligenz fanden sie jedoch eigens zwei für die akustische Wahrnehmung zuständige Dimensionen. Sie konnten unterscheiden zwischen einer wissensabhängigen Strukturierung der Wahrnehmung (perceptual organisation) und einer nicht kulturspezifischen Unterscheidungsfähigkeit (auditory acuity). Eine spezielle Form von kristallisiertem Wissen betrifft in erster Linie die tonalen Klassifikationen (etwa Ähnlichkeitseinschätzungen von Akkorden) und das Rhythmuserkennen, wohingegen die Feinheit, mit der akustische Ereignisse differenziert werden können, einem anderen Gruppenfaktor angehören, dessen zugrunde liegende Primärfaktoren Beziehungen zur flüssigen Intelligenz aufweisen. Musikalitätstests verlangen überwiegend kristallisiertes Wissen. Dies gilt auch schon für die Aufgaben des Seashore-Tests.

Angeregt durch die Idee der Gruppenfaktoren hat Shuter (1982) eine Zusammenfassung zweiter Ordnung, die aber intuitiv ermittelt wurde, für eine umfangreiche Faktorenanalyse von Whellams (1971) vorgestellt. In dessen Analyse wurde sehr viel Datenmaterial aus unterschiedlichen Tests verarbeitet. Eine Reihe von primären Faktoren (für die Tonhöhenwahrnehmung, die Fähigkeit, Akkorde zu zerlegen, die kinästhetische Wahrnehmung, die rhythmische Auffassung) lassen nach Shuter die Hypothese eines Gruppenfaktors für die Wahrnehmungsebene zu. Davon abgehoben erscheint eine Dimension der Bewertung, wie sie Tests messen, die Angaben über die Phrasierung, den Stil oder die bessere melodische Wendung verlangen. Auch in dieser Interpretation deutet sich eine gewisse Wahrscheinlichkeit für die Verifizierung einer »flüssigen« und »kristallisierten« musikalischen Intelligenz an.

Die Struktur der Fähigkeiten eines Menschen bleibt im Laufe seines Lebens nicht konstant. Die Intelligenz oder Musikalität eines Sechzigjährigen ist nicht mit der eines Sechsjährigen vergleichbar. Aus der Idee eines Strukturwandels läßt sich die Hypothese ableiten, die flüssige Intelligenz sei eine Voraussetzung der kristallisierten. Sie wurde bei Kindern der Mittelschicht bestätigt. Obwohl sich die Messung musikalischer Fähigkeiten recht gut zu diesem Konstrukt in Beziehung setzen läßt, sind die Verhältnisse zwischen verschiedenen Gruppenfaktoren bislang aber vollkommen unklar. Holmstrom (1963) fand bei seinen Untersuchungen von Kindern des zweiten und vierten Schuljahres mit einer vereinfachten Version der ersten drei Wing-Untertests und einem Rhythmustest

verschiedene Faktoren, von denen einer, der das Tonhöhenunterscheidungsvermögen betrifft, nur begrenzt von der musikalischen Erfahrung abzuhängen
scheint; ein anderer hingegen, vorzugsweise durch Gedächtnistests charakterisiert, ist mehr an kulturspezifische musikalische Leistungen geknüpft. Holmstrom interpretierte den Faktor der auditorischen Feinheit, den auch eine Untersuchung von Franklin (1956) nachwies, als Voraussetzung für höhere musikalische Leistungen. Er argumentierte ganz einfach damit, daß eine
differenzierte sensorische Wahrnehmung der Auffassung komplizierter Ereignisse eher förderlich als hinderlich sei. Der Gedächtnisfaktor trat merkwürdigerweise bei den Kindern des vierten Schuljahres weniger stark ausgeprägt auf,
was allerdings Lehrer aus ihrem Umgang mit Kindern dieser Altersstufe bestätigen (Moats 1984). Die Studie von Holmstrom belegt nur die Idee eines Wandels
der Strukturen, ohne deren Abhängigkeiten zu klären.

Die Differenzierung des musikalischen Vermögens durch Tests

Die Erfahrung, daß sich Menschen im Aussehen, in ihren Eigenschaften und
Fähigkeiten unterscheiden, scheint universell zu sein. Sie ist in sehr verschiedenen Kulturen nachweisbar und in weit zurückliegende Zeiten zu verfolgen. Sie
verband sich mit der Idee, diese Differenzen durch Bewährungskontrollen, Lei-
stungsprüfungen, auch durch Selbsteinschätzungen zu erfassen, um besonders
tüchtige Personen für besondere Aufgaben heranziehen zu können. In China
brauchte um 1100 v. Chr., wer einen höheren Posten haben wollte, besondere
Qualifikationen beim Reiten, Bogenschießen, Schreiben, Rechnen und Musizieren. Der Entwurf des Staates bei Platon sieht ebenfalls eine Auswahl gemäß
einer besonderen, individuell variierenden Eignung vor. In der Bibel heißt es im
»Buch der Richter«: »Wer blöde und verzagt ist, der kehre um.« Es wird damit
eine Selbstprüfung vorgeschlagen. Gideon allerdings, der Soldaten rekrutieren
soll, muß sich nicht allein auf die Richtigkeit dieser Selbsteinschätzung verlassen, er testet auf Gottes Geheiß das Durchhaltevermögen, indem er die Bewer-
ber zum Wasser führt und jeden beiseite stellt, der mit der Zunge von dem Wasser leckt wie ein Hund. Von großer unterschiedlicher Tauglichkeit zeugt der
neutestamentarische Bericht von den klugen und den törichten Jungfrauen,
auch von den Konsequenzen, die daraus erwachsen können: Den törichten
ward für alle Zeit die Tür verschlossen.
    Auch wenn die Erfahrung der Variabilität menschlicher Eigenschaften und
Verhaltensweisen eine hohe Allgemeingültigkeit und auch Selbstverständlichkeit besitzt, so wird sie doch nicht von allen gesellschaftlichen Systemen in gleichem Maße zur Charakterisierung verwendet. Ständische Gesellschaften beispielsweise beschreiben ihre Mitglieder nach Art der sozialen Zugehörigkeit.
Speziell im Abendland wurde die Idee interindividueller Differenzen durch die

ANTHROPOMETRIC

LABORATORY

For the measurement in various ways of Human Form and Faculty.

Entered from the Science Collection of the S. Kensington Museum.

This laboratory is established by Mr. **Francis Galton** for the following purposes:—

1. For the use of those who desire to be accurately measured in many ways, either to obtain timely warning of remediable faults in development, or to learn their powers.

2. For keeping a methodical register of the principal measurements of each person, of which he may at any future time obtain a copy under reasonable restrictions. His initials and date of birth will be entered in the register, but not his name. The names are indexed in a separate book.

3. For supplying information on the methods, practice, and uses of human measurement.

4. For anthropometric experiment and research, and for obtaining data for statistical discussion.

Charges for making the principal measurements:
THREEPENCE each, to those who are already on the Register. **FOURPENCE** each, to those who are not:— one page of the Register will thenceforward be assigned to them, and a few extra measurements will be made, chiefly for future identification.

The Superintendent is charged with the control of the laboratory and with determining in each case, which, if any, of the extra measurements may be made, and under what conditions.

H. & W. Brown, Printers, 20 Fulham Road, S.W.

Wichtige Impulse für die Erforschung interindividueller Unterschiede gingen von Galton aus. Um Daten über Begabungsunterschiede zu erhalten, richtete Galton 1844 auf der »International Health Exhibition« in London ein anthropometrisches Laboratorium ein, in dem sich jeder Besucher gegen Entrichtung eines Entgeltes wiegen, messen, photographieren lassen und auch seine Fähigkeiten bestimmen lassen konnte. Galtons Tests bestanden vor allem in Feststellungen der sensorischen Unterscheidungsfähigkeit. Er folgte dabei einer in der Tradition des englischen Empirismus stehenden Idee, daß die Empfänglichkeit der Sinne die Grundlage der Intelligenz und des Urteilsvermögens bilde. Galtons Untersuchungen über die Hörfähigkeit verdanken wir als Nebenprodukt die sogenannte Galton-Pfeife, die höhere Töne produziert, als der Mensch hören kann. Galton beschäftigte sich darüber hinaus auch mit der Frage der Normalverteilung psychischer Merkmale und der Vererbung. Berühmt wurde sein 1869 publiziertes Buch *Hereditary Genius* (© W. Kohlhammer Verlag, Stuttgart).

protestantische Ethik nachdrücklich betont. Die Entwicklung der differentiellen Psychologie erhielt daher auch einen wesentlichen Impuls in jenen Ländern, in denen die individuelle Verantwortung als Maxime menschlichen Handelns favorisiert wurde.

Als Begründer der differentiellen Psychologie gilt Galton, ein Allround-Naturwissenschaftler, Biologe, Geograph, Metereologe. Er war Darwin verwandtschaftlich verbunden und wissenschaftlich von ihm beeinflußt. Galton war zunächst am Problem der Vererbung interessiert. Mit seinem 1869 publizierten Buch *Hereditary Genius* übertrug er die Idee der Vererbung physischer Eigenschaften auf psychische Merkmale, vor allem auf die Intelligenz. In seinen Studien gehäufter Begabungen in verschiedenen Familien ging er jedoch auch auf das Phänomen musikalischer Begabung ein, ohne deren Vererbung nachweisen zu können (von hundertzwanzig in Betracht gezogenen Familien hatten sechsundzwanzig musikalische Nachkommen). Galton schuf auch die ersten Tests, um eine differenzierte Betrachtungsweise für individuelle Unterschiede zu ermöglichen. Er nahm dabei an, daß die Grundlage für kompliziertere Prozesse des Denkens der Sinneseindruck ist, und konstruierte Tests für das sensorische Unterscheidungsvermögen. Die Galton-Pfeife, die zur Feststellung der oberen Hörgrenze diente, ist als Überbleibsel aus diesen Tests bis heute erhalten.

Der Schluß Galtons von einem verminderten oder erhöhten Unterscheidungsvermögen auf eine verminderte oder erhöhte Tätigkeit des Geistes lieferte die Grundlage für die ersten Intelligenz-, aber auch Musikalitätstests. Der erste standardisierte Musikalitätstest von Seashore (1919) trägt deutlich die Spuren dieser Konzeption. Er ist mit vier von seinen Untertests dem sensorischen Unterscheidungsvermögen gewidmet, bezieht allerdings durch zwei Gedächtnistests schon höhere psychische Verarbeitungsprozesse ein. Da die Kritik am Seashore-Test sich sehr häufig damit befaßte, daß die sinnlichen Vermögen noch weitab von jeglicher musikalischen Kompetenz liegen, sollte darauf hingewiesen werden, daß die ursprüngliche Fassung dieses Tests auch eine Prüfung der Auffassung von Konsonanzen vorsah, sich also einem Phänomen widmete, das in der damaligen musiktheoretischen Diskussion als Voraussetzung des Musikverständnisses angesehen wurde. Weil aber ausgerechnet die Konsonanz-Aufgaben nicht sinnvoll differenzierten, ersetzte sie Seashore durch einen weiteren, dem sensorischen Unterscheidungsvermögen gewidmeten Untertest.

Schon unter dem Einfluß ganzheitspychologischen Denkens wurde das Konzept Seashores gerügt und auch seine Annahme verworfen, Musikalität beruhe nicht auf ganzheitlichen Prozessen, sondern sei ein Bündel verschiedener Fähigkeiten. Es kam gegenüber der Intelligenzforschung verspätet zur Konstruktion von Tests, die verstärkt an das Gedächtnis appellierten oder aber auch kompliziertere Einschätzungen verlangten, wie die der Harmonisierung und Rhythmisierung einer Melodie, und die Bevorzugung für die dynamische Gestaltung oder die Phrasierung prüften, um eine Form musikalischer Intelligenz dingfest zu machen. Schon der Kwalwasser-Dykema-Test von 1930, der nicht ausführlich referiert wird, weil die Testgütekriterien auch in der veränderten gekürzten Fassung von 1953 besonders schlecht sind, verlangt schon bei einigen Aufgaben kompliziertere Entscheidungen, beispielsweise über die bessere oder schlechtere Fortführung eines Vordersatzes. Ausgesprochen kulturspezifische musikalische Einschätzungen werden in der zweiten Hälfte des Tests von Wing (1941) geprüft, mit dem explizit auch musikalische Intelligenz gemessen werden soll. Der hohe Zusammenhang zwischen einer guten Leistung in diesem Test und einer guten Beurteilung durch den Musiklehrer ist fast zwangsläufig, da sehr viel gelerntes Wissen erfragt wird. Dies macht den Wing-Test, der nicht auf die Prüfung des sensorischen Unterscheidungsvermögens verzichtet, bis zum heutigen Tage beliebt, obwohl die Tonaufnahmen inzwischen etwas altmodisch klingen. Zudem ist er in angemessener Zeit und — wie alle Musikalitätstests — als Gruppentest durchführbar.

Das von Gordon 1965 erstellte Musical Aptitude Profile (MAP) mißt fast ausschließlich höhere kognitive Leistungen und erfaßt ästhetische Urteile. Dabei zeigen sich aber auch die Grenzen objektiver Messungen. Denn die Übereinstimmung der Einschätzungen des angemessenen Tempos, der richtigen Phrasierung und des Passens von Schlüssen mit anderen musikalischen Leistungen ist nicht so hoch, daß Personen mit guten Musikzensuren bei diesen Aufgaben eine besonders hohe Trefferzahl hätten. Auf welchen spezifischen Faktor diese Untertests zu beziehen sind, ist außerdem schwer festzustellen, weil eine mögliche Unabhängigkeit musikalischer Sensitivität von Gehörleistungen mit einer subjektiven, nicht verallgemeinerbaren Fähigkeit und auch Zufallsvarianz verquickt ist. Bei Kindern ist es noch nicht sinnvoll, Aufgaben zu stellen, die umfangreichere Musikkenntnisse voraussetzen. Die Feststellung eines äußerst niedrigen Zusammenhangs zwischen dem Lehrerurteil und den Untertests Phrasierung und Ausgewogenheit (Korrelationen von 0,19 und 0,20) zeigt die Unangemessenheit solcher Tests für den Fall, daß die Möglichkeit des Wissenserwerbs noch nicht gegeben war. Bestimmte Einschätzungen können von Kindern noch nicht verlangt werden, obwohl sie eher Musikalität anzuzeigen scheinen als das bloße Unterscheidungsvermögen des Gehörs. Der Oregon-Music-Discrimination-Test, der hier als Beispiel für eine Reihe von Tests herangezogen wird, die dem ästhetischen Urteil gewidmet sind (vgl. dazu Füller 1974, Shuter-Dyson und Gabriel 1981), zeigt, daß Fünftkläßler Entscheidungen über eine bessere oder schlechtere Fassung einer Melodie nicht konsistent, d. h. also eher zufällig fällen. Die Werte für die Verläßlichkeit des Urteils steigen mit zunehmendem Alter an. Ein eigens für Kinder gedachter Test von Gordon rückt — ähnlich wie der von Bentley — in stärkerem Maße das nur begrenzt von Musikkenntnissen abhängige sensorische Unterscheidungsvermögen und Gedächtnisleistungen in den Mittelpunkt.

Die »Primary Measures of Music Audiation« sind Testaufgaben, bei denen Kinder Entscheidungen darüber zu fällen haben, ob Rhythmen und Tonfolgen gleich oder verschieden sind. Dazu
steht ihnen ein Antwortblatt zur Verfügung, auf dem sie beim Urteil »gleich« die beiden gleich
ausschauenden Gesichter, beim Urteil »verschieden« die beiden »ungleichen« Gesichter umrin-
geln sollen. Die Symbole Hut, Stuhl usw. über den Aufgaben ersetzen quasi die Numerierung
der Aufgaben. Sie werden vor jedem zu erledigenden Item angesagt.

Was diese Tests für Kinder tatsächlich messen, ist dennoch schwierig zu sagen.
Die Primary Measures of Music Audiation (PMMA) von 1980, die bei Fünfjährigen eingesetzt werden können, verlangen zwar noch keine Kenntnisse des
Schreibens, wohl aber den Umgang mit Symbolen (siehe Abbildung), der sich
nicht gleichsinnig mit den musikalischen Fähigkeiten entwickeln muß. Es gibt
Fünfjährige, die umkringeln immer die beiden gleich ausschauenden Gesichter,
weil sie ihnen besser gefallen und nicht deshalb, weil sie zwei Töne für gleich
halten. Speziell bei Bentley (1968) ergibt sich ein testtheoretisches Problem. Die
Gültigkeit eines Tests kann nicht höher sein als seine Zuverlässigkeit. Zuverläs-
sig ist der Bentley-Test nur begrenzt (d. h. bei einer Wiederholung wurden für
die gleiche Person nicht die gleichen Werte ermittelt); aber es wird eine hohe
Gültigkeit beansprucht etwa in dem Sinne, daß die Testleistungen recht genau
mit dem Urteil des Musiklehrers übereinstimmen und daher ein gutes diagnostisches Instrument der Musikalität seien. Sowohl dem PMMA als auch dem
Bentley-Test ist als Instrument zur Auslese besonders begabter Kinder mit Bedenken zu begegnen.

Verstehen als Indikator des Vermögens

Testaufgaben müssen nicht direkt dem Verhaltens- oder Vermögensbereich entsprechen, über den eine Voraussage getroffen werden soll. Die Leistung, die in einem Test verlangt wird, kann, sie muß aber nicht von Interesse sein. Man kann aufgrund irgendeines Problems vielleicht feststellen wollen, wieviel Melodien ein Kind zu einem bestimmten Zeitpunkt beherrscht; man kann diese Kenntnis aber auch als Indikator einer zukünftigen Leistung bei musikalischen Betätigungen ansehen wollen. Dann ist die Messung selbst nur im Hinblick auf eine Prognose von Bedeutung. Tests haben einen diagnostischen und prognostischen Wert. In beiden Fällen wird auf Fähigkeiten geschlossen, die über das gemessene Verhalten hinausgehen. Auch ein Musikalitätstest wird in der Regel eingesetzt als Indikator für einen größeren und zeitlich umfassenderen Verhaltensbereich. Da die Tests sich auf eine mehrfaktorielle Struktur beziehen lassen, ist es nicht erstaunlich, wenn zwischen ihnen — zumal bei jüngeren Kindern — neben guten Übereinstimmungen auch schwach ausgeprägte (r = um 0,30) gefunden wurden. Die Tests repräsentieren jeweils verschiedene Ausschnitte aus der noch weitgehend unerforschten Struktur der Musikalität. Aber im Prinzip gehen sie alle von kognitiven Leistungen aus und schließen dann auch auf Fähigkeiten, die praktische Ausübung, beispielsweise das Instrumentalspiel, betreffen.

Vor allem der Test von Wing und das MAP von Gordon, aber auch der Test von Bentley differenzieren zwischen Musikausübenden und Nichtmusikern. Diese Tests diagnostizieren eine umfassendere Musikalität, und es werden auch Voraussagen getroffen, deren Richtigkeit Gordon (1967, 1969) mit Langzeitstudien zu belegen versuchte. Sie messen Formen des Musikverstehens und schließen auf ein umfassenderes Vermögen. Die erwähnte Studie von Horn und Stankov schreibt solche Verstehensleistungen selbst dem Seashore-Test zu. Recht gut mit den im ersten Kapitel beschriebenen Stufen der Informationsverarbeitung stimmt überein, daß beispielsweise die Identifikation von Tonhöhen nicht allein auf sensorischen Leistungen der Wahrnehmung beruht, sondern bereits kategorial überformt ist. Es kann mit praktischen Überlegungen zusammenhängen, daß mit allen Tests kognitive Leistungen gemessen werden, denn sie sind damit leichter als Gruppentests konzipierbar (eine Ausnahme stellt der Drake-Rhythmus-Test dar), und Gruppentests garantieren größte Ökonomie, wenn man einen Überblick über Schulklassen erhalten möchte.

Zu anderen Überlegungen Anlaß gibt ein Titel wie der, den Wing wählte, nämlich »Test der musikalischen Intelligenz«. Wing konzipierte eine musikalische Intelligenz analog zur allgemeinen Intelligenz. Er wies damit zurück auf die im 19. Jahrhundert beginnende Diskussion. In seiner Schrift *Wer ist musikalisch* (1894) meinte Billroth, daß Menschen und Tiere eine Begabung für Rhythmen, Tonhöhen, Tonstärken und das Timbre besäßen. Er betrachtete das, was

Seashore (und nach ihm wenigstens ausschnittweise andere Autoren) in einem individuell verschiedenen Ausprägungsgrad zu messen versuchten, schlicht als allgemeine Voraussetzung. Zur Bestimmung einer besonderen Begabung führte er das Vermögen zu wissensabhängigen Leistungen an, so das Behalten einer Melodie, und nahm damit einen Gedanken vorweg, der fast alle Testkonstrukteure veranlaßte, das Melodiegedächtnis zu prüfen. Billroth begründete seinen Vorschlag damit, daß das Gedächtnis auf Verstehen beruht, was in Anbetracht dessen, daß die geistige Repräsentation von musikalischen Sachverhalten Prozesse der Assimilation und Akkommodation voraussetzt, keinem Zweifel unterliegt. Als wichtigsten Indikator der musikalischen Begabung führte Billroth — unter dem Eindruck der Ästhetik Hanslicks — die Erkenntnis formaler Zusammenhänge an. Er weist jedoch darauf hin, in welchem Maße diese von der Bildung abhängig sei. Wohl nicht zufällig ist daher das Formerkennen in keinen Test aufgenommen worden. Denn Tests versuchen im allgemeinen einen Bereich abzustecken, innerhalb dessen die Bildung noch weitgehend allgemein sein kann.

Dem Programm von Billroth folgen fast die meisten Messungen der Musikalität. Nur in Ausnahmefällen lenkte ein Forscher sein Augenmerk auf reproduktive Fähigkeiten. Stumpfs um 1880 entwickelter, nicht standardisierter Entwurf zur Auslese von Unmusikalischen, den Révész (1946) erwähnt, verlangte neben Angaben zur Tonhöhenunterscheidung und der Prüfung des Wohlgefallens auch das Nachsingen einer am Klavier angeschlagenen Note; für einen ebenfalls nicht standardisierten Test schlug Révész (1920, 1946) das Nachsingen und Nachklatschen von Rhythmen vor. Der Drake-Test erfordert ebenfalls reproduktive Fähigkeiten. Deren Bedeutung ist jedoch für das Gesamt der bislang konstruierten Tests gering einzuschätzen. Es gibt zwar einige Verfahren, die speziell instrumentalen Fähigkeiten gewidmet sind, vor allem dem Vom-Blatt-Singen. Sie sind Aufgaben vergleichbar, die ein Lehrer benutzt, um eine Zensur ermitteln zu können.

Es ist möglich, daß das Vorbild der Intelligenztests auch die Konstruktion von Musikalitätstests beeinflußt hat. Wahrscheinlich ist aber, daß die Art der Testaufgaben der Gedanke beeinflußte, in einem Bereich differenzieren zu können, der im Unterschied zur landläufigen Auffassung von Musikalität einen repräsentativen Querschnitt der Bevölkerung als Normalverteilung widerspiegelt. Um feinere Unterschiede im Bereich der Hochbegabungen festzustellen, sind die bisher konstruierten Tests daher nicht geeignet, weil Hochbegabungen im Sinne der Tests eine Randgruppe darstellen. Abgesehen von Angaben darüber, daß musikalisch geschulte Personen besser bei einem Musikalitätstest abschneiden (was insofern verständlich ist, als teilweise ja gelerntes Wissen geprüft wird), ist wenig über den Zusammenhang dieser Tests mit reproduktiven oder gar kreativen Fähigkeiten bekannt. Dies beschränkt ihren Wert als Instrument der Auslese.

Musikverstehen betrifft — ähnlich wie das verbale Verstehen — eine allgemein vorhandene Kompetenz. Diese ist die Voraussetzung für die Idee einer Musikkultur, die für alle gedacht sein will. Sie ist die Voraussetzung für die bürgerliche Vorstellung, Musik sei eine allen verständliche Sprache. Und ebensowenig wie die verbalen Untertests der Intelligenzprüfung zur Selektion von Dichtern gedacht sind, ebensowenig können Musikalitätstests besonders kreative oder reproduktive musikalische Leistungen prognostizieren.

Was ist ein Test?

Es werden hier nur die »Begabungstests« (im Englischen »aptitude tests«) vorgestellt. Eine vermittelnde Stellung zu den »Leistungstests« (achievement tests) kommt dem Oregon-Music-Discrimination-Test zu, der zuweilen auch unter den Wertungstests (appreciation tests) aufgeführt wird. Zwischen »aptitude« und »achievement« zu unterscheiden, ist bei Zusammenstellungen von Tests üblich. Lundin (1967) hat darüber hinaus noch die Kategorien der Wertungstests (tests of musical taste, tests of appreciation, tests of attitude) und der Instrumentaltests (tests of musical performance) eingeführt. Sie haben sich in der Literatur über musikalische Begabung ebenfalls eingebürgert, obwohl sie überflüssig sind. Denn die Instrumentaltests gehören nach testtheoretischen Kriterien zu den »achievement tests«, die hier nicht dargestellt werden. Es handelt sich um Prüfverfahren, die anhand bestimmter, durch die amerikanische Musikausbildung festgelegter Normen Leistungen bestimmen und daher nicht ohne Einschränkungen in einen anderen kulturellen Kontext übertragbar sind. Außerdem gibt es hierzulande allerlei Verfahren, die zwar weniger formalisiert sind, aber doch eine große Nähe zu den »achievement tests« aufweisen. Dazu gehören beispielsweise die Aufnahmeprüfungen an Musikhochschulen. Die »Wertungstests« sind in ihren Aufgabenstellungen nur unscharf von den »aptitude tests« abzugrenzen — man vergleiche dazu den Oregon-Music-Discrimination-Test mit dem dritten Teil des Gordon-Tests —, so daß eine eindeutige Trennung in verschiedene Klassen schwerfällt. Wenn, wie bei dem Test von Kyme (1954), nicht nur nach Phrasierungen, Tempo, Intonations- und Dynamikunterschieden gefragt wird, sondern auch ästhetische Charakterisierungen (durch die Zuordnung von Adjektiven) verlangt werden, erscheinen Gesichtspunkte eines »aptitude test« mit denen eines »appreciation test« verquickt. Wer allerdings die Phrasierungen richtig einzuschätzen vermag, dürfte darüber hinaus auch zu einer verbalen Charakterisierung fähig sein. Ein besonderes Problem bleibt die Unterscheidung zwischen Begabungs- und Leistungstests angesichts der verzwickten Interaktionen von inhärenter Begabung und Wissenserwerb. Sie bewirkt Widersprüche. So zeigt der Wing-Test — verglichen mit dem Indiana-Oregon-Test — erheblich stärker den Einfluß der Umwelt an, obwohl das Gegenteil zu vermuten wäre. Die Korrelationen, die Martin (1976) fand, weichen zudem erheblich von den Angaben für den Gordon-Test (1967) ab.

	Wing-Test	Indiana-Oregon-Test	Gordon-Test
Zahl der Instrumente in einem Haushalt	0,59	0,39	0,17
Eltern spielen ein Instrument	0,50	0,34	0,13—0,17
Geschwister spielen ein Instrument	0,38	0,27	0,07

Die Tabelle zeigt Korrelationen für den Zusammenhang von Leistungen in einem Musiktest und Variablen, die den häuslichen Hintergrund betreffen. Die Angaben für den Wing- und den Indiana-Oregon-Test stammen aus einer Untersuchung von Martin (1976), die Angaben für das MAP von Gordon (1967).

Diese Differenzen lassen sich nicht aufklären (es ist jedoch zu vermuten, daß sie mit der unterschiedlichen Güte der Tests zuammenhängen). Sie machen eine scharfe, inhaltlich bestimmte Grenzziehung zwischen »aptitude tests« und »achievement tests« unmöglich.

Formale Unterschiede zwischen Tests betreffen ihre Qualität als objektives, verläßliches und gültiges Meßinstrument und die Frage, ob Normen für die Einordnung individueller Leistungen erstellt wurden. Zu diesen Testgütekriterien werden nun einige kurze Angaben geliefert, auch um die nachfolgende Zusammenstellung der Musikalitätstests verständlich zu machen.

Objektive Daten zu erheben heißt, ein Maximum an Übereinstimmung zwischen verschiedenen Beobachtern anzustreben. Das betrifft die Durchführung eines Tests, die soweit als möglich standardisiert sein muß; das betrifft die Auswertung und die Interpretation, die keine Freiräume für subjektive Deutungen zulassen sollen. Ist die Instruktion schriftlich oder auf einem Tonträger fixiert, so garantiert dies schon eine gewisse Unabhängigkeit vom Beobachter. Sind die Aufgaben außerdem mit einer Schablone und nur nach dem Gesichtspunkt »richtig« oder »falsch« auszuwerten und verlangt die dadurch ermittelte Punktzahl nur die Zuordnung zu einer Bewertungskategorie, so ist eine größere Objektivität möglich, als wenn der Testleiter stärker eingreifen muß und damit mehr Fehler machen kann. Musikalitätstests haben meist eine hohe Durchführungsobjektivität. Die Auswertungsobjektivität ist durch die mit einer Schablone zu erfassende Zahl der Richtig-Falsch-Urteile beim Seashore-Test am größten. Die Interpretationsobjektivität ist bei den Musikalitätstests ebenfalls gut, da es wenig Möglichkeiten zu subjektiven Deutungen gibt. Musikalitätstests sind weitgehend standardisiert. Dazu gehört auch die Ermittlung von allgemeinen Normen, die der Interpretation eines einzelnen Wertes dienen. Mit diesen Normen, die auf der Verteilung einer Fähigkeit in einer Population basieren, läßt sich darüber befinden, ob ein getesteter Proband gute, mittlere oder schlechte Leistungen erbracht hat. Als theoretisches Modell liegt ihnen die Normalverteilung zugrunde. Die Standardisierung des Wing-Tests und Gordon-Tests wurde an sehr großen Stichproben (10000/13000 Personen) vorgenommen; bei den weiteren hier angeführten Tests wurden 2000 bis 4500 Personen herangezogen; nur beim Gordon-PMMA basieren die Normen auf einer kleinen Stichprobe von 873 Kindern.

Nur mit einem Test, dessen Objektivität groß ist, können verläßliche Aussagen gewonnen werden. Verläßlichkeit (Reliabilität) meint, daß sich mit der Feststellung einer Verhaltensweise die Erwartung verbindet, sie sei stabil und konsistent. Das Verhalten soll über einen gewissen Zeitraum hinweg (nicht länger als ein halbes Jahr, bei kleineren Kindern weniger) stabil bleiben, damit der Messung eine Bedeutung zukommt. Um die Verläßlichkeit zu ermitteln, wird nach einer bestimmten Zeit der Test bei denselben Probanden wiederholt und durch eine Korrelation die Übereinstimmung zwischen den beiden Messungen festgestellt (Korrelationen geben einen Zusammenhang als Zahlen im Bereich von —1,0 bis +0,1 an). Neben dieser »Retest-Reliabilität« bietet sich manchmal an, eine Parallelform (vgl. Drake-Test) zu benutzen, um die Stabilität des Verhaltens zu ermitteln. Für Musikalitätstests wurde seltener das »Split-Half-Verfahren« eingesetzt. Dabei wird ein Test in zwei Hälften geteilt (gebildet aus den Aufgaben mit gerader Numerierung einerseits und ungerader Numerierung andererseits) und die Höhe des Zusammenhangs zwischen diesen Hälften ermittelt. Die Split-Half-Reliabilität ist inhaltlich nicht mit der Retest-Reliabilität identisch; sie bestimmt nur ein konsistentes oder variierendes Verhalten von Aufgabe zu Aufgabe innerhalb eines Tests. Sinnvoll errechnet werden kann sie nur bei einem homogenen Test, der sich auf ein einziges Merkmal bezieht. Reliabilitätsschätzungen sollten zwischen 0,85 und 0,95 liegen. Je länger ein Test ist (dies ist besonders beim Gordon-Test zu bedenken), um so verläßlicher ist er, weil die Variation, die durch zufällige Ereignisse bedingt ist, ein geringeres Gewicht hat.

Äußerst schwierig zu beantworten ist die Frage, was denn ein Test mißt, wie gültig, wie valide er ist. Seashore beschränkte sich auf eine »Inhaltsvalidität«, indem er behauptete, sein Test ermittle die grundlegenden Merkmale der Musikalität, weil die verlangten Wahrnehmungsleistungen bezüglich der Tonhöhe, Lautstärke, Dauer und Klangfarbe den physikalischen Eigenschaften der Schallwelle, nämlich Frequenz, Amplitude, Dauer und Form, entsprechen. Inhaltsvalidität kann allerdings nur dann beansprucht werden, wenn ein Verhaltensbereich durch einen Test definiert wird (wie z. B. die Fähigkeit, Schreibmaschine zu schreiben, das Schreibmaschinenschreiben definieren kann). Daher werden in der Regel andere Formen der Ermittlung der Validität verwendet. Meistens stellt man die Beziehungen des Tests fest zu den Fähigkeiten und Fertigkeiten, die er diagnostizieren oder prognostizieren soll (konkurrente und prädikative Validität). Der zukünftige Erfolg oder aber die gleichzeitige Erhebung schulischer Leistungen werden als Kriterien benutzt, um die Gültigkeit eines Tests (ebenfalls ausgedrückt in einer Korrelation) zu bestimmen. Die meisten Musikalitätstests benutzten den Erfolg im Musikunterricht als solches Kriterium. Ob die Schulnoten tatsächlich ein brauchbares Kriterium darstellen, ist allerdings fraglich, denn es könnte ihrerseits ihre Validität zweifelhaft sein.

Es gibt eine weitere Form der Gültigkeitsbestimmung, nämlich die der Konstruktvalidität. Dabei wird nach den Übereinstimmungen eines Tests mit einer theoretischen Konstruktion gefragt, die einen Verhaltensbereich genau definiert. Ansatzweise findet sich eine solche Konstruktvalidität, wenn die Gültigkeit durch den Vergleich von Kontrastgruppen (Musiker/Nicht-Musiker) ermittelt wird. Sie ließe sich speziell bei den Tests für kleinere Kinder zumindest ergänzend verwenden. Diese Tests müssen nämlich, wenn sie valide sein sollen, einer theoretischen Forderung genügen. Sie müssen eine Altersdifferenzierung aufweisen, weil die Fähigkeiten mit zunehmender Entwicklung ansteigen. Diese Altersdifferenzierung kann als Validitätskriterium benutzt werden.

Der Zusammenhang zwischen einem Test und einem Kriterium soll etwa die Größenordnung einer Korrelation von 0,50 haben. Ein Test wäre überflüssig, wenn er nicht Fertigkeiten messen würde, die vom Kriterium unabhängig sind. Außerdem ist prinzipiell die Validität niedriger als die Reliabilität, da sie von ihr abhängig ist.

Die formalen, auf Korrelationen beruhenden Entscheidungen über die Gültigkeit von Musikalitätstests entbinden nicht von den inhaltlichen Fragen, was diese Tests messen. Die Probleme scheinen dabei jedoch noch weniger gut lösbar zu sein als im Bereich der Intelligenz. Entweder ist es nämlich möglich, musiknahe Tests zu konstruieren, bei denen musikalisch Vorgebildete automatisch besser abschneiden, oder aber, man beschränkt sich auf kulturfreie Tests, d. h. auf die Feststellung des sensorischen Unterscheidungsvermögens, ohne zu wissen, was es eigentlich mit dem musikalischen Vermögen im engeren Sinne zu tun hat.

Tests scheinen so alt wie die Menschheit zu sein. Fast alle Kulturen verwenden sie, um Qualifikationen von Menschen festzustellen. Auch in Märchen, Mythen, Romanen, Libretti haben Helden Proben zu bestehen, die sie eben zu jenen Helden machen, um die es sich zu handeln lohnt. Prüfverfahren dienen der Selektion. Pamina und Tamino erlangen die Würde der Ordensmitglieder, indem sie die auferlegten Proben bestehen. Man könnte die ihnen von Sarastro abverlangten Prüfungen als kriterienbezogene Tests bezeichnen, bei denen es lediglich die Erfüllung oder Verletzung einer genau definierten Verpflichtung gibt. Die unangenehmen Konsequenzen, die möglicherweise mit dem Nicht-Erfüllen einhergehen, deutet Slevogt mit seinen »Randzeichnungen« zum Autograph von Mozarts *Zauberflöte* mit einem sehr finster blickenden Sarastro an (Photo von der Bayerischen Staatsbibliothek, München).

Fast alle Tests aus früher Zeit sind kriterienbezogen. Die Idee hingegen, eine graduelle Abstufung zu bestimmen — Menschen als besser, schlechter oder durchschnittlich zu beschreiben, je nachdem, wie sie Normen entsprechen —, wird besonders in den sogenannten normbezogenen Tests betont, wie sie im 20. Jahrhundert entwickelt wurden. Die Vergabe von Rangplätzen schließt dennoch nicht aus, daß zusätzlich ein klarer Trennstrich gezogen wird zwischen denen, die die Probe bestehen, und den Ungeeignet-Unbegabten. Auch wenn diese meist mit Papier und Bleistift zu erledigenden Tests viel harmloser erscheinen als Wasser- und Feuerproben, verbindet sich daher mit ihnen noch immer der bedrohliche Aspekt, nicht in die Reihen der »Erwählten« aufgenommen zu werden.

Übersicht über wichtige Musikalitätstests

Seashore: Measures of Musical Talents
1919, revidierte Fassungen (Ersatz eines Konsonanztests durch einen Klangfarbentest) 1956, 1960, deutschsprachige Ausgabe von 1966.
Alter 10—22 Jahre, Dauer eine Stunde, insgesamt sechs Untertests mit elektronisch erzeugten Tönen.
— Tonhöhenunterscheidung (pitch): 50 Tonpaare, für die entschieden werden muß, ob der zweite Ton höher oder tiefer ist. Die Unterschiede zwischen den Tönen betragen 17 Hz im Bereich um 500 Hz.
— Lautstärketest (intensity): 50 Tonpaare, für die entschieden werden muß, ob der zweite Ton lauter oder leiser ist als der erste. Die Unterschiede liegen zwischen 4,0 — 0,5 Dezibel.
— Rhythmustest: 30 Paare von Rhythmen (ohne Tonhöhenänderung), die als gleich oder verschieden beurteilt werden müssen; die Anzahl der Töne (5—7) und die Taktart variiert.
— Tondauerntest (time): 50 Tonpaare, für die entschieden werden muß, ob der zweite Ton länger oder kürzer ist. Die Dauern weichen um 0,30 — 0,05 Sekunden voneinander ab.
— Klangfarbentest (timbre): 50 Tonpaare, deren Klangfarbe sich durch die Stärke des dritten und vierten Obertons unterscheidet. Beurteilt werden muß die Gleichheit oder Verschiedenheit der Töne.
— Melodiegedächtnis (tonal memory): 30 Paare von 3—5 Tönen. Der Proband muß den Ton angeben, der sich beim zweiten Mal geändert hat. Für jeden Untertest soll ein eigener Punktwert gemessen werden.
Reliabilitätsschätzungen nach der Ausgabe von 1939. (Die Streuung der Korrelationskoeffizienten ergibt sich durch die Variation bei verschiedenen Altersstufen.)

Tonhöhe	0,82 — 0,84
Lautstärke	0,74 — 0,85
Rhythmus	0,64 — 0,69
Dauern	0,63 — 0,72
Klangfarbe	0,55 — 0,68
Melodiegedächtnis	0,81 — 0,84

Validitätsschätzungen: Seashore berief sich auf Inhaltsvalidität. Die Zusammenstellung verschiedener Untersuchungen, die als Außenkriterium Leistungen im Musikunterricht und im Musikstudium oder aber das Lehrerurteil benutzten (vgl. Lundin 1967, S. 242), weist nur für den Tonhöhenunterscheidungstest und das Melodiegedächtnis mehrere Korrelationen über 0,40 auf. Shuter-Dyson und Gabriel bezeichnen mit Ausnahme des Tonhöhenunterscheidungstests, des Rhythmustests und der Prüfung des Melodiegedächtnisses die Validität für die revidierte Fassung als fraglich. Nennenswerte Korrelationen mit der Einschätzung von 291 Kindern (zwischen 10 und 16 Jahren) als musikalisch fand Rainbow (1965):

Tonhöhentest	0,11 — 0,45
Rhythmustest	0,19 — 0,27
Melodiegedächtnis	0,36 — 0,50

Hevner, Seashore, Landsbury: Oregon-Music-Discrimination-Test
1934, Revision 1965 durch Long.
Es existieren drei Versionen mit 43, 37 und 30 Untertests.
Ausschnitte aus Kompositionen (in der ersten Fassung nur Klaviermusik, später auch Kammermusik und Orgel) werden rhythmisch, harmonisch und melodisch verändert. Es soll über die Identität der Musikbeispiele entschieden werden und auch bei einer empfundenen Abweichung des zweiten Beispiels darüber, welche musikalische Dimension sich verändert hat.
Reliabilitätsschätzungen: Bei der älteren Fassung lagen die Verläßlichkeitsschätzungen zwischen 0,46—0,86. Die revidierte Fassung zeigt starke Unterschiede in Abhängigkeit vom Alter. Fünfte Klasse: 0,38, siebente bis neunte Klasse: 0,44; Collegestudenten: 0,57; graduierte Musikstudenten: 0,61.
Validitätsschätzungen: Korrelationen mit dem MAT 0,46, mit dem MAP 0,38, mit dem Sensitivity-Test des MAP 0,28.

Der MAT (Music Achievement Test) von Cowell (1965, 1970) testet die Fähigkeit, Tonhöhen, Intervalle, Takte, Tongeschlecht zu unterscheiden; er prüft das Tongedächtnis, die Fähigkeit, den Grundton zu bestimmen, die Zuordnung des Gehörten zur Notation, die Möglichkeit, einen Stil bestimmen zu können. Es ist kein Musikalitätstest im engeren Sinne, sondern ein Leistungstest, der erlerntes Wissen ermittelt.

Thayer Gaston: Test of Musicality
1942, 1950, 1956, 1957.
Alter 10—18 Jahre, Dauer vierzig Minuten, Schallplatte mit Klavierbeispielen.
Interessenfragebogen (interest inventory): 18 Fragen
Tonale Auffassung (tonal items): 22 Aufgaben
— 5 Aufgaben, in denen Akkorde und Einzeltöne daraufhin verglichen werden müssen, ob der Einzelton in einem Akkord enthalten ist.
— 5 Melodien müssen mit einer Notation verglichen werden.
— 5 Melodien, zu denen der (fehlende) Schlußton als höher oder tiefer als der zuletzt gehörte angegeben werden muß.
— 7 Melodien werden zwei- bis sechsmal wiederholt. Die Gleichheit oder Verschiedenheit der Wiederholungen soll festgestellt werden.

Reliabilität: Split-Half-Reliabilitätskoeffizienten zwischen 0,88—0,90.
Validität: Korrelation mit dem Lehrerurteil 0,52 (nach Bentley 1955).

Wing: Standardized Tests of Musical Intelligence
1948, Revision 1961.
Alter ab 8 Jahre, Dauer über eine Stunde, insgesamt sieben Untertests auf dem
Klavier gespielt.
— Akkordanalyse (chord analysis): 20 Akkorde, für die die Zahl der Töne angegeben werden muß.
— Tonhöhenänderungstest (pitch change): 30 Akkordpaare. Der Proband soll
  beurteilen, ob der zweite Akkord identisch ist, oder ob sich ein Ton auf- be-
  ziehungsweise ab-bewegt hat.
— Melodiegedächtnistest (memory): 30 Paare von Tonfolgen (3—10 Noten
  lang). Es soll angegeben werden, welche Note sich beim zweiten Mal geän-
  dert hat.
— Rhythmustest (rhythm): 14 Melodiepaare. Gefragt wird, ob die beiden Fassungen rhythmisch identisch sind, und welches die bessere Version ist.
— Harmonietest (harmony): 20 Aufgaben. Ebenso wie beim Rhythmustest
  Paare von Melodien, gleich harmonisiert oder verschieden. Gefragt wird
  nach der Identität der beiden Fassungen und auch danach, welche als besser
  empfunden wird.
— Intensitätstest (intensity): 20 Melodiepaare mit gleicher oder verschiedener
  Dynamik. Die Aufgabenstellung entspricht dem Rhythmustest.
— Phrasierungstest (phrasing): 20 Melodiepaare mit gleicher oder verschiede-
  ner Phrasierung. Die Aufgabenstellung entspricht ebenfalls dem Rhyth-
  mustest.
Reliabilitätsschätzungen: Für den Gesamtpunktwert des Tests 0,91. Für die
Tests 1—3: 0,89; für die Tests 4—7: 0,84. Allerdings wurden für die Tests 4—7
auch Reliabilitätsschätzungen gefunden (s. Shuter-Dyson 1982), die nur eine
Größenordnung von 0,28 aufwiesen.
Validität: Korrelationen mit dem Lehrerurteil 0,64—0,90.

Drake: Drake Musical Aptitude Test
1954, Revision 1957.
Alter 8—22 Jahre.
Eine Vorform für das melodische Gedächtnis wurde schon in den dreißiger Jah-
ren entwickelt.
Es existieren zwei Formen (A und B) dieses Tests. Der Rhythmustest von B ist
schwieriger als der von A.
Der Test besitzt zwei Untertests für das melodische und rhythmische Gedächt-
nis. Dauer eines Untertests zwanzig Minuten.
— Melodiegedächtnis (memory): 12 Melodien auf dem Klavier zwei- bis sie-

benmal gespielt. Festgestellt werden muß Identität oder aber die Veränderung der Tonart, des Taktes, einzelner Notenwerte.
— Rhythmustest (rhythm): 50 Aufgaben. Der Proband hört ein Metronom oder ein Stimme, die den Takt zählt, und soll den Takt selbst weiterzählen. In der Form B muß gegen einen störenden Rhythmus gezählt werden.
Reliabilitätsschätzungen nach dem Split-Half-Verfahren:

	Melodiegedächtnis	Rhythmustest	
Musiker	A / B : 0,91 — 0,93	A : 0,83 — 0,95	B : 0,69 — 0,96
Nicht-Musiker	A / B : 0,85	A : 0,56 — 0,89	B : 0,69 — 0,88

Validitätsschätzungen:
Korrelationen mit dem Lehrerurteil:

Form A : 0,31 — 0,82;
Form B : 0,41 — 0,83;
Korrelation von A mit B: 0,31 — 0,35.

Bentley: Measures of Musical Ability (MMA)
1966, deutschsprachige Version 1968.
Alter 7—14 Jahre, Dauer dreißig Minuten, vier Untertests mit elektronischem oder Hammondorgel-Ton.
— Tonhöhenunterscheidung (pitch discrimination): 20 Tonpaare, von denen angegeben werden soll, ob jeweils der zweite Ton gleich, höher oder niedriger ist.
— Melodiegedächtnis (tonal memory): 10 Paare von Melodien mit je fünf Tönen. Gefragt wird, ob die Paare gleich sind oder welcher Ton sich geändert hat.
— Akkordanalyse (chord analysis): 20 Akkorde bestehend aus zwei, drei oder vier Tönen. Gefragt wird, wieviele Töne ein Akkord enthält.
— Rhythmusgedächtnis (rhythm memory): Zehn Paare von Rhythmen. Festzustellen ist, ob die Paare gleich sind oder welcher Schlag sich geändert hat.
Es wird ein Gesamtpunktwert errechnet.
Reliabilitätsschätzungen:

Tonhöhenunterscheidung	0,74
Melodiegedächtnis	0,53
Akkordanalyse	0,71
Rhythmusgedächtnis	0,57
Gesamtpunktwert	0,84

Validitätsschätzung: Für den Zusammenhang mit dem Lehrerurteil über verschiedene musikalische Leistungen ergab sich eine Korrelation von 0,94.

Gordon: Primary Measures of Music Audiation (PMMA), 1979.
Alter 5—8 Jahre, Dauer zweimal zwanzig Minuten, zwei Untertests aus Synthesizerklängen.
— Tonvorstellung (tonal test): 40 Tonpaare. Gefragt wird, ob sie gleich oder verschieden sind. Die Kinder müssen dazu zwei gleich ausschauende oder zwei verschieden ausschauende Gesichter umkringeln.
— Rhythmustest (rhythm test): 40 Paare von Rhythmen, die als gleich oder verschieden eingeschätzt werden müssen. Dazu dient ebenfalls das Umkringeln von Gesichtern.
Die Berechnung eines Gesamtpunktwerts ist möglich.
Reliabilitätsschätzungen:

	Split-Halves	Retest
Tonvorstellungen	0,85 — 0,89	0,68 — 0,73
Rhythmusvorstellungen	0,72 — 0,86	0,60 — 0,73
Gesamtpunktwert	0,90 — 0,92	0,73 — 0,76

Validitätsschätzung: Bei Viertkläßlern ließ sich eine »congruent validity« zwischen verschiedenen Leistungen des Musical Aptitude Profile und solchen der Primary Measures of Music Audiation in der Größenordnung von 0,25—0,51 berechnen; die Gesamtpunktwerte wiesen eine Korrelation von 0,71 auf.

Gordon: Musical Aptitude Profile (MAP), 1965.
Alter 10—18 Jahre, Dauer dreimal fünfzig Minuten für die drei Teile (tonal imagery, rhythm imagery, musical sensitivity), das Klangmaterial liefern Streichinstrumente.
Tonvorstellung (tonal imagery):
— Melodietest (melody): 40 Melodiepaare (Violine). Gefragt wird, ob die zweite Melodie eine Variation der ersten oder etwas davon Verschiedenes ist.
— Harmonietest (harmony): 40 Paare von Tonfolgen, bei denen die Melodie von einer Violine und die Baßstimme von einem Cello vorgetragen werden. Der Proband muß prüfen, ob die Baßstimme gleich bleibt oder sich verändert.
Rhythmusvorstellung:
— Tempotest (tempo): 40 Beispielpaare, für die festgestellt werden muß, ob sie im Tempo identisch sind oder aber ob das Ende des zweiten Beispiels schneller oder langsamer ist.
— Metrumtest (metre): 40 Beispielpaare. Gefragt wird, ob das zweite Beispiel im selben Takt steht oder aber am Ende einen Taktwechsel aufweist.
Musikalische Sensitivität (sensitivity):
— Phrasierungstest (phrasing): 30 paarweise gebotene Musikbeispiele (Violine und Cello), deren Phrasierung verschieden ist. Gefragt wird, welche Phrasierung als besser empfunden wird.

— Ausgewogenheit (balance): 30 Musikbeispiele werden paarweise mit verschiedenen Schlüssen geboten. Es soll entschieden werden, welcher Schluß besser paßt.
— Stiltest (style): 30 paarweise gebotene Musikbeispiele, die sich in der ausdrucksmäßigen Darstellung unterscheiden. Es soll entschieden werden, welche Darstellung stilistisch angemessener ist.

Reliabilitäts- und Validitätsschätzungen: Umfangreiche Untersuchungen bestätigen die im Testhandbuch für verschiedene Altersstufen angegebenen Werte der Verläßlichkeit. Die Werte für die Gültigkeit aus dem Testmanual (Spalte 2) und einer weiteren Untersuchung von Gordon (Spalte 3) wurden durch die Korrelation mit dem Lehrerurteil und einem Leistungstest ermittelt.

	Reliabilität	Validität	
		1965	1967
Melodie	0,73—0,85	0,37—0,88	0,45—0,52
Harmonie	0,66—0,85	0,52—0,72	0,51—0,60
Tonvorstellung insg. (Mel. + Harm.)	0,80—0,92	0,54—0,83	0,52—0,63
Tempo	0,72—0,85	0,48—0,66	0,46—0,54
Metrum	0,66—0,85	0,57—0,71	0,50—0,57
Rhythmusvorstellung insg. (Tempo + Metrum)	0,82—0,91	0,64—0,74	0,52—0,60
Phrasierung	0,67—0,78	0,19—0,66	0,38—0,44
Ausgewogenheit	0,66—0,79	0,20—0,66	0,40—0,48
Stil	0,66—0,80	0,44—0,87	0,40—0,48
Sensitivität insges. (Phr. + Ausgew. + Stil)	0,84—0,90	0,48—0,85	0,51—0,60
Gesamtwert des Tests	0,90—0,96	0,64—0,97	0,63—0,73

Schleuter (1983) wies einen erstaunlich geringen Wert für eine revidierte Fassung des Gordon-Tests mit den Musikleistungen auf dem College nach. Er korrelierte nur mit der Güte des Vom-Blatt-Singens nach einem Jahr Training, nicht mehr nach zwei Jahren.

Musikalität und Intelligenz

Ob die Güte der Wahrnehmung und der Auffassung, die in den verschiedenen Musikalitätstests festgestellt wird, eine Beziehung zur allgemeinen Intelligenz aufweist, wurde in mehr als vierzig Untersuchungen studiert; Zusammenhängen mit einzelnen Fähigkeiten wie Lesen, Rechnen, Satzergänzen oder Literatureinschätzungen sind darüber hinaus noch an die dreißig weitere Arbeiten gewidmet. Einige Ergebnisse sind stellvertretend für andere angegeben.

Mit Ausnahme der Untersuchungen von Sergeant und Thatcher (1974) sowie Philips (1976) sind die Beziehungen zur Intelligenz positiv und nicht sehr hoch. Sehr niedrige Werte treten vor allem für den Seashore-Test auf, dessen Untertest »Consonance« aus der Fassung von 1919, ähnlich wie der Phrasierungstest von Gordon, nicht besonders bedacht werden muß, weil die negative bzw. niedrige Korrelation auch auf die mangelnden Reliabilitätsschätzungen zurückzuführen sein könnte. Latent sind die meisten Forscher enttäuscht, daß sie keine engeren Zusammenhänge gefunden haben. Dazu ist zunächst einmal zu bedenken, wie schwierig es ist, ein Maß der Intelligenz zu finden. In den einzelnen Studien wurden recht verschiedene Intelligenztests verwendet, so daß wiederum die Konsistenz des Zusammenhangs zwischen Intelligenz und Musikalität überrascht. Unabhängig davon, welcher Intelligenztest benutzt wurde, zeigt sich eine Korrelation von etwa 0,30. Sie dürfte allerdings eine leichte Unterschätzung darstellen, da sich die Untersuchungen überwiegend auf Highschool-Angehörige oder College-Studenten beziehen, also nicht die volle Skala der Intelligenz ausnutzen. Im unteren Extrembereich stellt sich die Beziehung zwischen Musikalität und Intelligenz eindeutiger dar, im oberen ebenfalls, wie im Zusammenhang mit der Besprechung der Künstlerpersönlichkeit gezeigt werden wird. Wing (1941) beobachtete schon eine höhere Übereinstimmung zwischen niedriger Intelligenz und niedriger Musikalität, die Edmund (1960) bestätigte. Auch die höheren Korrelationen der Studie von Whellams (1971) sind wahrscheinlich darauf zurückzuführen, daß die getesteten Kinder sowohl bezüglich der Musikalität als auch der Intelligenz zur Unternormalität tendierten. Der Zusammenhang zwischen Intelligenz und Musikalität wird in den oberen Leistungsbereichen schwächer, weil nicht jeder Hochbegabte zugleich ein hervorragender Musiker ist: Je mehr spezielle Kenntnisse im musikalischen Bereich verlangt werden (vgl. die Korrelationen des Indiana-Oregon-Tests mit der Intelligenz), um so geringer ist die Beziehung. Untersucht man jedoch nur den Sonderfall hoher musikalischer Begabung, so stößt man gleichzeitig auch auf eine hohe Intelligenz.

Eine Korrelation von 0,30 besagt, daß in etwa neun Prozent aller Fälle von der Intelligenz eine Voraussage auf die Musikalität getroffen werden könnte. Diese Korrelation ist hoch genug, um die erwähnte Möglichkeit eines hierarchischen Modells nicht in Frage zu stellen, das einerseits ganz eigenständige Faktoren umfaßt und andererseits, wie es die Untersuchungen von Horn und Stankov nahelegen, mit dem Faktor »flüssige Intelligenz« eine allgemeine Dimension aufweist. Angesichts der teilweise sehr niedrigen Beziehungen des Indiana-Oregon-Tests, der vorwiegend gelernte Kenntnisse ermittelt, stellt sich allerdings die Frage, ob möglicherweise ein eigener Faktor einer kristallisierten Musikintelligenz anzunehmen ist.

Eine eindeutig lineare Abhängigkeit zwischen flüssiger Intelligenz und musikalischen Leistungen demonstriert die erwähnte Untersuchung von Sergeant und Thatcher. In dieser Studie wurde eine speziell auf den Faktor »flüssige Intelligenz« hin konzipierte Skala aus einem Test von Cattell verwendet. Ähnlich wie Philips (1976), der eine erstaunliche Korrelation der Intelligenz mit dem Wing-Test von 0,82 fand, führen Sergeant und Thatcher jedoch die musikalischen Leistungen nicht kausal auf die intellektuelle Ausstattung zurück. Einen solchen Schluß würde eine Korrelation nicht zulassen. Sie zeigt nur eine Beziehung an, die auch durch etwas Drittes »verursacht« sein könnte. Sowohl in der Untersuchung von Sergeant and Thatcher als auch in dem Experiment von Philips waren Kinder aus allen sozialen Schichten beteiligt. Eine Differenzierung musikalischer Leistung gemäß der sozialen Schichtung war daher möglich. Die Autoren folgerten, daß durch Einflüsse des sozio-kulturellen Status ein Zusammenhang zwischen Intelligenz und Musikalität derart bewirkt werden könnte, daß durch das häusliche Milieu sowohl die Intelligenz als auch die Musikalität gefördert oder gemindert wird. Diese Interpretation würde der allgemeinere Befund stützen, daß »flüssige Intelligenz« vor allem bei Mittelschichtangehörigen in höherer Ausprägung gefunden wurde.

Korrelationen zwischen Intelligenz und Musikalität:

Seashore: Measures of Musical Talents
Es überwiegen Untersuchungen aus den zwanziger Jahren, denen die Fassung von 1919 zugrunde liegt. Die Korrelationen sind meist recht niedrig. Beispiele (P = Pitch, I = Intensity, T = Time, C = Consonance, M = Memory, R = Rhythm):

	P	I	T	C	M	R
— Weaver (1924), 94 Collegestudenten	0,35	0,24	0,12	0,06	0,26	—
— Farnsworth (1931), 150 Universitätsstudenten	0,14	0,11	0,10	-0,38	0,11	0,17
— Drake (1940), 163 Dreizehnjährige	0,12	0,14	0,08	0,03	0,07	0,05
— Highsmith (1928), 59 Musikschülerinnen	0,58	0,35	0,39	-0,14	0,30	—
— Rainbow (1956), 291 Kinder im Alter 9—17 Jahren, revidierte Testform	0,22				0,20	0,23
— Christy (1956), 103 Collegestudenten, revidierte Testform	0,18				0,18	0,33

Wing: Test of Musical Intelligence (Ch = Chord, P = Pitch, M = Memory, R = Rhythm, H = Harmony, I = Intensity/Dynamic, Ph = Phrasing)
— Wing (1941), Korrelation mit dem Gesamtpunktwert:

23 Mädchen	0,30
42 Knaben	0,32
24 Erwachsene	0,40
454 Collegestudenten	0,20
— Bentley (1955)	
87 Instrumentalisten	0,39
95 Nicht-Instrumentalisten	0,39
— Parker (1978)	
1174 High-School-Angehörige	0,08

Korrelationen mit einzelnen Untertests:

	Ch	P	M	R	H	I	Ph
— Franklin (1956)							
79 Collegestudenten	0,09	-0,10	-0,02	0,00	-0,19	0,20	0,04
157 Collegestudenten	0,09	0,12	0,20	0,23	0,21	-0,03	0,08
— Whittington (1957)							
24 musikalische Erwachsene	0,36	0,18	0,42	0,40	0,47	0,52	0,20
24 unmusikalische Erwachsene	0,21	0,63	0,32	0,20	0,17	0,00	0,40

— Whellams (1971)
129 Kinder, 7,8—10,6 Jahre, Korrelationen zwischen 0,16—0,56 mit dem verbalen IQ und zwischen 0,10—0,50 mit dem nicht-verbalen IQ.

Drake: Musical Aptitude Test
— Rainbow (1965), 291 Kinder, zwischen 9—17 Jahren, referiert als höchste Korrelation 0,29 mit dem Melodietest. Der Rhythmustest korreliert mit der Intelligenz in allen Untersuchungen um Null.

Indiana Oregon Music Discrimination Test
— Hevner (1931)
74 Collegestudenten, Korrelationen in der Höhe von 0,15—0,17.
— Long (1971) fand eine Korrelation von 0,47.

Thayer Gaston: Test of Musicality
— Bentley (1955)
87 Instrumentalisten   Korrelationen mit einzelnen Untertests: 0,15—0,32
97 Nicht-Instrumentalisten Korrelationen mit einzelnen Untertests: 0,11—0,25

Bentley: Measures of Musical Ability (P = Pitch, M = Memory, Ch = Chord, R = Rhythm)
— Bentley (1968)

	P	M	Ch	R
166 Kinder, 10—12 Jahre	0,30	0,25	0,24	0,34

Gordon: Musical Aptitude Profile (Mel = Melody, H = Harmony, R = Rhythm, Te = Tempo, Me = Metre, Ph = Phrasing, Bal = Balance, St = Style)
— Gordon (1965)

		Mel	H	Te	Me	Ph	Bal	St	Gesamt
verbale Intelligenz									
862 Kinder, Schulstufe	4— 6	0,27	0,23	0,36	0,35	0,19	0,33	0,28	0,39
	7— 8	0,30	0,30	0,40	0,26	0,25	0,33	0,32	0,40
	9—12	0,26	0,30	0,34	0,33	0,17	0,20	0,24	0,34
nicht-verbale Intelligenz, Schulstufe	4— 6	0,29	0,22	0,39	0,31	0,19	0,23	0,32	0,40
	7— 8	0,36	0,29	0,48	0,29	0,21	0,37	0,31	0,44
	9—12	0,27	0,25	0,31	0,31	0,18	0,17	0,21	0,31

— Schleuter (1972) fand außer für den Melodietest bei Schülern im siebenten Schuljahr (r = 0,309) keine Beziehungen zwischen dem Gordon-Test und Intelligenzmessungen.

Gordon: Primary Measures of Music Audiation
— Gordon (1979), 264 Kinder

	Tonal	Rhythm	Gesamt
verbaler IQ	0,19	0,25	0,26
nicht-verbaler IQ	0,20	0,29	0,30

Typen kognitiver Strukturierung

Die musikalische Begabung auf einer möglichst frühen Altersstufe zu testen, ist eine sehr amerikanische Gepflogenheit. Sie setzt ein schulisches System voraus, das eine frühzeitige Auslese intendiert und gezielte, aber einseitige Förderung vorsieht. Die englischen Förderungsprogramme für besonders begabte Kinder regten ebenfalls die Konstruktion von Musikalitätstests an. Im deutschsprachigen Raum, wo der Musikunterricht glücklicherweise nach wie vor wenigstens ideell ein Gegenstand der allgemeinen Bildung ist, kommt solchen Tests kaum eine bildungspolitische Bedeutung zu. Sie werden meistens nur zu Forschungszwecken eingesetzt. Zeitweilig fanden sie auch im Zusammenhang mit der inzwischen nicht mehr sehr intensiv betriebenen kompensatorischen Erziehung Verwendung. Entwürfe für Leistungstests gibt es seit der Reform des Schulsystems auch hierzulande. Weniger gut standardisiert als die Prüfverfahren, die amerikanischen Lehrern zur Verfügung stehen, sind sie eher Diskussionsbeiträge zur Frage, wie objektiv die Benotung in der Schule ist.

Die Erfahrung interindividueller Unterschiede löste in unserem Kulturbereich andere Forschungsprogramme aus, nämlich Untersuchungen von Wahrnehmungs- oder Denkstilen; auch für Erlebnisweisen und Präferenzen wird eine individuelle Differenzierung angenommen. Um die empfundenen qualitativen Verschiedenheiten beim Zugang zur Musik beschreiben zu können, wurden Typen konstruiert, mit denen das Ausmaß eines Unterschieds und die Besonderheit einer Beobachtung abgeschätzt werden sollten. Sich annähernd gleichartig verhaltende Personen werden zu Gruppen zusammengefaßt und anderen gegenübergestellt. Ein solches Verfahren genügt zugleich auch dem fast immer im Alltag wie in der Wissenschaft vorhandenen Bedürfnis nach Verallgemeinerung. Im Alltag werden meist leicht beobachtbare Eigenschaften oder Verhaltensweisen zur Einteilung gewählt — Blondinen etwa Brünetten gegenübergestellt — und auf tieferliegende Sachverhalte geschlossen, etwa auf die Leidenschaftlichkeit. Dies ist auch das übliche Verfahren im Bereich der Wissenschaft. Es führte dazu, daß aus den bequem festzustellenden Präferenzen für eine bestimmte Musik ganze Charakterschilderungen eines Menschen abgeleitet wurden.

Die Art der Typenbildung kann variieren gemäß der Art des interessierenden Merkmals. Es gibt aber auch formale Kriterien, die den Charakter einer Typologie bestimmen. Fünf Möglichkeiten lassen sich unterscheiden. Normalerweise sind das Typisieren und das Klassifizieren zwei verschiedene Tätigkeiten. Zwar werden in beiden Fällen Ereignisse oder Individuen zusammengefaßt, die gemeinsame Merkmale oder Verhaltensweisen besitzen, aber für die Zurechnung zu einer Klasse ist das schlichte Vorhandensein eines Merkmals entscheidend (ein Stamm ermöglicht die Zuordnung einer Pflanze zur Kategorie Baum, fehlt er, sind aber Äste und Wurzeln vorhanden, so handelt es sich um einen

Strauch), für die Bestimmung eines Typus hingegen ist der Ausprägungsgrad eines Merkmals wichtig und nicht dessen bloßes Vorhandensein. Gefragt wird, ob jemand blond genug ist, um zu den Blondinen gerechnet zu werden. Dennoch sind viele typologische Systeme auch ähnlich wie klassifikatorische konzipiert. Dies gilt für die galenische Lehre von den Temperamenten. Die üblicherweise zwischen verschiedenen Typen existierenden graduellen Übergänge werden dabei vernachlässigt. Die Anordnung der Kategorien zueinander ist — wie bei einer einfachen Klassifikation — beliebig oder unwichtig.

Typen können auch den Pol einer Beschreibungsdimension darstellen. Sie dienen, wie etwa die Begriffe Extraversion und Introversion, zur Charakterisierung der Endpunkte eines Kontinuums. Gilt das über die Normalverteilung Gesagte, so umfassen derart konstruierte Typen in reiner Ausprägung nur sehr wenige Personen. Das polare und lineare Hören von Wellek (1938) liefert ein Beispiel für eine solche Typenkonstruktion.

Typen können weiterhin schlicht aus Gruppierungen von Individuen hervorgehen, denen verschiedene Abschnitte einer einzigen Dimension zugeordnet werden. Dies ist aber nur möglich, wenn auf dieser Dimension mehrere Häufigkeitsgipfel zu finden sind. Der Typologie von Alt (1968) oder Adorno (²1968) liegt eine solche Annahme zugrunde.

Typologien können außerdem mehrdimensional konzipiert sein. Das bedeutet, daß gesonderte Beschreibungsdimensionen (wie z. B. für den Extravertierten oder den Neurotiker) für jeden Typus notwendig sind. Dieser an sich naheliegende Gedanke ist in manchen Typologien des Musikhörens implizit enthalten, ohne daß er bislang empirisch geprüft worden wäre.

In der differentiellen Psychologie spielt die besondere Form der Konstruktion eines Idealtyps normalerweise keine Rolle. Es handelt sich dabei um eine soziologische Methode, die von Weber eingeführt wurde. Man erstellt ein Modell, um die Realität als Abweichung davon beschreiben und verstehen zu können. Da Musikhören oft in einen Zusammenhang mit sozialpsychologischen Variablen gestellt wurde, hat die Methode des Idealtypus in diesem speziellen Bereich menschlicher Fähigkeiten aber Anwendung gefunden.

Die Konstruktion von Typen ist eng mit der Geschichte der differentiellen Psychologie verknüpft. Diese erst ab der zweiten Hälfte des 19. Jahrhunderts zunehmend mit Aufmerksamkeit bedachte Disziplin hatte sich im ersten Drittel des 20. Jahrhunderts zu einem Gebiet mit umfangreichen Forschungsarbeiten entwickelt. Das sich dabei ansammelnde Wissen mußte in irgendeiner Weise überschaubar gemacht werden. Typen entspringen immer einem Ordnungsbedürfnis. Kurz nach dem ersten Weltkrieg brach geradezu ein typologischer Boom aus. 1921 wurden vier Systeme publiziert, die auf höchst unterschiedlichen Merkmalen basieren. Es erschien die berühmte Einteilung (gemäß der Konstitution) in Pykniker, Leptosome und Athletiker von Kretschmer, die auf die alte Temperamentslehre zurückgreift. Jungs Unterteilung in Extraversion

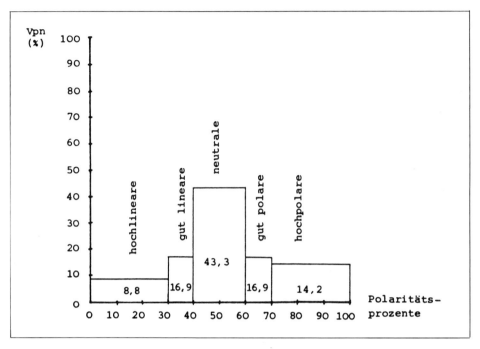

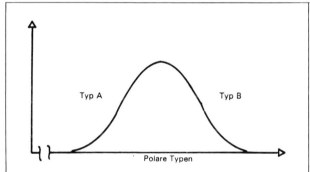

Es gibt verschiedene Möglichkeiten der Typenkonstruktion. Oft meint ein Typus die extreme Ausprägung eines Merkmals, das sich als ein Kontinuum darstellen läßt. Der Typus bildet die Pole dieses Kontinuums (polare Typen). Die Verteilung des Merkmals kann sich durchaus als eine Normalverteilung darstellen. Bei den Typen an den Polen der Merkmalsdimension handelt es sich dann um seltene Fälle. Von den häufig vorkommenden mittleren Werten bleibt unklar, ob sie ein »weder/noch« oder ein »sowohl/als auch« meinen. Dieses Modell einer Typenkonstruktion hat Nauck-Börner (1980, S. 118; © Karl Dieter Wagner, Hamburg) bei einer Analyse der von Wellek zum polaren (Notabene die unterschiedliche Bedeutung von »polar«) und linearen Hören vorgelegten Daten ermittelt. Solche Extremfälle werden gern beschrieben, wenn es um die Charakterisierung der physischen Konstitution (z. B. als leptosom oder pyknisch) geht. Ein anschauliches Bild für polare Typenkonstruktion liefern die beiden Pianofortespielerinnen auf einem anonymen Spottblatt des 19. Jahrhunderts (s. S. 300).

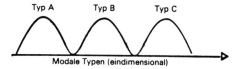

Modale Typen (eindimensional)

Oft prägen sich Typen als mehrgipflige Verteilungen auf einer Dimension aus (modale Typen). Wahrscheinlich ist hierbei eine mehrdimensionale Betrachtungsweise angemessen. Die überwiegende Zahl der Hörertypologien entspricht einer solchen modalen Typenkonstruktion. Das heißt, daß die Dimensionen, die eigentlich diesen Typen zugrundeliegen, nicht ermittelt wurden (© Rand McNally und Co., Chicago, Ill., [oben] bzw. Charles C. Thomas, Publisher, Springfield, Ill. [unten]).

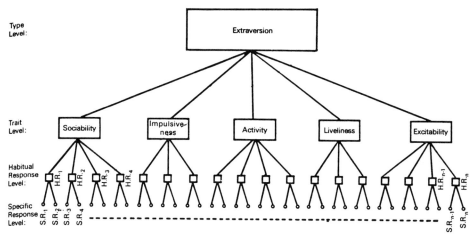

Manche Autoren, so Cattell und Eysenck, bezeichnen Faktoren zweiter Ordnung als Typen. Sie gehen dabei von einer hierarchischen Struktur von Beschreibungsdimensionen aus. Am Beispiel der Bestimmung von Extraversion nach Eysenck zeigt sich, welcher Grad an Abstraktion (Abstraktion von den spezifischen Verhaltensweisen/Response, von Gewohnheiten/Habitual Response, von Charaktereigenschaften/Traits) zur Bestimmung eines Typs notwendig sein kann. Dennoch ist mit solchen Typen eine polare Konstruktion gemeint, so etwa der Gegensatz von Extraversion zur Introversion.

Die meisten Hörertypologien sind recht naiv konzipiert. Es werden Eigenschaften angesammelt, ohne daß das Niveau an Konkretion oder Abstraktion klar wäre, ebenso wie das Zueinander dieser Eigenschaften nicht diskutiert wird.

und Introversion, die der gleichzeitig entwickelten Einteilung von Rohrschach entspricht, datiert aus diesem Jahr, und die Typen der Weltanschauung von Jaspers, die an die 1911 entwickelte Typologie von Dilthey anknüpfen. Bis in die dreißiger Jahre hinein wurde fleißig typisiert. Später wurde dies Verfahren mit Skepsis bedacht, hatte es doch auch wie bei Jaensch dazu gedient, Menschen im Sinne eines »Gegentypus« (1938) zu diffamieren.

Typologische Systeme, die verschiedene Arten und Weisen anzeigen, mit denen Informationen verarbeitet werden, stoßen in jüngerer Zeit wieder auf ein vermehrtes Interesse, weil sie den Prämissen der kognitiven Psychologie genügen. Beschrieben werden Unterschiede in der Wahrnehmung und im Denken, aus denen sich ein oft recht überdauernd erscheinender kognitiver Stil ableiten läßt, mit dem sich eine Person mit ihrer Umwelt auseinandersetzt. Die Steuerung und Kontrolle von Reaktionen spielen dabei eine Rolle. Die persönlichen Konstrukte, die Menschen bilden, um die Wirklichkeit zu erfassen und in ihr handeln zu können, sind Anlaß zur Einteilung, wobei sich bei einer solchen Betrachtung leicht Rangunterschiede ergeben, weil die Komplexität dieser impliziten Theorien variiert. Manche Menschen verfügen über ein kategorial sehr differenziertes kognitives System, das sie flexibler und unabhängiger macht. Die kognitiven Persönlichkeitstheorien, die aus den älteren Typologien hervorgingen, streben in jedem Fall nach solchen umfassenden Aussagen. Schlüsse von der Komplexität des kognitiven Systems auf den Charakter einer Person, z. B. deren Unabhängigkeit, werden gezogen.

In vielen für den musikalischen Bereich geschaffenen Typologien steckt ein kognitives Konstrukt. Schon die älteste Typologie, mit der Rochlitz (1799) die Konzerthörer in vier Klassen einteilte, sieht neben den Hörern, die sich der Musik zuwenden, weil es Mode ist, oder aber neben einem nur sensorischen »Hören mit dem Ohr« ein »Hören mit dem Verstande« vor. Jedoch wird unter dem Einfluß der Empfindungsästhetik ein abstraktes Auffassungsvermögen abgewertet gegenüber dem »Hören mit ganzer Seele«. Wenn, wie in den meisten Typologien, das Musikverstehen als Ausgangspunkt für Einteilungen genommen wird, so wird fast immer eine Art aktives kognitives Hören einem mehr auf der sinnlichen Ebene motorischer oder emotionaler Stimulation stattfindenden Mitvollzug gegenübergestellt. Darin gleichen Coplands Überzeugungen über das richtige Anhören von Musik, niedergelegt in *What to Listen for in Music* (1939), den Einteilungen von Müller-Freienfels (1912, 1936) oder den empirisch ermittelten Unterschieden des Hörens von Alt (1935), bis hin zu den mehr der subjektiven Meinung entsprungenen Ordnungsschemata, die in der Musikpädagogik im Schwang sind. Copland begnügte sich mit diesen drei Formen, Müller-Freienfels entwarf ein komplizierteres Schema, indem er prinzipiell einen auf Kontemplation und Abstraktion beruhenden ästhetischen Genuß dem durch Einfühlung gewonnenen kontrastierte. Im einzelnen hob er dann von einem intellektuellen und emotionalen Typ den sensorischen ab, dessen Wahrnehmung auf den Klangreiz gerichtet ist, wohingegen beim motorischen Typ die körperliche Resonanz überwiegt. Daneben nahm er noch einen assoziativen Typ an, der sein subjektives Erleben mit den Tonvorstellungen verbindet. Dieser Aufstellung ähneln sehr die Ergebnisse, die Alt (1935, 1968) fand, als er eine Art inhaltsanalytische Auswertung von Beschreibungen vornahm, wie Kinder Musik hören. (Gehört wurden Tschaikowskys *Humoreske* und Schumanns *Wilder Reiter, Winterzeit II, Kleiner Morgenwanderer.*) Alt konnte eine Gruppierung vornehmen in ästhetisches Musikhören, das analytisch die künstlerischen Gegebenheiten nachvollzieht, beseelendes Musikhören, bei dem Musik als Ausdruck einer Stimmung empfunden wird, und in sensibles Musikhören, bei dem entweder eine sensomotorische Wirkung vorliegt oder ein mehr emotionales Ergriffensein.

Für die beiden letztgenannten Untertypen fand Behne (1979) eine geschlechtsspezifische Differenzierung, derart, daß Mädchen zum emotionalen Ergriffensein tendieren und Jungen zu einer motorischen Stimulation neigen. Das ästhetische Hören, die aktive Beteiligung des Verstandes wurde von Alt als die der Musik angemessenste Umgangsform angesehen. Damit faßte er Qualitätsunterschiede als Rangunterschiede auf, seine Typen lassen sich deshalb als Abschnitte auf einer einzigen Dimension anordnen. Alt zog keine weiterreichenden Schlüsse von der Art der musikalischen Wahrnehmung auf andere Eigenschaften einer Person. Dies ist bei den sonst sehr unterschiedlichen Typenkonstruktionen von Wellek und Adorno der Fall.

Welleks Untersuchungen über das polare und lineare Hören sind aus einer Typologie des kognitiven Stils hervorgegangen. Ausgangspunkt ist die Zweikomponenten-Theorie der Tonhöhe von Révész (1946). In umfänglichen Experimenten stellte Wellek eine unterschiedliche Orientierung an einer der beiden Komponenten der Tonhöhe fest. Sowohl bei Absoluthörern als auch beim relativen Gehör gibt es Personen, die mehr zur Verwechslung von Tönen mit gleicher Helligkeit (im Abstand einer kleinen Sekunde) neigen, und solche, die weniger gut Töne gleicher Tonigkeit im Abstand einer Quinte oder Quarte auseinanderhalten können. Diese unterschiedliche Auffassung über die Ähnlichkeit von Tönen begründete Wellek mit einem linearen, an der Helligkeit orientierten Hören einerseits und einem polaren, die Tonigkeit zentrierenden Hören andererseits. Nauck-Börner (1980, S. 118) hat die von Wellek angegebenen Häufigkeiten für »hochlineares bis hochpolares« Hören in eine Rangreihe gebracht. Dabei zeigte sich ein graphisches Bild, das stark an die Normalverteilung erinnert. Polares und lineares Hören stellen damit eine Konstruktion von Typen dar, deren reinste Ausprägung nur die seltenen Fälle an den Polen einer Skala ausmachen.

Wellek hat diese »Strukturen« des Hörens als grundsätzliches musikalisches »Angelegtsein« gedeutet; er sprach dem linearen Typ eine kontrapunktisch-polyphone Hörweise, eine Bevorzugung des vorklassischen und modernen Stils zu. Den polaren Typ charakterisierte er durch eine harmonisch-homophone Hörweise sowie durch eine Bevorzugung romantischer und expressionistischer Musik. Er schloß jedoch auch auf grundlegende Eigenschaften, indem er Parallelen zog zu der im Leipziger Kreis um Felix Krueger entwickelten Unterscheidung des »Gefühlsganzheitlichen« und des »Analytischen«. Diese Wahrnehmungstypologie, die auf der Beobachtung einer desintegrierten, zergliedernden und einer zusammenschauend-synthetischen Auffassung beruht, womit ein unterschiedliches Verhältnis zu Form und Farbe einhergeht, weist — ins Charakterkundliche ausgeweitet — eine gewisse Ähnlichkeit mit der Unterscheidung von Introvertiertem und Extravertiertem auf. Darüber hinaus postulierte Wellek auch eine stammesmäßige Gebundenheit, einen linearen Nordtyp und einen polaren Südtyp. Dies entsprach dem fatalen Zug der Zeit, Menschen nach ihrer Rassenzugehörigkeit identifizieren zu wollen. Die Leipziger Typologie sah übergeordnet zu den beiden Polen des Gefühlsganzheitlichen und des Analytischen einen gestaltungskräftigen Typ vor, den Wellek beim Musikhören an der Verwechslung von Ganztönen identifizierte.

Welleks Typologie stellt einen Musterfall dar. Ein einfach zu beobachtender Sachverhalt dient einer bipolaren Konstruktion, zugleich werden weitreichende Verallgemeinerungen vom Hören auf den Hörer getroffen. An kognitiven Strukturen werden Persönlichkeitsmerkmale abgelesen. Stimuliert werden solche Generalisierungen durch den Wunsch, den Aussagewert einer Theorie auf ein Maximum zu erhöhen. Eine Beziehung zwischen der unterschiedlichen Ansprechbarkeit eines zentrifugalen, unmittelbar reagierenden und eines nüchternen, zentripedalen Musiktyps zu allgemeinen Persönlichkeitsmerkmalen hatte auch schon 1932 Lamparter herzustellen versucht. Die Schwierigkeit, solche Theorien empirisch zu überprüfen, beläßt ihnen immer einen hypothetischen Status, der anregend auf die Frage wirkt, wieso die kategoriale Struktur des Musikverstehens oder zumindestens die Strategie, mit der sie eingesetzt wird, zwischen Menschen gleicher Bildung differieren kann.

Ein buntes Gemisch von Vorurteilen und kritischen Ermahnungen stellt die Typologie von Adorno dar, die er in einem Radio-Vortrag dargelegt hatte, der wegen seines großen Echos hier besprochen wird, obwohl er eigentlich nicht in einen wissenschaftlichen Kontext gehört. Adorno nahm Anregungen von biologischen Klassifikationssystemen auf: Die Musik-Hörer erscheinen bei ihm wie die Pflanzen und Tiere nach Vorkommen und Verbreitung sortiert. Der Experte kommt nur selten vor. Den guten Zuhörer findet man beispielsweise in den höfisch-aristokratischen Zirkeln des 19. Jahrhunderts, er ist heute weitgehend ausgestorben. Der Bildungskonsument ist in Regionen mit einer Musiktradition und auch dort vorzugsweise nur in der bürgerlichen Schicht beheimatet. Der emotionale Hörer gedeiht am besten in Ländern, wie z. B. den slawischen, die in der technologischen Entwicklung zurückgeblieben sind; er kommt aber auch in England vor. Wenig ist über die Verbreitung des Ressenti-

menthörers bekannt; es wird nur eine Verwandtschaft mit dem Jazzfan angenommen. Wie Unkraut scheint der Unterhaltungshörer überall zu gedeihen.
Über das Vorkommen und die Verbreitung von Gleichgültigen, Unmusikalischen, Antimusikalischen werden keine näheren Angaben gemacht. Da Adorno auf das Verfahren von Weber zurückgriff und Idealtypen konstruierte, wobei
die Realität nur als Abweichung von ihnen beschrieben werden kann, ist von
vornherein keine empirische Gültigkeit seiner Typologie beansprucht, was zu
ihrem Überleben stark beiträgt.

Adorno konstruiert eine Rangreihe gemäß der Angemessenheit des Hörens.
Meine Aufzählung folgt dieser Anordnung. Adäquates Hören bedarf des Wis-
sens um musiktheoretische Kategorien, um Sinnzusammenhänge erfassen zu
können. Diese Kenntnisse besitzt schon der gute Zuhörer nicht mehr in vollem
Umfang. Er findet jedoch noch Gnade vor des Autors Augen — vielleicht, weil
er ohnehin kaum noch vorkommt, vielleicht auch, weil er implizit ein ange-
messenes Kategoriensystem besitzt. Alle weiteren Formen des Hörens verweisen — stufenweise absteigend — auf verwerfliche Unkultur. Es liegt also auch
hier, wie bei Alt (1935), eine Typenkonstruktion vor, die von einer abschnitts-
weisen Häufung auf einer Skala ausgeht, was ihre Herkunft aus einem nicht
dem Stand ihrer Zeit entsprechenden Denken verrät. Denn für solche ab-
schnittsweisen Häufungen sind wahrscheinlich in jedem Fall mehrere Skalen
angemessen, die möglicherweise voneinander unabhängig sind. Adorno um-
rankt seine Beschreibung des Hörverhaltens mit charakterologischen Bemerkungen. Dazu greift er auf psychoanalytische Vorstellungen zurück. Die Ersatzbefriedigungen und Regressionen, die ohne Zweifel durch Musik geschaffen
werden können, zeigen aber nur ein bestimmtes Verhalten in einer ganz bestimmten Situation an. Es ist nicht möglich, die Art des Musikhörens oder die
Vorlieben für bestimmte Stücke pauschal mit neurotischen Deformationen in
Zusammenhang zu bringen, wie dies Adorno tut; denn das Musikhören ist erheblich mehr von der Bildung und dem Kenntnisstand abhängig als von anderen persönlichkeitstheoretischen Merkmalen. Unausgesprochen ist diese Kritik
auch von den Musikpädagogen geübt worden, für deren Bemühungen die Idee
vom strukturellen Hören des maximal gebildeten Experten zeitweilig Leitlinie
des Handelns war.

Typologien lassen sich ihrerseits typisieren. Zusammengefaßt werden können solche Konstruktionen, die das Hörverhalten im Hinblick auf eine ideale
Kompetenz differenzieren, wobei die historischen Begrenzungen dessen, was als
ideale Kompetenz angesehen wird, von den Typenkonstrukteuren meist nicht
bedacht werden. Ideal ist ein Hörer, der in vollem Umfang über musiksprachli-
che Kategorien verfügt, deshalb beim Hören Erwartungen aufbauen kann und
formale Synthesen im Gedächtnis zu leisten vermag. Da die Idee der Sprachana-
logie der Musik keine überzeitliche Geltung besitzt, betrifft auch das Ideal der
grammatisch richtigen Auffassung nicht alle Musik. Nicht nur durch die Ent-

wicklung der Musik in jüngerer Zeit wird das Konzept der idealen Kompetenz eingeschränkt, sondern auch durch einen Verweis auf die Alte Musik. Besseler hat das aktiv-synthetische Hören, das schon Riemann als einzig mögliche Form erachtete, in seiner berühmten Schrift *Das musikalische Hören der Neuzeit* (1929) eingeschränkt. Nicht der Musik aller Zeiten ist eine Auffassung angemessen, die Schritt für Schritt zusammenfassend den Aufbau eines Werkes nachvollzieht. Die ständig Neues aneinanderreihende musikalische Prosa der älteren Musik, die Besseler am Beispiel eines Liedes von Senfl erläutert, erfordert keinen Hörer, der ständig Korrespondenzen und Zusammenhänge entdeckt. Diese Musik will als objektives Zeugnis einfach vernommen werden. Für die romantische Musik schien Besseler ein emotionales Hingegebensein passend, bei dem — allen Forderungen nach kognitiver, rationaler Bewältigung zum Trotz — Musik in erster Linie als Ausdruck einer Stimmung erlebt wird.

Typologien des Musikhörens lassen sich weiterhin dadurch charakterisieren, in wieweit sie aus der Art der Wahrnehmung (z. B. emotionalem Hören) Vorlieben für bestimmte Musikstücke (z. B. für Unterhaltungsmusik) ableiten. Sofern solche Typologien eine Rangreihe der Angemessenheit des Hörens aufstellen, entsteht ein logisches Problem. Es wird nicht die Angemessenheit des Hörens, sondern die der Musik zur Diskussion gestellt.

Von der Annahme einer Korrespondenz zwischen Hörer und Musik gehen schon ältere typologische Ordnungen aus. Josef Rutz hatte bei Sängern die Beobachtung gemacht, daß ihnen manche Werke nicht lagen, und er glaubte den Grund dafür in der Körperhaltung entdeckt zu haben. Aus diesen im ausgehenden 19. Jahrhundert entwickelten, nur mündlich weitergegebenen Mutmaßungen über den Haltungsstil des Vortragenden und den Stil eines Liedes wurden mannigfache Spekulationen über die Übereinstimmung zwischen stilistischen Eigenschaften der Musik und emotionalen wie weltanschaulichen Haltungen des Hörers abgeleitet. Letzteres gilt ganz ausgesprochen für den Ansatz Honigsheims (1958), der quasi durch einen Lebensstil — geprägt durch die Zugehörigkeit zu Publikumsstrukturen, deren Exklusivität und Geschlossenheit — den Umgang mit Musik bestimmt sah. Die Beziehungen, die zwischen »Haltungen« und Musikstil gesehen wurden, lieferten außerdem Anregungen, nach Korrespondenzen im physischen Bereich zu suchen. Mitempfindungen hat 1928 Becking (in Anlehnung an eine in der Literaturwissenschaft geübte Praxis) durch eine Art Sich-Dirigieren-Lassen ermitteln wollen. Er fand drei Schlagfiguren heraus, die er nicht zu einer Differenzierung der Resonanz der Zuhörer benutzte, sondern zu einer Charakterisierung von Komponisten. Er unterschied einen Mozarttyp, der aber auch Händel, Haydn und Schubert umfaßt und durch eine spezifische Aufwärtsstrebung gekennzeichnet ist, von einem Typus von Taktbewegungen, der von Schütz über Telemann zu Beethoven reicht. Eine dritte Form der Dirigierbewegungen soll Bach und Wagner gelten.

Die Versuche, diesen ursprünglich mit kleinen Messingdrähtchen oder Holzstäbchen ausgeführten Mitbewegungen durch Filmaufzeichnungen auf die Spur zu kommen, sind fehlgeschlagen. Es ist auch ziemlich unwahrscheinlich, daß sich drei Schlagfiguren als angemessener Ausdruck von Mitempfindungen erweisen sollen, die auf das ganze Spektrum unserer Musikkultur bezogen sind.

Differenzierungen zwischen Menschen, die die Auffassung von Musik und die Fähigkeit für musikalische Ausübungen betreffen, können aufgrund sehr verschiedener Kriterien vorgenommen werden. Man kann sich darauf beschränken zu beobachten, wie gut jemand ein konkretes Musikstück wahrnimmt, wie gut er bei einer bestimmten Tonfolge hört. Schließt man daraus auf eine gewisse Konstanz des Verhaltens in einer ähnlichen Situation, so stellt man mindestens Gewohnheiten in Rechnung, die man zu begründen versucht, beispielsweise durch Lernen, wie es die Behavioristen taten. Schon von realen Vorgängen weiter entfernt ist die Annahme, in der Beobachtung zeige sich ein Wesenszug, z. B. Musikalität. Solche Dispositionseigenschaften sind an sich abstrakt. Wem man Freundlichkeit zuschreibt, der kann sich in einer bestimmten Situation sehr unterschiedlich, nämlich liebenswürdig, hilfreich, aufmerksam oder interessiert zeigen. Dispositionseigenschaften werden — auch wenn sie aus Tests und Faktorenanalysen hervorgehen — quasi hermeneutisch gewonnen. Dies gibt Anlaß, über ihre Bedeutung nachzudenken. Typen stellen noch eine höhere Abstraktionsstufe dar. Sie fassen Wesenszüge (zu Faktoren zweiter Ordnung) zusammen. Extraversion beispielsweise ist eine übergeordnete Bezeichnung für Erregbarkeit, Aktivität, Soziabilität, Impulsivität und anderes mehr. Musikalität ist ebenfalls eine Dispositionseigenschaft, aber ihr Verhältnis zu den meisten Typologien ist nicht klar. Nur bei Wellek sind Typen Spezialfälle der Musikalität. Vor allem jene Typologien, die keine qualitative Unterscheidung anstreben, sondern die Kompetenz graduell abstufen, genügen eigentlich nur umgangssprachlichen Vorstellungen vom Typischen. Denn wenn eine Verhaltensweise benannt wird, etwa emotionales Hören oder motorisches Reagieren, so wird zwar in der Regel eine Dispositionseigenschaft beim Hörer vorausgesetzt, aber bei deren Beschreibung hält man sich bei vagen charakterologischen Andeutungen auf. Typenkonstruktionen differenzieren eigentlich musikalische Fähigkeiten, aber sie weiten ihre Aussagen oft ins Allgemeine, ohne das Verhältnis zu einer speziellen Eigenschaft wie der Musikalität zu klären. Das Verhältnis von musikalischen Fähigkeiten zum »Angelegt-Sein« eines Typus in der Struktur ist auch deshalb schwierig zu bestimmen, weil erstere wenigstens versuchsweise nach den Regeln wissenschaftlichen Arbeitens erforscht werden, wohingegen Typen doch eher vorwissenschaftliche Charakterisierungen darstellen. An der Konstruktion von Typen fasziniert jedoch der Gedanke, daß eine andere Differenzierung der musikalischen Kompetenz möglich sein könnte, als sie durch Musikalitätstests meist erreicht wird (die mehrfaktorielle Konzeption von Seashore ausgenommen, die eine Typenkonstruktion erlauben würde). Typologien deuten an, welche Vielfalt an individuellen Auffassungen eine musikalische Aussage zuläßt.

Visuelle Eindrücke beim Musikhören: Synästhesien

Die kognitive Strukturierung akustischer Informationen verbindet sich oft mit einer Übersetzung in visuell anschauliche Eindrücke. Unabhängig von den physikalischen Gegebenheiten des Raumes, in dem wir die Schallquelle lokalisieren, stellt sich das Erlebnis eines Tonraums ein. Akustische Ereignisse bewegen sich in ihm auf und ab oder auch nach vorwärts. In manchen Sprachen prägt die Annahme einer vertikalen Dimension geradezu die begriffliche Benennung. Töne werden im Deutschen als hoch und tief oder im Italienischen als »acuto« und »basso« unterschieden. Auf die Bedeutung, die für die Raumwahrnehmung ein fester Rahmen wie die Tonleiter gewinnt, hat Helmholtz (1863, S. 597) hingewiesen. Ähnlich wie im physikalischen Raum bewegte Körper an verschiedenen Stellen wahrgenommen werden können, ähnlich konstituiert die Tonleiter einen Bezug, der erlaubt, bei Transpositionen einen musikalischen Körper zu erkennen oder die »Breite« einer Stimme abzuschätzen und damit ihre Verschiedenheit von einer anderen zu identifizieren. Indem sich Tonhöhen verändern, wird Raum nachgeahmt; ein räumlicher Eindruck ist wiederum die Voraussetzung für das Erlebnis einer Bewegung. Bewegungen — so argumentiert Helmholtz — begründen wir außerdem in Antrieben, die in der Welt der Empfindungen aus »Gemütszuständen« hervorgehen. Durch die Möglichkeit, einen Bewegungseindruck hervorzurufen, vermag Musik in höchst artifiziell gesteigerter Weise Gefühlsausdruck zu vermitteln. Helmholtz erwähnt in diesem Kontext quasi nebenbei und selbstverständlich den »stufenweisen Fortschritt im Rhythmus«.

Das Raumerlebnis ist nicht nur durch das auf einem Hintergrund strukturierte Auf- und Absteigen bestimmt, sondern die Assoziation des Eindrucks der Helligkeit mit einer räumlichen Höhe ergänzt die Vorstellung einer Horizontalen, auf der Sukzessionen als Nebeneinander gedeutet werden. Zu einer horizontalen und vertikalen Ordnung können außerdem Unterscheidungen analog einer Tiefendimension treten. Die Erlebnisse des Volumens und der Dichte von Tönen, die aus dem kombinierten Eindruck von Tonhöhe und Lautstärke hervorgehen (tiefe, laute Töne haben ein größeres Volumen), machen, wie die Untersuchungen von Stevens (1934) oder Jost (1967) beweisen, zumindest eine vorgestellte Ordnung von Tönen möglich, die, wie beim Masseeindruck von visuellen Objekten, eine dreidimensionale Struktur voraussetzt. Und solche quasi objektähnlichen Vorstellungen besitzen ebenfalls eine so große Selbstverständlichkeit, daß sie zur Charakterisierung von Tönen verwendet werden können. Im Französischen spricht man von »aigu« und »grave«, im Englischen von

»sharp« und »flat«. Tiefe, leise Töne erscheinen zugleich subjektiv entfernter als hohe. Der virtuelle Tonraum ist aber dimensional nicht eindeutig bestimmt. Die Tiefendimension wirkt engräumig und weniger deutlich ausgeprägt als die Horizontale und Vertikale. Der Eindruck der Nähe oder Ferne eines Tones ist außerdem vermischt mit der Interpretation des physikalischen Raumeindrucks. Der Parallele zwischen Tonhöhe und einer vertikalen Dimension sowie zwischen der zeitlichen Abfolge und einer horizontalen Dimension entspricht zumindest nicht in gleicher Deutlichkeit eine Analogie zwischen der Lautstärke und der Tiefendimension. Nicht von ungefähr werden wahrscheinlich bei der visuell anschaulichen Darstellung von Musik in Form einer Partitur nur die beiden klar ausgeprägten Raumanalogien benutzt.

Die plausible Hypothese, daß das »Töne sehen« eine Voraussetzung für die Entwicklung des traditionellen abendländischen Tonsystems ist, stammt von Anschütz (1925, 1930). Wellek hat sie mit dem Ausmaß an Allgemeinverbindlichkeit begründet, die den Vorzug einer raumanalogen Darstellungsform vor anderen symbolischen Transformationen ausmacht (wie beispielsweise der Buchstabennotation). Raumanaloge Darstellungen von Musik verzichten aber meist auf eine Perspektive. Sie benutzen überwiegend die Fläche, auch wenn — wie bei der musikalischen Grafik — eine Erweiterung gegenüber der traditionellen Notenschrift intendiert ist. Und umgekehrt zeigen die Anregungen, die aus musikalischen Vorstellungen für die Malerei gewonnen wurden, in der Regel nur eine zweidimensionale Struktur. Die Versuche, mit Hilfe von Musik Grundprinzipien der Kunst aufzufinden, führten im Bauhaus zu musikanalogen Darstellungen, oft zu visuell gestalteten Fugen (siehe die Transkription von Bach-Fugen), die einen ausgesprochen flächigen Charakter haben. Anregungen, von denen sie sich verallgemeinerungsfähige Ordnungen versprachen, übernahmen Künstler wie Albers oder Klee aus jenen musikalischen Dimensionen, die klar ausgeprägt sind.

Ebenso wie der imaginierte musikalische Raum weniger starr fixiert ist als der visuelle Anschauungsraum, ebenso wenig eindeutig fixierbar sind die Kräfte, die wir als in ihm waltend empfinden. Da die unmittelbaren Erlebnisse, die sich mit Bewegungseindrücken verbinden, um gedankliche Konstruktionen ergänzt werden, die aus tonsystemlichem Wissen abgeleitet werden, sind durchaus verschiedene Kraftempfindungen denkbar. Die energetischen Verhältnisse hängen davon ab, welche Musik wir uns in den Raum hineindenken. Um für die eindrucksvollen musikalischen Architekturen der Werke Bachs und Bruckners ein musiktheoretisches Fundament zu schaffen, postulierte Kurth eine Schwerkraft, die er potentielle Energie nannte, und er beschrieb eine weitere — kinetische — Energie, die ohne unmittelbare Analogie zum physikalischen Raum uferlos zum Unendlichen drängt. Die Idee hingegen eines schwerkraftlosen, vollkommen gleichgewichtigen Raums, an dem alles ein gleiches Recht am Mittelpunkt hat, ist ebenfalls denkbar. Sie findet sich, unabhängig von musikalischen Beschreibungen, seit der Antike in organologischen Vorstellungen. Sie ist außerdem typisch für das Denken des 19. Jahrhunderts und gewann — vermittelt über Goethe und Balzac (vor allem dessen Erzählung *Seraphita*) — Einfluß auf Schönberg und Webern. Komplementaritäten, die sich symmetrisch verhalten, wie Höhe und Tiefe oder Licht und Schatten, sich ergänzende Beziehungen bestimmen die Kräfteverhältnisse in diesem Raum. Dieser gleichgewichtig dimensionierte Vorstellungsraum macht die Imagination unabhängig von Richtungen und Ebenen. Er ermöglicht Gedanken an musikalische Gestalten in allen möglichen Lagen. Er vermittelt Bewegungen der Töne als wechselseitige Beziehungen von Klängen, von oszillierenden Schwingungen, die an verschiedenen Stellen zu verschiedenen Zeiten auftreten. Diese Konzeption hält an der traditionellen Idee eines Organismus fest, ohne daß der Einbildungskraft grundsätzliche Beschränkungen auferlegt würden. Werden die Analogien zu einem Organismus preisgegeben, wie es in der Musikanschauung Anfang der fünfziger Jahre der Fall war, so bedeutet dies zugleich eine Preisgabe der Vorstellung von Energie und Kraft. Der musikalische Raum erscheint als ein kristallenes System, dessen Struktur von Komplementaritäten und Symmetrien geregelt wird, ohne daß noch ein notwendiges Zueinander als Kraft oder Spannung erlebt würde.

Fast alle Menschen vermögen sich Musik räumlich vorzustellen. Anders verhält es sich mit den intermodalen Qualitäten von Farbeindrücken. Farben wurden daher weitaus seltener und oft ohne die Intention einer unmittelbaren Abbildung zur Darstellung von Musik benutzt. Farbige Linien, die vom 11. bis 13. Jahrhundert wahrscheinlich aus der arabischen Notation übernommen wurden, dienen — ebenso wie die Verwendung der Farbe Rot in der Mensuralnotation, die einen Wechsel des Tempos anzeigt — nur dazu, etwas besonders gut im Gedächtnis zu verankern oder zur besonderen Beachtung hervorzuheben, ohne daß man sich dabei auf eine allgemeinverbindliche Beziehung zwischen Farbe und Klangfarbe stützen könnte.

· Die nur bei wenigen Individuen auftretenden farbigen Eindrücke beim Musikhören haben zu vielfältigen Begründungen und Spekulationen, Systematisierungsversuchen und auch zu künstlerischen Produktionen angeregt. Während sich raumanaloge Vorstellungen aus einem ursprünglichen Zusammenhang von Raum und Zeit erklären lassen, der gemäß der Theorie von Piaget im Verlauf der Ontogenese erst differenziert wird, setzen Entsprechungen zwischen Tönen und Farben einen komplizierteren Akt der symbolischen Transformation voraus. Die »Doppelempfindungen« (Bleuler und Lehmann 1881) des Farbenhörens, auch »audition colorée«, chromatische Synopsie genannt, bei der ein Schallreiz nicht nur einen akustischen, sondern auch einen visuellen Eindruck hervorruft, sind ein chaotisches und interessantes Gebiet der Musikpsychologie, das ausführlicher behandelt werden soll. Seine Einordnung als ein den Typen kognitiver Strukturierung nachfolgendes Kapitel ist unzureichend, da es in mindestens gleichem Maße in den Kontext der Konstruktion von Sinnbildern gehört, die im ersten Kapitel besprochen wurden. Es setzt jedoch auch das Wissen um differentialpsychologische Unterschiede voraus.

Nicht nur das Vorhandensein von Photismen zur Musik, sondern auch die Art, wie sie erlebt werden, variiert individuell sehr stark. Sie können als hinter dem Auge, als Hintergrund der Objekte, als Projektion in Richtung auf die Schallquelle oder als die Umgebung »tönend« empfunden werden. Auch das Erlebnis des »Als ob«, das nicht sinnlich umgesetzt nur eine metaphorische Qualität hat, gehört in diesen Kontext. Wenngleich das, was dabei als Tönen und Farben gemeinsam gedeutet wird, nicht sinnlich repräsentiert ist, so liegt doch jener Akt einer symbolischen Transformation eines Sinnesreizes vor, der für das Auftreten der »audition colorée« verantwortlich sein könnte. Zudem ist der Übergang zwischen dem unmittelbaren Erlebnis und einem metaphorischen Eindruck fließend. Das beweisen berühmte Synästhetiker. Skrjabin soll nur ein Gefühl des »Als ob« gehabt haben, wenn die Musik zu leise war, das Farberlebnis stellte sich erst bei größerer Lautstärke ein.

Große Unterschiede existieren im Hinblick darauf, welche musikalischen Eigenschaften farblich interpretiert werden, ob Einzeltöne, Intervalle, Tonarten etc. Merkwürdig wenige Berichte betreffen Instrumentalfarben, obwohl diese sehr stark modifizierend wirken, wenn ein Hörer einen Farbe-Ton-Zusammenhang ausgebildet hat. Bleuler und Lehmann (1881) stellten in einer Befragung fest, daß 76 von 596 Personen, also 12,7%, die Fähigkeit zur Doppelempfindung besitzen. Das entspricht den Angaben von Colman (1898), der auch eine Schätzung von 12% angibt. Eine systematische Behandlung dieses Phänomens ist trotz der großen Wahrscheinlichkeit des Auftretens nur schwer möglich, weil die visuellen Erscheinungen mannigfaltig sind und verschiedene Personen nicht einmal auf den gleichen akustischen Reiz reagieren. So bleibt nur die Einzelfallbeschreibung.

Die gedankliche Zuordnung von Tönen, Klängen und Farben findet sich in verschiedenen Kulturen. Oft beruhen sie auf der Annahme einer kosmologischen Ordnung. Töne werden begriffen als Stellvertreter außermusikalischer Sachverhalte oder als göttliche Emanationen. In der altindischen Kultur besaßen Töne einen hohen symbolischen Gehalt. Ihre Bedeutung ergab sich aus ihren Korrespondenzen zu Göttern, Naturgewalten, Tieren, Kasten und Farben. Die Töne hatten durch die Zuordnung zu Gottheiten auch einen Gefühlswert (etwa brüllend oder weich) und damit auch schon eine psychologische, erlebnismäßige Qualität. Die Entsprechungen zwischen Farben und Tönen, die sich in vielen asiatischen Kulturen finden, bergen zugleich Reste kultischer Handlungen. Da Musikinstrumente der Beschwörung von Geistern dienten, verbanden sich Klänge leicht mit zusätzlichen Bedeutungen. Die altchinesische Kultur kennt gleichermaßen vielfältige Zuordnungen wie die indische. Parallelen zwischen Tönen, Jahreszeiten, Wetter, Himmelsrichtungen, Elementen wurden gebildet;

so etwa ist der Grundton gleichgesetzt mit der Vorstellung Erde, Fürst, Mitte, Gelb. Darüber hinaus weisen aber auch die Einfärbungen der Saiten der Zither, die während eines Opfers gespielt wurde, auf Zusammenhänge zwischen Farben und Tönen hin, die in kultischen Handlungen wurzeln. Im Abendland gewann die pythagoreische Lehre einen besonders großen Einfluß. Als gemeinsames Prinzip einer kosmologischen Ordnung galt die Zahl; sehr heterogene Sachverhalte wurden damit aufeinander bezogen: Der Sphärenharmonie konnten sowohl das Kreisen der Planeten, die Farben des Lichts als auch die Proportionen von Tönen gleichgesetzt werden. Die Auswirkungen des Pythagoreismus sind bis in das 16. Jahrhundert, vereinzelt — wie in Keplers *Harmonia mundi* (1619) — noch im 17. Jahrhundert spürbar.

Auch die Parallelisierung von Intervallen und Tonarten mit Farben in der *Musurgia universalis* (1650) von Kircher basiert noch auf kosmologischen Spekulationen, aber sie weist schon voraus auf die physikalischen und psychologischen Begründungen späterer Zeiten. Kircher ordnete den Intervallen Farben zu, beispielsweise der Oktave die Farbe Weiß, der kleinen Terz die Farbe Gelb; die Quarte erscheint rosa, der Tritonus blau, der große Ganzton schwarz. Die Behauptung einer Identität von Schall und Licht konnte er noch nicht beweisen; er gehört aber zu den Vorläufern der Schwingungstheorie des Lichts. Darüber hinaus besaß Kircher eine Art impliziter Theorie über die Wirkung sowohl der Farbe als auch des Lichts. Denn zumindest die »Farben« der menschlichen Stimme charakterisierte er partiell durch affektive Tönungen: Stark und tief entspricht Schwarz, hoch und weich gebrochen entspricht Weiß, weich und ruhig erscheint als Blaßgelb, tief und klar als Feuerrot, hoch angespannt als Scharlachrot, von tief zu hoch ansteigend als Blau. Solche Korrespondenzen, die sich auf einen gleichen psychischen Eindruck gründen, waren nicht willkürlich gesetzt. Sie konnten sich auf zahlreiche Überlieferungen stützen, die bis zur antiken Ethoslehre zurückreichten. Platon hatte nicht nur den Tonarten einen seelischen Einfluß zugeschrieben, sondern im *Timaios* auch Farben, so etwa Gelb und Gold mit dem Gefühl des Glanzes und der Achtung verbunden. An Kircher und Kepler knüpfte 1704 Newton mit seiner »Optik« an. Er ordnete sieben Farben des Spektrums analog den Verhältnissen einer dorischen Tonleiter, indem er eine rechnerische Übereinstimmung zwischen der Breite einer Farbe im Spektrum und den Intervallen zugrunde legte. Wie schon Kircher versuchte er nicht, die Einzeltonhöhe zu einer Farbe in Beziehung zu setzen.

Für Newton war es durch die von Malebranche entwickelte Schwingungstheorie des Lichts möglich geworden, mathematische Spekulationen auf ein physikalisch empirisches Fundament zu stellen. Er fand Nachfolger, die nach anderen physikalischen Entsprechungen der Farben zu musikalischen Sachverhalten suchten. Im 18. Jahrhundert ging De Mairan von der äolischen Leiter aus; De Cisternay du Fay glaubte, einen Zusammenhang zwischen den Grundfarben Rot, Blau und Gelb und den Verhältnissen des Dreiklangs entdecken zu

Das Farbenklavier, mit dem wahrscheinlich 1915 in New York die erste mit Licht ausgestattete Aufführung des *Prometheus* von Skrjabin stattfand, entspricht noch der Idee, die Castel im 18. Jahrhundert entwickelt hatte. Es ist wie ein Klavier im herkömmlichen Sinne zu spielen. Der Anschlag der Tasten scheint in dem hohen Aufbau (durch Öffnen von Klappen?) je unterschiedliche Lichteffekte hervorzurufen. Über die Funktionsweise können einstweilen nur Mutmaßungen geäußert werden. Es ist auch nicht bekannt, ob die Zuordnung von Klang und Farbe tatsächlich den Angaben von Skrjabin entsprochen hat. Bezüglich dieser Zuordnungen gibt es weder zwischen den verschiedenen Erfindern von Farbenklavieren noch zwischen den synästhetisch veranlagten Komponisten eine Übereinstimmung (© Neuberger Museum, State University of New York, College at Purchase, Purchase/New York).

können. Viel gerügt und dennoch berühmt ist die Idee eines Farbenklaviers (um 1722), die der Jesuitenpater Castel entwickelte und in theoretischen Niederschriften festhielt, auf die sich außerdem Telemann in seiner 1739 gedruckten Flugschrift bezog. Von Castels verschiedenen Vorschlägen weist vor allem der Gedanke eines »Farbencanals«, der auf Tastenanschlag geöffnet werden sollte, auf das bei der Aufführung von Skrjabins *Prometheus* (1915) in New York verwendete Farbenklavier voraus. Castel gelang es nicht, seine Pläne technisch zu realisieren. Einem anonym gebliebenen Schüler hingegen soll in England eine Ausführung geglückt sein. Probleme für die Konstruktion der »Augenorgel«, über die Telemann berichtete, bot zunächst die Zuordnung des Einzeltons zu einer Farbe, die in Newtons System, von dem Castel zunächst ausging, nicht vorgesehen war. Außerdem legte Castel die C-Dur-Tonleiter zugrunde. Er arbeitete daher ein eigenes System von Analogien aus, indem er die Hauptfarben Blau, Rot und Gelb als den über zwei Oktaven verteilten Dur-Dreiklang-Tönen analog begriff und zahlreiche »Zwischentöne« einfügte.

Wellek (1963), der die Geschichte von Castels Ideen aufgearbeitet hat, referiert und kritisiert als willkürlich folgende Entsprechungen: C = Blau, D = Grün, E = Gelb, F = Goldgelb (Orange), G = Rot, A = Purpur, H = Violett. Weitere Zwischenfarben erbringen eine Analogie zur chromatischen Skala, die in je verschiedener Schwarz- oder Weiß-Beimengung in allen Oktavlagen denkbar erscheinen. Castel weitete seine Ideen ins Phantastische, indem er an eine totale Übersetzung von Musik in visuelle Ereignisse dachte, die auf Wände und Tapeten projiziert werden sollten. Um verschiedene Klangfarben optisch darzustellen, z. B. den »samtweichen« Klang der Flöte, dachte er daran, sie auf einen entsprechenden Stoff aufmalen zu lassen. Damals haben solche Vorstellungen sowohl verwirrend gewirkt (worauf die Rügen Goethes hinweisen) als auch faszinierend, was an den Versuchen ablesbar ist, sie technisch zu realisieren. Verwirrend muß in der Tat Castels Wunsch gewesen sein, ganz Paris möge voller Farbenklaviere sein; er dachte dabei an eine Zahl von etwa 800000. Verbesserungsvorschläge gingen von Krafft und Krüger aus. Krüger vor allem suchte das Problem der Mehrstimmigkeit zu lösen, indem konzentrische Kreise auf einer Wand die verschiedenen Farben eines Akkords anzeigten. Der äußerste Kreis sollte den tiefsten Ton abbilden, der Mittelpunkt sollte durch eine Mischfarbe ausgefüllt sein. Ein solches Spiel kreisender Bewegung, geometrische Figuren auf wechselndem Farbhintergrund mit Variationsprozessen, bei denen die Farbe ausgetauscht wurde, bieten noch in den *Five Abstract Film Exercises* (1943/44) die Brüder Whithney. Ihre Klang- und Filmexperimente entsprangen — ähnlich wie Castels Pläne — dem Wunsch einer totalen Visualisierung von Musik, ohne daß der Eindruck, die Bilder ähnelten nur bewegten Tapetenmustern, vermeidbar gewesen wäre. Was einst als kühne Utopie wirkte, weil ästhetische Ideen des Gesamtkunstwerks darin vorweggenommen erschienen, geriet im 20. Jahrhundert zum reinen Kunsthandwerk.

Die technischen Probleme, die im 18. Jahrhundert fast unlösbar erschienen, bewältigt heute leicht ein Video-Synthesizer, der jede gewünschte Beziehung zwischen Bild und Ton herstellen kann. Künstlerische Innovationen sind aber durch die technische Perfektionierung noch nicht bewirkt worden.

Die Suche nach Entsprechungen zwischen Farbe und Ton war ursprünglich durch kosmologische Vorstellungen motiviert. Später stimulierte sie der Wunsch, einheitliche physikalische Gesetzmäßigkeiten zu finden. Die rechnerischen Übereinstimmungen zwischen Sachverhalten, die unterschiedliche Sinneseindrücke auslösten, kritisierte Diderot in der *Encyclopédie*. Im ausgehenden 18. Jahrhundert tauchen psychologische Begründungen auf und damit Ansätze zur Synästhesieforschung im engeren Sinne. Der Musik, die als Ausdruck begriffen wurde, konnte ein entsprechender Eindruck von Farben zugeordnet werden. Johann Leonhard Hoffmann widmete den Fragen des Farbenklaviers 1786 ein ganzes Buch, das sowohl die Zuordnung einzelner Töne (der C-Dur-Leiter zum Farbspektrum) vorsah als auch Gedanken zur Vertonung von Ge-

mälden erörtert. Moses Mendelssohn hegte in den *Briefen über die Empfindung*
die Idee, daß außerdem eine »Farbenmelodie« die Bewegungselemente gemäß
den Idealen von Hogarths Ästhetik imitiere und damit zur Nachahmung der
menschlichen Leidenschaften dienen könne. Anregungen für Analogiebildun-
gen ließen sich aus der *Farbenlehre* Goethes ableiten, in der zwar die Zuordnung von Ton und Farbe abgelehnt wird — Goethe erkennt als gemeinsamen
Bezug nur eine sehr abstrakte »höhere Formel« an —, aber Konnotationen von
Farben sehr genau beschrieben werden und damit der optische Eindruck über
seine nur sinnliche Wirkung ausgeweitet wird. In der »Sechsten Abtheilung«
seiner *Farbenlehre* beschreibt Goethe die sinnlich-sittlichen Wirkungen, die
man vollkommen allerdings nur empfinden kann, wenn man sich ganz mit der
Farbe identifiziert, sei es, daß man sich in einem vollständig einfarbigen Zimmer befindet oder aber die Welt durch ein einfarbiges Glas sieht. Was dabei her-
auskommt, entspricht der polaren Aufteilung der Farben, die Goethe vorgenommen hatte. Er hatte die Farben nach Gegensätzen geordnet und durch ein
Plus und Minus gekennzeichnet. Die Farben auf der Plusseite (Gelb, Rotgelb
= Orange, Gelbrot = Mennige oder Zinnober) stimmen regsam, lebhaft und
strebend. In der ausführlichen Beschreibung erscheint Blau als eine leere und
kalte Farbe. Die Harmonie der beiden Pole Blau und Gelb ergibt die höchste,
vollkommenste Farbwirkung im Rot. Sie macht zugleich den Eindruck von
Ernst, Würde, Huld und Anmut aus.

Die Polarität von Gelb und Blau nach Goethes *Farbenlehre*

Plus	Minus
Gelb	Blau
Wirkung	Beraubung
Licht	Schatten
Hell	Dunkel
Kraft	Schwäche
Wärme	Kälte
Nähe	Ferne
Abstoßen	Anziehen
Verwandtschaft mit Säuren	Verwandtschaft mit Alkalien

Die Literatur des 19. Jahrhunderts ist voll von Vergleichen zwischen Farben
und Tönen. Manchmal liegen tatsächlich Doppelempfindungen vor, manchmal
aber werden nur vage Analogien gebildet. Schon Tieck berichtete in den *Phantasien über Künste* vom anschaulich-bildlichen Charakter der Töne. E.T.A.
Hoffmanns Beschreibung aus der *Kreisleriana* wurde berühmt:

»[. . .] auch hatte ich gerade ein Kleid an, das ich einst im höchsten Unmut über ein mißlunge-
nes Trio gekauft und dessen Farbe in cis-Moll geht, weshalb ich zu einiger Beruhigung des Be-
schauers einen Kragen aus E-Dur daraufsetzen lasse.«

Bei Schumann finden sich Parallelen, die auf gemeinsamen Gefühlswerten basieren. Musik wird so durch Farbnuancen darstellbar, beispielsweise, wenn er
meint, daß bei dem heute nicht mehr bekannten Komponisten Licke ein ge-
mütliches Blau vorherrsche.

Der abstrakte Musikbegriff, der sich um die Wende zum 18. Jahrhundert aus-
bildete, setzte die Musik dem Universum gleich, machte sie zum Vorbild für
alle anderen Künste und begünstigte metaphorische Umschreibungen. Wenngleich nicht die einfache sensorische Empfindung damit gemeint war, so intendierte Caspar David Friedrich, der seine Gemälde bei schwacher Beleuchtung
und mit Musik betrachtet wissen wollte, ebenso wie Runge, der sich seine *Tages-
zeiten* ebenfalls in einem Raum mit Musik vorstellte, synästhetische Eindrücke.
Auf dem Hintergrund der Steigerung des ästhetischen Erlebens zur sinnlich
vollkommenen Erfahrung in Runges »Universalkunstwerk« oder in Wagners
»Gesamtkunstwerk« entstand um 1890 die wissenschaftliche Synästhesie-For-
schung, die merkwürdigerweise ihren Ausgang vom Hören der »audition colorée« nahm, wiewohl das Synästhesieproblem jahrhundertelang in der Optik beheimatet gewesen war. Hatte im 19. Jahrhundert eher eine Musikalisierung der
Malerei die Phantasie beflügelt, so begann die Visualisierung von Musik zunehmend das Interesse auf sich zu ziehen, wofür die »Bühnenkompositionen« von
Kandinsky gleichermaßen ein berühmtes Beispiel bieten wie die aus einer ästhetisch ganz anderen Haltung hervorgegangenen filmischen Interpretationen
von berühmten Musikwerken in Disneys *Fantasia*, die teilweise auf Anregungen der Musikfilmexperimente von Oskar Fischinger beruhen.

Nebenbei sei erwähnt, daß die *Bilder einer Ausstellung* von Mussorgsky nur
lose in diesen Zusammenhang gehören, weil sie den Vorlagen szenisch bewegte
Aspekte abgewinnen, etwa aus den beiden Zeichnungen des armen und reichen
Juden Schmuyle und Samuel Goldenberg Geschwätz heraushören oder aber
den Schlag einer Bronzeuhr zum Ritt der Hexe Baba Yaga umdeuten. Kandinskys »Übersetzung« — abstrakte flächige Formen und Figuren, die quasi als be-
wegtes Bühnenbild fungieren (nur bei zwei Bildern, dem »Marktplatz von Li-
moges« und »Schmuyle und Samuel Goldenberg«, werden Tänzer eingesetzt)
— ist von synästhetischen Erlebnissen mitbestimmt. Seine Apologeten gehen
zumindest davon aus, daß er mit dem Hören von Klängen Farben verbunden
hat. Es ist aber müßig, darüber zu spekulieren, ob die weiße mit schwarzen
Streifen gemusterte Fläche am Anfang des Bildes »Gnomus« einem Ges-Dur-
Eindruck entspricht. Kandinskys Idee einer synthetischen Kunst setzt zwar
einerseits die Prämisse einer Identität der verschiedenen Kunstmittel voraus —
diese Identität begründet er in seinem Aufsatz *Über Bühnenkomposition*, der
dem *Gelben Klang* im *Blauen Reiter* vorausgeschickt ist, mit gleichen, in der
Seele ausgelösten Vibrationen —, er beabsichtigte aber nicht, den Klang durch
Farbe und Formen zu verdoppeln. Ihm schwebte eine »komplizierte Komposition« vor, bei der die Mittel kontrastieren und sich ergänzen.

DREITEILIGE FARBENSONATINE (Ultramarin-grün) von Ludwig Hirschfeld-Mack
Die ersten drei Takte.

Tempo ♩ = 50

	TAKT 1		TAKT 2		TAKT 3		TAKT 4
1. TAKTEINHEIT							
2. FARBEN	weiß		weiß		weiß		
3. TON							
4. LAMPEN							
5. SCHABLONEN							
6. HAUPTSCHALTUNG 1 u 2							
7. LAMPENSCHALTER 1 bis 8 *)							
8. WIDERSTÄNDE 1 u 2							
9. LINEARES GESAMTBILD							

ANFANGS-STELLUNG

ERLÄUTERUNGEN: ♩ ¾ Takt Fermate. ○ ○ Widerstand langsam ausschalten. ● Widerstand rasch einschalten.
→ nach dem Rhythmus der Musik ruckweise öffnen der Schablone. ⇧ allmähliches öffnen der Schablone. *) Lampe 2 ist gesondert gestaltet.

Die Farbensonatine von Ludwig Hirschfeld-Mack (1921/23) ist ein typisches Beispiel für die am Bauhaus gehegte Idee, daß alle Künste auf gemeinsamen Prinzipien beruhen. In Takte gegliedert erscheint durch das Öffnen von Schablonen farbiges und weißes Licht; den abstrakten optischen Effekten parallelisiert ist Musik, deren vertikale Dichte in Analogie zu der Intensität des Lichts (hervorgerufen durch die Zahl der erleuchteten Lampen) geregelt ist. Ein solches synästhetisches künstlerisches Experiment entspringt nicht unmittelbar auftretenden Doppelempfindungen, wohl aber der Idee, eine Parallelisierung von Visuellem und Akustischem sei möglich. Sie kann bis zur Stellvertretung des Akustischen durch das Optische gehen. Das zeigt die von Heinrich Neugeboren äußerst genau auf Millimeterpapier aufgezeichnete es-Moll-Fuge von Johann Sebastian Bach (abgebildet ist S. 317 nur die erste Hälfte). Vor allem in den Fugen von Bach vermuteten die Künstler des Bauhauses, überzeitliche und für alle Künste geltende Gesetze entdecken zu können. Als Vorschlag zu einem Bach-Monument entwarf Neugeboren anhand seiner zeichnerischen Übertragung dann ein plastisches Modell (1928). Die Grenzen zwischen diesem gedanklich konstruierten Analogien und dem unmittelbaren Erleben von Doppelempfindungen sind schwer zu ziehen. Denn beide Fälle basieren auf dem Glauben, daß optische und visuelle Erscheinungen auf den gleichen Prinzipien beruhen (© Bauhaus-Archiv, Berlin).

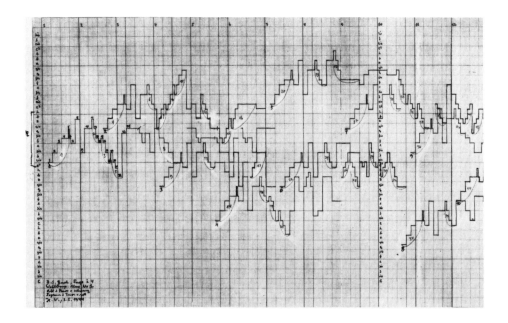

Am Bauhaus wurde sehr intensiv nach »Entsprechungen« gesucht. Damit verband sich die Hoffnung, neue Kunstformen zu finden. Der Übergang zu einem neuen faszinierenden Medium, nämlich dem Film, war fließend. Bekannt wurden die »Reflektorischen Farbenspiele«, die Hirschfeld-Mack zusammen mit Schwerdtfeger entwickelte und die in den sechziger Jahren noch als Film festgehalten wurden. Bei der Aufführung zur Bauhaus-Ausstellung von 1923 wurden acht Lampen zu einer Musik, die nur aus sehr einfachen Ton- und Akkordfolgen bestand, hinter Schablonen bewegt und farblich verändert. Bei der Übereinstimmung zwischen Farbe und Musik scheint man sich an Tonartencharakteristiken (z. B. C-Dur = Weiß) orientiert zu haben. Ein Experiment zur Synthese von verschiedenen Kunstgattungen, der abstrakten Malerei mit Musik und Film, war beabsichtigt, nicht die Überhöhung des sinnlichen Eindrucks.

In den zwanziger Jahren wurden auch die neuen technischen Möglichkeiten der Projektion mit der alten Idee des Farblichtklaviers verbunden. Es kam zu verschiedenen Konstruktionen, die Projektionen auf Leinwände mit dem Klavierspiel verbanden. Baranoff-Rossiné (1928) nutzte dabei die Möglichkeit, berühmte Werke (Musik aus der *Peer Gynt Suite*, die *Tannhäuser*-Ouvertüre etc.) mechanisch zu speichern und sie zu kolorierten, bewegten Formen darzubieten. Vier rotierende, abstrakt bemalte Scheiben, die Moll in Violett und überhaupt in dunkle Farben und Dur in strahlendes Gelb und Weiß tauchten, waren mit der Tastatur des Klaviers verbunden. Die Bedienung geschah durch eine Handkurbel. Einige Vorführungen dieses Farbenklaviers haben in den zwanziger Jahren im Bolschoi- und im Meyerhold-Theater stattgefunden. Die ersten Darbietungen, zusammen mit einem Tänzer, begleitete außerdem noch ein Orchester. Auch Laszlo führte um 1926 mit seiner Farbenlichtmusik eher allgemeine Impressionen vor Augen und Ohren — ein *Präludium in Rot* — und verzichtete auf die so schwierige Zuordnung von Ton und Farbe im einzelnen. Der Übergang dieser Darbietungen zum Animations- und Trick-Film ist fließend. Laszlo arbeitete nicht von ungefähr mit Fischinger zusammen, dem die wirkungsvollsten abstrakten Musikfilme in Schwarz-Weiß zu verdanken sind. Beide wechselten unter politischem Druck später nach Hollywood: Laszlo als Komponist, Fischinger produzierte farbige Animationsfilme, so zu Dvořáks *Symphonie aus der Neuen Welt* und zu Liszts *Zweiter Ungarischer Rhapsodie*. Er muß sehr genaue, bislang noch wenig untersuchte Farbvorstellungen von Klängen besessen haben, denn er verweigerte seine Zustimmung, die Verfilmung einer Jazznummer, *Radio Dynamics*, in Schwarz-Weiß zu zeigen. Sowohl mit dem Film als auch einer Lichtorgel experimentierten schon die der Bewegung des Futurismus angehörenden Brüder Bruno Corra und Arnaldo Ginna. Kenntnis von diesen Forschungen gibt heute nur noch ein Aufsatz über *Abstrakten Film und chromatische Musik* aus dem Jahre 1912 von Bruno Corra. Er ging von einer Entsprechung zwischen der Harmonie der Töne und der Harmonie der Farben aus, die er durch physikalische Gesetze untermauert sah. Die temperierte Ton-

leiter ordnete er einer künstlichen Einteilung der Farben zu. Die Zuordnung
von Farben zu einzelnen Tönen hielt er aber für unlösbar, weil die Farbenskala
nur aus einer »Oktave« besteht und außerdem das Auge synthetisch, das Ohr
hingegen analytisch arbeitet. Die Tastatur von vier Oktaven war deshalb willkürlich mit verschiedenfarbigen Birnen so kombiniert, daß jeweils die sieben
Grundfarben in vier Schattierungen entsprechend einer diatonischen Tonleiter
arrangiert wurden. Es ging dabei nicht darum, eine synästhetische Vorstellung
zu realisieren, sondern sie durch das Zusammentreffen von Licht und Ton zu
erzeugen. Diese »Lichtorgel« war nicht mehr vom Schein der Kerzen erhellt,
sondern bereits elektrisch ausgestattet. Wenn aber die Lichtintensität befriedigte, wurden die Birnen so heiß, daß sie entfärbten. Die Corras wandten sich
dann von den Versuchen ab, Farbsonatinen zu komponieren, und beschäftigten
sich mit dem gerade im Entstehen begriffenen neuen Medium, dem Film.

Für die wechselseitige Steigerung von Musik und Malerei finden sich die in-
teressantesten Beispiele im russischen Kulturbereich, wobei oft bei den Künstlern eine Doppelempfindung oder Doppelbegabung vorlag. Von Rimsky-
Korsakow ist bekannt, daß er zu synästhetischen Empfindungen neigte. Eine
ausgesprochene Doppelbegabung war der lettische Maler und Musiker Ciurlio-
nis, dessen um 1907 entstandene Bilder, z. B. *Präludium und Fuge, Frühlingsso-
nate*, durch die Titel musikalische Vorstellungen evozieren, so als walte in dieser
Welt ein einziges Prinzip. Anders sind die ästhetischen Intentionen, die Survage
(eigentlich Sturzwage) mit dem »rythme coloré«, zweiundzwanzig Einzelblät-
tern, Wasserfarbe und Tusche, verwirklichen wollte. Vom Gegenstand befreit,
bewegt sollte die Farbe fähig sein, in gleich reichhaltiger Weise wie die Musik
die Gefühle auszudrücken. Auch bei diesen Versuchen enstand eine Vorform des
Animationsfilms.

Das Werk par excellence, das aus synästhetischen Erlebnissen geboren ist
und eine gigantische intersensorische Impression anstrebt, ist Skrjabins *Prometheus*, dessen riesige Besetzung auch eine in Noten aufgeschriebene Lichtstimme
für ein »clavecin à lumière« aufweist. Die Synthese der Künste im russischen
Symbolismus, die Befreiung von Wörtern, Farben und Formen von der gegenständlichen Welt und ihre Vereinigung mit der Musik war getragen vom Gedanken, durch Reizintensivierung neue Formen des Bewußtseins als Voraussetzung
für einen schrankenlos freien Menschen zu schaffen. Zu diesem »Mysterium«
— der Begriff taucht auch bei dem Dichter Belij auf, dem Schöpfer von Epen,
die er als »Symphonien« bezeichnete — stellt Skrjabins *Prometheus* eine Vorstufe dar. Noch war die Transzendenz anstrebende multimediale Erfahrung, die
Skrjabin mit dem *Mysterium* plante, einem einwöchigen Weihespiel, das die Verwendung aller sinnlichen Erscheinungen, auch des Duftes, vorsah, auf ein ek-
statisches Erlebnis für zwei Sinnesorgane beschränkt. Die Uraufführung des
Prometheus 1911 in Moskau war allerdings nur konzertant. 1915 wurde in New
York ein Lichtklavier verwendet, dessen Tastatur mit Klappen verbunden war,

Alexander Skrjabin: *Prometheus. The Poem of Fire* op. 60.

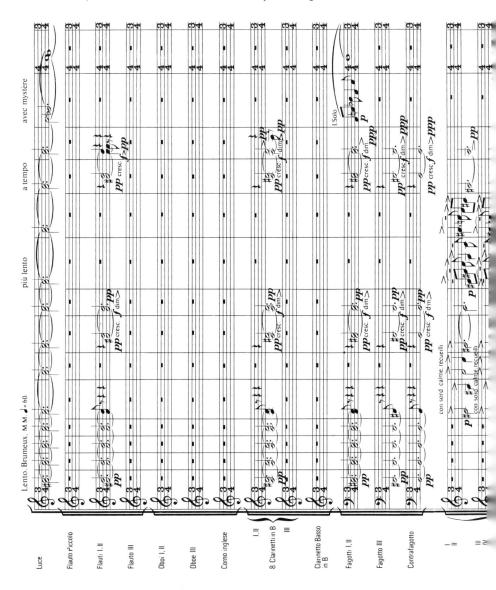

die — durch Anschlag geöffnet — farbiges Licht hervorstrahlen ließen. Von diesem Klavier ist ein Foto überliefert. Wellek schreibt seine Erfindung einem Engländer namens Rimington zu.

Inwieweit die Zuordnung von Farbe und Ton, die dieses Klavier vorsah, den Vorstellungen von Skrjabin entsprach oder gar danach getroffen worden war, ist nicht bekannt.

Skrjabins Zuordnung von Farben und Tonarten im *Prometheus*

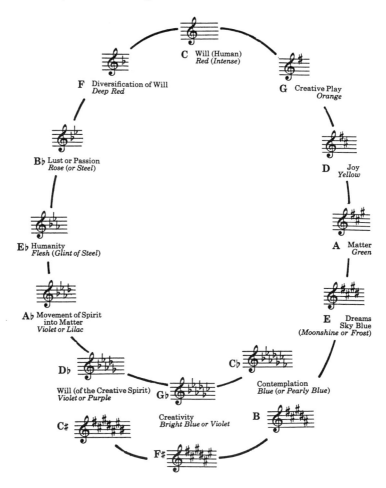

Der *Prometheus* stellt im Schaffen Skrjabins eine Vorstufe zu seinem geplanten *Mysterium* dar, einem für ein riesiges Vokal- und Instrumentalensemble gedachten Weihespiel, das in Indien unter freiem Himmel aufgeführt werden sollte, mit dem nach zwölf Tagen Hörer und Ausführende ein universelles Nirwana erreichen sollten. Der *Prometheus* ist ebenfalls bereits ein außerordentliches Werk, nämlich sowohl eine Symphonische Dichtung, die in sich ein Klavierkonzert birgt, als auch eine Orchesterkantate mit Vokalisenchor. Die riesige Besetzung sieht auch ein Farbenklavier vor, dessen (Luce-) Stimme traditionell notiert ist. Zu dem die Introduktion eröffnenden berühmten Sechsklang (nach Quarten notiert: A dis g cis' fis' h') sollte die Farbe Blau-Violett erscheinen — Symbol des kreativen Urchaos. Skrjabin war ein Synästhetiker. Seine Zuordnung des Farbspektrums zu Klängen, die heute der Partitur vorangestellt ist, folgt der Anordnung der Tonarten im Quintenzirkel. Darüber unterrichtet ein 1912 im *Blauen Reiter* publizierter Aufsatz. Der intensive Charakter von Rot und C-Dur drückt zugleich Willen aus, das Blau von H-Dur hingegen Kontemplation. Skrjabins Farbe-Ton-System ist wie viele synästhetische Systeme nicht auf Doppelempfindungen beschränkt, sondern tief eingebettet in ein kosmologisches Denken.

Skrjabins Farbbedeutungen erschließen sich aus der »Lichtstimme« nicht automatisch. Sie gründen in seinem subjektiven ästhetischen Erleben, das nicht mehr, wie zu Kirchers Zeiten, durch das in emblematischen und heraldischen Schriften überlieferte Wissen einer allgemeineren kulturellen Tradition angehörte. Wir sind über Skrjabins Vorstellungen unterrichtet durch einen Aufsatz von Sabaneev, der 1911 in russischer Sprache und 1912 im *Blauen Reiter* auf Deutsch erschienen ist. Sabaneev kannte wahrscheinlich Skrjabins Eintragungen in der Originalhandschrift. Danach sind Zuordnungen durch Einzeltöne, vor allem aber durch den harmonischen Verlauf bestimmt. Im einzelnen teilt Sabaneev folgende Entsprechungen mit: c = Rot, g = Orange-Rosa, d = Gelb, a = Grün, e = Blau-Weißlich, h = ähnlich e, fis = Blau-Grell, des = Violett, as = Purpur-Violett, es und b = Stahlartig mit Metallglanz, f = Rot-Dunkel. Der Nähe der Farben im Farbspektrum entspricht in etwa die Verwandtschaft der Töne im Quintenzirkel. Sabaneev berichtet an anderer Stelle, daß Skrjabin nicht zu allen Tönen eine ausgeprägte Farbvorstellung besaß. Die Unterbrechung des Farbspektrums bei den Tönen es und b und die Gleichsetzung von h und e hat zusätzlich den Vorteil, die kleinere Zahl von Farben mit der größeren Zahl von Tönen in Einklang bringen zu können.

Kandinsky hat diese Verdoppelung von Musik und Farbe im gleichen Heft des *Blauen Reiters*, stärker in seiner Schrift *Über das Geistige in der Kunst* (1912) kritisiert. Er tat damit aber dem Komponisten Unrecht. Der Luce-Part ist zweistimmig. Während die Oberstimme einen Extrakt aus dem Orchestersatz darstellt (der manchmal auf die zweite Stimme übertragen wird) und den Harmoniegrundtönen folgt, besteht die Unterstimme nach einer Untersuchung von Lederer (1980) aus einer Aneinanderreihung von Orgelpunkten, die den Tönen einer auf fis aufgebauten chromatischen Skala korrespondieren. Es fehlen a, g und es. Im Verlauf des Stückes ergeben diese Orgelpunkte eine Farbabrundung: reines Blau (fis), Purpur-Violett (as), Stahlartig-Bleiern (b), Blauweiß-Mondfarben (h), Rot (c), Violett (des), Gelb (d), Weiß (e), Rot-Dunkel (eis). Die Farben Grün und Orange, die den Tönen a und g entsprechen, sind nicht vertreten, die Metallfarbe des es ist gleich der des b.

Die Idee der Vereinigung der Künste entsprang bei den russischen Symbolisten einer kunstreligiösen Haltung. Auch Skrjabins *Prometheus* ist getragen von einem Bewußtsein, das dem Glauben an die Aufhebung von Raum und Zeit, an die Überwindung der Materie in der Ekstase, letztlich an die Wiedereinswerdung des Menschen mit Gott entsprang. Die Einflüsse der theosophischen Lehren auf Skrjabin sind noch nicht restlos geklärt. Er hat aber eine dahingehende Deutung des *Prometheus* bei der Aufführung 1914 in London geduldet. Der Künstler schenkt den Menschen das prometheische Feuer; er erlöst vom Chaos, das assoziiert ist mit violetten Tönen, und läutert durch die Kraft des reinen Geistes, dessen Symbol die Farbe Blau ist. Diese mystisch-religiöse Haltung teilen manche Komponisten in der Skrjabin-Nachfolge zumindest im Hinblick auf Formen einer spekulativen Naturphilosophie. Die Stellvertretung von Farbe und Ton entspringt auch bei Wyschnegradsky der Idee des Erwachens eines kosmischen Bewußtseins, das durch den heilsamen Schock der Verbindung aller Künste bewirkt werden könnte. Wyschnegradsky ordnete im mit Mikrointervallen unendlich erfüllten Tonraum Farben und Zwölftel-Töne, die seiner Meinung nach an der Grenze der Differenzierungsfähigkeit der Wahrnehmung liegen. Voraussetzung war der 1943 entwickelte Plan eines Zwölftelton-Klaviers mit sechs übereinander geschichteten, jeweils um einen zwölftel Ton voneinander abweichenden Tastaturen. Die Farben Rot, Gelb und Blau bezog er auf die erste, dritte und fünfte Tastatur, die komplementären Farben Orange, Grün und Violett auf die zweite, vierte und sechste. Damit erhielt er folgende Skala: Prime = Rot, 1/12 Ton = Orange, 2/12 = Gelb, 3/12 = Grün, 4/12 = Blau, 5/12 = Violett, 6/12 (Halbton) = Rot.

Durch Zwischentöne angereichert, können die Farbtöne auch auf die Töne der chromatischen Tonleiter übertragen werden: c = Rot, cis = Rot-Orange, d = Orange, dis = Orange-Gelb, e = Gelb, f = Gelb-Grün, fis = Grün, g = Grün-Blau, gis = Blau, a = Blau-Violett, ais = Violett, h = Violett-Rot, c = Rot.

Wyschnegradsky war vermutlich kein Synästhetiker in dem Sinne, daß er spontan zu Tönen Farben erlebte, oder daß Farbreize für ihn zu tönen anfingen. Seine Analogien sind konstruiert, wobei er Äquivalenzen so bildete, daß die gerade noch unterscheidbaren Zwölfteltöne zu einer eindeutigen Differenzierung der Farbskala in Parallele gesetzt werden. Wahrscheinlich spielen auch Harmonievorstellungen eine Rolle — eine Vermutung, die sich durch Skizzen aufdrängt, bei denen Farbanordnungen in Akkordstrukturen übersetzt und damit ihre »Harmonien« geprüft werden. Wyschnegradsky »musikalisierte« die Farben in minutiös mit Buntstift gezeichneten konzentrischen Kreisen, die in kleine Zellen aufgeteilt und unterschiedlich eingefärbt ein bewegt erscheinendes Muster ergeben. Diese Kreise bilden Vorentwürfe für Blätter, auf denen die Farbkuppel eines Tempels dargestellt ist, die in mehr als fünftausend Zellen unterteilt unendlich viele, wohl in Bewegung zu denkende Farbkombinationen vorsieht. Dieser Lichttempel erinnert an Skrjabins *Mysterium*. Daß er allerdings der Aufführung von Musik dienen sollte, läßt sich nur aus Wyschnegradskys Wunsch der Verbindung aller Künste in einem Werk erschließen. Und Vorsicht scheint geboten, was die sich leicht aufdrängende Verbindung zu Runges Universalkunstwerk und dessen Vorstellungen der Musikalisierung der Farben betrifft, weil nicht sicher ist, ob die metaphysische Vorstellung der russischen Symbolisten mit dem Erlösungsanspruch der Kunstreligion des 19. Jahrhunderts identisch ist. Zu klären wäre auch, ob Wyschnegradsky, der seit 1920 in Paris lebte, Anregungen von Messiaen aufgenommen hat, der seinerseits die Bemühungen um das Vierteltonsystem als mögliche Bereicherung seines eigenen Entwurfs in der *Technique de mon language musical* freundlich erwähnt.

Messiaen berichtet von sich über ausgesprochen synästhetische Erlebnisse, Assoziationen von bewegt empfundener Farbe, die sich selbst beim Lesen von Musik einstellen. Und er integrierte diese Farberlebnisse seinen Kompositionen. Bereits die *Huit Préludes* sind eine Farbstudie (»Les titres des préludes cachent des études de couleurs«, wie Messiaen sagte). Detaillierte Farbangaben zu jedem der acht Sätze hat er vorangestellt. Messiaen benutzt in diesem Stück bereits die Modi mit begrenzter Transpositionsmöglichkeit, die er mit genauen Farbvorstellungen assoziierte. Im Vorwort zu den *Trois Petites Liturgies de la Présence Divine* finden sich Angaben über die Farberlebnisse, die sich mit diesen Skalen (aus denen charakteristische Akkorde gebildet werden können) verbinden sollen. Der zweite Modus ist mit dem Eindruck von Blau-Violett assoziiert, er ändert seine Farbgestalt mit der Tonhöhe: Die zweite Transposition auf dem Ton des (statt c) erscheint gold und braun, die Transposition um eine kleine Terz grün. Ähnlich verschieden bunt werden die Transpositionen der anderen Modi beschrieben; Grau und Mauve charakterisieren die zweite Transposition des dritten Modus, Blau und Grün die dritte Transposition. Da die Transposition der Modi nicht deren Intervallstruktur verändert, sind die Farbzuordnungen von der Veränderung der absoluten Tonhöhe bestimmt. Da einige Farbkombinationen (wie Grau und Mauve oder Gold und Braun) in Messiaens Angaben immer wieder auftauchen, scheint ein konsistentes System von Farbe-Klang-Zuordnung vorzuliegen, das in sehr detaillierten Beschreibungen fixiert ist. Zu einer aus dem sechsten Modus gebildeten Akkordstruktur in den *Trois Petites Liturgies de la Présence Divine* bemerkt Messiaen: »grandes lettres d'or sur fond gris, avec des taches en pastilles oranges et des brandages vert assez sombre à reflets dorés«. Eine Akkordstruktur im dritten Modus (zweite Umkehrung) charakterisiert er als

»bandes horizontales étagées: de bas en haut: gris foncé, mauve gris clair, et blanc à reflets mauve et jaune pâle — avec des lettres d'or flamboyantes, d'une écriture inconnue et une quantité de petits arcs rouges ou bleus, très mince, très fins, à peine visible.«

Wie bei einem Kirchenfenster läßt sich aus diesen Farbpartikeln jedoch ein globaler Eindruck gewinnen. Aus dem Mosaik der letzten Beschreibung ergeben sich als dominante Töne Grau und Mauve. Die *Hymne für Klavier* ist ebenfalls eine Farbkomposition. Sie wurde 1932 mit einem entsprechenden Vorwort publiziert. Ein Einfluß auf andere Komponisten ist nicht ausgeschlossen. Messiaen hat mit Farbscheiben experimentiert, um musikalische Komplementärfarben zu finden. Man mag dies als einen Hinweis darauf verstehen, wie tief die Farbvorstellungen und ihre Struktur in sein musikalisches Denken eingriffen. Die Musik, die die Grenze zur Natur verwischte, integrierte sich durch das Regenbogenspektrum der Farben als himmlische Emanation den »arc en ciel«.

Eine Zusammenfassung dieses historischen Überblicks, der zugleich ein Konglomerat von Einzelfällen darstellt, ist nicht möglich. In der Literatur zum

Farbenhören — besonders Anschütz, Wellek und Révész sind zu erwähnen — sind weitere Fälle beschrieben, wobei noch andere merkwürdige Sachverhalte auftauchen, etwa daß Tonarten Photismen auslösen, die auf ganz wenige Farbtöne beschränkt bleiben. Die Kreuztonarten werden eventuell als rot, die B-Tonarten als blau empfunden. Die dabei auftretende Verbindung von C-Dur mit der Farbe Weiß ist wahrscheinlich deshalb so allgemeingültig, weil sie ein erlerntes Vorurteil wiedergibt. Das mag auch der Grund sein, warum Josef Matthias Hauer, der in *Über die Klangfarbe* (1918) und *Vom Wesen des Musikalischen* (1920) eine Parallele zwischen einem zwölffach gestuften Quinten- respektive Quartenzirkel und dem Farbspektrum konstruierte, das Weiß ebenfalls dem Ton c zuordnete (c = Weiß, g = Gelb, d = Orange, a = Zinnober etc.).

Ähnlich oft, wie über das weiße C berichtet wurde, wurde über den Eindruck des leuchtenden Rot geschrieben, den der Klang der Trompete bewirkt. Die letztgenannte Farbe-Ton-Kombination geht auf eine Bemerkung in Lockes *Essays Concerning Human Understanding* (1690) zurück, wo über einen Blinden berichtet wird, der sich über Farberlebnisse folgende Gedanken macht: »That scarlet was like the sound of a trumpet.« Der vielfältige Kontext, in dem dann oft ohne Bezug zur originalen Schrift das Timbre der Trompete als rot bezeichnet wird, läßt die unbedachte Übernahme einer einmal vorformulierten Gedankenverbindung nicht ausgeschlossen erscheinen.

Der einfachste Weg, um einige weitere Aufschlüsse über die rätselhafte Verbindung von Auge und Ohr zu erhalten, war, sie zu systematisieren und damit Unterschiede zu betonen. Eine Möglichkeit zur Differenzierung ist durch den Grad der Anschaulichkeit gegeben. Manche Personen sehen regelrecht Farben zu Erklingendem, manche stellen sie sich nur vor und andere wiederum erleben nur ein Gefühl des »Als ob«. Zusätzlich zur Lebhaftigkeit der Einbildung hat Anschütz das Phänomen des Farbenhörens typologisch aufgeschlüsselt, komplexe und analytische Synopsie unterschieden und diese wiederum mit anderen typologischen Einteilungen in Verbindung zu bringen versucht. Komplex ist das Farbenhören dann, wenn ganze Tonfolgen sich mit einem Anschauungsbild verbinden, analytisch, wenn eine detaillierte Zuordnung von einzelnen Tönen oder Tonarten zu bestimmten Farben vorliegt. Bilder zu Musik kann man unabhängig von der Vorbildung hervorrufen. Ein analytischer Synoptiker aber, der sehr spezielle Assoziationen aufweist, muß über ausgeprägte musikalische Kategorien verfügen, im Fall der Zuordnung einer Farbe zu einem einzelnen Ton über das absolute Gehör. Damit wird die Synästhesie zu einem Sonderfall musikalischer Begabung, was verständlich macht, daß ihre künstlerische Umsetzung so viele Komponisten beschäftigte.

Die analytischen Systeme gleichen sich aber fast nie. Sowohl die Zahl der Elemente als auch die Zuordnungen im einzelnen sind durch subjektive Anschauungen bestimmt, weil Ton und Farbe nur durch ein erdachtes System als äquivalent aufgefaßt werden können. Die Einteilung der Farben scheint dafür weniger verantwortlich zu sein. Denn sie stellt eine weitgehend natürliche Ordnung dar. Zwar verfügen verschiedene Kulturen über eine verschiedene Zahl von Farbnamen — Steinzeitkulturen aus Neuguinea kennen nur die basalen Farbnamen Schwarz und Weiß, mit zunehmender Entwicklung tauchen in folgender Reihenfolge die Benennungen von Rot, dann von Grün, Gelb, Blau und Braun auf —, aber auch wenn die Worte fehlen, werden die Markierungen zwischen Farben erkannt. Die Differenzierung zwischen den Tönen entspricht hingegen nicht einmal hinsichtlich der Zahl einer natürlichen psychologischen Struktur. Eine verbindliche Übereinstimmung mit dem Farbspektrum zu finden ist schwierig. Zumal dann, wenn Komponisten nach neuen tonsystemlichen Zusammenhängen suchen, scheint es ausgeschlossen, daß sie über irgendeine identische Synopsie verfügen. Daß bei Skrjabin der Ton fis als blau gedacht erscheint, was im übrigen Kandinskys Auffassung von dieser Farbe als einer Farbe der Ruhe entspräche, verweist auf eine stärkere Rückbindung an das traditionelle Tonsystem, weil sich diese Setzung durch den Bezug zum Quintenzirkel ergibt. Wyschnegradsky deutete das fis als grün, und zwar aufgrund anderer Erwägungen über die Einteilung und Ähnlichkeit von Tönen. Die Synopsien zeigen nicht nur unmittelbare Doppelempfindungen an, sondern sie verweisen auch auf abstrakte tonsystemliche Ordnungsvorstellungen.

Zur Begründung der Doppelempfindungen wurden verschiedene Theorien ausgebildet, so das Überspringen eines Reizes auf ein anderes Sinnesorgan, Theorien, die sich nicht als haltbar erwiesen. Wellek knüpft an Plessners Gedanken einer ursprünglichen »Einheit der Sinne« an und vermutet »Urentsprechungen« bzw. »Ursynästhesien« zwischen verschiedenen Sinnesbereichen, durch welche Töne Qualitäten des Hohen und Tiefen, Dicken und Dünnen, des Stumpfen, Scharfen, Leichten, Schweren etc. erhalten. Alle Wahrnehmung besitzt solche konnotative Bedeutung, die aus einer urtümlichen emotionalen Anmutung hervorgehen könnte. Die sehr viel häufiger auftretenden Bewegungs- und Raumanalogien lassen sich teilweise damit begründen. Solche Anmutungen erklären aber auch recht gut die komplexe (manchmal auch synthetisch genannte) Synopsie, bei der ein Überschuß an Bedeutung visuell faßbar gemacht wird. Für die detaillierten Entsprechungen des analytischen Synoptikers müssen jedoch zusätzliche Prozesse einer symbolischen Transformation angenommen werden. Daß sie nicht den gewohnten Regeln der Logik und des Abstrahierens folgen, hat Interpretationen veranlaßt, die ein eher archaisches Denken vermuten. In der Tat ist bei Kindern das Farbenhören verbreiteter als bei Erwachsenen und nutzbringend zum Erwerb des Notenlesens zu verwenden. Drogen fördern ebenfalls das Auftreten visueller Eindrücke zu akustischen Reizen.

Entsprechungen zwischen Farbe und Ton zu erleben, setzt die Interpretation einer Gemeinsamkeit voraus. Es kann durchaus sein, daß dieser Abstraktionsprozeß sowohl auf einer höheren Eingebung beruht als auch tiefere Schichten des Erlebens voraussetzt.

Die »audition coloré« ist an die Annahme eines umfassenderen Bezugs gebunden. Sie tritt nicht von ungefähr gerade bei Künstlern auf, die eine allgemeine kosmische Ordnung suchen oder durch Akte des Transzendierens zu gewinnen trachten. Die Verbindung an sich isolierter sinnlicher Erscheinungen basiert auf der Möglichkeit, einen Zusammenhang in einer gemeinsamen höheren Ordnung zu vermuten, von der einzelne Phänomene insofern zeugen, als sie stellvertretend für andere Erscheinungen stehen können. Synästhesien sind damit ein Sonderfall kognitiver Strukturierung. Ob solches symbolisches Denken durch die Lebhaftigkeit der Einbildungskraft zu einem spontanen Erlebnis wird, oder aber ob Entsprechungen durch Nachdenken konstruiert werden, ist dabei von nachgeordneter Bedeutung, weil beide Fälle durch ein persönlichkeitstheoretisches Konstrukt erklärt werden könnten: nämlich die Identifikation mit einem universelleren Ganzen.

Die in diesem Abschnitt getroffene Unterscheidung von Entsprechungen zwischen Farbe und Ton, die auf kosmologische Ordnungen zurückgehen, von solchen, die physikalischen Spekulationen oder psychologischen Eindrücken entspringen, wird damit hinfällig. Denn obwohl heute oft nur noch private Mythologien dafür einstehen, so scheint diese Fähigkeit symbolischen Denkens immer auf eine Kosmologie bezogen zu sein, sei es, daß ein Physiker ein alldurchwaltendes Gesetz annimmt, sei es, daß ein Komponist einen einzigen Sinn hinter der Vielfalt von Impressionen entdeckt und ihn durch eine Kunstäußerung für andere nachvollziehbar macht. Synästhetische Erlebnisse waren zu allen Zeiten Akte der Sinngebung der Welt und/oder der Empfindungswelt.

Das schöpferische Denken

Formelhaft vereinfacht läßt sich sagen, daß die Musikalitätsforschung musikalisches Vermögen an Fähigkeiten des Verstehens bestimmte. Daher überwiegen Untersuchungen, die den Nachvollzug, nicht aber das produktive Talent zum Gegenstand haben. Nicht allein die geheimnisvolle Besonderheit kreativer Leistungen, sondern die Orientierung der psychologischen Forschung an den naturwissenschaftlichen Idealen des Messens und Quantifizierens ist dafür verantwortlich. Als sich die Psychologie in der zweiten Hälfte des 19. Jahrhunderts etablierte, strebte sie zwar eine Steigerung der Naturwissenschaften insofern an, als sie die Welterkenntnis durch die Erkenntnis geistiger Tätigkeit übertreffen wollte. Methodisch aber an das exakte Experiment gebunden, schloß diese Forschung weitgehend Sachverhalte aus, die nicht durch Reaktionszeiten oder Unterschiedsempfindlichkeiten erfaßt werden konnten. Nur einem Teilaspekt kreativer Fähigkeiten, nämlich dem Problemlösen, widmete sich nach der Jahrhundertwende die denkpsychologische Richtung der Würzburger Schule, die ob der Interpretation von Daten, die aus der Selbstbeobachtung gewonnen waren, vom Vorwurf getroffen wurde, »Scheinexperimente« vorgenommen zu haben. Aber auch bei den Gestalttheoretikern behielt die Introspektion neben dem Experiment einen Platz. *Produktives Denken* — so der übersetzte Titel eines 1925 entstandenen Buches von Wertheimer — wurde durch Gestaltprozesse erklärt, wobei der Möglichkeit, gegebene Sachverhalte »umzustrukturieren« (Duncker 1935), eine besondere Bedeutung beigemessen wurde. In der langen Phase behavioristischer Forschung, der ein Reiz-Reaktions-Modell zugrunde lag, hatten grundsätzlich Fragen, die komplexere menschliche Prozesse betrafen, keinen Platz. 1950 richtete Guilford in seinem Vortrag *Creativity* mahnende Worte an die amerikanische Psychologische Gesellschaft. Er kritisierte das herkömmliche Intelligenzkonzept, das eine einseitige Orientierung an den zielgerichteten Prinzipien des divergenten Denkens vorsah, und versuchte, dieses Modell um Prozesse eines mehrgleisigen, originellen, divergenten Denkens zu erweitern. Der »Sputnik-Schock«, der 1957 einen Vorsprung der russischen Weltraumforschung anzuzeigen schien, intensivierte diesen neuen Typus von Forschung in den USA vor allem dahingehend, daß Tests konstruiert wurden, die der rechtzeitigen Diagnose und damit der Selektion von Personen dienen sollten, die Neues zu denken imstande sind. Diese Tests unterscheiden sich untereinander weniger als die Theorien, die Kreativität durch ein originelles Produkt als Prozeß des Denkens, umfassender als eine Persönlichkeitseigenschaft oder einfach nur durch situative Faktoren beschreiben.

Wallach und Kogan (1965) gingen von einem assoziationstheoretischen Modell aus. Diesem zufolge besteht eine hierarchische Ordnung von Gedankenverbindungen, die bewirkt, daß triviale Assoziationen quasi an der Oberfläche existieren und leichter produziert werden. Davon unterscheidet sich das schöpferische Denken, das zu einer langsameren, anhaltenderen Produktion mit originellerem Ergebnis führt. Die Besonderheit einer Assoziation (zum Beispiel, wenn zu drei Worten ein viertes gefunden werden muß, das die drei verknüpft) entscheidet darüber, ob ein Mensch als kreativ oder als nicht-kreativ gilt. Die Autoren schließen demnach von einer originellen und flexiblen kognitiven Struktur auf die Persönlichkeit.

Die Unterscheidung zwischen konvergentem, geradlinigem, exaktem Denken und divergentem, originellem und experimentierfreudigem Denken stammt von Guilford, der beide Formen der kognitiven Verarbeitung in einem Intelligenzmodell zu integrieren versuchte. Dessen Faktoren berücksichtigen aber Stadien eines schöpferischen Prozesses. Im einzelnen definierte Guilford als kreative Dimensionen: Flexibilität (eine Sache von verschiedenen Seiten aus betrachten), Originalität (überraschende Ideen), Elaboration (Ausarbeitung eines Problems) und Problemsensitivität. Wissen und Gedächtnis werden als Voraussetzungen angesehen. Guilfords Modell differenziert die Operation des divergenten Denkens nach der Art des Produkts und nach Denkinhalten. Formal kann das Ergebnis eines kreativen Akts danach schematisiert werden, ob Klassen gebildet wurden (versteckte Gesichter in komplexen Bilddarstellungen finden), Relationen (Reihenfolgen erstellen), Transformationen (aus den Worten »wars ailing« einen Sport — sailing — herausfinden), Einheiten (Sachen nennen, die rund sind), Systeme (zu Zahlenreihen eine Anzahl von Gleichungen konstruieren) oder aber, ob Implikationen erkannt wurden. Dabei können die Inhalte (figural, symbolisch, semantisch und »behavioral«) variieren. Jede Aufgabe in dem von Guilford konstruierten Test ist im Hinblick auf die Art des Produkts, die Operation und den Inhalt konzipiert: Hinzufügen von dekorativen Linien zu Möbeln (= divergent/figural/Implikationen); von vorgegebenen Gebilden aus Streichhölzern so viele Streichhölzer wegnehmen, daß eine bestimmte Anzahl von Quadraten oder Dreiecken entsteht (= divergent/figural/Transformation); Wörter aufschreiben, die einen bestimmten Buchstaben enthalten oder mit einer bestimmten Silbe beginnen (= divergent/symbolisch/Einheiten); mehrere Sätze aufschreiben, von denen jeder vier vorgegebene Wörter enthalten muß (= divergent/symbolisch/Systeme).

Aufgaben mit figuralem Inhalt, wie die beiden erstgenannten, werden besser von Kunststudenten gelöst, bei den beiden letztgenannten Untertests, die sich auf symbolische Inhalte beziehen, erweisen sich Musikstudenten als überlegen.

Die Frage, was Kreativität ist, die vor der Konstruktion der inzwischen zahlreichen Tests steht, deren ersten schon Chassell (1916) konstruierte, wird am bequemsten und in der meist praktizierten Form durch eine Antwort gelöst, die nur das Produkt berücksichtigt. Es soll neu und originell sein. Obwohl es keine verbindliche Definition von Kreativität gibt, so hat sich doch dabei ein zusätzliches Bestimmungsmerkmal durchgesetzt. Nicht allein Neuheit, die möglicher-

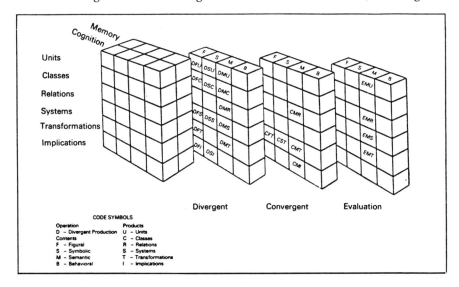

DSU	Wörter aufschreiben, die einen bestimmten Buchstaben enthalten oder mit einer bestimmten Silbe beginnen.
DMU	Gedanken aufschreiben, die zu einer gegebenen Überschrift (z. B. »Gleisarbeiten«) passen. Sachen aufzählen, die rund sind. Anwendungsmöglichkeiten eines normalen Backsteines nennen.
DMC	Ähnlich DMU; häufig entspricht der Punktwert jedoch nicht der Anzahl der Gegenstände oder Verwendungsmöglichkeiten, sondern der Anzahl der unterschiedlichen Klassen, in die die Lösungen fallen.
DMR	Synonyme Begriffe für mehrere vorgegebene Wörter aufschreiben. Ausfüllen einer Lücke in einem vorgegebenen Status mit passendem Wort.
DFS	Aus vorgegebenen Figuren und Linien bestimmte Gegenstände (z. B. »Lampe«) konstruieren.
DMS	Zu vorgegebenen Zahlenreihen eine Anzahl von verschiedenen Gleichungen konstruieren.
DSS	Mehrere Sätze aufschreiben, von denen jeder vier vorgegebene Wörter enthalten muß.
DFT	Von vorgegebenen Gebilden aus Streichhölzern sollen so viele Hölzer weggenommen werden, daß eine instruktionsgemäße Anzahl von Quadraten oder Dreiecken entsteht.
DMU/DMT	Einfache Symbole nennen, die bestimmte Aktivitäten oder Sachen repräsentieren.
DFI	Hinzufügen von dekorativen Linien und Markierungen zu Möbeln, die in Umrißskizzen vorliegen.
CMR	Bilder eines Comic Strip in eine sinnvolle Reihenfolge bringen.
CFT	Versteckte Gesichter in komplexen Bilddarstellungen finden.
CST	Den Namen eines Sportes oder Spielers finden, der sich in einem Satz versteckt, z. B. »I did not know what he was ailing«. Lösung: »sailing«.
EMS	Entscheiden, welche von vier Alternativentscheidungen logisch aus zwei Prämissen folgt.
EMR	Nichtpassende Dinge herausfinden, die in jeder von vorgegebenen Kurzgeschichten über alltägliche Situationen vorkommen, z. B. Widersprüche, Teile.
ESU/EMU	Quantitative Schätzungen in bezug auf Gebrauchsgegenstände wie Streichholzschachteln machen.
EMT	Notwendige Verbesserungen an Gebrauchsgegenständen wie Telefon und Toaster vorschlagen.

Guilford stellte sich Kreativität nicht als eine Form des Denkens vor, sondern als etwas, was sich in verschiedenen Operationen und Bereichen äußern kann. Daher bestimmte er auch keinen Gesamtwert der Kreativität. Divergentes (D), konvergentes (C) Denken und bewertendes Urteil (E) spielen bei je unterschiedlichen Inhalten und Produkten eine Rolle. In der Tabelle sind Beispiele zum Testen verschiedener kreativer Fähigkeiten angegeben. Die Abkürzungen verweisen auf die Art des Denkens, die Inhalte und die Produkte. Beispielsweise verlangt die mit DMR bezeichnete Aufgabe divergentes Denken (D) und Beschäftigung mit einem semantischen Inhalt (M); als Produkt entsteht eine Relation (R) (© McGraw-Hill Book-Company, Inc., New York).

weise vom Unsinnigen nicht zu unterscheiden wäre, gilt als Kriterium, sondern auch irgendein Nutzen oder die zu irgendeinem Zeitpunkt erfolgende Anerkennung des Produkts durch eine Gruppe.

Daß solche vagen Formulierungen wie »zu irgendeinem Zeitpunkt« auftauchen, weist auf die Schwierigkeit hin, für Kreativitätstests analoge Forderungen für die Gütekriterien aufzustellen wie für andere Prüfverfahren. Solche Tests sind auf offene Antworten angewiesen und begnügen sich überwiegend mit Inhaltsvalidität. Stärkere Anlehnungen an die Konstruktion von Intelligenztests sind fast immer problematisch, auch wenn sie ein größeres Ausmaß an Standardisierung bewirken. Der Test von Torrance (1967), für Kinder gedacht, wird mit Zeitlimitierung der einzelnen Aufgaben durchgeführt. Das verhindert aber eventuell originelle Antworten, wenn zum Beispiel zu Geräuschen oder lautmalerischen Worten einfallsreiche Bilder assoziiert werden sollen.

Selbst bei den Theoretikern, die nur das Produkt und — wovon noch die Rede sein wird — situative Variablen betrachten, stellt sich immer die Frage nach dem Zusammenhang mit einem Persönlichkeitsmerkmal, nämlich der Intelligenz. Die Befunde hierzu sind sehr »divergent«. Hocevar (1980) wies nach, daß Intelligenztests mindestens so gut wie Kreativitätstests im engeren Sinne voraussagen, ob ein Mensch zu neuartigen, originellen Lösungen gelangen kann. Mednick und Andrews (1967) fanden in einer vielzitierten Studie, bei der 1211 Probanden getestet wurden, hingegen keinen Zusammenhang zwischen Intelligenz und Kreativität. Untersuchungen in deutschsprachigen Gebieten erbrachten meist Korrelationen in der Größenordnung von 0,44 bis 0,48. Das bedeutet, daß durch Intelligenzmessungen kreatives Verhalten nur partiell vorausgesagt werden kann. Es gibt Menschen mit geringer Intelligenz, die kreativ sein können (wenngleich ihre produktiven Fähigkeiten allerdings nicht die bescheidenen Anforderungen übersteigen, die in einem Test oder in der Schule verlangt werden), und es gibt, was die Alltagserfahrung bestätigt, hochintelligente Personen ohne einen Funken Kreativität. Für eine sehr hohe Kreativität ist wahrscheinlich in jedem Fall eine entsprechend hohe Intelligenz Voraussetzung. Das scheint sich auch zu bestätigen, wenn man dem Phänomen der Kreativität nicht mit Tests beizukommen versucht, sondern die Biographie berühmter Künstler oder Wissenschaftler analysiert und eine Schätzung — vorzugsweise aufgrund der verbalen Äußerungen — der Intelligenz vornimmt. Die Philosophen und Dichter rangieren zwar vor den Musikern — für Goethe liegt eine Schätzung des Intelligenzquotienten von ungefähr 200 vor, für Mozart hingegen von 155 —, aber die Werte für berühmte Komponisten gehören in den Bereich extrem hoher Intelligenz.

Spezielle Beziehungen zwischen der Fähigkeit zu räumlichem Denken und kompositorischem Talent (Hassler 1985), die bei Kindern gefunden wurden, weisen auf brisante geschlechtsspezifische Unterschiede hin. Denn nach der Pubertät prägt sich bei männlichen Personen die Fähigkeit zum räumlichen Denken stärker aus. Es ist dies ein gut dokumentierter Geschlechtsunterschied, aus dem allerdings nicht zu schließen ist, daß Frauen grundsätzlich nicht über eine schöpferische musikalische Begabung verfügen. Lediglich die Wahrscheinlichkeit ist geringer, bei weiblichen Personen auf eine ausgeprägte kreative musikalische Potenz zu stoßen.

Ansatzpunkte für weitere persönlichkeitstheoretische Erwägungen bietet die Betrachtung des kreativen Prozesses, den Dewey (1910) und vor allem Poincaré (1913) vorbildlich beschrieben. Poincaré unterschied vier Stufen: Vorbereitungsphase, Inkubation, das Auftauchen der Idee und die Verifikation. Wichtig erscheint zunächst — Wissen vorausgesetzt — eine Phase der Definition eines Problems. Diese Beschäftigung mit einem Gegenstandsgebiet setzt Konzentration und eine hohe Motivation voraus. Die Inkubationsphase wird zuweilen auch als Frustrationsphase bezeichnet; die Vorbereitungen sind abgeschlossen, ohne daß noch eine Lösung des Problems zu erkennen wäre. Weitgehend unbewußte Gedankenabläufe (möglicherweise auch das Vergessen von irrelevanten Sachverhalten) führen dann zu einem intuitiv wirkenden Einfall. Die Idee wird danach auf ihre Brauchbarkeit geprüft. Es setzt dann die Ausarbeitung ein. Selbstverständlich liefert dieses Modell nur ein Raster zur Deskription der schöpferischen Tätigkeit. Es scheint jedoch, als ließen sich auch künstlerische Prozesse damit plausibel darstellen.

Produktivität setzt als besondere kognitive Strukturierung »Feldunabhängigkeit« voraus, die eine Umstrukturierung und Neuordnung erlaubt. Kreative neigen zu einem komplexen Wahrnehmungsstil gegenüber ihrer Umwelt, das heißt, sie interpretieren ihre Umgebung mit einem differenzierten System von Konstrukten, das ihnen gute Voraussagen erlaubt. Die »kognitive Strukturierung« ist abstrakt, das heißt, die Art der Informationsverarbeitung ist differenziert sowohl hinsichtlich der Zahl der verwendeten Beurteilungskategorien als auch bezüglich der Binnenstruktur. Untereinander sind die Kategorien gut verbunden.

»Feldabhängigkeit vs Feldunabhängigkeit« (Witkin et al. 1954), »Komplexität vs Simplizität« (Kelley 1955) oder abstrakte und konkrete »kognitive Strukturiertheit« unterscheiden kreative und nicht-kreative Menschen. Die Fähigkeit zu unabhängigem, kompliziertem, abstraktem Denken dürfte in allen Phasen des kreativen Prozesses notwendig sein. Sie betrifft eine besondere Art der Informationsverarbeitung und wurde meist durch Wahrnehmungsexperimente geprüft. Obwohl derart weitreichende Schlußfolgerungen bezweifelt wurden, waren diese Experimente dennoch Anlaß, um kognitive Persönlichkeitskonstrukte zu entwickeln. Feldunabhängigkeit wurde zunehmend als generelles Maß der Autonomie angesehen. Vor allem abstrakte Strukturiertheit zeichnet nicht nur den Kreativen aus ($r = 0{,}54$ nach Seiler), sondern sie geht auch einher mit einem geringen Maß an Nervosität ($r = -0{,}25$). Barron (1969) behauptet sogar, daß sie auch mit Selbstsicherheit, Dominanz, Unabhängigkeit des Urteils,

Sinn für Humor gepaart sei. Einwände gegen derart weitreichende Folgerungen, die aus dem Stil der Wahrnehmung abgeleitet wurden, verweisen auf
die meist zu wenig geprüften Zusammenhänge mit einzelnen Intelligenzfakto-
ren (die kognitive Strukturiertheit korreliert allerdings mit der Intelligenz nur
r = 0,30). Sie machen weiterhin geltend, daß es sich manchmal um entwick-
lungsbedingte Denkstile handelt, wie dies besonders für den impulsiven, un-
überlegten Stil gegenüber dem reflexiven, analytischen (Kagan 1972) gilt. Das
reflexive Verhalten nimmt mit steigendem Alter automatisch zu.

Der Schluß auf Persönlichkeitseigenschaften muß jedoch nicht auf dem Um-
weg über verschiedene kognitive Stile geführt werden, zu denen kreatives Verhalten eine Beziehung aufweist. Denn kreative Personen zeigen oft ein hohes
Maß an »Toleranz gegen Zweideutigkeit« (Intoleranz gegen Zweideutigkeit gilt
nach Frenkel-Brunswik als Zeichen von Neurotizismus). Die Inkubationsphase
setzt diese Toleranz geradezu voraus. Konflikte und Unsicherheitsgefühle müssen ertragen werden (was nicht heißt, daß sie nicht vorhanden sind). Emotionale Stabilität, energisches Verhalten treten ebenfalls besonders oft auf. Aus Inter-
views ging eine größere Risikobereitschaft hervor, was im Hinblick darauf ein-
leuchtet, daß kreatives Handeln Innovationen bewirkt. Mit einer gewissen
Abenteuerlust geht nonkonformes Verhalten einher. Wer originell ist, richtet
sich nicht nach vorgegebenen Maßstäben. Das ideale Selbstbild, das kreative
Schüler haben — so eine Untersuchung von Getzels und Jackson (1958) — entspricht im Unterschied zum Selbstbild der intelligenten nicht der gängigen Auffassung von Erfolg. Kreative Schüler wollen, wie die intelligenten, vor allem

-->

Adolf Wölfli wurde 1895 als schizophrener Patient in die Anstalt Waldau bei Bern eingewiesen.
Er lebte dort über dreißig Jahre in einer zehn Quadratmeter großen Zelle und schuf ein umfang-
reiches dichterisches, malerisches und musikalisches Werk. Zwischen 1908 und 1930 entstanden
fast 20 000 Textseiten mit 1460 Illustrationen und 1560 Collagen. Mit großer Inbrunst komponierte Wölfli an seinem *Trauermarsch*. Aus dem Bild *Lea Tanttaaria* (1911; Adolf-Wölfli-Stiftung,
Kunstmuseum Bern) ist zu schließen, daß Musik von Wölfli nicht nur klingend gedacht wurde,
sondern, notiert auf sechs Linien, auch eine Form von ornamental rhythmischer Strukturierung
der Fläche bedeutete. Der erste, der die künstlerische Bedeutung des Werkes von Wölfli erkannte,
war der Arzt Walter Morgenthaler, der darüber 1921 ein Buch schrieb mit dem Titel *Ein Geistes-
kranker als Künstler*. Bei der Pariser Ausstellung 1947 stand das Publikum ebenso ratlos vor dem
Werk des Zeichners, Schriftstellers, Dichters und Komponisten Wölfli wie 1972 bei der Docu-
menta in Kassel. Ob Wölflis ungewöhnliche Begabung in den armseligen Bedingungen, in die
er hineingeboren war, sich entfaltet hätte, wird in der Literatur bezweifelt. Die Krankheit ent-
band die schöpferischen Kräfte. Wie ein Schutzschild gegen den Anblick einer zerbrochenen
Welt wirken die abgerundeten Geflechte von Linien, Figuren, Schrift, Noten, Rhythmen. Das
trostlose Dasein der Isolation scheint durch sie aufgehoben. Wenngleich große Vorsicht geboten
ist gegenüber der These, daß psychische Krankheit das schöpferische Potential in einem Menschen freisetzen kann, so bleibt doch bedenkenswert, ob die Flucht in die Welt der Phantasie,
die eine Voraussetzung für das künstlerische Produkt sein kann, dem Leiden an dieser Welt entspringt. Die ungeheure psychische Energie, die im Werk Wölflis freigesetzt erscheint, vermittelt
recht direkt den Freudschen Gedanken, daß Kunst die Sublimierung von Triebimpulsen sei.

mit anderen gut auskommen. Aber sie wünschen sich anstelle von guten Noten, hoher Intelligenz und Zielstrebigkeit emotionale Stabilität und Humor.
Ob allerdings letztlich die Lebensform kreativer Menschen auch ein nonkonformes Verhalten widerspiegelt, wie es Vorstellungen von einer künstlerischen
Bohème suggerieren, scheint fraglich, weil es hier sowohl bewußt geschaffene
außergewöhnliche Lebensumstände gibt als auch bürgerliche Normalität.

Von 1931 datiert ein denkwürdiges Experiment. Bahle (1947) suchte acht Gedichte aus und sandte sie Komponisten zu mit der Bitte, eines zu vertonen und
gleichzeitig nach bestimmten, von ihm erarbeiteten Richtlinien eine Selbstbeobachtung ihres Schaffensprozesses vorzunehmen. Bahle hatte sich mit diesem
Thema schon in seiner 1930 publizierten Dissertation beschäftigt. Er erhielt
zwar keine druckfertigen Liedkompositionen zurückgesandt, aber eine Fülle in-
teressanter Äußerungen, darunter auch solche von Schönberg und Křenek. Viele heute nicht mehr bekannte Komponisten meldeten sich zu Wort. Bahle
nahm eine quasi inhaltsanalytische Auswertung vor, die in eine Auflistung von
Antriebsimpulsen mündete, also motivationale Faktoren besonders berücksichtigte. Leistungsmotivation, Neugier und der Wunsch nach Selbstaktualisierung
sind sicher wichtige Voraussetzungen für kreatives Handeln. Die Funktion dieser Beweggründe im einzelnen ist jedoch bis heute unklar, weil — wie in einem
eigenen Abschnitt besprochen wird — sie auch bestimmend für andere Tätigkeiten sind. Bahle referiert ausführlich über das »künstlerische Müssen«, eine
Art »Nötigung« zum Schaffen. Es ist immerhin auffallend, daß sich eine ganze
Reihe von Künstlern zu diesem Phänomen äußerte, obwohl Bahles Richtlinien
zur Selbstbeobachtung darauf nicht eigens aufmerksam machten. Křenek
schrieb, daß er dieses Müssen als hinderlich empfinde, weil es der bewußten
Kontrolle entzogen sei.

Bahles Befunde dürften allen psychoanalytischen Deutungen höchst will-
kommen sein. Denn sie zeigen mögliche Ich-Regressionen in eine Art Wach-
traum an. Sie weisen auf starke Triebimpulse hin, die verschoben und sublimiert erscheinen, und stützen Freuds Theorie der Künstlerperson. Wie immer
aber die »Traumschaltungen«, von denen Bahle spricht, Indikatoren für eine
machtvoll sich äußernde Libido sind, so zeigt gerade seine Untersuchung, daß
damit das »Rätselhafte«, das Freud am künstlerischen Prozeß diagnostizierte,
nicht aufgeklärt werden kann. Auch Künstler, die wenig Bedeutendes schufen,
berichten von einem intensiven Müssen, das offensichtlich für die Kunstproduktion im engeren Sinne nur am Rande oder unter anderem verantwortlich
sein kann.

Das Buch von Bahle wurde besonders feindlich von Wellek (1963) kritisiert,
ohne daß die Gründe dafür deutlich würden. Bedenkt man aber, daß Wellek
eine Persönlichkeitstheorie geschaffen hat und Bahle sich gerade gegen eine
»Vermögenspsychologie« wendete und nur Einblick in den schöpferischen Prozeß und die situativen Bedingungen geben wollte, so werden die sehr verschiede-

nen Standpunkte der beiden Autoren schlagartig erhellt. Bahle genügte dem heute üblichen Ansatz, sich nämlich mit dem kreativen Produkt und den Bedingungen kreativer Tätigkeit zu beschäftigen und auf die Annahme einer überdauernden Eigenschaft zu verzichten. Er wollte keine Fähigkeit, Potenz oder schöpferische Kraft als solche annehmen. Es gibt keine Untersuchungen darüber, ob Personen, die aufgrund einer besonders originellen Leistung als kreativ bezeichnet wurden, häufiger oder nur manchmal weitere vergleichbar originelle Leistungen zeigen. Die Frage, ob eine mehrdimensional auffächerbare Eigenschaft hinter den konkreten Beobachtungen steht, ist deshalb nicht zu beantworten. Obwohl die Einschränkungen an einer persönlichkeitstheoretischen Konstruktion bekannt sind, wird in der Literatur immer von sogenannten »Kreativen« und »Nicht-Kreativen« gesprochen (meist zur Unterscheidung von den »Intelligenten« und »Nicht-Intelligenten«). Mehr oder weniger reflektiert gehen die meisten Autoren davon aus, daß kognitive Strukturen tief eingebettet sind in das gesamte Persönlichkeitsgefüge, und daß es deshalb unmöglich ist, daß kreatives Handeln erlernt werden kann.

Kreativität kann aber durch die Umwelt gehemmt oder gefördert werden. Die Aufgabenstellung, das Erlernen bestimmter Operationen, die Struktur der sozialen Situation und der Erwerb von Einstellungen spielen dabei eine Rolle.

Ist für ein Problem nur eine Lösung vorgesehen, die als richtig oder falsch bewertet wird, so sind alle Handlungen falsch, die auf etwas Neuartiges und Ungewöhnliches zielen. Eindeutige Normen, die durch Lehrpläne vorgegeben sind, erweisen sich damit als hinderlich. Förderlich für kreatives Denken scheinen hingegen Problemstellungen, bei denen systematisch Techniken der Veränderung anwendbar sind, wie etwa das Umarrangieren einer Struktur. Jede Gegebenheit soll dabei zum Ausgangspunkt für eine neue Ordnung genommen werden; auch Additionen oder Subtraktionen sollen erfolgen. Diese Techniken zielen auf die Neugestaltung von Produkten. Kreatives Lernen erscheint weiterhin oft aber nur unter den Stichworten »learning by doing« und »discovery learning«, die beide Aspekte der Selbsttätigkeit und des Selbstentdeckens betonen. Vor allem selbstinitiiert sollen Prozesse sein. Nachteilig wirkt sich eine übermäßige Suche nach Gewißheit aus. Besser ist es, ein Urteil aufzuschieben und das Interesse am Untersuchungsprozeß wachzuhalten. Das bedeutet auch, daß sich Bewertungen durch andere Personen — um von einem autoritären Klima nicht zu reden — hindernd auswirken können.

Mit dem »brainstorming« wurden Techniken kreativen Verhaltens speziell für die Wirtschaft entwickelt, und zwar für die Produktneugestaltung. Eine repressionsfreie, Ideen nicht bewertende Phase und Verfahren des Variierens und Substituierens eines Gegenstands oder Plans sind dafür typisch. Wichtige, den kreativen Prozeß kennzeichnende Phasen, wie zum Beispiel das Entdecken eines Problems, spielen beim »brainstorming« keine Rolle. Direkte Übernahmen aus der Technik des »brainstorming« zu pädagogischen Zwecken enthält das

Kreativitätsprogramm von Davis (1969), das für ältere Schüler gedacht ist. Geübt wird das Auffinden von Innovationen durch das Aufzählen von Eigenschaften, durch Anweisungen wie »Füge etwas hinzu«, »Arrangiere die Teile anders«. Das Kreativitätsprogramm von Crutchfield (1966) sieht Übungen zum
Problemlösen vor. Im einzelnen sind Strategien zum Entdecken von Problemen, zur Bildung von Hypothesen, deren Überprüfung und die Ausarbeitung
von Plänen vorgesehen. Didaktisch ungewöhnlich ist die Form der program-
mierten Unterweisung, die in die Gestalt einer Abenteuergeschichte gekleidet
ist, bei der zwei Kinder unter Anleitung eines Privatdetektivs Probleme lösen:
Das geheimnisvolle Verschwinden eines Hauses ist aufzuklären, die Befreiung
aus einer Grube zu bedenken. Kreativitätsübungen können auch Einflußnah-
men einer Lehrperson vorsehen, die sowohl zum logischen als auch zum originellen Denken auffordert, gemäß der Idee von Guilford, daß beide Formen des
Denkens in einem Modell integriert werden können. Sowohl Wissen wird erworben (beispielsweise durch Aufgaben zur Bildung von Wortstämmen) als
auch flexibles und originelles Vorgehen trainiert. Der Lehrer wird mit zusätzlichen Anleitungen versorgt. Wenn das »Ändern von Dingen zum besseren Gebrauch« (Vergrößern/Verkleinern) geübt wird, so erhält er nicht im Arbeitsheft
des Schülers vorhandene Anregungen zur Diskussion darüber, ob nicht nur
Objekte, sondern auch Ideen und Gefühle zur Erleichterung des Lebens veränderbar seien.

Kreativitätstraining versuchte man auch für Kinder nutzbringend im Kunst-
und Musikunterricht (vgl. Vollmer 1980) durchzuführen. Selten geschah dies
ideologiefrei. Sowohl in der Reformpädagogik als auch beim Aufbruch in eine
sensibilisierte, neuartig veränderte Welt nach 1968 hatte die Idee der Kreativität
eine Hochkonjunktur. Jödes Buch *Das schaffende Kind in der Musik* (1928) zeigte ein selbsttätiges, das musische Tun durch Singen ergänzendes Kind, dessen
spontan schöpferische Fähigkeiten außer Zweifel standen. Das Leben war als
Feier in der Natur konzipiert. Dies praktizierten vor allem die Landschulhei-
me. Die zweite Phase des vermehrten Kreativitätstrainings in der Schule unterscheidet sich hiervon durch ein anderes Verhältnis zum Experiment. Vordergründig zeigt sich dies an einer stärkeren Hinwendung der Pädagogen zur Neu-
en Musik. Mit Offenheit, klanglicher Sensibilität, Entdeckungsfreude, Gestaltung von Widersprüchen, Relativierungen ästhetischer Normen sollten
Kinder erzogen werden, um die Welt von morgen besser formen zu können.
Solches Kreativitätstraining erschien als Voraussetzung für die Emanzipation
und Selbstverwirklichung. Dieser Kreativitätsbegriff hatte politisch gänzlich
andere Implikationen als der der zwanziger Jahre. Aber er teilte mit diesem das
Ideal der Selbsttätigkeit. In der Euphorie ging der Gedanke unter, daß der Erwerb von Wissen bis hin zum »overlearning« zu den Voraussetzungen kreativen
Handelns gehört, weil Wissen zum Erkennen von Problemen und zur Bewertung origineller Lösungen notwendig ist. Das schöpferische Tun war aus-

schließlich als Spiel konzipiert, in dem Faktoren der Ausdauer und der Toleranz gegen Mißerfolge bedeutungslos erschienen. Es wurde als selbststimulierend aufgefaßt. Somit waren in dieser Phase intensiver Bemühungen um einen Musikunterricht, der Kreativität förderte, weder Vorstellungen vorhanden über die Originalität von Produkten noch über den kreativen Prozeß im engeren Sinne, der mit Spielfreude verwechselt wurde. Auch die Beziehung zur Leistungsmotivation wurde vernachlässigt. Einzig die Umstände wurden so freizügig gestaltet, daß sie schöpferisches Tun nicht gehindert hätten. Die Bedeutung situativer Faktoren wurde aber überschätzt. So scheint es wenigstens. Denn aus diesem Musikunterricht gingen keine Mozarts und Beethovens hervor. Auch wenn Unterricht falsch verstanden ist, wenn er sich Kreativität zum alleinigen Ziel setzt, so bedarf es doch der Förderung durch die Schule, damit sich deren Sozialisationsdruck nicht hemmend auswirkt. In einer Längsschnittuntersuchung stellte Torrance (1967) eine deutliche Abnahme kreativer Leistungen in Zusammenhang mit dem Eintritt in die Schule und dem Übergang in weiterführende Schulen fest. Phasen, in denen mehr Disziplin und Anpassung von Kindern gefordert wird, verbinden sich mit einer nicht wünschenswerten Abnahme schöpferischer Leistungen, der es gegenzusteuern gilt.

Beispiele für Kreativitätstests

Guilford (1959); Guilford und Hoepfner (1971): Die Aufgaben von Guilford messen kreative Fähigkeiten wie Ideenflüssigkeit, Flexibilität, Originalität, Elaboration, Problemsensitivität einzeln. Es soll jedoch immer die ganze Testbatterie durchgeführt werden.

Mednick (1962): Remote Association Test (RAT): 30 Aufgaben mit jeweils drei Worten, zu denen ein viertes gefunden werden muß, das sie assoziativ verknüpft (Hund, Katze, außer — Haus). Es ist nur eine richtige Antwort möglich, was den Test umstritten macht.

Torrance (1962): Minnesota Test of Creative Thinking: Für Kinder im Vorschul- und Einschulungsalter. Prüfung der Flüssigkeit, Flexibilität, Originalität und Elaboration. Aufgaben in der Art: »Nimm einmal an, jemand ist in einer großen Seifenblase gefangen und kann nicht mehr heraus.« Die Aufgaben werden mit Zeitlimitierungen durchgeführt, obwohl Zeitbegrenzung im allgemeinen als hinderlich für kreative Lösungen angesehen wird. Es liegen Umarbeitungen der Aufgaben vor, u. a. auch in Gestalt einer Schallplatte mit Geräuschen und klangvollen Worten, zu denen Kinder Bilder assoziieren sollen.

Wallach und Kogan (1966): Verbale und figurale Aufgaben (»Was kann eine Zickzacklinie alles bedeuten?«) für Kinder. Ohne Zeitdruck sollen viele (Flüssigkeit) und neue (Originalität) Ideen assoziiert werden.

Welsh (1949); Barron und Welsh (1953): Welsh Figure Preference Test: Abstrakte Strichzeichnungen unterschiedlicher Komplexität sollen nach subjektivem Gefallen eingeschätzt werden. Die Vorliebe für komplexe Muster gilt als Indikator der damit korrelierten Kreativität.

Die Künstlerpersönlichkeit

Angesichts der Vielfalt von Erscheinungsweisen, die Individuen zugebilligt wird, verblüfft ein ausgesprochen stereotypes Bild, das vom Künstler existiert. In kräftigen Farben spiegelt es ein Bewußtsein der Distanz des Künstlers zum alltäglichen Leben wider. Er wird gezeigt als ein Sich-berufen-Fühlender, ein ständig Ringender, der nicht selten dem Wahnsinn verfällt, der ob seiner dämonischen Besessenheit Probleme mit sozialen Beziehungen hat und am Ende seines Lebens verkannt, vereinsamt und elend in einer Dachkammer zugrunde geht. Die Vorstellung, daß der Künstler nicht von dieser Welt sei, fixierte der Künstlerroman des 19. Jahrhunderts als eine vorbildliche Existenzform. Sie inspirierte Arno Holz, Besucher vorwiegend in einer Dachstube seiner Villa zu empfangen. Für Maler oder Musiker, die Werke von absoluter Bedeutung schufen, schien in der irdischen Welt kein angemessener Platz zu sein. Das Künstlerstereotyp ist das Resultat einer Ästhetik, die die Kunst zum Religionsersatz machte und den Künstler als Propheten und Märtyrer erscheinen lassen mußte. Andere Zeiten entwickelten andere Vorstellungen. Schon die Insel der Seligen, auf der der Künstler im 18. Jahrhundert beheimatet gedacht wurde, war ein Ort der Steigerung irdischer Lust und nicht der Verzweiflung. Mit einer sachlichnüchtern professionalisierten Haltung hingegen wollten im 20. Jahrhundert Künstler ihre Verbundenheit mit dem Leben ausdrücken. Relativieren sich die stereotypen Vorstellungen von der Person des Künstlers als Resultat ästhetischer Auffassungen, so bleibt dennoch das psychologische Bedürfnis, geniale Menschen im Hinblick auf eine ihnen gemeinsame Gabe zu beschreiben. Es führte zu Erklärungsversuchen, die eine gewisse zeitliche Konstanz besitzen. Erstaunlich ist, daß das auszeichnende Merkmal der Genialität dabei selten in den Mittelpunkt rückte; selbst in der Kreativitätsforschung in engerem Sinne finden sich kaum Untersuchungen über schöpferisch tätige Menschen. Die Forschungen — die allerdings oft von der Industrie finanziert wurden — konzentrieren sich auf eine Differenzierung in viel »gewöhnlicheren« Bereichen. Gerade aber die Betrachtung der künstlerischen Kreativität macht wahrscheinlich Korrekturen an den bisher entwickelten Modellen nötig, da im Unterschied zur erwähnten Auffassung von Guilford kaum von der Ausprägung einzelner Faktoren (der Originalität, Flexibilität, Produktivität, Elaboration und Problemsensitivität) ausgegangen werden kann, sondern eher von deren gemeinsamem Auftreten. Damit wäre ein Modell unangemessen, das eine faktorenanalytische Darstellung anstrebt, weil es keine hohen Ladungen auf allen Faktoren vorsieht. Die Feststellung der Besonderheit der Kreativität des Künstlers ergänzt ein unvermuteter Zusammenhang mit der Intelligenz. Intelligenz zeichnet durchweg — nach einer neueren Untersuchung von Kemp (1979) — aktive Musiker aus, ohne daß den Messungen durch Tests adäquate Schulleistungen entsprechen, weil offensichtlich eine Konzentration auf einen Leistungsbereich stattgefunden hat. Über weitere Eigenschaften der Künstlerpersönlichkeit läßt sich sinnvoll spekulieren, manchmal auch empirisch Belegbares zitieren.

Als »Mutter des Genies«, wie sie Lavater in seinen physiognomischen Fragmenten bezeichnete, gilt seit der Antike die Melancholie. Die Lehre von den vier Temperamenten, die dem Ausfluß schwarzer Galle einen emotionalen Zustand der Melancholie und Versenkung zuschreibt, sieht eine ausgesprochen charakterkundliche Schilderung vor. Die Melancholie als Voraussetzung einer kontemplativen Haltung, die transzendente Imagination ermöglicht, integrierten die italienischen Humanisten einer Theorie des Genies; ihr kann sich, wie es schon Platon beschrieben hatte, die Manie als eine Form des göttlichen Wahnsinns verbinden. Dürers Kupferstich *Melancolia* knüpft an diese Genietheorie an. Der traurige Engel, der Victor Hugo an eine Fledermaus erinnerte, hält einen Zirkel in der Hand, Hinweis auf die gesteigerte Gedankentätigkeit, zu der die Melancholie inspiriert. Im empfindsamen Zeitalter des ausgehenden 18. Jahrhunderts wurde die Depression, die in Gedichten als »philosophische Krankheit« auftaucht, geradezu als Voraussetzung für die Glückserfahrung der Kunst angesehen. Da die Melancholie als Königin ernster Gedanken, als Dichterfreundin, als Muse galt, wurde das Leiden damit zum Ursprung künstlerischer Produktivität. Lukácz (1958, S. 18) hat diese Sicht des Künstlers verworfen, weil sie vom Kainszeichen der bürgerlichen Intelligenz zeugt, den Widerspruch zwischen Möglichem und Wirklichem als unlösbar anzusehen. Die narzißtische Haltung des Melancholikers war Benjamin an Kästner suspekt, dem er bei der Besprechung des Gedichtbandes *Ein Mann gibt Auskunft* Schwermut aus Routine vorwarf. Im 20. Jahrhundert wurde die Idee einer melancholischen Grundstimmung als Quelle künstlerischen Tuns skeptisch betrachtet. Aber auch wenn die Kunstproduktion nicht immer Zeugnis von Trauer ablegte, so kannte sie laut Brecht doch weiterhin die »Unzufriedenheit mit dem Änderbaren«. Die Idee der Einheit von Melancholie und künstlerischer Existenz erscheint nur in anderer Schattierung. Nach wie vor bestätigt sie Freuds Dictum, daß der Glückliche nicht phantasiere.

Ein grober Überblick über Selbstzeugnisse von Komponisten stützt aber nicht unmittelbar den Eindruck, Melancholie sei die Quelle musikalischer In-

spiration; er weist schon gar nicht auf die Zwangsläufigkeit der extremen Verknüpfung hin von *Genie und Irrsinn* — so der Titel eines Buches von Lange-
Eichbaum. Selbst für die von seinen Biographen gern gehegte Vermutung —
Hildesheimer spricht sie wenigstens als Negation an —, Mozart sei in seiner
letzten Lebensphase depressiv gewesen, gibt es keine handgreiflichen Hinweise,
die diese in einem klinischen Sinne verstandene Diagnose begründen würden.

Ein in Briefen aber außerordentlich oft erwähntes Thema — sei es bei Beethoven, Schumann, Wagner, Berg, Schönberg und anderen — läßt sich mit dem Stichwort »körperliche Untüchtigkeit« charakterisieren. Sehr oft berichten Komponisten von physischem Unbehagen, wie es depressive Haltungen fast immer begleitet. Chopin scheint (im Sinne einer selbsterfüllenden Prophezeiung) Krankheit geradezu herbeigeredet zu haben. Merkwürdigerweise aber ist gerade Schumann dieser Art der Selbstkonfrontation eher aus dem Wege gegangen, so als habe eine Ahnung seines späteren Leidens vermehrt zu Bemühungen um soziale Beziehungen geführt. Ohne vorschnell ein Charakterbild im Sinne von Schopenhauers Metapher des Mont Blanc, dessen Gipfel meist umwölkt ist, entwerfen zu wollen, bleibt es zumindest eine weiterhin bedenkenswerte Hypothese, inwieweit die Erfahrung von Leid, die nicht klar artikuliert sein muß, durch schöpferische Produktion aufgehoben wird. Künstler aber gehen selten elend in einer Dachstube zugrunde. Ihr Selbstbild ist stark geprägt vom Wunsch nach Selbstaktualisierung. Für Wagner und Liszt ist dieser von jungen Jahren an ein leitendes Motiv. Integraler Bestand der Person ist das Wissen um die eigene Begabung und eine hohe Einschätzung der eigenen geistigen Leistung; nicht selten verbindet sich damit ein Bedürfnis nach unmittelbarem materiellen Erfolg. Die Zuschreibung von Erfolg zu Ausdauer und Anstrengung, damit die Erwähnung von Selbstdisziplin und Leistungsmotivation, findet sich ausgesprochen vor allem bei Schönberg, der in seinem 1949 verfaßten Rückblick auf sein Leben berechnete, daß er an seinem fünfundsiebzigsten Geburtstag nahezu neunzig Prozent der ihm bis dahin gegönnten Zeit der Musik gewidmet habe.

Manche der hier eher essayistisch vorgetragenen Befunde bestätigt die schon erwähnte Untersuchung von Kemp (1981), die sich allerdings auf ausübende

---

»Warum erweisen sich alle außergewöhnlichen Männer in Philosophie oder Politik oder Dichtung oder in den Künsten als Melancholiker?« Dürers *Melancolia* (Archiv für Kunst und Geschichte, Berlin) fußt auf einer Vorstellung, die sich bis auf die Melancholie-Abhandlung aus Aristoteles' *Problemata* zurückverfolgen läßt, aus der das eingangs erwähnte Zitat stammt. Die Lehre, Melancholie sei die »Mutter des Genies«, wurde zu Beginn der Neuzeit von den Florentiner Humanisten wieder aufgegriffen; an sie knüpft Dürer unmittelbar an. Schwermütiges Schweigen lastet auf dem Bild. Zahlen und Zirkel weisen auf die gesteigerte Gedankentätigkeit hin. Im 18. Jahrhundert wurde die Verbindung von Depression und Glückserfahrung vor allem in England und in Deutschland als Voraussetzung für die Kunstproduktion begriffen. Der Künstler als Märtyrer, das Kunstwerk als Überwindung des Leidens an der Welt sind Vorstellungen einer Ästhetik, die die Kunst zum Ersatz der Religion werden ließ. Künstlerbiografien, mehr noch Künstlerromane zeugen davon, daß das Leiden als Voraussetzung künstlerischer Produktivität begriffen wurde. Auch wenn nicht immer an den Selbstbildern von Musikern klar ablesbar ist, inwieweit die geschilderten depressiven Erfahrungen als Stilisierungen im Hinblick auf eine Theorie des Genies zu begreifen sind, die die Melancholie als Voraussetzung der Imagination deutete, so brütet — entgegen den sehr rationalistischen psychologischen Beschreibungen kreativer Prozesse — die schöpferische Einbildungskraft wahrscheinlich auf einem »dunklen Grund«.

Musiker bezieht: 496 Schülern (Alter 13—17 Jahre) aus Konservatorien und Jugendorchestern, 688 Musikstudenten (Alter 18—25 Jahre) und 202 Berufsmusikern wurden Fragen zur Persönlichkeit vorgelegt (der 16 PF-Test von Cattell und der High School Personality Questionnaire). Für alle Altersstufen typisch erwiesen sich die (Sekundär-) Faktoren Introversion, Feingefühl und Intelligenz. Die höhere Intelligenz, die angesichts der geringen Korrelationen mit den Musikalitätstests überrascht, bestätigt eine Untersuchung von Bell und Creswell (1984). Berufsmusiker und besonders begabte Studenten zeigten außerdem eine hohe Unabhängigkeit und Subjektivität. Charakteristisch für die Gruppe der Berufsmusiker war außerdem mangelnde Gewitztheit. Auch geringere Gewissenhaftigkeit als bei Schülern und Studenten war bei ihnen festzustellen. Die professionellen weiblichen Musiker neigten zur Dominanz und Anspannung, beides Eigenschaften, die mit den Schwierigkeiten zusammenhängen dürften, sich in diesem Beruf durchzusetzen. Die Unterschiede zwischen männlichen und weiblichen Personen waren aber geringer ausgeprägt als in der Normalbevölkerung.

Diese Befragung skizziert ein Bild vom Musiker als zurückhaltendem Einzelgänger ohne große Kontaktbereitschaft, mit imaginativen Fähigkeiten und einem hohen Maß an Phantasie. Musiker erscheinen innerlich beherrscht und unabhängig. Diese Harmonie stört, daß zumindest bei den männlichen Berufsmusikern (im Unterschied auch zu ihren weiblichen Kolleginnen) und bei den Musikstudenten eine geringe emotionale Stabilität vorlag. Eine ähnliche Feststellung machte schon 1955 Gardener, der 279 High School-Angehörige mit dem Guilford-Zimmerman-Temperament-Survey befragte. Für alle Gruppen der Studie von Kemp ist ein Faktor kennzeichnend, den Cattell »Angst« nannte, der in der Literatur manchmal auch »Neurotizismus« genannt wird. Sicherlich handelt es sich dabei nicht, wie jahrhundertelang vermutet wurde, um einen Ausfluß schwarzer Säfte aus der Milz. Zudem schränkt den Vergleich mit der uralten Melancholie-Vorstellung ein, daß Kemp zwar Künstler, aber ausübende und nicht kreativ schaffende untersuchte. Außerdem ist seine Studie auch nicht repräsentativ für alle ausübenden Musiker. Niketta (1983) fand bei Mitgliedern von Rockgruppen eine eher extravertierte Haltung. Dennoch ergänzt aber den Topos vom Kunstwerk als Resultat der Überwindung von Leid die Idee, erhöhte Angst werde in künstlerischen Tätigkeiten gelöst, in erstaunlicher Weise. Die symbolische Überformung der Welt scheint auf deren dunklen Gründen aufzubauen.

Angst erhöht die Qualität des Instrumentalspiels. Mehrere Untersuchungen von Hamann et al. (1982, 1983) beschäftigen sich mit deren Einfluß. Angstauslösende Situationen wurden dadurch geschaffen, daß Musikstudenten vor einer Jury spielen mußten; als weniger beängstigend wurde das Spiel in einem Raum empfunden, der nur eine Tonbandausrüstung enthielt. Die momentane Angst war dabei um so größer, je ängstlicher eine Person grundsätzlich war. In einer jüngeren Untersuchung (1983) bestätigte Hamann teilweise seine früheren Ergebnisse dahingehend, daß Angst (gemessen mit zwei Fragebögen) bei Studenten, die bereits durch langjährigen Unterricht hohe instrumentale Fertigkeiten erworben hatten, zu einer Leistungssteigerung führt. Wer noch wenig am Instrument gelernt hat, dem nützt weder eine hohe Angstbereitschaft noch momentanes Lampenfieber. Für Gesangsstudenten hatte Spencer (1969) ebenfalls einen Zusammenhang zwischen Angst und Leistung beim Vorsingen vor einer Jury festgestellt. Hamann diskutiert seine Befunde im Hinblick darauf, daß Angst wegen der Erregung, die mit ihr verbunden ist, zu besseren Leistungen motiviert, ohne darauf einzugehen, daß Ängstlichkeit in der Regel zu Mißerfolgen führt. Wahrscheinlich sind die Zusammenhänge komplizierter, als an den überraschend schlagkräftigen Ergebnissen von Hamann ablesbar. Auch ein Leistungsabfall ist denkbar (vgl. Leglar 1978).

Unabhängig von Überlegungen über eine mögliche Differenzierung bleibt aber die Beziehung zwischen Angst, die sich als Lampenfieber darstellt, und musikalischer Darbietung erstaunlich. Möglicherweise beeinflußt eine weitere, für ausübende Musiker nach Kemp ebenfalls typische Eigenschaft die paradoxe Wirkung einer hohen Ängstlichkeit. Musiker sind sehr kontrolliert und selbstdiszipliniert. Es handelt sich dabei um Merkmale, die unmittelbar aus ihrer Tätigkeit hervorgehen können und zu überdauernden Dispositionen werden. Situationen, in denen man beobachtet wird, oder solche, die (wie der Anblick im Spiegel) zu einer erhöhten Selbstbeobachtung zwingen, bewirken ein kontrollierteres Verhalten. Das ständige Feedback ermöglicht nicht nur Korrekturen, sondern es führt grundsätzlich zu selbstdisziplinierten Darstellungen, die im Spiegel (auch der Publikumsreaktion) wünschenswert im Sinne einer positiven Selbstbewertung erscheinen.

Die merkwürdig ambivalente Kombination von Charakterzügen, die eine Betrachtung der Künstlerpersönlichkeit enthüllt, gibt nach wie vor Ciceros auf Aristoteles sich stützender Bemerkung recht, daß die Begabten schwarzgallig sind. Die tendenziell gleichen Erscheinungsweisen, die sich bei produktiven und reproduktiven Musikern zeigen, machen vielleicht sogar die Frage überflüssig, ob die Entäußerung eines Produkts und der Einbezug der ganzen Person in einer Aktion oder im Happening wie auch das amerikanische Ideal eines Composer-Performers je verschiedene Künstlerpersönlichkeiten voraussetzen. Grundsätzlich begünstigt die Gärung der dunklen Säfte die Kunstproduktion.

Formen der Motivation

Eine Problemskizze der Leistungsmotivation

Das tapfere Schneiderlein erschlug sieben Fliegen, die ihm sein Mus vom Brot gefressen hatten, mit einem Lappen auf einen Streich. Und wie war es stolz darüber. Die ganze Stadt sollte es erfahren. »Ei, sprach es weiter, die ganze Welt soll's erfahren«, und sein Herz wackelte ihm vor Freude wie ein Lämmerschwänzchen. Es stickte sich seinen Erfolg auf einen Gürtel: »Sieben auf einen Streich«, tötete danach zwei Riesen, fing ein Einhorn und ein Wildschwein, gewann eine Prinzessin und wurde König. Dieses Märchen erzählt die klassische Karriere eines sehr erfolgsmotivierten Menschen, dem zur rechten Zeit Aufgaben gestellt werden, die er lösen kann, so daß er an die eigene Tüchtigkeit glaubt, auch wenn er manchmal nur Glück hat. Er sucht die Ursachen für seinen Erfolg bei sich selbst und nicht bei den Umständen. Obwohl er anfänglich nur Fliegen überwältigte, so machte ihn dieser kleine Erfolg doch gewiß, auch weitere Erfolge erwarten zu können. Und er verhielt sich sich selbst gegenüber voll Freude, wie ein Lämmerschwänzchen wackelte sein Herz.

Menschliche Handlungen, ob sie den Kampf mit einem Riesen betreffen oder die Handhabung eines Instruments, hängen nicht nur davon ab, wie begabt jemand ist. Sie sind wesentlich von motivationalen Faktoren beeinflußt, die bei gleichem Begabungsniveau große individuelle Schwankungen in der Qualität einer Ausführung der Tätigkeiten bewirken. Fähigkeitsausstattung und Motivation stehen in einem Wechselverhältnis. Die Gründe, die einen Menschen bewegen, seine Tüchtigkeit zu steigern, sind vor allem von großem pädagogischen Interesse, weil der Lehrer darauf einen erheblichen Einfluß hat. Er kann im komplizierten Geflecht von Beweggründen eine Rolle spielen, vor allem im Hinblick auf die Bewertung einer Situation.

Menschen haben meist den Wunsch, Erfolge oder Mißerfolge von Handlungen zu erklären. Denkbar ist, daß man bei einem Erfolg sagt: »Ich bin so toll, daß ich diese Aufgabe geschafft habe« oder aber »Ich habe mich sehr angestrengt«, aber auch: »Ich hatte Glück« oder »Die Aufgabe war recht leicht«. Meist bewerten wir aber eine Handlung nicht nur im nachhinein, sondern wir gehen mit bestimmten Erwartungen an sie heran, wir bilden ein Konzept über unsere Leistungsfähigkeit. Wir schätzen Schwierigkeiten nicht realiter ein, sondern wir nehmen sie wahr entsprechend der Vorstellung, die wir von uns selbst haben. Das tapfere Schneiderlein glaubte an seinen Erfolg und strengte sich deshalb entsprechend an. Es gibt aber auch sogenannte mißerfolgsmotivierte Menschen. Sie überschätzen oft Schwierigkeiten und bemühen sich bei schweren Aufgaben automatisch nicht besonders, weil sie ohnehin glauben, sie nicht schaffen zu können. Sie bestätigen ihre Mißerfolgserwartung. Sie strengen sich aber bei leichten Aufgaben übermäßig an, im Gegensatz zu Erfolgsmotivierten, die ihre Tüchtigkeit von vornherein für ausreichend halten. Selbstkonzept, Anstrengung und Aufgabenschwierigkeit sind untrennbar miteinander verbunden. Heckhausen (1980) hat diese vorherige Einschätzung als »Anstrengungskalkulation« bezeichnet. An der Ausbildung des Selbstkonzepts, das die wahrgenommene Schwierigkeit beeinflußt und zum Einsatz von Kräften motiviert, haben Eltern und Lehrer einen entscheidenden Einfluß.

Handlungen verbinden sich außerdem mit Gefühlen. Man ist stolz oder froh, beschämt oder verärgert, je nachdem, ob man glaubt, erfolgreich gewesen zu sein oder Fehler gemacht zu haben. Erfolg und das damit verbundene Gefühl der Freude sind nicht objektiv zu bestimmen. Die Bewertung von Erfolg und Mißerfolg hängt einmal davon ab, ob man ein Ergebnis der eigenen Tüchtigkeit und Anstrengung zuschreibt oder äußeren Faktoren, den Umständen, der Aufgabenschwierigkeit. Ein Mißerfolg kann gemildert werden, wenn er extern begründet werden kann: »Es war so kalt in dem Raum, und meine Finger ganz klamm, kein Wunder, daß ich schlecht gespielt habe.« Erfolg und Mißerfolg werden außerdem in Relation zu einem Qualitätsmaßstab erlebt. Man kann stolz sein, bei einem Wettbewerb den zehnten Platz zu erreichen, weil man nie davon geträumt hat, der Beste zu sein. Die Bezugsnorm — das Anspruchsniveau — für die erbrachte Leistung ist ein relativ überdauernder Standard, der individuell verschieden ist.

Die Art der Anstrengungskalkulation, das Selbstkonzept und das Anspruchsniveau werden auf Grund von Erfahrungen gebildet. Wer als Kind immer mit zu hohen Leistungsanforderungen konfrontiert wurde, hat kaum die Chance, daß die Hoffnung auf Erfolg zu einem überdauernden Motiv wird. Daraus sollte aber nicht der Schluß gezogen werden, daß Aufgaben so leicht sein müssen, daß sie grundsätzlich gelöst werden können. Zwar wählen Mißerfolgsängstliche, wenn dazu die Möglichkeit besteht, gern zu leichte Aufgaben, sie wählen aber ebenso gern zu schwere. In beiden Fällen besitzen sie eine sichere Voraussage über ihre Leistungseffizienz. Sie umgehen das Nichtkalkulierbare, um Angst zu vermeiden. Zu leichte Aufgaben unterfordern im Normalfall. Ein Erfolg, der im Verhältnis zum eigenen Tüchtigkeitsmaßstab gering eingeschätzt wird, zählt nicht. Die Beschäftigung mit zu leichten Aufgaben erzeugt Langeweile. Auf diesen Vorwurf hin wären manche neueren instrumentaldidaktischen Konzeptionen zu prüfen, die Kinder unterfordern.

Die Anforderungen sollten so gestaltet werden, daß die Erfolgswahrscheinlichkeit nur zu fünfzig Prozent gewährleistet ist. Aufgaben müssen nicht immer vollkommen gelöst werden. Denn wenn ein Mensch glaubt, er werde Erfolg haben, so stellt er ohnehin sehr lange Handlungsketten in Rechnung, wobei einzelne Mißerfolge toleriert werden. Es muß auch gelernt werden, Frustrationen zu ertragen.

Für die Entwicklung der Selbstbewertung und des Anspruchsniveaus ist die Bewertung der Tüchtigkeit durch die Eltern und durch den Lehrer entschei-

dend. Den Stolz über eine erbrachte Leistung, der bei Erwachsenen zu weiteren
Erfolgen stimuliert, ersetzt beim Kind ein bekräftigendes Urteil. Etwa zwischen vier und fünf Jahren sind Kinder fähig, aus dem Lob oder Tadel der Eltern auf ihre eigene Tüchtigkeit zu schließen. Setzt der Musikunterricht schon
auf dieser frühen Altersstufe ein, so kommt ihm deshalb eine besondere Bedeutung zu, weil er das Kind mit einer wiederkehrenden Aufgabe konfrontiert. Bei
vielen anderen Tätigkeiten bilden so junge Kinder an sich noch keinen Qualitätsmaßstab aus, weil in der Regel die bloße Bemühung um eine Leistung als
Intensität und Ausdauer honoriert wird. Bei wiederkehrenden Tätigkeiten hingegen ist es möglich, sehr konkret einen Standard der Selbstbewertung aufzubauen und damit ein Anspruchsniveau auszubilden. In diesem Alter sind recht
leicht Maßstäbe zu setzen, die dann lebenslang eine Funktion im Wertsystem
eines Menschen besitzen.

Der Lehrer hat entscheidenden Anteil an der Entwicklung der Motivation,
einmal durch die Wahl der Aufgaben, zum zweiten ist er das Kontrollorgan für
den Erfolg. Gelingt es ihm, bei einem Kind den Wunsch zu wecken, die eigene
Tüchtigkeit zu steigern, so hat er damit auch einen entscheidenden Einfluß auf
die Modifikation der Begabung. Grenzen werden ihm durch die Bewertung der
Eltern gesetzt. Da Kinder noch nicht wie das tapfere Schneiderlein ihre eigene
Freude als Kriterium der Selbstbewertung nehmen, sondern auf das Lob der Erwachsenen angewiesen sind, ist es selbstverständlich wichtig, daß ihre Übungen
grundsätzlich im häuslichen Milieu gutgeheißen werden müssen. Nur dann
kann es zu einem stabilen, ausdauernden Verhalten in einem Lebensbereich
kommen.

Es wurde schon erwähnt, daß sich mißerfolgsängstliche Kinder gegenüber
leichten oder schwierigen Aufgaben anders verhalten als erfolgsmotivierte.
Furcht kann zu Versagen führen. Die Schwierigkeit einer Aufgabe ist dabei weniger entscheidend als die Rahmenbedingungen einer Situation. Bei dem der-
zeitigen Stand der Forschung ist es nicht zu entscheiden, ob Ängstliche in allen
Situationen ängstlich sind, oder ob der Ängstlichkeitszustand momentan entsteht. Situative Faktoren, die Ängstlichkeit erzeugen, sind aber in jedem Fall
von besonderer Bedeutung, weil sie durch Lehrer und Prüfer modifizierbar
sind. Zu diesen situativen Faktoren gehören vor allem die Lenkung der Aufmerksamkeit auf Erfolg oder Mißerfolg. Nicht-ängstliche Personen entfalten
ihre volle Leistungsfähigkeit bei Erfolgsrückmeldungen, ängstliche hingegen
werden sowohl durch ein Feedback des Erfolgs wie des Versagens beeinträchtigt.
Und dies um so mehr, je weniger sie in Aufgabenstellungen eingeübt sind.
Während bei den nicht-ängstlichen Personen wahrscheinlich ein erhöhtes Interesse an einer Aufgabe geweckt werden kann, wenn sie leistungsthematisch geboten wird, ruft dies bei ängstlichen eine Fülle von selbstwertbezogenen Kognitionen hervor. Der dauernde Selbstzweifel stört bei der Lösung einer Aufgabe,
weil er ablenkt. Leistungsbewertungen sind nicht immer zu umgehen, schon

gar nicht, wenn eine Prüfungssituation vorgegeben ist. Ängstliche Menschen können jedoch sogar höhere Leistungen als nicht-ängstliche hervorbringen, wenn es gelingt, sie von ihrer dauernden Selbstbeobachtung abzubringen. In experimentell erzeugten Prüfungssituationen, die verschieden konstruiert waren, zeigte sich, daß die Zuwendung zur Aufgabe und die Ablenkung von der eigenen Person durch Beruhigung äußerst günstige Effekte haben kann. Verglichen wurden ängstliche und nicht-ängstliche Personen, wobei Aufgaben in fünf verschiedene Rahmenbedingungen eingebettet wurden: Sie wurden neutral geboten, als Intelligenzindikator, mit Beruhigung (»Die Aufgaben sind sehr schwer . . ., mach dir deshalb keine Gedanken, wie gut du abschneidest«), unter motivierender Aufgabenorientierung (»Es ist am besten, wenn man die Aufgaben als eine Gelegenheit betrachtet, sich im Behalten verschiedenen Materials zu üben«), aufgabenorientiert (»Das Experiment soll Aufschlüsse über die Aufgabe und nicht über das individuelle Leistungsniveau geben«). Bei Leistungsorientierung erzielten nicht-ängstliche Probanden das beste Ergebnis. Sehr ängstliche Personen erbrachten hingegen gute Leistungen, wenn durch eine motivierende Orientierung ihre Aufmerksamkeit auf die Aufgabe gelenkt wurde. Aber auch bei Beruhigung schneiden sie besser ab als Erfolgsmotivierte. Da bei Ängstlichen Leistungsverbesserungen erzielt werden, wenn es möglich ist, sie dazu zu bringen, sich auf die Aufgaben zu konzentrieren, nützt es wenig, wenn der Lehrer seine eigenen Ängste vor Prüfungen schildert. Neben Beruhigungen ist es eher günstig, Strategien zur Bewältigung der Unsicherheit zu besprechen und zu üben, die Aufmerksamkeit auf die Aufgabe zu richten. Gelingt auf diese Weise die Beschwichtigung der Skrupel, so erweisen sich merkwürdigerweise die so problematischen ängstlichen Personen oft in ihren Leistungen anderen überlegen.

Die amerikanische Leistungsmotivations-Forschung ist voll von Ergebnissen, die ein geringeres Anspruchsniveau von Mädchen und Frauen zeigen, unabhängig davon, wie schwierig die Aufgaben waren oder wie groß wiederum der Anreiz war. Untersuchungen bei Studentinnen in Japan oder Brasilien erbrachten allerdings nicht die gleichen Ergebnisse. Interpretiert wurde der Unterschied durch das maskuline Rollenkonzept dieser Studentinnen, die im Unterschied zu den Amerikanerinnen einen erschwerten Zugang zu Hochschulen hatten. Eine rege Diskussion haben die Untersuchungen von Horner (1969) hervorgerufen. Sie glaubte, ein spezielles, für Frauen typisches Motiv — nämlich Furcht vor Erfolg — aufgespürt zu haben. Sie hatte inhaltsanalytisch Aussagen von männlichen und weiblichen Personen ausgewertet, darunter eine Erzählung, deren Anfang vorgegeben war: »Nach dem ersten Semester-Schlußexamen findet Anne sich an der Spitze ihres Jahrgangs.« Für männliche Personen wurde statt Anne der Name John eingesetzt. Fünfundsechzig Prozent von Horners weiblichen Erzählern tendierten zu Erfolgsvermeidungs-Geschichten. Behne (1979) hat die Versuche nachgestellt und auf musikalische

Verhältnisse bezogen. Barbara oder Jürgen sind einmal die Besten im Schulmusik-Studium und beim Dirigierkurs. Wenn Barbara Dirigieren studiert und ihre Geschichte von weiblichen Versuchsteilnehmern erzählt wird, so bricht sie oft ihr Studium ab, wird bei Horten Verkäuferin, flüchtet sich in die Türkei, zertrümmert ihre Geige oder fährt gegen einen Baum.

Theorien der Leistungsmotivation

Für die inzwischen hochformalisierten Theorien der Leistungsmotivation stellt der Gedanke, daß die Erwartung eines Erfolgs motivierend wirkt, ein grundlegendes Theorem dar. Menschliche Handlungen werden utilitaristisch begriffen als Entscheidungen über den Wert eines Ziels und die Wahrscheinlichkeit, es zu erreichen. Zu diesen situativen Variablen tritt eine personale hinzu, nämlich das Streben nach Erfolg. In den westlichen Leistungsgesellschaften hat der Begriff Erfolg den des Glücks oder der Glückseligkeit verdrängt, der seit der Antike die leitende Vorstellung war, um menschliche Beweggründe zu erklären.

Den Leistungserfolg unter der Vielzahl menschlicher Bedürfnisse und Wünsche als Antriebsfeder thematisierte seit den vierziger Jahren McClelland. Er beschrieb Motive als Antizipationen eines mit einem Ziel verbundenen affektiven Zustands, der erstrebenswert oder nicht wünschenswert erscheint. Ein positiver Affekt, wie Stolz über eine Leistung, ist zu erwarten, wenn die Schwierigkeit einer Aufgabe im Verhältnis zur eigenen Tüchtigkeit so eingeschätzt wird, daß ein eventuelles Lösungsergebnis als Erfolg verbucht werden kann. Es besteht dann eine hohe Motivation. Wird die Differenz zwischen der Einschätzung der eigenen Tüchtigkeit und der vermuteten Schwierigkeit einer Aufgabe ungünstig groß bewertet, so daß ein Mißerfolg erwartet wird, so wird zugleich auch mit dem negativen Affekt der Enttäuschung gerechnet und die Aufgabe nach Möglichkeit gemieden. Ist die Differenz zwischen der Einschätzung der Tüchtigkeit und der Schwierigkeit einer Aufgabe gering, so ist auch die Motivation gering, weil es langweilig ist, ein bestimmtes Ziel zu erreichen. Die Vorstellungen von der eigenen Tüchtigkeit (need achievement) werden durch das gewogene Mittel, eine Art Adaptationsniveau der Erfahrungen, gebildet. Sie sind individuell verschieden. McClelland (1951) nutzte den von Murray (1943) entwickelten Thematischen Apperzeptionstest (TAT), um das Anspruchsniveau zu ermitteln. Dabei handelt es sich um ein projektives Verfahren, bei dem zu Bildvorlagen, die Personen in unklaren Situationen zeigen, Deutungen gegeben werden sollen. Murray hatte diesen 1934 konstruierten Test auch für andere Formen der menschlichen Motivation gedacht.

Eine Weiterentwicklung der Leistungsmotivationstheorie, die die Tendenz, Erfolg aufzusuchen (T_e), durch eine mathematische Gleichung beschreibt, hat Atkinson (1964), ursprünglich ein Mitarbeiter McClellands, vorgelegt, in-

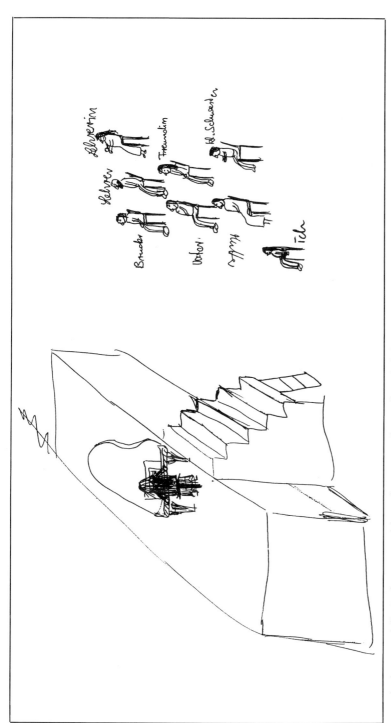

Um überhaupt auf die Stufen zum Erfolg zu kommen, gilt es offensichtlich, erst einmal die unsicheren Sprossen einer Leiter zu erklimmen. Die Zeichnung zum Thema »Kind beim Vorspielen« stammt von einem dreizehnjährigen Mädchen, das erst seit einem halben Jahr Klavierunterricht hatte. Sie zeigt ein hohes Anspruchsniveau, aber in ihrer Wohlausgewogenheit auch ein gutes Selbstbewußtsein. Das Kind greift fest in die Tasten. Und es zeichnete sich — befragt, wo es sitzen würde, wenn jemand anderes vorspielt — auch in die erste Reihe. Hohes Anspruchsniveau und ein gesichertes Selbstbewußtsein, verbunden mit der realistischen Sicht, wie hoch das Podium ist, lassen auf eine große Erfolgsmotivation schließen.

dem er die Handlungstendenz als Produkt aus dem subjektiven Anreiz oder Wert eines Erfolgs (A_e), von dem die subjektive Wahrscheinlichkeit, Erfolg zu erlangen (W_e), abhängt, und aus dem Wunsch, Erfolg zu erlangen (M_e), definierte. Er postulierte: $T_e = (M_e \text{ x } A_e) \text{ x } W_e$, wobei sich der Erfolgsanreiz als invers linear zur Erfolgswahrscheinlichkeit darstellt: $A_e = 1 - W_e$. Atkinson nimmt weiterhin an, daß sich in bestimmten Situationen auch Vermeidungstendenzen (T_m) feststellen lassen. Sie erklären sich aus dem Produkt der Faktoren, Mißerfolg zu vermeiden (M_m), »negativem Anreiz« (A_m) und einer eingeschätzten Mißerfolgswahrscheinlichkeit (W_m): $T_m = (M_m \text{ x } A_m) \text{ x } W_m$. Aus der Erfolgssuche und dem Wunsch, Mißerfolge zu vemeiden, ergibt sich eine resultierende Tendenz (RT). Sie bestimmt sich aus der Differenz von T_e und T_m: $RT = (M_e - M_m) \text{ x } W_e (1 - W_e)$.

Dieses extrem rationalistische Modell, das Handlungen aus dem Produkt von »Wert mal Erwartung« erklärt, trägt den Namen »Risikowahlmodell«. Es integriert ältere entscheidungstheoretische Überlegungen über Verhaltensweisen in Situationen der Wahl, nutzt mit dem Faktor Anreiz die Theorie von Lewin (1935) über den Aufforderungscharakter und definiert ein bestimmtes Risiko als Stimulation eines Antriebs. In sehr vielen Versuchen wurde inzwischen festzustellen versucht, welches Risiko erfolgsuchende oder mißerfolgsängstliche Personen eingehen, in Abhängigkeit von den situativen Bedingungen, die durch den Anreiz und die Erfolgswahrscheinlichkeit bestimmt sind.

Sind also menschliche Motive von einer Art Kosten-Nutzen-Rechnung bestimmt? Hofstätter (1971) hat in seiner Sozialpsychologie im Zusammenhang mit entscheidungstheoretischen Überlegungen auf ein sehr schönes Demonstrationsbeispiel hingewiesen. In Mozarts Oper *Così fan tutte* wettet der skeptische Don Alfonso mit seinen Schülern, zwei Offizieren, daß die im 18. Jahrhundert von einer Frau zu erbringende Leistung der Verlobung mit einem Mann dem mechanischen Ineinandergreifen von Anreiz und Erfolgswahrscheinlichkeit gehorche. Auch die Verlobten der beiden Offiziere stellen keine Ausnahmen von diesem Modell dar. Nach Meinung Don Alfonsos verhalten sich Fiordiligi und Dorabella gemäß der Risikokalkulation, wie sie Atkinsons Modell vorschlägt. Die Motive der beiden Frauen werden geprüft, indem die beiden Offiziere ihnen, als Fremde verkleidet, den Hof machen. Doch ist diese Werbung ein zu geringer Anreiz, um den Mißerfolg auszugleichen, den der Verlust der als abgereist geltenden Verlobten bedeuten würde. Das Risiko ist so hoch, daß eher Meidungstendenzen ausgelöst werden. Aber die zusätzlichen Anreize, die die Einflüsterungen der Dienerin Despina bewirken, mildern dieses Risiko. Der Gedanke an eine mögliche Untreue der ausgezogenen Offiziere mindert die Mißerfolgsvermeidungstendenz und erhöht den Anreiz einer neuen Verbindung. War es nicht gar töricht, am einmal gegebenen Versprechen festzuhalten, das ohnehin noch zu nichts geführt hatte? Neue Verlobungen kommen zustande. So machen's alle. Im Zeitalter des Rationalismus war es glücklicherweise möglich, daß falsche Kalkulationen korrigiert werden konnten und nicht zwangsläufig ein böses Ende zur Folge hatten. Daß es um die menschlichen Beweggründe so einfach bestellt sei, hat man zu Anfang des 19. Jahrhunderts nicht mehr glauben wollen. Daher wurde das Libretto geändert: Der Skeptiker Don Alfonso erschien als Zauberer, Despina, die Zofe, als Luftgeist. Damit waren zugleich Handlungen nicht mehr der Begründung bedürftig. Sie waren in die Sphäre des Irrationalen versetzt.

Atkinsons Modell hat auf die Motivationsforschung einen sehr großen Einfluß ausgeübt. Die Möglichkeit, Kriterien für Handlungen, sogar eindeutig meßbare, zu finden, faszinierte. Aber es tauchten auch Zweifel auf, ob es um die menschlichen Motive so einfach bestellt sein könnte, daß man sie mit zwei oder drei Parametern messen könne. Eine Ausarbeitung des Modells, das Feather (1969) vorlegte, sieht als wichtige Moderatorvariable für das Zusammenwirken von Anreiz und Erfolgswahrscheinlichkeit die Selbstverantwortlichkeit (control) vor. Ein Mindestmaß an erlebter persönlicher Kontrolle ist notwendig, um überhaupt Leistungsstreben an den Tag zu legen. Feather schlug eine multiplikative Verknüpfung mit den drei von Atkinson angegebenen Parametern vor. Damit hatte er schon eine größere Formalisierung geleistet als die meisten nachfolgenden Versuche, die die erlebten Ursachen von Handlungsergebnissen zu Erweiterungen des Modells der Leistungsmotivation benutzten.

Diese Kausal-Attributionstheorien wurden beeinflußt von den Theorien der Selbstwahrnehmung und der sozialen Wahrnehmung. Eine besondere Bedeutung kommt der Kausalanalyse von Heider (1958) zu. Sie setzt voraus, daß Menschen Ursachen für ihr Verhalten suchen. Sie schreiben dabei sich oder der Umwelt Kräfte zu, die das Ergebnis einer Handlung determinieren. Glück und Schwierigkeiten sind Umweltkräfte, die Erfolg oder Versagen bewirken können, die Fähigkeiten, auch die Macht, über die jemand verfügt, seine Intentionen, seine Anstrengungen hingegen werden von seiner Person verantwortet. Kelley (1967) schlug ein Modell vor, bei dem in Art einer einfachen Varianzanalyse Hauptbedingungen ermittelt werden sollen. Aus dem Vergleich mit anderen Personen, aus dem Vergleich der Leistung zu verschiedenen Zeiten und bei verschiedenen Aufgaben schließt ein Mensch, ob der Erfolg der Leichtigkeit eines Problems, dem Zufall oder seinen eigenen Leistungen zuzuschreiben ist.

Diese Ansätze wurden von Weiner (1975) dahingehend weiterentwickelt, daß er vor allem die unterschiedlichen Interpretationen berücksichtigte, die erfolgsmotivierte und mißerfolgsängstliche Menschen bezüglich ihrer Handlungsergebnisse vornehmen. Weiners Modell wurde am Beispiel des Märchens vom tapferen Schneiderlein bereits ausführlich erörtert. Es sieht als Klassifikationsmöglichkeiten für die Ursachen eines Handlungsergebnisses eine stabile oder variable Zuschreibung zur eigenen Person, zu ihrer Begabung oder zu ihrer Anstrengung vor, und es nimmt neben dieser internalen Begründung auch die externale Zuschreibung zu situativen stabilen oder variablen Faktoren an, näm-

lich der Aufgabenschwierigkeit oder dem Zufall. Erfolgsmotivierte und mißerfolgsängstliche Menschen neigen zu jeweils verschiedenen Ursachenerklärun-
gen. Obwohl es grundsätzlich eine Tendenz gibt, daß Menschen Erfolge ihrer
eigenen Person zuschreiben, tendieren Erfolgsmotivierte in stärkerem Maße dazu, die eigene Anstrengung oder die eigene Begabung für einen Erfolg verantwortlich zu machen; negative Ergebnisse interpretieren sie eher als Pech. Mißerfolgsängstliche hingegen deuten sie als Begabungsmangel. An die Möglichkeit
eines Zufalls bei Erfolgen wird von Mißerfolgsängstlichen stärker gedacht als
von Erfolgsmotivierten, die genau umgekehrt dieser Kategorie bei Mißerfolgen
eine Bedeutsamkeit beimessen. Als wichtigstes Kriterium für die Entwicklung
einer hohen Erfolgsmotivation im musikalischen Bereich erwies sich in den
Untersuchungen von Reinhard (1981) die mütterliche Erziehungsintensität (als
Strenge und Unterstützung). Sehr strenge Mütter bewirken Mißerfolgsängstlichkeit. Kinder, die nicht an ihren Erfolg glauben, brauchen außerdem in der
Schule eine größere Autonomie, um ihre Fähigkeiten erproben zu können. Ihr
Eindruck von der Macht des Lehrers ist sonst leicht negativ; er wird weniger
offen und dominanter eingeschätzt als von Erfolgsmotivierten.

Unklar ist, ob es sich bei dem unterschiedlichen Attribuierungsverhalten
von Erfolgsmotivierten und Mißerfolgsängstlichen um überdauernde Dispositionen handelt. Bei einer Untersuchung an neun- bis vierzehnjährigen Grund-
und Hauptschülern, der Weiners Modell zugrunde gelegt wurde, fand Reinhard, daß Erfolgsmotivation im musikalischen Bereich einen engen Zusammenhang mit einer allgemeinen Erfolgsmotivation für schulische Aufgaben
aufweist. Solche Schüler schreiben Erfolge eher der eigenen Anstrengung zu
und sind grundsätzlich auch zu größeren Anstrengungen bereit. Das wirkt sich
dann auch auf ihre Musikvorlieben aus. Sie lieben Schlager weniger als Mißerfolgsängstliche. Nicht ganz klar ist, welche Rolle die vermeintliche Wahrnehmung einer Ursache spielt, oder inwieweit tatsächliche Gegebenheiten von Bedeutung sind. Der ebenfalls von Reinhard festgestellte Zusammenhang zwischen Mißerfolgsängstlichkeit und einem schlechten Abschneiden bei dem von
Bentley (1968) entwickelten Musikalitätstest läßt sich in der einen wie in der
anderen Hinsicht interpretieren.

Merkwürdigerweise verhalten sich viele Menschen gegenüber Musik in
Form einer erlernten Hilflosigkeit, indem sie von vornherein glauben, daß sie
gegenüber irgendwelchen Anforderungen versagen. Solch ein Glauben wird erworben, und wenn er einmal vorhanden ist, erschwert er weiteres Lernen, weil
er nicht nur motivierenden Tendenzen entgegensteht, sich mit etwas zu beschäftigen, sondern eine emotionale Beeinträchtigung darstellt und auch die
kognitive Bewältigung erschwert. Das Phänomen der erlernten Hilflosigkeit,
das erst Ende der sechziger Jahre entdeckt wurde, ist noch nicht sehr gut untersucht. Es scheint jedoch, daß diese Hilflosigkeit vor musikalischen Sachverhalten auf der erworbenen fatalistischen Meinung beruht, etwas nicht steuern zu

können, weil ein nicht der eigenen Verantwortung anheimgegebener Bega-
bungsfaktor, damit letztlich der Zufall, entscheidend sei. Da sich beim Menschen erlernte Hilflosigkeit grundsätzlich leicht auflösen läßt, ist auch dieser
spezielle Fall einer untauglichen Begründung des Verhaltens gegenüber Musik
abzuändern, indem eine Zuschreibung der musikalischen Leistung oder des
Verstehens nicht zur Begabung, sondern zu einer anderen Ursache, nämlich der
der Selbstkontrolle unterworfenen Anstrengung, verinnerlicht wird.

Gegen die wenig formalisierten Kausalattributionstheorien, die mit Größen
operieren, deren dimensionaler Status außerdem nicht klar ist, wurde eingewandt, daß sie das Leistungsmotiv nicht mehr wie Atkinson interpretieren als
Fähigkeit, Stolz über die eigene Tüchtigkeit zu erleben, sondern als Fähigkeit,
Erfolg internal verursacht zu sehen durch Begabung oder Anstrengung. Das Er-
folgsmotiv wird deshalb nicht mehr determiniert durch Anreiz- und Erfolgswahrscheinlichkeit, sondern durch die Neigung, Handlungsergebnisse der eigenen Person oder der Umwelt zuzuschreiben. Die Kausalattributionstheorien
interpretieren damit die Leistungsmotivation im Hinblick auf Selbstverantwortlichkeit. Dies wirkt plausibel. Sie werfen hier jedoch das grundsätzlichere
Problem auf, ob Menschen in allen Situationen Gründe für ihr Tun suchen.
Gesetzt, dies wäre nicht der Fall, so wären diese Theorien auf jene Handlungen
einzuengen, wo nach Ursachen geforscht wird, und es wären die Bedingungen
zu eruieren, die solch ein erklärendes Bedürfnis hervorrufen. Schreibt man nur
überraschende Erfolge oder Mißerfolge seiner Person oder den Umständen zu,
um sich mit solchen Begründungen einer optimistischen oder pessimistischen
Sicht der Welt und des eigenen Ichs zu versichern?

In der ursprünglichen Fassung sah das Risikowahlmodell eine große Außen-
steuerung durch die momentane Situation vor. Die Ergänzungen, die Heckhausen (1980) vorgenommen hat, fügen additiv Größen hinzu, die die Werteinstel-
lung zu einem Sachbereich betreffen, den Neuigkeitsgehalt eines zu bewältigenden Stoffes und emotionale Bedürfnisse, etwa Zustimmung zu erhalten oder
Strafe zu vermeiden. Aber auch hierbei soll nur eine momentane Bereitschaft
erklärt werden. Den jüngeren Fassungen seines Modells hat allerdings Atkinson
die Beobachtung integriert, daß das Nichterreichen eines Ziels weiterhin motivierend wirkt. Es genügt damit der Annahme Freuds über die Wirkung uner-
füllter Wünsche, die durch Zeigarnik (1927) experimentell bestätigt wurde. Un-
erledigte Handlungen wecken eine Tendenz zur Wiederaufnahme. Dieses Konzept der »Trägheit« ermöglicht es, das Risikowahlmodell von singulären
Handlungen auf Handlungsketten anzuwenden. Im Strom des Verhaltens
(stream of behavior) verschiebt sich, was Menschen für ihr Bemühen halten,
nach Gesetzen, die gemäß dieser Theorie recht mechanisch funktionieren.

Man nimmt sich immer etwas vor und tut es dann doch nicht. Die Motivation zu einer bestimmten Tätigkeit und auch die Befähigung dazu kann groß
sein. Es kommt etwas dazwischen, man ist den Einflüssen anderer Personen

ausgesetzt. So wird weder gelesen, noch werden Hausaufgaben gemacht. Um Absichten gegen widrige Umstände oder andere Absichten durchzusetzen, bedarf es einer zusätzlichen Kontrolle der Handlung. Gegenstand der Motivationsforschung im engeren Sinne sind nur Handlungstendenzen. Das Konzept der Handlungskontrolle hat jedoch in dieser Forschung eine sinnvolle Funktion, wenn die bessere Realitätsanpassung des Anspruchsniveaus erstrebenswert ist. Mißerfolgsfurcht paart sich oft mit extremen, zu niedrigen oder zu hohen Zielvorstellungen. Durch eine entsprechende Handlungskontrolle sollte es möglich sein, Anspruch und Leistung in eine bessere Übereinstimmung zu bringen.

Machtausübung und aggressives Verhalten

Sich auf Musik verstehen, verbindet sich zuweilen mit der Ausübung von Macht. Manche Musikberufe sind geradezu durch eine Einflußnahme auf andere Personen definiert. Von einem Dirigenten wird diese Fähigkeit regelrecht erwartet. Macht auszuüben bedeutet, jemanden zu etwas veranlassen, was er sonst nicht getan hätte, notfalls den eigenen Willen auch gegen das Widerstreben anderer durchzusetzen. Es scheint, als seien die sozialen Interaktionen in den Institutionen der traditionellen abendländischen Musikkultur in erhöhtem Maße davon bestimmt. Daß solche Machtausübung auch als drückend empfunden wurde, zeigt die Auflehnung gegen solche institutionalisierten Hierarchien, die zeitweilig die Entwicklung der Neuen Musik prägte. Die Befreiung des Interpreten wurde um 1960 zum ästhetischen Programm, als die Entscheidungen über das kompositorische Resultat in seine Hände gelegt wurden. Nicht mehr schon im Detail formulierte Kompositionen waren auszuführen, sondern nur Anregungen aufzunehmen, die der Inspiration dienten. Den negativen Akzent, der auf dem Wort »Macht« lastet, bewirken seine Assoziationen mit den Begriffen »Zwang«, »Gewalt«, »Unterdrückung«, »Herrschaft«. Ungleichheit scheint außerdem eine Voraussetzung für die Ausübung von Macht zu sein. Das Machtverhalten ist jedoch höchst kompliziert. Es läßt sich kaum in einer so einfachen Theorie fassen, wie sie Adler vorgelegt hat, der den »Willen zur Macht« als grundlegenden Trieb menschlichen Handelns und den Mangel an Macht als Anlaß zur Entwicklung von Minderwertigkeitskomplexen betrachtete. Zu unterscheiden ist bei der Einflußnahme auf andere Menschen, ob sie dem eigenen Machtgefühl dient oder ob sie im Dienste einer Sache steht, eventuell gar zum Wohl eines anderen ist. Eltern müssen immer in irgendeiner Weise über ihre Kinder zu deren Vorteil Macht ausüben, indem sie ihnen ein gewünschtes Verhalten »vorschreiben«.

Auch die Machtquellen können variieren. Es muß nicht immer die Möglichkeit zur Belohnung oder Bestrafung ausgenutzt werden; mehr Wissen zu besitzen, gar ein Experte zu sein oder aber in irgendeiner Form als Vorbild zu wirken, sind ebenfalls Machtquellen. Macht ist mit Kompetenz assoziiert, nicht nur mit roher Gewalt. Zudem differiert die Art, wie Machtmittel eingesetzt werden: Sowohl die sanfte, vernünftige Überredung als auch eine heftige aggressive Bestrafung können Einfluß versprechen. Der unangenehme Aspekt an der Macht als Antrieb zu Handlungen läßt sich mildern, indem die Möglichkeit eines sachlichen und vernünftigen Zwecks bedacht wird. Ganz auflösen läßt er sich nicht, denn auch die »Führerqualitäten«, die aus Kompetenz erwachsen, sind nicht nur sachlich, sondern auch persönlichkeitsspezifisch begründet. Sollen sie wirksam werden, so müssen sie sich mit großem Selbstvertrauen und wenig Selbstzweifeln verbinden. Wer Macht besitzt, fordert Unterordnung.

Im traditionellen Rollenstereotyp des Lehrers, der hier als Paradigma dient für das Motiv, Macht ausüben zu wollen, und für die damit verbundene Aggression, ist die Erwartung der Machtausübung fest verankert. Auch wenn der Schulmeister mit dem Rohrstock heute als Karikatur erscheint, so gehören solche Akte von Gewalt noch zu den Erfahrungen einer Generation, die kurz nach dem Zweiten Weltkrieg eingeschult wurde. Das Klassenzimmer ist ein idealer Anschauungsplatz dafür, wie sich — zu Zeiten verschieden — soziale Unterordnung abspielt, wie Verhalten beeinflußt wird, welche Formen von Sanktionen möglich sind, welche Wirkungen Machtausübung hervorrufen kann, wenn sie mit einem Mangel an Kompetenz gepaart ist. Mit der Figur des Professor Unrat schilderte Heinrich Mann die Katastrophe eines Lehrers, dessen Unreife ihm nicht erlaubt, das Verhalten anderer zu lenken, der vielmehr zur heimtückischen Unterdrückung bereit ist, um seine Ohnmacht zu kaschieren. Das Klassenzimmer ist in der Literatur das Anschauungsmodell des Anspruchs der Überlegenheit und auch der verheerenden Folgen, die daraus entstehen können. Unrat, der sich von den Schülern hinterrücks angefeindet, betrogen und gehaßt wußte, behandelte sie seinerseits als Erbfeinde, von denen man nicht genug »hineinlegen« konnte. Da er sein Leben in der Schule verbracht hatte, hatte er nicht gelernt, die Probleme der Knaben aus der Perspektive einer anderen Erfahrung zu sehen. Seine Opfer aber werden zu Tyrannen. Sie zeigen sich so unerbittlich, wie es nur sehr junge und sehr alte Menschen sein können.

Auch noch heute ärgern Schüler ihre Lehrer, und sie ärgern besonders gern den Musiklehrer. Die großen Wandlungen der Pädagogik — bis hin zur Idee der antiautoritären Erziehung — rücken andere Ermächtigungen des Lehrers als die direkte Belohnung und Bestrafung in den Mittelpunkt, nämlich seine Kompetenz, seinen Vorbildcharakter; aber sie ändern nicht grundsätzlich die Struktur der sozialen Interaktion. Machtausübung kann in Situationen vonstatten gehen, die weitgehend aggressionsfrei sind. Ganz sind sie es wahrscheinlich nie. Am Beispiel bedeutender Dirigenten ließe sich jedoch zeigen, daß verhaltenssteuernde Funktionen akzeptiert werden und nicht nur zur Rebellion herausfordern. Im Schulalltag, den ich als Exempel wählte, um Machtmotive zu veranschaulichen, sind Aggressionen allerdings nichts Ungewöhnliches.

Sehen Sie sich einmal dieses Bild hier an. Da kommt ein Mann gerade in ein Eisenbahnabteil und stößt dabei dem anderen an den Kopf. Was glauben Sie, was der Mann, der die Beule am Kopf hat, jetzt zu dem, der da reinkommt, sagt?

	Insgesamt	Männer	Frauen	Jugendliche (14—20 Jahre)	Sänger
Grobe Beschimpfung	35,5	39,9	31,7	33,5	34,9
Gemäßigte Zurechtweisung	42,1	38,7	45,0	44,9	41,3
Andere Äußerung (Anzeige erstatten, Schadenersatz)	8,3	8,2	8,3	6,3	7,7

Männer erscheinen in dieser vom Allensbacher Institut für Demoskopie durchgeführten Befragung *Die Deutschen und die Musik* (1980, Bildblatt 4) aggressiver als Frauen. Jugendliche tendieren unerwartet zu einem geringeren Ausmaß an Aggressivität, als es dem Bevölkerungsdurchschnitt entspricht. Sie geben andererseits aber an, daß Musik sie aggressiv machen kann (23,7 %). Möglicherweise gibt es einen Zusammenhang zwischen dem exzessiven Musikkonsum Jugendlicher und der Minderung aggressiven Verhaltens in dem Sinne, daß durch Musik eine kathartische Wirkung erzeugt werden kann (Angaben in der Tabelle in Prozent).

Erziehungssituationen definieren sich am Wunsch, Verhaltensweisen zu verändern. Sie erfordern jemanden, der das Ziel der erwarteten Veränderung angibt. Beim pädagogischen Handeln wird Einfluß von Menschen auf Menschen ausgeübt. Die ideale Struktur dieser Ausübung von Macht, gemessen an den genannten Kriterien der Wahl der Machtquellen und der Art und Weise, wie sie eingesetzt werden, scheint bei weitem noch nicht gefunden zu sein. Lehrer sind zu instrumentellen Formen der Aggression regelrecht gezwungen. Mit der schlechten Benotung einer Leistung verabreichen sie negative Sanktionen, und der Umstand, daß Kinder den Lehrer verdrießen wollen, weist darauf hin, daß er manchmal auch gelinde feindselig erscheint.

Aggressive Handlungen haben ein Ziel; sie beschädigen, verletzen, bestrafen. Etwa ab dem neunten Lebensjahr können Kinder bei Beeinträchtigungen unterscheiden, ob Handlungen eine solche Intention zugrunde liegt oder nicht. Daran zeigt sich, daß nicht nur ein unmittelbares Agieren und Reagieren stattfindet, sondern daß kognitive Prozesse beteiligt sind, die sich auch äußern als Einschätzungen dessen, was als Vergeltung und Sühne angemessen ist. Impulsive aggressive Akte, die schnell verpuffen, finden sich in den Trotzreaktionen kleiner Kinder, spätere feindselige Handlungen sind von den Normen und moralischen Standards einer Kultur geprägt. Bestrafungen müssen keinen feindseligen Charakter haben. Sie können auch lediglich als Mittel zur Veränderung eines Verhaltens eingesetzt werden. Sie werden dennoch zur Kategorie »aggressiv« gerechnet. Man spricht hier von »instrumenteller Aggressivität«, als welche auch der Tadel und die schlechte Note des Lehrers auf den Schüler wirken.

»Bruch um Bruch, Auge um Auge, Zahn um Zahn« — diese moralischen Maximen des *Alten Testaments* sind die Normen für das Empfinden und Handeln von Jugendlichen, die erlebte Aggressionen nach Möglichkeit mit gleichem Maß vergelten und eine Strafe als Sühne empfinden können. In beiden Fällen spielen emotionale Faktoren eine große Rolle. Denn mit der Vergeltung befriedigen Jugendliche ihren Ärger, und die Strafe löscht Schuldgefühle. Sie ermöglicht die Rückkehr in die alten sozialen Bezüge. Das Prinzip der Gegenseitigkeit wird mit der zunehmenden Entwicklung des moralischen Urteils durch ein höheres Maß an sozialer Verantwortung (z. B. dem Bedenken der Folgen einer Handlung) modifiziert. Im Stadium des Vergeltungsdenkens können aggressive Handlungen besonders leicht gesteigert werden, weil derjenige, der viel bestraft wird, also viel Aggression erfährt, seinerseits stärker zu aggressiven Handlungen aufgefordert wird, selbst dann, wenn ihm eine Rückvergeltung droht. Die Begrenzung auch instrumenteller Formen der Aggression in der Schule genügt damit einem Ideal der Erziehung zur Gewaltlosigkeit, von dem man sich grundsätzlich die Verbesserung der Welt erhoffen könnte. Nicht sinnvoll erscheint es jedoch, wenn ein Prinzip in einzelnen Fächern unterschiedlich angewendet wird. Die milden Zensuren im Fach Musik und damit der Verzicht auf instrumentelle Formen der Aggression haben keinen Sinn, wenn die Benotung in anderen Bereichen nicht äquivalent gehandhabt wird, weil Schüler dann keine Grundsätze, sondern nur eine Differenzierung erlernen: zwischen Situationen, die zählen, und solchen, die von den normierenden Prinzipien der Bewertung und Vergeltung auszunehmen, aber damit auch weniger ernst zu nehmen sind.

Aggressionen werden erlernt. Gegen die älteren Annahmen (z. B. auch der Psychoanalyse) eines Triebes, die sich heute noch in der Verhaltensforschung finden, spricht die Beteiligung kognitiver Vorgänge. Die Postulate der sehr fruchtbaren Theorie von Dollard und Miller (1950) haben sich ebenfalls nicht als umfassendes Erklärungsmodell aggressiver Akte ausweisen können. Nach dieser Theorie entsteht bei der Blockierung eines Zieles eine Frustration, die in Aggression umgesetzt wird. Es sind schon alltägliche Situationen denkbar, wie z. B. Beleidigungen, die zur Feindseligkeit reizen, die diesem Schema nicht genügen. Lerntheoretische Konzepte haben dagegen eine größere Reichweite, zumal sowohl klassische wie instrumentelle Konditionierung als auch soziales Lernen erfolgreich zu Begründungen herangezogen werden können.

Aggressionen können als Reaktionen auf einen aversiv erlebten Reiz (z. B. Schmerz) interpretiert werden, wobei diese Reaktionen mit bestimmten Hinweisreizen in Zusammenhang gebracht werden. Aggressionen können aber auch instrumentell zur Erreichung eines Ziels eingesetzt werden. Sind Erfolge damit verbunden, so wirken diese verstärkend. Der weitaus größte Teil aggressiver Handlungen wird durch Imitation erworben. Erfahrungen werden durch Beobachtungen anderer Personen gewonnen. Deren Reaktionen werden nachgeahmt und damit dem eigenen Verhaltensrepertoire integriert. Da für diese Form des Modell-Lernens beim Menschen auch die symbolische Repräsentation von Situationen und Personen bedeutsam ist, erwerben Kinder aggressive Verhaltensweisen, auch wenn sie verbal als Geschichten vermittelt oder aber im Film dargestellt werden.

Eine wichtige intervenierende Variable für feindselige Haltungen ist das Gefühl des Ärgers, das nicht als solches namentlich etikettiert, aber als unangenehme Erregung empfunden werden muß. Solche Erregungen können von außen induziert werden durch unangenehme situative Bedingungen, beispielsweise durch Lärm. Die Erhöhung des Aktivierungsgrades, so zeigten Experimente, ist dabei auf die Lautstärke zurückzuführen. Bei einem Rauschen von achtzig Dezibel gleichermaßen wie bei Publikumslärm, der von einem Boxkampf stammt, werden mehr Schaumkügelchen auf andere Personen geworfen als bei Ruhebedingungen (Knipmeyer und Prestholdt 1973). Jedoch führt eine zu laute Umgebung nicht automatisch zu Verärgerung und zur Erhöhung des Aggressionspotentials. Bedeutungsverleihende Prozesse, die Möglichkeit, eventuell den Lärm in irgendeiner Weise kontrollieren zu können, sind weitere wirksame Faktoren. Personen, die einen neutralen Film gesehen haben und sich dabei entweder in einer ruhigen oder aber sechzig Dezibel lauten Umgebung befanden, zeigten keinen Unterschied in der Intensität und der Häufigkeit, mit der sie an andere elektrische Schocks austeilten (letzteres ist eine übliche experimentelle Prozedur, die trotz ethischer Bedenken häufig zur Bestimmung der Aggressivität eingesetzt wurde). Mehr Schocks bei Lärm wurden ausgeteilt, wenn ein aggressiv wirkender Film die Interpretation der Aktivierung als Unbehagen nahelegte. Die Reizsituation wirkt gemäß einer kognitiven Bewertung differenziert. Daher können sich Jugendliche in der Diskothek mit Freuden einer großen Lautstärke aussetzen, von der der mißvergnügte Erwachsene meint, sie steigere die Aggressivität.

Musik kann allerdings sehr aufreizend wirken. Dies hängt nicht zuletzt mit dem besprochenen Zugriff auf den Körper zusammen. Kann Musik dazu dienen, Aggressionen auszuleben? Die Reaktion auf als aggressiv eingeschätzte Musik unterschiedlicher stilistischer Zugehörigkeit variiert bei Jugendlichen in Abhängigkeit von der Einschätzung der Aggressivität durch einen Persönlichkeitsfragebogen (FPI). Diese nicht sehr stark ausgeprägte Beziehung ist invers. Das heißt, zur Aggression neigende Personen finden aggressive Musik beruhigender als nicht-aggressive. Dieses Ergebnis entspricht den vereinzelten Befunden der Reduktion von Feindseligkeit durch aggressiven Humor oder durch sportliche Wettkämpfe. Stellt aber schon die Annahme einer indirekt hervorgerufenen »Entladung« ein Problem dar, so werden die Zusammenhänge noch komplizierter, wenn man bedenkt, daß Aggression ohnehin nicht durch eine einfache Spannungsreduktion gemindert wird. Aggressives Verhalten besitzt nicht die Eigenschaften eines einfachen Energiemodells. So ist es möglich, daß sich bei dem, der jemanden mit Worten beleidigt, feindselige Tendenzen sogar noch verstärken. Auch wenn eine kathartische Wirkung an der Verringerung des Aktivierungsgrades erlebt wird, geht damit nicht unbedingt eine Minderung aggressiven Verhaltens einher. Unter den Prämissen eines lerntheoretischen Konzepts könnte sogar vermutet werden, daß eine als angenehm empfundene, daher belohnende Spannungsreduktion aggressive Reaktionstendenzen eher bekräftigt, statt sie zu mindern.

Spezifische und diversive Neugier als Motiv

Die Erinnerungen an die Schulzeit, die Kempowski gesammelt und unter dem Titel *Immer so durchgemogelt* publiziert hat, sind in der Regel nicht allzu schmeichelhaft für den Musiklehrer. Eine Hausfrau, Jahrgang 1948, erinnert sich: »Als wir in der 10. Klasse waren, versuchte er, modern zu werden in seinem Unterricht. Da durften wir Schallplatten mitbringen.« Und ein Pastor, Jahrgang 1943, berichtete: »Ich hatte Musik als Wahlfach, auch noch in der Oberstufe, aber ich habe keine Erinnerung mehr. Der Lehrer machte am Tag immer dasselbe in den verschiedenen Klassen, nur etwas abgewandelt für den jeweiligen Jahrgang, und das ging natürlich an unseren Bedürfnissen vorbei. Ich hab immer das Radio angeguckt und hab immer gehofft, daß wir mal was zu hören kriegen. Aber nein.« Deutlich von anderen Fächern abgehoben sind die Erinnerungen an Erdkunde. Sie hat Spaß gemacht. »Ich konnte Europa aus dem Gedächtnis zeichnen, das machte mir Spaß« (Buchhändler, Jahrgang 1939), »Das Exotische hat mich gereizt, die weiten Flächen im Amazonas und an den Mississippi-Quellen« (Oberst, Jahrgang 1929), »Das hat mir Spaß gemacht. Einfach eben die Erdkunde, wie die Staaten eingeteilt sind. Daß man weiß, wo das liegt, und dann Entdeckungsreisen, wie die einzelnen Erdteile entdeckt wurden, Columbus. Vor allem Afrika hat mir imponiert« (Hausfrau, Jahrgang 1948), »Erdkunde hat mir Spaß gemacht. Diese oder jene Zusammenhänge aufzudecken« (Hausfrau, Jahrgang 1946). Selbstverständlich gibt es auch negative Urteile. Die Sonderstellung der Erdkunde hängt mit ihrem fachspezifischen Inhalt zusammen, der vom Lehrer gar keine große didaktische Aufbereitung verlangt. Erdkunde macht Spaß, weil es etwas zu entdecken gibt. Sie befriedigt die Neugierde.

Für Lernvorgänge, speziell auch für Leistungen in der Schule, sind nicht nur Aspekte der Leistungsmotivation von Bedeutung. Außer der Freude am Erfolg, der Belohnung und Anreiz einer Anstrengung ist, kann etwas motivierend wirken, weil es das Interesse auf sich zieht. Es löst ein Explorationsverhalten aus. Schon kleinere Kinder erkunden mit Ausdauer ihre Umwelt. Fremde Wohnungen, Kisten und Schubladen wecken bei Zwei- bis Dreijährigen eine spezifische Neugier. Sie wollen sie untersuchen. Das Explorationsverhalten ist nicht nur von Tendenzen geprägt, sich etwas zu nähern, es findet nicht ungehemmt statt, sondern das Neue kann auch Furcht hervorrufen und somit ein Verhalten des Meidens auslösen. Grundsätzlich aber sind Kinder neugierig. Sie produzieren entnervende Fragenserien, um ihre Wißbegierde zu befriedigen, und sie lieben Rätsel. Neugierde, vor allem in der zielgerichteten Form, ist ein wichtiger motivierender Faktor für ihre Handlungen, die nicht um irgendeines positiven Effektes willen unternommen werden. Neugierig macht das Unbekannte, das in irgendeiner Inkongruenz zum Gewußten oder zur aktuellen Situation steht. Neugierde kann durch Neuheit, Komplexität, Zweideutigkeit und Unsicherheit geweckt werden. Wie langweilig ist demzufolge Popmusik in der Schule? Weil Musiklehrer lieber an das Wissen der Schüler anknüpfen, wird Neugierde als Quelle des Antriebs viel zu wenig genutzt. In manchen Bereichen des Musikunterrichts ist auch eine Orientierung am Schwierigkeitsgrad und am möglichen Erfolg, also an Prinzipien der Leistungsmotivation, entscheidend. Es ist kaum möglich, nur aus Neugierde Klavierspielen zu lernen. In der musikalischen Früherziehung aber kommt sicher der Befriedigung von Neugierde eine große Bedeutung zu. Dort scheint sie auch bewußt genutzt zu werden, wenn eine Fülle von Bildern, geometrischen Figuren, Texten, Noten, teilweise sogar bunten Eintragungen in Blockflötenkursen vorhanden ist. Das Motto »Jede

Stunde ein Erlebnis« führt natürlich nicht zu einem Verhalten, das den Wunsch befriedigt, auch auf etwas stolz sein zu können. Explorationen sind immer dann wichtig, wenn Lernen nicht der Leistungssteigerung dienen soll, sondern der Orientierung. Neugierde stellt eine reizinduzierte Form der Motivation dar. Sie wird somit von der Art der gestellten Probleme hervorgelockt. Berlyne (1963, 1971) definierte grundlegende Bedingungen, die Neugier erregen: nämlich die Komplexität des Reizmaterials, die erlebte Unsicherheit, die Konflikte, die verschiedene Möglichkeiten des Verhaltens auslösen, und die Neuheit, die sich am Wechsel, an Überraschungen zeigt. Diese Variablen sind nicht voneinander unabhängig. Je komplexer eine Situation ist, um so größer ist die erlebte Unsicherheit; Komplizierteres ist das Seltenere, es schafft — ebenso wie die Neuheit — einen Konflikt, weil keine eindeutige Verhaltensweise angezeigt sein kann. Die »Mobilisierung« eines Individuums steigt nicht linear mit der Veränderung der Komplexität an. Die größere Aktivierung der Neugierde findet vielmehr meist bei einem mittleren Grad der Überschaubarkeit statt. Chaotisches kann Meidungsreaktionen auslösen. Die genannten vier Variablen haben einen »kollativen« (vergleichenden) Charakter. Konflikt, Komplexität, Unsicherheit, Neuheit bestimmen sich durch die Verträglichkeit oder Unverträglichkeit zwischen Verhaltensmöglichkeiten, durch die Ähnlichkeit oder den Kontrast von Elementen. Berlyne versuchte, diese Variablen durch die informationstheoretische Unbestimmtheit genauer zu erfassen. Werbik (1971) konnte bei einstimmigen melodischen Gebilden eine Beziehung zwischen informationstheoretischer Unbestimmtheit und dem Eindruck einer Erregung nachweisen. Wißbegierde, so zeigte Berlyne, wird auch auf einer begrifflichen Ebene vom Ausmaß des Konflikts bestimmt. Schülern wurden Zitate vorgelegt, zu denen mehrere Autoren genannt waren. Außerdem wurden Angaben darüber gemacht, wie Lehrer angeblich die Zuordnung von Zitat zu Autor vorgenommen haben. Damit wurde eine (objektiv berechenbare) Größe der Unsicherheit und Rätselhaftigkeit eingeführt. Die Schüler hatten ihrerseits — in einer bestimmten Reihenfolge — die Zitate anzugeben, von denen sie am meisten wünschten, den Autor zu wissen. Dabei zeigte sich, daß die größte Wißbegierde auftrat, wenn die Unsicherheit am größten war, das heißt, wenn die angeblichen Lehrerurteile am meisten differierten.

Die Messung der Komplexität und der Unsicherheit ist jedoch bei den meisten Aufgabenstellungen nicht in so einfacher Weise möglich. Daher dürfte in der konkreten schulischen Situation der Lehrer auf sein pädagogisches Talent und seine Intuition angewiesen sein, um die Aufgaben so zu gestalten, daß sie Wißbegierde hervorlocken.

Von einem spezifischen Explorationsverhalten ist eine sogenannte diversive Neugierde zu unterscheiden. Ihr Ziel ist nicht, etwas zu erforschen, Informationen zu vervollständigen, sondern sie dient der Ablenkung. In monotonen Situationen zeigen Menschen ein Verlangen nach Abwechslung. Läßt man Personen über Stunden hinweg eine Tätigkeit repetieren, zum Beispiel vertikale Linien zeichnen, so zeigen sich nicht nur zunehmend Unlust, Langeweile und Qualitätsverlust, sondern Variationen werden eingeführt. In reizarmen Situationen (z. B. geräuschabgeschirmten, abgedunkelten Räumen) wird eine Ablenkung durch Lichtreize oder Tonfolgen um so wertvoller empfunden, je höher ihr Informationsgehalt ist. Anlaß für diversive Neugier ist ein aversiv erlebter Zustand. Eine langweilige Situation soll interessant gemacht werden, indem sich Personen in einen erlebten Zustand von Unsicherheit hineinversetzen. In manchen Situationen (z. B. in der Schule) kann der Versuch, sich über die Unlust der Langeweile mit etwas Amüsement hinwegzuhelfen, zu Störungen führen, da das Bedürfnis nach Abwechslung, das individuell verschieden ist, sehr stark sein kann.

Selbstaktualisierung: Die Theorie von Maslow

In Biographien und Selbstäußerungen von Komponisten finden sich — zuweilen hypochondrisch anmutende — Klagen über körperliche Untüchtigkeit, über verdrießliche Stimmungen, Berichte von Mißhelligkeiten im täglichen Leben, aber auch ein hohes Maß an Selbstüberzeugung. Neben dem motivierenden materiellen Erfolg, der der unsicheren Künstlerexistenz die Befriedigung alltäglicher Bedürfnisse ermöglicht, wird fast immer der Wunsch thematisiert, Talent und Neigungen zu realisieren. Die Biographien von Bach, Beethoven oder Liszt unterscheiden sich darin nicht von der autobiographischen Schilderung, wie wir sie etwa Wagner verdanken. Eine Ausnahme bildet die von keinem Biographen greifbar zu machende Person Mozarts. Eine Besonderheit wurde bereits für den Fall von Schönberg erwähnt, der Erfolge oft mit Anstrengung und Zeitaufwand begründete, als hätte er das Modell der Leistungsmotivation vor Augen. Aber auch er berichtet, vom »kompositorischen Drang« besessen zu sein.

Wenn man Komponisten-Biographien analysiert, so reichen die bislang besprochenen Ansätze der Beweggründe von Handlungen nicht aus. Hilfreich hingegen ist die Theorie von Maslow (1954), die einen hierarchischen Aufbau der Bedürfnisse vorschlägt, an deren Spitze als höchstes Motiv die Selbstaktualisierung steht. Zunächt einmal müssen gemäß dieser Theorie die auf einer unteren Stufe befindlichen physiologischen Bedürfnisse und ein Streben nach Sicherheit befriedigt werden, ehe sich höhere Formen ausbilden. Aber auch noch die Wünsche nach Liebe und Geltung gehören nach Maslow zu den sogenannten Defizitmotiven. Die Selbstaktualisierung hingegen ist ein Wachstumsmotiv. Sie zu realisieren durch die Anwendung und die Nutzung aller Talente, bewirkt inneren Reichtum und Glück. Nietzsches Mahnung vom »Werde, was Du bist« haben schon vor Maslow andere Autoren ernst genommen. Stern sprach von

Selbstentfaltung, Jung vom Prinzip der Individuation, Pfänder von Selbstaus-
zeugung, Horney von »self-realization«, Fromm von »productive orientation«.
Selbstaktualisierung hebt sich dadurch von anderem Streben ab, daß sie keinerlei pragmatische Funktion hat. Sie ist geradezu das Gegenteil der von Anreiz
und Erfolgswahrscheinlichkeit angespornten Leistungsmotivation. Sie wird um
ihrer selbst willen gewollt. Maslow kritisiert die Unfähigkeit westlicher Kulturen, zweckfreie Zielerfahrungen ungebrochen hinzunehmen. Spazierengehen,
Bootfahren, Golfspielen, so meint er, sind Aktivitäten, die nur hochgehalten
werden, weil sie den Menschen »ins Freie führen näher zur Natur, hinaus in
die Sonne oder in die schöne Umgebung«. Damit aber wird das, was unmoti-
viert Zielaktivität und Zielerfahrung sein sollte, in einen zweckgerichteten, lei-
stungsorientierten, pragmatischen Bezugsrahmen überführt, um das westliche
Gewissen zu beruhigen.

Das Paradigma par excellence für eine nicht am Nutzen orientierte menschliche Tätigkeit ist die Kunst. Das Bedürfnis nach künstlerischem Ausdruck erwächst aus einer vorhandenen Fähigkeit, die zum Impuls wird. Auch bei dem
Bedürfnis, ästhetische Sachverhalte zu genießen, stehen Zweckfreiheit und Bereicherung außer Frage. Woraus es sich allerdings ergibt, erklärt Maslow nicht.
Um die genaue Beschreibung dessen, was als psychologisches Wachstum gelten
soll, haben sich erst seine Nachfolger bemüht, auch um ein höheres Maß an
Selbsterfüllung als Indikator für einen therapeutischen Erfolg verwenden zu
können. Neben kreativen Tätigkeiten führen sie Wissenserwerb und auch soziale Zugehörigkeit als ich-erweiternd an.

Die Theorie von Maslow macht ohne Zweifel auf die Begrenzung anderer
Ansätze aufmerksam. Das neue, von der humanistischen Psychologie (auf deren
Boden er steht) konzipierte Menschenbild stieß außerdem auf ein großes öf-
fentliches Interesse. Der Mensch ist gemäß dieser Lehre, wenn er sich ganzheit-

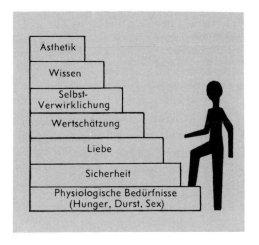

Maslow hat eine Hierarchie der Bedürfnisse aufgestellt, bei der auf der obersten Stufe ästhetische Wünsche stehen. Problematisch an dieser Theorie ist die Tatsache, daß ihr Erfinder glaubte, die niedrigen Bedürfnisse müßten in jedem Fall erst befriedigt sein, ehe eine Zuwendung zu höheren stattfinden kann: »Erst kommt das Fressen, dann kommt die Moral.« Ganz gegenteilig hat Freud mit dem Satz »Der Glückliche phantasiert nie« auch auf die Möglichkeit hingewiesen, daß »niedere« Bedürfnisse in sublimierten ästhetischen Regungen gestillt werden können (Zimbardo und Ruch 1979, S. 310; © Scott, Foresman und Co., Glenview).

Ästhetik

Wissen

Selbst-
Verwirklichung

Wertschätzung

Liebe

Sicherheit

Physiologische Bedürfnisse
(Hunger, Durst, Sex)

lich abzurunden weiß, grundsätzlich als gut konzipiert, ähnlich wie dies auch in der Theorie Jungs der Fall ist. Nur solche optimistischen Anschauungen erlauben die völlige Selbstentfaltung einer Individualität, wobei die soziale Integration nicht diskutiert wird. Anschauungen, die eine weniger ideale Struktur der menschlichen Natur annehmen, verzichten auf die Vorstellung einer Selbstentfaltung und akzentuieren stärker eine soziale Thematik im Sinne der Regulation menschlicher Bedürfnisse durch gesellschaftliche Normen. Spricht aber nicht das Bedürfnis nach künstlerischem Ausdruck tatsächlich dafür, daß zumindest Teilbereiche menschlichen Tuns mit der Idee, sie würden von einem Impuls nach Selbstverwirklichung hervorgebracht, gut charakterisiert werden können? Die Analyse von Künstler-Biographien zeigt ein genuin künstlerisches Ausdrucksbedürfnis, bei dem die Verwirklichung eines Talents zum Antrieb kreativer Leistungen wird. Aber es geht aus ihr nicht jener hierarchische Aufbau der Motive hervor, der vorsieht, daß erst alle primitiven Bedürfnisse befriedigt sein müssen, ehe an Selbsterfüllung zu denken ist. Der künstlerische Ausdruck scheint sich doch oft gegen viele widrige Umstände durchzusetzen und nicht nur auf jener Insel der Glücklichen zu gedeihen, wo der in harmonischem Einklang mit sich selbst Befindliche in spielerischen Tätigkeiten seine völlige Befriedigung findet.

Obwohl zweckfrei, sind Kunstäußerungen ein schlechtes Beispiel für die idyllische Konstruktion der humanistischen Psychologie. Die langsame Entfaltung der Vorstellung von Individualität (die erste Portraitmalerei entstand um 1200) im Abendland ging einher mit dem Verlust der Einbettung in umfassendere Ganzheiten, die Schutz und Sicherheit garantierten und mit der Idee des Jenseits sogar ein ewiges Glück nicht unmöglich erscheinen ließen. Dem Prozeß der Aufklärung korrespondierte ein zunehmendes Vertrauen auf die individuelle Vernunft, der sich aber nichts als das Elend der Welt enthüllte. Neue Propheten wurden gebraucht, um die Bedürfnisse nach Glück wenigstens durch ein Versprechen zu stillen. Diese Rolle übernahmen die Künstler um den Preis, daß das, was als höchste Selbsterfüllung erschien, den miserablen irdischen Bedingungen abgetrotzt war und über sie hinauswies. Das heißt übrigens nicht, daß tatsächliche materielle Not die Voraussetzung der Kunstproduktion ist, vielleicht aber bestimmte Formen des Leidens an der Welt, die sich, wenn nicht in den so häufigen Klagen über Geldsorgen, so doch in dem subjektiven Eindruck körperlicher Untüchtigkeiten, in realen und eingebildeten Krankheiten äußern. Die Idee der Selbstverwirklichung in der Kunst ist mit ihrer Steigerung zur Kunstreligion verbunden. Sie geht aus den Selbstzeugnissen von Künstlern früherer Epochen nicht in gleichem Maße hervor, wenngleich spätere Biographen nicht selten solche zu identifizieren glaubten. Auch wenn die Idee vom Talent als Antrieb des Handelns einen großen erklärenden Wert besitzt, so entspringt das Bedürfnis »Kunst«, mehr als es in der humanistischen Psychologie angenommen wird, vielleicht gesellschaftlichen Bedingungen.

Die russische Motivationsforschung bedient sich sehr ähnlicher Gedankengänge wie die Theorie von Maslow, jedoch mit nachdrücklicher Betonung der
gesellschaftlichen Abhängigkeit und nicht der individuellen Determination
von Bedürfnissen. Auch sie nimmt an, daß das Kunstobjekt als Antrieb von
Handlungen fungieren kann, jedoch nur, wenn durch den gesellschaftlichen
Kontext diese besondere Form der Produktivität angezeigt erscheint. Nicht zu
allen Zeiten, so lautet ein einfaches Postulat, und nicht zu allen Orten stehen
dem Menschen die gleichen Objekte zu ihrer Bedürfnisbefriedigung zur Verfügung. Sie variieren mit den gesellschaftlichen Produktionsverhältnissen. Diese
Grundannahme erlaubt es, die Bedürfnisstruktur als sehr variabel zu definieren; es können immer neue Objekte zur Bedürfnisbefriedigung auftreten. Auch
die wissenschaftliche Erkenntnis und die künstlerische Aktivität können Gegenstände einer Tätigkeit sein, die ein Bedürfnis ausdrückt. Die Bedürfnisse
sind jedoch gesellschaftlich bedingt und nicht dem Menschen inhärent. Diese
Lehre impliziert mehr als andere die Idee der Steuerbarkeit von Beweggründen
durch die soziale Struktur, und sie kann viel schwerer als die amerikanische
Selbstverwirklichungstheorie den Traum vom Glück als grundsätzlicher Triebfeder menschlichen Tuns interpretieren.

Der psychoanalytische Ansatz

Das Herrscherhaus ist belastet von Fluch und Mord. Agamemnon wurde von
seiner Frau Klytämnestra und deren Buhlen erschlagen. Die dem Vater treu er-
gebene Tochter Elektra sinnt auf Rache. Sie verflucht ihre Schwester, weil sie
dabei nicht mithelfen will. Der Bruder Orest soll die sühnende Handlung aus-
führen. Elektra ist aber sogar selbst bereit, ihre Mutter mit einem Beil zu töten,
als sie hört, Orest sei tot. Aber der Trauerbote ist der Bruder selbst. Er freut
sich so über die Begegnung mit der Schwester, daß er den Racheauftrag vergißt
und mit Liebesentzug — Elektra verweigert ihm eine Umarmung — erst wieder
daran erinnert werden muß. Klytämnestra büßt; Ägist, der Buhle, wird ebenfalls umgebracht. Elektra gerät darüber außer sich vor Freude, was ihren Tod
zur Folge hat.
   An der Zahl der Bearbeitungen ist ablesbar, daß um 1900 der Elektra-Stoff
sehr viel beliebter war als die Ödipus-Sage. Diese Bevorzugung erklärt sich daraus, daß die Motive, die sich mit den einzelnen Figuren verbinden, mindestens
so dramatisch sind, wie die des Ödipus-Mythos, aber unausgesprochener bleiben, weniger konkret an äußerlichen Beziehungen dingfest gemacht werden
können. Es mag auch Hofmannsthal und Strauss fasziniert haben, der übermäßigen Liebe einer Tochter zu ihrem Vater einen wirkungsvollen Hautgout zu
verleihen, indem mit der an sich für ihre Oper dramaturgisch gar nicht wichti-

gen Schwester Iphigenie eine Kontrastfigur für den Vergleich geschaffen wurde, ohne daß laut von dem eigentlichen Motiv der Rache, nämlich der Rivalität Elektras zur Mutter, gesprochen werden müßte. Und was veranlaßt Orest, sich zum Mord zu entschließen? Die Interpretation einer inzestuösen Beziehung zur Schwester ist dem Zuschauer überlassen.

Die Beziehung zwischen Kunst und Sexualität wurde schon im 19. Jahrhundert, z. B. von dem monistisch orientierten Biologen Bölsche, erörtert. Die Impulse jedoch, die von Freuds Theorie ausgingen, daß an den Kunstprodukten noch die Spuren ihrer Herkunft aus den archaischen Tiefen des Sexualtriebs nachweisbar seien, sind besonders groß. In keiner modernen Zusammenstellung von Kunsttheorien fehlen die psychoanalytischen Deutungsregeln. Sie befriedigen in hohem Maß ein Enträtselungsbedürfnis, weil sie die Anleitung zu einer Art von ästhetischer Archäologie darstellen. Sie ermöglichen, sowohl den Produktionsvorgang als auch das Produkt zu interpretieren. Freuds Verhältnis zur Ästhetik ist jedoch viel komplizierter, als bei vielen seiner Imitatoren zu ahnen ist, die mit psychoanalytischen Erklärungen die Beweggründe künstlerischen Tuns darzulegen versuchten.

Einige allgemeine Erläuterungen seien den speziellen Erörterungen über die Möglichkeiten einer psychoanalytischen Kunstdeutung vorangestellt. Zugleich soll damit auch die Einordnung der bislang besprochenen Motivationstheorien erfolgen.

Von diesen unterscheidet sich Freuds Lehre dadurch, daß sie eine Spannungsreduktionstheorie darstellt. Sie genügt einem homöostatischen Modell, bei dem die Befriedigung zu einem erstrebenswerten Gleichgewichtszustand führt. Modelle, die einfache, aus physiologischen Bedürfnissen (Hunger, Durst) entstehende Tätigkeiten zum Gegenstand haben, benutzen das Prinzip der Homöostase. Noch bei lerntheoretischen Ansätzen kann die Spannungsreduktion zur Verstärkung einer Handlungstendenz führen. Wo aber von Erwartungen, von Anreiz und Erfolgswahrscheinlichkeit, gar Selbstverwirklichung gesprochen wird, ist das Gleichgewichtsprinzip zugunsten von Aktivierung, Gewinn oder Erweiterung außer Kraft gesetzt.

Andere Gesichtspunkte, nach denen sich Motivationstheorien einteilen lassen, ergeben sich aus der Betrachtung der Art der Antriebsquellen. Diese können affektiver Natur sein, indem Lust zu gewinnen, und Unlust zu vermeiden, das Streben eines Organismus bestimmen. Eine Reaktion kann außerdem als erlernte Verbindung auf eine Reizsituation erfolgen. Auch kognitive Akte — nämlich Ursachenzuschreibungen — bewirken Handlungen. Bei Freuds Theorie sind die Antriebsquellen affektiver Natur. Es ist außerdem eine persönlichkeitsdynamische Theorie, in der situative Gegebenheiten durch ihre prägende Kraft für ein Individuum von Bedeutung sind.

Zentral für Freuds Motivationslehre ist der Begriff des Triebes, den er allerdings nicht in allen Phasen seines Denkens gleich bestimmt hat. Trieb ist ein energetisches Konzept, eine somatische Energiequelle, die Freud mit dem Begriff »Libido« präzisierte. Psychisch ist der Trieb repräsentiert durch das Erleben eines dranghaften Charakters und durch das Bewußtsein eines Objekts, auf das er sich richtet. Mit dem Erreichen des Ziels tritt eine Befriedigung ein, die Spannung wird aufgehoben und das Gleichgewicht dadurch wiederhergestellt. In Art und Zahl variiert das, was Freud »Triebe« nannte. Wichtig ist vor allem die anfänglich schon vorhandene Dualität der Triebe. Bereits 1910 sprach Freud von den Ich-Trieben, womit er den auf Lust ausgerichteten Kräften Selbsterhaltungstendenzen entgegensetzte. Im Zusammenhang mit der Entwicklung des Narzißmus-Konzepts ordnete Freud den Ich-Trieben die Aggression zu, die er sich nicht mehr auf libidinöse Kräfte zurückgehend dachte. Damit war die Dualität von Lebens- und Todestrieb bereits vorformuliert. Eros und Thanatos als zwei gleichberechtigte Kräfte bestimmten die vielfach kritisierte Trieblehre des Spätwerks. Die bekannte Differenzierung des seelischen Apparats in drei Instanzen, das Es, Ich und Über-Ich, hängt eng mit den Vorstellungen von den bewegenden Kräften zusammen. Die unbewußten Primärvorgänge, die typisch für das Es sind, zielen auf eine ungehemmte Energieabfuhr, die nur dem Prinzip von Lust und Unlust dient. Die Realitätsanpassung hat das Ich zu leisten, das außerdem auch der normativen Instanz, dem Über-Ich, zu genügen hat. Um Konflikte zwischen den Triebforderungen des Es und den Anforderungen der Realität oder des Über-Ich zu lösen, bedient sich das Ich der Abwehrmechanismen. Im Unterschied zu anderen Funktionen sind diese Ich-Funktionen unbewußt. Mit ihnen weist das Ich die Ansprüche des Es ab. Sie bleiben im Unbewußten, weil sie verdrängt werden. Freud hat eine Reihe solcher Abwehrmechanismen schon in der *Traumdeutung* (1900) beschrieben. Sie lassen sich — wie die Halluzination fördernde Regression, die intensivierende Verdichtung, die überdeterminierende Verschiebung, die zu Tagträumen führende Realitätsverleugnung — als Techniken verstehen, mit deren Hilfe neue, wundersame Bedeutungen erzeugt werden können. Kein Wunder, daß sie anregend auf die Kunstproduktion wirkten.

Außerdem machten sie es denkbar, daß das Unbewußte ein Ort ungenutzter Energiepotentiale sein könnte. Mit freien Assoziationen, Traumprotokollen und einer wahren Schlafepidemie, von der Aragon 1922 berichtete, versuchten die Surrealisten, die Anregungen aus der psychologischen Praxis zu nutzen für die Fahrt ins Unbewußte. Nicht nur aufgrund seiner konservativen Kunsteinstellung mißbilligte Freud — Dali ausgenommen — die surrealistische Bewegung. Deren Nutzung von psychoanalytischem Wissen widersprach sein theoretisches Konzept. Denn Freud hat die Entstehung kultureller Leistungen mit einem eigens dafür verantwortlichen Abwehrmechanismus beschrieben: der Sublimierung, womit die Vertauschung eines Triebziels mit einem sozial wertvollen Ziel gemeint ist. Der Sublimierung sind die höchsten »kulturellen Erfolge« zu verdanken.

Freud faßte seine Lehre nicht nur als einen Beitrag zur Bewältigung neurotischer Krankheitssymptome auf, sondern er bezog sie — mit der Psychopathologie des Alltagslebens — auch auf normale psychische Phänomene. Er wollte die Kunstproduktion in seine Betrachtung einbeziehen, um, wie er einmal bemerkte, die Gesetze des Seelenlebens auch an hervorragenden Individuen zu studieren. In dem Aufsatz *Der Dichter und das Phantasieren*, der mehrfach, 1908 auch in der Berliner literarischen Zeitschrift *Neue Revue*, publiziert wurde, leitete er das Spielen der Kinder und die Phantasien der Erwachsenen aus dem gleichen Motiv, nämlich der Wunscherfüllung, ab. Vergangenes, Gegenwärtiges und Zukünftiges werden an der »Schnur des durchlaufenden Wunsches« aufgehängt. In der Phantasie wird eine neue Wirklichkeit geschaffen, in der die Dinge der Welt in eine neue Ordnung versetzt werden, so daß sie gefallen. Die Triebkräfte für das Phantasieren sind die unbefriedigten Wünsche. Daher meint Freud auch: »Der Glückliche phantasiert nie.« Ist die Triebkraft der dichterischen Phantasie, wie beim Tagtraum, die Wunscherfüllung, so liegt es nahe, diese Wünsche auch in den Produkten aufzuspüren. Freud analysierte den Roman elegant und mit schriftstellerischem Ehrgeiz. Dazu paßte dann auch, daß der Aufsatz *Der Dichter und das Phantasieren* (ursprünglich ein Vortrag) zunächst 1907 als Zusammenfassung im Feuilleton einer Wiener Tageszeitung publiziert wurde. Naiv und ungebrochen spiegeln sich die Träume in der Trivialliteratur, wenn das Ich, der Held, trotz vieler Verletzungen am Ende strahlend und unbeschadet davonkommt. Komplizierter sind Freuds andeutende Analysen höherer dichterischer Schöpfungen, in denen sich das Ich mit der Rolle des Zuschauers bescheidet.

Freud unterstellte in einem Brief an Fliess, daß ein Künstler ein außerordentliches Erinnerungsvermögen besitze, das ihm die tiefsten Schichten des Unbewußten erschließt. Grundwahrheiten mit Allgemeingültigkeit werden daher in der Kunst verwirklicht. Als solche betrachtete er das Schuldgefühl, das die Ödipus-Sage gleichermaßen zum Ausdruck bringt wie der Mythos von der Erbsünde. Da er die Kunst als Spiegel der Grunderfahrung der Gattung Mensch ansah, huldigte Freud einer Art von psychischem Realismus, der durch die sublimierenden Kräfte des Künstlers eingedämmt wird. Eine Sublimierungstheorie im engeren Sinne aber blieb er schuldig.

Es werden lediglich die starken Triebforderungen als bewegende Kräfte, die die oft introvertierte Natur des Künstlers gar nicht realiter befriedigen kann, quasi als motivierende Ausgangsfaktoren benannt. Aus der Erfüllung persönlicher Wunschphantasie geht allein noch keine Kunst hervor. Erst indem Gestaltungsprozesse gewählt werden, die diese Phantasien auch zu Lustquellen, zum Trost und zur Linderung anderer werden lassen, stellen sie nicht — wie bei Neurotikern oder Psychotikern — bloße Auswucherungen der Einbildung dar. Aber Freud beläßt es bei der allgemeinen Formulierung, Sublimierung sei eine Umwandlung von elementaren libidinösen Energien in höhere Zustände.

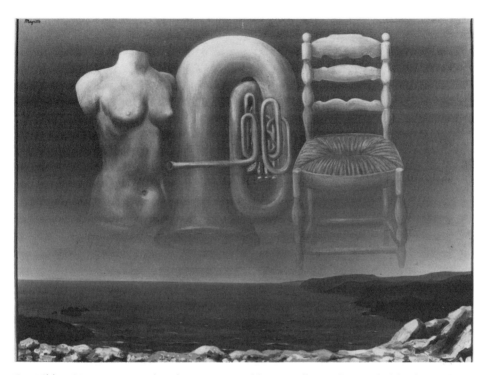

Das Bild *Le Temps menaçant* (1928) von Magritte (© Lee Miller Archives, Chiddingly) erscheint wie ein bildnerisches Pendant zu Freuds Satz, daß in der Phantasie die Dinge der Welt in eine neue Ordnung versetzt werden können. Die bewegende Kraft, die nach Freud hinter der künstlerischen Produktivität steht, ist eine Form der Wunscherfüllung, bei der eine neue Wirklichkeit an die Stelle der realen Gegebenheit tritt. Im Tagtraum, im Spiel und in der künstlerischen Betätigung können Triebforderungen befriedigt werden, denen im Leben Versagung beschieden ist. Aber Freuds Lehre unterscheidet zwischen verschiedenen Formen des Phantasierens. Das Einhalten von Schönheitsregeln hebt die Kunst ab, aber auch der Umstand, daß sich dem Künstler tiefere Schichten der Seele erschließen als dem Durchschnittsmenschen und er dadurch auch Grundwahrheiten von großer Allgemeingültigkeit formulieren kann. Aus gefährlichen Tiefen können diese Wahrheiten stammen, worauf Magrittes doppelsinnig zu verstehender Titel verweist. Die Surrealisten waren von Freuds Idee sehr beeindruckt. Sie hofften, aus dem Unbewußten eine zwar rätselhafte, aber bessere Ordnung als die der gegebenen Welt ergründen zu können. Die Kunst wurde zu einer Art Traumprotokoll. Die Baßtuba und der weibliche Körper auf Magrittes Bild bergen jenen symbolischen Gehalt, den vor allem Psychoanalytiker in der Nachfolge von Freud aus Kunstproduktionen immer herauslesen wollten. Ein trivialer Alltagsgegenstand wie ein Stuhl gewinnt daneben einen mystischen semantischen Wert. Bedeutungserweiterungen dient gerade bei Magritte immer und immer wieder der Verweis auf Musik, jene »surréalité«, die so weit über den Abgründen zu liegen scheint, aus denen Freud die Kunst aufsteigen sah, daß sie den psychoanalytischen Deutungsversuchen weitgehend entzogen ist.

Die Schriften zur Bildenden Kunst und Literatur stellen im riesigen Œuvre Freuds nur Nebenbeschäftigungen dar. Es gibt jedoch andere Gründe, die die Entstehung einer Sublimierungstheorie verhindert haben könnten. Dazu gehört der Wandel seines Modells, für das ursprünglich kathartische Aspekte wichtiger waren, später aber das verarbeitende Bewußtsein. Vielleicht gehört dazu auch, daß die »Einhaltung von Schönheitsregeln« als Bestimmung der Sublimierung genügte. Freud, der antike Statuetten sammelte und an zeitgenössischer Kunst kein Interesse hatte, konnte diese Schönheitsregeln in den ästhetischen Lehrgebäuden festgehalten wissen. Außerdem faszinierten ihn der verborgene Sinn und damit die elementaren Triebkräfte sehr viel mehr. Er machte die verborgenen Gedanken, die dem ursprünglichen Wunsch entsprechen, zum Gegenstand seiner Kunststudien. Somit konzentrierte er sich vor allem auf die stellvertretende Bedeutung von Symbolen.

Eine sehr hübsche Freud-Karikatur, deren Ort mir entfallen ist, stellt einen Räuber mit gezogener Pistole dar. Der Räuber droht: »Dies ist ein Überfall, nach tieferen Motiven wird später gesucht.« Freud selbst soll einmal gesagt haben, daß der Zeppelin ein Luftschiff und nicht nur ein sexuelles Symbol sei. Die Bedeutung der Symbole, die Zeugnis von den ursprünglichen Motiven und Trieben ablegen, ist in der psychoanalytischen Theorie sehr groß. Freuds Mutmaßungen über einen verborgenen erotischen Gehalt in Kunstwerken sind sehr zurückhaltend. In der Studie über den Moses von Michelangelo spielen sie überhaupt keine Rolle. Um so üppiger blühten sie aber bei seinen Nachfolgern auf, die außerdem meist übersahen, daß Freud nur die durchschnittliche künstlerische Produktion für analysierbar hielt. Genies waren für ihn solche Ausnahmemenschen, daß er sich weigerte, berühmten Künstlern auf seiner Couch einen Platz einzuräumen.

Besondere Erwähnung verdient die Bemerkung Freuds über die Musik in *Der Moses von Michelangelo* (1914):

»Alle Kunstwerke üben eine starke Wirkung auf mich aus, insbesondere Dichtung und Plastik, seltener Malereien. Ich bin so veranlaßt worden, bei den entsprechenden Gelegenheiten lange vor ihnen zu verweilen, und wollte sie auf meine Weise erfassen, das heißt mir begreiflich machen, wodurch sie wirken. Wo ich das nicht kann, zum Beispiel in der Musik, bin ich fast genußunfähig. Eine rationalistische oder vielleicht analytische Analyse sträubt sich in mir dagegen, daß ich ergriffen sein und dabei nicht wissen solle, warum ich es bin und was mich ergreift.«

Schon zu seinen Lebzeiten wurden Versuche publiziert, die die Musik unter dem Aspekt einer lustvoll erlebten Spannungsabfuhr interpretierten. Bis in die jüngste Zeit (Klausmeier 1978) wird das Schreien und Lallen des Kindes als überflutende »Es-Energie« gedeutet, die zu höchsten Formen der Sublimierung im Singen stilisiert werden kann. Solchen durchaus in den Rahmen seiner Theorie passenden Auslegungen stand Freud skeptisch gegenüber. Da er Sublimierung als einen begrifflichen Abstraktionsvorgang ansah, der im Symbol gipfelt, schien nur das, was durch ein Wort benennbar zu machen ist, jenen kognitiven Prozessen zu genügen, die zur Transformation libidinöser Energien in künstlerische Inhalte führen. Die Grundsätze der Freudschen Theorie entsprechen jedoch den Prinzipien der musikästhetischen Auffassung, wie sie im ausgehenden 18. Jahrhundert entwickelt wurden. Zur Präzisierung der allgemeinen Idee, daß Musik aus den archaischen Tiefen der Seele stamme und sich zum sublimsten Ausdruck steigere, stellt die psychoanalytische Theorie jedoch methodisch nur ungenügende Mittel bereit, weil sie den Triebgehalt an Inhalten konkretisieren will. So bleibt sie bei der Anwendung auf Musik mehr — was auch ihrer ursprünglichen Intention entspricht — eine Theorie über den künstlerischen Produktionsvorgang, als daß sie angemessene Interpretationshilfen für das Kunstprodukt selbst bereitstellte.

Motivation als Moderatorvariable des Verstehens

Die Theorien über Fühlen, Denken, Begabung, Entwicklung, Kreativität zeigen untereinander einen erheblich größeren Zusammenhang als die Konzepte der Motivation. Ein abstrakter Begriff variiert nach Maßgabe der Lebensbereiche, auf die er bezogen ist. Heterogenität ist durch die Vielfalt menschlicher Handlungen bedingt. Der Motivationsbegriff spannt musikpsychologische Betrachtungen aus zwischen Erörterungen, die die Lernprozesse des Rezipienten betreffen — bis hin zu solchen, die auf den symbolischen Gehalt von Kunstwerken bezogen sind. So erscheint die Leistungsmotivation als ein die Begabung variierender Faktor; sie spielt damit beim Erwerb komplizierter kognitiver Kategoriensysteme eine bedeutsame Rolle. Auch die soziale Beziehungen regelnde, der Machtausübung oder dem aggressiven Verhalten zugrunde liegenden Motive beeinflussen den Lernvorgang unmittelbar. Das explorierende Neugierverhalten schafft Orientierung und dürfte je nachdem, wie es in das Wertsystem integriert ist, borniert Haltungen vorbeugen. Fragt man hingegen, wie es bei den Theorien von Maslow und Freud der Fall ist, nach dem Antrieb, der dem schöpferischen Prozeß zugrunde liegt, so werden ganz andere Themen angeschnitten. Weil die Kunstwerke als Symbole eines Äußerungsbedürfnisses erscheinen, das zu ihrem Gehalt beiträgt, gehen von solchen Theorien Anregungen für die hermeneutische Deutung aus, während die die Kompetenz des Hörers fördernden motivationalen Strukturen anzeigen, daß zwischen kognitiver und dynamischer Psychologie Übergänge bestehen. In das Verständnis einer Sache ist der Rezipient umfassend einbezogen, ohne daß er alle Gründe, die sie hervorgebracht haben, im einzelnen zu deuten braucht.

Konzepte der Entwicklung musikalischer Fähigkeiten

Die Idee einer vergleichenden Psychologie

Die Erziehungspraktiken verschiedener Kulturen enthalten immer sehr detaillierte Vorstellungen entweder über eine zwangsläufige Determination oder über die Möglichkeit zur Beeinflussung der kindlichen Entwicklung, auch über Normen der Entwicklungshöhe sowie über die Bedeutung, die einzelnen Fähigkeiten zukommt. Diese Vorstellungen sind fest integriert in das Insgesamt sozialer Werte. Sie müssen nicht durch explizite Formulierungen festgelegt sein. Schon seit der Antike aber werden Versuche berichtet, die Entwicklung genau zu beschreiben, um ihre Ursachen kennenzulernen. Der Wissensdrang von Mächtigen hatte so grausame Experimente zur Folge wie etwa das Friedrichs II., der die Ursprache erforschen wollte. Er befahl Kinder aufzuziehen, für deren körperliches Wohl gesorgt wurde, die jedoch keinerlei geistige Anregungen erhielten. Den Ammen, die die Kinder hegten und pflegten, war die Todesstrafe angedroht, falls sie mehr als das notwendige Maß an Zuwendung zeigen oder gar mit den Kindern sprechen oder ihnen Lieder vorsingen sollten. Ähnliche Experimente sollen schon Araber, Griechen, Perser und Ägypter unternommen haben. Der Erkenntnisgewinn war immer ähnlich gering wie der, der aus den Studien über Wolfskinder gewonnen werden konnte. Aus ungeklärten Umständen starben alle diese Kinder sehr früh.

Wenn derart nach erklärenden Gesichtspunkten gesucht wurde, zog nicht die kindliche Entwicklung im engeren Sinne das Interesse auf sich. Gesucht wurde nach urtümlichen, allgemein-menschlichen Verhaltensweisen. Auch die wissenschaftliche Entwicklungspsychologie, deren Anfänge in die zweite Hälfte des 19. Jahrhunderts fallen, zielte zunächst auf die Feststellung von einfachen, ursprünglichen Verhaltensweisen. Sie war in ihrer ersten Phase als vergleichende Psychologie konzipiert — der Ausdruck stammt von Spencer — und dem Studium von Gemeinsamkeiten zwischen Kindern, »Primitiven«, seelisch Kranken und Tieren gewidmet. (Die Rattenexperimente, an denen bis in die sechziger Jahre dieses Jahrhunderts Lernvorgänge ermittelt wurden, haben hier ihren Ursprung.) Allerdings brachte schon damals Wundt den später immer wieder formulierten Einwand vor (vgl. Révész 1946, S. 226), daß der Einfluß der Umgebung auf Kinder sie Primitiven nicht vergleichbar mache.

Der Stern, unter dem die vergleichende Psychologie damals stand, war Darwins Lehre. Analog dazu sollte eine Art Evolutionstheorie der seelischen Funktionen aufgestellt werden. Großen Einfluß gewann das biogenetische Grundgesetz von Haeckel, das der amerikanische Psychologe Stanley Hall (dem wir auch die erste Verwendung von Fragebögen in der Entwicklungspsychologie verdanken) zum psychogenetischen Grundgesetz umformulierte. Es besagt, daß die Individual-Entwicklung (Ontogenese) die Stammesentwicklung (Phylogenese) rekapituliert. Dieses theoretische Konstrukt war das Gerüst der Forschung. Es faszinierte noch bis in jüngere Zeit (vgl. Klusen 1970) vor allem Volksliedforscher, die die »Stimmen der Völker in Liedern«, wie einstmals Herder, auch im kindlichen Gesang identifizieren wollten.

Tagebuchaufzeichnungen über die eigenen Kinder

In der ersten Phase der Entwicklungspsychologie wurde Material gesammelt. Das war am bequemsten durch die Beobachtung der eigenen Kinder zu erreichen. »Bubi Scupin« wurde ebenso berühmt wie der Sohn des Ehepaares Stern, der sich später »Anders« nannte. Methodisch begnügte man sich oft mit einer Art Tagebuchaufzeichnung. Manche Eltern widmeten sich auch der musikalischen Wahrnehmung. Rupp (1915) experimentierte schon mit seinen drei Kindern (das jüngste sechs Jahre), indem er ihnen bekannte Lieder (*Fuchs du hast die Gans gestohlen, Kommt ein Vogel geflogen*) vorspielte und allerlei Beiwerk hinzufügte. Die Kinder erkannten eine falsche zweite Stimme nicht. Sie bemerkten aber, wenn in der Melodie selbst Töne verändert worden waren. Gegen alle Arten von harmonischer Ausschmückung, Veränderungen der Begleitharmonien, Ende mit dem Trugschluß, waren die Kinder unempfindlich. Ein hohes Auffassungsvermögen für Rhythmen bei seinen Kindern im Alter von zwei, fünf und sieben Jahren diagnostizierte Silverstolpe (1926). Sie konnten am Rhythmus allein ein Lied erkennen. Diese Untersuchung steht am Anfang einer Diskussion um die Gleichzeitigkeit von melodischer und rhythmischer Begabung, wobei an sich eine unsinnige Frage gelöst werden soll, weil musikalisch keine Vergleichbarkeit von Melodien und Rhythmen gegeben ist. Immerhin bestätigte Schwan (1955) Silverstolpes Beobachtung dahingehend, daß manche Kinder im Alter von drei bis sechs Jahren Lieder am Rhythmus erkennen, wenngleich es leichter ist, ein bekanntes Lied bei egalisierten Tondauern zu identifizieren. Für Kinder gilt allerdings gleichermaßen wie für Erwachsene, daß sie melodische Veränderungen leichter erkennen, wenn sie auf eine betonte Zählzeit fallen (Bentley 1968).

Aus der liebevollen Beobachtung der eigenen Kinder sind selten weiterreichende Schlüsse zu ziehen. Ihre Bedeutung ergibt sich erst aus einem umfassenderen Zusammenhang. Das zeigt das Beispiel von Rochus G. (Gebhardt 1929), der mit drei Jahren die Glocke der Straßenbahn erkennt, auch einen Ton, der am Flügel vorgespielt wurde, am nächsten Tag noch identifizieren und benennen kann. Mit vier Jahren kennt er alle Töne in allen Transpositionen. Ein halbes Jahr später ordnet er spielerisch Tonarten Personen zu, sich selbst F-Dur. Rochus muß von den Tönen fasziniert gewesen sein. Er versuchte und übte auf dem Klavier alle C oder F aufzufinden. Die Entwicklung des absoluten Gehörs bei dem kleinen Rochus ist weitaus weniger außerordentlich, als es den Eltern erschien. Bei sehr umfangreichen Befragungen von Musikern (Sergeant 1969) wurde festgestellt, daß sie zu neunzig Prozent ein absolutes Gehör besaßen, wenn die musikalische Ausbildung im Alter zwischen zwei und vier Jahren begonnen hatte. Die Chancen sinken kontinuierlich bis dahin, daß musikalische Aktivitäten, die erst zwischen zwölf und vierzehn Jahren einsetzen, sich nicht mehr mit dieser auffallenden Gedächtnisleistung verbinden. Das absolute Gehör setzt ein frühzeitiges Training voraus und scheint an bestimmte kognitive Strukturen gebunden zu sein, an die Möglichkeit zu einer fast mechanischen Speicherung der genauen Tonlage, die im übrigen von Drei- bis Vierjährigen fast immer gut reproduziert wird. Wenn Kinder in diesem Alter ein Lied gelernt haben, so geben sie es nach einer Woche immer in derselben Lage wieder, ohne die Relation der Töne aber noch ganz genau darstellen zu können (Sergeant und Roche 1973).

Kritische Würdigung der Entwicklungsstufen

Der geringe Wert der anekdotischen Protokolle wurde bald erkannt. An ihre Stelle traten gezielte Beobachtungen und regelrechte Experimente. Damit einher ging ein grundsätzlicher Wandel der Forschung. Die Entwicklung des Kindes in verschiedenen Stadien wurde nun beschrieben und erklärt. Kindliche Verhaltensweisen galten nicht mehr als Demonstrationsexempel für urtümliche primitive Formen des Menschseins. Richtungsweisend für diese neue Konzeption war die gestalttheoretisch orientierte *Einführung in die Entwicklungspsychologie* (1926) von Werner, eine quasi gesetzmäßige Beschreibung, die mit der Idee der zunehmenden Differenzierung bei gleichzeitiger Integration (was man sich am besten an der Verfeinerung von Bewegung bei gleichzeitiger besserer Koordination vorstelle) der allgemeinen These verpflichtet ist, daß das ungegliederte Ganzheitliche vor der gegliederten Gestalt gegeben sei. Werner hielt allerdings insofern auch an Prinzipien der älteren Entwicklungspsychologie fest, als er grundsätzlich genetische Determinanten auffinden wollte.

Wichtige Impulse gingen von den experimentellen Versuchsanordnungen der Wiener Schule aus, die Karl Bühler konstruierte, um *Die geistige Entwicklung des Kindes* (1918) unter dem Aspekt der Einsicht beschreiben zu können. An die Stelle verursachender Aspekte traten, vor allem in den Arbeiten von Charlotte Bühler, teleologische Erklärungen. Ende der zwanziger Jahre wurden die ersten Untersuchungen über den Einfluß sozialer Faktoren durchgeführt. Daraus ging das bis heute exemplarische Buch *Kindheit und Armut* (1929) von Hildegard Hetzer hervor. Die Neuorientierung blieb nicht ohne Wirkung auf die speziellen Untersuchungen zur musikalischen Entwicklung. Auch sie sind im engeren Sinne entwicklungspsychologisch orientiert und nicht mehr auf den Vergleich ausgerichtet. Studiert, und zwar in Abhängigkeit vom Alter, wurden vor allem die Fähigkeit zur Reproduktion oder aber die spontane Produktion von Melodien.

Auch wenn die Veränderungen kindlichen Vermögens mit steigendem Alter dargestellt werden sollten, so zeigt sich jedoch nach wie vor eine Verpflichtung auf das ältere Modell der Entwicklungspsychologie, wenn Urtypen der Melodik konstruiert wurden. Eine Urform der melodischen Äußerung glaubte Werner (1917) entdeckt zu haben. An dieser oft zitierten und viel diskutierten Untersuchung nahmen fünfundvierzig Kinder (zweidreiviertel bis fünf Jahre) der unteren Volksschichten aus Wien teil. Werner glaubte, daß er damit Umwelteinflüsse gering halten könnte, weil in den unteren Volksschichten der musikalische Drill recht klein sei.

Die angeblich ontogenetische Urform, wie sie Werner feststellte (nach Révész 1946, S. 223).

Die Urform ist ein Ton, der im Glissando nach unten sinkt. Im Alter von drei Jahren ist dessen Ausdifferenzierung in ein Kleinterz-Motiv mit zwei Tönen schon vorhanden. Die weitere Entwicklung beschreibt Werner gemäß seinen wenig später dargelegten Gesetzmäßigkeiten. Die Differenzierung nimmt zu, die Zahl der Töne steigt und die Intervalle verfeinern sich (vier Jahre: steigend-fallendes mehrtöniges Motiv, Tonschritte, Kleinterz- und Halbtöne; viereinhalb Jahre: steigend-fallendes Motiv mit Intervalldifferenzierungen bis zu Vierteltönen; fünf Jahre: doppelgipfliges, mehrtöniges Motiv, eventuell mit Vierteltönen). Die Zahl der Töne bleibt jedoch bis zum fünften Lebensjahr gering, typisch sind kleine Intervalle und ein kleiner Tonumfang, der die verminderte Quinte nicht überschreitet.

Für Werner schien es nahezu selbstverständlich zu sein, der Natur der Melodieerfindung auf die Spur zu kommen. Er nahm dazu allerhand Manipulationen an seinem Datenmaterial vor. Mag die Beschränkung auf Lallgesänge unter Ausschluß aller Melodien mit Text noch plausibel gemacht werden können, so deutet der Umstand, daß — wegen ihrer angeblichen Unechtheit — manche Lallgesänge nicht berücksichtigt wurden, darauf hin, daß er bestimmte Vorstellungen hatte, wie das Ergebnis ausschauen sollte. Das zeigt sich übrigens auch an den Transkriptionen der phonographisch aufgenommenen Kindergesänge. Ein doppelt erniedrigtes h dient dazu, die Notation eines a zu vermeiden, das zum g nur die Distanz eines Ganztones hätte, während im anderen Fall eine verminderte kleine Terz vorliegt. Denn, so das wichtigste und einflußreichste Ergebnis: »Die ontogenetische Urform der Melodik ist das Kleinterz-Motiv.« Generationen von Pädagogen haben das Grundschulkind auf dieses Resultat verpflichtet.

Schünemann (1930) skizzierte anhand der melodischen Produktionen von Kindern eine Entwicklung von »Sprechgesängen«, die sich um einen Ton bewegen, zur Dreiklangsmelodik. Ihm erschien ebenfalls die fallende kleine Terz als Ursprungsmotiv. Auch Nestele (1930) findet bei seinen hundertzwanzig kleinen »ungehemmten Sängern« diese Urzelle der Melodik als Vorstufe der für das Schulalter als charakteristisch angenommenen Pentatonik. Die Studie von Brehmer (1925) weist in Kinderliedern die kleine Terz als das häufigste Intervall nach. Kinderlieder könnten damit den kindlichen Leistungen angepaßt sein. Es ist jedoch nicht auszuschließen, daß die Urzelle der Melodik in manchen Kulturbereichen schlicht gelernt wird. Nicht alle Untersuchungen bestätigen ihr zwangsläufiges Auftreten auf einer bestimmten Altersstufe. Metzler (1962/64) kommt, von anderen Prämissen ausgehend, zu anderen Schlußfolgerungen. Er präsentiert — ebenfalls die Volksliedkunde im Rücken — einen anderen Gang der Entwicklung. Zwar parallelisiert auch er die Improvisation von Kindern mit archaischen Melodiebildungen, aber anstelle der Ruf-Terz als elementarer Intervallbildung geht er vom Tetrachord aus. Er konstruiert fünf Stufen: Gleitmelodik mit vorwiegend fallender Bewegung im Vorschulalter, (tetra-)chordische Strukturen in der Grundschule, »Tonik« entsprechend der modalen mittelalterlichen Volksmusik, nur selten in der Grundschule anzutreffen, danach Dreiklangsmelodik, Dur und Moll. Die kindliche Entwicklung spiegelt nach Metzler die Geschichte der abendländischen Musik. Daher verliert die kleine Terz an modale mittelalterliche Wendungen.

Konzeptionen, die Leistungen, Erlebnis- und Verhaltensweisen von Kindern altersmäßig quasi datieren und die Entwicklung als stufenweises Fortschreiten beschreiben, erfreuten sich über Jahrzehnte hinweg einer großen Beliebtheit. Sie befriedigen Ordnungs- und Normierungsbedürfnisse und sind praktisch-pädagogisch nutzbar. Entwicklung erscheint dabei geregelt durch einen endogenen Plan, der zwar nicht unabhängig von der Umwelt entfaltet werden kann, wesentlich jedoch durch Reifungsvorgänge bestimmt ist. Typisch für diesen Entwicklungsbegriff ist außerdem eine finale Bestimmung hin auf das Erwachsenenalter.

Phasen oder Stufen werden gemäß inneren Gesetzmäßigkeiten durchlaufen, wobei ein jeweils höheres Niveau erreicht wird. Die Aufeinanderfolge der Stufen ist festgelegt. Paradigmatisch für diesen Entwicklungsbegriff ist die sehr detailliert gegliederte Stufenlehre von Kroh (1928), die die Veränderung der Realitätsaneignung einteilt. Stufenlehren beschreiben außerdem die Entwicklung als einen diskontinuierlichen Prozeß. Dem zeitweiligen Stehenbleiben auf einem Entwicklungsplateau, wo allenfalls Funktionen ausgebaut werden, folgen Entwicklungsschübe, rapide Wechsel zur nächsten Stufe, die durch eine Krisenzeit (meist das erste Trotzalter um drei Jahre und die Pubertät) scharf von der vorausgehenden Stufe geschieden erscheint. Es ist unmöglich, Entwicklungsplateaus methodisch nachzuweisen. Denn schon geringe zeitliche Differenzen im Wachstum von Kindern würden bei einer zusammenfassenden Darstellung von Reifungsprozessen nur einen linearen Anstieg ergeben, auch wenn einzelne Kinder ein Entwicklungsplateau erreichten. Einheitliche Verhaltensweisen bei größeren Gruppen von Kindern sind ebenfalls schwer nachzuweisen. Individuelle Entwicklungsplateaus, die mühevolle Längsschnittuntersuchungen voraussetzten, wurden nicht untersucht. Noch ohne auf die Probleme der Determinanten der Entwicklung im einzelnen einzugehen, macht dieses Argument deutlich, daß die stufenweise Entfaltung melodischer Fähigkeiten so widersprüchlich wirkt, daß sie den Vorurteilen einzelner Forscher viel Raum bot.

Dennoch sind diese Konstruktionen nicht in Bausch und Bogen zu verwerfen. Sie zeigen grundsätzlich eine zunehmende Differenzierung von Funktionen und Leistungen dahingehend an, daß die Sprechgesänge des kleinen Kindes, die Liedphrasen ohne eindeutig fixierte Tonhöhe sich verfeinern. Parallel dazu entwickelt sich die Fähigkeit, Lieder wiederzuerkennen. Langsam lernen Kinder auch, korrekte Tonhöhen zu reproduzieren. Der Prozeß ist deshalb so kompliziert, weil recht unterschiedliche Faktoren daran beteiligt sind. Wenn Kinder mit dreizehn Jahren nach intensiver Übung ein Lied nicht exakt wiedergeben können (Petzold 1966, Bourrough und Morris 1962) und sich damit wahrscheinlich auch als Erwachsene schwer tun, so macht dies eine Betrachtung problematisch, die die Entwicklung von einer globalen Lautäußerung und Klangwahrnehmung zur exakten Wiedergabe von Tonhöhen skizziert. Die Musikalitätstests gehen außerdem davon aus, daß bei Kindern das Tonhöhenunterscheidungsvermögen, das sich allerdings zunehmend verfeinert, individuell und nicht nur qua Entwicklung verschieden sein soll. Besondere Schwierigkeiten bietet die Betrachtung melodischer Fähigkeiten unter dem Aspekt der Produktion und Reproduktion von Intervallen. Exakte Intervalle bereiten im Vorschulalter Schwierigkeiten. Wenn sie klein sind, werden sie schlecht erkannt, etwa eine kleine Sekunde für eine Prim gehalten. Wenn sie groß und identifizierbar sind, können sie schwer nachgesungen werden. So erscheint die kleine Terz als ein Konstrukt der Forschung, das die Unterscheidungsfähigkeit für größere Intervalle mit der Fähigkeit zum Singen kombiniert.

Wertvoll und noch wenig weiter aufgearbeitet ist die Beobachtung von Werner, daß die Änderung der Intervallrichtung — womit ein weiterer Faktor der Entwicklung melodischer Fähigkeiten genannt wäre —, wie er sie an den zweigipfligen Melodien der Fünfjährigen feststellte, eine besondere Leistung sein soll. Auch andere Untersuchungen weisen darauf hin, daß kleineren Kindern der Wechsel im Melodieverlauf Schwierigkeiten bereitet. Klanderman (1979) stellte fest, daß Dreijährige im Unterschied zu Fünfjährigen eine durch zwei Töne vorgegebene Richtung beibehalten oder einfach einen Ton repetieren. Auch Whellams (1971) glaubt, daß die Tonrichtung zu erkennen und beim Singen zu wechseln an eine höhere Entwicklungsstufe gebunden sei. Auch mit Benennungen »auf« und »ab« haben Kinder bis fünf oder sechs Jahren Schwierigkeiten (Dowling 1982). In den Untersuchungen mit Drei- bis Fünfjährigen von Scott (1979) deutet sich an, daß zunächst die Identität oder die Unterschiede in der Tonlage festgestellt werden, mit steigendem Alter Konturen erfaßt werden können, im Vorschulalter Intervalle aber nur selten exakt identifiziert werden. Dies ist insofern nicht verwunderlich, als Kinder in der Regel noch nicht über die für das Intervallhören wichtigen harmonischen und tonalen Kategorien verfügen. Beschleunigt gegenüber dieser Untersuchung erscheint die Entwicklung in der Studie von Gardner, Davidson und McKernon (1979). Untersucht wurde das spontane Singen und das Reproduzieren eines Liedes. Zwei- bis Dreijährige konnten bereits die Konturen einzelner melodischer Phrasen wiedergeben. Es zeigte sich eine zunehmende Stabilisierung der Intervalle der Dur-Skala. Vierjährige wechseln im Verlaufe ihres Gesanges noch in einen anderen Schlüssel, Fünfjährige reproduzieren erkennbare Versionen eines vorgegebenen Modells. Bartlett und Dowling (1980) stellten fest, daß Fünfjährige Intervallveränderungen einer Melodie bei gleichbleibender Tonart noch nicht imitieren konnten, wohl aber Transpositionen der Tonart als entfernt oder nah einschätzen konnten, so als hätten sie bereits den Quintenzirkel (bei dem C und G nahe beieinander liegen und C und Fis als entfernte Tonarten gelten) voll internalisiert. Letzteres widerspricht der im allgemeinen angenommenen späten Entwicklung der Sensitivität für tonale Beziehungen.

Allerdings läßt das immer wieder nachgewiesene späte Auftreten des Harmoniegefühls die Probleme einer stufenweisen Konzeption sehr deutlich werden. Erinnert sei noch einmal an die Gleichgültigkeit der beiden Kinder Rupps gegenüber einer falschen Begleitung. Sie verhalten sich gemäß den Ergebnissen älterer Untersuchungen. Bis zum neunten Lebensjahr konnte in der Regel nie eine Bevorzugung von Konsonanz festgestellt werden, erst um das zwölfte Lebensjahr zeigten sich harmonische Präferenzen, die denen von Erwachsenen entsprechen. Auch wenn Kinder heute mit tonalen, pentatonischen und nicht-tonalen Melodien umgehen, wenn sie Konsonanzen als schön und Dissonanzen als häßlich — an sich eine absurde Aufgabenstellung — beurteilen oder Harmonisierungen differenzieren sollen, so fehlt ihnen ein Begriff, um eine Unterscheidung zu treffen. Die Altersangaben von sieben bis acht Jahren, die man jedoch für das Auftreten des Harmoniegefühls heute in der Literatur findet (Francès 1958), weichen erheblich von früheren Befunden ab. Sie weisen auf eine Beschleunigung der Entwicklung hin, die sich auch in anderen Bereichen findet, etwa beim Erwerb der Sprache. Interpretiert werden kann diese Beschleunigung nur durch den Einfluß von massiven Lerneffekten, dem speziell auch durch die Allgegenwart von Musik die harmonischen Vorstellungen unterliegen. Bedenkt man den Umgang mit Musik, den die Kinder, die um 1910 an Hörexperimenten teilnahmen, gehabt haben, so beschränkte er sich wohl auf melodische und rhythmische Übungen des eigenen Singens und des familiären und schulischen Musizierens. Harmonien konnten dabei nicht gelernt werden. Allerdings ist die Harmonik jene musikalische Dimension, mit der Kinder auch noch heute wenig Umgang haben. Die »tonale Akkulturation« wird erst nach dem Eintritt in die Schule gefördert. Eine präzise Angabe über eine altersmäßige Determination ist daher unmöglich. Daß es sich zugleich um die Fixierung auf ein Tonsystem handelt, macht fraglich, ob die Akzeleration der harmonischen Entwicklung wünschenswert ist.

An den Untersuchungen zum Harmoniegefühl, die einen Weg skizzieren von einem unterschiedlichen Eindruck konsonanter und dissonanter Klänge zur Fähigkeit, eine tonikale Zentrierung zu empfinden, läßt sich ein weiteres Problem ablesen, das die Begrifflichkeit von Vorstellungen betrifft. Im Kindergartenalter können bereits harmonische Unterschiede empfunden werden, wenn eine Begleitung durch eigenes Singen ergänzt werden muß. Kinder paßten sich zuweilen schon einer Transposition der Tonart (etwa bei der zweiten Strophe eines Liedes) an. Die Fähigkeit zur Unterscheidung ist die Voraussetzung für die Zuweisung und Benennung akustischer Ereignisse. Diese Unterscheidungsfähigkeit zeigt sich bei konkreten musikalischen Operationen früher, als wenn abstrakte Urteile verlangt werden.

Die Entwicklung rhythmischer Fähigkeiten wurde überwiegend als Reifungsvorgang begriffen, was ob des Zusammenhangs mit motorischen Funktionen nicht erstaunt. Kinder besitzen bis weit in das Schulalter eine ausgeprägte Vorliebe für motorisch anregende Musik. Transformiert man ein getragenes Lied, wie *Maria ging über's Gebirge*, in einen Marsch, so bereitet ihnen dies Vergnügen. Marschartige und tänzerische Musik zieht das Interesse auf sich (Abel-Struth und Groeben 1979). Schon ab dem sechsten Monat treten nach den Beobachtungen von Moog (1967) »Mitempfindungen« auf. Bei diesem »Zappeln« ist allerdings nicht ganz klar, ob es sich um spezifisch musikalische Reaktionen handelt, weil in diesem Alter akustische Reize grundsätzlich eine größere Unruhe auslösen. Um das zweite Lebensjahr werden Tänze produziert. Synchrone Bewegungen zur Musik sind aber Kindern, die jünger als fünf Jahre sind, schwer möglich, obwohl eine fast metrische Synchronität bei manchen Kinderspielen, wie »Backe backe Kuchen«, geradezu geübt wird. Vierjährige klopfen zu einer Folge von vier Schlägen noch fünfmal auf eine Trommel. Leibold (1936) vergleicht dies mit der Kritzelschrift, bei der grundsätzliche Bewegungen geübt werden, die Schreiben und Zeichnen ermöglichen. Die Rhythmuswahrnehmung wurde oft über den motorischen Vollzug, zum Beispiel das Nachklopfen oder Klatschen, geprüft. Die Umsetzung in physische Aktivitäten stellt jedoch ein eigenes Problem dar. Denn Kinder nehmen Dauernproportionen wahr, die sie nicht darzustellen vermögen. Drei- bis Fünfjährige können das Lied *Alle Vögel sind schon da* allein am Rhythmus erkennen. Es sind außerdem Rhythmen durch motorische Vollzüge, die — wie das Sprechen — bereits geübt sind, leichter wiederzugeben als durch Nachklatschen. Zusätzliches Sprechen kann das Klatschen erleichtern (Rainbow und Owens 1979). Feststellen läßt sich eine Neigung zur Vereinfachung etwa bei der Transformation von punktierten Werten: | ♩. ♪♩ | wird zu | ♩ ♩ ♩ |. Unterhalb des sechsten Lebensjahres werden Dauern selten exakt wiedergegeben. Schwierigkeiten bereitet das Metrum. Ähnlich wie Kinder während des Singens »modulieren«, wechseln sie auch den Takt. Der Überblick über einen Zeitverlauf ist noch nicht so weit ausgebildet, daß sie ein gleiches Maß über eine längere Zeit einhalten können. Auch die unerfüllte Zeit einer Pause wird noch nicht metrisch eingebunden erlebt. Pausen werden nicht eingehalten, sondern führen zu einem Taktwechsel. Der Gedanke, Entwicklung sei beschreibbar als Differenzierung bei gleichzeitiger Integration, läßt sich besonders gut an den rhythmischen Fähigkeiten belegen. Die Unterscheidung für Tondauern und Proportionen nimmt mit steigendem Alter zu. Kleinere Kinder versuchen bei Rhythmen, die durch mehrere Achtel zwischen Vierteln gebildet sind, einen Tempoeindruck wiederzugeben (vgl. auch Neugebauer 1929), indem sie auf schnelles Trommeln langsame, monotone Schläge folgen lassen. Neugebauer berichtet, daß Klavierläufe als schnelles Gedudel gehört werden. Bei Dreijährigen existiert schon eine Tendenz, einzelne Werte zu Gruppen zu integrieren. Ist allerdings eine Gruppe gebildet, so wird sie in einer Art »immer so weiter« fortgesetzt. Diese ersten Zentrierungen stehen am Anfang der Bildung von Takteinheiten, die aber noch Acht- bis Zwölfjährigen Schwierigkeiten bereiten. Der Zweiertakt wird leichter aufgefaßt; der Dreiertakt kann auch von Schulkindern nicht oder nur schlecht wiedergegeben werden. Spekulationen darüber, ob Kinder, die eine andere musikalische Sozialisation genießen, ungerade Taktformen leichter realisieren, haben sich bislang nicht bestätigen lassen.

Stufentheorien erklären Entwicklung durch genetische Determinanten. Lernfaktoren werden damit nicht als gänzlich bedeutungslos, aber doch als unwichtig erachtet. Für viele Bereiche hat die Sozialisationsforschung die Bedeutung kindlicher Erfahrung nachgewiesen. Die Hypothese eines quasi automatisch mit steigendem Alter in einer festgelegten Reihenfolge auftretenden Fortschritts des seelischen und geistigen Wachstums des Kindes wurde in dem Maße stärker kritisiert, als Umwelteinflüssen eine größere Bedeutung beigemessen wurde. Daß Akzelerationen der Entwicklung auftreten, wenn Chancen zum Lernen gegeben werden, gefährdet die Idee eines endogenen Plans. Entkräftet wird sie aber nur im Hinblick auf die genaue altersmäßige Fixierung einer Entwicklungsstufe. Denn wie immer der Gang der Entwicklung beschleunigt erscheinen konnte, so wurde doch meist eine konstante Reihenfolge beobachtet, in der einzelne Leistungen auftraten. Allerdings ist sicherlich eine Konstruktion, die ein diskontinuierliches Fortschreiten von einem Entwicklungsplateau zu einem anderen vorsieht, zugunsten stetigerer Verläufe preiszugeben. Außerdem spielen Sozialisationsbedingungen bei der Entwicklung eine größere Rolle, als in den Stufentheorien angenommen wird. Dennoch bergen diese Ansätze noch immer Anregungen. Dazu gehört auch der noch nicht voll ausgeschöpfte Gedanke eines zyklischen Verlaufs, den bei gleichzeitiger Höherentwicklung die Phasenlehre von Charlotte Bühler (1928, 1933) annimmt. In ihrer Konzeption, die das ganze menschliche Leben umfaßt, wechseln Zeiten vermehrter Beschäftigung mit der eigenen Person und solche der Auseinandersetzung mit der Umwelt. Die periodische Wiederkehr von Phasen der Beruhigung und solchen

Auf Zoffanys Bild *Das Familienfest* (© Archiv für Kunst und Geschichte, Berlin) tanzt die große Schwester mit dem kleinen Bruder Menuett zum Spiel einer Flöte. Voller Anmut hat der Maler das Mädchen in die Mitte gesetzt. Der kleine Bruder, eine Randfigur, wirkt dagegen steif. Er ist als kleiner Erwachsener mit Dreispitz und Frack dargestellt. Seine zotteligen Haare lassen ahnen, wie sehr die Gesten, die er ausführt, gedrillt sind. Dem Knaben hat der Maler auch keinen tänzerischen Schwung verliehen. Ein Menuett würde dieses Kind in seinem Alter wahrscheinlich kaum tanzen können. Synchrone Bewegungen zum Takt fallen noch Acht- bis Zwölfjährigen schwer. Und gar die Auffassung des Dreivierteltaktes eines Menuetts ist in diesem Alter meist nur unzureichend möglich. Der kritisch beobachtende Blick der Erwachsenen gilt denn wohl auch mehr der »Ballerina« in der Mitte als dem kleinen halb im Schatten stehenden Jungen, der nur eine Geste mit dem Arm andeutet.

einer erregt erfolgenden Veränderung hatte auch Busemann (1953) angenommen und damit das Augenmerk auf jene Abschnitte gelenkt, die als kritische Phasen die Entwicklung entscheidend determinieren könnten. Bei der Betrachtung des absoluten Gehörs deutete sich an, daß es möglicherweise Zeiten erhöhter Sensibilität geben könnte, in denen Erfahrungen aufgenommen werden, die später nicht mehr gemacht werden können. Diese Beobachtung weist darauf hin, daß es außerhalb von solchen kritischen Phasen ein »Zu spät« von fördernden Einflüssen gibt. Zugleich wird damit aber auch die Idee eines Automatismus unsinnig, mit dem ein genetisches Programm abrollt.

Die prominenteste Stufentheorie aus jüngerer Zeit stammt von Piaget. Ihre mannigfaltigen Modifikationen machen sie sehr widerstandsfähig gegen kritische Einwände. Piaget hat sich manchmal polemisch gegen jegliche formale Erziehung und damit gegen die Steuerung der Entwicklung geäußert. Er betont die Wichtigkeit der eigenen Erfahrung. Zentral für deren Verarbeitung sind die Kategorien der Assimilation und Akkomodation, die grundsätzlich dazu dienen können, Verstehen und Erkennen zu erklären. Mit bestimmten vererbten Funktionen beginnt das Neugeborene die Auseinandersetzung mit seiner Umwelt. Die dabei vorgenommenen Handlungen führen zu einer Aneignung, der Assimilation der Objekte der Umgebung. Das Kind verändert dabei zugleich seine Verhaltensweise durch Anpassung, Akkommodation; es erwirbt neue Fähigkeiten. Die Akkommodation an die Umwelt bewirkt kognitive Strukturen (Schemata), die Handlungen bestimmen, somit für eine weitere Assimilation bereitstehen. Die Art der Auseinandersetzung mit der Welt hat Piaget in Stufen konzipiert.

Piagets Stufen der Entwicklung des kindlichen Denkens

		Lebensjahr	
I.		0.— 2.	Die Periode der *sensomotorischen Intelligenz*.
II.		2.— 6.	Die Periode des *voroperationalen Denkens* bzw. der egozentrischen Vorstellungen.
	a)	2.— 4.	Erstes Niveau: vorbegrifflich-prärelationales Denken (»konzeptualisierte« Handlungen, Symbolbildung, Spracherwerb).
	b)	5.— 6	Zweites Niveau: anschaulich-funktionales Denken (Begriffs- und Relationenbildung, Funktionenlogik).
III.		7.—10.	Die Periode der *konkreten Operationen* bzw. des Erwerbs der Klassen- und Relationenlogik.
IV.		11.—15.	Die Periode der *formalen Operationen* bzw. des hypothetisch-deduktiven Denkens und des Erwerbs der Aussagenlogik.

Anregungen von Piagets Theorie wurden auch in Untersuchungen darüber aufgegriffen, wie das Kind Musik versteht. So ging Pflederer (1964, 1967, vgl. auch Serafine 1980) der Frage nach, ob Kinder zwischen fünf und dreizehn Jahren bereits Kategorien besitzen, die ihnen erlauben, eine Melodie, einen Rhythmus, das Metrum oder das Tempo zu erkennen, wenn diese Parameter konstant gehalten, gleichzeitig aber andere musikalische Eigenschaften verändert werden. Sie bot kurze Phrasen (drei bis fünf Töne), die mit einer Variation verglichen werden mußten. Schon Transpositionen einer melodischen Gestalt bereiteten Fünfjährigen Schwierigkeiten. Dies steht im Widerspruch zu den Ergebnissen von Bartlett und Dowling (1980). Auch identische Tonhöhenmuster konnten Kinder in diesem Alter selten erkennen. Mit sieben Jahren hat diese kognitive Leistung aber erstaunlich zugenommen. Noch jedoch bemerken Kinder dieses Alters nicht alle Themeneinsätze bei einer Fuge — eine Identifikationsleistung, die zwischen acht und zehn Jahren deutlich ansteigt (Zenatti 1969). Ähnliche Ergebnisse wie für die Transposition zeigten sich beim Wiedererkennen einer Melodie, wenn rhythmische Variationen vorgenommen worden waren. Gleichbleibende rhythmische Konfigurationen bei wechselnden melodischen Gestalten hingegen werden schlechter identifiziert. Im weiteren Versuch (Zimmerman und Sechrest 1968) meint die Autorin, den größten Leistungsanstieg für die Wahrnehmung eines einzelnen musikalischen Faktors zwischen sieben und acht Jahren beobachten zu können. Auch Konzepte für die Invarianz des Taktes und des Tempos werden ausgebildet. Vorschulkinder verfügen darüber aber noch nicht. Nach den vorgelegten Daten scheinen sich diese kognitiven Leistungen recht spät — erst um das neunte Lebensjahr — auszuprägen. Sowohl Takt als auch Tempo setzen einen abstrakten zeitlichen Bezugsrahmen voraus, dessen langsame Entwicklung aus Piagets Untersuchung bekannt ist. Jones (1976) beobachtet, daß jüngere Kinder Zählzeiten und Rhythmus für identisch halten, daher ein Zeitintervall, das mit sechs Vierteln oder zwei Halben gefüllt ist, nicht für gleich halten können. Zimmerman und Sechrest (1968) prüften zusätzlich zur Wahrnehmung der Invarianz von Melodie, Rhythmus, Takt und Tempo, die der Instrumentation, des Tongeschlechts, der Harmonisierung und anderes. Dabei bestätigten sie auch das ältere Ergebnis, daß das Harmoniegefühl sich spät entwickelt. Fünf- und Siebenjährige unterscheiden sich noch kaum in ihrer Gleichgültigkeit gegenüber verschiedenen Harmonisierungen; bei Neunjährigen steigt die Fähigkeit, die Gleichheit oder Verschiedenheit von Harmonien zu erkennen, deutlich an. Insgesamt »verbessern« sich alle Wahrnehmungsleistungen mit dem Alter. Fünfjährige Kinder besitzen im allgemeinen noch keine kognitiven Konzepte, die ihnen eine analytische Wahrnehmung erlauben würden. Sie können bei der Veränderung einzelner Merkmale das Gleichbleibende nicht abstrahieren, wohl aber bemerken sie regelrechte Wiederholungen schon sehr gut. Die Unterscheidung von gleich und ungleich ist die Basis des kindlichen Urteils. Der Anstieg der Fähigkeiten ist im dreizehnten Lebensjahr offensichtlich noch nicht abgeschlossen. Zumindest ließen die genannten Untersuchungen für dieses Alter noch kein Entwicklungsplateau erkennen.

Vorsicht ist bei der Verallgemeinerung von Altersangaben geboten. In einer Untersuchung, bei der Kinder im Grundschulalter agogische Veränderungen (accelerando und ritardando), Proportions- und Taktwechsel (3/4- bzw. 4/4-Takt) feststellen mußten, fand Flath-Becker (1977), daß in der ersten Klasse partiell nur der Taktwechsel bemerkt wurde, in der dritten Klasse aber bereits rhythmische Veränderungen grundsätzlich recht gut beobachtet werden. Dies widerspricht den Angaben von Piaget, demzufolge bei Acht- und Neunjährigen das Nacheinander noch nicht in Beziehung gesetzt wird. Denn das Erkennen rhythmischer Veränderungen kann nur auf der Bildung von Relationen beruhen.

Die französische Entwicklungspsychologie hatte einen ganz anderen Aus-gangspunkt als die deutsche und die amerikanische. Sie war stimuliert von den praktischen Interessen der Pädagogen. Die Bestimmung der Intelligenz, die Bi-net vornahm, diente dem Ziel der Auslese von Schulkindern. Statt nach allge-mein menschlichen, urtümlichen Zügen zu suchen, wie es dem vergleichenden Konzept der deutschen Entwicklungspsychologie entsprach, wurden einzelne kognitive Funktionen untersucht. Piagets Theorie steht in dieser Tradition. Aufgegriffen und in einen allgemeinen Rahmen gestellt wird sie eigentlich erst zu einem Zeitpunkt, als die Kritik an einer altersmäßigen Fixierung von Stufen der Entwicklung einzelner Fähigkeiten schon sehr heftig eingesetzt hatte. Der-art starre Verläufe, wie sie auch durch die Theorie Piagets vorgeschlagen wer-den, ließen sich fast nie auffinden. Manche Kinder zeigen Leistungen früher, als es in den theoretischen Konstrukten vorgesehen ist, manche auch später. Die Stufen- oder Phasenlehren stellen nur ein sehr grobes Gerüst dar; eine genaue

Altersangaben für die Entwicklung musikalischer Fähigkeiten (nach Shuter-Dyson und Gabriel 1981, S. 159; © Methuen und Co. Ltd., London)

Ages	
0— 1	Reacts to sounds.
1— 2	Spontaneous music making.
2— 3	Begins to reproduce phrases of songs heard.
3— 4	Conceives general plan of a melody; absolute pitch may develop if learns an instrument.
4— 5	Can discriminate register of pitches; can tap back simple rhythms.
5— 6	Understands louder/softer; can discriminate »same« from »different« in easy tonal or rhythm patterns.
6— 7	Improved singing in tune; tonal music perceived better than atonal.
7— 8	Appreciates consonance vs. dissonance.
8— 9	Rhythmic performance tasks improved.
9—10	Rhythmic perception improves; melodic memory improves; two-part melodies perceived; sense of cadence.
10—11	Harmonic sense becoming established. Some appreciation for finer points of music.
12—17	Increase in appreciation, cognitively and in emotional response.

altersmäßige Fixierung von Fähigkeiten ist unmöglich. Dies gilt auch für die Zusammenschau der musikalischen Entwicklung von Shuter-Dyson und Gabriel (1981).

Meist wird zwar eine Abfolge der kognitiven Strukturen in der Weise festgestellt, wie es die älteren Modelle vorsehen. Jedoch treten diese kognitiven Strukturen überwiegend früher auf als in der älteren Literatur beschrieben. Damit gerät vor allem die Annahme einer genetischen Determination der Entwicklung ins Wanken. Die Bedeutsamkeit von Milieueinflüssen erhöht sich.

Programme zur musikalischen Früherziehung wären undenkbar ohne den Glauben, daß Lernen wichtig ist. Nicht jedes Training aber scheint von Nutzen. Kocina und Selg (1983) ermittelten Leistungen von vier- und fünfjährigen

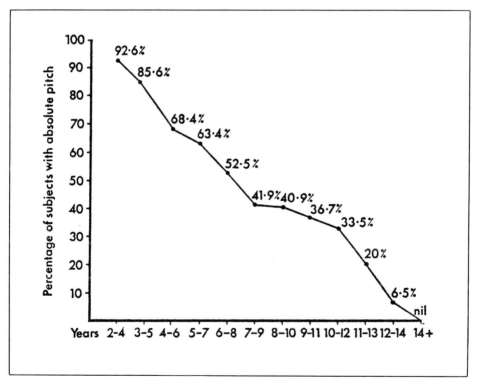

Das absolute Gehör kann bei einem früh einsetzenden musikalischen Training relativ leicht erworben werden. Wer bereits mit vier Jahren Musikunterricht hat, scheint es fast zwangsläufig zu 92,6% zu erwerben. Wer sich jedoch erst mit vierzehn Jahren intensiv mit Musik beschäftigt, hat fast kaum noch eine Chance (6,5%), einmal über diese besondere Gedächtnisleistung zu verfügen. Das Beispiel ist recht gut geeignet, um auf das komplizierte Wechselspiel von Anlage- und Umweltfaktoren bei der musikalischen Entwicklung hinzuweisen. Denn einerseits zeigt es sehr deutlich, daß das absolute Gehör auf Lernvorgängen beruht, andererseits aber scheint es so etwas wie genetisch bedingte kritische Phasen zu geben, innerhalb derer etwas leichter gelernt werden kann (Shuter-Dyson 1982; © B. Schott's Söhne, Mainz).

Kindern mit Aufgaben, die — analog zu den Musikalitätstests — Tonhöhen-
und Rhythmusunterscheidungsvermögen und das Tongedächtnis betrafen. Dabei schnitten Fünfjährige, die einen Flötenkurs besuchten und zu Hause übten,
besser ab als eine Kontrollgruppe, die keinen Musikunterricht genoß, die sich
ihrerseits aber nicht von einer Gruppe von Kindern unterschied, die an einem
Kurs mit dem Orff-Instrumentarium teilnahmen. Die Vierjährigen hingegen
profitierten noch wenig von der musikalischen Früherziehung. Dieses Ergebnis
ist im Detail deshalb etwas schwierig zu interpretieren, weil die Effekte der
Dauer eines Trainings mit denen eines spezifischen Instrumentaltrainings konfundiert sind. Mit fünf Jahren sind bestimmte Voraussetzungen des Lernens,
wie beispielsweise Aufmerksamkeitszuwendung (Abel-Struth und Groeben
1979), schon gut entwickelt. In diesem Alter gibt es außerdem bereits das Motiv, eine Leistung zu erbringen.

Wer beginnt, die Beteiligung von Lernvorgängen an der musikalischen Entwicklung ins Blickfeld zu rücken, stößt bald an die Grenzen, die einer Betrachtung der genetischen Determination der kognitiven Funktion gesetzt sind. Einen allgemeinen Weg vom anschaulichen, operationalen zum logischen Denken zu beschreiben, wie es Piaget getan hat, stellt zumindest eine grobe
Vereinfachung dar, da beispielsweise die Frage nach der Motivation nicht berücksichtigt wird, die entwicklungspsychologische Verallgemeinerungen in
Differenzierungen der Persönlichkeitspsychologie auflösen würde. Nützlich gerade auch für die Beschreibung der musikalischen Entwicklung wäre es, sie in
den Rahmen einer je unterschiedlichen kulturellen Sozialisation zu stellen.

Die Entwicklung ist komplex determiniert. Dies betonen vor allem neue
Ansätze der Entwicklungspsychologie. Reifungsprozesse, die genetisch bestimmt sind, finden dabei ebenso Berücksichtigung wie Lernvorgänge. Beide
aber erscheinen eingebettet in die je konkrete Situation eines Kindes, die nicht
nur als etwas äußerlich Gesetztes erscheint. Die Umwelt reagiert vielmehr auf
das Kind, ebenso, wie dieses auf die Umwelt reagiert. Solche interaktionisti-
schen Modelle sind sehr schwer durch empirische Forschung zu bestätigen,
weil das vielfältige Geflecht von Beziehungen sich in der konkreten Untersuchung in winzige Ausschnitte auflöst.

Die Fragestellungen und Methoden haben sich außerdem verändert. Zu den
wesentlichen Neuerungen gehört, daß das Alter nicht mehr quasi wie eine verursachende Variable behandelt wird, die Zeit vielmehr als ein dem Entwick-
lungsgeschehen inhärenter Faktor gilt, also nach Verläufen gesucht wird. Alters-
gruppenvergleiche, die die biologische Zeit mit der historischen verquicken,
werden deshalb durch Längsschnittuntersuchungen ersetzt. Da die musikalische Entwicklung bislang fast ausschließlich durch den Vergleich verschiedener
Altersgruppen ermittelt wurde, war die Darstellung in diesem Abschnitt auf die
älteren Ansätze verpflichtet, die die kognitive Leistung nach Altersgruppen differenziert angeben. Ein grobes Raster der Entwicklung wurde damit skizziert,

Bilder von Kindern bis etwa zum zwölften Lebensjahr sind in verschiedener Hinsicht ein ganz ausgezeichnetes diagnostisches Hilfsmittel. Sie weisen auf das kognitive Niveau hin, das bei den Selbstdarstellungen der beiden Sechsjährigen recht gut ist. Zwar zeigt sich entgegen den Befunden in der älteren Literatur heute öfter, daß bereits kleinere Kinder den Körper recht detailliert darstellen — also auch mit einem Hals, von dem früher behauptet wurde, er würde erst mit acht Jahren gemalt —, jedoch kann von den Besonderheiten auf eine gleich gute geistige Entwicklung der beiden Kinder geschlossen werden. Worin sie sich auf den ersten Blick unterscheiden, ist ihr Verhältnis zur Musik. Das Mädchen hält Schlegel und Trommel fest in der Hand; sie tut kund, daß es Spaß macht, in der Musikschule damit zu spielen. Der Junge hat die Trommel unten rechts ins Eck gestellt und sich in Distanz begeben. Fürchtet er sich vor etwas? Grundsätzlich scheint er weniger selbstbewußt und sicher in seinem Leben zu stehen als das Mädchen. Unter gleichen Bedingungen würde die musikalische Entwicklung dieser beiden Kinder verschieden verlaufen. Kinder schaffen sich mit dem Verhältnis, das sie zu den Dingen ausprägen, partiell ihre Umwelt und damit ihre Chancen. Die Chancen des Musiklernens scheinen für den kleinen Jungen gering. Standen am Anfang einer musikalischen Fehlentwicklung, von der zu hoffen ist, daß sie sich korrigieren läßt, falsche Reaktionen der Umwelt?

das vielleicht einmal durch Typen individueller Entwicklungsverläufe verfeinert werden kann.

Sofern die musikalische Produktion von Kindern Gegenstand des forschenden Interesses ist, stellen sich keine größeren methodischen Probleme ein, weil die zu ermittelnden Befunde unmittelbar beobachtet werden können. Auf Schwierigkeiten stoßen Untersuchungen über die Warhnehmungsdifferenzierung, sofern sie durch Nachahmung oder Urteile festgestellt werden soll. Wahrnehmungsleistungen eilen dem motorischen Vollzug voraus, so daß es zwar interessant sein kann, den Nachvollzug zu studieren, er aber als Meßinstrument, aus dem etwas erschlossen werden soll, untauglich ist. Zur Prüfung der Unterscheidungsfähigkeit des Hörens und der Kategorisierung von Eindrücken wurden manchmal auch Zuordnungsaufgaben gewählt. Anhand des Erkennens des musikalischen Ausdrucks soll das damit zusammenhängende Problem des Symbolverstehens behandelt werden. Brömse und Kötter (1970) ermittelten das Verständnis von Zehnjährigen, indem die Kinder stilistisch verschiedene Musikbeispiele durch eine bekannte Märchenfigur (Wolf, König, Kaspar, Prinzessin, Zwerg) charakterisieren sollten. Die konnotative Bedeutung der Märchenfiguren war eigens festgestellt worden. Sie unterschied sich nicht bei Kindern und Erwachsenen, was sich auch an den Zuordnungen zur Musik ablesen ließ. Üblicher als das Arbeiten mit solchen Stereotypen ist der Einsatz von Bildern, ein Verfahren, das Walker (1927) zum ersten Mal verwendete. Er versuchte damit das Ausdrucksverständnis von Kindern im ersten bis achten Schuljahr zu beschreiben. Unabhängig davon, daß mit steigendem Alter mehr richtige Zuordnungen getroffen wurden, bereitete das Musik-Bild-Verhältnis unterschiedliche Schwierigkeiten. Die Mutter an der Wiege schien leicht mit einem Wiegenlied, die marschierenden Soldaten leicht mit einem Marsch zu identifizieren zu sein. Was aber machte das Bild eines Tanzes problematisch? Das physiognomische Angemutet-Sein wurde im ersten Kapitel dieses Buches als eine sehr einfache Form des Verstehens, auch des Musikverstehens, interpretiert. Ein solches Angemutet-Sein geht für kleinere Kinder offensichtlich weder von der Schemadarstellung von Gesichtern noch von der abstrakter Bilder aus. Ob es sich unmittelbar mit Musik verbindet, ist unklar. In einem Experiment von Hartje (1973) wählten Dreijährige bei der Vorgabe trauriger und fröhlicher Schemagesichter das ihnen am besten gefallende aus und belegten damit alle Musikbeispiele. Eine vergleichbare Beobachtung läßt sich noch bei Fünfjährigen für den Umgang mit den Gesichtern des PMM-Test von Gordon machen.

Behne (1974) verwendete bei einem Experiment mit fünf- und sechsjährigen Kindern gegenständliche und abstrakte Bilder und ließ sie zu programmatisch deutbaren Musikbeispielen, wie etwa den *Bildern einer Ausstellung* von Mussorgsky, in Beziehung setzen. Gegenständliche Bilder wurden bevorzugt und eindeutiger zugeordnet. Besonders die Fünfjährigen wußten mit den abstrakten Vorgaben wenig anzufangen. Die empfundene Äquivalenz der gegenständlichen Bilder zu der quasi szenisch-gegenständlich interpretierbaren Musik könnte demzufolge eine Form anschaulichen Denkens darstellen, die nicht auf demselben Empfinden für einen Ausdrucksgehalt beruht, wie es sich beim Erwachsenen — auch bei abstrakten Bildvorlagen — einstellt. Diese Form des anschaulichen Denkens paßt gut zu den gegenstandsnahen Symbolbildungen, die in Kinderzeichnungen vorkommen.

Das Verstehen des Ausdrucksgehaltes setzt nicht nur entsprechend differenzierte kognitive Akte voraus, sondern auch eine aufgefächerte Gefühlsstruktur. Das methodische Dilemma, das sich bei den Untersuchungen kleinerer Kinder zeigt, weist auf die prinzipielle Schwierigkeit isolierter Beschreibungen der musikalischen Entwicklung hin. Geht man davon aus, daß eine globale Auffassung von leisen und lauten Klängen zunehmend strukturiert wird, so erscheint die Untersuchung isolierter Parameter nur begrenzt tauglich, einen Entwicklungsverlauf zu ermitteln. Prinzipiell muß die Ausfächerung musikalischer Fähigkeiten als Teilaspekt in Relation zu anderen Entwicklungsverläufen gesehen werden. Das musikalische Symbolverständnis macht die Beteiligung allgemeiner affektiver und kognitiver Prozesse deutlich.

Das musikalische Wunderkind

Die Vorstellung außerordentlicher musikalischer Leistungen von Kindern ist eng mit dem Begriff »Musikalität« verknüpft. Erklärbar ist dieses Phänomen einer extremen Begabung nicht. Sorgfältig studierte Révész (1946) ein musikalisches Wunderkind von seinem fünften bis zu seinem dreizehnten Lebensjahr und berichtete von erstaunlichen Gehör- und Gedächtnisleistungen, Fähigkeiten zum Transponieren und einer hohen pianistischen Begabung. Révész reproduziert zwei Kompositionen, die der Junge mit acht und elf Jahren verfertigte, und interpretiert auch sie hymnisch. Dazu besteht jedoch kein Anlaß. Denn sie stellen Stilkopien dar. Die mit acht Jahren ausgeführte *Serenata* kittet klavieristische Bewegungen (siehe Takt 3) — zudem etwas fremdartig — in eine Anleihe bei Mozart. Das spätere Stück ist an Schumann angelehnt. Der Junge wurde Pianist und soll in den USA auch einigen Erfolg gehabt haben, ehe, wie es in der Literatur heißt, persönliche Schwierigkeiten seine Karriere beendeten. Ein berühmter Musiker wurde er nicht. Er bestätigt eher die These von Cortot

Komposition eines musikalisch sehr begabten achtjährigen Kindes (aus: Révész 1946, S. 198f.; © Francke Verlag, Bern).

(1935), daß ein solch besonderes kindliches Talent Ausdruck einer besonderen Imitationsfähigkeit sei, die keine über das achtzehnte Lebensjahr hinausgehende Prognose erlaubt. Andere Einzelfallschilderungen (Richet 1900) belegen die Vermutung, daß musikalische Fähigkeiten besonders früh auftreten können. Terman (1925) glaubte, daß Musikalität neben Anzeichen einer außerordentlichen Intelligenz die einzige Begabung sei, die schon um das fünfte Lebensjahr ausgeprägt sein könnte. Scheinfeld (1956) nennt ebenfalls dieses Alter, in dem sich bereits das Talent zum Instrumentalvirtuosen zeigen soll. Das frühzeitige Auftreten und die rasche Entfaltung rechnet Révész (1925) zu den spezifischen Merkmalen der Musikalität.

Eine vergleichende Betrachtung belehrt in der Tat, daß es keinen Mozart der Malerei oder der Dichtung gibt. Dürer und Picasso produzierten erst um das

Mozart — hier auf einer Miniatur von Johann Nepomuk della Croce — war in der Formulierung seines Vaters ein »unbegreifliches, von oben kommendes Talent«. Musikalische Wunderkinder erregen zu allen Zeiten die Neugier. Eine Erklärung für das Auftreten dieser besonderen Begabung fehlt. Vor allem musikalische Fähigkeiten können besonders früh auftreten. Es gibt keinen Mozart der Malerei oder der Dichtung. Meist prägen sich Begabungen für diese Kunstgattungen erst mit dem zwölften bis dreizehnten Lebensjahr aus. Dies könnte darauf hinweisen, daß die musikalische Begabung ein von den Sprach- und Denkfunktionen weitgehend unabhängiges, eigenständiges Talent ist. Wunderkinder lassen keine Prognosen zu über ihre Entfaltung im Erwachsenenalter. Denn die Wunderkindschaft kann auf einer besonderen Fähigkeit zur Imitation beruhen, die eher eine eigenständige Entfaltung im höheren Lebensalter verhindert (© Historisches Museum der Stadt Wien).

zwölfte bzw. dreizehnte Lebensjahr technisch perfekte Bilder. Haydn hingegen begann wie Mozart schon früh zu komponieren, nämlich mit sechs Jahren, Händel, Mendelssohn und Liszt um das elfte Lebensjahr. Obwohl Beethoven durch seinen Vater zum »Wunderkind« gemacht worden sein soll, läßt sich eine gewisse Frühreife — das erste öffentliche Auftreten ist für 1778 belegt — nicht allein durch Drill erklären. Die rasche Entfaltung der Musikalität zeigt sich darin, daß Komponisten mit fünfundzwanzig Jahren oft bereits auf dem Höhepunkt ihrer Meisterschaft sind. Eine Erklärung für das frühe Auftreten und die rasche Entfaltung der musikalischen Begabung sieht Révész darin, daß sie von der Entwicklung der Denk- und Sprachfunktion weitaus unabhängiger sei als andere künstlerische Tätigkeiten. Es läßt sich hinzufügen, daß sie auch weniger Lebenserfahrung voraussetzt, als — ein extremes Beispiel sei angeführt — notwendig ist, um einen Roman zu schreiben. Möglicherweise hatte Mozarts Vater recht, als er an seinem kleinen Sohn ein unbegreifliches, von oben kommendes Talent bewunderte.

Literaturhinweise

S. Abel-Struth und U. Groeben: Musikalische Hörfähigkeit des Kindes. Mainz 1979.

Th. W. Adorno: Typen musikalischen Verhaltens. In: Einleitung in die Musiksoziologie. Frankfurt/Main ²1968.

M. Alt: Die Erziehung zum Musikhören. In: Handbuch der Musikerziehung. Leipzig 1935.

M. Alt: Didaktik der Musik. Düsseldorf 1968.

M. Amelang und D. Bartussek: Differentielle Psychologie und Persönlichkeitsforschung. Stuttgart, Berlin, Köln, Mainz 1981.

G. Anschütz: Untersuchungen zur Analyse musikalischer Photismen. In: Archiv für die gesamte Psychologie 51 (1925).

G. Anschütz: Abriß der Musikästhetik. Leipzig 1936.

J. W. Atkinson: An Introduction to Motivation. Princeton 1964.

J. W. Atkinson und D. A. Birch: A Dynamic Theory of Action. New York 1970.

J. W. Atkinson und J. O. Raynor (Hg.): Motivation and Achievement. Washington 1974.

J. Bahle: Der musikalische Schaffensprozeß. Konstanz 1947.

F. Barron: Creative Person and Creative Process. New York 1969.

F. Barron und G. Welsh: Artistic Perception as a Possible Factor in Personality Style: Its Measurement by a Figure Preference Test. In: Journal of Psychology 33 (1952). S. 199—203.

J. C. Bartlett und W. J. Dowling: The Recognition of Transposed Melodies: A Key-Distance Effect in Developmental Perspectives. In: Journal of Experimental Psychology, Human Perception and Performance 6 (1980). S. 501—515.

G. Becking: Der musikalische Rhythmus als Erkenntnisquelle. Augsburg 1928.

K. E. Behne: Zur Erfassung musikalischer Verhaltensweisen im Vorschul- und Primarbereich. In: Musik und Bildung 2 (1974). S. 103—108.

K. E. Behne: Motivation bei Musikstudentinnen. In: Forschung in der Musikerziehung 1979. S. 92—97.

C. R. Bell und A. Creswell: Personality Differences among Musical Instrumentalists. In: Psychology of Music 12,2 (1984). S. 83—93.

A. Bentley: Musikalische Begabung bei Kindern und ihre Meßbarkeit. Frankfurt/Main 1968.

R. R. Bentley: A Critical Comparison of Certain Aspects of Musical Aptitude Test. Diss Univ. of Southern California 1955.

D. E. Berlyne: Conflict, Arousal and Curiosity. New York 1963.

D. E. Berlyne: Aesthetics and Psychobiology. New York 1971.

A. Binet und V. Henri: La Psychologie individuelle. In: Année Psychologique 2 (1895). S. 411—463.

E. Bleuler und K. Lehmann: Zwangsmäßige Lichtempfindungen durch Schall und verwandte Erscheinungen. Leipzig 1881.

G. E. R. Bourough und J. N. Morris: Factors Involved in Learning a Simple Musical Theme. In: British Journal of Educational Psychology 32 (1962). S. 18—28.

F. Brehmer: Melodieauffassung und melodische Begabung des Kindes. Beiheft zur Zeitschrift für Angewandte Psychologie 36. Leipzig 1925.

P. Brömse und E. Kötter: Experimentelle Untersuchungen zur Differenzierungsfähigkeit beim Musikhören 10jähriger Schüler. In: Forschung in der Musikerziehung 3/4 (1970). S. 37—42.

Ch. Bühler: Kindheit und Jugend. Leipzig 1928.

Ch. Bühler: Der menschliche Lebenslauf als psychologisches Problem. Leipzig 1933.

C. Burt: Experimental Tests of General Intelligence. In: British Journal of Psychology 3 (1909). S. 94—177.

A. Busemann: Krisenjahre im Ablauf der menschlichen Jugend. Ratingen 1953.

R. B. Cattell: Description and Measurement of Personality. New York 1946.

L. M. Chassell: Test for Originality. In: Journal of Educational Psychology 7 (1916). S. 317—329.

L. J. Christy: A Study of the Relationships Between Musicality, Intelligence, and Achievement. Diss. Indiana Univ. 1956.

W. S. Colman: Further Remarks on Colour-Hearing. In: Lancet 1 (1894). S. 22.

W. S. Colman: On So Called Colour-Hearing. In: Lancet I (1898). S. 795.

A. Cortot: Do Infant Prodigies Become Great Musician? In: Music and Letters 16 (1935). S. 124—128.

M. Critchley: Ecstatic and Synaesthetic Experience during Musical Perception. In: M. Critchley und R. A. Henson: Music and the Brain. London 1977.

R. S. Crutchfield: Creative Thinking in Children: Its Teaching and Testing. In: O. G. Brim, R. S. Crutchfield und W. H. Holtzman: Intelligence: Perspectives 1965. New York 1966.

G. A. Davis: Übungen der Kreativität im Jugendalter. In: G. Mühle und Chr. Schell: Kreativität und Schule. München 1970.

J. Dollard, L. Doob, N. E. Miller, H. O. Mowrer und R. R. Sears: Frustration and Aggression. New Haven 1939.

J. Dollard und N. E. Miller: Personality and Psychotherapy. New York 1950.

L. G. Dorrow: Effect of Teacher Approval/Disapproval Ratios on Student Music Selection and Concert Attentiveness. In: Journal of Research in Music Education 25 (1977). S. 32—40.

W. J. Dowling: Melodic Information Processing and its Development. In: D. Deutsch (Hg.): The Psychology of Music. New York 1982.

L. Drake-Figgs: The Law of Regression as it Pertains to Musicality. In: Psychology of Music 8,1 (1980). S. 19—24.

R. M. Drake: The Relation of Musical Talent to Intelligence and Success at School. In: Journal of Musicology 2,1 (1940).

K. Duncker: Zur Psychologie des produktiven Denkens. Berlin, Göttingen, Heidelberg 1935.

C. B. Edmunds: Musical Ability, Intelligence and Attainment. Diss. Leeds Univ. 1960.

P. R. Farnsworth: A Historical, Critical and Experimental Study of the Seashore-Kwalwasser Test Battery. In: Genetic Psychology Monographs 9,5 (1931). S. 291—393.

N. T. Feather: Subjective Probability and Decision under Uncertainty. In: Psychological Review 66 (1959). S. 150—164.

N. T. Feather: Attribution of Responsibility and Valence of Success and Failure in Relation to Initial Confidence and Task Performance. In: Journal of Personality and Social Psychology 13 (1969). S. 129—144.

S. Flath-Becker: Die Entwicklung des Zeitempfindens. Unveröff. Magisterarbeit, TU Berlin 1977.

R. Francès: La Perception de la musique. Paris 1958.

E. Franklin: Tonality as a Basis for the Study of Musical Talent. Göteburg 1956.

K. Füller: Standardisierte Musiktests. Frankfurt/Main 1974.

H. Gardner: Childrens Duplication of Rhythmic Patterns. In: Journal of Research in Music Education 19 (1971). S. 355—360.

H. Gardner: Childrens Sensitivity to Musical Style. Harvard Project Zero. Technical Report No. 4 (1971).

H. Gardner, L. Davidson und P. McKernon: The Acquisition of Song: A Developmental Approach. Paper to National Symposium on the Application of Psychology to the Teaching and Learning of Music II. Ann Arbor 1979.

M. Gebhardt: Beitrag zur Erforschung des absoluten Gehörs im vorschulpflichtigen Kindesalter. In: Archiv für die gesamte Psychologie 68 (1929). S. 273—294.

J. W. Getzels und P. W. Jackson: The Meaning of Giftedness. An Examination of an Expanding Concept. In: Phi Delta Kappa 40 (1958). S. 75—77.

E. Gordon: Musical Aptitude Profile Manual. Boston 1965.

E. Gordon: A Three-Year Longitudinal Predictive Validity Study of the Musical Aptitude Profile. Iowa 1967.

E. Gordon: A Study of the Efficacy of General Intelligence and Musical Aptitude Tests in Predicting Achievement in Music. In: Council of Research in Music Education, Bulletin 13 (1968). S. 40—45.

E. Gordon: Forth-Year and Fifth-Year Final Results of a Longitudinal Study of the Musical Achievement of Culturally Disadvantaged Students. In: Experimental Research in the Psychology of Music 10 (1975). S. 24—52.

E. Gordon: Primary Measures of Music Audiation: Test Manual. Chicago 1979.

K. Graml und W. Reckziegel: Einstellung zur Musik und zum Musikunterricht. Mainz 1982.

J. P. Guilford: Personality. New York 1959.

J. P. Guilford und R. Hoepfner: The Analysis of Intelligence. New York 1971.

V. Haecker und Th. Ziehen: Über die Erblichkeit der musikalischen Begabung. In: Zeitschrift für Psychologie 89 (1911). S. 265—307; 90 (1912) S. 204—306.

St. Hall: Adolescence. New York, London 1904.

D. L. Haman: An Assessment of Anxiety in Instrumental and Vocal Performances. In: Journal of Research in Music Education 30 (1982). S. 77—90.

D. L. Haman und M. Sobaje: Anxiety and the College Musician: A Study of Performance Conditions and Subjective Variables. In: Psychology of Music 11,1 (1983). S. 37—50.

K. Hartje: Ansätze des musikalischen Verstehens bei Kindern. In: Musik und Verstehen. Hg. von H. P. Reinecke und P. Faltin. Köln 1973.

M. Hassler: Kompositionstalent und männlich kognitiver Stil. In: Jahrbuch der Deutschen Gesellschaft für Musikpsychologie 2 (1985). Im Druck.

H. Heckhausen: Motivation und Handeln. Berlin, Heidelberg, New York 1980.

F. Heider: The Psychology of Interpersonal Relation. New York 1958.

H. v. Helmholtz: Die Lehre von den Tonempfindungen als physiologische Grundlage der Musik. Braunschweig 1863.

K. Hevner: A Study of Tests for Appreciation of Music. In: Journal of Applied Psychology 15 (1931). S. 575—583.

J. A. Highsmith: Selecting Musical Talent. In: Journal of Applied Psychology 13 (1920). S. 486—493.

J. D. Hill: A Study of the Musical Achievement of Culturally Deprived Children and Culturally Advantaged Children at the Elementary School Level. In: Experimental Research in the Psychology of Music 6 (1970). S. 95—123.

D. Hocevar: Intelligence, Divergent Thinking and Creativity. In: Intelligence 4 (1980). S. 25—40.

P. R. Hofstätter: Differentielle Psychologie. Stuttgart 1971.

L. G. Holmstrom: Musicality and Prognosis. Uppsala 1963.

L. G. Holmstrom: Intelligence vs. Progress in Music Education. In: Journal of Research in Music Education 17 (1968). S. 76—81.

P. Honigsheim: Soziologie der Kunst, Musik und Literatur. In: G. Eisermann (Hg.): Die Lehre von der Gesellschaft. Stuttgart 1958.

M. S. Horner: Sex Differences in Achievement Motivation and Performance in Competitive and Non-Competitive Situations. Diss. Univ. of Michigan 1969.

M. S. Horner: Toward an Understanding of Achievement-Related Conflicts in Women. In: Journal of Social Issues 28 (1972). S. 157—175.

F. Jöde: Das schaffende Kind in der Musik. Wolfenbüttel 1928.

R. L. Jones: The Development of the Child's Conception of Meter in Music. In: Journal of Research in Music Education 24 (1976). S. 142—154.

E. Jost: Akustische und psychometrische Untersuchungen an Klarinettenklängen. Köln 1967.

J. Kagan: Do Infants Think? In: Scientific American 226 (1972). S. 74—83.

J. E. Karlin: Musical Ability. In: Psychometrika 6 (1941). S. 61—65.

J. E. Karlin: A Factorial Study of Auditory Function. In: Psychometrika 7 (1942). S. 251—279.

G. A. Kelley: The Psychology of Personal Construct. New York 1955.

H. H. Kelley: Attribution Theory in Social Psychology. In: D. Levine (Hg.): Nebraska Symposion on Motivation. Lincoln 1967.

A. Kemp: The Personality Structure of Composers and Performing Musicians. Diss. Univ. of Sussex 1979.

A. Kemp: The Personality Structure of Musicians. In: Psychology of Music 9 (1981). S. 3—14.

W. C. Kirkpatrick: Relationships between the Singing Ability of Pre-Kindergarten Children and their Home Environment. Diss. Univ. of Southern California 1962.

N. Z. Klanderman: The Development of Auditory Discrimination and Performance of Pitch, Rhythm, and Melody of Pre-School Children. Diss. Northwestern Univ. 1979.

F. Klausmeier: Die Lust, sich musikalisch auszudrücken. Reinbek bei Hamburg 1978.

E. Klusen: Melodische Fragen vorschulischer Musikerziehung unter dem besonderen Aspekt der musikalischen Völkerkunde. In: S. Abel-Struth (Hg.): Musikalischer Beginn in Kindergarten und Vorschule. Bd. 1: Situation und Aspekte. Darmstadt 1970, Kassel 1971.

J. Knipmeyer und P. Prestholdt: The Influence of Environmental Noise upon Group Aggression. Paper of the South-Eastern Psychological Association. New Orleans 1973.

R. Kocina und H. Selg: Lohnt sich musikalische Früherziehung? In: Spielmittel 5 (1983). S. 12—16.

N. Kogan: A Clarification of Cropley and Manslyn's Analysis of the Wallach Kogan Creativity Tests. In: British Journal of Psychology 62 (1971). S. 113—117.

O. Kroh: Entwicklungspsychologie des Grundschulkindes. Langensalza 1928.

G. Kyme: The Value of Aesthetic Judgements in the Assessment of Musical Capacity. Diss. Univ. of California, Berkley 1954.

P. Lamparter: Die Musikalität in ihren Beziehungen zur Grundstruktur der Persönlichkeit. In: Zeitschrift für Psychologie, Erg.-Bd. 22 (1932). S. 1—216.

J. H. Lederer: Die Funktion der Luce-Stimme in Skrjabins op. 60. In: O. Kolleritsch (Hg.): Alexander Skrjabin. Studien zur Wertungsforschung 13. Graz 1980.

M. A. Leglar: Measurement of Indicators of Anxiety Levels under Varying Conditions of Musical Performance. Diss. Indiana Univ. 1978.

R. Leibold: Akustisch-motorischer Rhythmus in früher Kindheit. Eine strukturpsychologische Studie. Arbeiten zur Entwicklungspsychologie 18. München 1936.

K. Lewin: A Dynamic Theory of Personality. New York 1935.

N. H. Long: A Revision of the Oregon Music Discrimination Test. Diss. Indiana Univ. 1965

N. H. Long: Establishment of Standards for the Indiana Oregon Music Discrimination Test. In: Council of Research in Music Education, Bulletin 25 (1971). S. 26—35.

N. H. Long: Indiana Oregon Music Discrimination Test. Bloomington 1978.

P. A. Long: Relationships between Pitch Memory in Short Melodies and Selected Factors. In: Journal of Research in Music Education 25 (1977). S. 272—282.

G. Lukácz: Wider den mißverstandenen Realismus. Hamburg 1958.

R. W. Lundin: An Objective Psychology of Music. New York 1967.

L. E. Marks: The Unity of Senses. Interrelations Among the Modalities. New York 1978.

J. Martin: Changes Following Musical Training. In: Journal of Educational Psychology 44 (1964). S. 440—442.

P. J. Martin: Appreciation of Music in Relation to Personality Factors. Diss. Glasgow 1976.

A. H. Maslow: Motivation and Personality. New York 1954.

D. C. McClelland: Personality. New York 1951.

D. C. McClelland, J. W. Atkinson, R. W. Cark und E. L. Lowell: The Achievement Motive. New York 1953.

J. McLeish: The Validation of Seashore's Measures of Musical Talents by Factorial Methods. In: British Journal of Psychology 3 (1950). S. 129—140.

J. McLeish: Musical Cognition. London 1968.

M. T. Mednik und F. M. Andrews: Creative Thinking and Level of Intelligence. In: Journal of Creative Behavior 1 (1967). S. 428—431.

S. A. Mednik: The Associative Basis of the Creative Process. In: Psychological Review 69,3 (1962). S. 220—233.

F. Metzler: Strukturen kindlicher Melodik. In: Psychologische Beiträge 7 (1962/64). S. 218—284.

M. L. Moats: Der Einfluß von Darbietungsmethoden auf das Melodiegedächtnis. In: Jahrbuch der Deutschen Gesellschaft für Musikpsychologie 1 (1984). S. 103—110.

H. Moog: Beginn und erste Entwicklung des Musikerlebens im Kindesalter. Ratingen 1967.

J. Mjoen: Die Vererbung der musikalischen Begabung. Berlin 1934.

R. Müller-Freienfels: Psychologie der Kunst. 2 Bde. Berlin 1912, 1936.

R. Müller-Freienfels: Psychologie der Musik. Leipzig 1936.

H. A. Murray: Thematic Apperception Test Manual. Cambridge 1943.

Chr. Nauck-Börner: Logische Analyse von Hörertypologien und ihre Anwendung in der Musikpädagogik. Beiträge zur Systematischen Musikwissenschaft 5. Hamburg 1980.

A. Nestele: Die musikalische Produktion im Kindesalter. In: Zeitschrift für angewandte Psychologie, Beiheft 52 (1930). S. 1—198.

H. Neugebauer: Kind und Musik. Material zur Kinderpsychologie. In: Zeitschrift für Pädagogische Psychologie 30 (1929). S. 46—49.

R. Niketta, U. Niepel und S. Nonninger: Gruppenstrukturen in Rockmusikgruppen. In: Musikpädagogische Forschung 4 (1983). S. 144—161.

O. G. Parker: The Relationship of Musical Ability, Intelligence, and Socioeconomic Status to Aesthetic Sensitivity. In: Psychology of Music 6,2 (1978). S. 30—35.

R. Petzold: Auditory Perception of Musical Sounds by Children in the First Six Grades. Cooperative Research Project No. 1051. Univ. of Wisconsin 1966.

M. Pflederer: The Responses of Children to Musical Tasks embodying Piagets Principles of Conservation. In: Journal of Research in Music Education 12 (1964). S. 251—268.

M. Pflederer: Conservation Laws applied to the Development of Musical Intelligence. In: Journal of Research in Music Education 15 (1967). S. 215—223.

M. Pflederer und L. Sechrest: Conservation-Type Responses of Children to Musical Stimuli. In: Council of Research in Music Education, Bulletin 13 (1968). S. 19—36.

D. Philips: An Investigation of the Relationship between Musicality and Intelligence. In: Psychology of Music 4,2 (1976). S. 16—31.

E. L. Rainbow: A Pilot Study to Investigate the Constructs of Musical Aptitude. In: Journal of Research in Musical Education 13 (1965). S. 3—14.

E. L. Rainbow und D. Owen: A Progress Report on a Three-Year Investigation of the Rhythmic Ability of Pre-School Aged Children. In: Council of Research in Music Education, Bulletin 59 (1979). S. 84—86.

G. Reinhard: Leistungsmotivation im musikalischen Bereich. Hamburg 1981.

G. Révész: Prüfung der Musikalität. In: Zeitschrift für Psychologie 85 (1920). S. 163—209.

G. Révész: The Psychology of Musical Prodigy. London 1925.

G. Révész: Einführung in die Musikpsychologie. Bern 1946.

G. Richet: Note sur un cas remarquable de précocité musical. In: Congrès International de Psychologie IV. 1900.

F. Rochlitz: Die Verschiedenheit der Urtheile über Werke der Tonkunst. In: Allgemeine musikalische Zeitung I,32 (1799). S. 497—506.

H. Rupp: Über die Prüfung musikalischer Fähigkeiten. In: Zeitschrift für Angewandte Psychologie 9 (1915). S. 1—76.

G. Schünemann: Musikerziehung. Die Musik in Kindheit und Jugend. Leipzig 1930.

A. Scheinfeld: The New Heredity and You. London 1956.

S. L. Schleuter: An Investigation of the Interrelation of Personality Traits, Musical Aptitude, and Musical Achievement. In: Experimental Research of Psychology of Music: Studies in Psychology of Music 5,2 (1972) S. 90—102.

S. L. Schleuter und R. de Yarman: Musical Aptitude Stability among Primary School Children. In: Council of Research in Music Education, Bulletin 51 (1977). S. 14—22.

S. L. Schleuter: A Predictive Study of an Experimental College Version of the Musical Aptitude Profile. In: Psychology of Music 11,1 (1983). S. 32—36.

W. Schwan: Zur Entwicklung der Musikalität im vorschulpflichtigen Alter. In: Wissenschaftliche Zeitschrift der Martin-Luther-Universität Halle—Wittenberg 4 (1955). S. 265—273.

C. R. Scott: Pitch Concept Formation in Pre-School Children. In: Council of Research in Music Education, Bulletin 59 (1979). S. 87—93.

C. E. Seashore: The Psychology of Musical Talent. New York 1919.

C. E. Seashore: Psychology of Music. New York 1938.

T. B. Seiler: Kognitive Strukturiertheit. Stuttgart 1973.

M. L. Serafine: A Measure of Meter Conservation in Music based on Piagets Theory. In: Genetic Psychology Monographs 99 (1979). S. 195—229.

M. L. Serafine: Piagetian Research in Music. In: Council of Research in Music Education, Bulletin 62 (1980). S. 1—21.

D. C. Sergeant: Experimental Investigation of Absolute Pitch. In: Journal of Research in Music Education 17 (1969). S. 135—143.

D. C. Sergeant und G. Thatcher: Intelligence, Social Status and Musical Abilities. In: Psychology of Music 2,2 (1974). S. 32—57.

D. C. Sergeant und S. Roche: Perceptual Shifts in the Auditory Information Processing in Young Children. In: Psychology of Music 1,2 (1973). S. 39—48.

R. Shuter: An Investigation of Hereditary and Environmental Factors in Musical Ability. Diss. Univ. of London 1964.

R. Shuter-Dyson und C. Gabriel: The Psychology of Musical Ability. London 1981.

R. Shuter-Dyson: Psychologie musikalischen Verhaltens. Mainz 1982.

G. W. Silverstolpe: Zur Frage der Urmelodie. In: Zeitschrift für Angewandte Psychologie 27 (1926). S. 234/35.

Ch. Spearman: The Abilities of Man. London 1927.

R. L. Spencer: A Study of Relationship of Situational Anxiety to Vocal Solo Performances of College Freshmen Voice Students. Diss. North Texas Univ. 1969.

L. Stankov und J. L. Horn: Human Abilities Revealed Through Auditory Tests. In: Journal of Educational Psychology 72 (1980). S. 19—42.

S. S. Stevens: The Attributes of Tone. In: Proceedings of the National Academy of Science 20 (1934). S. 457—459.

C. Stumpf: Akustische Versuche mit Pepito Ariola. In: Zeitschrift für Angewandte Psychologie 2 (1909). S. 1—11.

C. Stumpf: Tonpsychologie. 2 Bde. Leipzig 1883, 1890.

L. M. Terman (Hg.): Genetic Studies of Genius. Mental and Physical Traits of a Thousand Gifted Children. Stanford 1925.

L. L. Thurstone: Primary Mental Abilitites. Chicago 1938.

L. L. Thurstone und Th. G. Thurstone: Factorial Studies of Intelligence. Chicago 1941.

E. P. Torrance: Administration and Scoring Manual for Abbreviated Form VII. Minnesota Test of Creative Thinking. Minnesota 1962.

E. P. Torrance: The Minnesota Studies of Creative Behavior. In: Journal of Creative Behavior 1 (1967). S. 137—154.

E. P. Torrance: Neue Itemarten zur Erfassung kreativer Denkfähigkeit. In: K. Ingenkamp und Th. Marsolek: Möglichkeiten und Grenzen der Testanwendung in der Schule. Weinheim 1968.

C. W. Valentine: The Experimental Psychology of Beauty. London 1962.

S. G. Vandenberg: The Hereditary Abilities Study: Hereditary Components in a Psychological Test Battery. In: American Journal of Human Genetics 14 (1962). S. 220—237.

S. Vollmer: Die Rezeption des Kreativitätsbegriffs durch die Musikpädagogik. Mainz 1980.

E. Walker: Das musikalische Erleben und seine Entwicklung. Göttingen 1927.

M. A. Wallach und N. Kogan: Modes of Thinking in Young Children. New York 1965.

J. B. Watson: Psychology as the Behaviorist Views it. In: Psychological Review 20 (1913). S. 158—167.

J. B. Watson: Behaviorism. Chicago 1930.

A. T. Weaver: Experimental Studies in Vocal Expression. In: Journal of Applied Psychology 8 (1924). S. 158—186.

P. R. Webster: Relationship between Creative Behavior in Music and Selected Variables as Measured in High School Students. In: Journal of Research in Music Education 27 (1979). S. 227—242.

B. Weiner: Die Wirkung von Erfolg und Mißerfolg auf die Leistung. Bern 1975.

B. Weiner: Motivation. Weinheim 1984.

A. Wellek: Das absolute Gehör und seine Typen. Leipzig 1938.

A. Wellek: Typologie der Musikbegabung im deutschen Volke. München 1939.

A. Wellek: Musikpsychologie und Musikästhetik. Frankfurt/Main 1963.

G. S. Welsh: Welsh Figure Preference Test. Palo Alto 1959.

H. Werbik: Informationsgehalt und emotionale Wirkung von Musik. Mainz 1971.

H. Werner: Die melodische Erfindung im frühen Kindesalter. Eine entwicklungspsychologische Untersuchung. In: Berichte der Kaiserlichen Akademie, Philologisch-historische Klasse 182. Wien 1917. S. 1—100.

H. Werner: Einführung in die Entwicklungspsychologie. Leipzig 1926.

M. Wertheimer: Produktives Denken. Aus dem Englischen von W. Metzger. Frankfurt/Main 1957.

F. S. Whellams: The Aural Musical Abilities of Junior School Children: A Factorial Investigation. Diss. Univ. of London 1971.

F. S. Whellams: Multiple Correlation in Music Education Research Studies. In: Council of Research in Music Education, Bulletin 33 (1973). S. 34—45.

R. W. T. Whittington: The Assessment of Potential Musical Ability in Secondary School Children. In: Journal of Educational Psychology 48 (1957). S. 1—10.

H. D. Wing: A Factorial Study of Musical Tests. In: British Journal of Psychology 31 (1941). S. 341—355.

H. D. Wing: Manual for Standardised Tests of Musical Intelligence. Windsor 1960.

H. A. Witkin, H. B. Lewis, M. Hertzmann, K. Machover, P. B. Meissner und S. Wapner: Personality through Perception. Westport 1954.

J. F. Wohlwill: Strategien entwicklungspsychologischer Forschung. Stuttgart 1977.

W. T. Young: Musical Development in Pre-School Disadvantaged Children. In: Journal of Research in Music Education 22 (1974). S. 155—169.

W. T. Young: A Longitudinal Comparison of Four Music Achievement and Music Aptitude Tests. In: Journal of Research in Music Education 24 (1980). S. 97—109.

B. Zeigarnik: Über das Behalten von erledigten und unerledigten Handlungen. In: Psychologische Forschung 3 (1927). S. 1—85.

A. Zenatti: Le Développement génetique de la perception musicale. Paris 1969.

A. Zenatti: Influence de quelques variables socio-culturelles sur le développement musical de l'enfant. In: Psychologie Française 21 (1976). S. 185—190.

A. Zenatti: L'Enfant et son environnement musical. Issy-les-Moulineaux 1981.

Ph. G. Zimbardo und F. L. Ruch: Lehrbuch der Psychologie. Heidelberg 1979.

M. P. Zimmerman und L. Sechrest: How Children Conceptually Organize Musical Sounds. Chicago/Illinois 1968.

V. Erklärungsmodelle des Musik-
verstehens und ihre Geschichte

Abbildtheorien des Verstehens und Erkennens

Über die Herkunft einiger Vorurteile gegen die Psychologie:
Der Behaviorismus

Wer sich einen Psychologen vorstellt, denkt an einen Menschen, der durch Tests das Verhalten anderer ergründet, um es manipulieren zu können. Oder aber er fürchtet jemanden, der auf Labyrinthe voller Ratten starrt und bereit ist, Schlimmeres als Vivisektion zu betreiben. Dieses Zerrbild eines Psychologen löst sich nur langsam im Dunstkreis der humanistischen Psychologie auf, die erfolgreich für das Image des therapeutisch bemühten Sozialarbeiters wirbt. Es hat immerhin in den USA und in Rußland mehr als ein halbes Jahrhundert das noch junge Fach Psychologie bestimmt und auch die Vorstellungen von Musikwissenschaftlern über die Musikpsychologie geprägt. Was an Einwänden gegen die sogenannte »Rezeptionsforschung« vorgebracht wurde, nämlich, daß sie, blind gegenüber der Musik, mit »bloßen Stimuli« (Adorno) arbeite, zeugt schon bezüglich des Vokabulars von dem intensiven und negativen Eindruck, den der amerikanische Behaviorismus hervorrief. Die russische Reflexologie wäre ihm an die Seite zu stellen. Gegen das »Sammeln von Meinungen über Musik« zieht der Musikwissenschaftler nicht nur zu Felde, weil er glaubt, aus Reaktionen nichts über die »Reize« entnehmen zu können, sondern auch, weil dieses Sammeln jenem naturwissenschaftlichen Positivismus verwandt zu sein scheint, der die Geisteswissenschaften in Bedrängnis brachte.

Das Zerrbild des Psychologen entspringt teilweise berechtigtem Mißtrauen, aber es ist — wie alle Übertreibungen — viel zu einseitig, um die Beschäftigung mit dem seelischen Vermögen zu charakterisieren. Die Vielfalt von Erklärungs-modellen, die in der Psychologie entwickelt wurden, die sich mit jahrtausende-alten Lehren über die Seele verbinden, läßt eher ahnen, welche Reichhaltigkeit Menschen der inneren Realität, dem Gegenentwurf zur materiellen, physikali-schen Welt, zuzubilligen bereit sind.

Im folgenden sollen diese Erklärungsmodelle dargestellt werden, soweit sie im Bereich der wissenschaftlichen Psychologie und Musikpsychologie ent-wickelt wurden. Es wird sich dabei zeigen, wie wenig Verbindlichkeit nur ei-nem Ansatz zukommt. Psychologische Forschung ist nicht von den Moden ei-ner Zeit ablösbar, weil sie das Menschenbild reflektiert. Aber sie geht darin nicht auf. Daher können ältere theoretische Ansätze, die einmal hochnäsig als überwunden galten, fruchtbar wieder aufgegriffen werden. Und verschiedenen Bereichen sind durchaus verschiedene Erklärungen angemessen. So bleibt partiell das verrufene Modell von Reiz und Reaktion der Behavioristen von Bedeutung, auch wenn es eher nur bei einer Art von Psychotechnik im Bereich der Musik Verwendung finden kann und nichts in den Gefilden der großen Kunst zu suchen hat.

Begonnen sei mit der Relativierung des Behaviorismus. Gründerzeit war um die Jahrhundertwende. Watson beschäftigte sich neben der Hypnose mit Drogenproblemen, ehe er mit Furore eine Bewegung ins Leben rief, den Behaviorismus, den er auf die Maxime von der erlernten Natur aller Reaktionen verpflichtete, wobei sich Lernen schlicht durch Versuch und Irrtum vollziehen sollte. Er postulierte weiterhin, daß alle inneren Vorgänge von motorischen und physiologischen Prozessen begleitet sind. Denken ist demnach nur inneres Sprechen, das der Psychologe beobachten und mit Registriergeräten messen kann. Ganz ähnliche Meinungen entwickelten sich in Rußland, wo Pawlow die Geistestätigkeit als eine wenngleich lange Kette von bedingten (erlernten) Reflexen definierte. Aufgeräumt wurde auf beiden Kontinenten mit Begriffen wie »Bewußtsein« oder »Wollen«. Letzteres war für Pawlow nur eine Generalisierung des Greifreflexes des kleinen Kindes. Für beide Strömungen stand die materialistische Fundierung der Psychologie außer Frage. Das Seelische erschien handgreiflich und damit manipulierbar.

Der Hintergrund dieser psychologischen Strömung ist zweifach determiniert, sowohl durch das soziale Elend, mit dem das 20. Jahrhundert einzog — nicht von ungefähr hatte sich Watson mit dem Problem des Alkoholismus befaßt —, als auch durch den gewaltigen Eindruck, den die Technik machte. Einerseits erschien der Mensch unzulänglich, und andererseits zeigten seine geistigen Leistungen ein Ausmaß von Naturbeherrschung an, das Gedanken an die Produktion eines Übermenschen nicht abwegig erscheinen ließ. Der amerikanische Behaviorismus und die russische Reflexologie zielen auf eine Technologie zur Verbesserung des Menschen. Sie teilen mit dem futuristischen Aufbruch der Künstler die Ideologie. Der Gedanke einer Optimierung des Menschen, der das Gefühl der Ohnmacht kompensierte, bedeutete zugleich die Absage an alle anderen metaphysischen Instanzen, nach denen im 19. Jahrhundert geforscht wurde. Das »Unerreichbare« war machbar, so glaubte man, wenn die Funktionsweisen ganz genau bekannt sind, am besten dann, wenn sie gemessen worden waren. Die Psychologen, die sich auf die präzisen Angaben darüber festlegten, wie etwas funktioniert, lehnten alle Introspektionen ab; sie stellten möglichst genaue Messungen von Reaktionen des Menschen an. Es sind dies die Jahrzehnte, in denen die Psychotechnik entstand. Zu den berühmten Zeit- und Bewegungsstudien von Taylor und später von Gilbreth traten bald Versuche, die die Wirkung der Musik auf die Verbesserung der Arbeitsleistung prüften.

Trotz mancher Wandlungen blieb der Mensch im Blickfeld der amerikanischen Psychologen, auch wenn es um sein Verhalten gegenüber Musik ging, bis in die sechziger Jahre ein passiv auf Reize reagierendes Wesen, dessen Veränderung es als Lernprozesse zu studieren galt. Wir verdanken diesem psychologischen Ansatz viele Einzelbefunde über die Wahrnehmung und das Erleben von Musik, auch explizit auf den Verhaltensbegriff fixierte Lehrbücher, wie das von Lundin (1953, ²1967) oder Radocy (1979). Die Entwicklung verlief in Rußland nicht ganz parallel, grundsätzlich aber richtete sich auch hier das Interesse auf die Veränderungen, die durch »Tätigkeiten« hervorgerufen wurden, die keinesfalls aus dem Innersten der Menschen stammten. Der Behaviorismus muß zu Zeiten auch faszinierend gewesen sein. Die Pädagogen waren eifrig darauf bedacht, seine Ergebnisse durch das voll automatische, in bit berechnete programmierte Lernen bei Kindern anzuwenden. Die experimentelle Ästhetik vertraute ebenfalls Automaten Denkstrukturen an, deren ästhetischen Wert man durch den Informationsgehalt glaubte beschreiben zu können. Die Verbannung des menschlichen Geistes selbst aus den Produkten der Kunst macht die vehemente Kritik verständlich, die an dieser messenden, rechnenden, manipulierenden Richtung der Psychologie geübt wurde. Der an sich harmlose Begriff des Verhaltens geriet vollkommen in Mißkredit. Als aktiv stellten die kognitive und die dynamische Psychologie den Menschen wieder dar, ohne daß in bestimmten Bereichen (etwa dem des Lernens) der Behaviorismus ganz beiseite geschoben werden konnte. Das Studium mancher Verhaltensweisen rückte aber aus dem Brennpunkt der Aufmerksamkeit in deren unscharfe Ränder, die den Übergang zur Nichtbeachtung ausmachen. Die Kritiker des Behaviorismus verhielten sich ebenso wie einstmals dessen Vertreter, die auch ihre Blicke nicht auf solche Prozesse, zum Beispiel des Gefühls, richteten, die in ihrem speziellen theoretischen Ansatz keinen Platz hatten. Dieses Ausklammerungsverfahren zeigt, daß die Psychologie mehr Fragen zu beantworten hat, als mit einem einzigen Erklärungsmodell zu bewältigen sind.

Als Erbe des Behaviorismus werden alle zukünftigen psychologischen Richtungen eine Begrenzung des Untersuchungsgebietes auf die Funktionsweise psychischer Vermögen übernehmen; sie werden nicht mehr zu beantworten trachten, was das Bewußtsein oder das Gefühl, der Wille, die Seele oder gar die Natur des Menschen sei. Es ist interessant, die langsame und schwierige Emanzipation der Psychologie von der Metaphysik zu verfolgen. Mit der radikalen Absage an die Metaphysik zu Anfang dieses Jahrhunderts wurde eine vom amerikanischen Pragmatismus begünstigte Konsequenz gezogen aus der Einsicht, daß mit den Mitteln der Wissenschaft weder der Sinn der Welt noch der des menschlichen Daseins zu deuten seien. Auch wenn psychologische, insbesondere auch die musikpsychologische Forschung solche Sinnentwürfe implizit voraussetzt, so ist sie doch nicht imstande, diese zu begründen.

Der monistische Ansatz der Psychophysik

Fragen nach psychischen und geistigen Sachverhalten waren in der vorwissenschaftlichen Psychologie immer mit der Suche nach einer metaphysischen Instanz verknüpft, weil die seelische und geistige Welt in allen Kulturen als Gegenentwurf zur realen, hantierbaren Wirklichkeit begriffen wurde. Die Seele macht den unsterblichen Teil des Menschen aus. Der Mythos der Teilhabe Psyches am Göttlichen ist in den meisten Kulturen dahingehend gedeutet, daß das Geistige das Materielle erst hervorgebracht habe. Vergleichbar der Auffassung der Ägypter, daß Ptah, der Herr von Memphis, die Welt durch das Aussprechen seiner Gedanken erzeugt habe, ist der jüdische und christliche Glaube, die Welt sei wortgezeugt: »Der Herr sprach, es werde Licht, und es ward Licht.« Wo nicht ein ausgesprochen religiöses Verbot existierte, sich ein Bildnis zu machen von jenen vor den materiellen Gegebenheiten liegenden Bereichen, läßt sich spätestens seit der Antike der Versuch beobachten, die allgemeinen Begriffe des KA und BA, des ASU und MANAS, der ANIMA und PSYCHE substantiell zu beschreiben, und sei es nur durch den Vergleich mit flüchtigen Ereignissen wie Feuer, Luft, Atem, Wind. Auch für das Pendant eines göttlichen Prinzips im menschlichen Dasein wurde nach einem materiellen Korrelat gesucht. Als Sitz der Seele wurde Herz oder Hirn vermutet; auch die Körpersäfte konkretisierten ein bewegendes Prinzip. Und es wurde seit der Antike eine differenzierte Beschreibung einzelner seelischer Funktionen vorgenommen, die die Psychologie heute wieder verstärkt beschäftigt. Das Gedächtnis spielt dabei eine besondere Rolle. Ohne Gedächtnis kein Leben, ohne die Fähigkeit der Bewußtmachung von Ideen keine Erkenntnis. Diese beiden Gesichtspunkte durchziehen die Geschichte der Vorstellungen von der Seele.

Die Frage, was die Seele sei, und weniger die, wie sie funktioniere, bestimmte auch den Anfang der wissenschaftlichen Psychologie im 19. Jahrhundert, der in Europa mit dem Namen von Wundt und in den USA mit dem von James verbunden ist. Das Problem, wie die unanschauliche psychische Welt beschrieben werden sollte, zumal die Sprache überwiegend mit benennbaren Dingworten arbeitet, war jedoch nicht mehr durch den Vergleich mit Feuer oder Luft zu lösen. Grundsätzlich aber hielt man an der Idee einer substantiellen Betrachtung fest. Mit einem beispiellosen Glauben an den Erkenntnisfortschritt, wie ihn die aufblühenden Naturwissenschaften suggerierten, sollten außerdem die Wolken um die vagen Kategorien des Geistes, wie sie der Idealismus propagiert hatte, gelichtet werden. Die Psychologie als Steigerung der Philosophie betrieb die Erforschung des Bewußtseins, auch des »Tonbewußtseins«. Die Erkenntnis sollte regelrecht dingfest gemacht werden. Das methodische Vorgehen der Psychologen läßt sich mit der uralten Seelenlehre begründen. War der Geist die Begründung der Materie oder wenigstens deren Pendant, so mußte er an handfesten physischen Erscheinungen ablesbar sein.

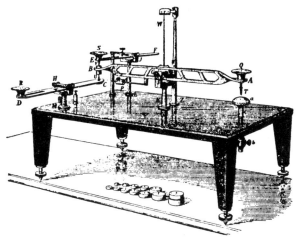

Die Druckwaage aus dem Laboratorium von Wundt zur Messung von Unterschiedsempfindlichkeiten besteht aus einem komplizierten Hebelsystem. Werden bei R Gewichte aufgelegt, so
soll mit einem bei A aufgelegten Finger ein je unterschiedlicher Druck festgestellt werden. Die
Druckwaage ist das Paradigma einer Psychologie, die die Seele in ihrem materiellen Korrelat begründen wollte. Diese Idee einer »Physiologie der Seele« bestimmte die vom Neukantianismus
geprägten Anfänge der Psychologie (© Akademische Verlagsgesellschaft, Frankfurt/M.).

◄━━━

Der Mond lugt hinter den Wolken hervor. Sein Glanz fällt auf eine felsige, wild zerklüftete Land-
schaft, deren Grund — von Nebel bedeckt — dem Betrachter anzeigt, wie hoch oben und nahe
dem Himmel er sich den Ort vorzustellen hat. Auf dem Felsplateau im Vordergrund steht ein
in Stein gehauener Sarkophag, auf dem zwei Engel links und rechts neben einer Harfe knien.
Die Harfe bildet das Zentrum eines Gemäldes, wenngleich wegen der hohen Wölbung des Him-
mels nicht dessen Mittelpunkt. Dieses Bild — von der äußeren Form her ein Altarbild — des
Malers, Philosophen und Arztes Carl Gustav Carus (Hamburger Kunsthalle; Photo © Ralph
Kleinhempel) trägt den überraschenden Titel *Goethe Denkmal*; es datiert aus dem Todesjahr des
Olympikers. Was immer an Assoziationen — vom Gedanken an den Lyra-begleiteten Rhapsoden
bis hin zu den trivial-schönen Friedhofsplastiken des 19. Jahrhunderts — zum Titel und Anlaß
des Gemäldes passend erscheint: Die Idee eines Denkmals liegt weit ab, zumindest, wenn man
sich andere Ehrenmale des Dichterfürsten vor Augen führt, auf denen er in Bronze oder Stein
nachgebildet über uns hinwegschaut. Carus hat nicht im üblichen Sinne ein erinnerndes Denkmal gesetzt, sondern die Unsterblichkeit eines Genies gemalt. Seit Menschengedenken existiert
die Vorstellung, daß die Seele den unsterblichen Teil des Menschen ausmache. Schon in der Antike tauchte der Gedanke auf, daß vor allem die Musik Symbol jener Teilhabe des Menschen am
Göttlichen sei. Die Musik wurde zum Symbol par excellence für die Unsterblichkeit der Seele,
ein Symbol, das stellvertretend für die geistigen Vermögen die Teilhabe des Menschen am Himmel bezeugt. Das Bild von Carus bemüht einen uralten Mythos, dessen Überzeugungskraft im
19. Jahrhundert außer Zweifel stand. Dieser Bezug zu einem Transzendenten bewirkte eine langsame und schwierige, oft über extreme Positionen vermittelte Emanzipation der Psychologie von
der Metaphysik. Am Ende dieses Prozesses stand die Erkenntnis, daß mit den Mitteln psychologischer Wissenschaft weder der Sinn der Welt noch des menschlichen Daseins zu deuten sei. Vor
allem in der Musikpsychologie wurden bis in die dreißiger Jahre unseres Jahrhunderts immer
wieder metaphysische und keine im engeren Sinne psychologischen Fragen aufgeworfen.

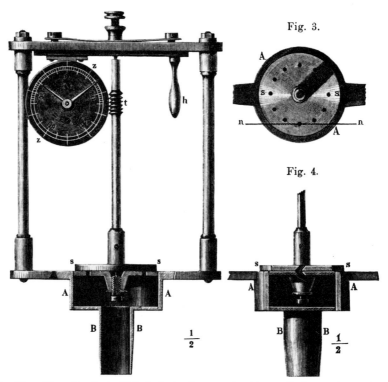

Fig. 3.

Fig. 4.

Einen kräftigen Ton gibt die in Helmholtz' *Lehre von den Tonempfindungen* (1863, S. 23; Stadt- und Universitätsbibliothek Frankfurt/Main) dargestellte Sirene. S S ist die rotierende Scheibe, in Fig. 3 von oben gesehen, in Fig. 2 und 4 von der Seite. Sie befindet sich über einem Windkasten A, der durch das Rohr B mit einem Blasebalg verbunden werden kann. Der Deckel des Windkastens A, der unmittelbar unter der rotierenden Scheibe liegt, hat ebenso viele Durchbohrungen wie diese, und die Durchbohrungen im Deckel des Kastens und in der Scheibe sind so schräg gegeneinander gerichtet, wie Fig. 4 zeigt (Fig. 4 ist ein Durchschnitt des Instruments in Richtung der Linie *n n* Fig. 3). Diese Stellung der Löcher bewirkt, daß der ausfahrende Wind die Scheibe S S selbst in Rotation versetzt; man kann durch starkes Anblasen 50 bis 60 Rotationen in der Sekunde erzielen. Werden sämtliche Löcher dieser Sirene gleichzeitig angeblasen, so erhält man einen starken Ton. Zur Zählung der Umdrehungen dient das Zählerwerk *z z*, an dem sich ein gezahntes Rad befindet, das in der Schraube *t* eingreift und bei jeder Umdrehung der Scheibe S S um einen Zahn vorwärts bewegt wird. Durch den Griff *h* kann man das Zählerwerk ein wenig verschieben, so daß es in die Schraube *t* nach Belieben eingreift oder nicht eingreift. Wenn man es bei einem Sekundenschlage einrückt, bei einem späteren ausrückt, zeigen die Zeiger an, wie viele Umläufe die Scheibe während der abgezählten Sekunden gemacht hat.

Mit solchen und ähnlichen »Instrumenten«, mit denen der Klang systematisch variiert werden konnte, wurde der Zusammenhang zwischen Klangeindruck und Schwingungszahl erforscht. Solche Experimente entsprangen einem methodischen Materialismus. Mit der genauen Messung physikalischer Sachverhalte sollten psychische Vorgänge faßbar gemacht werden. Es ist dies ein Forschungsprogramm, dessen Reichweite begrenzt war, das aber dennoch bedeutsame Einzelergebnisse hervorbrachte.

Die Kombinationstöne, die Helmholtz bei Dur- und Moll-Dreiklängen feststellte, erklären nicht den von der Musiktheorie postulierten dualen Charakter der beiden Tongeschlechter. Vielmehr weisen sie den Dur-Dreiklang als erheblich konsonanter aus (s. Notenbeispiel rechts).

Die Druckwaage im Wundtschen Laboratorium, die durch ein kompliziertes Hebelsystem einen Gewichtsdruck auf einen Finger übertrug, um an physisch meßbaren Reaktionen eine Empfindung festzustellen, möge als Beispiel für jenen methodischen Materialismus stehen, der die Psychologie zu äußerst simplen Experimenten zwang. Die Habilitationsschrift von Lotze (1852), eine »Physiologie der Seele«, bringt dieses Programm der als Erkenntnislehre konzipierten, auf die Dingwelt rekurrierenden Psychologie sehr schön zum Ausdruck. Auch Helmholtz' *Lehre von den Tonempfindungen als physiologische Grundlage für die Theorie der Musik* (1863) entsprang dem Wunsch, an die Stelle von Spekulationen über das Bewußtsein die materielle körperliche Basis setzen zu können. Noch Seashores (1938) musikpsychologischer Ansatz ist von dieser Idee geprägt.

So einfach die Versuche waren, die angestellt wurden, so führten sie doch zu weitreichenden Einsichten. Kaum ist noch hinreichend gewürdigt worden, daß aus den Experimenten mit Resonatoren, aus den Berechnungen von Differenz- und Kombinationstönen die Lehre der Klangvertretung hervorgegangen ist. Riemann entnahm sie dem genannten Werk von Helmholtz, das Anregungen bis weit ins 20. Jahrhundert lieferte, so etwa inspirierten Varèse die Sirenenversuche von Helmholtz.

Beim Dur-Dreiklang (Grundtöne in halben Noten) treten als Kombinationstöne erster Ordnung (Achtelnoten) nur Verdoppelungen der Töne des Akkords auf. Beim Moll-Akkord ist dies nicht der Fall, daher wirkt er rauher. Die Kombinationstöne zweiter Ordnung (Sechzehntelnoten) sind bereits schwach ausgeprägt (ein Strich neben einer Note bedeutet, daß sie etwas tiefer sein soll als der notierte Ton). Vor allem die unterschiedliche Struktur der Kombinationstöne erster Ordnung beschreibt daher eine physikalisch begründete Theorie der Konsonanz, bei der der Moll-Dreiklang als dissonanter erscheint als der Dur-Dreiklang. Diese Theorie ist jedoch auch musikalisch bedeutsam. Der grö-

ßere Konsonanzgrad des Dur-Dreiklangs macht ihn schlußfähiger. Selbst »Moll-Stücke« enden oft mit einem Dur-Dreiklang.

Die Versuche von Helmholtz haben in ganz anderer Hinsicht anregend gewirkt. So war Varèse von der Idee der experimentellen Klangsynthese (mit Hilfe der Sirene) fasziniert. Wenngleich ungewollt, wirkten sich die experimentellen Forschungen des 19. Jahrhunderts damit auf die Entstehung der elektronischen Musik aus.

Auch dem »unbewußten Schluß« kommt eine weitreichende Bedeutung zu; denn er ist heute in der kognitiven Psychologie wieder zu einem zentralen Konstrukt geworden. Seine undogmatische naturwissenschaftliche Beobachtungsgabe veranlaßte Helmholtz zu der Annahme, daß Sinnesempfindungen nicht mechanisch umgesetzt, sondern durch Schlußfolgerungen interpretiert werden.

Die Idee der materiellen Fundierung der vom Neukantianismus bestimmten Forschung hat allerdings auch Auswüchse hervorgebracht. Dazu gehört die Annahme Riemanns, der Moll-Dreiklang müsse eine physikalische Begründung in einer Untertonreihe haben. Die Gesetze, nach denen unser Geist die Bedeutung der Töne auffaßt, erschienen dem jungen Riemann nur unzureichend begründet, wenn sie kein materielles Äquivalent hatten. Die Reduktion der Vielfalt von Klängen auf zwei Akkorde, wie sie seine duale Konzeption von Dur und Moll vorsah, begründete er ungemein spitzfindig. Da der Dur-Dreiklang in der Obertonreihe gegeben war, konstruierte er in Analogie dazu eine Untertonreihe, die aber wegen der Interaktion von Schwingungen nicht gehört werden konnte. Lange hat er gehofft, sie könne doch von jemandem einmal wahrgenommen werden, ehe er unter dem Einfluß von Stumpf diese Theorie preisgab. Nebenbei sei bemerkt, daß Musiker und Musiktheoretiker merkwürdigerweise selten nur der Kraft des Geistes vertraut haben. Auch Schönberg begründete die Gleichberechtigung der Dissonanz mit entfernten Obertönen, deren angebliche Wahrnehmung Messiaen ebenfalls zur Konstruktion von Akkorden verhalf; auch Hindemith berief sich auf eine physikalische Fundierung seiner Tonsatzregeln.

Von besonderer Bedeutung für die Entwicklung in der zweiten Hälfte des 19. Jahrhunderts waren die Schriften Fechners. Merkwürdigerweise wurde sein Einfluß auf die Generation von Komponisten zwischen Mahler und Webern in der Musikwissenschaft nur höchst unzureichend aufgearbeitet. Fechner war ein strenger Monist, der Leib und Seele als zwei Seiten derselben Sache ansah und sich die Aufgabe stellte, diese Beziehung zu beweisen. Er fand dabei das heute durch Hilfsannahmen ergänzte »Fechnersche Gesetz«, das besagt, daß die Stärke einer Empfindung vom Logarithmus der Reizgröße abhängig ist. Dieses Gesetz macht verständlich, wieso wir 200 : 400 Hz ebenso als Oktave empfinden wie 2000 : 4000 Hz. Die Lautstärkeskala ist ebenfalls logarithmisch konstruiert. Stockhausen erfand dieses Gesetz noch einmal kongenial in seinem Aufsatz ... *wie die Zeit vergeht* (1955). Der Körper als Indikator der Seele ermöglicht, daß Geistiges meßbar wird. Zugleich aber folgerte Fechner — nach einer schweren Krankheit — daraus die Allbeseelung der Materie, die er in prägnanter und eindringlicher Weise zu schildern vermochte. In den Tages- und Nachtansichten der Welt (1947, S. 5) heißt es:

»Eines Morgens saß ich im Leipziger Rosental auf einer Bank in der Nähe des Schweizer Häuschens und blickte durch die Lücke, welche das Gebüsch ließ, auf die davor ausgebreitete schöne große Wiese, um meine kranken Augen am Grün derselben zu erquicken. Die Sonne schien hell und warm, die Blumen schauten bunt und lustig aus dem Wiesengrün heraus, Schmetterlinge flatterten darüber und dazwischen hin und her, Vögel zwitscherten über mir in den Zweigen, und von einem Morgenkonzert drangen die Klänge in mein Ohr. So waren die Sinne beschäftigt und befriedigt. Aber für den ans Denken Gewöhnten reicht solche Beschäftigung nicht lange, und so spann sich aus der Beschäftigung der Sinne allmählich ein Gedankenspiel heraus, das ich hier nur etwas ausgesponnen und mehr geordnet wiedergeben will.

Seltsame Täuschung, sagte ich mir. Im Grunde ist doch alles vor mir und um mich Nacht und Stille. Die Sonne, die mir so glänzend scheint, daß ich mich scheue, ihr mein Auge zuzuwenden, ist in Wahrheit nur ein finsterer, im Finstern seinen Weg suchender Ball. Die Blumen, Schmetterlinge lügen ihre Farbe, die Geigen lügen ihren Ton. In dieser allgemeinen Finsternis, Öde und Stille, welche Himmel und Erde umfängt, schweben nur einzelne innerliche helle farbige und klingende Wesen. [. . .] Licht und Ton in der äußeren von mechanischen Gesetzen und Kräften beherrschten, zum Bewußtsein noch nicht durchgedrungenen Welt über die organischen Geschöpfe hinaus sind nur blinde, stumme Wellenzüge, die von mehr oder weniger erschütterten materiellen Punkten aus den Aether und die Luft durchkreuzen, und erst wenn sie an den Eiweißknäuel unseres Gehirns, ja wohl gar erst, wenn sie an einen bestimmten Punkt desselben antreffen, sich durch den spiritistischen Zauber dieses Mediums in leuchtende, tönende Schwingungen umsetzen.«

Am Zusammenhang zwischen dem physikalisch meßbaren Schalldruck (dB) und dem Lautheitseindruck (Sone, einem in den dreißiger Jahren entwickelten Maß) läßt sich das Fechnersche Gesetz besonders gut veranschaulichen. Fechner hatte nachgewiesen, daß von dem Logarithmus eines physikalischen Maßes gut auf die Empfindungsstärke geschlossen werden kann. Zumindest für den mittleren Bereich zeigt die Abbildung den damit postulierten linearen Zusammenhang. Die Dezibelwerte beruhen bereits auf einer Logarithmierung der Schalldruckwerte. Die psychophysische Forschung hat das einfache Fechnersche Gesetz R (Reaktion) = log. S (Stimulus) um Hilfsannahmen ergänzt, weil es nur in einem mittleren Bereich gilt. Nicht mehr reflektiert — vielleicht aber stillschweigend vorausgesetzt — wird heute der Gedanke, von dem Fechner ausging, daß Materielles und Geistiges nur zwei Seiten von ein und derselben Sache seien, somit ein zusätzlicher metaphysischer Bezug des Geistes überflüssig sei.

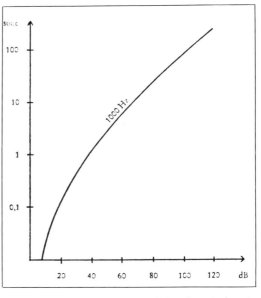

Nicht Hegel oder Marx inspirierten in der zweiten Hälfte des 19. Jahrhunderts die Komponisten, sondern Fechner mit seinen pantheistischen, Leben und Tod betreffenden Tages- und Nachtansichten — und in seinem Gefolge die Schriften Eduard von Hartmanns und Ernst Haeckels. Die tote akustische Materie als be-

§ 2. Klangbedeutung der Töne.   **3**

wirkliche Hervorbringung der ersten Teiltöne heisst in der technischen Sprache der Musiker Duraccord.

Der Unterklang hat sein Vorbild nicht so direkt in der Natur, wenn auch eine Reihe physikalischer Beobachtungen auf seine zwar minder hervorstechende aber ebenso bedeutsame Existenz in der Natur hinweisen.*) Der Unterklang ist

---

*) Es sind das die Phänomene des Mittönens, der Klirrtöne, auch das weiter unten erwähnte der tieferen Kombinationstöne. Viel wichtiger als diese unter besonderen Verhältnissen die Untertöne hörbar machenden Phänomene scheint mir aber die ewig unwandelbare latente (d. h. nicht heraushörbare) Existenz der Untertonreihe in jedem Klange zu sein, die sich einfach genug dadurch motiviert, dass die Erfüllung der zur Hervorbringung eines Tones erforderlichen Bedingung einer bestimmten Anzahl von Bewegungsanstössen in der Sekunde zugleich die Bedingungen der Hervorbringung sämmtlicher Töne der Untertonreihe mit erfüllt. Nur bringt jeder Ton jeden seiner Untertöne nicht nur einfach sondern mehrfach hervor (den 2. zweimal, den 3. dreimal u. s. w.) und zwar in gleicher Stärke aber derartig verlaufend, dass die Schallwellen einander nach dem Gesetz der Interferenz der Wellen gegenseitig aufheben müssen, z. B. ist:

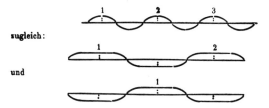

zugleich:

und

d. h. die Maxima der einen Schwingungsform fallen zusammen mit den Minima der andern und der ganze Verlauf ist ein gegensetzlicher, sodass die zweimal mit hervorgebrachte Unteroktave doch unhörbar wird. Vielleicht, ja wahrscheinlich kommt diese der natürlichen Begründung des Durklanges völlig ebenbürtige, nur für gewöhnlich der bewussten Wahrnehmung sich entziehende Begründung des Unterklanges in Betracht zur Erklärung des mystischen Zaubers, der im Klange des Mollaccordes liegt. Noch sei darauf hingewiesen, dass die Notwendigkeit, den Mollaccord als dem Duraccord absolut gegensätzlich aufzufassen, bereits Zarlino (1558) erkannte, der erste, der den Begriff des konsonanten Accordes definierte; und nach ihm sind die besten Theoretiker, wie Rameau, Tartini, Moritz Hauptmann, immer wieder darauf zurückgekommen, weil die durch den Generalbass (um 1600) aufgebrachte Accordbezeichnung von der Tiefe nach der Höhe, welche den Mollaccord als eine Modifikation, eine Trübung des

1*

Für den jungen Riemann war es undenkbar, daß eine psychische Erscheinung keine Entsprechung in der Physik haben könnte. Daher konstruierte er auf mühsame Weise eine Untertonreihe in Analogie zur Obertonreihe, um die Gleichberechtigung des Moll-Dreiklangs mit dem Dur-Dreiklang beweisen zu können. Was heute wie ein Kuriosum wirkt, war das Resultat des materialistischen Denkmodells der Neukantianer. Erst mit der phänomenologischen Psychologie von Franz von Brentano erlangten psychische Gegebenheiten den Rang eines nicht auf die äußere Realität reduzierbaren Untersuchungsgegenstandes. Riemanns Beweis ist seinem *Handbuch der Harmonielehre* (Leipzig 1880, S. 3; Bayerische Staatsbibliothek, München) entnommen.

seelt erscheinen zu lassen, entsprang einer weltanschaulichen Haltung, der es
entsprach, den Menschen als Teil der göttlich beseelten Natur aufzufassen. »Wie
ein Naturlaut« schreibt Mahler vor, wenn er musikalisch einen quasi offenba-
renden Charakter erzielen will. Weberns extreme Ausdrucksnuancierungen
zeugen ebenfalls von dem Wunsch, das Materielle als beseelt erscheinen zu lassen. Pfitzner war von monistischen Gedanken beeinflußt. Schönbergs *Gurrelie-
der* sind ohne sie nicht zu interpretieren. Der kunstreligiöse Anspruch, der ohnehin an die Musik herangetragen wurde, machte sie zum idealen Objekt, Ausdruck der in allem waltenden göttlichen Seele zu sein.

Das Postulat der Gleichberechtigung von Geist und Materie war als Kampf-
ansage gegen den Idealismus gedacht, ging es doch darum, die Annahme einer
zusätzlichen metaphysischen Instanz als leeres Gerede auszuweisen. Noch war
unter dem Eindruck der gewaltigen Leistungen der Naturwissenschaften nicht
deutlich, welches Vakuum diese Beschleunigung der ohnehin im Abendland
schon weit fortgeschrittenen Säkularisierung der Gottesvorstellung hinterlassen
würde. Denn einerseits wurde man jenes unsterblich Absoluten, das in der
menschlichen Seele schon immer gesetzt erschien, in den Werken der Kunst unmittelbar ansichtig (und konnte entsprechend heilige Gefühle des Überwältigt-
seins und der Andacht damit stillen), und andererseits schien die Reduktion auf
die Erscheinungswelt, die der naturphilosophische Positivismus intendierte, die
metaphysischen Probleme zunächst einer Lösung näherzubringen.

Der Versuch, die Beschaffenheit des Bewußtseins zu ergründen, wie es in der
physiologischen Psychologie üblich war, deren Vertreter meist Inhaber philoso-
phischer Lehrstühle waren, zielte auf die Materialisierung der Metaphysik. Die
erwähnten einfachen experimentellen Arrangements zollten der Tatsache Respekt, daß in jeder Naturerscheinung die eine alles umfassende Logik walte. Sie
waren jedoch methodisch unzulänglich. Wenig Beachtung — Wundts (1873/74)
physiologische Psychologie ist davon auszunehmen — fanden psychische Prozesse, beispielsweise Gefühle, die nicht zur Klärung der Beziehung zwischen
Materie und Geist beitrugen. Außerdem verhalf die Anwendung der Assozia-
tionsgesetze, die Verknüpfungen von Empfindungen untereinander und mit älteren Vorstellungen vorsehen, keineswegs zur Nachkonstruktion des Bewußtseins aus den elementaren Empfindungen. Fechners (1876) »Ästhetik von unten« verfolgte die Erklärung ästhetischer Vorstellungen ohne »Dogmatik von
oben«. Er gelangte jedoch nicht über die Betrachtung elementarer Sachverhalte
hinaus. Riemanns Zusammensetzung der Einzelteile der Tonsatzlehre zu einer
Kompositionslehre zeigt noch die Spuren dieses später als »elementaristisch«
und »atomistisch« beschimpften Ansatzes. Riemanns zunehmend ausgeprägter
werdender Verzicht auf eine materielle Fundierung der Vorstellungen und die
Beschränkung auf ihr Funktionieren ermöglichten, daß ein Ganzes glücken
konnte, wenngleich dieses keine Theorie der Musik, sondern nur eine der Tonvorstellungen ist.

Psychische Akte als Grundlage des Musikverstehens

Das erlebte Bewußtsein und der phänomenologische »Standpunkt« der Tonpsychologie

Das Scheitern der experimentellen, analog zu den Naturwissenschaften betriebenen Analyse des Bewußtseins läßt sich zwischen die Jahre 1883 und 1890 datieren, in denen der erste und zweite Band von Stumpfs *Tonpsychologie* erschienen. Vom unentwegten Hantieren mit Stimmgabeln, Pfeifen und Zungen oder anderen Gerätschaften enttäuscht, vermochte sich Stumpf nur mühsam an einen zweiten Band zu begeben, der dann auch einen neuen Standort der Psychologie widerspiegelt. Noch war das entscheidende Problem, was das Bewußtsein sei, nicht gelöst. Aber die subjektive Wirklichkeit, von der objektiven abgetrennt, erschien für sich untersuchungswürdig. Der Schöpfer dieser neuen Lehre von der inneren Erfahrung, die keiner materiellen Fundierung bedurfte, war Franz von Brentano. Stumpf widmete diesem seinem Lehrer und Freund den zweiten Band der *Tonpsychologie*.

Brentano ([2]1924) wurde zum Begründer der Phänomenologie, zugleich vermittelte er der Lebensphilosophie wichtige Impulse. Denn Bergson war beim Studium von Aphasien ebenfalls an der Materialisierung des Gedächtnisses gescheitert, das für ihn die Grundlage des Lebens bildete. Die Idee, sich auf die psychischen Prozesse allein zu konzentrieren, schuf auch für ihn einen Ausweg aus der stagnierenden Forschung. Brentano verwarf als Modell zum Studium der Erkenntnistätigkeit die Wahrnehmung der äußeren Welt. Spezifisch Seelisches, so glaubte er, manifestiert sich hingegen in der inneren Wahrnehmung, in den psychischen Akten, deren wichtigstes Kennzeichen ein Sich-Richten-auf — die Intentionalität — ist. Stumpf, der zum eigentlichen Gegenspieler der physiologischen Psychologen wurde, benutzt anstelle des Begriffes »Akt« den der »Funktion«. Akte oder Funktionen des Denkens können sich auf Inhalte richten. Intendiert kann die Anschaulichkeit sein, die Inhalte selbst bleiben von einer psychologischen Betrachtung ausgeklammert. Diese gilt einzig der Vorstellung, in der ein Inhalt eine Bedeutung gewinnt. Neuartig war die Konsonanztheorie von Stumpf, die auf dem Hintergrund dieses neuen theoretischen Ansatzes gewonnen war. Hatte Helmholtz Konsonanz mit Hilfe des Zusammenfassens der Kombinationstöne physiologisch bewiesen (und den Moll-Dreiklang, ob seiner Schwingungen, keinesfalls als gleichberechtigt zum Dur-Dreiklang eingestuft), so begründete Stumpf (1911) das Phänomen der Konsonanz zunehmend nur mit dem subjektiven Empfinden. Neben dem Grad der Verschmelzung, der Annäherung des Eindrucks mehrerer Töne an einen Ton, bestimmte er Konsonanz weiterhin — unter dem Eindruck der Funktionsharmonik — auch an der Beziehung der Akkorde, und zwar derart, daß konsonant nur der nicht auflösungsbedürftige Tonika-Dreiklang war. Viele Theoretiker nach ihm haben das Neuartige dieses Erklärungsansatzes nicht verstanden und für das — durch die sich ankündigende Neue Musik drängend gewordene — Problem der Konsonanz wieder nach einer materiellen Fundierung gesucht.

Stumpfs Funktionsbegriff wurde zentral für den sich mehr und mehr vom Neukantianismus abwendenden Riemann. Unabhängig von der Beziehung zu äußeren Gegebenheiten — Schwebungen und Obertönen — konnte sich Riemann, gestärkt durch die phänomenologische Psychologie, auf die Kategorie der Anschauung konzentrieren. Nicht die physikalische Struktur, sondern die Vorstellung bestimmte die Bedeutung eines Akkordes. Konsonanz wurde zu einem psychologischen »Begriff«, der durch Akte des Vergleichens gebildet wurde. Zentral für die Funktionsharmonik, auch in ihren späteren praktischen Varianten, ist die Bestimmung von Beziehungen zwischen Akkorden. Beziehungen festzustellen, setzt den Vergleich von Vorstellungen voraus. Das Wesen der Erkenntnis oder des Bewußtseins, um das es noch immer ging, sollte in diesem phänomenologischen Ansatz durch die Entschlüsselung des im Bewußtsein Vorgestellten bestimmt werden. Besseler hat im *Musikalischen Hören der Neuzeit* (1959) zu Recht und doch irrtümlich eine Nähe der Riemannschen Theorie zu Husserls Phänomenologie festgestellt. Gleich ist der gemeinsame Ausgangspunkt von der phänomenologischen Psychologie Brentanos und Stumpfs, jedoch hätte ein ehemaliger Neukantianer, wie es Riemann war (der überdies Husserls Lehre nicht kannte), vor der Idee der Wesensschau, wie sie Husserl forderte, skeptisch zurückweichen müssen.

Riemanns Musiktheorie zielte auf eine Dogmatik. Das heißt, die Regeln, mit deren Hilfe der auffassende Geist die Bedeutungen der Elemente des Tonsatzes gewinnt und integriert, mußten seiner Meinung zufolge quasi wie eingeborene Ideen funktionieren, wenn sie schon nicht materiell zu fundieren waren. Diesen Nachweis verlangte er von der Psychologie. Aber konnte es, nachdem die Seele nicht mehr als Teil der Natur begriffen wurde, noch die Idee einer Natur des Menschen geben? Stumpf verweigerte sich dem Ansinnen, anthropologische Konstanten zu finden. Sein Hinweis auf außereuropäische Tonsysteme relativierte die Riemannschen Regeln. Stumpf glaubte, daß die Lerngeschichte eines Menschen die Gesetzmäßigkeiten der Tonvorstellungen bestimmt.

Im Zentrum Europas gab es in den sechziger Jahren unseres Jahrhunderts nur eine sehr kurze Zeit, in der der Behaviorismus rezipiert wurde, wobei vor allem ein Nachholbedürfnis an methodischen Kenntnissen gestillt wurde. Um die Wende zum 20. Jahrhundert kündigte sich mit der Relativierung tonsystemlicher Vorstellungen aber doch auch der für den Behaviorismus zentrale Gedanke der Machbarkeit an. Und mit dem Funktionsbegriff bekamen die nachfolgenden ontologischen Begründungen einen etwas krampfhaften Charakter. Noch aber waren sie nicht preisgegeben. Denn in Europa war die zweifelnde

Frage »Gibt es ein Bewußtsein?«, die James (1904) stellte, nicht möglich. Sie wurde dadurch verhindert, daß die Psychologie als eine die Erkenntnistheorie erklärende und begründende Disziplin verstanden wurde, ihr somit eine andere Aufgabe als in den USA zugewiesen worden war. Auch die Musikpsychologie war nicht selbständig, sondern der Musiktheorie zugeordnet. Diese beschrieb die Logik der Tonvorstellungen, jene sollte mit Versuchen über das Hören ihre Fundamente erforschen. Zentral war das Konsonanzproblem, dessen spezielle Lösungen heute weniger interessant sind, als die damit verbundene Demonstration einer aktiv-produktiven Tätigkeit des Verstandes. Denn diese Demonstration begründete eine Weiterentwicklung der Psychologie gegenüber der »Psycho-Physik« und ist auch heute wieder ein wichtiges Anliegen psychologischer Forschung.

Die Aufhebung der Trennung von Geist und Körper

In seinem *Compendium musicae* (1618) hatte Descartes bereits eine psychologische Begründung der Musiktheorie geschaffen. Die Wirkungen von Melodien oder Taktgruppen setzen voraus, daß die Sinne Vergnügen empfinden können. Die Beziehungen zwischen Subjekt und Objekt werden spezifiziert auch dahingehend, welches Ausmaß an Komplexität eine ästhetisch angenehme Ordnung aufweisen soll. Descartes beschreibt auf der einen Seite die Fähigkeit der Sinne und auf der anderen Seite das Objekt Musik, für das er mit Symmetrien eine gewisse Faßlichkeit forderte. Den Zusammenhang zwischen Subjekt und Objekt beschreibt er durch eine Art von einfacher Resonanz. Im cartesianischen Denken erscheint grundsätzlich die Welt zweigeteilt, das Subjekt vom Objekt, der Geist vom Körper getrennt. Gott als eine Art Uhrmacher garantiert den Gleichlauf. Diese Vorstellung der zweigeteilten Welt begünstigte außerdem das Tabula-rasa-Modell der englischen Empiristen mit der Annahme eines zunächst gänzlich leeren Geistes, der durch die Wahrnehmung mit Vorstellungen über die Welt gefüllt wird. In extremer Weise zeugen die Reiz-Reaktionstheorien ebenfalls von der Hypothese der Zweiteilung. Die monistischen Auffassungen des 19. Jahrhunderts entsprachen nicht dieser Konstruktion, weil sie in der Materie denselben Entwurf gegeben sahen wie im Geist.

Eine regelrechte Erschütterung der idealistischen Konstruktionen ging vom Darwinismus aus, der die Sonderstellung des Menschen in einen grundsätzlichen Zusammenhang der Kategorie des Lebens auflöste. Der menschliche Geist in seinem Abgehobensein von der Welt war nicht einmal mehr der wichtigste Gegenstand des Nachdenkens. Darwin billigte den Tieren — nur graduell verschieden vom Menschen — die gleichen Leidenschaften und Affekte sowie die gleichen intelligiblen Fähigkeiten der Ideenassoziation des Verstandes zu. Nicht, daß in der Geschichte der Menschheit die Idee neu wäre, die Vitalkraft sei das höchste seelische Vermögen, die Verehrung von Tiergottheiten zeigt sie ebenfalls an. Aber die Rückbindung des Menschen an die Natur stellt einen Gegenentwurf dar zu dem im Abendland besonders favorisierten Ideal, sich die Welt untertan zu machen. Darwin lieferte 1872 im engeren Sinne einen Beitrag zur Psychologie mit seiner Lehre vom Gefühlsausdruck, die die Ausdrucksbewegungen als rudimentäre Handlungen begriff. Er regte neue Forschungsprogramme an. Dazu gehören die im vierten Kapitel angedeuteten vergleichenden entwicklungspsychologischen Studien, die zu einer evolutionären Betrachtung der Musik führten. Dazu gehört auch die Zuwendung zu einem neuen Gegenstand: dem Gefühl. Für Hausegger (1885) wurde Darwins Ausdruckslehre zum Ausgangspunkt seiner musikalischen Betrachtungen. Er interpretierte jene »mysteriöse Fähigkeit« zur Lautäußerung, in der Darwin keinen Zweck gesehen hatte, als primäre Äußerung des Affekts und als Quelle der Musik. Dieser Entwurf einer »Geschichte« der Musik als Sprache des Innersten erwies sich als fruchtbare Ergänzung zum rationalistischen Geistbegriff, dem die Lehre von den Tonvorstellungen entsprang.

Die Seelenlehren des 19. Jahrhunderts bezweifelten nicht, daß Adam, wie es Michelangelos berühmtes Gemälde zeigt, mit einem Finger Gott berührt. Es gab nur unterschiedliche Auffassungen darüber, ob dies in der unergründlichen Tiefe der Vitalseele oder in den lichten Höhen der Rationalität geschehe. Beide Deutungen verbinden sich mit ästhetischen Lehren, die das, was als größte seelische Leistung erschien, die Musik, zu erklären versuchten. Sie legen nahe, das Musikverstehen heute als doppelt bestimmt — durch Gefühl und Verstand — zu interpretieren, was ob der physischen Verankerung der Gefühle die vollkommene Aufhebung der einmal gegebenen Trennung von Geist und Körper bedeutet.

Erlebte Energien als metaphysische Qualitäten

»Daher ist auch für das wissenschaftliche Schauen irgendeine Erscheinung, z. B. ein Kunststil, nicht bloß aus der Analyse der Bestandteile ableitbar; da mit deren Zusammenwirken die neue, nur intuitiv erfaßbare Einheit einsetzt, so liegt im Wesen einer wissenschaftlichen Betrachtung, daß sie neben philologisch zerlegender Eingänglichkeit auch der Intuition bedarf . . .« Dieser Satz aus Kurths *Musikpsychologie* (1931, S. 31) weist in vielfältige wissenschaftliche Richtungen. Angesprochen wird mit der neuen Einheit die Gestalttheorie; die Intuition als methodisches Instrument stammt aus der Lebensphilosophie. So verschiedene wissenschaftliche Gedankengänge konnte Kurth deshalb verknüpfen, weil sie ein grundsätzliches Postulat miteinander teilten, nämlich daß das Erleben nicht in diskrete Elemente auflösbar sei. Um 1900 hatte die Idee an Wirksamkeit verloren, daß die Erkenntnisfähigkeit des Menschen durch die Beschreibung des

Aufbaus des Bewußtseins aus einzelnen Empfindungen erklärt werden könnte.

Sehr unterschiedliche Konsequenzen wurden aus der Preisgabe dieses Modells gezogen. Der methodische Reduktionismus des amerikanischen Behaviorismus führte dazu, daß nicht mehr nach der Seinsweise psychischer Sachverhalte gefragt werden konnte und stattdessen nur das Funktionieren erforscht wurde. In Europa konnte man sich nicht so leicht dazu entschließen, keine Fragen nach der Fundierung der Erkenntnis mehr zu stellen, aber eine andere Instanz als das Bewußtsein, nämlich das Erleben, wurde dafür maßgeblich.

Es wurde schon erwähnt, daß sich diese Entwicklung an den Arbeiten Bergsons unmittelbar ablesen läßt. Enttäuscht von einem Modell, das »Innen« und »Außen« durch die Umschaltstelle der Empfindungen im Gehirn verknüpfen wollte, trennte er diese beiden Wirklichkeitsbereiche radikal und ordnete ihre Erkenntnis je unterschiedlichen Organen zu. Der materiellen Dingwelt, die von mechanischen Gesetzen beherrscht ist, sind Raumvorstellungen angemessen, zu denen die menschliche Intelligenz fähig ist; das fließende Leben erfaßt hingegen nur die Intuition. Indem Kurth von Intuition spricht, verweist er die musikalische Erfahrung in den Bereich der Lebenserfahrung. Die Objektivierung des Lebens in der Kunst, deren adäquates Verstehen durch Erleben geschieht, hatte auch jene »Künstlernatur« unter den Philosophen, von der sich Kurth angezogen fühlte, nämlich Dilthey, propagiert. Kurth löste allerdings die Verquickung von ontologischen und methodologischen Prinzipien im Verstehensbegriff der Lebensphilosophie — das Verstehen im Erleben zielt auf die Ganzheit — durch einen Rekurs auf die Gestalttheorie auf. Davon wird noch zu sprechen sein. Wichtig für die Diskussion um die rechte Erfahrung war Diltheys Akademieabhandlung *Ideen über eine beschreibende und zergliedernde Psychologie* (1894), die bis in die fünfziger Jahre methodische Diskussionen entfachte, obwohl diese losgelöst von den Anschauungen über Sein und Sinn der Welt- und Seelenkenntnis unsinnig wirkten. Kurth machte sich das Schauen, die Intuition als adäquate Methode seiner Lehre von den energetischen Kräften zu eigen, die durch die Musik übermittelt werden. Das Erleben von Kräften, dem Kurth sein Werk widmete, deutet weiterhin auf die Einflüsse des Vitalismus hin. Er zitiert (1931, S. 47) die *Grundprobleme der Psychologie* (1926) von Driesch, der einen funktionalistischen Ansatz präsentiert hatte — ähnliche Regulations- und Rückkopplungsmechanismen bedenkend wie die spätere Systemtheorie —, um die immateriellen Lebenskräfte beschreiben zu können, die einen Organismus von einem chemischen Konglomerat unterscheiden. Für Kurth war Musik auch keine tote Materie, sondern als psychisches Phänomen von der Erfahrung eines Krafterlebnisses geprägt. Ehe auf den grundsätzlichen Unterschied der damaligen mitteleuropäischen Erklärungsmodelle des Seelischen eingegangen wird — die sich als Unterschiede der Fragen »Was ist?« oder »Wie funktioniert etwas?« darstellen lassen —, sei hier zum besseren Verständnis eine Skizze der *Musikpsychologie* von Kurth angefügt. Auch die Akzentuierung eines anderen Gegenstandes der psychologischen Betrachtung, nämlich die des Erlebens statt des Bewußtseins, soll dabei deutlich werden.

Kurth ging von zwei in der Musik waltenden Kräften aus. Im Unterschied zu Riemann betrachtete er nicht den Zusammenhang zwischen einzelnen Gliedern, die sich zu etwas Umfassenderem fügen, sondern er ging von einem Ganzen aus (manchmal steht dafür der Begriff des Komplexes), dessen Dynamik in den Energien erfahrbar wird. Die Einfachheit seines musiktheoretischen Systems macht einen Teil seiner imposanten Wirkung aus. Die Grundlage eines musikalischen Eindrucks ist das Erleben einer Bewegung, einer vorwärtsdrängenden kinetischen Energie, der spannungsvoll entgegengesetzt eine potentielle ruhende Kraft ist. In seiner Habilitationsschrift *Die Voraussetzungen der theoretischen Harmonik und der tonalen Darstellungssysteme* (1913) präsentierte er — noch weitgehend frei von den ideologischen Begründungen — diese Energieverhältnisse durch die Aktivitäten, die von den Fundamentschritten des Basses ausgehen; er griff auf Sechters »Theorie der Stufen« zurück und ergänzte diese horizontal ausgerichtete Baßtonbeziehung um einen Aspekt, der die in der Vertikalen waltende Kraft betrifft: die Verschmelzung, die über den Aufbau der Akkorde (in Terzen) entscheidet.

Die Kombination der Theorie Sechters mit der Stumpfs ermöglichte eine psychologisierte Harmonielehre, bei der Dissonanzen — eine Kräfteverdichtung — durch ein Bewegungsempfinden (also das Gefühl, sie seien auflösungsbedürftig) definiert werden und Konsonanz mit einem Akkord gleichgesetzt wird, der nicht nach Weiterbewegung drängt, sondern einen Zustand der Ruhe erreicht hat. Konsonant kann, wie Kurth am *Tristan* zeigt, durchaus ein Septimenakkord sein, der gegenüber stärkeren vorausgehenden Spannungen als Auflösung empfunden wird. Wo derart das Erleben entscheidet, war die Suche nach einem spezifischen Unterschied zwischen Konsonanz und Dissonanz aufgegeben zugunsten einer nur graduellen und auch durch den Kontext variierbaren Abstufung. Dieser Rekurs auf das Erleben ermöglichte eine Betrachtung der Harmonik von Wagner oder Strauss, vor der die funktionale Lehre Riemanns versagte.

Wie alle Musiktheoretiker war Kurth aber ein Konservativer. 1917 gesellte er zu seiner Harmonie- eine Kontrapunktlehre, eine Deutung Bachs auf dem Hintergrund der Erfahrung von Wagner mit einer deutlichen Mißbilligung der symmetrischen, von potentieller Energie bestimmten klassischen Themen zugunsten einer uferlos weiterdrängenden Linienbildung voll kinetischer Energie. Er verwahrte sich aber im Vorwort zur dritten Auflage dagegen, daß diese »unendliche Melodie« in irgendeinen Zusammenhang mit den atonalen »zusammengeflickten« Tonlinien gebracht werde. Er verwahrte sich gegen solche Entstellungen seines »linearen Kontrapunkts« und raubte diesem Entwurf seine vorausweisende Funktion.

Kurth ergänzte sein Werk um eine Ausweitung der Harmonielehre, betitelt *Romantische Harmonik und ihre Krise in Wagners »Tristan«* (1919), und eine zweibändige Formenlehre, als welche die beiden Bände über *Bruckner* (1925) aufgefaßt werden müssen, und er krönte es mit einer *Musikpsychologie* (1931), deren Titel programmatisch als Absage an die ältere »Tonpsychologie« verstanden sein will. Diese *Musikpsychologie* stellt eine allgemeine Musiklehre dar, nicht in dem Sinne, daß damit eine Elementarlehre gemeint ist, sondern daß am Ton, Intervall, Akkord, Rhythmus das Prinzipielle, für alle Musik Gültige dargelegt wird. Dabei hat Kurth auch eine ontologische Fundierung der mit musikalischen Sachverhalten verbundenen Krafterlebnisse versucht, so daß die Zurückführung der Musiktheorie auf Psychologie keine Relativierung im subjektiven Erleben bedeutet. Wortphysik wurde von Schole (1930) bemängelt, aber gerade auf diese Wortphysik kam es an. Denn die erlebten musikalischen Kräfte weisen über den Raum des Psychischen hinaus auf eine Gemeinsamkeit mit den physikalischen Energien. Dies ist eine Form der Materialisierungen des Psychischen, wenngleich eine andere als die, die im 19. Jahrhundert angestrebt worden war.

Dem Dilemma der Hermeneutik Diltheys, der bereits angesprochenen Verquickung von Methodologie und Ontologie, wich Kurth aus, indem er zusätzliche Existenzannahmen für seine Kräfte machte. Die Beweislast für diese Existenzannahmen ruhte auf seinen Vorbildern, nämlich den Gestalttheoretikern. Köhler (1923, 1947) hatte vor allem in seinen naturphilosophischen Untersuchungen die Ganzheiten und Gestalten, die wahrgenommen und erlebt werden, als energieanaloge Systeme begriffen, die physiologischen und physikalischen Systemen gleichen. Die Isomorphie-Doktrin der Gestalttheoretiker, die eine Entsprechung der anschaulichen psychologischen und physikalischen Realität postulierten, bestimmte das »Innen« wieder am »Außen« und ermöglichte eine neue Form positivistischer diesseitiger Metaphysik, die seit ihrer Entstehung die Entwicklung der Psychologie und der Musikpsychologie in Mitteleuropa geprägt hatte. Für Kurth bedeutete die Orientierung am Isomorphiegedanken der Gestalttheorie, daß seine *Musikpsychologie* eine Theorie der Musik darstellt. Das Empfinden der Kraft transzendierte das subjektive Erleben; ihm entsprach eine objektive Realität.

Was hatte den erneuten Rückgriff auf den paradoxen Gedanken einer Metaphysik der Physik bewirkt? Zu Anfang des 20. Jahrhunderts war der Blick in die Weite möglich geworden; schon tauchen Gedanken an die Raumfahrt auf. Und der Tiefe, die bislang im Unbewußten zu liegen schien, war man durch die Psychoanalyse ansichtig geworden. Manche Gelehrte, wie z. B. Dilthey, hatten allerdings nur das Gefühl, Trümmer zu sehen. Die Leere, in die der Blick schweifte, forderte die Suche nach Sinn heraus. Wahrscheinlich ist auch der Hang zur Metaphysik bei Kurth vor diesem Hintergrund zu verstehen, zumal die rapiden Veränderungen der eigenen Kultur und, nach der Weltausstellung

von 1890, die Relativierungen des Tonsystems nicht nur den Eindruck der
Überfülle weckten, sondern auch den Gedanken an Vergänglichkeit begünstig-
ten. Überzeitliches zu finden, bedurfte einer metaphysischen Instanz. Kaum
konnte noch eine überirdische Erlösung propagiert werden. Eine Metaphysik
läßt sich jedoch grundsätzlich auch durch die Annahme eines allordnenden Gesetzes oder aber einer alldurchdringenden Einheit schaffen. Und genau dies lei-
stete der Gestaltbegriff. Die Annahme der Gestaltgleichheit des menschlichen
Erlebens mit den Prozessen der physikalischen Natur machte es zudem überflüssig, ein höheres Prinzip der Vollendung zu bemühen. Es genügte der Gedanke, eins zu sein mit dem Allgemeinen. Er milderte, wie schon im 19. Jahrhundert, die Vermessenheit des Anspruchs, daß die Psyche des Menschen das
Absolute sei.

Die Gestalttheorie: Eine deterministische Lehre der Erkenntnis

Ihren Ausgangspunkt hatte die Gestalttheorie — ähnlich wie die phänomenologische Psychologie — vom Gegensatz zwischen physikalischem Tatbestand und
subjektivem Erleben genommen. Die Ablehnung der »Konstanzannahme«, einer Eins-zu-Eins-Beziehung zwischen objektiven Gegebenheiten und subjektivem Empfinden, veranlaßte auch Kurth, alle »tonpsychologischen« Experimente in Bausch und Bogen zu verwerfen. Von 1890 datiert die klassische Schrift
Ehrenfels' *Über Gestaltqualitäten*, deren zentrale Feststellung am Beispiel der
Melodie erläutert wurde: Deren Transponierbarkeit zeigt, daß die Wahrnehmung nicht der Summe elementarer Empfindungen entspricht. Gestaltqualitäten, deren wichtigste Eigenschaften Übersummativität und Transponierbarkeit
sind, faßte Ehrenfels nur als etwas neben anderen Empfindungen Gegebenes
auf. Der prägnante Titel seines Aufsatzes machte ihn aber zu einem Markie-
rungszeichen in der Geschichte der Psychologie, obwohl sich ähnliche Gedanken schon bei anderen Philosophen finden (vor allem Mach wäre hier zu nennen) und obwohl die Vorstellung, Gestalten seien zusätzliche Qualitäten,
durchaus ein Übergangsstadium anzeigt.

Zur Formulierung eines expliziten Gegensatzes zwischen phänomenal und
physikalisch Gegebenem gelangte erst 1913 Wertheimer, und zwar durch die
Beobachtung von Scheinbewegungen. Wenn zwei Linien, die im rechten Winkel zueinander stehen, kurz nacheinander aufleuchten, so entsteht der Eindruck der Bewegung einer einzigen Linie. Für diese phänomenale Identität der
beiden Linien gibt es kein unmittelbares physikalisches Äquivalent. Ein ähnliches Beispiel einer solchen phänomenalen Identität beschrieb Kurth am Anfang des *Linearen Kontrapunkts* mit dem Bewegungseindruck, der entsteht,
wenn die Töne eines Septnonakkords arpeggiert gespielt werden.

422 Erklärungsmodelle des Musikverstehens und ihre Geschichte

Zentrale Ideen der Gestalttheorie finden sich allerdings schon im zweiten Band von Stumpfs *Tonpsychologie*. Stumpf war sicher nicht zufällig der Lehrer der wichtigsten Vertreter dieses umfassendsten psychologischen Erklärungsmodells. Der Verschmelzungseindruck für konsonant gehaltener Intervalle bildet sich ja gerade nicht durch die Addition von Einzelempfindungen; er ist vielmehr eine Qualität eines bedeutungsverleihenden Aktes. Er überschreitet eine Eins-zu-Eins-Beziehung zwischen Physik und psychischen Phänomenen.

Mit der Übersummativität, die dem aristotelischen Satz verpflichtet ist, daß das Ganze mehr als die Summe der Teile sei, befaßten sich zwei Richtungen der Psychologie, die sehr unterschiedliche Forschungsprogramme präsentierten. Die Berliner Schule, die Gestalttheorie im engeren Sinne, konzentrierte sich mit unendlich vielen Experimenten zur Wahrnehmungstäuschung (die die Gestaltbildung plastisch verdeutlichen) auf die Erkenntnistätigkeit. Alle in diesen Umkreis gehörenden Wissenschaftler, deren prominenteste Vertreter neben Wertheimer Köhler und Koffka waren, emigrierten in den dreißiger Jahren, so daß es durchaus falsch ist, die amerikanische Psychologie als nur vom Behaviorismus geprägt zu begreifen. Vor allem die Ausweitung der Gestalttheorie in die Sozialpsychologie durch Lewin garantierte ihr einen bedeutsamen Einfluß. Der ins Englische nicht übersetzbare Begriff der »Gestalt« spielt auch in der vehementen Absage, die die kognitive Psychologie in den sechziger Jahren gegenüber dem Behaviorismus formulierte, eine bedeutsame Rolle.

Die Leipziger Schule um Krueger ging zwar ebenfalls von der Prämisse aus, daß das Ganze mehr sei als die Summe einzelner Teile; ihr Bemühen galt jedoch neben den Wahrnehmungsprozessen der Struktur der ganzen Person, auch der Verankerung allen Denkens im Gefühl. Wellek, der aus dem Leipziger Kreis hervorging, warf Kurth deshalb eine phänomenalistische Position vor, weil er sich nur mit Wahrnehmungsprozessen beschäftigte.

Die Gestalttheoretiker haben unendlich viele Gesetze — es sollen mehr als hundert sein — über die Funktionsweise der Wahrnehmung aufgestellt. Die Wahrnehmung gehorcht Prinzipien der Einfachheit, Geschlossenheit, Prägnanz und grundsätzlich der Tendenz zur guten Gestalt. In ihren Anfängen, als sich die Gestalttheoretiker gegen das ältere Modell der Bewußtseinspsychologie richteten, das die Zusammensetzung eines Eindrucks aus elementaren Empfindungen vorsah, war das Problem der Verbindlichkeit der Wahrnehmungsinhalte noch nicht drängend. Als jedoch niemand mehr zweifelte an den Gestaltbildungen, tauchte das Problem auf, inwieweit die Wahrnehmung ein subjektives Produkt oder aber allgemeinverbindlich sei. Ein streng deterministischer Ansatz diente seiner Lösung: Die Regeln der Wahrnehmung sind wie eingeborene Ideen aufzufassen, sie entsprechen den gestaltbildenden Prozessen der Natur im allgemeinen. Kritische Einwände gegen die Gestalttheorie betreffen in der Regel nicht die Befunde über die Funktionsweise der Wahrnehmung, sondern deren ideologische Einbettung in Naturgesetzlichkeiten, die das Individuum bar aller

Möglichkeiten zu eigenem Denken erscheinen ließen und Lernprozesse eigentlich überflüssig machten. In dieser Diskussion wurde dann oft Helmholtz' Idee vom unbewußten Schluß als Gegenargument angeführt, demzufolge Erfahrung und Wissen erklären, warum bestimmte Dinge so und nicht anders gesehen werden, und der zugleich die Möglichkeit zum Umdenken gewährt.

Gerade die metaphysische Ausweitung der gestalttheoretischen Konzeption aber ermöglichte ihr eine große Wirksamkeit im musikwissenschaftlichen Schrifttum. Ließ doch die Vorstellung überzeitlicher Gestalten gleichzeitig auch den Gedanken an eine Natur der Musik zu, an ewige Formen, derer man sowohl durch die Entwicklung der Neuen Musik als auch durch die historische Fülle in der konkreten Wirklichkeit nicht mehr so recht ansichtig wurde. Adorno hat das reaktionäre Potential, das solcher Theoriebildung innewohnt, durchaus treffsicher erkannt und in der *Philosophie der neuen Musik* entsprechende Vorwürfe gegen die Musikpsychologie formuliert. Daß er, dessen Denken zu einer extremen Konstruktion von Feindbildern neigte, dabei zum Paradigma eines gestalttheoretischen Gesetzes wurde, nämlich der Geschlossenheit halber Teile für das Ganze zu nehmen, gehört zu einem anderen Thema und zwar dem der Vorurteilsbildung in der ästhetischen Theorie.

Welches Tier trifft wahrscheinlich der Mann? Angehörige afrikanischer Stämme meinten bei dieser Zeichnung (Hudson-Test), daß der Elefant dem Mann näher sei als der Steinbock. Ihre Sicht von Bildern ist realistisch zweidimensional und nicht durch die Perspektive geprägt, die übrigens auch bei Kindern sich erst jenseits des zehnten Lebensjahres entwickeln kann. Gestalterfassen folgt — wie solche interkulturell verschiedenen Auffassungen zeigen — nicht einer eingeborenen Idee, sondern es ist von Lernprozessen und kulturellen Gewohnheiten abhängig. Auch die musikalische Wahrnehmung ist von gelernten Kategorien geprägt. Konservative Vertreter der Idee, es gebe natürlich musikalische Gestalten, sind lediglich auf die Perspektive festgelegt, die sie sich einmal erworben haben. Es sind jedoch auch immer andere Sicht- und Hörweisen möglich (© DuMont Buchverlag, Köln).

Die funktionalistische Orientierung der Psychologie

Widerspiegelung und produktive Wahrnehmung

Die wissenschaftliche Psychologie war im 19. Jahrhundert angetreten, die große Frage zu lösen, was die Grundlage der menschlichen Erkenntnis sei. Sie war
nicht als eine neue Fachdisziplin konzipiert, sondern als Weiterentwicklung
der Philosophie, für die sie einen Ersatz bieten sollte. Daher war diese neue »Be-
wußtseinsforschung« mit ständigen Spekulationen über die Natur des Menschen, letztlich über die der Welt verbunden. Bewegt von der Frage, was der
Geist sei, erscheint diese »mentalistische Psychologie«, wie sie in Amerika genannt wurde, sehr verschieden von heutigen Ansätzen, die sich darauf beschränken zu ergründen, wie die Psyche funktioniert. Und dennoch bereitete die »Be-
wußtseinsforschung« die moderneren Auffassungen vor, weil sie der Natur der
Dinge nicht durch die Betrachtung ihres Sinnes oder ihrer Zweckbestimmung
näher zu kommen versuchte, sondern mit dem typisch bürgerlichen Zugriff der
Analyse, der die Naturphilosophie seit der Neuzeit beherrschte. Das Wesen der
Dinge erscheint dabei definiert durch ihre Funktionsweise. Die Behavioristen
übernahmen diese analytische Haltung der Psychologen der ersten Stunde; sie
reduzierten nur auf das, was tatsächlich zu analysieren war. Denn schnell hatte
sich gezeigt, daß die Mechanismen des Geistes zu erkennen, nichts über seine
Bestimmung verriet. Der Behaviorismus, der nach außen als radikale Erneue-
rung der Psychologie erschien, übernahm noch eine weitere, aus der ersten Phase der wissenschaftlichen Psychologie stammende Prämisse, nämlich die der
Abbildfunktion des Menschen gegenüber der äußeren Realität. Zwar hatte
Fechner gemeint, daß der Geist nur insofern Geist heiße, als er eine Verknüpfung zu höheren, übergreifenden Bewußtseinseinheiten leiste, aber die psycho-
physikalische Erklärung des Seelischen ging von der Widerspiegelung der Realität im Bewußtsein aus; die sinnlichen Eindrücke sind dabei vermittelnde Instanzen. Über der später so grundsätzlich ins Weltanschauliche gewendeten
Diskussion darüber, ob Erkenntnis Widerspiegelung sei, vergaß man übrigens
ihre Verwurzelung im Positivismus der Neukantianer.

Die Nähe der Widerspiegelungstheorie zum Behaviorismus, der den Menschen ebenfalls als ein passiv auf äußere Umstände reagierendes Wesen begriff,
wird durch dessen der russischen Reflexologie sehr ähnliche Ideologie schon
eher deutlich. Abbildtheorien können sich selbstverständlich, wie schon Fechners Annahme von höheren Bewußtseineinheiten beweist, mit Zusatzhypothesen anreichern; prinzipiell aber sind sie doch von jenen Modellen verschieden, die ins Zentrum ihrer Betrachtung den Menschen als denkendes Wesen
stellen. Bei den letztgenannten Theorien erscheint die Welt durch den Geist
produziert, das phänomenal Gegebene nicht auf etwas mit dem physikalischen

Tatbestand Identisches zurückzuführen. Einer solchen Auffassung huldigte die Akt-Psychologie Brentanos, wie auch die Gestalttheorie; ihre Weiterentwicklung findet sich in der Lehre Piagets und in der kognitiven Psychologie amerikanischer Provenienz.

Piagets Konzeption, daß dem Wahrnehmen und Verstehen fortschreitende Prozesse der Konstruktion zugrunde liegen, löst das bei diesem theoretischen Modell immer gegebene Problem, nach welchen Regeln der Geist verbindliche Erkenntnisse produziere, durch die Annahme einer Adaption an die Umweltereignisse, die der Geist sich einverleibend assimiliert; diese Assimilation führt gleichzeitig zur Anpassung der kategorialen Struktur, der Akkomodation. Im Unterschied zu den Abbildtheorien sind die Produktionstheorien seltener auf dem Hintergrund einer ontologischen Fundierung konzipiert, obwohl sie derer viel mehr bedürfen. Denn die von ihnen beschriebene Logik, nach der der menschliche Intellekt produziert, ist durch die Beschreibung seiner Funktionsweise niemals als intersubjektiv auszuweisen. Produktionstheoretiker begegnen dieser Schwäche ihres theoretischen Ansatzes oft damit, daß sie die Funktionsweisen quasi »ontologisieren«. Auch hinter Piagets Darstellung der Entwicklung von Strukturen oder Schemata des Denkens steckt letztlich ein unabänderliches Gesetz, dem der Geist folgt.

Ähnlich verhält es sich mit der kognitiven Psychologie. Als Neisser (1967) mit großer Emphase gegen das Reiz-Reaktionsmodell der Behavioristen antrat und stattdessen die aktive Leistung des Verstandes in den Vordergrund rückte, beabsichtigte er nur, ein neues Modell der Funktionsweise von Wahrnehmung und Denken vorzustellen (das übrigens durch die Analogie, die zwischen Mensch und Computer gezogen wird, nicht weniger positivistisch wirkt als das seiner Gegner). Die analysierenden und synthetisierenden Mechanismen der Informationsverarbeitung — die ohne Zweifel besser mit den Begriffen der kognitiven Psychologie beschrieben werden können als mit denen des Behaviorismus — bedürfen, um nicht willkürlich zu erscheinen, aber einer Fundierung. In der Sprache dieses computeranalogen Ansatzes leistet diese Fundierung das »Programm«. Die ökologische Perspektive, die Neisser seiner kognitiven Psychologie gab, ist nicht nur eine modische Zutat der achtziger Jahre, sondern sie öffnet notwendigerweise den Blick auf die steuernde »Software«. Die Vorwürfe gegen einen angeblichen Determinismus der Abbildtheorien, der von seiten der Produktionstheoretiker erhoben wurde, trifft sie selbst. Wohl verband der Behaviorismus die Ideologie des »alles Machbaren« mit dem Gedanken der totalen Steuerung, aber die Idee der »Rückbindung des Menschen an die Natur«, wie sie durch einen aufblühenden Neodarwinismus heute begünstigt wird, impliziert auch die Annahme der Unterwerfung, nämlich unter die verbindliche, sinnstiftende Instanz Natur.

Man kann ein wissenschaftliches Modell auch benutzen, wenn man seine Grenzen kennt. Die Gesetze der Mechanik sind nicht deshalb falsch, weil sie

nur eine begrenzte Reichweite haben. Ebenso verhält es sich mit der kognitiven
Psychologie, mit deren Hilfe, wie ich im ersten Kapitel zu zeigen versuchte, musikalisches Verstehen besser und umfassender zu erklären ist als mit anderen In-
terpretationsmodellen.

Schlußfolgerungen für die vorgelegte Konzeption

Die Psychologie präsentiert sich als eine Disziplin, die einen stattlichen Umfang an Befunden vorlegen kann. Sie besitzt jedoch kein geschlosssenes System
begründender Aussagen. Bedenkt man den knappen Zeitraum von fast nur
hundert Jahren, der hier besprochen wurde, so scheinen die Erklärungsmodelle
sogar sehr schnell zu wechseln. Die Unanschaulichkeit psychischer Prozesse
fordert diesen Wandel wahrscheinlich heraus. Mit den Erklärungsmodellen
wechseln die Gegenstände. Werden beispielsweise bestimmte Wahrnehmungs-
akte als Täuschung interpretiert, so wird etwas anderes reflektiert, als wenn nur
von einer besonderen Gestaltbildung gesprochen wird. Auch wenn das Urteil
»dissonant« mit der Interaktion von Obertönen begründet, wenn es durch die
Relation eines Klanges zu einem Tonikadreiklang bestimmt, wenn es als eine
Spannungsentwicklung voll kinetischer Energie gesehen, oder aber wenn von
einer emanzipierten Dissonanz gesprochen wird, womit Interpretationen von
Helmholtz, Riemann, Kurth und Schönberg aufgezählt wurden, ändert sich —
unabhängig von einer gleichbleibenden physikalischen Struktur — die zu be-
trachtende psychische Realität: die zugeordneten Verstehensakte und Erlebnisweisen. Aus den komplexen psychologischen Prozessen werden aufgrund einer
theoretischen Konstruktion je unterschiedliche Einheiten ausgegrenzt. Psychologische Theorien können daher wechseln, ohne sich unbedingt gegenseitig zu
falsifizieren. Und es gehört zu den Eigentümlichkeiten der Psychologiege-
schichte, daß ältere Modelle, die für völlig abgetan gehalten wurden, wieder relevant werden können. Die Aktualität des Begriffs »Gestalt« in der kognitiven
Psychologie stehe als Beispiel dafür ein. Sofern Rückgriffe erfolgen, sind selbstverständlich Einschränkungen notwendig, so das Vermeiden von irrtümlichen
Verallgemeinerungen.

Immer wieder tauchte auch das Problem einer materialistischen oder einer
nur idealistischen Begründung psychischer Phänomene auf. Das Argument,
daß kein Erklärungsmodell ganz unzureichend ist, keines aber auch letzte Gültigkeit beanspruchen kann, nehme ich nicht allein als Rechtfertigung dafür, daß
in den einzelnen Kapiteln dieses Buches je unterschiedliche Bezüge gewählt
wurden, wobei allerdings einer Theorie der aktiven Konstruktion und Produktion psychischer Phänomene vor dem passiven Reagieren ein deutlicher Vorzug
gewährt wurde. Obwohl sicher einer der wichtigsten Abschnitte der Musikgeschichte von dem Ideal geprägt wurde, Musik sei eine Sprache, so zeichnen sich

doch heute verschiedene Musikbegriffe ab, die — wie immer man sie bewertet
— eine je unterschiedliche psychologische Betrachtung herausfordern: So
knüpft die Darlegung darüber, wie Bedeutungen der Musik aufgefaßt werden,
besser an die kognitive Psychologie an, wohingegen sich die Beschreibung ihrer
unmittelbaren Wirkung — etwa bei der Hintergrundmusik — durchaus noch
des Reiz-Reaktionsschemas bedienen kann.

Der geschichtliche Wandel der Erklärungsmodelle wurde anhand jener Werke dargestellt, die im Titel den Anspruch einer Konzeption der Musikpsychologie zum Ausdruck bringen und darüber hinaus auch tatsächlich jeweils einen
anderen Gegenstand thematisieren. Selbstverständlich liegen die hier besprochenen Modelle aber auch den einzelwissenschaftlichen Forschungen zugrunde, die in den anderen Kapiteln dieses Buches referiert werden. Am Beispiel der
Begabungsforschung ließe sich ein Unterschied zwischen den »psycho-
physikalischen, elementaristischen Auffassungen« (Seashore) und einer behavioristischen Leistungsmessung (die den überwiegenden Teil der amerikanischen Tests bestimmt) oder einer holistisch-gestalttheoretischen Position
(Wing, Gordon) nachweisen. Die Art, wie Einstellungen zu Musik gemessen
werden, ist — auch wenn oft nur das Verbalverhalten festgestellt wurde — meist
dem behavioristischen Forschungsansatz verpflichtet, seltener der kognitiven
Psychologie. Recht wenig Bedeutung wurde im Rahmen der Musikpsychologie
allerdings bislang der dynamischen Psychologie geschenkt. Das hängt nicht zuletzt damit zusammen, daß im Zentrum musikpsychologischer Forschung das
Musikverstehen steht, wie immer es auch anders benannt wurde als »Bewußtsein«, »Gestalterkennen«, »Reaktionsweisen«, »Informationsverarbeitung«.
Aspekte der dynamischen Psychologie wurden in dem hier skizzierten Überblick nicht angesprochen, weil sie (im Unterschied zur Kunstpsychologie) zu
keiner eigenen musikpsychologischen Konzeption geführt haben. Sie wurden
jedoch im Zusammenhang mit einzelnen Forschungsproblemen (wie Motivation oder Kreativität) berücksichtigt, für die sie unmittelbar von Belang sind.

Die strikte Begrenzung auf Funktionsweisen, die den sehr oft gefolgerten
Schluß des Seelischen auf Seiendes verweigert, wurde in diesem Buch eingehalten, weil psychische Mechanismen zu analysieren, nichts über deren Sinn verrät. Aus den geistigen Operationen des Musikverstehens, dem fühlenden Nachvollzug, aus den individuellen Unterschieden des musikalischen Vermögens
läßt sich weder eine Bestimmung der Natur der Musik noch eine Aussage über
das Wesen des Menschen gewinnen. Zu beantworten, worauf die innere Wirklichkeit und ihre Entäußerung im künstlerischen Produkt verweist, obliegt einer Metaphysik und nicht mehr der Psychologie.

Methodenprobleme musikpsychologischer Forschung

Experiment und Introspektion

Als sich im 19. Jahrhundert die Musikpsychologie als wissenschaftliche Disziplin etablierte, übertrug sie das methodische Vorgehen, mit dem die Naturwissenschaften Erkenntnisse über die Realität zu gewinnen hofften, auf die Untersuchung der seelischen Vermögen des Menschen, aber auch auf die Bestimmung interindividueller Unterschiede. Die »Psycho-Physik« bediente sich des Experiments, das geeignet erschien, die Frage zu lösen, wie es um den Zusammenhang von Bewußtseinsinhalten und materieller Wirklichkeit bestellt sei. Es schien dazu in idealer Weise geeignet, sieht doch ein Experiment vor, daß die Abhängigkeit eines zu beobachtenden Ereignisses (abhängige Variable) von seinen Bedingungen (unabhängige Variable) festgestellt wird. Das bereits erwähnte Fechnersche Gesetz ist dafür das treffendste Beispiel, weil es kurz und bündig zeigt, wie die Empfindungsstärke als Funktion (und damit als abhängige Variable) der Reizgröße (als einer unabhängigen Variablen) begriffen werden kann.

Das Experiment im strengen Sinne definiert sich an drei Merkmalen: der Willkürlichkeit (Künstlichkeit), der Wiederholbarkeit und der Variierbarkeit der Bedingungen. Hinzu kam in den Anfängen noch ein weiteres, bald aber wieder preisgegebenes Kriterium: die Wissentlichkeit. Jeder Teilnehmer sollte über die Ziele eines Versuches informiert sein, damit die Einstellungen verschiedener Personen möglichst konstant gehalten werden konnten. Mit der Willkürlichkeit ist gemeint, daß Experimente geplant sind und mit Absicht arrangiert werden. Sie werden unter genau kontrollierten Umständen durchgeführt, um alle Einflüsse prüfen zu können. Experimente im strengen Sinne sind an die Situation »Labor« gebunden. Was absichtlich arrangiert wurde, läßt sich wiederholen, es ist damit grundsätzlich von der Person des Experimentators ablösbar. Wenn die gleichen Bedingungen wieder hergestellt werden, kann jeder andere Beobachter zu gleichen Ergebnissen kommen. Die Wiederholbarkeit ermöglicht grundsätzlich, daß die Bedingungen geändert werden können. Die »Bedingungsvariation« gehört zu den Grundforderungen. Denn wenn man Bedingungen (nämlich die unabhängige Variable) verändert, so kann man feststellen, ob und inwieweit der zu untersuchende Sachverhalt (die abhängige Variable) sich ebenfalls verändert und somit als abhängig von diesen Bedingungen begriffen werden kann. Das im dritten Kapitel dieses Buches beschriebene Experiment zum Thema »Musikhören im Auto« sieht eine solche Bedingungsvariation vor, indem Personen sowohl mit als auch ohne begleitende Musik einen Wagen zu steuern hatten. Beim einfachen, klassischen Experiment wird ein Vergleich angestellt zwischen einer Experimentalgruppe, die einer besonderen Situation ausgesetzt ist, und einer Kontrollgruppe, bei der diese besonders geschaffene künstliche Situation nicht vorhanden ist. Unterscheiden sich diese beiden Gruppen in ihren Reaktionsweisen, so wird eine Erklärung durch die unterschiedlichen Bedingungen nahegelegt.

Experimente sind aus der psychologischen Forschung nicht wegzudenken, wenngleich es schnell fraglich wurde, ob sie tatsächlich den »Königsweg« der Wissenschaft darstellen. Schon von den Gestalttheoretikern wurde das Kriterium der Wiederholbarkeit preisgegeben, da es vor allem für Gedächtnisexperimente und Denkversuche, die von Einsicht gekrönt waren, unzweckmäßig erschien. Heute spricht man oft schon von einem Experiment, wenn eine Beobachtung absichtlich vorgenommen und planmäßig durchgeführt wurde.

Durch planmäßige Beobachtung wird jedoch nur eine phänomenale Betrachtungsweise ermöglicht. Wünscht man etwas über die funktionalen Bezüge zu erfahren, so ist dies nur mit Hilfe der isolierenden Variation von Bedingungen möglich. Nur dann, wenn die Bedingungen einer Reizsituation geändert werden bzw. geändert werden können und das Verhalten auf die Veränderung hin bestimmbar ist, läßt sich schließen, worauf sich Reaktionen gründen. Und da solche Begründungen das Ziel psychologischer Forschung sind, stellt die Bedingungsvariation noch immer eine wichtige Art des methodischen Vorgehens dar, obwohl sie nicht mehr als notwendiges Merkmal eines Experiments gilt.

Die Grenzen des Experimentierens lassen sich gerade bei musikpsychologischen Fragestellungen sehr drastisch verdeutlichen. Will man wissen, worauf sich eine bestimmte Wirkung der Musik gründet, beispielsweise auf das Tempo, und verändert die Bedingung »Tempo«, um eine mögliche Veränderung des Eindrucks festzustellen, so stößt man auf ein Problem prinzipieller Natur. Musik läßt sich gar nicht oder nur sehr begrenzt einer Bedingungsvariation unterwerfen, ohne daß gleichzeitig der musikalische Sinn zerstört wird. Das erschwert den Versuch, die funktionale Abhängigkeit von musikalischen Urteilen aufzuklären. An den Experimenten, die Hevner (1936) vorgenommen hat, läßt sich dies ablesen. Weil sie wissen wollte, welche musikalische Qualität (das Tempo, der Konsonanzgrad etc.) die Wirkung eines Musikbeispiels bestimmt, stellte sie veränderte Versionen zum Vergleich her. Die Folge waren aber nur uneindeutige Urteile, die auf Unsicherheit der Beurteiler schließen ließen (de la Motte-Haber 1971).

Ähnlich uneindeutige Resultate wie Hevner legte Rigg (1940) vor. Er versuchte, den Einfluß des Tempos auf das Urteil »fröhlich—traurig« festzustellen. Er variierte fünf musikalische Phrasen im Tempo und ließ sie durch die Kategorien »traurig—fröhlich« charakterisieren, um die landläufige Meinung zu überprüfen, langsames Tempo sei eher mit einem traurigen, schnelles Tempo eher mit einem fröhlichen Eindruck assoziiert. Er stellte mit Befriedigung fest, daß seine Ergebnisse diese Meinung bestätigen. Betrachtet man Riggs Daten genauer, so verliert sein Resultat an Eindeutigkeit. Als Beispiel seien die Phrasen C und D seiner Untersuchungen herausgegriffen. Im Tempo $\downarrow = 60$ wird die

Phrase C aus der Untersuchung von Rigg

Phrase D aus der Untersuchung von Rigg

Metronomzahl	♩=60	♩=160	♩=160
Anzahl der Urteile »serious — sad«	81	43	z = 0,32 ns
Anzahl der Urteile »pleasant — happy«	7	45	

Die Beurteilung der Phrase C

Metronomzahl	♩=60	♩=160	♩=60
Anzahl der Urteile »serious — sad«	50	1	z = 1,39 ns
Anzahl der Urteile »pleasant — happy«	38	87	

Die Beurteilung der Phrase D

Phrase C von 81 Beurteilern als »serious—sad« beurteilt, von nur sieben als »pleasant—happy«. Das Tempo ♩= 160 ruft eine andere Verteilung der Urteile hervor. 43 Versuchspersonen stimmen für einen traurigen und 45 für einen fröhlichen Eindruck. Das Beispiel scheint nicht mehr eindeutig charakterisierbar. Das umgekehrte Bild ergibt sich für die Phrase D, bei der sich Unentschiedenheit für das Tempo ♩= 60 einstellte. Denn um Unentschiedenheit handelt es sich, wenn die Anzahl der »serious—sad«- und »pleasant—happy«-Urteile nicht mehr als zufällig voneinander unterschieden sind und die Stichprobe der Beurteiler sich in zwei Hälften mit entgegengesetzten Meinungen spaltet. Die zwiespältige Haltung, die die Veränderung von Musikbeispielen bei den Beurteilern auslöste, ist kein Ergebnis, um dessentwillen sich ein Experiment lohnte.

Um dem Dilemma zu entrinnen, das durch eine Bedingungsvariation entsteht, und dennoch Aufschlüsse darüber zu erhalten, wie der ästhetische Eindruck zu differenzieren sei im Hinblick auf musikalische Qualitäten, wurden zwei Wege beschritten. Es wurde einmal mit isolierten musikalischen Elementen gearbeitet, die variierbar sind. Dieses Vorgehen knüpft an die alte Tradition der Kanonisierung der Ausdruckswirkungen an. Es ist mit den im ersten Kapitel ausführlich beschriebenen Mängeln behaftet, daß Kontextmerkmale vollkommen vernachlässigt werden. Zum zweiten wurden eigens komponierte Musikbeispiele verwendet, die eine Veränderbarkeit zulassen. Es scheint jedoch, daß dabei Ergebnisse auftreten können, die an diese sehr künstliche Situation gebunden und nicht verallgemeinerbar sind.

Daß mit dem Experiment die Erforschung musikalischer Wirkungen nur begrenzt gelingt, ist Wasser auf die Mühlen seiner die geisteswissenschaftliche Einsicht bemühenden Kritiker. Das einfühlende Verstehen kann sich zudem rühmen, daß ihm die Daseinsziele und Daseinsmerkmale des Menschen und seiner Kunstäußerungen im vollen Umfang offenstehen, wohingegen für den experimentellen Psychologen nur dessen Oberfläche, vielleicht nur die sensorischen Eindrücke beobachtbar sind. Diese und andere Argumente sind seit dem Aufkommen der verstehenden Psychologie polemisch gegen das Experiment vorgetragen worden. Die Kontroversen reißen nicht ab. Denn die Kritiker des Experiments — in jüngerer Zeit die Vertreter der humanistischen Psychologie — können zwar für sich beanspruchen, daß sie eine umfassendere Beschreibung leisten, aber sie genügen in einem weit geringeren Maße (auch dies ist an ihren Beweisführungen ablesbar) einem Anspruch, der die Wissenschaft definiert, nämlich: objektiv zu sein. Ihre Ausführungen sind nicht von der Person ablösbar. Sie sind vielleicht geistreich, aber subjektiv. Und dieser Umstand schürt die Diskussion, weil der geisteswissenschaftliche Ansatz das oberste Gebot wissenschaftlichen Handelns verletzt.

Es gibt allerdings nicht nur eine Form der Erkenntnis. Vielmehr kann ein Mensch aufgrund summierter Erfahrungen zu einem Wissen gelangen, das ihn vielleicht dem Forscher ebenbürtig erscheinen läßt. Ein guter Menschenkenner kann sogar einem Psychologen überlegen sein. Wissenschaftliche Erkenntnis hingegen muß der Forderung der Objektivität genügen; die von ihr bereitgestellten Erkenntnisse sollten nachvollziehbar und damit nicht personengebunden sein. Solche Intersubjektivität, die den Kern der wissenschaftlichen Objektivität ausmacht, ist aber dann nicht gegeben, wenn die eigene Erfahrung an die Stelle einer Beobachtung tritt, die theoretisch jedermann vornehmen können sollte.

Die Auseinandersetzung um das Experiment entzündete sich vor allem an dessen Verhältnis zur Introspektion, der Selbst- oder Erlebnisbeobachtung, die für den geisteswissenschaftlichen Forscher den unmittelbarsten Zugang zum Psychischen gewährt. Auch zur Kunsterfahrung. Kurth hielt sie sogar für den einzig möglichen Weg, er nahm die Irrationalität des Verfahrens ausdrücklich in Kauf. In der experimentalpsychologischen Forschung wird sie nicht immer abgelehnt, liefert sie doch wertvolle Hilfen für die Formulierung von Fragestellungen. Auch die Interpretation von Ergebnissen bedarf immer einer verstehenden Haltung. Die Schwächen der Erlebnisbeobachtung und der darauf basierenden Schlußfolgerungen werden von naturwissenschaftlich arbeitenden Psychologen nur erheblich stärker betont, wobei sich ihre kritischen Einwände auf die ablehnende Haltung stützen können, die der Introspektion bereits durch den deutschen Idealismus zuteil wurde. Schon Kant hatte an der Erlebnisbeobachtung gerügt, daß sie eigentlich das Erlebnis zerstöre. Dies gilt vor allem, wenn emotionale Zustände zum Gegenstand der Beobachtung werden. In der Folgezeit tauchten andere Einwände auf, sogar der, daß es eine Selbstbeobachtung gar nicht geben könne, weil sie die Spaltung des Individuums in einen erlebenden und einen registrierenden Teil voraussetzt. Außerdem wurde darauf aufmerksam gemacht, daß die Selbstbeobachtung deshalb keinen unmittelbaren Zugang zu psychischen Gegebenheiten gewährt, weil sie eine Erinnerung an etwas Vorausgegangenes darstellt. Und manche psychischen Aktivitäten, wie beispielsweise das Denken, sind sogar der Selbstbeobachtung entzogen, weil sie weitgehend unbewußt ablaufen. Zu Zeiten eines puristisch strengen Behaviorismus wurde die Introspektion aus der Wissenschaft verbannt, da sie der Forderung nicht standhielt, daß die Feststellungen nachprüfbar sein müßten. Ihr Wahrheitskriterium ist nur das Evidenzerleben eines Einzelnen, der meint, so und nicht anders müsse es um Sachverhalte bestellt sein. Gegenwärtig wird introspektiv gewonnenen Einsichten, wie auch damit verbundenen Erkenntnisprozessen, die auf Intuition und Einfühlung beruhen, ein heuristischer Wert durchaus zugebilligt, wenngleich sie nicht im strengen Sinne als wissenschaftlich angesehen werden.

Die Auseinandersetzungen um die Introspektion bedeuteten Einschränkungen am Ausschließlichkeitsanspruch des experimentellen Vorgehens. In den letzten Jahren wurde gerade im Zusammenhang mit der Diskussion um quantitative und qualitative Forschung das wichtigste Merkmal des Experiments, die Künstlichkeit, kritisch bedacht. Zwar sind im Labor gewonnene Daten weniger im Hinblick auf ihre absolute Stärke und Größe bedeutsam, weil lediglich Schlußfolgerungen aus dem Vergleich der variierten Bedingungen gezogen werden. Dennoch wirft die Frage nach dem Verhältnis von Wirklichkeit zu der künstlich konstruierten Situation, die erlauben soll, den Einfluß aller Faktoren zu kontrollieren, das Problem der Relevanz der Ergebnisse eines Experiments auf. Es ist nicht sichergestellt, daß die ermittelten Befunde im realen Leben auch auftreten. Der komplexen Determination des psychischen Geschehens wird das Experiment nur unzureichend gerecht. Diese Umstände verhinderten im übrigen, daß Stumpf seine *Tonpsychologie*, wie er es geplant hatte, um weitere Bände ergänzte, in denen er das ästhetische Erleben beschreiben wollte.

Im Gegenzug zur experimentellen Forschung wurde in den letzten Jahren der Wert qualitativer Forschung betont, die Anregungen aus der klinischen Psychologie und der therapeutischen Praxis aufnahm und die Bedeutung von Einzelfallstudien unter den konkreten Lebensbedingungen betonte. Im Intensivinterview ermittelte, eigentlich auf Introspektion beruhende Erlebnis- und Gefühlsschilderungen stellen dabei das Datenmaterial dar. Der Gegensatz zwischen solcher qualitativen Forschung und der Reaktionen exakt beschreibenden, eigentlich messenden Experimentalpsychologie erscheint jedoch überbetont angesichts des Umstandes, daß die »qualitativen« Daten meist irgendwie quantifiziert werden müssen, ehe daraus Schlußfolgerungen gezogen werden können. Quantifizieren hieße schon, sie nach Inhalten kategorial aufzuschlüsseln und zu zählen, ob ein Themenbereich vorkommt oder nicht.

Um zu vermeiden, daß durch die Laborsituation Artefakte ermittelt werden, werden manchmal »Feldexperimente« durchgeführt. Ein Beispiel dafür wäre die Prüfung verschiedener Lehrmethoden, indem im normalen Schulalltag Kinder verschieden unterrichtet werden, was einer Bedingungsvariation entspräche. Solche »Wirklichkeitsversuche« haben den Nachteil, daß die Randbedingungen nicht genau festgelegt werden können, somit die tatsächlichen Einflußgrößen nicht genau zu kontrollieren sind. Außerdem leiden solche Untersuchungen daran, daß man die Teilnehmer über die Bedingungen unterrichten muß, denen sie ausgesetzt werden. Es ist kaum möglich, die »Manipulationen« vorzunehmen, die ein Experiment erfordert, ohne die Beteiligten darüber zu informieren.

In der Praxis stellt sich die Frage, welcher Forschungstyp psychischen Gegebenheiten angemessen ist, weniger schroff, weil die Vielfalt der Gegenstände durchaus verschiedene Strategien des Untersuchens vorschreibt. Das klassische Experiment wird zumindest im Bereich der Psychoakustik einen festen Platz behalten, ebenso wie Studien zur Kreativität auch auf introspektiv ermittelte Daten zurückgreifen müssen.

Dependenz- und Interdependenz-Analysen

Die Mehrzahl musikpsychologischer Forschung ist empirisch, aber nicht-experimentell. Das heißt, es werden Daten erhoben und es wird nach Zusammenhängen gefragt. Empirisch zu nennen wäre eine Untersuchung über den Zusammenhang von Neurotizismus und Kreativität. Experimentell im strengen Sinne ist sie nicht, weil es nicht möglich ist, eine unabhängige Variable zu variieren und in Abhängigkeit davon die Veränderungen einer anderen Variablen festzustellen. Das Experiment zielt auf die Feststellung von Dependenz, die ursprünglich als kausale Erklärung gedacht war. Heute wird sie bescheidener nur als Wahrscheinlichkeitsschluß gefaßt. Solche Schlüsse lauten: »Wenn eine bestimmte Bedingung gegeben ist, dann tritt wahrscheinlich auch ein bestimmter psychischer Zustand auf.« Beim empirischen Arbeiten werden zwischen verschiedenen Größen Zusammenhänge (oft durch Korrelationen) ermittelt, ohne daß eine ursächliche Begründung (auch nicht im Sinne eines Wahrscheinlichkeitsschlusses) angenommen wird. Stellt man beispielsweise eine Beziehung zwischen Neurotizismus und Kreativität fest, so ist daraus nicht zu schließen, daß Neurotizismus Kreativität bewirke. Beide Merkmale können durch ein drittes hervorgerufen sein; beispielsweise würde die Freudsche Lehre die Verdrängung von Wünschen als solche dritte Variable zur Diskussion stellen. Empirische Studien, die im Bereich der Einstellungs- und Persönlichkeitsforschungen der Regelfall sind, stellen keine Dependenz-Analysen dar wie das Experiment, sondern es sind Interdependenz-Analysen. Die übliche Auflistung von »Bedingungen«, die für musikalische Präferenzen maßgeblich sein könnten (vgl. das zweite Kapitel), muß einen puristisch gesinnten Experimentalpsychologen entsetzen. Denn es liegen fast ausnahmslos nur Studien über Interdependenzen von Vorlieben mit anderen Merkmalen einer Person vor. Experimentell sind solche und ähnliche Fragestellungen jedoch gar nicht zu untersuchen.

Allerdings kennen auch die Naturwissenschaften andere als den experimentellen Forschungsansatz. Die Astronomie ist eine renommierte und wichtige Disziplin, die jedoch in anderer Weise zu Aussagen gelangen muß, als es im Rahmen von Dependenz-Analysen möglich ist. Das Experiment ist eine Sonderform des empirischen Arbeitens, bei der die größtmögliche Kontrolle über alle Faktoren gegeben ist. Es zielt auf die klassische Form einer kausalen Erklärung. Bereits die »Quasi-Experimente« sind hinsichtlich des Ausmaßes an Kontrolle dem Experimentator entzogen, weil einzelne Bedingungen (etwa das Geschlecht oder die Zugehörigkeit zu einer sozialen Schicht) nicht durch ihn variiert werden können. Noch weiter der Kontrolle des Forschenden entzogen sind die Interdependenz-Analysen. Sie werden auch als »Ex-post-facto-Untersuchungen« bezeichnet, was besagt, daß erst die Analyse vorhandener Datensätze es ermöglicht, Zusammenhänge zu ermitteln, über die keine vorausgehenden (A-priori-)Hypothesen aufgestellt wurden.

Begreift man die psychologischen Forschungsmethoden als graduell verschieden im Ausmaß der Kontrolle, die der Experimentator über die einzelnen Variablen hat, und begreift man sie damit auch als verschieden im Ausmaß kalkulierter Effekte, so erklären sich die Anfänge der psychologischen und auch der musikpsychologischen Forschung als ein kulturgeschichtliches Phänomen: Sie sind geprägt von der bürgerlichen Ideologie, Erkenntnisgewinn beruhe auf dem größtmöglichen Maß an Rationalität. Dependenz-Analysen befriedigen das Bedürfnis nach rationalen Erklärungen eher als Interdependenz-Analysen; denn sie begründen. Sie dienen dem Wunsch, die Welt in ihren Bedingungen kalkulierbar zu machen. Aber das ständige Hantieren mit Stimmgabeln und Resonatoren, das im 19. Jahrhundert sehr exakte experimentelle Versuchspläne hervorgebracht hat, ist nicht nur angesichts der Vielfalt ästhetischer Erfahrungen, sondern auch im Hinblick darauf, daß Musik ein Phänomen von hoher Umweltrelevanz ist, eine Forschungsstrategie mit begrenzter Reichweite.

Das Testen von Hypothesen

Die musikpsychologische Forschung dient dem Ziel, Gesetzmäßigkeiten aufzufinden. Vielleicht ist es besser, den Begriff der Regelhaftigkeit zu verwenden, da das Wort »Gesetz« sehr streng wirkt, gemessen an den als Wahrscheinlichkeiten formulierten Zusammenhängen. Solange solche Regelhaftigkeiten nur vermutet werden, stellen sie Hypothesen dar, die der empirischen Überprüfung bedürfen. Eine Hypothese ist eine Vermutung über den Zusammenhang zwischen zwei (oder auch mehreren) Variablen: Der Satz »Laute Musik ist eine Belastung« konstruiert eine Beziehung zwischen einem musikalischen Parameter und dem menschlichen Organismus, deren Geltung festgestellt werden muß.

Da Hypothesen auch Theoriebruchstücke sind, müssen sie bestimmten Anforderungen genügen. Im Unterschied zu privaten Meinungen sollen sie mit bereits untersuchten Befunden im Einklang stehen. Sollte irgend jemand in seinem Herzen die Überzeugung hegen, Frauen seien prinzipiell dümmer als Männer, so sei ihm dieser Gedanke belassen. Eine wissenschaftliche Hypothese wäre daraus aber nicht zu konstruieren, wenn dieser Glaube sich nicht widerspruchsfrei zu den bereits ermittelten Ergebnissen verhält und ihnen nur eine neue Frage hinzufügt.

Probleme, die wir im Alltag formulieren, können sehr viel allgemeiner sein als wissenschaftliche Hypothesen. Ob laute Musik eine Belastung darstellt, ist der Allgemeinheit der Formulierung wegen wissenschaftlich gar nicht zu untersuchen. Durch Vorüberlegungen müssen Präzisierungen erreicht werden. Welche Lautstärkegrade sollen denn im einzelnen geprüft werden? Und was meint für das zu untersuchende Problem der Begriff »Musik«? Wie soll der Zusammenhang zwischen Lautheit und Belastung festgestellt werden? Und bei wem? Antworten hierauf sind zwangsläufig mit Einschränkungen verbunden. Es ist jedoch vollkommen klar, daß sie notwendig sind. Und wer könnte schon die Totalität der Musik an der Totalität der Menschheit in einer einzigen Fragestellung untersuchen.

Die Präzisierung einer Hypothese ist aus Gründen der Durchführbarkeit einer Untersuchung notwendig. Einzelheiten, die die Auswahl der Musikbeispiele oder der einer Studie unterworfenen Personen betreffen — die sogenannte

Stichprobenkonstruktion — erfordern bereits, wenn eine so einfache Frage wie die nach dem Zusammenhang von Lautstärke und Belastung gestellt wurde, eine Fülle von Vorüberlegungen, und sie verlangen dann auch ein sehr spezielles methodisches Können.

Bei der inhaltlichen und formalen Gestaltung einer Fragestellung spielen jedoch noch andere Gesichtspunkte eine Rolle. Sie betreffen die Durchführbarkeit einer Untersuchung. Auch die in einer Hypothese verwendeten Begriffe bedürfen besonderer Erwägungen.

Bei psychologischen Forschungen wird etwas gezählt oder gemessen. Da auch introspektiv gewonnene qualitative Daten in irgendeiner Form quantifiziert werden, sind die psychischen Phänomene, die ermittelt werden, teilweise auch durch diese Meßoperationen definiert. Die Besprechung der Forschungen zur Musikalität hat besonders deutlich gezeigt, daß die Präzisierung von Spekulationen durch Tests eine Einschränkung auf das durch diese Meßoperationen faktisch Feststellbare bewirkt. Diese Form einer operationalen Definition wurde oft als großer Mangel der empirischen Untersuchungen empfunden. Er hängt unmittelbar mit einem Verständnis von Wissenschaft zusammen, welches darauf beruht, daß Hypothesen, die Spekulationen darstellen, durch Beobachtungen bestätigt oder verworfen werden sollen. Denn einer solchen Prüfung sind nur Sachverhalte zugänglich, die sich möglichst objektiv fixieren lassen.

Ist die operationale Definition von Begriffen einerseits notwendig, um eine Frage durch Erfahrung, die möglichst jedermann zugänglich sein soll, zu beantworten, so sind solche operationalen Definitionen doch andererseits ergänzungsbedürftig durch die üblichen Begriffsbestimmungen. Ohne Realdefinition (das heißt, eine Definition, die Merkmale des Gemeinten angibt) können sie sonst leicht willkürlich gesetzt werden und damit gar keine Aussagekraft haben. Bei Meßinstrumenten, die man zur Erhebung sehr komplexer psychischer Eigenschaften konstruiert, genügt es in den seltensten Fällen, nur die Operationen genau festzulegen, die mit ihnen ausgeführt werden. Vielmehr werden diese Instrumente auf eine umfassendere Gültigkeit geprüft. Besitzen sie gar keine »externe« Validität (ein Problem, über das schon im vierten Kapitel ausführlich gesprochen wurde), so werden mit ihnen vielleicht nur Artefakte gewonnen.

Die Formulierung einer Frage verlangt intuitives Verstehen, durch das man zu neuen Gedanken über die vorgelegten Ergebnisse kommt. Sie kann auch nur auf einer Spekulation über einen alltäglichen Vorgang beruhen. Die Formulierung einer Fragestellung verlangt zugleich eine strenge Formalisierung im Hinblick auf das zu verwendende Methodenarsenal, das die Gedanken eines Wissenschaftlers zu mehr als einer subjektiven Meinung macht. Ein ähnliches Wechselspiel von Intuition und positivistischer Haltung findet bei der Interpretation von Ergebnissen statt. Sie sprechen nur in Ausnahmefällen für sich. Solche Ausnahmefälle betreffen in der Regel die Messung einfacher Sachverhalte, wie dies etwa bei der Reaktionszeit der Fall ist. Sie finden sich in der musikpsychologischen Forschung meist nur dort, wo diese sich mit der Psychoakustik berührt. Daten müssen in Beziehung zu anderem Wissen gesetzt werden. Es muß über Sachverhalte spekuliert werden, um zu wissen, was sie besagen. Diese Spekulationen bei der Bewertung von Ergebnissen bilden oft den Anfang einer neuen Hypothese.

Für die Interpretation von Ergebnissen stehen aber auch eine Reihe von statistischen Prüfverfahren zur Verfügung, die als Zahl formuliert festhalten, ob ein Ergebnis überhaupt bedeutsam ist. Diese oft abschreckend schwierig wirkenden, weil aus der Mathematik entlehnten Verfahren nehmen noch vor jeglicher inhaltlicher Deutung dem Wissenschaftler die Entscheidung darüber ab, ob das Ergebnis seiner Untersuchung nur durch Zufall zustande gekommen ist oder nicht. Mit einer Fragestellung sind theoretisch immer zwei Lösungsmöglichkeiten verbunden: Entweder wird die »Nullhypothese« bestätigt, die besagt, daß kein Unterschied oder Zusammenhang existiert, oder eine Alternativhypothese, die eben diese Zusammenhänge oder Unterschiede postuliert.

Die Nullhypothese kann nur verworfen werden, wenn sich durch die Wahrscheinlichkeitsberechnungen nachweisen läßt, daß sie nur in 5% oder 1% der Fälle zutrifft und die Wahrscheinlichkeit dafür, daß die Alternativhypothese stimmt, in 95% oder 99% der Fälle gegeben ist. Kann man von einer untersuchten Stichprobe behaupten, daß sie für eine umfassendere Population stellvertretend, d. h. repräsentativ sei, so ist damit auch eine Voraussage getroffen, nämlich daß bei der Wiederholung der Untersuchung dasselbe Ergebnis zu 95% oder 99% wiedergefunden wird. Besitzt die Nullhypothese eine höhere Wahrscheinlichkeit als 5%, so würde man sie trotz des enormen Fehlers, den man macht, zunächst beibehalten, weil einen Zusammenhang anzunehmen, der in weniger als 95% der Fälle auffindbar ist, als nicht genügend gesichert erscheint. Unser Alltagsdenken begnügt sich mit geringerer Gewißheit. Seine Operationen basieren auf einem Sicherheitsniveau von 70% bis 80%, um Prognosen zu treffen. Wenn ich bei siebzig von hundert Spaziergängen einem Menschen begegnet bin, werde ich dies nicht mehr als Zufall ansehen, sondern ihn bei meinem nächsten Spaziergang ebenfalls erwarten. Ein Wissenschaftler hingegen müßte die Begegnung als nicht hinreichend signifikant einstufen und damit dem Zufall zuschreiben. Daß er dabei vielleicht Fehler anderer Art begeht, ist in letzter Zeit Anlaß, über das geforderte Maß an Überzufälligkeit intensiv nachzudenken.

Die Frage nach der Bedeutsamkeit oder Signifikanz der Ergebnisse wird zu einem gesonderten Untersuchungsgegenstand, wenn — wie bei der Messung von Persönlichkeitseigenschaften — eine Methode erst konstruiert werden muß, somit die Methode selbst zum Gegenstand der Forschung wird. Wird ein Test konstruiert, so bedarf seine Verläßlichkeit (Reliabilität) einer eigenen Bestimmung. Sie ist nicht unabhängig von seiner externen Validität. Denn nur ein zuverlässiges Meßinstrument kann Gültigkeit beanspruchen.

Zählen, Messen und Schlußfolgern

Wie in anderen Wissenschaften werden in der musikpsychologischen Forschung Sachverhalte durch Begriffe repräsentiert, die in die Form eines schriftlichen Zeichens gebracht werden. Und wie in jeder anderen Wissenschaft verbindet sich damit die Hoffnung auf eine strukturanaloge Abbildung der Realität. Je genauer die Zuordnungen formuliert sind, um so leichter sind diese Begriffe zu deuten und um so objektiver können Beobachtungen festgehalten und mitgeteilt werden. Im einfachsten Fall bildet man klassifikatorische Begriffe; dabei wird ein Phänomen nur in Teilbereiche aufgegliedert. Wird die Wirkung eines Akkords als konsonant oder dissonant festgestellt, so liegt ein einfaches Klassifikationsschema mit zwei Kategorien vor.

Oft ist es möglich, nicht nur einfach zu klassifizieren, sondern Rangabstufungen vorzunehmen: »Fritz ist musikalischer als Heinz.« Bei solchen komparativen Begriffsbildungen ist zwar der Abstand zwischen zwei Rangplätzen nicht festgestellt (es ist nicht gesagt, um wieviel Fritz musikalischer ist als Heinz), aber es ist der Vergleich der Stärke oder Güte eines Merkmals möglich. Genau definierte Beziehungen besitzen die »metrischen Begriffe«. Es existieren dann zusätzliche Maßeinheiten, mit deren Hilfe Unterschiede zwischen Sachverhalten beschrieben werden. Diese letztgenannte Form der Fixierung von Beobachtungen ist in den Naturwissenschaften üblich. Wird etwa eine Beobachtung über die Wärme in Celsius festgehalten, so weiß man, daß 25° um 5° höher liegt als 20°. Multiplikative Beziehungen (wie etwa bei einem Metermaß) sind bei diesem Beispiel nicht möglich, weil die Angabe »Null« willkürlich festgesetzt wurde. Es wäre unsinnig zu sagen, 40° sei doppelt so warm wie 20°.

Die verschiedenen Arten der Repräsentation einer Beobachtung in einem Zeichensystem tragen verschiedene Namen. Im Fall einer einfachen Klassenbildung, bei der nur die Gleichheit oder Ungleichheit benannt wird, spricht man von einer Nominalskala, bei der Bildung von Rangplätzen von einer Ordinal- und bei der zusätzlichen Angabe von Abständen von einer Intervallskala. Hat diese einen quasi »natürlichen« absoluten Nullpunkt, so liegt eine Rationalskala vor, die multiplikative Beziehungen erlaubt. Intervall- und Rationalskalen werden bei musikpsychologischen Forschungen selten verwendet. Das hängt nicht allein mit dem Forschungsgegenstand zusammen, sondern auch mit den Mühen, die es kostet, sie zu konstruieren. Eine Rationalskala kann nur verwendet werden, wenn beispielsweise durch die absolute Schwelle der Wahrnehmung ein absoluter Nullpunkt existiert. Dann ist es allerdings möglich, multiplikative Beziehungen herzustellen, etwa zu sagen, dieser Ton ist doppelt so laut wie jener. Die Sone-Skala wurde mit Hilfe solcher Schätzoperationen entwickelt. Ein entsprechendes Vorgehen bei der Beziehung von Frequenzen, für die durch die Hörschwelle ebenfalls ein absoluter Nullpunkt existiert, hat gezeigt, daß auch die Höhe eines Tones als doppelt oder halb so laut wie die eines anderen Tones empfunden werden kann. Die daraus gebildete Ordnung der Töne, die sogenannte Mel-Skala, entspricht weitgehend der herkömmlichen Tonhöhenskala, weswegen sie hier nicht ausführlicher besprochen wird.

Die psychologische Forschung dient dem Auffinden von Regelhaftigkeit. Sie hat es daher nur sehr selten mit einem einzelnen Phänomen zu tun. Selbst bei Einzelfallstudien wird ein Bezug zu einem allgemeineren Zusammenhang hergestellt, und sei es nur, um das Besondere eines Einzelnen erkennen zu können. Ich möchte hier nicht die meist polemisch geführten Auseinandersetzungen um die idiographische, den Einzelfall beschreibende Methode und das nomothetische, dem Auffinden von Gesetzmäßigkeiten dienende Verfahren aufgreifen, weil ich die Unterscheidung für veraltet halte (de la Motte-Haber 1982).

Vor allem hat die in der Regel damit verquickte Frage nach der Art, wie Phänomene in einem Zeichensystem repräsentiert werden, damit nichts zu tun. Die kurz skizzierten Möglichkeiten, entweder durch eine Nominalskala zu klassifizieren, was sich aufgrund der Häufigkeit, mit der eine Kategorie auftritt, mit der Operation des Zählens verbinden kann, oder aber die des Messens von Rangabstufungen (Ordinalskala) sowie von genaueren, in Intervallen fixierten Abständen (Intervall- und Rational-Skala), haben andere Begründungen.

Einmal unterscheidet sich das wissenschaftliche Erkennen vom Alltagswissen durch größtmögliche Exaktheit. Fehler werden zwar durch den Anspruch einer höheren Objektivität nicht ausgeschaltet, aber sie sollen möglichst kontrolliert werden. Die größere Exaktheit garantiert, daß man sich auf die Ergebnisse der Forschung besser verlassen kann als auf eine alltägliche Meinung. Allerdings trifft der Einwand zu, daß die wissenschaftlichen Operationen des Zählens und Messens eine Beobachtung nicht in ihrer Totalität festhalten können. Aber er eignet sich nicht unbedingt, um den physiognomischen Blick oder die alltagssprachlich formulierte Spekulation aufzuwerten. Beide können, müssen aber nicht richtig sein. Und da die Operationen, mit denen in solchen Fällen Ergebnisse gewonnen werden, nicht angegeben werden können, sind diese Ergebnisse nicht nachvollziehbar, sie müssen geglaubt werden und gehören damit einem anderen Bereich des Lebens an als dem der Wissenschaft. Auch wenn sich dem tiefen Blick ein umfassenderes Verständnis der Realität öffnen mag, so genügt er nicht dem aufklärerischen Verständnis, das die Wissenschaft seit dem Beginn der Neuzeit entwickelt hat. Daß das wissenschaftliche Tun der Forderung nach Kontrollierbarkeit der Ergebnisse unterworfen ist, mag man bedauern. Der Anteil an irrational deutendem Verstehen bei der Hypothesenbildung und der Interpretation der Resultate ist jedoch immer noch so groß, daß das wissenschaftliche Denken zu Fall gebracht würde, wenn man den Anteil an Subjektivität erhöhte. Eine andere Frage ist, inwieweit dieses wissenschaftliche Denken überhaupt eine Rolle spielen kann in der Auseinandersetzung des Menschen mit der Welt. Die Frage ist angesichts der Verwissenschaftlichung des Alltagsdenkens aber theoretischer Natur. Sie zu stellen ist dennoch wichtig, weil sie darauf hinweist, daß die wissenschaftliche Forschung mit ihren Exaktheitsidealen möglicherweise nur eine besondere Form des Erkenntnisgewinns ist, die in keinem Fall dem Einzelnen den Zugang durch Intuition verwehren soll, zumal sich nicht alle Phänomene gleich gut quantifizieren lassen.

Die Verwendung von Meßinstrumenten, als welche die beschriebenen Skalen bezeichnet werden können, hängt zum zweiten mit der Art des Schlußfolgerns zusammen. In der psychologischen Forschung werden überwiegend induktive Schlüsse vorgenommen. Es wird verallgemeinert. Selbstverständlich spielt auch der deduktive Schluß eine wichtige Rolle. Denn alle Voraussagen, aber auch die Bildung von Hypothesen, beruhen auf spekulativen Annahmen, die aus theoretischen Modellen abgeleitet wurden. Genetischer Schlußfolgerungen, wie sie vor allem der Historiker pflegt, bedarf es in manchen Teilbereichen, so etwa, wenn es um die Entwicklung von Motivationen geht. Ein gegebenes Faktum wird durch die Bedingung seiner Entstehung erklärt: »Weil Napoleon die Schlacht von Waterloo verlor, hat Frankreich . . . «, »Weil ein Mensch in seiner Kindheit keine Berührung mit Musik hatte, ist er heute . . .« Auch der in der juristischen Praxis so schwierige Indizienschluß hat in der psychologischen Forschung einen Platz. Persönlichkeitsmerkmale sind sehr selten direkt zu beobachten. Sie werden immer durch mehr oder weniger vage Anhaltspunkte »bewiesen«. Der Analogieschluß hingegen, für den das psychogenetische Grundgesetz ein Beispiel bietet, ist in der Wissenschaft höchst problematisch. Er hat höchstens einen heuristischen Wert.

Der induktive Schluß, der in den meisten Fällen gezogen wird, bedeutet, daß Beobachtungen verallgemeinert werden. Mit dieser Abstraktion von tatsächlich Gegebenem verbinden sich Probleme, die mit einer guten Stichprobenkonstruktion und einer genauen Wahrscheinlichkeitsberechnung allein nicht gelöst werden. Die Induktion setzt Annahmen voraus, die prinzipiell das Verhältnis zur Welt betreffen. Dazu gehört die Vermutung, daß die Natur keine Sprünge macht. Solche Annahmen sind nicht im Rahmen einzelwissenschaftlicher Forschung zu bestätigen oder zu widerlegen.

Verallgemeinerungen darüber, wie Musik wahrgenommen, erlebt, beurteilt und verstanden wird, setzen voraus, daß nicht nur eine vereinzelte Beobachtung gemacht wird, und daß man die — die Generalisierung einschränkende — Variation dieser Beobachtungen kennt. Die bei psychologischen Untersuchungen verwendeten Meßinstrumente gewinnen in diesem Kontext insofern eine Bedeutung, als sie weit besser als die Umgangssprache, nämlich quantifizierend, die Variationsbreite und damit Einschränkungen am induktiven Schluß abzuschätzen erlauben. Wer Abweichungen feststellt, um nicht vorschnell eine Regel zu formulieren, ist zudem gezwungen, anstelle einer globalen Beschreibung Dimensionen einzeln zu betrachten. Er könnte sonst kaum verschiedene Ausprägungsgrade genau festhalten. Soll eine allgemeine Aussage abgesichert sein, so kann sie nicht auf einer globalen Betrachtung beruhen.

Ein Meßinstrument muß eigens entwickelt werden. Das zeigt am besten ein Beispiel, wo uns seine Verwendung fast selbstverständlich ist. Für Angaben in Metern oder Zentimetern wurde ein Maß konstruiert, das sich als geeignet, damit valide, das sich als verläßlich-reliabel und auch als ökonomisch-praktisch erwiesen hat. Es ist grundsätzlich schwieriger, psychische Merkmale zu messen als physikalische. Das wurde bereits im Zusammenhang mit der Besprechung der Musikalitätstests deutlich. Mit diesen Schwierigkeiten ist jedoch nicht erklärbar, warum bei musikpsychologischen Untersuchungen eine große methodische Armut festzustellen ist, die auch kaum durch geschickte statistische Auswertung aufzuwiegen ist. Es wurden und werden immer wieder Sachverhalte nur verbal erfragt und somit nur einfach klassifiziert. Eigene Meßinstrumente für Beobachtungen wurden fast niemals erstellt. Außerdem wurde zeitweilig so viel mit dem Polaritätsprofil gearbeitet, daß dessen meist nicht besonders geschulte Kritiker meinten, es gäbe fast keine andere methodische Möglichkeit. Grundsätzlichere Diskussionen, wie sie sich mit den verschiedenen Skalenkonstruktionen nach Thurstone, Lickert oder Guttman verbinden, wurden im Rahmen der Musikpsychologie nicht geführt, trotz der großen Zahl an Untersuchungen über das Problem der Einstellungen, wofür sie besonders geeignet sind. Das ist bedauerlich. Denn wenn irgendwann einmal ein anderes methodisches Vorgehen probiert wurde, zeigte es meist überraschende Resultate. Mit einem Paarvergleich zwischen Akkorden (de la Motte-Haber 1971) konnte demonstriert werden, daß zusätzlich zur Abstufung nach den Gesichtspunkten »konsonant«—»dissonant« andere Dimensionen notwendig sind, vor allem, um die wohlklingenden, aber im Konsonanzgrad uneindeutigen tritonushaltigen Klänge angemessen zu beschreiben.

Das Polaritätsprofil dient der Analyse von konnotativen Bedeutungen, womit die affektiven und physiognomischen Valenzen von Begriffen und Objekten gemeint sind, die den semantischen Gehalt um so entscheidender prägen, je weniger bei Begriffen eine denotative, durch ein dingliches Abbild bestimmte Bedeutung oder bei Objekten ein konkret-gegenständlicher Wert vorliegt. Der semantische Gehalt von Begriffen wie Liebe, Glück etc. läßt sich damit ebenso bestimmen wie musikalische Ausdruckscharaktere. In der zweiten Hälfte der sechziger Jahre wurden mit dem Polaritätsprofil — auch »semantisches Differential« genannt — sehr viele Untersuchungen emotionaler Qualitäten von Musik durchgeführt. Dies hatte durchaus einen guten Sinn, weil es wenig Methoden gibt, mit denen gleichermaßen eine Bedeutungsanalyse durchgeführt werden kann. Für die Verläßlichkeit dieses Meßinstruments spricht außerdem, daß für den musikalischen Ausdruck fast immer die gleiche dimensionale Ordnung ermittelt wurde. Allerdings hatte die Stereotypie der Resultate auch zur Folge, daß man ihrer müde wurde.

Gegenüber dem Adjektivzirkel oder den Adjektivlisten, die in den älteren Untersuchungen verwendet worden waren, stellt das Polaritätsprofil eine er-

6
cheerful
bright
gay
happy
joyous
merry

7
agitated
dramatic
exciting
exhilarated
impetuous
passionate
restless
sensational
soaring
triumphant

5
delicate
fanciful
graceful
humorous
light
playful
quaint
sprightly
whimsical

8
emphatic
exalting
majestic
martial
ponderous
robust
vigorous

4
calm
leisurely
lyrical
quiet
satisfying
serene
soothing
tranquil

1
awe-inspiring
dignified
lofty
sacred
serious
sober
solemn
spiritual

3
dreamy
longing
plaintive
pleading
sentimental
tender
yearning
yielding

2
dark
depressing
doleful
frustrated
gloomy
heavy
melancholy
mournful
pathetic
sad
tragic

	(3)	(2)	(1)	(1)	(2)	(3)	
fließend	— — —	— —	—	—	— —	— — —	stockend
undefinierbar	— — —	— —	—	—	— —	— — —	bestimmt
drängend	— — —	— —	—	—	— —	— — —	behaglich
offen	— — —	— —	—	—	— —	— — —	geschlossen
dynamisch	— — —	— —	—	—	— —	— — —	statisch
geordnet	— — —	— —	—	—	— —	— — —	zufällig
kompliziert	— — —	— —	—	—	— —	— — —	einfach
schwankend	— — —	— —	—	—	— —	— — —	stabil
gemessen	— — —	— —	—	—	— —	— — —	erregt
fein	— — —	— —	—	—	— —	— — —	grob
klar	— — —	— —	—	—	— —	— — —	verschwommen
dunkel	— — —	— —	—	—	— —	— — —	hell
schön	— — —	— —	—	—	— —	— — —	häßlich
symmetrisch	— — —	— —	—	—	— —	— — —	asymmetrisch
angespannt	— — —	— —	—	—	— —	— — —	gelöst
dick	— — —	— —	—	—	— —	— — —	dünn
aktiv	— — —	— —	—	—	— —	— — —	passiv
fest	— — —	— —	—	—	— —	— — —	locker
überraschend	— — —	— —	—	—	— —	— — —	erwartet
langsam	— — —	— —	—	—	— —	— — —	schnell
kontrastreich	— — —	— —	—	—	— —	— — —	einförmig
müde	— — —	— —	—	—	— —	— — —	lebhaft
phantasievoll	— — —	— —	—	—	— —	— — —	einfallslos
aufdringlich	— — —	— —	—	—	— —	— — —	zurückhaltend
gehemmt	— — —	— —	—	—	— —	— — —	schwungvoll
gefühlvoll	— — —	— —	—	—	— —	— — —	kühl
interessant	— — —	— —	—	—	— —	— — —	langweilig
differenzierend	— — —	— —	—	—	— —	— — —	zusammenhängend
eckig	— — —	— —	—	—	— —	— — —	rund
gesetzt	— — —	— —	—	—	— —	— — —	bewegt

Eine kreisförmige Anordnung von Adjektiven (siehe linke Seite) diente in den dreißiger Jahren Hevner dazu, den empfundenen musikalischen Ausdruck begrifflich faßbar zu machen und in eine Ordnung zu bringen, die sie nach wenigen Studien als fixiert ansah. Dies hat sich als nicht haltbar erwiesen. Moderne Meßverfahren wie das Polaritätsprofil (Beispiel siehe oben) oder der Paarvergleich lassen die dimensionale Struktur zunächst offen und legen sie erst anhand der erhobenen Daten fest. Allerdings gibt es auch Skalierungsverfahren, die nach gründlichen Voruntersuchungen eine Dimension genau fixieren.

hebliche Verbesserung dar, weil es genauere Messungen als die einfache Zuordnung von Eigenschaften erlaubt und außerdem nicht, wie dies unglücklicherweise bei den Experimenten von Hevner (1936) der Fall ist, die Struktur der Bedeutungen im vorhinein festlegt.

Das Profil besteht aus einer Reihe von graduell (früher siebenfach, heute sechsfach) abgestuften Skalen, deren Pole durch Adjektive gegensätzlicher Bedeutung charakterisiert sind. Auf diesen Skalen können Objekte, beispielsweise musikalische Phrasen oder auch Begriffe, eingestuft werden. Ihre Zahl ist nicht festgelegt. Sie sollen sich jedoch auf verschiedene Aspekte beziehen und hinsichtlich ihrer Differenzierungsfähigkeit geprüft sein. Das Polaritätsprofil hat wie der Paarvergleich gegenüber anderen Verfahren den Vorteil, daß mehrere Dimensionen erfaßt werden können.

Es wurde auf der Grundlage der im zweiten Kapitel beschriebenen, in den fünfziger Jahren entstandenen Kongruenztheorie entwickelt. Sind zwei beurteilte Objekte miteinander »assoziiert«, so ist ihre Bewertung mit Hilfe des Profils sehr ähnlich; sind sie »dissoziiert«, so werden sie verschieden eingeschätzt. Ähnlichkeit und Unterschiede lassen sich durch Distanzmaße (unter anderem auch Korrelationen) ausdrücken. Die semantische Distanz läßt sich außerdem räumlich darstellen. Dabei treten mit großer Regelmäßigkeit Faktoren auf, die unterschiedliche Eindrücke von Aktivität (activity), der Bewertung (evaluation) und der Stärke bzw. Überlegenheit (potency) widerspiegeln. Nur sehr selten sind zu diesen Dimensionen, auf die sich die Bewertungen konnotativer Bedeutungen reduzieren lassen, andere Gesichtspunkte hinzugetreten. Das führte zu der erwähnten Stereotypie in den Ergebnissen. Um Mißverständnisse zu vermeiden, sei erwähnt, daß die oft drei-faktorielle Anordnung von Bedeutungen, die einem Objekt zugeschrieben wurden, nicht besagt, daß keine darüber hinausgehenden Qualitäten existieren. Es kann durchaus sein, daß sie sich verbal nicht fixieren lassen, somit andere Meßinstrumente angemessener wären.

Techniken empirischer Datenerhebung im Überblick

Von einem Überblick über Verfahren kann man sich nur erhoffen, daß er das Verständnis einzelner Untersuchungen erleichtert und vielleicht auch zeigt, daß je nach Untersuchungsgegenstand andere Verfahren angemessen sind. Wenn man bedenkt, daß jedem Verfahren wiederum ein ganzes Lehrbuch gewidmet werden könnte, so ist aber auch das Ausmaß an Vergröberung klar, das sich mit einem solchen Überblick verbindet. Einzelne Techniken können nur in Grundzügen dargestellt werden.

Experiment und Introspektion wurden als Extreme erfahrungswissenschaftlicher Forschung behandelt. Zwischen diesen Polen findet sich eine Reihe von Methoden, die den erwähnten Interdependenz-Analysen dienen. Sie werden im nachfolgenden auch dann angedeutet, wenn sie in der musikpsychologischen Forschung noch wenig benutzt wurden. Es könnten aus solcher Darstellung Anregungen hervorgehen.

Die Beobachtung: Alle empirischen Forschungen können als Beobachtung bezeichnet werden. Davon abzuheben ist das Verfahren gleichen Namens. Die Beobachtung von Verhaltensweisen innerhalb eines sozialen Systems unterscheidet sich von unseren zufälligen Alltagsbeobachtungen dadurch, daß sie planmäßig und so systematisch wie möglich sein soll. Die Einschränkung »wie möglich« ergibt sich aus dem Umstand, daß eine Beobachtung meist (sofern es sich nicht um eine künstlich hergestellte Gruppensituation handelt) an natürliche Bedingungen geknüpft ist, so daß nicht alle Einflußfaktoren bekannt sind. Als Instrumentarium bedarf es bei der Beobachtung eines Kategoriensystems, mit dessen Hilfe die zur Diskussion stehenden Variablen festgehalten werden. Dieses Kategoriensystem muß zusammen mit der Fragestellung entwickelt werden und hängt inhaltlich von ihr ab. Beobachtungsverfahren werden gern verwendet, um Unterrichtsgeschehen transparent zu machen. Es kann dabei nützlich sein, ein bereits standardisiertes Verfahren zu verwenden, um das Lehrer-Schüler-Verhalten und die diesbezügliche Interaktion festzustellen. Beobachtungen unterscheiden sich darin, inwieweit sie die Teilnahme dessen, der die Daten fixiert, am Geschehen vorsehen oder nicht. Die »nicht-teilnehmende Beobachtung« ist an Situationen gebunden, die öffentlich sind, so daß der Beobachter die Rolle des Unbeteiligten übernehmen kann. Dies kann dennoch ethisch fragwürdig sein. Das Problem läßt sich nur manchmal lösen durch Wissentlichkeit auf seiten der Personen, deren Verhaltensweisen festgehalten werden. Denn diese Wissentlichkeit verändert die Verhaltensweisen.

Bei der teilnehmenden Beobachtung übernimmt der Beobachter in einem sozialen Geschehen eine Rolle. Es ist dies eine in der Ethnologie häufig praktizierte Methode. So wird der Forscher Mitglied des Stammes, dessen Lebensgewohnheiten oder Rituale er untersuchen möchte. Daß ihm nicht alle Rollen offenstehen — er kann nicht so leicht Häuptling werden —, beeinträchtigt die Forschung, weil sie durch die Perspektive der Wahrnehmung verzerrt sein kann. Weitere Fehler werden dadurch bewirkt, daß Sachverhalte nur aus der Erinnerung aufgezeichnet werden können. Die teilnehmende Beobachtung ist immer dann erforderlich, wenn sich Daten über die Beziehungen innerhalb eines sozialen Systems nicht auf anderem Wege ermitteln lassen.

Soziometrie: Soziale Beziehungen in einer Gruppe lassen sich erfragen, indem jedes Mitglied dieser Gruppe in einem schriftlichen Verfahren diejenige Person auswählt, die einem bestimmten Kriterium genügt, ihm beispielsweise am sympathischsten erscheint. Wahlfragen können sich auch auf andere Aspekte des sozialen Geschehens beziehen, auf Interaktionen oder gewünschte Beziehungen. Typische Wahlfragen lauten: »Mit wem gehen Sie in die Kantine?« »Neben wem möchtest Du sitzen?« Auch die subjektive Wahrnehmung kann auf diese Weise ermittelt werden (»Was glaubst Du, wer Dich am besten leiden kann?«), ebenso Abneigungen (»Wen würdest Du bestimmt nicht zu Deinem Geburtstag einladen?«). Welche Frage man stellt, hängt davon ab, was man untersuchen möchte, ob die tatsächlichen oder die gewünschten Beziehungen.

Diese soziometrische Erhebung kann differenziert werden, indem nicht nur eine, sondern mehrere Wahlen getroffen werden. Dazu wird eine Art »rating«

benutzt, bei dem Personen hinsichtlich ihrer Beliebtheit in eine Rangfolge gebracht werden. Es entstehen Ordnungen ähnlich denen, die Kinder zur Strukturierung ihrer Beziehung benutzen, wenn sie sagen: »Dies ist meine allerbeste Freundin, dies ist meine zweitbeste Freundin . . .« Bei einer solchen abgestuften Beurteilung sollen nicht mehr als fünf Personen eingeschätzt werden. Selbstverständlich kann zur Erhebung von informellen Gruppenstrukturen auch ein Paarvergleich verwendet werden.

Ist die Gruppe, die befragt wird, klein, so können die Wahlen grafisch ausgewertet werden (Soziogramm). Ist jedoch eine größere Anzahl von Personen an einer solchen Befragung beteiligt, so ist eine numerische Auswertung nötig. Die Wahlen werden in die Form einer Tabelle gebracht, aus der dann nicht nur gegenseitige Präferenzen — und damit Gruppenkohäsionen — ermittelt werden können, sondern auch Häufigkeiten von Wahlen, die den »Star« einer Gruppe kennzeichnen, und anderes mehr. Soziometrisch ermittelte Daten sind deskriptiv, wenn nicht zusätzliche Variablen (darunter auch Persönlichkeitsvariablen, wie etwa Extraversion) zur Interpretation herangezogen werden. Vor allem bei dem zweiphasigen Kommunikationsprozeß, der im Zusammenhang mit den Einstellungen Jugendlicher zur Musik beschrieben wurde, könnte dieses Verfahren eine Rolle spielen, weil es sich sehr gut eignet, die »opinion leaders« aufzufinden. Vielleicht ermöglicht es auch, Ansätze zur Veränderung von Einstellungen aufzuspüren. Zwar wird heute die Soziometrie überwiegend als Erhebungstechnik benutzt, aber der meist nicht ganz zu Recht als Begründer dieses Verfahrens zitierte Moreno (1934) hatte damit anderes im Sinn. Er wollte aus soziometrischen Daten Ansatzpunkte zur Revolution der Gesellschaft gewinnen. Zwar sind mit einer bescheideneren Frage als *Who shall survive?* — so der Titel seines Buches — nur kleinere Probleme zu behandeln, möglicherweise aber effizienter.

Fragebogen: »Frage nur, wenn Du nicht beobachten kannst.« Diese Regel, die vor der Konstruktion eines Fragebogens steht, wird gern verletzt, weil zu fragen einfacher erscheint, als andere Verfahren zu verwenden. Die Ergebnisse von Befragungen sind daher oft trivial, außerdem weiß man nicht genau, was sie bedeuten. Wurde ein Sachverhalt ermittelt oder eine wünschenswerte Meinung über diesen Sachverhalt? Läßt man beispielsweise angeben, welche Musik Personen bevorzugen, und stellt Personen mehrere Alternativen zur Verfügung, so ist es leicht möglich, daß von einem viel zu hohen Prozentsatz klassische Musik gewählt wird, weil geglaubt wird, diese Angabe sei wünschenswert, zumal wenn die Person, die Meinungen über Musik ermittelt, diese Antwort in irgendeiner Weise nahelegt. Es gibt im übrigen auch Menschen, die ohne Rücksicht auf die Frage einfach gern »Ja« angeben und damit Antworten in einem Fragebogen verfälschen.

Einen Fragebogen aufzustellen, in dem störende Effekte (wie beispielsweise Antworttendenzen) kontrolliert werden, ist sehr schwierig. Es bedarf dazu

Der Fragebogen zu einer Untersuchung der Beziehung zwischen Farbe und Form stammt aus dem Jahre 1923. Mit ihm prüfte Kandinsky seine Theorien, indem er ihn von den Mitgliedern des Bauhauses ausfüllen ließ. Er fand dabei bestätigt, daß Gelb und Dreieck, Rot und Quadrat, Blau und Kreis als zueinander gehörig empfunden wurden. Diese Zuordnungen könnten allerdings dadurch zustande gekommen sein, daß das Erwünschte angegeben wurde. Denn wahrscheinlich kannten die Mitglieder des Bauhauses die Theorien von Kandinsky. — Fragebögen verlangen eine sorgfältige Konstruktion. Sie können als methodische Hilfsmittel in vielen Zusammenhängen benutzt werden: zur Einstellungsmessung, im Bereich der Persönlichkeitsforschung, auch um Probleme einer Wirkungsästhetik zu lösen.

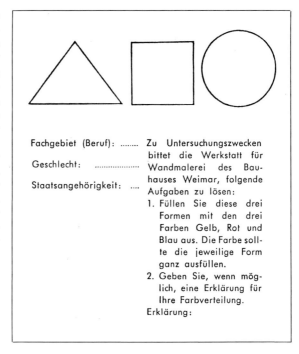

Fachgebiet (Beruf): ....
Geschlecht: ....
Staatsangehörigkeit: ....

Zu Untersuchungszwecken bittet die Werkstatt für Wandmalerei des Bauhauses Weimar, folgende Aufgaben zu lösen:
1. Füllen Sie diese drei Formen mit den drei Farben Gelb, Rot und Blau aus. Die Farbe sollte die jeweilige Form ganz ausfüllen.
2. Geben Sie, wenn möglich, eine Erklärung für Ihre Farbverteilung.
Erklärung:

nicht nur einer intensiven Beschäftigung mit dieser Technik der Erhebung, sondern auch der Erfahrung. Fragebögen sind deshalb so beliebt, weil sie erlauben, objektive (»Waren Sie gestern in einem Konzert?«) und subjektive Sachverhalte (»Halten Sie Konzerte für wichtig?«) zu ermitteln. Auch die Diskussion um qualitatives und quantitatives psychologisches Arbeiten tritt weniger schroff hervor. Denn ein mündlich explorierendes Tiefeninterview wäre ebenso eine Befragung wie eine schriftlich durchgeführte Erhebung, bei der alle Antworten durch das Ankreuzen von Kategorien abgegeben werden können. Das qualitative Interview und die schriftliche Befragung unterscheiden sich allerdings im Hinblick auf das Ausmaß an Standardisierung und damit im Hinblick auf die Vergleichbarkeit von Antworten.

Ein wichtiger erster Schritt vor der Konstruktion eines Fragebogens betrifft die dimensionale Auflösung des zu untersuchenden Phänomens. Hieran zeigt sich besonders deutlich, daß globale Betrachtungen zugunsten einer Deskription der Variation hinsichtlich einzelner Merkmalsdimensionen zurücktreten sollen. Es ist kaum sinnvoll zu fragen: »Lieben Sie Musik?« Vielmehr ist es notwendig, Vorlieben zu definieren durch die Häufigkeit des Konzertbesuchs, den Zeitaufwand und anderes mehr. Nur aus der (möglichst theoretisch fundierten) präzisen Bestimmung eines Phänomens lassen sich Fragen gewinnen. Meistens tritt hierzu noch die Suche nach Bedingungen, also nach einer quasi unabhängigen Variablen. Oft begnügen sich Forscher damit, dieses »Warum« durch die Sozialdaten (wie Alter, Geschlecht, Schulbildung etc.) zu lösen. Wie ungenügend dieses Vorgehen aber ist, wurde in dem Abschnitt über die Bedingungen von Einstellungen des zweiten Kapitels deutlich.

Fragen können offen oder geschlossen sein. Die Entscheidung muß aus inhaltlichen und pragmatischen Gründen gefällt werden. Ist eine spontane Rangordnung von Musik von Interesse, so muß die Antwort vom Probanden selbst formuliert werden. Bei geschlossenen Fragen muß er nur bereits vorgegebene Kategorien ankreuzen, was die Auswertung erheblich vereinfacht. Sind diese Antwortvorgaben sehr einfach, wird zunächst nur die alternative Entscheidung »ja« oder »nein« verlangt, so ermöglicht es der »Fragetrichter« in der Art »Wenn ja, warum . . .?«, spezielle Informationen zu gewinnen.

Bei sozialpsychologischen Forschungen werden überwiegend Fragebögen verwendet. Ihre Konstruktion berücksichtigt aber fast tiefenpsychologische Gesichtspunkte. Überlegt werden muß, durch welche Suggestionen oder Überrumpelungstechniken man schwierige Stellungnahmen gewinnen kann oder wie Hemmungen am besten abgebaut werden. Auch beim Aufbau eines Fragebogens muß bedacht werden, wie Fragen auf andere ausstrahlen oder ob Puffer zur Erholung zwischen schwierige Meinungsäußerungen eingebaut werden sollen. Wie kann kontrolliert werden, ob Antwortvorgaben schlampig ausgefüllt oder ob gar wider besseres Wissen falsche Angaben gemacht worden sind? Diese und andere Probleme machen eine Erhebung durch einen Fragebogen zu einem schwierigen Unterfangen, das nicht nur intensive Kenntnisse, sondern auch Erfahrungen voraussetzt. Nur ein Teil schlecht formulierter oder nicht differenzierter Fragen läßt sich durch die immer notwendigen Voruntersuchungen (pretest) verbessern.

Nicht nur im Bereich der Einstellungsforschung, sondern auch in dem der Persönlichkeitspsychologie werden gern schriftlich abgegebene Antworten verwendet. Angst, Neurotizismus, Extraversion können damit ermittelt werden. Die Kritik an einem solchen Vorgehen liegt auf der Hand. Wird ein sorgfältig standardisierter normierter Fragebogen für derart schwierig zu erfassende Merkmale verwendet, der außerdem aufgrund einer möglichst objektiven Auswertung nur geschlossene Fragen vorsieht, so wird sehr viel Information vernachlässigt. Die sprachlichen Formulierungen bewirken außerdem höchst wahrscheinlich Verzerrungen. Musikalitätstests messen auch durch Befragungen ein Persönlichkeitsmerkmal, indem sie über Sinneseindrücke oder auch über die Bewertung von musikalischen Qualitäten zu Schlußfolgerungen über die Begabung eines Menschen gelangen. Wiederholte Stellungnahmen derselben Person zu verschiedenen Zeiten (panel-Untersuchung), wie sie bei Längsschnitt-Untersuchungen verlangt werden, scheinen dabei kaum von Erinnerungseffekten beeinträchtigt.

Man hat versucht, Stellungnahmen über eine akustische Wahrnehmung als »klingenden Fragebogen« zu bezeichnen. Da die Fragen jedoch nicht eigentlich

»klingend« sind, ist es besser, diesen Begriff zu vermeiden, weil er eine unnötige Differenzierung schafft zwischen musikpsychologischen und anderen sozialwissenschaftlichen Untersuchungen. Er unterstellt fälschlicherweise auch, daß in diesen anderen Untersuchungen keine Reaktionen auf irgendwelches konkretes Material verlangt werden, sondern nur verbal formulierte Behauptungen zur Diskussion stehen. Eigentlich drückt dieser Begriff nur ein Unbehagen darüber aus, daß allzuoft aus Gründen der Bequemlichkeit die Region des sprachlich Formulierbaren nicht verlassen wurde und somit keine Meinungen über Sachverhalte, sondern Meinungen über Meinungen festgestellt wurden.

Projektive Tests: Der Begriff »Projektion« stammt von Freud und meint, daß Wünsche und Motive die Wahrnehmung einer anderen Person oder eines Objekts bestimmen, daß sie ihr oder ihm quasi zugeschrieben werden. Solche Projektion hat den Zweck, abzuwehren und auch zu befriedigen. Unterstellt man die eigene Aggression einem Objekt als Tücke, so wird sie nicht unterdrückt. Die feindseligen Bedürfnisse können gestillt werden, ohne daß man selbst dafür verantwortlich zu machen ist. Der Begriff der Projektion hat in der Nachfolge vor allem im Zusammenhang mit der Entwicklung der projektiven Tests — der Begriff datiert aus dem Jahre 1939 — leichte Veränderungen erfahren; beispielsweise wird nicht mehr angenommen, daß die Wünsche unbedingt unbewußt sein müssen.

Projektive Tests können sehr unterschiedlich aussehen. Wird von der Annahme ausgegangen, daß der Grad der Uneindeutigkeit die Eignung eines Objekts begünstigt, so ist es gut, sehr unstrukturiertes Material zu präsentieren, das vom Probanden gedeutet werden muß (konstitutive Tests). Die bekannten Tintenklecksbilder des Rorschach-Tests stellen solche Vorlagen dar. Es kann aber auch einfach nur Material bereitgestellt werden, das zu irgendeiner Konstruktion verwendet werden soll, von der dann auf die Bedürfnisstruktur eines Menschen zurückgeschlossen wird (konstruktiver Test). So läßt man Kinder manchmal Szenen aus Spielsachen bauen. Auch die diagnostische Verwendung von Kinderzeichnungen gehört zu diesem Typus von Test.

Wird der Vorgang der Projektion beispielsweise beim Malen zur Affektabfuhr verwendet, so ist im strengen Sinne nicht von einem (kathartischen) Test zu sprechen, sondern von einem therapeutischen Akt.

Es ist auch möglich, bereits strukturiertes Material zu verwenden, das interpretiert werden soll (interpretative Tests). Beim TAT (Thematischer Apperzeptionstest) werden Bilder vorgelegt, zu denen Phantasiegeschichten erfunden werden sollen. Diese Bilder beziehen sich auf verschiedene Problembereiche.

Durch Wahrnehmung, Deutung und Gestaltung etwas über innerpsychische Prozesse erfahren zu wollen, hat den Vorteil, daß ein Ergebnis nicht absichtlich verfälscht werden kann, weil es keine richtigen oder falschen Antworten gibt. In diesem Punkt sind projektive Tests allen Fragebögen überlegen. Je positivistischer die Gesinnung von Psychologen, um so suspekter aber sind ihnen diese

Der Thematische Apperzeptionstest (TAT; © Harvard University Press, Cambridge/Mass.) ist ein projektives Verfahren. Zu Bildern sollen Geschichten erfunden werden. Die Thematik der Bilder spricht verschiedene Lebensbereiche an. Hier ist das erste Bild dieses Tests zu sehen, dessen Thema die Frage nach der Selbstgestaltung ist. Projektive Tests ermöglichen es, in tiefere Schichten der Persönlichkeit einzudringen als die anderen Verfahren. Problematisch ist jedoch, daß sie ihrerseits wiederum eine symbolische Deutung verlangen, deren Richtigkeit weniger abgesichert ist. Der TAT ist ein Verfahren, das seit den vierziger Jahren gebraucht wird, so daß aufgrund der Erfahrung das Ausmaß seiner Gültigkeit in etwa abgeschätzt werden kann. Vor allem im Bereich der Leistungsmotivationsforschung hatte er auch zu Zeiten des Höhepunkts der behavioristischen Psychologie immer einen Platz.

Verfahren. Vor allem zwei Argumente sprechen gegen die Verwendung projektiver Tests.

Was ein Proband wahrnimmt oder erfindet, gewinnt erst durch eine zusätzliche symbolische Interpretation eine Bedeutung. Somit ist das Ausmaß an Objektivität erheblich geringer, als wenn ein Proband bei einer geschlossenen Frage einfach eine Antwort anzukreuzen hat. Noch schwieriger gestalten sich Überlegungen, die das Problem der Gültigkeit dieser Tests betreffen. Kann man aus einer Zeichnung oder einer Phantasiegeschichte tatsächlich Konflikte herauslesen und eventuell auch noch auf ihre Gründe schließen? Durch umfangreiche Untersuchungen — auch an Menschen, die sich in extremen psychischen Situationen befinden — versucht man zu erforschen, was eine Wahrnehmung oder eine Deutung besagt, und damit des Problems der Validität Herr zu werden. Wie problematisch projektive Tests auch sein mögen wegen des hohen Ausmaßes an Subjektivität, das ihre Interpretation bestimmt, so ließen sie sich doch niemals ganz aus der psychologischen Forschung verbannen, weil es Bereiche gibt, die mit Fragebogen-Verfahren nicht abzustecken sind. Es gehört zu den Paradoxien der Wissenschaftsgeschichte, daß ausgerechnet die mit mathematischen Formeln hantierende Leistungsmotivationsforschung (vgl. viertes Kapitel) auch mit einem projektiven Verfahren arbeiten mußte, nämlich dem TAT, weil Erfolgssuche oder Mißerfolgsängstlichkeit als dispositionelle Eigenschaften mit einem Fragebogen nicht zu ermitteln sind. Wahrscheinlich werden bei einer Befragung die Angaben nicht einmal absichtlich verfälscht, sondern es ist nur schwierig, bewußt zu formulieren, was einen im Innersten bewegt. Daher hatte im Forschungsbereich Motivation auch während der behavioristischen Ära der TAT immer einen Platz — ein projektiver Test allerdings, der seinerseits sehr gut untersucht ist, für den außerdem festgestellt wurde, daß verschiedene Auswerter die Phantasiegeschichten in hohem Maße übereinstimmend interpretieren.

Inhaltsanalyse: Auf der ersten Seite der *Traumdeutung*, deren Publikation Freud um einige Zeit verzögerte, damit als Erscheinungsdatum eine runde Zahl, nämlich das Jahr 1900, angegeben werden konnte, schrieb er:

»Auf den folgenden Seiten werde ich den Nachweis erbringen, daß es eine psychologische Technik gibt, Träume zu deuten, und daß bei der Auswertung dieses Verfahrens jeder Traum sich als ein sinnvolles psychisches Gebilde herausstellt.«

Die Traumanalyse ist ein prominentes Beispiel für ein Verfahren, bei dem von einem manifesten Inhalt auf einen latenten Sachverhalt geschlossen wird. Die Inhaltsanalyse (auch Aussagenanalyse genannt) ist so alt wie die Menschheit. Denn seit ewigen Zeiten werden aus offenkundigen Erscheinungen, wie etwa Donner oder Blitz, nicht direkt wahrnehmbare Umstände, beispielsweise Launen der Götter, abgeleitet. Die intuitiven Schlußfolgerungen wurden schon früh durch quantitative Angaben unterstützt. Der Beweis, daß die Schriften der Sekte der »mährischen Brüder« nicht von den Inhalten der lutherischen Kirche abwichen, wurde durch das Auszählen religiöser Begriffe geleistet. Nicht immer ist das Kategoriensystem, das der quantitativen Analyse dient, so leicht aufzustellen, daß einfach nur Begriffe gezählt werden. Dennoch macht schon dieses Beispiel das grundsätzliche Vorgehen deutlich. Eine sehr genau formulierte Frage dient bei einer Inhaltsanalyse als Grundlage für die Entwicklung eines Kategoriensystems. Die Frage bestimmt die Einzelheiten, die untersucht werden. Das können ganze Sätze sein oder auch nur Themen, syntaktische Konstruktionen, das kann bei einem Text auch nur ein Alternativmerkmal sein, wie »positiv erwähnt« oder »negativ erwähnt«. Es werden nur die in der Frage aufgeworfenen Probleme berücksichtigt. Die Bildung des Kategorienschemas, oft eine Nominalskala, ist äußerst schwierig, weil an die Kategorien bestimmte formale Anforderungen zu richten sind. Sie müssen sich eindeutig zuordnen lassen, einander klar ausschließen (d. h. eine absolute Trennschärfe haben) und exakt definiert sein im Hinblick auf die Bedeutungsdimensionen, die sie beschreiben sollen. Gegenstand einer Inhaltsanalyse können alle Arten von Bedeutungsträgern sein. Meist werden sprachliche Mitteilungen untersucht. Dabei betrifft die Deutung von Aussagen durch eine Inhaltsanalyse nicht nur die Beschreibung des Inhalts einer Aussage (oder ihrer Form oder des Stils), sondern es können auch Beziehungen zwischen Inhalt und Kommunikator sowie Rezipient einbezogen werden. Inhaltsanalysen, die beanspruchen, auch Wirkungsanalysen (im Hinblick z. B. auf die Einstellungen des Empfängers) zu sein, brauchen allerdings eine Ergänzung durch andere Verfahren, die die vermuteten Effekte prüfen.

Das Verfahren selbst soll hier nicht vertieft werden, da seine Darstellung — ähnlich wie die Fragebogentechnik — ein ganzes Buch braucht. Wohl soll aber auf die Problematik des Schlußfolgerns hingewiesen werden. Werden Differenzen zwischen zwei Aussagen festgestellt, so sind sie durch die Irrtumswahrscheinlichkeit statistisch zu sichern. Die klassischen Inhaltsanalysen benutzen jedoch einen Indizienschluß. Sowohl wenn aus einem Traum durch Symboldeutungen ein Konflikt abgeleitet, als auch, wenn ein Dokument aufgrund bestimmter Merkmale einem Autor zugeordnet wird, werden mehr oder weniger indirekte Relationen in Rechnung gestellt. Auch wenn sie, was bei der Traumsymbolik der Fall ist, durch eine Theorie begründet sind, so ist doch bei allen Schlußfolgerungen, die solche indirekten Relationen benutzen, Vorsicht hinsichtlich ihrer Beweiskraft geboten.

Als wissenschaftliches Verfahren wurde die Inhaltsanalyse vor allem in der Publizistik benutzt. Die damit durchgeführten Untersuchungen reichen von der Feststellung der Größe eines Zeitungsartikels bis zur bewertenden Analyse einzelner Sätze. Diese bewertende Analyse bezeichnet man auch als qualitative Inhaltsanalyse, was mit den qualitativen psychologischen Verfahren nichts zu tun hat. Denn diese Bewertung meint die Gewichtung einzelner Satzteile im Hinblick auf eine vermutete positive oder negative Einstellung des Kommunikators. Die publizistischen Forschungen berühren unmittelbar sozialpsychologische Fragen. Denn zu ihnen zu rechnen sind auch Programmanalysen, die Angaben liefern über mögliche Beeinflussungen des musikalischen Geschmacks. Ein Hit wird nicht selten durch ein Massenmedium erst gemacht.

Eine Inhaltsanalyse ist jedoch auch dann notwendig, wenn zunächst nicht zählend oder messend vorgegangen, sondern qualitativ gearbeitet wurde. Sie dient der nachträglichen Quantifizierung qualitativer Daten, die in einem Tiefeninterview oder in einem projektiven Test gewonnen wurden. Möglichst auf der Grundlage einer Theorie wird ein Kategoriensystem erstellt, das diese qualitativen Daten dann mindestens auf dem Niveau einer klassifizierenden Nominalskala zu behandeln erlaubt. Solche Möglichkeiten kategorialer Aufschlüsselung sind projektiven Tests meist bereits beigefügt. Sie sind erprobt, und die Trennschärfe der Kategorien ist geprüft. Sie sollen außerdem so eindeutig sein, daß jeder lernen kann, sie zu verwenden, so daß die Auswertung eines projektiven Tests von der Interpretation eines einzelnen Forschers unabhängig ist. Damit ein solcher Schlüssel entwickelt werden kann, bedarf es spezieller Untersuchungen.

Auch die Kategorien, die zur Auswertung eines projektiven Tests verwendet werden, fungieren als Indikatoren für tiefer liegende Sachverhalte, so daß es wünschenswert ist zu wissen, ob sie dafür tatsächlich als Anzeichen dienen können. Beim TAT haben die Indikatoren eine recht direkte Beziehung zu den Motiven, die sie repräsentieren. Liest man beispielsweise in einer zu den Bildern erfundenen Geschichte den Satz: »Er will ein großer Künstler werden«, so scheint dessen Zuordnung zur Kategorie »Erfolgserwartung« leicht und einleuchtend.

Qualitative Verfahren, die eine ausformulierte Theorie nutzen und durch ein Kategoriensystem ausgewertet werden können, das eine relativ unmittelbare Beziehung zu den Sachverhalten hat, die beobachtet werden sollen, aber der Beobachtung nicht direkt zugänglich sind, scheinen eine größere Chance zu haben, die strengen, von den Ansprüchen der Objektivität und Exaktheit geprägten Regeln des wissenschaftlichen Arbeitens auszuweiten, als Methoden, die einen Augurenblick benötigen. Dies besagt nichts gegen solche Formen des tiefgründigen Schauens, weil ein Wissenschaftler seinerseits nicht beanspruchen kann, die Totalität des Lebens zu betrachten.

Literaturhinweise

H. Besseler: Das musikalische Hören der Neuzeit. Berlin 1959.

H. F. Böttcher und U. Kerner: Methoden in der Musikpsychologie. Leipzig 1978.

F. von Brentano: Psychologie vom empirischen Standpunkt (1874). Leipzig ²1924.

R. Descartes: Leitfaden der Musik (1618). Deutsch von J. Brockt. Darmstadt 1978.

W. Dilthey: Ideen über eine beschreibende und zergliedernde Psychologie. Sitzungsbericht der Preußischen Akademie der Wissenschaft. Berlin 1894.

H. Driesch: Grundprobleme der Psychologie, ihre Krise in der Gegenwart. Leipzig 1926.

Chr. v. Ehrenfels: Über Gestaltqualitäten. In: Vierteljahresschrift für Philosophie 14 (1890).

G. Th. Fechner: Zur experimentellen Ästhetik. Leipzig 1871.

G. Th. Fechner: Vorschule der Ästhetik. Leipzig 1876.

G. Th. Fechner: Auswahl aus den philosophischen Schriften. Klagenfurt 1947.

F. v. Hausegger: Die Musik als Ausdruck. Graz 1885.

H. v. Helmholtz: Die Lehre von den Tonempfindungen als physiologische Grundlage für die Theorie der Musik. Braunschweig 1863.

K. Hevner: Experimental Studies of the Elements of Expression in Music. In: American Journal of Psychology 48 (1936). S. 246—268.

W. James: Principles of Psychology. New York 1890.

W. James: Does »Consciousness« exist? In: Journal of Phil. Psychol. Sci. Meth. 1 (1904). S. 477—491.

L. Klages: Der Geist als Widersacher der Seele. 3 Bde. Leipzig 1928—1932.

W. Köhler: Gestaltprobleme und Anfänge einer Gestaltthorie. Jahresbericht über die Ges. Physiologie. Berlin 1923.

W. Köhler: Gestalt Psychology. New York 1947.

K. Koffka: Principles of Gestalt Psychology. New York 1935.

F. Krueger: Theorie der Konsonanz. Wundts Psychologische Studien 1 . . .2, 1906; 4, 1908; 5. 1910.

F. Krueger: Das Wesen der Gefühle. Leipzig 1928.

E. Kurth: Musikpsychologie. Berlin 1931.

H. Lotze: Medizinische Psychologie oder Physiologie der Seele. Leipzig 1852.

R. W. Lundin: An Objective Psychology of Music. New York 1953, ²1967.

J. Moreno: Who Shall Survive? A New Approach to the Problem of Human Interrelations. Washington 1934.

J. Moreno: The First Book on Group Psychotherapy. New York 1932.

H. de la Motte-Haber: Konsonanz und Dissonanz als Kriterien der Beschreibung von Akkorden. In: Jahrbuch des Staatlichen Instituts für Musikforschung 1970. S. 101—127.

H. de la Motte-Haber: Die Anwendung der Bedingungsvariation bei musikpsychologischen Experimenten. In: Jahrbuch des Staatlichen Instituts für Musikforschung 1971. S. 154—178.

H. de la Motte-Haber: Musikalische Hermeneutik und empirische Forschung. In: Systematische Musikwissenschaft. Hg. von C. Dahlhaus und H. de la Motte-Haber. Wiesbaden 1982.

U. Neisser: Cognitive Psychology. New York 1967.

I. P. Pawlow: Die höchste Nerventätigkeit (das Verhalten) von Tieren (1924). München 1926.

J. Piaget: Psychologie de l'intelligence. Zürich 1947.

R. E. Radocy und J. D. Boyle: Psychological Foundations of Musical Behavior. Springfield, Illinois 1979.

H. Riemann: Handbuch der Harmonielehre. Leipzig 1880.

M. Rigg: Speed as a Determiner of Musical Mood. In: Journal of Experimental Psychology 27 (1940). S. 566—571.

H. Schole: Tonpsychologie und Musikästhetik. Göttingen 1930.

C. E. Seashore: Psychology of Music. New York 1938.

K. Stockhausen: . . . wie die Zeit vergeht. In: Die Reihe 3 (1957). S. 13—42.

C. Stumpf: Tonpsychologie. 2 Bde. Leipzig 1883—1890.

C. Stumpf: Konsonanz und Dissonanz. In: Beiträge zur Akustik und Musikwissenschaft 6 (1911). S. 116—150.

J. B. Watson: Behavior: An Introduction to Comparative Psychology. New York 1914.

A. Wellek: Musikpsychologie und Musikästhetik. Frankfurt/Main 1963.

M. Wertheimer: Productive Thinking. New York, London 1945.

M. Wertheimer: Experimentelle Untersuchungen über das Sehen von Bewegungen. In: Zeitschrift für Psychologie 61 (1912).

W. Wundt: Beiträge zur Theorie der Sinneswahrnehmung. Leipzig, Heidelberg 1862.

W. Wundt: Grundzüge der physiologischen Psychologie. 2 Bde. Leipzig 1873/74.

Personenregister

Namen in *kursiv* bezeichnen die im Text erwähnten Sekundärautoren.

Sachregister